HISTOIRE
ILLUSTRÉE
DE LA CORSE

CONTENANT ENVIRON TROIS CENTS DESSINS

REPRÉSENTANT

Divers sujets de géographie et d'histoire naturelle

LES COSTUMES ANCIENS ET MODERNES
LES USAGES, LES SUPERSTITIONS

LES VUES DES PAYSAGES ET DES MONUMENTS, LES PLANS DES GOLFES, DES ANSES ET DES PORTS

Avec des chiffres marquant les rochers et la profondeur de l'eau

SELON LA CARTE DE M. BELL

DES VIGNETTES DE FAITS HISTORIQUES

ET LES PORTRAITS DES HOMMES CÉLÈBRES AVEC LEURS BIOGRAPHIES

PAR

L'ABBÉ JEAN-ANGE GALLETTI

PARIS

IMPRIMERIE DE PILLET FILS AINÉ
RUE DES GRANDS-AUGUSTINS, 5

1863
1866

AVANT-PROPOS

La Corse, la plus petite des trois grandes îles de la Méditerranée, en est la plus grande en célébrité.

Elle a été le théâtre sur lequel pendant plusieurs siècles se sont succédé les événements les plus extraordinaires et les guerres les plus sanglantes.

Les peuples civilisés de l'antiquité et des temps modernes s'en disputèrent longtemps la possession. Les *Phéniciens*, les *Grecs*, les *Étrusques*, les *Phocéens*, les *Carthaginois*, les *Romains*, les *Vandales*, les *Grecs du Bas-Empire*, les *Goths*, les *Lombards*, les *Sarrasins*, les *Français sous Charlemagne*, les *Toscans*, les *Papes*, les *Pisans*, les *Génois*, les *Aragonais*, les *Milanais*, les *Ducs de Piombino*, les *Allemands*, les *Anglais*, les *Français encore*, sont venus tour à tour, les armes à la main, ravager cette malheureuse contrée, à laquelle ils prétendaient imposer un joug odieux; mais les Corses, nés pour l'indépendance et la liberté, préférèrent dans tous les temps la mort à l'esclavage; combattant sans cesse et avec valeur, ils brisèrent leurs chaînes et frappèrent avec les débris de leurs fers la tête de leurs tyrans.

Honneur et gloire à nos aïeux! leur mémoire sera toujours en vénération parmi nous.

Pendant ces luttes acharnées, la Corse a eu ses héros et ses martyrs; ils firent retentir leurs exploits jusqu'aux rivages de l'Afrique et de l'Asie Mineure; et tandis que l'Europe tournait ses regards étonnés vers cette île, de célèbres poëtes dédiaient à ses libérateurs les productions (1)

---

(1) Vittorio Alfieri dédia au général Paoli sa tragédie intitulée : *Timoleone*.

DÉDICACE.

Al nobil uomo il signor Pasquale Paoli propugnator magnanimo dei Corsi.
Lo scrivere tragedie di libertà nella lingua di un popolo libero, etc.

V. ALFIERI.

de leur génie, d'illustres philosophes annonçaient déjà ses destinées futures (1).

Plus tard un plus vaste théâtre s'ouvrait pour ces braves insulaires; ils couraient en foule sur les champs de bataille cueillir les lauriers dont ils paraient leur front, lorsqu'un d'entre eux, s'élevant comme un géant au-dessus de ses compagnons d'armes, terrassa le monstre qui à cette époque dévorait la France, et fit poser à cette grande nation un pied triomphant sur toutes les capitales de l'Europe.

Tous ces hauts faits, retracés par de savants et nombreux historiens, témoignent des longs malheurs des habitants de cette île, en même temps qu'ils transmettent tant de gloire à la postérité.

Inspiré par la lecture des livres où se trouve relatée la vie de nos glorieux compatriotes, comme aussi désireux de nous rendre utile à notre patrie dans la modeste sphère où nous sommes placé, nous avons formé le projet de publier un ouvrage ayant pour titre: *Histoire illustrée de la Corse*.

Dans ce travail nous avons eu l'intention de reproduire les portraits des hommes illustres et de faire connaître leur biographie, de présenter les costumes de différentes époques, les dessins des monuments, les vues des paysages les plus renommés et des lieux où se sont accomplis les événements les plus remarquables; les usages, les superstitions, etc., etc.

Cet ouvrage sera divisé en trois parties. Nous donnerons dans la première un abrégé de la géographie de l'île et de son histoire naturelle; un itinéraire et un résumé historique dans lequel les guerres et les changements politiques jusqu'à la mort de Sampiero de Bastelica seront sommairement indiqués.

La seconde partie commencera à la mort de Sampiero et nous conduira jusqu'à Pascal Paoli.

La troisième traitera de Napoléon et de tous les Corses qui, par leur génie, leur vertu, leur courage et leur science ont illustré jusqu'à nos jours leurs noms et leur patrie.

---

(1) « Il est encore en Europe un pays capable de législation, c'est la Corse. La valeur et la constance avec lesquelles ce brave peuple a su recouvrer et défendre sa liberté, mériteraient bien que quelque homme sage lui apprît à la conserver. J'ai quelque pressentiment qu'un jour cette petite île étonnera l'Europe. »

J. J. ROUSSEAU, *Contrat social*, liv. II, Cap.

Les Corses, naturellement animés de l'esprit de patriotisme, ne refuseront pas d'accueillir un ouvrage où ils pourront connaître en détail les circonstances particulières de la vie de leurs illustres concitoyens. Ils contempleront avec orgueil et leurs portraits et les lieux qui furent témoins de leur valeur.

Nous avons donné tous nos soins à faire avec conscience les recherches les plus détaillées et les plus minutieuses, afin de recueillir tout ce que les monuments, les souvenirs et le temps nous ont conservé, comme aussi tout ce que les écrivains nous ont transmis.

Cependant nous faisons des vœux pour que tous nos concitoyens les plus éclairés nous aident dans l'exécution de notre entreprise, et que surtout ceux dont les ancêtres méritent d'être cités veuillent bien nous encourager, pour que nous puissions atteindre le but que nous nous sommes proposé.

LA CORSE

HISTOIRE ILLUSTRÉE
DE LA CORSE

FIGURE ALLÉGORIQUE DE LA CORSE

DANS LES GRANDES SALLES DE RAPHAEL

AU VATICAN

Dès son avénement au trône pontifical, Sixte-Quint confia aux plus habiles artistes le soin de compléter les décorations du Vatican, que la mort prématurée de Raphaël avait laissées inachevées.

Dans l'une des salles de ce monument, au-dessus de la fameuse bataille de Constantin contre Maxence, au pont Milvius, on voit, entre autres peintures à fresque, la personnification de la Corse. C'est une femme robuste, au regard vif et intelligent, fièrement assise sur un rocher et baignant ses pieds dans la mer. Une main est armée d'une lance, de l'autre main elle s'appuie sur une épée. Sur sa tête, surmontée d'une tour, s'ajuste la peau d'un lion. Autour d'elle folâtrent des Génies, dont l'un, monté sur un mouflon, symbole d'une chasse spéciale à la Corse, soutient une corne d'abondance garnie de pampres et de raisins ; un autre a sur le dos une corne de même nature remplie de divers fruits. Enfin un troisième reçoit les caresses d'un chien, emblème de la fidélité. En haut de cette fresque on lit cet exergue : *Cyrniorum fortia bello pectora. Les Corses au cœur intrépide pour les combats.* Et plus bas : *Sixtus V. P. M. Anno 1° sui pontificatus.*

Comment expliquer cet hommage rendu par Sixte-Quint à un pays qui avait cessé d'appartenir aux États de l'Église, et dont Gênes s'était emparé depuis longtemps ?

Lorsqu'on cherche à se rendre compte de la pensée qui a inspiré cette peinture et que l'on se rappelle en même temps les bienfaits que Sixte-Quint, sous le froc du moine *Felice Peretti*, ou sous la pourpre et la tiare, n'a jamais cessé de prodiguer à nos compatriotes exilés, on est amené à admettre, ainsi que des chroniqueurs et des historiens nationaux l'ont prétendu, que ce pontife était originaire de la Corse.

Cette opinion repose sur ce que plusieurs habitants de cette île, pour échapper à la persécution des gouverneurs génois (1), avaient été obligés de s'expatrier et d'aller demander l'hospitalité dans les Etats de l'Eglise, où le vicaire de Jésus-Christ les accueillit toujours avec une paternelle bonté. L'une de ces émigrations a de quelques années seulement précédé l'époque où le jeune *Felice Peretti*, porcher dans les Marches, cédant aux conseils d'un moine, se détermina à entrer chez les cordeliers d'Ascoli. On sait comment, à la suite d'une vie fort tourmentée, ce berger, dont l'intelligence s'était développée dans le couvent, parvint à se frayer le chemin jusqu'à la Chaire de saint Pierre.

Sixte V semble d'ailleurs, par divers actes de son administration, avoir lui-même accrédité cette croyance. En effet, après s'être assis sur le trône pontifical, il chercha à s'entourer de Corses. Il en forma un régiment, dont une partie constituait sa garde personnelle, et l'autre fut destinée à détruire les brigands qui désolaient la Ville éternelle (2). Ce fut encore par les soins de ce pontife que plusieurs familles corses, pourchassées par les Génois, se réunirent en colonie et s'établirent dans une bourgade qui porte encore le nom de Valle-Corsa. Ce centre de population, aggloméré sur le Rio di Valle-Fratta, près d'Anagni et de Frosinone, constitue aujourd'hui une petite ville d'environ 3,500 habitants.

Nous avons visité cette contrée et nous avons pu nous convaincre que cette population n'avait rien perdu du caractère et des mœurs de la mère patrie : elle est en effet hospitalière et courageuse.

(1) Giacobbi, *Histoire de la Corse.*

(2) Le pape Grégoire XIII avait fait recruter deux compagnies de milices corses pour sa garde, Sixte V en porta l'effectif jusqu'à un régiment.

GÉOGRAPHIE DE L'ILE

La Corse, selon les géographes, s'étend depuis le 41°21' et 4 degrés de latitude, jusqu'au 43°41'7; et en longitude occidentale, depuis 6°-11-17°4, jusqu'au 7°13'-35.

La Corse a 185 kilomètres et 885 mètres de longueur et environ 90 kilomètres de largeur. Son périmètre, selon les géographes, abstraction faite de quelques sinuosités, est de 500 kilomètres.

La superficie de l'île est de 874,721 hectares 19 ares et 16 centiares. Sa population, selon le dernier recensement, est de 252,183 habitants.

Cette île constitue un département de l'Empire français et forme la 17° division militaire. Elle est divisée en cinq arrondissements : Ajaccio, chef-lieu du département, résidence d'un préfet; Bastia, Corte, Sartène et Calvi, sous-préfectures. L'île est divisée en 61 cantons et 354 communes.

La chaîne des montagnes courant du nord au sud, en répandant ses ramifications dans toute l'île, forme un grand nombre de gorges et plusieurs belles et fertiles vallées. Ses côtes sont découpées par plusieurs baies, anses et golfes sûrs et profonds. Des torrents, d'épaisses forêts de pins, de chênes, des oliviers, des châtaigniers, des orangers, des citronniers et beaucoup d'autres arbres d'une vigueur remarquable; de belles plaines où les moissons alternent avec les marécages, quelques hameaux riches, mais dont la plus grande partie est dans la pauvreté; un climat presque partout salubre, des hommes fiers, hospitaliers, ardents, valeureux, énergiques, intelligents, passionnés dans leur amour comme dans leur haine; sobres mais paresseux, aimant par-dessus tout l'indépendance et les hasards d'une vie aventureuse : telle est à grands traits l'esquisse de ce peuple et de ce pays.

Cette île a au nord le golfe de Gênes, à l'ouest la Provence; au midi elle n'est séparée de la Sardaigne que par un canal d'environ trois lieues; à l'est se trouve la Toscane.

La Corse est entourée de plusieurs îles moins grandes, dont les plus connues sont :

La Gorgone (*Urgon*), peuplée par les anachorètes et les premiers chrétiens qui fuyaient la persécution du paganisme;

Capraja (*Eghilim*), habitée par un peuple industrieux, et dont on tire d'excellents marins ;

Elbe (*Alalia* ou *Ilva*), bien peuplée, célèbre par ses mines de fer, et pour avoir été de nos jours l'exil de Napoléon Ier ;

Pianosa (*Planaria*), où César Auguste relégua son neveu Agrippa ;

Les Fourmies (*Planariæ*), dangereuses pour la navigation ;

Monte-Cristo (*Oglosa*), où s'élevait autrefois un couvent de chartreux, mais aujourd'hui désert (1) ;

Gilio (*Igilium*), où plusieurs familles illustres se réfugièrent au temps de l'incursion des Barbares ;

Les Ginnutri (*Arthemisium* et *Diana*), et tant d'autres de peu d'importance.

La Corse, selon plusieurs historiens, était appelée par les grecs *Cyrnon*, *Calista*, *Terapne*, etc., et par les Romains *Corsica*. Nous ne chercherons pas à expliquer l'étymologie de ces noms, car les récits que nous ont transmis les écrivains anciens nous semblent appartenir plutôt au domaine de la fable qu'à celui de l'histoire.

OROGRAPHIE

MONTAGNES DE LA CORSE DONT L'ÉLÉVATION AU-DESSUS DE LA MER EST CONNUE

La Corse, au premier aspect, en la voyant de la mer, semble un chaos de montagnes entassées l'une sur l'autre. Ces montagnes sont presque toutes, comme nous l'avons dit, disposées du nord au sud ; cependant on en voit quelques-unes qui ont leur direction du nord-est au sud-est et du nord-ouest au sud-est.

(1) La célébrité donnée à l'île de Monte-Cristo par le roman d'Alexandre Dumas a porté un riche Anglais à l'acheter d'un seigneur toscan et à y établir une sorte de colonie.

Parmi ces montagnes, il y en a plusieurs qui atteignent une hauteur de plus de 2,000 mètres. Telles sont : *Monte-Rotondo*, au-dessus des sources de la Rostonica, 2,764. — *Monte-d'Oro*, au-dessus de Vivario et de la forêt de Vizzavona, 2,652. — *Vaglia-Orba*, au-dessus du Niolo, entre les sources du Golo et du Fango, 2,650. — *Cardo*, au-dessus de Venaco, sur le rameau qui sépare la vallée de Rostonica à celle du Vecchio, 2,500. — *Padro*, entre Olmi, Capella et Asco, 2,450. — *Cinto*, au-dessus du Niolo, 2,400. — *Artica*, au-dessus du Niolo, 2,400. — *Tafanato*, au-dessus du Niolo, 2,315. — *Renoso*, entre les sources de la Gravona, du Prunelli et du Fiumorbo, 2,300. — *Traunato*, au-dessus de Castiglione, entre Niolo et Asco, 2,197. — *Ladroncello*, au-dessus des sources de l'Asco, 2,135. — *Punta-alla-Cappella*, au-dessus de la rivière du Taravo, 2,069. — *Incudine*, au-dessus du Rizzanese et du Taravo, 2,065.

Les autres montagnes qui ne dépassent pas la hauteur de 2,000 mètres sont : *Conia*, 1,988. — *Serra-della-Rena*, 1,911. — *Grosso*, 1,861. — *Asinao*, 1,820. — *Capo-della-Madia*, 1,679. — *San-Pietro*, 1,650. — *Cercello*, 1,572. — *Punta-della-Calca*, 1,566. — *Punta-delle-Furchicciole*, 1,565. — *Punta-Lincinosa*, 1,545. — *Mantelluccio*, 1,556. — *Punta-Ocace*, 1,495. — *Atticione*, 1,289. — *Stello*, 1,285. — *Cozzanico*, 1,209. — *Cerio*, 1,072. — *Sant-Angelo*, 1,018. — *Pigno*, 1,010, etc.

MONTE-ROTONDO

Le Monte-Rotondo est la plus élevée des montagnes de la Corse. Pendant plusieurs mois de l'année, cette montagne reste couverte de neige, et même, dans certains ravins, cette neige ne disparaît jamais.

Cette montagne renferme dans ses flancs plusieurs petits lacs, tels que le *Rotondo*, le *Melo*, le *Renoso*, le *Pozzolo* et le *Nielluccio*. Les naturalistes étrangers qui viennent visiter la Corse ne se lassent pas de grimper sur le Monte-Rotondo, car il renferme des belles carrières de porphyre, de granit et de marbre ; mais il est surtout riche en plantes officinales.

Cette montagne est devenue célèbre pour avoir servi de refuge à plusieurs patriotes corses, après la fatale catastrophe du Ponte-Nuovo (1769). Letizia Buonaparte, qui avait suivi son mari, Charles Buonaparte, dans cette malheureuse lutte, était du nombre de ceux qui avaient juré de périr plutôt que de se rendre aux Français. L'héroïne du sommet du Monte-Rotondo promena ses regards tristes et mornes sur toute l'étendue de l'île. Ce fut de là qu'elle pensa, en versant des larmes, aux cris lamentables et déchirants des femmes corses !... aux chants funèbres improvisés sur les cadavres de leurs frères !... aux cris de *Vendetta !*... si terrible dans la bouche des femmes corses à la vue de leurs parents tués par leurs semblables. Elle pensa aussi au vengeur que ces femmes demandaient au ciel pour punir les oppresseurs. Ce vengeur, Letizia le portait dans son sein. Elle accoucha deux mois après de Napoléon, qui devait se venger de la France en faisant promener cette grande nation triomphante depuis le berceau des Césars jusqu'au tombeau des Pharaons.

LES MONTS ORTICA, BAGLIA-ORBA ET TAFANATO

Ces trois montagnes, dont nous donnons le dessin, sont aussi des plus élevées de l'île; mais celle qui offre le plus d'intérêt, c'est le Monte-Tafanato (*Mont-Troué*). Cette montagne, qui sert comme de contre-fort au mont Baglia-Orba, présente de son sommet une ouverture qui a plusieurs mètres de largeur et de hauteur. Le rocher se compose de beau porphyre.

Lorsque le soleil disparaît derrière les hautes montagnes, on voit tout à coup ses rayons percer à travers cette ouverture.

Les mouflons et les cerfs y vont souvent chercher un abri en été : abri peu sûr, car ils y sont souvent surpris par les chasseurs et les bergers, qui leur tendent des guet-apens.

Plusieurs géologues ont visité cette mystérieuse ouverture, dont l'intérêt est surtout relevé par la légende à laquelle on rattache sa formation.

Selon la croyance des anciens habitants du Niolo, ce serait l'ouvrage du diable. Celui-ci, en labourant avec ses bœufs sur le plateau du Campo-Tile, eut une dispute avec saint Martin, qui voulait le chasser de là. Le démon ne

OROGRAPHIE

HYDROGRAPHIE

ÉTANG DE DIANA ou ancien port D'ALERIA

ÉTANG DE CHIURLINO ou ancien port de RIGLOTTA

faisant plus attention à son travail, le soc heurta dans un rocher et se brisa; il tenta de le réparer, mais en vain. Alors, pris de colère, il lança en l'air son marteau qui, retombant sur la montagne, creusa cette ouverture et tomba dans la mer, du côté de Filosorma. Le démon, se tournant pour ôter le joug à ses bœufs, les trouva pétrifiés. Saint Martin avait disparu.

Deux grosses pierres tout à fait semblables, une troisième posée horizontalement sur les deux premières, et une quatrième étendue sur le sol ne seraient autre chose que les bœufs, le joug et la charrue du démon pétrifiés, et non loin de là, un amas de pierres confuses les unes sur les autres, représenteraient la forge (*stazzona*) du diable.

Il faut savoir que saint Martin, en Corse, est la divinité qui préside aux champs. Lorsqu'on passe à côté d'une aire pendant que l'on bat les céréales, on salue toujours avec le mot *San Martino!* Saint Martin est aussi le patron des vignerons dans toute l'île.

Les monts d'Oro et de Padro, dont nous donnons les dessins, seront le sujet de quelques mots dans notre itinéraire.

HYDROGRAPHIE

RIVIÈRES DE LA CORSE

La Corse ne possède pas de grandes rivières; ses rivières, ou plutôt ses torrents les plus considérables, sont au nombre de trois : le *Golo,* qui prend sa source sur le mont Tula dont il porte le nom en latin. Cette rivière, après s'être grossie des eaux de l'Asco, du Tartagine, de Casaluna et d'autres petits ruisseaux, va se jeter dans la mer Thyrrénienne, à 20 kilomètres au sud de Bastia. Cette rivière arrosait autrefois l'ancienne ville de Mariana, dont les ruines existent encore non loin de son embouchure.

Le Tavignano, ancien Rothanus des Romains, prend sa source du lac Ino. Cette rivière reçoit les eaux de la Rostonica, près de Corte, et après s'être grossie des rivières du Vecchio, Corsigliese, Tagnone, etc., arrose les ruines de l'ancienne ville d'Aleria et va se jeter dans la Méditerranée.

Le Liamone, qui coule vers le sud-ouest de l'île, prend sa source sur le mont Retto dans la forêt du Colto, reçoit dans sa course les eaux du Lonca, du Grosso, etc., et va se jeter dans la mer près du golfe de Sagona.

Les autres petites rivières qui coulent vers l'orient de l'île sont Bevinco, qui prend sa source sur le mont Tenda et va verser ses eaux dans l'étang de Biguglia.

Fiumalto; cette rivière prend sa source sur le mont San Pietro et va se jeter dans la Méditerranée, près de San Pellegrino.

Fiumorbo, qui prend sa source sur le mont Verde, et enfin Sollenzara, qui sert de limite entre l'arrondissement de Corte et celui de Sartène.

Les autres rivières qui coulent dans diverses parties de l'île sont de peu d'importance; cependant il y en a qui forment de belles et fertiles vallées dont nous ferons mention dans notre itinéraire.

ÉTANGS SALÉS ET LACS D'EAU DOUCE

Diana, ancien port de la ville d'Aleria, dont la superficie est de 570 hectares.
Chiurlino, ancien port de Biguglia. Sa superficie est de 1,800 hectares.
Urbino, dans la plaine d'Aleria, dont la superficie est de 750 hectares.
Palo, dans la plaine de Fiumorbo. Sa superficie est de 29 hectares.
Balistro, dans le golfe de SantaManza. Sa superficie est de 29 hectares.
Taravo, près de la rivière du même nom, a une superficie de 29 hectares.

ÉTANG DE DIANA, OU ANCIEN PORT D'ALERIA

Le port de l'ancienne ville d'Aleria fut le premier qui reçut dans ses eaux les navires romains, lorsqu'en 494 de la fondation de Rome, Lucius Cornelius Scipion vint assiéger cette ville phocéenne.

Le port d'Aleria était formé par un bras de mer qui vient encore aujourd'hui à une demi-lieue de ses ruines. On n'y voit pas de marais; aucune plante marécageuse ne pousse autour de ses eaux, qui sont, au contraire, comme encadrées dans des collines d'une assez grande élévation, où des arbrisseaux de différente nature, d'arbousiers, de myrtes, de cistes et de bruyères se détachent du tapis d'une verdure perpétuelle.

On remarque, près de l'embouchure de ce port, une île charmante et pittoresque qui s'élève de plusieurs mètres au-dessus du niveau de l'eau. Les pêcheurs ont dédié une chapelle à la sainte Vierge dans l'endroit le plus élevé de cette sorte de refuge. On voit, en différents points de cette île, les restes d'une muraille qui servait de quai. Plus loin encore, dans l'endroit dit Sant'Agata, on aperçoit les restes d'une muraille, où des morceaux de fer sont scellés; des espèces de jarres se voient aussi encastrées dans ces murs.

Les eaux de Diana occupent l'espace de 570 hectares, et leur profondeur est de 10 à 11 mètres. Avec la moindre dépense, on pourrait faire de l'étang de Diana un port des plus beaux, des plus vastes et des plus sûrs de la Méditerranée.

Non-seulement le port de Diana pourrait abriter une grande flotte hors de tout danger en cas de guerre, mais encore il deviendrait en peu de temps un grand centre commercial.

Le village d'Aleria se transformerait bientôt en une ville florissante; toutes les denrées de cette magnifique plaine seraient transportées dans ce port; tous les produits de la grande propriété de Casabianda, qui n'est qu'à environ deux kilomètres éloignée de ce port, et dont le gouvernement a fait l'acquisition, pourraient être embarqués à peu de frais, ou pour le continent, ou transportés dans les villes de l'île. La route carrossable de Corte à Aleria enrichirait le commerce de ses belles carrières de marbre de la Rostonica, de San-Gavino et du Serraggio; enfin les grandes forêts qui couronnent les monts de Corte, du Serraggio et du Niolo viendraient encore ajouter leurs richesses au port d'Aleria.

L'étang de Diana produit d'excellentes huîtres.

ÉTANG DE CHIURLINO, OU ANCIEN PORT DE BIGUGLIA

L'étang de Chiurlino, qui servait jadis de port à la petite mais florissante ville de Biguglia, qui fut pendant longtemps la capitale de toute l'île, communique avec la mer à très-peu de distance de la ville de Bastia, et s'étend tout le long de la plaine de la Mariana, occupant une superficie de 1,800 hectares; la profondeur de ses eaux n'est que d'un mètre et demi à trois mètres.

Il est certain que ce lac salé n'a pas toujours eu une aussi vaste étendue; car, lorsque ses eaux sont claires, on voit une route pavée de grosses pierres qui le traverse dans sa largeur vers l'embouchure du Bevinco, près de Biguglia.

Cet étang était une propriété communale des *Pieve*, d'*Orto* et *Mariana*; mais les familles puissantes s'en disputèrent la possession, et, vers la fin du treizième siècle, la lutte acharnée qui s'établit entre les seigneurs de Bagnaja et ceux de Casta (1) aboutit à une sanglante catastrophe sur les ruines de la Mariana.

La république de Gênes ayant pris possession de la Corse, s'empara de l'étang et défendit aux habitants de la Mariana de se livrer à la pêche, comme ils y étaient habitués depuis un temps immémorial. Un concert de plaintes ardentes et unanimes s'éleva contre cet acte de tyrannie. Le gouvernement de Gênes envoya alors un commissaire pour constater si les pêcheurs corses, avec leurs pirogues et leurs fourchettes *(gobali et foscine)*, pouvaient causer un préjudice considérable à la république.

L'envoyé génois voulut essayer d'entrer dans l'étang sur une pirogue; la pirogue chavira et il tomba dans l'eau la tête la première, et, en demandant du secours, il s'écriait : *Che peschin pure!* (Libres de pêcher!)

On dit qu'un contrat fut alors passé entre les habitants de la Mariana et la république de Gênes. Cette dernière leur accordait la liberté de pêcher toute l'année, pourvu qu'ils n'employassent pas d'autres instruments que les *gobali* et les *foscine*.

La France ayant après conquis la Corse, le roi Louis XVI donna l'étang à titre de fief au comte de Buttafoco (Mathieu), colonel commandant du régi-

---

(1) Ceccaldi, *Histoire de la Corse*.

HYDROLOGIE

EAU D'ORIZZA

BAINS DE GUITERA

BAINS DE PUZZICHELLO

EAU DE LUCCIANA

ment Royal-Corse, depuis longtemps au service de la France. La république française s'empara de l'étang et le vendit au sieur Viale, de Bastia, pour la somme de 75,000 fr. *en assignats.*

Il est maintenant la propriété de plusieurs individus.

L'étang de *Chuirlino* est très-poissonneux et donne un revenu fabuleux.

Le dessin que nous donnons représente le petit îlot formé avec de la terre transportée sous la république de Gênes. Un gouverneur voulut perpétuer sa mémoire en faisant graver au-dessus de la porte d'entrée de la maison la plus élevée de cet îlot l'inscription suivante :

FIRMIORI MATERIA PALVSTRES CAPANNÆ
EX. : S : C : CONSTRVCTÆ FVERE
ANNO MDCLXXXIII
REGNUM CORSICÆ FELICITER GVBERNANTE
JO : JACOBO MONSA NICOLAI FILIO

Les pirogues, ce reste d'antiquité sauvage dont nous donnons le dessin, ont existé jusqu'à nos jours. Un tronc d'aulne ou de châtaignier creusé, long de trois mètres et demi, large de 35 à 40 centimètres, profond de 25 à 30 centimètres, avec une fourchette de onze à treize dents attachée au bout d'une longue perche, formaient tout l'attirail des pêcheurs de la Mariana. Il y a deux ans, toutes ces pirogues furent confisquées par autorité de justice, et les habitants du Borgo, pris en contravention, furent condamnés chacun à 100 fr. d'amende ; car la loi défend à tout individu non inscrit sur le rôle de marine de s'adonner à la pêche.

Les exhalaisons qui émanent des eaux de cet étang ont toujours été le fléau de Biguglia, qui n'est plus aujourd'hui qu'un petit hameau. Les habitants de Furiani, Borgo et Lucciana éprouvent souvent les effets de son insalubrité homicide, et la ville de Bastia n'en est pas exempte non plus. Cet étang contient un îlot assez vaste appelé San-Damiano, où l'on voit une petite église avec deux petites habitations.

Nous donnerons ailleurs les plans de tous les étangs de l'île.

LES LACS DE LA CORSE

Il existe une assez grande quantité de petits lacs d'eau douce dans la région montagneuse de l'île : ils se trouvent comme enfermés dans des coupes de granit et de porphyre. Ils sont pour la plupart inaccessibles.

Le plus vaste de ces lacs est situé au pied du mont Rotondo, dont il emprunte le nom : il a une superficie de 7 hectares. C'est là que le torrent du Vecchio prend sa source.

Les autres lacs, bien moins importants, forment une espèce de couronne aux assises desquelles repose la plus haute de nos montagnes.

Moins étendu que le Rotondo, mais plus remarquable pour la beauté des sites qui l'environnent, le lac Nino ou Ino garnit l'une des extrémités du plateau du Campo-Tile. Sa superficie est de 4 hectares 74 centiares ; ses bords, émaillés de fleurs pendant le printemps, sont toujours couverts d'un gazon épais et velouté. Ses eaux sont profondes, limpides et peuplées par des myriades d'excellentes truites. Il donne naissance à la rivière du Tavignano.

Formant un frappant contraste avec le précédent, le lac Creno est situé à l'extrémité opposée du même plateau. Son nom est un dérivé d'un mot grec qui signifie *sombre, obscur*. Jamais application ne fut mieux appropriée. Si les bords du Nino sont gais et riants, ceux du Creno prédisposent à la tristesse. Ce lac est entouré d'arbres séculaires dont l'épais feuillage donne aux eaux une nuance des plus foncées. Pendant l'été le Creno sert de refuge à une grande quantité de macreuses et de canards sauvages, que les premiers frimats chassent vers les plaines.

Nous donnons les vues du Nino et du Creno. Ce sont les deux lacs les plus fréquemment visités par les touristes.

Le mont Rinoso renferme aussi quelques lacs ; ce sont : le Rino supérieur et le Rino inférieur, autour desquels s'étendent de bons pâturages ; le Bastani, le Vetelacca et le Bracco : ce dernier lac est presque toujours gelé.

HYDROLOGIE

La Corse est extrêmement abondante en sources minérales et thermales. Leur efficacité est aujourd'hui incontestable et incontestée. C'est là une vérité reconnue, non-seulement par les hommes spéciaux que notre île renferme, mais aussi par des savants médecins chimistes, étrangers à notre pays, qui ont reçu du gouvernement la mission d'analyser nos eaux.

Nous nous bornerons à reproduire à cet égard un document officiel.

Dans la séance du 24 août 1853, le conseil général émettait le vœu suivant :

« On ne peut parvenir à connaître tout le parti qu'on peut tirer des eaux minérales, si elles ne sont étudiées sur les lieux par des hommes spéciaux, possédant les connaissances les plus étendues en hydrologie.

« Il semble au conseil général que M. le docteur Constantin James, auteur d'un ouvrage remarquable ayant pour titre : *Guide pratique aux eaux*, pourrait entreprendre cette étude avec succès, et que les résultats seraient d'une grande utilité pour la Corse et pour les malades du midi de la France.

« Il prie donc S. Exc. le ministre de l'agriculture et du commerce d'engager ce savant distingué à se rendre dans le département afin d'y étudier l'action thérapeutique de toutes les eaux minérales, près des sources mêmes, et publier ensuite le résultat de ses études et de ses expériences. »

Ce vœu fut accueilli, et S. Exc. le ministre de l'agriculture et du commerce invita M. le docteur Constantin James à se rendre en Corse pour y explorer les sources minérales et thermales que cette île renferme.

En voici donc le rapport, dont nous transcrivons les passages les plus importants :

LES EAUX MINÉRALES DE LA CORSE

« La Corse, par son heureuse position géographique, son climat si favorisé, les belles proportions de ses habitants et la merveilleuse fertilité de son territoire, est un des pays les plus magnifiquement dotés par la nature.

Malheureusement c'est peut-être un de ceux qui sont le moins visités. Aussi combien renferme-t-elle de richesses encore méconnues ou inexploitées, pour ne parler que de ses eaux minérales, sur lesquelles, d'après le rapport officiel dont j'extrais les détails qui vont suivre, on trouverait difficilement ailleurs, dans une enceinte aussi circonscrite, une plus grande abondance de sources, des effets thérapeutiques plus puissants, des sites mieux appropriés à des établissements thermaux!

« Les eaux minérales de la Corse appartiennent surtout à la classe des eaux sulfureuses. Ceci est d'accord avec la disposition géologique de l'île, car on sait que les eaux de cette classe se rencontrent de préférence là où existent des montagnes, par conséquent dans les contrées dont le sol, comme celui de la Corse, a été bouleversé intérieurement et à sa surface par de profondes commotions.

« Mais les eaux sulfureuses ne sont pas les seules eaux minérales qu'on observe en Corse. Il en existe également de ferrugineuses, et celles-là peuvent lutter aussi sans désavantage avec les sources de la même classe les plus renommées du continent.

« Je parlerai d'abord des sources sulfureuses. Ce sont : Pietra-Pola, Puzzichello, Guitera, Caldaniccia et Guagno. Toutes ces sources, à l'exception de Puzzichello, sont thermales. Quant aux sources ferrugineuses, bien qu'elles soient en grand nombre, je ne décrirai que celle d'Orezza, car cette dernière, par son extrême importance, efface toutes les autres ou les résume. »

PIETRA-POLA

« La vallée de Pietra-Pola, située dans le canton de Prunelli, à vingt lieues de Bastia et à douze de Corte, est comme encaissée au milieu de montagnes de l'aspect le plus varié et le plus pittoresque. Au centre de la vallée se trouve un plateau; c'est de ce plateau que jaillissent les sources d'eaux minérales.

« Ces eaux minérales sont au nombre de dix, toutes sulfureuses, d'une température qui varie de 32° à 58° C. D'après la proximité de leurs griffons et l'analogie de leur composition chimique, il est probable qu'elles proviennent toutes d'un même foyer. Quant à la différence de la température, elle s'explique par l'inégalité de parcours de chaque division thermale dans son trajet souterrain.

« Ces sources sont très-volumineuses et s'échappent du granit en bouillonnant. Leur eau est claire et limpide ; sa saveur rappelle celle d'un bouillon faible, légèrement salé ; son odeur est franchement sulfureuse.

« Ce sont des eaux extrêmement riches en barégine, à en juger du moins par la sensation veloutée qu'elles donnent au toucher et les abondants dépôts gélatineux qui tapissent les réservoirs et les canaux de décharge.

« Bien que toutes les sources de Pietra-Pola possèdent les mêmes caractères chimiques, il est cependant certaines particularités que je dois signaler. Ainsi la source de la Leccia renferme plus de barégine que les autres ; celle de la Doccia offre des traces plus sensibles de principes ferrugineux ; enfin la source de la Solata contient une plus forte proportion de chlorure de sodium, ce qui se reconnaît même au goût.

« Les eaux de Pietra-Pola paraissent avoir été très-anciennement connues, car on voit encore des vestiges de bains romains ; mais depuis bien longtemps ces eaux étaient tombées dans un abandon voisin de l'oubli. Ainsi, lorsque, en 1810, le département en fit la concession à M. Laurelli, ces bains ne consistaient qu'en deux piscines à peine abritées par quelques branchages, où l'on se baignait pêle-mêle, hommes et femmes, le plus souvent sans direction médicale. L'établissement actuel (fait exécuter par M. Laurelli) comprend trois belles piscines pouvant contenir chacune jusqu'à quarante personnes, douze cabinets de bains munis de spacieuses baignoires, des douches que l'on s'occupe d'améliorer, et un vaste bassin de réfrigération. Quant aux logements destinés aux malades, ils se composent de cinquante chambres. Enfin des habitations particulières commencent à s'élever au voisinage des sources.

« On administre les eaux de Pietra-Pola en boissons et en bains. Aucune source n'est affectée d'une manière spéciale à la boisson. Toutefois, c'est à la Doccia qu'on donne d'habitude la préférence. La dose ordinaire est de six à huit verres dans la matinée. Cette eau éveille l'appétit, augmente la transpiration et active la sécrétion urinaire.

« Les bains pourraient être pris indistinctement dans les baignoires ou les piscines. Toutefois, ce qui doit rendre maintenant très-circonspect dans l'emploi de ces derniers, c'est que leur température est beaucoup trop élevée ; ainsi elle dépasse presque toujours 43° C. C'est là un grand inconvénient auquel il serait facile et urgent de remédier, l'indication d'administrer des bains aussi chauds ne se présentent que dans des cas tout à fait exceptionnels. On préfère donc avec raison les bains de baignoire.

. . . .

« Quelles sont les maladies pour lesquelles les eaux de Pietra-Pola seront prescrites avec le plus de succès? Voilà à ce sujet les renseignements que j'ai pu recueillir moi-même, mais surtout ceux qu'a bien voulu me communiquer le médecin inspecteur, M. Carlotti, qui joint aux connaissances les plus variées et les plus étendues une très-grande habitude de la médication thermale :

« Les eaux de la Pietra-Pola sont indiquées toutes les fois qu'il s'agit de tempérer la trop grande excitabilité du système nerveux. Ainsi, dans les névralgies intermittentes non périodiques, elles éloignent les accès, rendent les crises moins douloureuses, et finissent le plus souvent par les faire disparaître.

« L'hystérie, la chorée, les spasmes, certaines névroses du col utérin cèdent quelquefois comme par enchantement à l'action de ces eaux, à la condition que les bains seront pris à une température un peu basse.

« Les différentes formes de rhumatisme articulaire, surtout le rhumatisme nerveux, se trouvent également bien de l'emploi des eaux de Pietra-Pola.

« Les maladies scrofuleuses sont, après les affections du système nerveux, celles contre lesquelles les eaux de Pietra-Pola jouissent de la plus grande efficacité. Comme il s'agit, dans ce cas, de modifier profondément les humeurs, la boisson joue un rôle plus important encore que le bain et la douche.

« La gravelle et le catarrhe vésical éprouveront encore de bons effets de ces eaux, par suite de leurs propriétés diurétiques.

« Indépendamment des affections dont je viens de parler, on traite avec succès, à Pietra-Pola, un grand nombre d'autres états pathologiques, parmi lesquels je mentionnerai surtout les maladies de la peau, les paralysies, les rétractions tendineuses, les hydarthroses, les caries, les nécroses, et le nombreux cortége des accidents consécutifs de la syphilis.

« Ce sont donc des eaux de premier ordre, qui joignent à des propriétés adoucissantes une action éminemment fondante et détersive. Ajoutons que, pour arriver à des résultats thérapeutiques aussi remarquables, on n'a pu disposer que d'appareils balnéaires encore incomplets, et de ressources matérielles tout à fait insuffisantes. Or, que serait-ce si l'on établissait là un hôpital civil ou militaire (ce qui serait vivement à désirer), ou si les eaux étaient exploitées par une des compagnies puissantes qui font la fortune des thermes du continent, en même temps qu'elles font la leur. L'abondance extraordinaire de ces eaux met à même de tout entreprendre, et leur efficacité merveilleuse permettrait de tout réaliser. Aussi, quand je voyais à Pietra-Pola des ruisseaux tout entiers d'eau minérale aller se perdre dans la rivière d'Abbatesco, sans profit pour personne, je ne pouvais m'empêcher de songer à Baréges, où, par suite du faible rendement des sources, on est réduit à alimenter les piscines avec de l'eau qui a déjà servi pour les douches ou les bains de baignoire.

« L'époque la plus favorable pour prendre les eaux de Pietra-Pola est du 15 mai au 15 juillet. La seconde saison commence à la fin d'août et se prolonge jusqu'au mois de novembre. »

PUZZICHELLO

« Les eaux de Puzzichello sont situées, comme celles de Pietra-Pola, non loin du chemin de ceinture qui longe la côte orientale de la Corse; seulement, tandis que celles-ci jaillissent au milieu même des montagnes, les premières sourdent dans la plaine. C'est près de Casabianda que se trouve l'embranchement rotable qui conduit aux eaux de Puzzichello, distantes de dix kilomètres.

« Il y a deux sources principales. On est averti de leur nature sulfureuse par l'odeur caractéristique qu'elles répandent au loin. Elles sont froides (14° C.); leur saveur est styptique et nauséeuse.

« D'après la remarquable analyse de M. Loetscher, professeur à l'Ecole Paoli, ces eaux contiennent, par litre, $0^{gr},0173$ de gaz sulfhydrique, quelques sels à base de soude et de magnésie, et une matière bitumineuse particulière : elles laissent dégager au griffon de l'acide carbonique et du protocarbure d'hydrogène; enfin elles seraient riches en barégine.

« Puzzichello possède aujourd'hui un établissement thermal. Cet établissement, qui ne manque pas d'une certaine élégance, appartient à M. Filippini, de Corte; il comprend dix-sept baignoires, une piscine, une douche ascendante, deux buvettes, et un local pour l'emploi des boues.

« Cette eau paraît douée d'une grande énergie. Bue à la dose de plusieurs verres, elle éveille l'appétit, produit une sensation agréable de chaleur qui se répand vers toute la périphérie du corps, accélère le mouvement du sang et augmente les sécrétions. Chez quelques malades, elle purge légèrement dans les premiers jours ; chez presque tous, elle ne tarde pas à congestionner les plexus veineux du rectum, ou même à provoquer un flux hémorrhoïdal.

« Les bains sont presque toujours administrés conjointement avec la boisson. Leur action est tonique et pénétrante ; elle se fait surtout sentir à la peau, qui s'irrite, rougit, et quelquefois se couvre d'un exanthème véritable.

« M. Blanqui, s'adressant à l'Académie des sciences morales et politiques, disait en 1838 : « *Je crois pouvoir assurer à l'Académie, d'après les autorités les plus respectables, qu'il n'existe en Europe aucune source comparable à celle de Puzzichello pour la guérison radicale de certaines affections invétérées et réputées incurables.* »

« Ces éloges un peu enthousiastes du savant économiste auraient plus d'autorité s'ils venaient de la part d'un médecin. Toutefois, je n'hésite pas non plus à déclarer que Puzzichello jouit d'une efficacité quelquefois merveilleuse dans le traitement de la plupart des maladies cutanées, surtout quand elles s'accompagnent d'ulcérations atoniques et serpigineuses...

« J'ai vu également à Puzzichello des goutteux qui se trouvaient à merveille de ces eaux. Elles favorisent la disparition des tophus et rendent les attaques plus rares et moins douloureuses. On commencera par administrer des bains tièdes dont on abaissera ensuite graduellement la température, jusqu'à ce qu'on arrive à les donner presque froids.

« D'autres états morbides sont plus ou moins profondément modifiés par les eaux de Puzzichello. Ce sont : les éruptions répercutées, les anciens flux supprimés, surtout le flux hémorrhoïdal... Ce sont encore : les accidents syphilitiques ou mercuriels, les scrofules, les tumeurs indolentes et certains engorgements des viscères abdominaux. Ces eaux, par conséquent, offrent à la thérapeutique de très-précieuses ressources. Or combien de médecins, même en France, savent qu'elles existent ! »

GUAGNO

« Les eaux de Guagno sont situées à 63 kilomètres d'Ajaccio, à 10 de Vico, dans un vallon qui s'étend de l'est à l'ouest... L'établissement thermal se compose de trois corps de bâtiments qui, réunis entre eux en angle presque droit, circonscrivent une assez vaste cour par laquelle on entre. L'aile gauche est occupée par des piscines pour les soldats et des cabinets de bains pour les officiers; l'aile droite est destinée aux civils. Deux sources alimentent l'établissement. On les a réunies à leur point d'émergence; aujourd'hui elles n'en forment qu'une seule dont la température est de 41° C. Une partie de l'eau minérale se rend directement aux douches; l'autre partie se déverse dans deux vastes bassins d'où, après un refroidissement convenable, elle se distribue aux piscines et aux baignoires. C'est au milieu du bâtiment que se trouve la buvette. Cette eau est claire et transparente, et elle exhale une faible odeur d'hydrogène sulfuré; sa saveur est fade et presque nauséabonde...

« Indépendamment du principe sulfureux, il existe dans ces eaux quelques sels à base de soude, de potasse et de chaux, un peu de silice et beaucoup de barégine. Elles me paraissent bien franchement appartenir à la classe des eaux sulfurées-sodiques.

« L'action physiologique des eaux de Guagno a été l'objet d'études d'autant mieux suivies, que l'hôpital militaire, qui reçoit chaque année trois ou quatre cents malades, fournit un vaste champ aux observations.

« Sous ce rapport je citerai avec éloge la thèse de M. Eugène Collin, où se trouvent consignés des faits pratiques pleins d'intérêt. « Nul doute que ces eaux n'agissent comme médication excitante. On voit, dès les premiers jours, la peau rougir, le pouls devenir plus vif et plus plein, les traits plus animés. Les évacuations naturelles ou morbides augmentent de quantité et de fréquence; d'anciennes douleurs se réveillent, quelquefois même s'exaspèrent. Il survient en même temps du malaise, de l'agitation, de l'insomnie, tous les signes en un mot de ce qui caractérise la fièvre thermale.

« Quant aux effets thérapeutiques de ces eaux, voici ce qui me paraît résulter des faits observés et publiés jusqu'à présent : Les eaux de Guagno sont utiles contre certaines affections cutanées, et en particulier l'eczéma et ses différentes formes. Elles rendent au contraire très-peu de services dans les psoriasis et les dermatoses vareuses.

« Les rhumatismes simples ou compliqués d'engorgements articulaires, les névralgies sciatiques s'en trouvent généralement bien. Il en est de même des accidents consécutifs aux blessures par armes à feu, telles que les fausses ankyloses, cicatrices vicieuses et adhérentes, paralysies partielles, rétractions tendineuses, anciennes fractures, trajet fistuleux avec carnosités, entretenus le plus souvent par des caries ou des névroses. Sous ce rapport ces eaux ne sont pas sans analogie avec celles de Barèges. Elles agissent comme elles, en provoquant vers les parties malades une stimulation artificielle et intime qui a pour effet de ramener la vitalité des tissus à des conditions meilleures.

« D'après M. Collin, les affections scrofuleuses obtiennent rarement la guérison, ou même du soulagement aux eaux de Guagno; quelquefois elles s'aggravent. La même remarque s'appliquerait aux maladies vénériennes. Ce dernier résultat m'a d'autant plus surpris que, dans les recherches spéciales que j'ai faites à cet égard sur nos principales sources du continent, les eaux sulfureuses m'ont toujours paru constituer un remède aussi précieux qu'héroïque de la syphilis, soit pour en déceler l'existence méconnue jusqu'alors, soit pour en modifier les symptômes et favoriser l'emploi des spécifiques, soit enfin pour remédier aux accidents de l'intoxication mercurielle.

« J'ai souvent entendu en Corse comparer les eaux de Guagno à celles de Pietra-Pola. Sans doute, ces eaux, par leurs propriétés détersives et pénétrantes, semblent jouir d'une même efficacité pour le traitement des affections traumatiques et chirurgicales ; mais quand on vient à rapprocher leur mode d'action, on ne tarde pas à reconnaître des différences essentielles. Ainsi, nous venons de voir que les eaux de Guagno sont excitantes; or celles de Pietra-Pola sont calmantes. Les premières ne conviennent pas dans le traitement des scrofules ; les secondes, au contraire, y sont admirablement appropriées. Enfin, tandis qu'à Guagno les affections vénériennes s'exaspèrent, elles guérissent parfaitement à Pietra-Pola. La saison des eaux commence en juin pour se prolonger jusqu'en septembre.

« La vie matérielle est bonne à Guagno, et le service des eaux parfaitement organisé. Je ne saurais, à cet égard, donner trop d'éloges à M. J. Multedo, le concessionnaire des sources. Cet établissement est entouré de toutes parts de montagnes couvertes de forêts grandioses, dont l'aspect sauvage et mystérieux impressionne d'autant plus vivement l'imagination qu'on est là, en quelque sorte, sur la terre classique des anciens bandits. C'est à Guagno qu'est né le plus célèbre d'entre eux, le *roi Théodore*, dont les exploits défrayent encore aujourd'hui les veillées du soir et les légendes. Heureusement que, grâce aux mesures vigoureuses adoptées dans ces derniers temps, le banditisme n'existe plus en Corse qu'à l'état de souvenir. »

EAUX THERMALES DE GUITERA

. . . .
« Les eaux de Guitera sont à peine captées : elles jaillissent en plein air, et après avoir traversé deux bassins, elles vont se perdre dans le torrent......

« L'eau de Guitera est une des meilleures eaux de la Corse. Une source seulement est utilisée. L'eau qu'elle fournit en très-grande abondance a une température de 48° cent. Bien que cette température diminue de quelques degrés pendant que l'eau passe du bassin où elle jaillit dans celui où l'on se baigne, elle reste cependant beaucoup trop élevée pour le bain. Aussi la durée de l'immersion ne peut-elle être que de quelques minutes.

« La source de Guitera exhale une odeur d'œufs couvés très-caractéristique. Sa limpidité est parfaite; sa saveur franchement sulfureuse, avec un arrière-goût douceâtre. On aperçoit sur tout son parcours de longues traînées de barégine. Quant à la composition chimique de cette eau, je ne sache pas qu'elle ait été l'objet d'aucune analyse sérieuse. Tout ce que je puis dire, c'est que le soufre s'y trouve à l'état de sulfure de sodium et que les gaz qu'elle laisse dégager sont un mélange d'acide carbonique et d'azote.

« Même absence de documents pour tout ce qui se rattache à sa partie médicale. C'est donc par voie de renseignements, en s'adressant aux malades eux-mêmes, qu'on peut arriver à quelque chose d'à peu près positif. Or voici ce qui m'a paru résulter de l'espèce d'enquête à laquelle je me suis livré :

« Les rhumatismes, les engorgements articulaires, les ankyloses incompétentes, les foulures, les vieilles entorses, certaines contractures spasmodiques des muscles, cèdent assez rapidement à l'emploi de ces eaux. Il en est de même de la plupart des maladies cutanées. On les vante beaucoup également contre les affections de l'utérus caractérisées par la sensibilité vers le col, des pertes blanches, et de la pesanteur dans les reins. Enfin on m'affirma qu'elles étaient souveraines contre les paralysies, *suite d'apoplexie*, et à cette occasion on me fit voir une jeune fille en voie de guérison d'une hémiplégie faciale. Or il me fut facile de reconnaître que cette hémiplégie, bien loin d'être, comme on le supposait, la conséquence d'une hémorrhagie cérébrale, se rattachait simplement à l'engourdissement paralytique d'un des nerfs de la septième paire…

« Ce qui me fait bien augurer de l'avenir de Guitera, c'est que la source dont on fait usage aujourd'hui ne forme qu'une fraction tout à fait minime des richesses minérales de cette localité. En effet, à quelques pas de là se trouve une prairie où sourdent de tous côtés des courants d'eau sulfureuse dont la température varie de 40° à 55°, et qui se perdent dans les terres ou se jettent dans le torrent, sans qu'on en tire aucun profit. Ces courants m'ont paru provenir d'un même foyer souterrain, lequel doit être à une très-petite profondeur, puisque, pendant la saison des foins, les faucheurs, dont l'habitude est de travailler pieds nus, sont obligés de changer de place à chaque instant, tant la chaleur du sol les incommode. »

OREZZA

« Les eaux d'Orezza ne sont pas, comme les précédentes, minéralisées par le soufre ; elles appartiennent à la classe des eaux ferro-gazeuses.

« Il y a deux sources principales, presque voisines l'une de l'autre, mais sur un plan différent : l'une appelée *Soprana* (en dessus), et l'autre appelée *Sottana* (en dessous).

« La Sottana a été captée à son point d'émergence, dans l'endroit même où elle s'échappe du granit. Un petit pavillon solidement muré la protége contre les éboulements et les eaux pluviales. Elle pétille et mousse en sortant ; sa fraîcheur est extrême (14° cent.). Recueillie dans un verre, cette eau se trouble légèrement par le dégagement de nombreuses bulles de gaz acide carbonique ; puis elle reprend toute sa limpidité. Sa saveur est piquante, aigrelette, acidulée, avec un arrière-goût styptique qui n'a rien de désagréable.

« Un excellent travail sur l'eau d'Orezza vient d'être publié par M. Poggiale (1). Il résulte des opérations auxquelles ce savant chimiste s'est livré,

(1) M. Poggiale célèbre chimiste, né en Corse et demeurant à Paris.

que 1,000 grammes de cette eau contiennent $0^{gr},128$ de carbonate de protoxyde de fer et $1^{lit},248$ d'acide carbonique libre ou provenant des bicarbonates. Cette eau l'emporte, par la proportion de fer et de gaz qu'elle renferme, sur les eaux ferrugineuses et gazeuses les plus célèbres, telles que Spa, Schwalbach et Pyrmont. Ainsi, par exemple, le Pouhon de Spa, qu'on cite avec raison comme le type des eaux ferro-gazeuses, ne contient pour la même quantité d'eau que $0^{gr},077$ de carbonate de fer et $0^{lit},880$ d'acide carbonique.

« Si les eaux d'Orezza méritent, au point de vue chimique, d'être placées en première ligne, elles ne le méritent pas moins sous le rapport hygiénique et médicinal. Ces eaux, en effet, par leur action tonique sur l'estomac et sur l'ensemble de nos fonctions, conviennent à l'homme en santé et à l'homme malade. Elles sont particulièrement utiles dans la chlorose et dans l'aménorrhée, qui en est si souvent la conséquence; dans les hémorrhagies passives, l'anémie, les leucorrhées, les gastralgies, et dans les diarrhées chroniques par atonie de la muqueuse. La rapidité avec laquelle elles sont absorbées, puis éliminées par les urines, les rend encore fort avantageuses contre la gravelle et certaines formes du catarrhe vésical......

« Mais ce qui appartient en propre à ces eaux et les rend surtout précieuses pour la Corse, c'est qu'elles constituent un puissant antidote contre l'empoisonnement miasmatique que produisent les émanations des marais......

« On doit boire ces eaux avec précaution et n'élever que graduellement les doses, de peur d'irriter l'estomac et d'appeler le sang vers le cerveau. On peut aussi en faire usage chez soi, car elles supportent très-bien le transport......

« Orezza, comme source gazeuse et ferrugineuse, est une eau sans rivale. Comme site, où trouver ailleurs un air plus pur, plus riche, plus vivifiant ? Quel plus ravissant coup d'œil que celui de tous ces petits villages semés à mi-côte, au milieu des bois, et comme suspendus au-dessus de la vallée ! Les sentiers nombreux qui conduisent à la source constituent autant de promenades que des châtaigniers gigantesques recouvrent d'un magnifique dôme de verdure........

« Je ne pousserai pas plus loin ces études. Sans doute, il existe en Corse beaucoup d'autres sources d'eaux minérales dont je suis loin de méconnaître la valeur; mais elles n'offrent jusqu'à présent qu'un intérêt de localité, tandis que celles que je viens de décrire me paraissent appelées à une réputation et à une vogue européennes. Or, qui pourrait prévoir l'influence que ces eaux devront exercer un jour sur la prospérité générale de l'île? *Urbes acque condunt*, disaient les anciens......

« Pourquoi donc la Corse serait-elle plus longtemps déshéritée des avantages inhérents à sa structure physique? C'est aussi un pays de montagnes; ce sont aussi des eaux richement minéralisées et d'une très-grande puissance thérapeutique. Malheureusement, c'est à l'unique cause de leur infériorité apparente et de leur abandon immérité qu'elles ne sont pas connues. »

M. Constantin, ayant dit que les établissements qui existent près de ces sources sont encore insuffisants et incomplets, continue :

« Supposons que ces améliorations se trouvent réalisées : quel ne serait pas un voyage en Corse, aujourd'hui que la civilisation, en effaçant les types nationaux, leur a substitué une sorte d'uniformité monotone! La Corse, et c'est là ce qui m'a le plus frappé, est restée un pays à part. C'est toujours le même peuple, tout à la fois guerrier et pasteur, intelligent plutôt qu'industrieux, désintéressé, indépendant, frugal comme l'Arabe, et comme lui hospitalier. Productions du sol, animaux sauvages ou domestiques, climats, paysages, accidents de terrain, tout porte l'empreinte d'une originalité singulière qui n'impressionne pas moins vivement l'artiste que le penseur. »

CALDANICCIA

« Les eaux de Caldaniccia existent à douze kilomètres au nord-est d'Ajaccio, et près des bords de la Gravona.

« Ces eaux sont limpides et douces au toucher; leur saveur est hépatique et marécageuse. Température : 35° centigrades. Quant à la faible quantité de soufre qu'elles renferment, il s'y trouve à l'état de gaz sulfhydrique.

« Les bains constituent à peu près tout le traitement. Ils conviennent particulièrement aux personnes délicates et nerveuses, et agissent comme médication sédative. On vante leurs bons effets contre les névralgies, les spasmes, les insomnies opiniâtres et certains flux leucorrhéiques entretenus par l'irritabilité du col utérin.

« Sur la hauteur qui domine la vallée, et tout près de la grande route, on a construit une maison pour les malades. »

C. JAMES.

EAUX MINÉRALES DE LUCCIANA

Les eaux minérales du village de Lucciana appartiennent aussi à la classe des eaux ferro-gazeuses. Elles ne sont aussi abondantes ni aussi piquantes et aigrelettes que celles d'Orezza; mais elles sont assez riches en gaz, en magnésie et en carbonate de fer.

Ces eaux n'ont pas encore été analysées; mais selon le jugement des médecins qui les ont visitées, elles seraient d'une grande efficacité pour les maladies de la rate, les leucorrhées et les gastralgies.

On voit, sur les bords d'un petit ruisseau qui coule à la distance d'environ cent mètres du village, plusieurs dépôts rougeâtres et filamenteux. Ces indices de l'eau minérale inspirèrent à deux abbés de ce même village (il y a quelques années) l'idée de faire des recherches. Plus tard, le conseil général de la Corse vint à leur aide en leur accordant de petites sommes d'argent, avec lesquelles ils sont venus à bout d'établir une loge qui met ces eaux à couvert des éboulements et des eaux pluviales.

Ces eaux minérales sont d'une grande utilité pour tous les habitants des villages qui couronnent la plaine de la Mariana, comme aussi pour les habitants des autres villages qui fréquentent cette plaine dans la saison d'été; car tous sont infectés par les miasmes qui engendrent chaque année des fièvres périodiques dont ces eaux guérissent les suites.

Les eaux de Lucciana sont fréquentées par bon nombre d'habitants de la ville de Bastia, qui n'est éloignée de ces eaux que d'environ dix-huit kilomètres. La route est toujours carrossable.

Outre ces eaux minérales froides et chaudes dont nous avons parlé, existent encore bien des sources du même genre et qui sont très-nombreuses, comme les bains de Tallano, sur la rive gauche de Fiumiccioli, qui ont une température de 26° Réaumur; les eaux de Caldanelle de Mosi, près de Vico, qui ont 26 degrés de chaleur; les bains d'Olmeto, sur la rive de Baraci, qui ont 24 degrés de chaleur; les bains de Buderango, près d'Urbalacone, qui ont une température de 18 degrés; les eaux ferro-gazeuses d'Alessani, celles de Moriani, celles de Malagini. etc., etc., etc.

Plusieurs sources minérales connues dans les temps anciens sont tombées dans l'oubli, comme celle du Nebbio, celle de Corrazica, celle de Campitello, celle de l'ancienne ville de Mariana, au lieu dit Merenzana, dont nous avons découvert tout récemment les vestiges dans l'endroit dit Mormorana.

GÉOLOGIE DE LA CORSE

L'île de Corse est divisée, comme nous l'avons dit, par une chaîne de montagnes qui courent du nord au sud.

La partie occidentale présente un terrain granitique, et la partie orientale un terrain calcaire et schisteux. Les vastes plaines de Mariana et d'Aleria, qui occupent une grande partie du littoral oriental, ont été formées par des atterrissements et par des courants diluviens.

Quoique la Corse présente deux sortes de terrains, le calcaire et le granitique, cependant on pourrait en admettre un autre et considérer cette île comme formée par des terrains primitifs, secondaires et tertiaires. Les terrains primitifs occupent la partie de l'ouest et du sud de la Corse et sont presque tous granitiques; mais ces granits sont entrecoupés de roches euritiques, de porphyre et de jaspe; telles sont les montagnes qui couronnent le Niolo.

Les terrains intermédiaires ou secondaires se rencontrent du Cap Corse au Fiumorbo. Ces terrains se composent de calcaires, de serpentines, de quartzs, d'euphotides, etc., etc.

Les terrains tertiaires ne se montrent qu'en certaines parties de l'île, comme dans le Cap Corse, dans le golfe de Saint-Florent et dans ceux de Santa-Manza et de Bonifacio.

On a découvert, dans le ciment calcaire, quelques fossiles d'animaux marins et des masses énormes formées par des coquillages; on croit avoir aussi découvert des traces de charbon fossile; mais ce qu'il y a de plus remarquable, ce sont les mines d'antimoine, de cuivre, de plomb argentifère et de manganèse, dont une partie est en exploitation.

CLIMATOLOGIE DE LA CORSE

Le climat de la Corse est très-inconstant dans toutes les saisons. Cependant on distingue trois climats bien différents dans cette île. Les terres qui approchent de la mer n'éprouvent jamais un hiver rigoureux, même dans

HYDROGRAPHIE　　　　　LAC ONENO

LAC NINO

HYDROLOGIE

BERGERIE

HOSPITALITÉ

LE BERGER AUGURE

les mois de janvier et février, qui sont les plus froids dans la plus grande partie de l'île; la température, dans ces contrées, serait toujours assez élevée si les vents ne venaient la modérer. Ainsi, dans tout le littoral les citronniers et les orangers viennent en plein vent.

Le second climat, où l'hiver se montre plus rigoureux, c'est dans la partie de l'île la plus peuplée; néanmoins, la végétation des arbres fruitiers y est gigantesque.

Un troisième climat existe dans les hautes montagnes; mais ces contrées sont inhabitées, excepté quelques villages, tels que Vivario, Niolo, Bocognano, etc., etc.; cependant les châtaigniers et tant d'autres arbres fruitiers y sont d'une végétation admirable.

L'île de la Corse est tourmentée par des vents presque continuels. Du côté de la ville d'Ajaccio souffle souvent le vent d'ouest; mais ce même vent, à cause de la chaîne des montagnes qui divisent l'île, devient sud-ouest et souffle avec tant d'impétuosité sur Calvi, Bastia, le Cap Corse et Bonifacio, qu'il cause souvent des sinistres terribles. Ce vent prend le nom de *libeccio*. Le vent d'est-sud domine dans toute la partie orientale et dans le Nebbio. Ce vent a le nom de *sirocco*, comme aussi le vent d'est (*grecale*), qui est toujours pluvieux.

Nous nous sommes proposé, dans le titre de notre ouvrage, de donner tous les plans des anses, golfes et ports de la Corse, avec les chiffres marquant la profondeur de leurs eaux.

Tous ces dessins, au lieu de les rapporter dans la partie de l'hydrographie, nous avons décidé de les placer dans notre *Itinéraire* autour de l'île. Cependant nous nous bornerons à donner ici les noms des anses, golfes et ports, indiquant dans quelle partie de l'île ils se trouvent.

La configuration de la Corse est une grande ellipse irrégulière, et son plus grand diamètre est du nord au sud.

Nous avons dit, dans notre précédent article géologique, que les roches qui forment les montagnes orientales de la Corse sont un composé de schistes, serpentines, quartzs et calcaires, lesquels sont plus susceptibles de se décomposer que les roches granitiques de la partie occidentale.

Les roches de cette partie de l'est étant disposées à la décomposition, il s'ensuit que la multitude des torrents qui se forment dans les saisons pluvieuses entraînent d'abondantes matières à la mer, où un courant de la

Méditerranée qui longe toute la côte orientale les distribue parallèlement aux rivages. Les sables que la mer dépose sur le littoral finissent par être couverts et nivelés par ces alluvions, de sorte que toutes les anses que la côte orientale pouvait former dans les temps primitifs ont disparu et ont fait place à une plaine fertile et d'une assez grande étendue (1). C'est ainsi que la partie orientale de la Corse ne possède que quelques petits ports, comme : l'anse du Barcaggio, le port du Macinaggio, celui de Port'cciolo et l'anse d'Erbalunga dans le cap Corse; le port de Bastia, celui de Favone, le golfe de Porto-Vecchio et le port de Bonifacio à l'extrémité est-sud de l'île.

Au contraire, les côtes du nord-ouest, d'ouest et de sud-ouest, étant toutes dentelées, forment plusieurs golfes et ports, comme : le petit port de Centuri, le golfe de Saint-Florent, le port de l'île Rousse, les golfe et port de Calvi, le golfe de Rivellata, ceux de Crovani, de Galeria, de Focolare d'Elba, de Girolata, de Porto, de Chioni, de Pero, de Sagona, de Liscia, de Lava, le port Provençal, le golfe d'Ajaccio, le golfe de Vallinco, les ports de Porto-Bello, de Propriano, de Campo-Moro, et les golfes de Mortoli, de Roccapina, de Figari et de Ventilegue.

Il faut savoir que quelques-uns de ces ports et golfes susmentionnés ne sont que de grandes anses comprises dans le même bassin.

(1) En creusant (sous le règne de Louis XVI) un grand canal d'écoulement entre l'étang de Chiurlino et l'embouchure de la rivière de Golo, on découvrit à trois mètres de profondeur un esquif entier enseveli sous les sables. La mer se trouve à la distance d'une demi-lieue de ce canal.

AGRICULTURE

De tout temps les Corses, si habiles dans le maniement des armes, ont dédaigné l'usage du soc et de la charrue.

On a dit que notre île ayant été tour à tour envahie par des nations spoliatrices, ses malheureux habitants ont dû sans cesse recourir aux armes pour combattre leurs oppresseurs; que ces habitudes guerrières les ont forcément distraits des travaux des champs et leur ont inspiré le goût des armes; qu'enfin, s'ils s'étaient montrés fiers, pendant les guerres de l'indépendance, de se parer d'un fusil, d'un pistolet et d'un poignard, leur vanité devait être bien plus flattée encore lorsqu'ils se voyaient ornés de l'épée et de l'épaulette en or, légitime récompense de leur courage, et souvent prix du sang versé pour la défense du drapeau national.

D'autres ont prétendu que la paresse n'était pas ce qui éloignait les Corses des travaux agricoles, et que chaque nation a son cachet, son penchant, avec lesquels on peut difficilement transiger.

Quoi qu'il en soit, nous ne saurions nous empêcher de reconnaître que l'agriculture en Corse est encore bien peu avancée. Des terres vierges, couvertes de makis et de bois d'une merveilleuse exubérance, attendent toujours que la main de l'homme vienne leur arracher les trésors qu'elles renferment. D'immenses étendues de terrains incultes couvrent la superficie de l'île, et la faible partie du sol appropriée à la culture des céréales n'est que légèrement entamée par une charrue primitive que des bœufs, petits et chétifs en général, traînent péniblement. En traçant un sillon, ce modeste attelage est souvent arrêté par un caillou, par une racine d'asphodèle ou de chardon, et le laboureur est obligé de soulever lui-même le soc afin d'aider ses bœufs à surmonter l'obstacle.

Nous donnons ici les dessins de nos instruments aratoires. Le lecteur continental s'étonnera sans doute que nos terres, à peine remuées sur une profondeur de quelques centimètres, par des charrues de cette nature, puissent produire, sans qu'on y dépose le moindre engrais, des récoltes quelquefois fort abondantes.

On dit bien que l'agriculture fait des progrès, que l'espèce bovine a été améliorée, qu'une grande étendue de makis a été défrichée, et que plusieurs familles enfin se sont déterminées à quitter les montagnes pour aller cultiver les terrains de la plaine; mais, sans nier le progrès, nous ne pouvons nous empêcher de constater qu'il est bien peu sensible encore.

Appartenant à une famille d'agriculteurs, né et élevé dans une des plaines les plus fertiles de la Corse, nous ne sommes pas étranger à la culture des champs; et après avoir parcouru l'île entière, nous avons pu nous convaincre que la science agricole en est, pour ainsi dire, encore aux premiers rudiments, et que l'espèce bovine y est presque aussi rabougrie que dans les temps les plus reculés.

On aperçoit bien quelques bœufs bien nourris, bien entretenus, que des propriétaires aisés ont, à grands frais, fait venir du continent, avec des charrues perfectionnées et des machines à battre et à vanner le blé; mais c'est à peine si sur une étendue de cent cinquante kilomètres de plaine l'on trouve trois ou quatre de ces machines.

Il est vrai aussi que quelques habitants de la montagne se sont aventurés dans les plaines pour y labourer des champs. Qu'en est-il résulté? Leurs greniers se sont remplis de blé; mais, avec l'abondance, la tristesse et la désolation sont venues prendre place au foyer domestique. Ces hommes, hier encore pleins de sève et de vigueur, sont aujourd'hui énervés, étiolés, et ils s'éteignent avant l'âge. Le passage de l'air frais des montagnes à la lourde température des plaines commence, pour ces martyrs du travail, l'œuvre de destruction, que viennent bientôt achever les miasmes pestilentiels qui s'exhalent des eaux stagnantes.

Le fléau de la *mal'aria* disparaîtra, nous le croyons; les grands travaux de desséchement ordonnés par le gouvernement de l'empereur Napoléon III contribueront, sans doute, à l'assainissement de ces contrées fertiles. Mais les plaines assainies seront-elles habitées par les gens de la montagne? Nous n'osons pas l'espérer. Tant que l'humeur belliqueuse de nos insulaires ne se sera pas un peu calmée, l'agriculture sera en souffrance. Ne voyons-nous pas tous les jours des jeunes gens qui, pour être admis dans l'armée de terre ou de mer, laissent dans l'abandon des terres où des récoltes abondantes récompenseraient si largement ceux qui se détermineraient à les cultiver?

Un jour peut-être, puisse-t-il n'être pas trop éloigné! lorsque nos plaines seront assainies, les Corses trouveront dans la culture des champs une large rémunération à leurs fatigues; ils comprendront que l'agriculture est un des premiers besoins des nations civilisées, et alors on n'aura plus besoin de recourir à ces journaliers italiens qui, chaque année, viennent par milliers dans notre île, d'où ils repartent aux premiers jours de l'été, emportant le prix de leur travail, s'élevant, en moyenne, à plus de trois cent mille francs.

POMMES DE TERRE

La culture qui, avec celle des céréales de toute espèce, prospérerait le plus en Corse, et qui cependant y est toujours fort négligée, est sans contredit celle des *pommes de terre*. Ce tubercule y vient à merveille, les espèces en sont variées, la qualité en est excellente, et pourtant le propriétaire, en général, ne produit que pour les besoins de sa famille. Les pommes de terre que l'on voit sur le marché de la ville de Bastia proviennent des petits villages des environs ; celles de Sisco sont fort estimées ; on en mange aussi de fort bonnes dans le Niolo, à Venaco, à Bastelica, etc.

HARICOTS

On donne beaucoup plus de soins à la culture des haricots ; c'est, à proprement parler, la seule denrée (excepté les lupins) que l'on exporte de l'île. Indépendamment de ceux que l'on retire des potagers pour les besoins du ménage, on en récolte dans les plaines de la côte orientale, d'une toute petite espèce, qui se vendent fort bien sur la place de Marseille. Ce commerce est destiné à prendre un bien plus grand développement, grâce aux canaux d'irrigation déjà établis, ou en voie d'exécution dans les cantons de Vescovato (Casinca) et de Borgo (Mariana).

HERBAGES

Les herbages ne sont pas fort abondants. Dans les villages, chaque famille tire d'un carré de jardin ce qui est nécessaire à la consommation de tous les jours. Dans les grands centres, tels que Bastia, Ajaccio, Corte, et dans quelques autres petites villes, le jardin est l'objet d'un travail plus assidu.

On cultive dans le jardin de l'ancien couvent d'Alessani, aujourd'hui converti en caserne de gendarmerie, des choux d'un goût exquis et qui deviennent excessivement gros; nous en avons vu à l'exposition de Corte qui pesaient seize kilogrammes et demi.

MELONS ET PASTÈQUES

A ce point de vue, il y a progrès. Ainsi, à une époque qui remonte à peine à quelques années, le melon était fort rare en Corse, la pastèque presque inconnue. Aujourd'hui ces cucurbitacées arrivent sur nos marchés en si grande quantité, qu'on en exporte même en Italie, d'où on les tirait autrefois lorsqu'on voulait garnir la table de quelque riche gourmet.

Le melon vient, comme la pastèque, dans des terrains marécageux et presque impropres à toute autre culture; il demande peu de travail, peu de soins, peu de frais, et il est d'un rapport considérable.

RIZ

Des continentaux ont essayé d'introduire en Corse la culture du riz. Ils l'ont établie sur une grande échelle, surtout dans le canton de Vescovato et dans la plaine de Biguglia. Ces essais n'ont pas été heureux. Non pas que le sol s'y refuse, au contraire; mais ils se poursuivent dans des lieux habituellement malsains, où les habitants du pays refusent de s'aventurer pendant une grande partie de l'année. L'on ne peut, d'autre part, compter sur les ouvriers italiens qui viennent tous les ans cultiver nos terres; car, à l'époque où le riz devrait être récolté, déjà ces étrangers ont regagné leur pays.

CHANVRE

Le chanvre serait encore d'une très-belle venue. La tige de cette plante herbacée atteint, en Corse, une élévation de douze à quinze pieds; mais malgré les belles espérances qu'on pourrait fonder sur une pareille culture, on s'en occupe peu, et c'est à peine si dans quelques villages on y affecte quelques ares de terrain.

LIN

On obtient dans cette île du lin d'une très-belle qualité; cependant on en cultive très-peu, au point que, pour la pharmacie, on tire la graine du continent.

COTON

On a tenté de produire du coton; la plante s'est élevée à plus de trois pieds de hauteur, chargée d'une masse de flocons coniques d'une rare blancheur. On n'a pas renouvelé les expériences à ce sujet. Cette culture exige-t-elle des connaissances spéciales et des hommes pratiques que l'on pourrait trouver difficilement dans ce pays?

TABAC

On a commencé à faire de grandes plantations de tabac à Ajaccio, Sartène, Cervione et Vescovato. M. le sénateur comte de Casabianca avait même obtenu du gouvernement l'envoi en Corse de quelques employés pour diriger et perfectionner cette culture; mais le manque de bras au moment de la récolte, qui coïncide avec celle des céréales, a empêché d'obtenir les résultats qu'on avait espérés.

TABAC CORSE

Le tabac que de tout temps on a cultivé dans l'île, principalement dans l'ancienne province de Vico, et qui constitue la principale ressource de quelques villages de cette contrée, est une plante qui grandit peu et donne de petites feuilles d'une saveur âpre et d'une odeur désagréable. C'est ce que les botanistes appellent *Nicotina rustica*.

VITICULTURE

La culture de la vigne ne laisse rien à désirer en Corse, la fabrication du vin y est cependant fort peu avancée ; l'excellence du fruit n'en donne pas moins un liquide qui ne le céderait en rien, s'il était mieux travaillé, aux vins doux de l'Espagne et aux meilleurs vins du Roussillon, de la Bourgogne et du Beaujolais. Les terroirs de Cervioni et de Corte surtout produisent un vin qui n'est pas de beaucoup inférieur au bordeaux. Les vins des cantons de Sari d'Urcino, de Tallano et de Sartène, et le vin muscat du cap Corse, peuvent être comparés aux meilleurs vins du continent.

L'oïdium a fait de grands ravages dans le pays ; les vignes cependant se relèvent, et tout fait espérer que dans un avenir prochain les ceps qui donnent un vin-liqueur et qui avaient été complétement attaqués, spécialement dans le Cap-Corse et dans tout le littoral oriental de l'île, redeviendront en plein rapport.

SÉRICICULTURE

MURIER

Il y a quelques années le mûrier a été popularisé en Corse ; on a essayé d'élever des vers à soie ; quelques magnaneries ont été établies, une filature a même fonctionné pendant quelque temps à Bastia ; mais, malgré l'excellence de ses produits, elle a cessé ses travaux. Les cocons, en assez petite quantité, que l'on obtient se vendent soit en Italie, soit à Marseille. Le produit n'en est pas considérable, et l'éleveur ne trouve pas une suffisante rémunération de ses fatigues ; ce qui explique le peu de développement d'une industrie, qui paraissait cependant devoir prospérer.

ARBORICULTURE

Les arbres fruitiers, tels que le cerisier, le pêcher, l'abricotier, le prunier, le néflier, le noyer, l'amandier, le noisetier, le figuier, le pommier, le poirier, etc., vivent en Corse en plein vent et produisent en général des fruits excellents, sans exiger la moindre culture. Le pommier, le poirier, le noisetier viennent naturellement au milieu des makis; on n'a qu'à les greffer et ils donnent un rendement considérable. On ne saurait se faire une idée de la quantité prodigieuse de pommes que produit le canton de Pero, et des récoltes abondantes de poires qu'on effectue dans celui du Borgo.

CITRONNIER

Le citronnier et l'oranger viennent en plein champ, comme les autres arbres, et s'élèvent à une hauteur qui varie de six à douze mètres. On n'attache cependant pas une très-grande importance à leur culture, et on ne leur donne des soins que dans quelques villages du Cap-Corse, de la Casinca, de la Mariana, du Nebbio, de la Balagne, ainsi qu'à Ajaccio, Bonifacio, Cervione et Bastia. Le jardin Barbicaggio près d'Ajaccio, ceux d'Aregno et de Corbara en Balagna, produisent des oranges qui ne le cèdent en rien aux meilleures qualités du Portugal.

CÉDRATS

On s'occupe d'une manière plus spéciale de la culture du cédratier ou cédrat, qui est d'un rapport presque fabuleux.

Les habitants du Cap-Corse, plus particulièrement en contact avec la rivière de Gênes, ont exploité cette culture, dont ils ont recueilli de grands avantages. Aussi là où surgit un filet d'eau, ils s'empressent de planter des cédrats, et comme cette partie de l'île est exposée au vent du nord et au *libeccio*, les plants sont abrités derrière des murailles fort élevées, et entourées d'ailleurs d'une palissade formée avec de la bruyère, de l'arbousier et d'autres arbustes tressés d'une manière fort compacte.

On comprend que l'on ne néglige rien pour assurer le développement d'un plant qui donne trois récoltes, au moins, par an. Le fruit grossit beaucoup, et quand il a de deux à cinq kilos de poids, on le livre à la confiserie. Quelquefois, lorsque le fruit ne dépasse pas la grosseur d'un œuf d'oie, si d'ailleurs il ne présente aucune aspérité, on le récolte pour être vendu, sous le nom de *cittima*, aux Israélites, à l'époque où ils célèbrent leurs fêtes dites *des Tabernacles*.

La *cittima* se vend ordinairement de soixante centimes à un franc.

L'exemple donné par le Cap-Corse a été suivi en quelques autres contrées de l'île. On récolte aujourd'hui des cédrats dans le Nebbio, dans la Casinca, dans la Mariana, dans la Balagna, etc. La culture y est plus facile et moins coûteuse qu'au Cap-Corse, parce qu'on y prend moins de précautions pour abriter ces plants contre le vent.

Nous ajouterons que les cédrats de la Corse sont préférables à tous les autres.

Nous ne pouvons résister au désir de rappeler ici un trait qui dénote à la fois la subtilité mercantile des négociants de Gênes, et peut-être aussi l'antipathie non encore éteinte des Génois à l'égard des Corses. Jaloux de la supériorité de nos *cittime*, des Génois ont éveillé dans l'esprit des Israélites des scrupules religieux, en leur faisant croire que nos *cittime* étaient produites par des plants greffés, et qu'ainsi elles ne répondaient pas aux exigences du rite hébraïque. La ruse n'a pas tardé à être démasquée. Un rabbin de Francfort s'est rendu en Corse, où il a pu par lui-même s'assurer que, dans une pensée de lucre, on avait induit ses coreligionnaires en erreur. Depuis lors nos *cittime*, qui étaient tombées en discrédit, ont pris une plus grande valeur encore que par le passé.

OLIVIER

L'arbre de la paix vient partout en Corse, si ce n'est sur les hautes montagnes. On en voit dans les lézardes des vieux édifices, comme dans les fentes des rochers ; les collines en sont couvertes, de même que les vallons et les plaines.

L'olivier, qui n'exige presque aucune culture, donne quelquefois des récoltes fabuleuses. Certains pieds rendent jusqu'à trois cents litres d'huile.

Une immense quantité d'oliviers sauvages n'attendent que la main de l'homme pour enrichir une grande partie de notre île, principalement dans la *Balagna déserte* (ancienne Piève de Sia) et dans la contrée qui s'étend le long des coteaux, depuis la *Sollenzara* jusqu'à *Porto-Vecchio*.

Il est des terroirs dans les cantons de *Castagniccia* où il n'est pas même nécessaire de greffer les sauvageons ; il suffit de fixer dans le sol une baguette d'olivier sans racines, pour obtenir en très-peu de temps un arbre d'un bon rapport.

L'exportation de l'huile constitue notre commerce le plus important. Il était autrefois circonscrit dans les provinces du Nebbio et de la Balagna ; aujourd'hui il s'étend même dans l'intérieur de l'île, et des négociants du continent viennent chercher ce que nous allions autrefois leur offrir.

Le temps n'est pas éloigné où nous pourrons disposer de moyens de fabrication qui nous ont presque entièrement manqué jusqu'ici ; et lorsque nos usines, nos pressoirs auront été perfectionnés, nos huiles, qui ont été primées dans divers concours agricoles, notamment à l'exposition générale de Paris, ne le céderont en rien aux huiles les plus fines et les plus renommées de la Provence et de l'Italie.

CHÂTAIGNIER

Le châtaignier occupe une grande étendue de terrain en Corse. La culture de cet arbre a servi de texte aux incriminations de ceux qui nous accusent de paresse. On a prétendu que les ressources qu'il fournit font négliger ou même dédaigner les autres produits agricoles ou industriels nécessaires à notre subsistance.

Par suite de cette opinion, le conseil supérieur, à la date de 1771, défendit expressément aux insulaires de planter des châtaigniers. Mais cette décision fut rapportée deux ans après, sur le rapport de l'illustre Turgot, qui démontra que le châtaignier était l'arbre à pain de plusieurs contrées de l'île, et pour tous les habitants de la Corse un préservatif contre la disette.

Les prévisions de ce savant économiste ne tardèrent point à être justifiées; car, au moment où, faute de céréales, divers Etats de l'Europe subissaient les horreurs de la famine, la Corse, grâce à cet arbre providentiel, échappait aux atteintes du fléau.

En résumé, sous le rapport agricole, nous ne sommes pas avancés, sans doute; mais nous avons fait quelques progrès. La civilisation nous gagne; mais malheureusement nous en éprouvons les inconvénients plus que nous n'en énumérons encore les avantages.

Pourquoi faut-il qu'avec les idées de progrès, nous ayons donné accès à des vices qui nous étaient entièrement inconnus?

Le luxe a pris la place de la simplicité, la duplicité celle de la bonne foi; l'ambition dévore les descendants de ceux dont les habitudes étaient modestes et réservées; enfin la corruption envahit toutes les classes, et bientôt l'honnêteté traditionnelle de nos mœurs pourrait ne plus être qu'un souvenir.

Espérons que ce ne sera là qu'un temps de transition, et que, tout en jouissant des bienfaits de la civilisation, nous pourrons être ramenés au culte de ces vertus dont nos pères se sont montrés les fidèles observateurs.

LE BERGER

Le berger corse est encore l'homme de la nature; le progrès et la civilisation passent à côté de lui, et c'est à peine s'il s'en aperçoit.

Aujourd'hui, comme aux temps les plus reculés, il a pour abri son *pelone* pendant l'hiver; le feuillage touffu d'un chêne ou d'un lentisque pendant l'été; pour lit le sol nu; pour oreiller une pierre ou un morceau de bois. Une tranche de pain de seigle, d'orge, ou de la *polenta*, constitue, avec du fromage ou du lait, sa nourriture de chaque jour, et il a pour se désaltérer l'eau qui jaillit d'un rocher.

La *scaffa* (1), les *fattochie* (2), les *tinelle* (3), les *cocchie* (4) et d'autres ustensiles de la même nature, conservant encore des formes primitives de l'âge pastoral, composent son modeste mobilier, qu'il suspend d'habitude à un tronc d'arbre mort, fixé au milieu du *stazzo* (bergerie).

Des chiens d'une fidélité proverbiale sont les gardiens de ces meubles et du troupeau.

L'habillement du berger est des plus simples; la même étoffe lui sert pour toutes les saisons; c'est une espèce de drap fait avec la laine de brebis ou du poil de chèvre.

Ces vêtements sombres et grossiers donnent un aspect sévère au berger corse, qui est en réalité affable, généreux, et surtout hospitalier jusqu'à la superstition; jamais il ne repousse l'étranger qui se présente à sa bergerie, car il se croirait à jamais damné et déshonoré.

Plusieurs localités en Corse tirent leurs principales ressources de l'élève du bétail; les plus importantes sont sans contredit le Niolo et les environs du mont Coscione.

Le Niolo forme une riante et pittoresque vallée entourée de hautes montagnes couvertes de neige pendant une grande partie de l'année, et offrant dès lors trop peu de pâturages, ce qui oblige les habitants de ce canton à conduire ailleurs leurs troupeaux et à mener une vie nomade.

Le berger du Niolo est intelligent, peut-être un peu causeur. Si quelque membre de sa famille manifeste de bonnes dispositions pour l'étude, le Niolin ne néglige rien pour lui procurer les moyens de s'instruire. Aussi voit-on dans les familles du Niolo, à côté du berger qui conserve ses rudes habitudes, bon nombre d'ecclésiastiques, de médecins, d'officiers et d'instituteurs.

Les bergers des environs de Coscione semblent plus arriérés encore que

(1) Planche sur laquelle les bergers font le fromage.
(2) Formes pour faire le fromage, tissues avec des joncs très-fins.
(3) Seaux en bois de différentes dimensions.
(4) Cuillers de différentes grandeurs.

ceux du Niolo. On a le cœur navré lorsqu'on se trouve en présence des petits garçons et des petites filles blottis pêle-mêle dans des huttes exiguës, habillés ou pour mieux dire couverts de haillons d'un drap tellement grossier, que les plus austères anachorètes pourraient seuls, dans un esprit de mortification, s'en recouvrir. Et pourtant ils vivent heureux! sans souci du lendemain; ils jouent, ils chantent toute la journée pendant qu'ils sont à la garde de leur troupeau; et le soir, les pieds et les mains déchirés par les ronces, souvent trempés par l'orage, ils rentrent à la bergerie pour passer, tout habillés, la nuit sur la dure.

Au sein de ces makis et de ces forêts, où les rayons de la civilisation n'ont pas encore pénétré, règnent des vertus sociales oubliées ou méconnues par les nations policées. Ainsi, lorsqu'un homme sans ressources a un fils auquel on reconnaît quelque talent, les bergers, sans qu'on le leur demande, se cotisent pour fournir à cet enfant les moyens d'aller à l'école : l'un met à sa disposition quelque peu de fromage; d'autres vendent, pour lui en remettre le prix, une brebis, une chèvre, un porc, quelquefois même une vache ou un bœuf de labour; et si l'enfant fait des progrès, le berger continue ses libéralités jusqu'à ce que l'élève ait grandi et, comme on dit, soit devenu un homme.

Le laboureur s'associe d'ordinaire à cette œuvre de haute et intelligente générosité en remplaçant dans les travaux des champs l'enfant qui fait ses classes, et en fournissant même à ses parents quelques sacs de blé, de seigle, d'orge ou de châtaignes.

Une autre vertu, autrefois si chère aux Corses, le respect des mœurs, semble s'être réfugiée parmi les habitants de la montagne.

Plusieurs familles, n'ayant entre elles aucun lien de parenté, habitent la même grotte ou la même cabane; les vieillards, incapables de se livrer à de plus rudes travaux, demeurent à la bergerie pour y faire le fromage; les femmes âgées ramassent du bois aux alentours et vaquent aux affaires domestiques de l'association; les petits enfants jouent avec les petits chiens et les exercent à faire bonne garde autour de leurs rustiques habitations. Les jeunes garçons seuls ont donc, avec les jeunes filles, la charge de mener les troupeaux paître à travers les makis et les champs.

A l'âge où les passions s'éveillent, ces jeunes filles et ces jeunes garçons vivent dans un état de promiscuité presque constant, se tenant le jour à côté les uns des autres, le soir ensemble à la bergerie, conservant pourtant la pureté de leurs mœurs, et à peine s'ils se permettent d'innocentes chansons qu'une sœur peut sans rougir entendre sortir de la bouche d'un frère aimé.

Il arrive un jour où le jeune homme est appelé à servir la patrie ; il quitte alors pour d'autres lieux et pour d'autres habitudes le séjour des bois, ses makis parfumés par tant de plantes aromatiques, et où son enfance s'est écoulée heureuse du présent, insouciante de l'avenir.

Au retour, ce n'est plus, hélas! le berger corse; il n'a pas pu échapper à la corruption; mais le souvenir de ses jeunes ans, le respect dû aux vieillards, à ceux et surtout à celles qui ont longtemps vécu de la même vie que lui, le forcent à oublier son existence de soldat. Malheur à lui, si, dans la jeune compagne de ses travaux, qu'il retrouve après quelques années d'absence, il voit autre chose qu'une sœur! malheur!... si un mot de séduction s'échappe de sa bouche, s'il touche seulement au voile qui couvre le sein de la jeune fille. La bergerie, ce doux asile de la paix et des vertus patriarcales, deviendrait aussitôt le théâtre de scènes sanglantes.

Les bergers corses sont excessivement superstitieux : les sorciers, les esprits (folletti), les oiseaux de mauvais augure occupent souvent leur imagination. Le père raconte à ses enfants, qui l'écoutent avec un intérêt profond, des légendes extraordinaires.

Les bergers ont leurs présages. Lorsqu'ils craignent un malheur, ils tuent un agneau ou un chevreau, et le soir ils se réunissent tous autour du même foyer, pendant que le plus âgé d'entre eux, après avoir examiné l'omoplate de la victime, prononce ses oracles.

Sous le premier empire français, une certaine agitation se produisit dans Fiumorbo. Nul cependant ne pouvait prévoir quelles en seraient les funestes conséquences. Un soir les bergers s'assemblèrent sur le mont Asinao, un chevreau fut immolé, dont l'augure explora l'omoplate, et ces lamentables paroles vinrent contrister les assistants. « *Une ligne de sang s'étend depuis ces montagnes jusqu'à Bastia! Nos femmes sont en pleurs! Que de pères de famille vont pour toujours quitter leurs enfants!...* »

Ce triste présage ne se réalisa que trop : quelques jours après, un dimanche, à l'heure de la messe paroissiale, sous de faux prétextes, le général Morand, dont l'histoire a flétri la conduite, fit arrêter et conduire à Bastia plusieurs habitants du Fiumorbo; les uns subirent le dernier supplice, d'autres allèrent expier dans les murs de Toulon un crime imaginaire.

En général le berger corse sait lire et écrire. Les enfants, pendant qu'ils conduisent leur troupeau aux pâturages, ont toujours dans leur poche un livre qu'ils parcourent au moment du repos. C'est le Tasse ou l'Arioste, dont ils apprennent les strophes, qu'ils chantent en parcourant les makis, et dont ils expliquent les beautés à leurs frères au moment où, dans les fortes chaleurs d'été, le bétail va à *merezzare* (mot qui vient de *meriggio* midi), à l'ombre de quelques grands arbres. Le soir ils relisent encore les vers harmonieux de leurs poëtes favoris pendant que les brebis sont groupées dans les *compoli* (1) et les chèvres dans les *mandre* (2).

Les bergers corses n'ont, comme les anciens Romains et Grecs, pour instruments de musique que la flûte de *Pan* et le chalumeau (Fistula et avena).

Dans nos excursions sur les montagnes de l'île, nous avons cru, un soir, nous trouver parmi les bergers de l'Arcadie. C'était sur le mont Alzo, situé entre le Rotondo et le mont Pascio, au-dessus de la ville de Corte, près du Niolo. Nous passâmes là une nuit d'été délicieuse.

Les bergers, auxquels nous étions recommandés, nous accueillirent avec une cordialité dont on ne saurait se faire une juste idée. Ils préparèrent pour nous un excellent quartier de chevreau, du lait caillé et du *broccio* exquis; mais ce qui nous charma plus encore que ce champêtre et substantiel repas, ce furent des chants improvisés, dénotant chez ces bergers une verve poëtique inculte, il est vrai, mais surprenante. L'un d'eux, vieillard aux cheveux blancs, au nez camus, ce qui lui donnait une ressemblance frappante avec le fils de Sophronisque, nous rappelait le Melibeus de Virgile; un autre, d'un âge moins avancé, en semblait le Tityrus.

Le procédé pour faire le fromage est le même partout en Corse. Ses espèces varient cependant suivant les contrées, mais seulement quant au volume. Ainsi, dans le Cap-Corse, les fromages sont très-petits; ils pèsent d'ordinaire, lorsqu'ils sont frais, de deux à trois cents grammes. Dans l'intérieur de l'île, au contraire, leur poids s'élève d'un kilogramme jusqu'à trois et quatre kilogrammes.

Après le fromage, on fait le *broccio* si renommé. Voici comme on procède. On fait chauffer dans une chaudière le petit lait qui a coulé du fromage; on y mêle une certaine quantité de lait pur, et l'on agite avec une grosse cuiller; peu à peu le lait pur se condense; on a le soin d'enlever l'écume

---

(1) *Compolo*, espèce de cercle fait avec des branches d'arbres, où restent renfermées les brebis pendant la nuit.

(2) *Mandre*, c'est une haie tissue solidement pour enfermer les chèvres.

AGRICULTURE

AIRE OÙ ON BAT LE BLÉ

LABOUREUR

MARIAGES
FIANÇAILLES DE LOTA

MARIAGE D'ASCO

produite par l'ébullition; puis l'on prend, avec la grosse cuiller, la matière condensée, que l'on place dans des formes tissées avec des joncs assez fins, où pendant quelque temps on la laisse égoutter et refroidir.

Le prix du fromage frais varie de vingt à quarante centimes la livre. Le *broccio*, plus apprécié, se vend de quarante à soixante centimes la livre.

Le *broccio* s'emploie fréquemment dans la pâtisserie; on en fait les *fiadoni* et les *falcolelle*, qui ne le cèdent en rien aux gâteaux les plus renommés du continent.

INDUSTRIE

ARTS, MÉTIERS ET COMMERCE DE LA CORSE

Si la culture du sol est encore au berceau, l'industrie, les arts, les métiers et le commerce ont fait, au contraire, assez de progrès dans l'île de Corse.

On trouve, non-seulement dans les villes, mais même dans les villages de peu d'importance, des forgerons, des menuisiers, des cordonniers, des maçons et de petits magasins de commerce. Dans les villes, les ouvriers abondent comme dans les cités les plus civilisées du continent.

De tous les cantons de la Corse, celui d'Orezza (Piedicroce) est le canton dont les habitants se distinguent le plus pour les arts et métiers. On y fabrique des pipes, des cuillers, des fourchettes en bois de bruyère et de buis, des chaises, des selles, des faucilles, des stylets, des armes à feu, des pincettes et autres ustensiles de cuisine, des quenouilles, des chaussettes, des seaux en bois, des tamis, des cribles, etc., etc. On trouve quelques petites tanneries, quelques forges où on bat le fer, que les habitants vont vendre dans l'intérieur de l'île. Orezza est sans contredit le canton le plus industrieux de la Corse.

Dans d'autres cantons on voit des tisserands pour la toile de lin et pour le drap corse. Ce drap, dont les fabriques les plus renommées sont celles de

Corte, Niolo, Venaco, Sisco et Bocognano, est recherché surtout par les habitants de la montagne, où le froid est toujours rigoureux pendant l'hiver.

Dans les villages de Campile et Canaraggia les habitants fabriquent des pots en terre cuite. Dans le Niolo, outre la toile de lin et le drap corse, on confectionne les *peloni*, qui sont l'abri et la maison, pour ainsi dire, du berger pendant l'hiver et les temps de pluie. Dans le village d'Asco on fabrique le goudron et la poix, les quenouilles, les fuseaux, les pelles qui servent à enfourner le pain et celles qu'emploient les moissonneurs pour vanner le blé.

Sur les côtes occidentale et méridionale, et souvent sur la côte orientale de l'île, on pêche le corail, et sur cette dernière côte on pêche aussi des thons, des sardines et des anchois.

On fait une pêche considérable d'huîtres dans l'étang de Diana; de poissons dans les étangs d'Orbino et Salé; d'anguilles et poissons dans celui de Chiurlino.

Mais la plus considérable de toutes les industries de l'île, c'est l'exploitation des grandes carrières de marbre, qu'on a commencée dans plusieurs endroits : à Corte, sur les bords de la Restonica, où l'on a établi une grande scierie; à Serraggio, à San-Gavino de Venaco, à Castifao, à Oletta, à Olmetta, à Saint-Florent, à Bevino, etc.

Les riches mines de cuivre de Linguizzetta, d'Erone, de Castifao et de Ponte alla Leccia; celles d'antimoine, d'Ersa, de Meria et de Luri, et enfin les usines de fer de Toga et de Sollenzara, occupent et donnent du travail à quelques milliers de personnes.

COMMERCE

EXPORTATIONS DE LA CORSE A L'ÉTRANGER

Le petit commerce d'exportation de l'île consiste en huile d'olive, qui se fait avec le continent français.

En citrons, oranges, cédrats, sapins, bois de construction, corail brut, poissons frais et salés, avec le continent italien.

En châtaignes, haricots, fer en fonte, feuilles de myrte, écorce de liège, avec le continent français.

Le commerce d'importation et d'exportation se fait ordinairement dans les ports de Bastia, Ajaccio, Ile-Rousse, Bonifacio et Calvi.

Il y a aussi de petits ports d'où l'on importe quelques marchandises, comme : Propriano, Calzarello, Padulella, San-Pellegrino, Porticciolo, Macinaggio, Port de Centuri, Barcaggio, Nonza, Saint-Florent, Galeria, Cargese, Sagona, Porto Vecchio, Favone, Santa Manza, etc.

Le commerce de l'intérieur se fait dans les villes de Corte et Sartène, à Vico, à Cervioni, à Porta, sans compter bon nombre de petits villages qui possèdent des magasins de toutes sortes de marchandises. Depuis quelque temps on trouve aussi dans plusieurs villages quelques traiteurs.

Il y a dans l'île plusieurs marchands ambulants qui exploitent leurs marchandises sur des mulets et des ânes, ou sur leur dos. Enfin, il y a des villages dont les habitants exercent un commerce depuis un temps immémorial, tels que les marchands de petits porcs d'Alesani, les marchands de mille ustensiles d'Orezza, ceux des pots de terre de Campile et de Canavaggia, ceux de la Balagna, ceux de Zicavo, ceux d'Asco : de tous ces derniers, nous reproduirons plus loin des vignettes représentant leurs costumes et leurs marchandises.

HABITUDES, MŒURS

COSTUMES, USAGES, SUPERSTITIONS, ETC.

L'ardent désir de connaître notre pays natal dans toutes ses parties, nous détermina, il y a quelques années, à entreprendre ce pénible voyage.

Armé du courage que, seul, l'amour de la patrie pouvait nous inspirer, nous avons affronté tous les obstacles et avons supporté, sans nous plaindre, toutes les fatigues et toutes les contrariétés inhérentes à une semblable entreprise.

Nous avons, tour à tour, parcouru les steppes stériles et les campagnes fertiles, traversé les ravins les plus profonds, les collines riantes et les plateaux boisés; nous avons gravi les hautes montagnes aux flancs couverts d'immenses forêts et au front nu et rocailleux. Nous nous sommes assis sur le sommet de ces monts, et de là nous avons contemplé les vastes et silencieuses solitudes qui nous entouraient comme une mer, et çà et là de rares villages, qui se déployaient sous nos yeux, les uns placés comme au milieu des oasis, et d'autres suspendus comme des nids d'aigles sur des rochers escarpés.

Notre désir ne se bornait pas à voir de près les solitudes désertes qui nous étaient inconnues, nous voulions surtout connaître les lieux où s'accomplirent tant d'événements politiques pendant les guerres pour l'indépendance. Nous voulions enfin nous instruire des usages, des mœurs et des habitudes des habitants de certaines contrées, dont les récits, que nous avions appris dès notre enfance, nous semblaient autant de fables et de légendes.

Nous avions entendu souvent répéter comme proverbe ces mots : *In Corsica tanti paesi, tante usanze.* En Corse, autant de pays autant d'habitudes. Ce qu'on nous disait n'était que trop vrai. Nous ne dirons pas chaque pays, mais chaque district de l'île a conservé, à travers des siècles, ses habitudes différentes de celles de ses voisins.

Nous avons visité ces villages hospitaliers, et nous nous sommes assis aux foyers de ceux dont les ancêtres ont marqué leurs noms dans les annales de l'histoire nationale. Nous sommes entré dans les maisons rustiques des villageois, dans leurs chaumières, dans leurs cabanes et jusque dans leurs bergeries, et nous y avons rencontré des hommes dont le sang pur corse bouillonne encore dans leurs veines. Nous avons entendu de leur bouche des légendes, des contes et des récits historiques ; et enfin, nous avons pu connaître leurs habitudes, leurs mœurs et dessiner leurs costumes.

Cette île, ayant été longtemps gouvernée par des maîtres faibles, par de petits tyrans et par des nations spoliatrices, n'a jamais pu être dotée de chemins qui missent les habitants en relation suivie entre eux. Les Barbares et les Grecs du Bas-Empire ont tout détruit, les papes n'ont rien fait pour cette île, les Pisans nous ont légué quelques églises, et les Génois ont bâti quelques tours tout autour de l'île pour se défendre des Corses insurgés et pour empêcher que d'autres nations débarquassent dans cette île pour en faire la conquête.

Ces insulaires, toujours en guerre avec ces différentes nations, n'ont peut-être jamais eu l'idée d'ouvrir des chemins à travers leurs montagnes, ou peut-être eussent-ils craint de faciliter à leurs ennemis l'accès de leur pays. Ainsi chaque famille menait une vie patriarcale ; ses mœurs, ses rites et ses habitudes se sont transmis de père en fils jusqu'à nous.

Dès les premières années de la conquête de l'île par les Français, le gouvernement fit percer une route carrossable de Bastia, Corte et Ajaccio. Pendant la première République, le premier Empire et la Restauration, les travaux des routes furent un peu trop oubliés ; sous le règne du roi Louis-Philippe commença pour la Corse l'ère régénératrice, et sous le règne de l'empereur Napoléon III se sont accomplis des travaux qui semblent aux vieillards du pays des rêves plutôt que des réalités.

Cependant il reste encore beaucoup à faire. Nous avons parcouru des villages et des contrées dont les chemins sont encore dans l'état primitif : ce sont des sentiers larges de 30 à 40 centimètres, souvent cachés ou interrompus par d'épaisses broussailles, ou effacés par des pluies torrentielles. On est fréquemment obligé de voyager par des routes très étroites, traversant les pentes des montagnes, où le voyageur voit à chaque instant se dérouler sous ses yeux d'affreux précipices.

Mais si une grande partie de l'île jouit déjà des bienfaits du gouvernement, nous espérons qu'à une époque plus éloignée la Corse entière sera dotée d'un réseau complet de chemins faciles et commodes, qui feront oublier aux habitants leurs préjugés, et aux étrangers leurs soupçons calomnieux.

Les routes nationales, départementales, forestières, ainsi que les chemins vicinaux, dont plusieurs contrées de l'île sont enrichies, ont déjà mis en contact une partie des habitants de l'île. Un petit négoce commence à fleurir dans quelques villages, et les insulaires ont l'agrément bien apprécié de pouvoir transporter leurs denrées sur des charrettes, pour les verser sur les marchés des villes.

Malgré le contact que l'ouverture des routes a facilité aux Corses, certaines habitudes, si elles se sont modifiées, n'ont pas encore disparu dans certaines parties de l'île, et même dans divers pays ces habitudes existent comme dans les temps primitifs.

Les mariages et les décès offrent des cérémonies pittoresques et grandioses ; et comme les habitants de ce pays ont l'imagination ardente et qu'ils aiment beaucoup la poésie, il sera bien difficile de détruire à jamais des habitudes inhérentes à leur caractère.

Si nous voulions énumérer toutes les différentes cérémonies qui sont en usage en Corse, nous risquerions de nous rendre trop prolixe, ou de nous laisser entraîner dans des longueurs exagérées. Nous nous bornerons donc à en citer quelques unes et à reproduire dans nos dessins quelques scènes nuptiales, les plus propres à intéresser nos lecteurs.

Il est bon de faire savoir que dans les gravures que nous offrons au public, nous avons un peu mélangé les costumes. Dans l'habillement des hommes, le bonnet pointu de velours a presque partout disparu, pour faire place au bonnet phrygien de laine ; ce dernier, à son tour, ne tardera pas à disparaître, car la casquette ronde de drap fin s'est déjà introduite, même parmi les gens peu aisés. Il en est de même du costume des femmes ; elles ont quitté le drap corse, le velours et la filoselle, pour s'habiller de laines fines et d'indiennes, et c'est à peine si dans quelques contrées on voit quelques femmes avec leur costume vraiment original et pittoresque.

Le mariage dans l'île de Corse fait quelquefois époque dans les familles, comme aussi les décès. Ce sont autant de circonstances dans lesquelles on connaît les amis et les parents ; elles sont souvent l'occasion d'une paix que ni la rigueur de la justice humaine ni la douceur et la persuasion de la loi divine n'auraient pu apporter dans les familles vivant depuis longtemps dans une inimitié mortelle. Un jeune homme et une jeune fille appartenant à des familles ennemies, épris d'amour l'un pour l'autre, ont pu bien des fois faire fléchir la haine implacable et le vain orgueil d'un honneur outragé.

Dans l'intérieur de l'île, et là surtout où vit encore l'homme de la nature, la parenté constitue une partie de la dot. Lorsqu'on demande : *Quelle dot apportera telle jeune fille fiancée à son mari ?* on vous répondra : *Elle est pauvre, mais elle compte douze ou quinze cousins germains dans sa race.* Cette parenté est un grand titre pour la demoiselle. Lorsque les parents d'une jeune fille donnent leur adhésion à la demande d'un jeune homme, leur parole est sacrée, et ce dernier est admis dans la maison comme un membre de la même famille. Mais malheur à lui si la sienne ne l'est pas; ou si, séduit par des suggestions perfides, il cherche insidieusement les moyens de déplaire à sa fiancée et à ses parents afin de rompre avec eux !

Si la jeune fille trompée et abandonnée n'a ni père ni frères, ce seront les cousins qui se chargeront de la vendetta; et à défaut des parents, ce sera elle-même qui plongera le poignard dans le sein de son amant déloyal et infidèle.

Combien d'inimitiés, combien de sang versé n'a pas à déplorer la Corse pour des faits pareils qui passent tous les jours inaperçus parmi les nations civilisées!... La Corse est à cet égard un pays vraiment à part. Et maintenant que la civilisation a pénétré dans quelques-uns de ces districts en y apportant ses bienfaits, elle a contribué (il faut le dire à regret) à la corruption des mœurs; on voit souvent encore aux assises, sur les bancs des criminels, des jeunes filles appelées à rendre compte des vengeances sanglantes exercées sur leurs prétendus amants traîtres et séducteurs.

D'autres jeunes filles, soit par défaut de courage ou soit pour ne pas en venir à l'assassinat, quittent, une fois séduites, le toit paternel, maudites par leurs parents et en horreur à toutes leurs amies et compagnes, et vont chercher au loin un état de servage souvent bien rude, pour celles surtout qui ont vécu jusqu'alors dans un état d'aisance et d'indépendance.

Si, dans les temps qui ne sont pas éloignés de nous, quelques-unes de ces malheureuses qui se trouvaient dans un état de récidive s'aventuraient à paraître dans leur pays natal, elles s'exposaient à recevoir le plus grave outrage qu'on puisse infliger, selon les mœurs de nos ancêtres, à une femme qui a déshonoré sa famille. Aussitôt la jeunesse se réunissait, et il s'y joignait souvent des parents de la femme condamnée à subir le redoutable châtiment. La malheureuse était entraînée par force sur la place publique, et, quoique tout en pleurs et souvent évanouie, on la plaçait à califourchon et à la renverse sur un âne; et après l'avoir fait promener dans le village au bruit de la *conque marine*, avec de vieilles chaudières et des sifflets, etc., on l'accompagnait à une certaine distance hors de la commune; là, après mille imprécations, on l'abandonnait à sa destinée.

Quant au caractère du mari corse, il tient un peu de celui de l'Arabe; il aime beaucoup sa femme, mais il est un peu jaloux. Très-rarement on trouve en Corse des maris trop complaisants envers leurs femmes; ils se croient de beaucoup supérieurs à l'autre sexe, et ils ne souffrent pas qu'elles prétendent leur en imposer. Quand un mari se laisse guider par sa femme (à moins qu'il ne soit notoirement inepte ou fou), on lui reproche d'avoir cédé ses culottes (calzoni), et sa faiblesse lui attire plus d'un sarcasme.

Mais il ne faut pas croire que tous les Corses soient de la même trempe à cet égard; il y en a, et surtout de ceux qui ont reçu une éducation soignée, qui consultent leurs femmes et leur confient tous leurs secrets.

Les femmes corses en général sont bonnes ménagères; elles aiment beaucoup leurs maris et leurs enfants; à la moindre insulte qui leur a été faite, elles s'exaspèrent, s'emportent, et souvent excitent leurs époux et leurs enfants à la vengeance.

Quelquefois ces pauvres femmes reçoivent de rudes réprimandes de leurs maris; elles ne se plaignent pas; au contraire, elles acceptent des reproches, souvent trop amers, à titre de correction et en témoignent même de la reconnaissance.

Revenons enfin à nos cérémonies nuptiales, dont la variété est si grande que chacune mériterait un chapitre à part. Nous nous bornerons, comme nous avons dit, à en faire un récit abrégé pour en préserver le souvenir de l'oubli, si jamais les rayons de la civilisation, perçant à travers les nuages qui nous enveloppent encore, pouvaient un jour effacer toutes les traces de nos anciennes mœurs réputées sauvages et si injustement flétries par quelques continentaux qui, ne connaissant la Corse que par des récits vagues et erronés, ne veulent voir en nous qu'un spectre armé d'un stylet, toujours avide de sang.

MARIAGES EN CORSE

D'ordinaire, en Corse, les unions n'ont rien d'imprévu. Elles sont au contraire presque toujours précédées de relations qui ont permis aux époux d'apprécier leurs qualités respectives et la nature de leur caractère.

Dans le peuple des campagnes par exemple, si le prétendu est de la même commune que la future ou d'une localité voisine, il prélude au mariage par de fréquentes sérénades où, d'une voix plaintive jointe aux accords de la *cetera* (*cythara* des Romains), il lui dépeint l'ardeur de sa passion, l'appelant cruelle, ingrate!... en la suppliant de paraître au balcon, ne fût-ce qu'un seul instant, pour lui sourire et calmer ses chagrins d'amour.

Une fois le mariage convenu, la veille du jour choisi pour la célébration des noces, les futurs se rendent à confesse; puis, allant de maison en maison, ils invitent leurs parents et leurs amis et même leurs ennemis. Souvent les prières ingénues et les larmes qu'ils versent dans ce moment solennel fléchissent les plus obstinés de ces derniers et amènent une réconciliation sincère et jusqu'alors inespérée.

Ils sont accompagnés à la mairie et à l'église par une foule d'hommes, de femmes et d'enfants de toute condition et de tout âge, car dans ces heures d'allégresse, les distinctions de pauvres et de riches sont effacées.

Au sortir de l'église, le cortége, les époux en tête comme au départ, retourne processionnellement à la maison conjugale.

Il est certaines contrées de l'île où la mère, et à défaut de la mère la plus proche parente, se tient debout sur le seuil de la porte; et quand la mariée arrive, elle lui offre la quenouille et le fuseau ornés de rubans en symbole du travail. Après une tendre accolade et de gracieuses paroles, elle la conduit dans une salle de réception où toute l'assemblée la suit et embrasse le nouveau couple.

Dans quelques villages, la femme qui est chargée de faire accueil à la mariée lui tend l'extrémité d'un long ruban dont elle garde l'autre extrémité dans la main, et la précède ainsi dans la chambre commune.

En d'autres lieux on apporte aux époux une cuiller remplie de miel ou de lait caillé, et après, tout le cortége s'empresse de goûter le miel ou le lait qui sont le symbole du jour de la douceur.

Enfin il est des pays où l'usage n'a introduit aucune cérémonie pour le retour au logis conjugal; mais la compagnie tout entière embrasse les époux et leur adresse des souhaits de prospérité.

Ces coutumes ont attribué ici le rôle le plus important aux femmes, et elles deviennent pour les jeunes mariés l'occasion de présents de toute sorte.

Là où les céréales abondent, quand les hommes et les enfants se sont retirés, les femmes reviennent dans la salle avec des boisseaux, des écuelles, de grands plats ou tout autre vaisseau plein de blé ; elles en prennent une poignée et la versent sur la tête de la mariée (1) en formant des vœux pour qu'elle jouisse d'une vie longue, heureuse et paisible ; mais elles invoquent surtout le Seigneur afin qu'il daigne lui accorder de nombreux enfants, et notamment des garçons.

Nous allons rapporter ici une petite ballade que les femmes récitent dans ces circonstances :

Traduction littérale.

Dio vi colmi d'ogni bene,	Que le Seigneur vous comble de ses biens
Figli maschi in quantita.	Et vous donne bon nombre d'enfants mâles !
Senza danni e senza pene,	Que sans éprouver ni dommages ni chagrins,
Dio vi accordi long' eta.	Dieu vous accorde de longues années !
Poi vi accolga in paradiso,	Après cela, qu'il vous admette dans le paradis,
L'un dall' altro mai diviso.	Sans vous séparer jamais l'un de l'autre !

On se sert de riz au lieu de blé dans certains villages. Le blé ou le riz que les femmes donnent est déposé dans un grenier, et il arrive dans les pays agricoles que les époux recueillent ainsi des provisions pour plusieurs mois et souvent même pour l'année entière, si la population rustique est considérable.

D'autres localités de l'île sont dans l'habitude de faire des cadeaux en lingerie ou étoffes diverses pour objets de vestiaire.

FIANÇAILLES ET MARIAGES A LOTA

A la distance moyenne de sept kilomètres de Bastia, la ville principale de la Corse par le nombre de ses habitants, par son commerce et par la politesse de ses mœurs, on remarque de petits hameaux épars qui composent les deux groupes de la commune de Lota : San-Martino et Santa-Maria.

Ils sont situés à proximité de la mer dans des lieux arides et pierreux, sur le versant de la chaîne de montagnes qui partagent le cap Corse en régions orientale et occidentale.

(1) C'est la mariée qui jouit de tous les privilèges dans ces journées.

Les Lotinchi rachètent la stérilité de leur sol par un travail si opiniâtre, qu'ils alimentent notablement en fruits, lait, œufs et bois les marchés de Bastia. Leurs champs, leurs vignes et leurs jardins sont cultivés avec un soin merveilleux. Ils ont des fruits délicieux et un vin exquis : c'est celui de *Petra-Nera* qui a conquis une vraie renommée et que les gourmets de la ville de Bastia recherchent avec empressement.

Quoique ces agriculteurs soient constamment en contact avec les hommes de la cité, ils sont demeurés bien en arrière du progrès qui développe l'esprit et perfectionne les us et coutumes par le goût des sciences morales et positives. La soif du gain les dévore, et ils s'imposent les plus rudes privations pour thésauriser quelques pièces dont ils achètent aussitôt un are de terrain. Cette humeur avare et parcimonieuse entraîne même les familles qui possèdent une aisance relative jusqu'à l'oubli du bienfait de l'éducation et de l'instruction pour leurs enfants, et que le voisinage de la ville met si facilement à leur portée.

Dès le commencement du xix° siècle, toutes les anciennes coutumes avaient complètement disparu dans les pays avoisinant les villes; mais dans les hameaux de Lota, nous avons vu s'éteindre des hommes qui avaient toujours repoussé les moindres innovations de la mode et fidèlement conservé comme des traditions vénérables la queue, le chapeau tricorne, les culottes et les boucles aux souliers. Quant aux femmes, il s'en rencontre encore, rarement il est vrai, dont la résille (*rete*) est la seule coiffure. Cet ornement est le même qui de nos jours a fixé la vogue à Paris et dans toute l'Europe. Une telle adoption par nos contemporains d'un usage antique ne semblerait-elle pas justifier la ténacité des Lotinchi, dans quelques-unes de leurs habitudes du moins ?

Parmi les souvenirs dignes d'être recueillis dans notre ouvrage sur cette population lotienne, nous relaterons certaines cérémonies usitées dans les fiançailles et leurs mariages.

FIANÇAILLES

Le dessin que nous rapportons ici indique le moment où les fiancés se font réciproquement les cadeaux de noces.

Aussitôt que les conventions, toujours délicates sur le chapitre de la dot, ont été réglées, le jeune homme part en toute hâte pour la ville avec une petite corbeille (*sportello*) qui est toujours une œuvre de l'industrie locale. Il achète des rubans aux vives couleurs, en entoure la corbeille en guise de festons, et la garnit ensuite des dons destinés à sa bien-aimée. D'autres rubans sont aussi achetés pour décorer la quenouille qui doit être présentée en même temps que la corbeille nuptiale.

De son côté, la jeune fille prépare également des présents pour l'élu de son cœur ; ils consistent assez ordinairement en une bourse à tabac, ou une bourse en perles pour y mettre l'argent, ou enfin en un ouvrage confectionné de ses propres mains.

A un jour arrêté d'avance, tous les proches parents se rendent dans la maison de la fiancée, et là, sous les yeux des deux familles, les futurs échangent leurs cadeaux ainsi que les protestations réciproques de la plus vive tendresse et de la plus sincère affection. Cette cérémonie se complète par les réjouissances d'un repas festival.

Les parents et les amis informés à propos du jour de la célébration du mariage, chacun d'eux, selon son état de fortune, dispose des provisions de bouche : l'un tire dix ou douze litres du meilleur vin de sa cave; l'autre tue des chevreaux, des cochons de lait, un mouton ou l'élite de sa volaille ; celui-ci chasse le lièvre et la perdrix; la ménagère cuit du pain, de la pâtisserie ou fait rôtir un vaste quartier de veau, et tous ces apprêts du banquet nuptial sont envoyés au lieu où il doit se tenir. Il n'est pas rare alors que les convives, dans l'abondance des mets et la variété des vins généralement très capiteux des crûs corses, ne se sentent tourner la tête et ne perdent un peu de leur sang-froid national.

La prodigalité des victuailles dépasse toujours les besoins de la consommation du festin; et là comme ailleurs, ainsi que nous l'avons déjà signalé, les nouveaux mariés se voient souvent en possession de réserves pour des mois entiers.

COUTUMES NUPTIALES A ASCO

Asco est un village encaissé au milieu des plus hautes montagnes de l'île; aussi la civilisation y laisse-t-elle encore beaucoup à désirer. Les habitants de ce village sont presque tous bergers, mais les montagnes dont ils sont entourés étant toutes couvertes d'immenses forêts de plantes résineuses, ils en tirent profit en fabriquant du goudron et de la poix; ils confectionnent encore des pelles, des quenouilles et des fuseaux qu'ils vont vendre partout dans l'île.

Lorsqu'un jeune homme veut déclarer son amour à une jeune fille, il cherche le moment opportun de la rencontrer toute seule; alors il s'approche d'elle et lui parle en mots énigmatiques qui ne sont en usage que dans le pays d'Asco. Supposons que la demoiselle se nomme Marie; il lui dira : *O Maria! e so che tallerallera?* Si elle agrée sa demande, elle répond aussitôt : *E so che, tallerallà.* Dès lors un pacte d'amour est conclu entre eux. Mais si elle rejette ses propositions, le regardant fièrement, elle lui montre le coude, lui tourne le dos et prononce quelques paroles blessantes.

Comme tous les insulaires, ils invitent à leur mariage leurs parents et leurs amis. Ceux-ci les accompagnent d'abord à la mairie, et de là à l'église. En entrant dans l'église, la fiancée s'assied près de la porte avec d'autres femmes qui restent à ses côtés; et le fiancé va se placer près du maître-autel. A peine le prêtre se présente-t-il pour bénir et consacrer le mariage que le fiancé se tourne vers la fiancée et lui dit : *Maria, e so che collane!* (1) Elle se lève et lui répond : *E so che falane!* (2)

Descendant vers elle, le fiancé lui donne la main et la conduit vers les marches de l'autel. Selon le rite de notre religion, le curé procède au mariage; il prend l'anneau, qui appartient à l'église et qui a servi à unir en mariage peut-être toutes les femmes du village; puis la cérémonie achevée, le prêtre reprend l'anneau et le remet parmi les objets sacrés. Jusqu'ici il n'y a rien de nouveau; mais avant de leur donner la bénédiction, le curé se fait apporter le seau en bois de genèvrier qui est également la propriété de l'église; il le place sur la tête de l'épouse et commence sa pastorale à peu près en ces termes : *Ma fille, le seau que je t'impose sur la tête est l'emblème du travail. Le fardeau du mariage commence aujourd'hui à s'appesantir sur toi;*

---

(1) *Collane*, monte ici, mot qui dérive de col ou colline.
(2) *Falane*, descends ici, mot qui vient de *falda*, descente.

tâche d'être bonne femme et bonne mère; sois soumise à ton mari; que la paix règne dans ta maison, car c'est elle qui fait le bonheur et la richesse du ménage.

Ensuite le prêtre enlève de la tête de l'épouse le seau (1), et, se tournant vers l'époux, il lui adresse un sermon sur ses devoirs de mari; il bénit l'union et s'éloigne de l'autel. On retourne alors à la demeure des conjoints.

Comme le village d'Asco est riche en bétail, rien n'y manque aux fêtes des noces pour obtenir un parfait consommé et un succulent rôti; mais les artistes culinaires ne s'y distinguent que médiocrement par le goût et le luxe de la propreté.

Par la nature de son sol, ce pays n'est pas propice à l'olivier. A défaut d'huile, les habitants emploient les éclats du bois résineux pour l'éclairage. On nomme ces éclats *teda*. La fumée qui s'en échappe couvre toutes les maisons d'une teinte sombre et noirâtre. Il paraît que les anciens montagnards de l'Italie faisaient aussi usage de la *teda*; car on lit ces vers dans le second livre des *Géorgiques* de Virgile :

.... Taeda silva alta ministrat,
Pascunturque ignes nocturni et lumine fundunt.

LES MUGLIACCHERI

Le mot *mugliaccheri* dérive du latin *mulier* ou de *moglie* en italien.

Les *mugliaccheri* forment le cortége des époux et les accompagnent à la mairie, à l'église et à la maison conjugale. Ils sont toujours à cheval si l'époux n'appartient pas à la même commune que l'épouse; s'il est du même village, l'escorte a lieu à pied.

Après l'accomplissement des formalités civiles et religieuses, l'épouse est tenue d'habiter sous le même toit que son mari. Il est de rigueur de la conduire à sa nouvelle demeure au bruit de la fusillade (2) et avec les démonstrations de la joie la plus animée. Cependant, vers le milieu du trajet, les parents de la mariée se montrent récalcitrants; ils refusent d'aller plus loin; ils feignent la mauvaise humeur, et la jeune mariée elle-même devient triste en apparence : elle hésite. Le mari provoque des explications; on lui repré-

(1) On dit que depuis peu de temps, la cérémonie du seau n'est plus en usage.
(2) Depuis quelques années, on ne tire plus de coups de fusil, le port des armes étant prohibé.

sente que sa femme doit retourner au logis paternel. Il la saisit par le bras et la contraint de le suivre, tandis que sa famille cherche à l'entraîner avec elle. De là un dissentiment; la troupe se partage en deux camps hostiles. On crie, on menace, même du poing, puis avec les bâtons et les armes. La mariée cède tantôt d'un côté, tantôt de l'autre; enfin les *paceri*, les hommes de paix, s'interposent, et l'accord se rétablit. Il va sans dire que la victoire reste toujours au mari. Avec la concorde renaissent les cris de joie, et les coups de fusil et de pistolet retentissent dans toutes les vallées environnantes. On arrive enfin à la maison des époux, où tous les habitants du village sont rassemblés pour les complimenter.

Cette espèce de guerre est souvent déclarée par des femmes, parentes de la mariée, et qui s'obstinent à la retenir au foyer paternel. Le vacarme qu'elles font est encore plus bruyant; elles se heurtent, vocifèrent, grondent et deviennent comme furieuses et forcenées.

Dans la présente vignette, nous avons exclu les femmes de la lutte en y faisant figurer seulement des hommes armés. Les personnages sont représentés avec leurs anciens costumes, dont nous avons cru devoir perpétuer ainsi le souvenir; car l'usage s'en perdra assurément bientôt, les arrondissements d'Ajaccio et de Sartène étant les seuls où un petit nombre de villages l'aient conservé.

Chez les anciens Romains, une scène très-semblable s'improvisait dans les mêmes circonstances. Les parents de la mariée simulaient le regret d'avoir accordé leur consentement au mariage de leur fille. Ces habitudes, s'il faut donner crédit aux récits des voyageurs, existent aussi dans la Polynésie et dans plusieurs îles de l'Océanie.

L'EAU LUSTRALE

Rien n'est plus poétique que la cérémonie de l'eau lustrale qu'on observe dans certains villages dépendant de Sartène.

Quand la mariée, suivie de ses parents et de ses amis, se rend au pays de son mari, on fait halte à la première fontaine ou ruisseau qui se trouve sur son passage. Elle s'agenouille, fait le signe de la croix, et prenant de l'eau dans ses mains, elle élève vers Dieu une prière suppliante et douce : *Seigneur,* dit-elle, *ordonnez que cette eau me purifie et emporte avec elle mes défauts à la mer, afin que je puisse entrer dans la maison de mon mari sans tache comme je suis sortie du sein maternel.* Elle se signe de nouveau, se lève et continue sa route avec son cortége jusqu'au toit conjugal.

LA TRAVATA

La coutume de la *travata* ou *parrata* (barrière) était propre à certains pays de l'intérieur de l'île.

En approchant du lieu que la mariée venait habiter pour la première fois, les populations de ce lieu formaient une haie pour empêcher les cavaliers de passer outre. Celui des cavaliers qui, parti au galop, arrivait le premier à la barrière, avait le privilége de présenter à l'épouse les clefs du domicile conjugal; c'était un symbole de patronage, et dans cette circonstance il récitait des vers en l'honneur de la jeune mariée.

Ailleurs l'épouse devait se présenter la première à la barrière, où un jeune homme choisi parmi la foule lui remettait les clefs avec un bouquet de fleurs. Il déclamait un sonnet ou quelque autre pièce lyrique. Voici des fragments de ces poésies populaires que nous avons recueillis dans nos voyages :

Traduction littérale.

Che mai cherchi, o Peregrina,	Que cherches-tu, o Pérégrine,
In un lido a te straniero?	Sur ce rivage étranger?
Non più oltre t'incamina,	Ne vas pas plus loin,
Che vietato t'è il sentiero.	Car le chemin t'est fermé.
Ah! se sei la sposa amante	Ah! si tu es l'épouse chérie
Di colui che t'è dappresso,	De celui qui est à tes côtés,
Deh! ti arresta un solo instante,	Arrête-toi; dans un instant,
Che avrai libero l'ingresso.	Le passage te sera ouvert.
Ed acceta, o bella, in dono	Accepte, ô belle, en don
Di bei fior questo mazzeto.	Ce bouquet de jolies fleurs.
Fior, che dolci pegni sono	Ces fleurs sont le doux symbole
Di un fraterno e puro affeto.	D'un amour vraiment fraternel.

MARIAGES

LA BONAVENTURA — LA TRAVATA

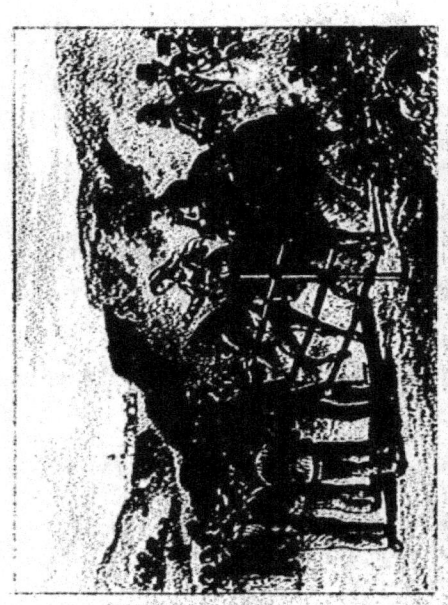

LUPU AUSTRALE

LES VOCERI
CHANTS FUNÈBRES IMPROVISÉS PAR LES FEMMES

LES VOCERI

Poi del tetto conjugale,	Et puis, du toit conjugal
Prendi tu le chiavi ancora.	Prends aussi les clefs.
In cui scevra d'ogni male	Puisses-tu y vivre longtemps
Possi far lunga dimora.	Exempte de tous maux.
Omai il ciel ne benedica,	Que le ciel bénisse
Cari sposi, il vostro imene!	Votre hyménée, ô chers époux!
E con man prodiga, amica,	Et que d'une main prodigue et amie,
Vi ricolmi d'ogni bene!	Il vous comble de tous biens!

L'épouse, recevant les fleurs et les clefs, remercie la personne de ses vers et de ses dons; la foule applaudit et la barrière disparaît. Les habitants des deux communes se donnent des marques d'une mutuelle sympathie, et ils se confondent pour escorter la mariée jusqu'à la demeure de son époux, qui désormais sera la sienne.

LA BONAVENTURA

On appelle *bonaventura* les cérémonies que les femmes accomplissent en répandant du blé ou du riz sur la tête de la mariée. Quoique les autres usages se soient sensiblement modifiés, celui des augures prononcés en faveur de l'épouse au moyen des poignées de blé et de riz s'est perpétué; c'est ce qu'on désigne sous le nom du souhait ou de *bonaventure*.

La présentation de la quenouille et du fuseau à l'épouse, au moment où elle met le pied sur le seuil de la porte de la maison du mari, s'est maintenue aussi dans diverses localités. Nous citerons ici quelques strophes que débite la mère à la belle-fille en lui tendant la quenouille. On y reconnaîtra le dialecte corse de la Terre de Commune.

Traduction littérale.

Siate voi la benevenuta,	Soyez la bienvenue,
Cara sposa, in questa casa.	Chère épouse, dans cette maison.
Che voi siate buona et astuta,	Vous y serez bonne et prudente,
Ne so certa e persuasa.	J'en ai la douce assurance.
Dia vi dia qui buona sorte,	Que Dieu vous accorde un sort heureux,
Longa vita e santa morte!	Une vie longue et une sainte mort!

Ecce ormai la vostra rocca	Voici votre quenouille,
Cu lu fusu e cu la lana.	Avec le fuseau et la laine.
Di accudì tuttu a toi tocca,	Tout ce ménage est vôtre,
Ch'io so vecchia e poco sana.	Car je suis vieille et débile.
Ora entrate e Iddio ci dia	Entrez donc, et que le Seigneur nous donne
Pace e gioja. E con sia!	La paix et la joie. Ainsi soit-il !

Dans certaines contrées, lorsque l'épouse est amenée dans la maison conjugale, un jeune homme précède le cortége, portant en main une quenouille toute entourée de fuseaux et ornée de rubans avec un mouchoir attaché au bout en guise de drapeau. La quenouille ainsi ornée s'appelle le *freno*, et celui qui la porte se nomme le *freniere*.

LA SÉRÉNADE

La gravure que nous donnons représente les habitants de l'intérieur de l'île faisant les honneurs d'une sérénade (*serenato*) aux jeunes filles sous leurs balcons. Leurs chants sont des vers imités de ceux d'Anacréon, d'Horace et du Dante, et entremêlés de sonnets.

Si les Corses aiment la poésie ; si les étrangers qui ont visité leur île ont été frappés d'admiration pour les vers inspirés des montagnards et des bergers, et surtout pour ceux improvisés par les femmes corses dans des circonstances lugubres ; si enfin, quelques-uns, parmi nos compatriotes, se sont acquis une grande réputation sur le continent italien par les productions de leur génie poétique, la Corse ne brille pas autant dans la musique, et ne compte encore dans cet art aucun génie parmi ses enfants.

La musique, cette divine mélodie qui, d'après les fictions mythologiques, a pu enchanter le terrible chien qui veille aux portes de l'Enfer et réédifier les murs abattus de Thèbes, a jusqu'ici trouvé nos insulaires insensibles à ses mélodieuses harmonies.

Cette île, qui touche à l'Italie, qui possède le même ciel, le même langage, n'a encore pu jusqu'à nos jours parer sa couronne d'un fleuron qui lui manque.

La cetera (*cythara* des Grecs et des Romains) est arrivée jusqu'à nous à travers la longue suite des siècles. Cet instrument ressemble à la guitare des Espagnols; seulement il diffère de cette dernière par son corps plus rond et large et par les seize cordes métalliques qu'il contient. On fait vibrer ces cordes au moyen d'un éclat d'os ou de corne, qu'on appelle *penna*, qui n'est autre chose que le plectrum des Latins.

On a introduit de nos jours le violon et la guitare dans quelques villages; mais ceux qui en jouent ne connaissent ni les uns ni les autres aucune note musicale, et n'ont pour guide qu'une routine défectueuse, acquise par un tâtonnement sans méthode.

Le chant des insulaires tient un peu de celui des Arabes; il est monotone et plaintif.

Les Corses possèdent en général l'accent doux et harmonieux des Italiens; mais ils sont tellement attachés à la manière de chanter de leurs ancêtres, qu'ils ne ressentent aucun attrait pour les charmantes compositions musicales des premiers artistes de l'Italie.

Nous parlons ici des Corses en général, car si nous entrions dans l'intérieur de quelques familles, nous y trouverions un petit nombre d'individus, même dans les villages de l'intérieur de l'île, qui ont appris quelques éléments de musique, soit sur le continent, où ils ont été faire leur éducation, soit dans les colléges des villes de la Corse; ou enfin, dans les régiments, où ils ont été admis à faire partie du corps de musique. Si nous entrons dans les villes, nous y trouverons un progrès bien sensible, surtout dans la musique instrumentale. Non-seulement elle est devenue une partie inhérente à l'éducation, mais elle est aussi devenue une sorte de frénésie dans le beau sexe. Toutes les familles qui jouissent d'une fortune, si modeste qu'elle soit, font apprendre le piano à leurs filles. Il n'en est pas de même des garçons, même dans les familles aisées; car les parents n'aiment pas, en général, que leurs enfants soient distraits dans leurs études classiques par aucune occupation d'agrément.

On trouve cependant dans les villes des hommes qui jouent de plusieurs instruments, grâce aux étrangers qui y ont fixé leur séjour et qui ont pu leur faire goûter les beautés de la langue des anges.

INSTRUMENTS DES BERGERS

Les bergers ont, eux aussi, leur musique; leurs instruments consistent dans la *flûte de Pan*, dans le *chalumeau* et dans le *fifre*, qu'on appelle la *cornamusa*, la *zampogna* et le *fiscula*. Leurs chansons, leurs chants ne diffèrent en rien de ceux des autres insulaires. Ils ont leur routine et jouent avec leurs instruments des airs qui ne sont pas sans quelque harmonie.

Outre les chansons qu'ils se procurent ou qu'ils composent eux-mêmes, ils sont passionnés pour les vers du Guarino, de l'Arioste et du Tasse, dont ils portent toujours les ouvrages dans leurs poches.

Nous ne devons pas oublier de mentionner un autre instrument, qui tantôt fut le signe de ralliement des insulaires et dont le son préluda à leurs exploits guerriers, mais qui d'autrefois aussi fut employé bien moins glorieusement à donner des charivaris. Cet instrument, c'est la *conque marine (corno marino)*, qui sert aujourd'hui aux bergers pour rallier leurs chèvres et pour éloigner les renards de leurs bergeries. Il était également employé par les chasseurs lorsqu'ils poursuivent les sangliers.

Cet instrument, qu'on voit encore tout poudreux suspendu aux murs dans plusieurs maisons de l'île, et qui a servi de tambour aux insurgés pendant des siècles de luttes acharnées, est maintenant oublié. On le fait quelquefois retentir dans les rassemblements populaires; mais il est plus souvent, comme nous le disions tout à l'heure, employé à donner le charivari à ceux qu'on méprise ou qu'on déteste.

Le son de la conque marine est un outrage tellement grave pour un Corse, qu'il se croit déshonoré à jamais, jusqu'à ce qu'il ait lavé cet affront dans le sang.

Nous ne voulons pas terminer notre article sur les sérénades sans rapporter quelques fragments des chansons que les insulaires chantent dans de telles circonstances.

Les sérénades se font à une heure avancée de la nuit; les chansons que les jeunes gens chantent sous les balcons de leurs belles sont dans un langage pur italien. Dans leurs chants, ils les invitent à se réveiller, à se montrer à la fenêtre, à entendre les plaintes et les chagrins que leur cause l'amour; ils exaltent leurs beautés avec des images tout à fait orientales; et enfin, les dernières strophes peignent le départ, tantôt triste et mélancolique, pour ne pas avoir eu le bonheur de les voir; tantôt se terminent en reproches, parce qu'elles n'ont aucun soin de leurs peines; et souvent elles finissent avec des paroles remplies d'espoir, qu'ayant entendu leurs expressions amoureuses et cordiales, elles ne les oublieront pas.

Nous rapporterons ici quelques fragments des sixaines (*sestine*) qui sont le plus en usage pour chanter au son de la cythare :

Traduction littérale.

Fra l'orror di notte tetra,	Dans l'horreur de la nuit sombre,
E tra il sibilo dei venti,	Pendant que les vents mugissent,
Mesto al suon di antica cetra	J'accompagne mes plaintes
Io qui accoppio i miei lamenti,	Du son de l'antique cythare;
Ma tu dormi ed io frattanto	Mais tu dors, et moi cependant,
Alzo invano all' aere il canto.	J'élève en vain mes chants dans l'air.
Apri i lumi, o mio tesoro,	Ouvre les yeux, ô mon trésor,
Destati, o adorato Nume,	Réveille-toi, mon idole adorée,
Una grazia da te imploro...	J'implore de toi une grâce!
Lascia omai le molli piume!	Quitte un instant les plumes moelleuses!
E al balcon ti affaccia e senti	Montre-toi au balcon et écoute
Del tuo amante i dolci accenti.	Les doux accents de ton amant.
Se di nube in notte bruna	Si pendant la nuit brune
Vien squarciato il denso velo,	Le voile épais d'un nuage vient se déchirer,
Quanto mai romita Luna	Combien plus brillante la lune éloignée
Vieppiù bella appar nel cielo!!	Apparaît dans les cieux!!
Tal parrebbe in quest' istante	Tel apparaîtrait en ce moment
Il tuo angelico sembiante!	Ton angélique visage!
Se la notte fosse priva	Si la nuit perdait
Delle sue fulgide stelle,	Ses étoiles resplendissantes,
Dio potrebbe, o cara Diva,	Dieu pourrait, ô ma déesse,
Colle tue luci sì belle	Avec tes yeux étincelants,
Adornare in un momento	Orner en un instant
D'altre stelle il firmamento.	Le firmament d'autres étoiles.
Sulle guance tue vezzose	Sur les joues gracieuses
Primavera eterna ride,	Sourit toujours le printemps,
U trà gigli e vaghe rose	Où parmi les lis et les roses
D'arco armato Amor s'asside;	S'assied l'Amour armé de son arc;
E al baleno dei tuoi sguardi	Et à l'éclair de tes regards,
Nel mio sen vibra i suoi dardi.	Il vibre ses dards dans mon sein.

Après avoir raconté tous les chagrins qu'il éprouve, il finit par désespérer de l'amour réciproque de sa belle :

Ma che giovan le proteste	Mais à quoi servent les protestations
Di un traffitto e amante cuore ?	D'un cœur blessé et aimant ?
Se qui passo ore funeste	Si je passe ici des heures funestes
Esalando il mio dolore !	A exhaler ma douleur !
E tu dormi e sorda sei,	Et tu dors ! et tu es sourde,
O crudele, ai mai miei !	O cruelle, à mes maux !

Enfin, en l'appelant tantôt ingrate et barbare, tantôt en espérant qu'elle aura pitié de ses maux, il entonne le *départ*, qui finit ordinairement par la *paghiella*, qui signifie *chanter en deux* les derniers vers de la strophe :

Lascierò le amate mura	Je quitterai les murs aimés,
E a sfogare andrò il mio duolo,	J'irai répandre ma douleur
E a pianger la mia sventura	Et pleurer mes malheurs
Nei boschi coll' usignuolo :	Dans les bois avec le rossignol.
Te l' eco dei miei lamenti	Les vents l'apporteront sur leurs ailes
Porteran sull' ale i venti.	L'écho de mes plaintes !

TRADUCTION LIBRE

Pendant que la nuit est sombre,
Que le vent frémit dans l'ombre,
Je viens joindre un air touchant
Au doux son de ma cythare.
Pendant que tu dors, barbare,
L'air retentit de mon chant !

Ouvre les yeux, bien-aimée,
Lève-toi ; sous la ramée
Vois qui t'implore à genoux !
Quitte la couche moelleuse,
Viens au balcon, paresseuse,
Écouter mes chants si doux.

Si pendant la nuit d'orage
La lune brise un nuage
Et se montre au firmament,
Sa lumière est plus brillante ;
Ainsi la figure charmante
Paraîtrait en ce moment.

Si la nuit resplendissante
D'étoiles perdait sa tente,
Des rayons de tes beaux yeux

Dieu pourrait, levant leurs voiles,
En former d'autres étoiles
Pour illuminer les cieux.

Sur la figure vermeille
Le printemps éternel veille,
Et sur ses tapis de fleurs
D'arc armé l'Amour s'apprête
A percer mon sein et prête
Ses traits à tes yeux vainqueurs.

Mais à quoi bon les complaintes
D'un cœur pris dans les étreintes
D'un amour désespéré ?
Pendant que je chante et pleure
Tu sommeilles en ta demeure,
Sans voir mon cœur lacéré !

Je veux quitter ce village,
M'en aller dans le bocage
Redire mes tristes chants
Au rossignol qui soupire,
Et les échos de ma lyre
Iront sur l'aile des vents.

Quoique les strophes citées, que les Corses appellent sixaines, *sestine*, anacréontiques, soient fort en usage dans les sérénades, celles qu'on appelle *horatiennes*, dites improprement de *Fulvio Testi*, sont aussi chantées; et peut-être, par la variété de leurs vers, elles s'accordent mieux au son de la cythare. Nous citerons ici une strophe qui explique de quelles idées les Corses se servent pour exprimer leur passion amoureuse:

Jo t'amo... Ah! t'amo, o cara,	Je t'aime... ah, oui, je t'aime, ô chère!
Jo t'idolatro, o mio primiero amore,	Je t'idolâtre, ô mon premier amour!
Giá nel mio seno un' ara	Dans mon sein je t'ai déjà élevé un autel
Ti eressi, e in olocausto offersi il cuore.	Sur lequel je t'ai offert mon cœur en holo-
Non di Arabici incensi,	Ce n'est pas avec des parfums de l'Arabie [causte.
Ti profumai, ma di sospiri intensi.	Que je t'ai encensée, mais avec des soupirs.

Souvent on y mêle de la poésie dantesque; c'est ce qu'on appelle tercets, *tersine*, et quelquefois des sonnets et des huitains, *ottare*.

Nous citerons ici un huitain en dialecte corse de *Delà des monts*, extrait d'une pièce de vers fort beaux, faits par l'un des ancêtres de M. Abbatucci, ministre, garde des sceaux sous Napoléon III :

Traduction littérale.

E' t'amu tantu, e mi ne doju u tantu	Je l'aime beaucoup, et je me vante
Chi nissunu nun t'ama quantu e mia.	Que personne ne l'aime autant que moi;
Ti portu scritta in quistu pettu tantu,	Je te porte tellement gravée dans ma poitrine,
Chi mai nun m'esci de la fantasia.	Que jamais tu ne t'éloignes de ma pensée.
Si tu vuoi sapiri quantu sia stu tantu,	Si tu veux savoir combien je t'aime : [âme,
E' quantu u pettu e u cor dedr', alma mia.	Tu es autant que ma poitrine, mon cœur et mon
S'intrassi in Paradisu santu santu	Si j'entrais dans le Paradis, où sont les bien-
E nun truvacci a tia, nin usceria.	Et que tu n'y fusses pas, je m'en irais. [heureux.

SUPERSTITIONS

Un progrès que nous aimons à signaler dans notre pays, c'est la disparition presque complète des nombreuses superstitions qui s'observaient autrefois. S'il reste encore quelques regrettables préjugés en Corse, ils sont refoulés dans certaines contrées reculées, et ils n'ont plus aucune autorité ni influence sur l'esprit des habitants, si l'on excepte quelques vieilles femmes trop crédules et qui n'appartiennent pas à cette nouvelle génération.

La chouette, avec son cri interrompu et lugubre, n'est plus l'oiseau de la mort. Le chant faible et sépulcral du hibou ne fait plus aucune impression, même sur les enfants les plus timides. On n'entend plus sonner le tambour à minuit comme indice de la prochaine mort de quelqu'un dans le village. Les aboiements nocturnes des chiens ne sont plus d'un mauvais augure. Les morts ne viennent plus du cimetière pour réciter le chapelet à celui qui, dans peu de jours, doit les rejoindre. La voix nocturne n'appelle plus celui qui doit bientôt mourir. Le chant de la poule n'apporte plus de malheur dans la maison. Les esprits follets ne se font plus voir sous diverses formes pour tourmenter les hommes. Les sorciers ont tous disparu, et les mères n'attachent plus de talismans au cou de leurs enfants, pour éloigner ces envoyés de l'enfer qui venaient leur sucer le sang dans le berceau. Enfin, les ouragans et les tempêtes ne sont plus l'indice de quelque sanglante catastrophe.

Ces anciennes superstitions ne sont plus, pour la génération actuelle, que des légendes et des contes, qu'elle aime à entendre raconter au foyer comme passe-temps dans les longues soirées d'hiver.

Cependant il nous reste encore la *fattura*, c'est-à-dire le *mauvais-œil*. La *fattura* ou *jattatura*, comme l'appellent les Napolitains, est toujours l'épouvantail des Italiens, surtout des habitants des Deux-Siciles, où la croyance en est tellement enracinée, que les personnes suspectes de jeter avec leurs regards le *mauvais-œil*, sont évitées comme des pestiférés.

En Corse, on ne désigne jamais personne comme possédant cet esprit malfaisant; mais si quelqu'un s'approche d'un enfant et lui dit qu'il est *beau*, *sage*, etc., il faut qu'il y joigne: *Que Dieu le bénisse*, autrement la mère, ou la personne qui tient l'enfant, lui fait des reproches.

Lorsqu'une femme craint que son fils soit *innochiato*, frappé du *mauvais-œil*, elle s'empresse d'appeler la femme qui sache le charmer. Cette femme, qui jouit de la réputation de guérir les enfants atteints de cette maladie, arrive, regarde l'enfant, et puis elle se fait apprêter une lampe de cuisine en fer, qu'elle allume; elle fait ensuite verser de l'eau dans une assiette qu'elle confie à une personne qui se trouve dans la maison; tout cela fait, elle commence par se signer trois fois de la croix et récite en secret des prières. Lorsqu'elle a fini, elle recommence le signe de la croix, et faisant apporter l'assiette qui contient l'eau, au-dessus de la tête de l'enfant, elle plonge deux de ses doigts dans l'huile de la lampe et laisse tomber quelques gouttes dans l'assiette: c'est d'après les formes que ces gouttes d'huile prennent en tombant dans l'eau qu'elle prononce les oracles.

Si les gouttes d'huile ne donnent pas à la femme une assurance complète que l'enfant soit atteint par le *mauvais-œil*, alors elle renouvelle le charme pour le mal des vers, dont les enfants sont souvent exposés à être tourmentés.

Pour procéder à cette opération, elle prend une balle de plomb, qu'elle met dans une lampe en fer sans huile; elle place cette lampe sur les charbons ardents; lorsque le plomb est fondu, elle prend une assiette où l'on a versé de l'eau, et après s'être signée encore trois fois du signe de la croix et avoir dit des mots en secret, elle verse le plomb fondu dans l'assiette. Si le métal, en touchant l'eau, se sépare en lignes se dirigeant d'un côté et d'autre, alors le malade est vraiment atteint par les vers; mais si le plomb forme une masse, elle prononce ses oracles et affirme que le mal des vers n'y est pour rien.

Enfin, si dans le *mauvais-œil*, comme dans le mal des vers, les signes se montrent apparents par l'effet que produit le charme sur le malade, la femme prononce la guérison complète et instantanée de l'enfant.

Les curés et les prêtres n'ont pas failli à leurs devoirs, qui étaient de prémunir la population contre ce sortilége et cette impiété; malheureusement ils n'ont pu jusqu'à présent obtenir de ces femmes qu'elles renonçassent à leurs enchantements, ni même qu'elles cessent d'y croire.

INGERMATURA

Une autre superstition encore plus curieuse, c'est l'*ingermatura* ou charme contre tout attentat à la vie de l'homme, et surtout contre les coups d'armes à feu et les coups d'armes blanches.

Les bandits qui avaient porté la désolation et la mort dans tant de familles, et qui avaient jeté la terreur dans certaines contrées de l'île; ces scélérats, qui avaient souillé leur âme dans les crimes les plus atroces, conservaient encore quelque crainte de Dieu, et ils espéraient vivre assez vieux pour avoir le temps de se repentir et obtenir le pardon de tous leurs méfaits. A cet effet, ils suspendaient à leur cou des médailles bénites, des scapulaires et d'autres objets sacrés moyennant lesquels ils se croyaient *ingermati*, c'est-à-dire invulnérables.

Dans les annales néfastes du banditisme, nous pourrions citer quelques-uns de ces criminels qui, après avoir trempé leurs mains dans le sang de leurs semblables pour exercer leur vengeance, ont en effet réussi à se soustraire sains et saufs aux persécutions de leurs ennemis et de la force publique par l'effet des scapulaires qu'ils portaient sur eux (selon leur superstition), et qui sont ensuite allés sur le continent expier leurs forfaits dans les couvents, et ont passé le reste de leurs jours dans la plus austère pénitence.

Nous citerons ici un seul fait dont l'authenticité est pour nous incontestable; car, dans notre enfance, nous l'avons ouï répéter maintes fois par les vieillards qui en avaient été les témoins oculaires. Ce fait leur fut annoncé parmi les miracles d'un moine vénérable, leur contemporain. Une circonstance imprévue nous rappela cette anecdote.

En 1839, lors de la canonisation de quelques bienheureux, nous étions à Rome; un jour, en traversant la *via Giulia*, nous vîmes suspendu à une muraille un tableau représentant un miracle de l'un de ces bienheureux (dans ces circonstances, on a l'habitude d'exposer en public, peints sur toile, les portraits et les faits miraculeux de ceux qui sont rangés parmi les saints de l'Église catholique). Le tableau que nous rencontrâmes en notre chemin représentait un moine entouré de plusieurs personnes, parmi lesquelles une était à genoux à ses pieds; et l'inscription d'en bas portait ces mots : *Miracle fait par le bienheureux Léonardo de Porto-Maurizio au Lago benedetto, en Corse*. Ce tableau réveilla alors en nous un doux souvenir, et nous nous transportâmes en pensée dans le pays qui nous a donné le jour, où tant de fois nous avions ouï raconter ce fait de la bouche de nos anciens.

Le P. Léonardo est appelé l'apôtre de la Corse. Quoique les insulaires fussent toujours en guerre avec les Génois, ses compatriotes, ils respectaient en lui ses hautes vertus évangéliques, qui contribuèrent beaucoup à apaiser tant d'inimitiés mortelles parmi les Corses. Ce missionnaire, toutes les fois qu'il réussissait à pacifier des familles, clouait sur les portes de leurs maisons une petite croix en bois, dont quelques-unes se voient encore de nos jours. Un jour qu'il avait fini sa mission au couvent de la Mariana, et qu'il voulait se rendre au couvent des capucins de Vescovato, il tomba malade; sachant que les habitants de ce dernier village l'attendaient sur le pont du Golo pour l'accompagner en procession jusqu'au lieu de sa destination, il voulait partir, mais il chancelait et ne pouvait se tenir debout. Les habitants de la Mariana, voyant qu'il insistait pour se rendre à Vescovato, firent un brancard, y mirent un matelas, et y ayant placé le moine infirme, chargèrent leurs épaules de ce précieux fardeau. En arrivant au lieu dit *Lago benedetto*, qui est tout près de la rivière du Golo, il pria les hommes qui le portaient de le poser à terre; on obéit; alors il s'écria : « *Allez là, entourez ce makis et amenez-moi l'homme que vous y trouverez caché.* » Tous ceux qui l'accompagnaient crurent d'abord à quelque accès de délire, pensant qu'il lui était impossible d'avoir pu apercevoir un homme caché dans un bois, surtout dans la position où il se trouvait; mais, le moine insistant avec persévérance, tout le monde se porta vers l'endroit qu'il désignait; et là, en effet, on trouva un bandit, qui, se mettant immédiatement sur ses gardes, menaçait de faire feu si on s'approchait de lui. Ce bandit, appartenant à un village bien éloigné de ces contrées, ne craignant pas, par conséquent, d'avoir à faire à des ennemis personnels, et voyant d'ailleurs des gens sans armes, leur demanda ce qu'ils voulaient de lui; on lui répondit que c'était un missionnaire, un saint homme, qui voulait lui parler, et qu'il n'avait rien à craindre, ni d'eux, ni de la force armée. Le bandit hésita un instant, puis, voyant que tout le monde l'assurait qu'il n'y avait aucun danger pour lui de s'approcher du missionnaire, s'arma de courage et fit ce qu'on demandait. Aussitôt arrivé en présence du religieux, ce dernier lui porta la main à la poitrine et s'écria : « Ah! scélérat! après avoir trempé « les mains dans le sang de tes semblables, tu as osé porter ces mêmes mains « impies et encore tachées de sang sur le corps vénéré de Jésus-Christ! Im- « bécile! est-ce que tu crois être rendu invulnérable par le sacrilége que tu « as commis? » Ayant prononcé ces mots, il lui déboutonna son gilet et sa chemise, et montra à tous ceux qui étaient là présents l'hostie consacrée que le bandit s'était accolée à la poitrine, afin d'être invulnérable, *ingermato*.

Le bandit était resté comme pétrifié et hors de lui-même; il laissa tomber les armes qu'il tenait dans ses mains, et se mit à genoux en tremblant et sans pouvoir proférer un mot. A peine fut-il revenu de sa surprise, qu'il se mit à pleurer et s'écria : « O saint homme, sauvez-moi! » Le P. Léonardo fit alors retirer les personnes qui l'entouraient, lui enleva l'hostie, l'exhorta à changer de conduite, en lui assurant qu'un repentir sincère pouvait le sauver. On sut que le bandit était allé dans la nuit même trouver le missionnaire dans le couvent de Vescovato, et que le moine obtint peu de jours après un sauf-conduit du gouverneur génois pour le faire transporter sur le continent italien. Le bandit mit à profit cette sorte d'amnistie, et on reçut de lui des nouvelles édifiantes. Il s'était enfermé dans un couvent où il mourut en vénération parmi tous ceux qui l'avaient connu.

Ce fait était donc représenté sur le tableau dont nous avons parlé, et il a été considéré comme un des miracles de premier ordre opéré par le bienheureux Léonardo de Porto-Maurizio.

Ce moine, qui avait été béatifié par Pie VII, devait être canonisé par Grégoire XVI en 1840; il ne le fut pas, et nous ne savons pas pourquoi l'Eglise a ajourné cette cérémonie définitive à son égard.

La superstition sur l'*ingermatura* a, nous le croyons, disparu de cette île; d'ailleurs, ce n'étaient que ceux qui vivaient en inimitié avec leurs voisins, les bandits et les bandits mêmes qui étaient à chaque instant exposés au danger d'être surpris par quelque coup de fusil, qui en faisaient usage, cherchant tous les moyens pour être invulnérables.

Maintenant que le banditisme n'existe plus en Corse, et que les inimitiés mortelles d'autrefois sont à l'état de souvenir, nous pourrions assurer que les hommes d'aujourd'hui rejettent ces anciennes croyances dans le domaine du ridicule.

LE BANDITISME CORSE

On donne en général la qualification de *bandit* à ces êtres dégradés qui, constamment en guerre ouverte avec la société, se livrent à toutes sortes de brigandages, et qui ne versent ordinairement le sang de leurs semblables que comme un moyen pour arriver à d'autres crimes.

Ce n'est pas dans l'acception du mot *brigand* qu'on emploie en Corse celui de *bandit*; on y appelle ainsi tout individu qui, poursuivi pour un crime, souvent même pour un simple délit, se condamne à une vie errante et remplie de dangers plutôt que de se livrer à la justice, soit qu'il ait une horreur insurmontable pour la détention, soit qu'il ne veuille pas que son incarcération puisse être considérée comme un triomphe pour ses adversaires.

Si les causes les plus futiles font quelquefois du Corse un *bandit*, on ne peut cependant s'empêcher de reconnaître que c'est toujours un sentiment exagéré de l'honneur, ou un vif froissement d'amour-propre, qui met ces insulaires en révolte contre les lois de leur pays. Si l'on fouillait dans les archives des tribunaux répressifs, on trouverait la preuve que les plus grands criminels ont été poussés dans la voie fatale dans laquelle ils se sont trouvés pendant longtemps engagés, par le besoin irrésistible de venger le déshonneur ou l'abandon d'une sœur ou d'une parente.

Il faut dire aussi que le triste souvenir de la domination génoise ne s'est pas encore complétement effacé dans ce pays; et comme dans d'autres temps, les Corses ne pouvaient pas compter sur la justice, livrée alors aux mains de vils trafiquants, les Corses de nos temps, ou tout au moins du commencement de ce siècle, ne pouvant pas se résoudre à attendre l'action des lois, se faisaient juges eux-mêmes et exécutaient les arrêts de mort que la *vendetta* leur inspirait.

Comme un mobile presque avouable avait amené le crime, les coupables n'inspiraient pas cet éloignement, cette horreur qu'on a pour les criminels ordinaires; les parents les couvraient de leur protection, et favorisés par les accidents du sol, ils pouvaient impunément braver toutes les poursuites de la justice.

Devenu bandit, le Corse s'éloigne des habitations; un fusil sur l'épaule, la taille serrée par une cartouchière bien garnie, à laquelle pend un pistolet, le stylet dans la manche gauche ou dans une des poches de sa veste et souvent fixé à la cartouchière, il parcourt la campagne et ne s'arrête jamais que sur le sommet des collines, d'où il peut du regard explorer les alentours et se mettre ainsi à l'abri d'une surprise. Naturellement soupçonneux, il n'accepte les mets qui composent son frugal repas que de la main des personnes sur le dévouement desquelles il peut compter d'une manière absolue.

Rarement il se déplace pendant le jour; il se tient blotti dans les aspérités du roc, ou bien au milieu de makis presque impénétrables. Avant de se mettre en mouvement, il attend le parent qui lui sert de guide, qui vient lui indiquer le chemin qu'il peut suivre en toute sécurité.

On a fait du *bandit* corse un type, dont les romanciers ont peut-être quelquefois abusé. Ce que l'on peut dire de lui cependant, c'est que rarement il descend au rôle odieux de sicaire, et que, le plus souvent, malgré sa déplorable facilité à faire usage de ses armes, qu'il manie avec une habileté extraordinaire, il a des instincts généreux.

Un procès criminel a révélé le fait suivant :

Il y a quelques années, dans la province de Vico, une jeune fille avait été séduite; le coupable, pour se soustraire aux engagements qu'il avait contractés, voulut contester la paternité qui lui était attribuée. A cet effet, il s'adressa à un bandit du nom de Serafino, qui, à cette époque, jetait l'épouvante dans la contrée; il pria cet homme de le tirer d'embarras en se déclarant l'auteur de la grossesse de *Fiordispina*.

Repoussant avec indignation une pareille ouverture, Serafino dit au séducteur : « Tu es mon parent; si tu as une offense à venger, je m'associe à ta vengeance; mais jamais je ne consentirai à me faire l'instrument d'une noire calomnie, et je t'aurais déjà puni de m'en avoir fait la proposition, si des liens de parenté ne m'attachaient à toi. Va, ajouta-t-il, et puisses-tu échapper au châtiment que tu as mérité; désormais, je ne te protége plus contre tes ennemis, et souviens-toi qu'en Corse, ce n'est jamais impunément qu'on déshonore une femme. »

Quelques jours après, Fiordispina tuait son séducteur. Il y eut cela d'étrange à cette occasion, que les premiers regrets donnés à la victime diminuèrent singulièrement lorsque l'on vint à connaître la conduite du bandit, sur lequel se portèrent dès lors toutes les sympathies.

Le bandit corse n'est redoutable que pour ses ennemis personnels; et d'ordinaire, avant de les frapper, il les fait prévenir d'avoir à se tenir sur leurs gardes. Il leur donne le plus souvent cet avertissement par ces paroles : « Si le soleil te découvre, mon plomb t'atteindra. »

D'avance il fixe le nombre de ses victimes, et sa tâche remplie, il va chercher à l'étranger un repos qu'il ne peut trouver dans sa patrie. On en a vu qui, sur la terre d'exil, ont embrassé avec une ardeur remarquable la cause des opprimés.

Lorsque la Grèce, courbée sous le joug des Musulmans, cherchait, avec l'énergie du désespoir, à reconquérir sa nationalité perdue, deux bandits corses combattaient avec les soldats de l'indépendance. Brave jusqu'à la témérité, l'un de ces bandits, Pascal Gambini, s'élança seul contre un retranchement défendu par des milliers de Turcs et tomba frappé de plusieurs balles sur le rempart même, où il venait de planter le drapeau de la Grèce. L'autre, Gallocchio, devenu capitaine en Morée, devait avoir une fin moins glorieuse que son compagnon. Ayant un jour appris que, pendant son absence, l'un de ses proches parents avait été tué, il se décide aussitôt à rentrer en Corse pour le venger; mais il fut prévenu par ses ennemis, qui, l'ayant surpris endormi, le frappèrent de plusieurs coups de hache. Dans les convulsions de l'agonie, il se souvint qu'il portait suspendu à son cou un scapulaire de la Vierge, et superstitieux comme la plupart de ceux qui se sont trouvés dans la même position que lui, il s'écria : « Il ne m'est pas possible de mourir tant que j'aurai ce talisman sur moi ; enlevez-le, car je ne puis supporter plus longtemps les souffrances que j'endure, et je ne veux pas être constitué prisonnier pour être livré au glaive de la justice. » On raconte que cette prière du mourant fut exaucée ; le scapulaire fut enlevé, et Gallocchio expira presque aussitôt.

Un autre bandit, le redoutable Santa-Lucia, accourut des premiers aux cris d'indépendance que poussa l'Italie. Il combattit en brave pour chasser les Autrichiens ; mais lorsque les excès commis par les défenseurs de la Péninsule amenèrent les Français sous les murs de Rome, Santa-Lucia se souvint qu'il était lui-même Français, et il brisa aussitôt son épée.

Le type du bandit ayant donc disparu, le banditisme lui-même a fait son temps, et c'est à peine si l'on en compte un seul aujourd'hui. En punissant les receleurs, on a rendu impossible la protection que l'on accordait aux bandits, et sans laquelle ceux-ci ne pouvaient point mener leur existence vagabonde. Il faut ajouter aussi que le progrès a marché ; les saines idées se sont propagées ; les crimes ont sensiblement diminué, et sans les tristes appoints qu'apportent les évadés des établissements pénitentiaires existant depuis quelques années dans le département, les forçats libérés en surveillance dans l'île, ou enfin des mauvais Italiens échappés du bagne à la faveur des troubles révolutionnaires, et qui se sont réfugiés sur nos côtes en se couvrant du manteau de la proscription politique, notre Cour d'assises n'aurait pas à juger plus d'affaires que n'en jugent les tribunaux criminels du continent.

LES VOCERI

Les voceri sont les voix de la douleur (*voces*), les cantiques populaires du Corse en présence du trépas. Comme si la femme était douée d'une intuition plus perspicace du mystère de la souffrance, c'est à cette âme d'une sensibilité exquise, à cette voix touchante que nos insulaires, par un sentiment profond de philosophie, ont déféré la mission de célébrer la mort.

On hésite tout d'abord à croire possible l'alliance des chants avec les larmes; et, en effet, la joie seule s'exalte comme malgré elle dans une sorte de mélodie primitive; mais la peine cherche le silence, qui est lui-même comme une image de la tristesse et du malheur. Cependant les chants funèbres naissent d'un besoin intime de la nature humaine; et, ainsi que la parole qui n'interprète pas uniquement les émotions du plaisir et qui raconte jusqu'à satiété les angoisses du cœur, ils sont bien l'exclamation spontanée de la douleur, mais d'une douleur qui demande des consolations au langage divin de la poésie et aux charmes de l'harmonie.

Tous les peuples ont dans leur histoire des exemples de cette coutume de faire participer les élégies à la célébration des obsèques; ils les associaient à des épisodes dramatiques qui souvent demeuraient les maîtres exclusifs de la scène. Dans les poëmes d'Homère, Achille, devant le corps inanimé de Patrocle, éclate en sanglots, et, pour revêtir son désespoir d'un signe manifeste et public, il ramasse la poussière que ses pieds ont foulée et la répand sur son front et son armure; Hécube sacrifie sa chevelure pour traduire les gémissements de la patrie sur la perte d'Hector, mutilé sous le char de son vainqueur; le roi Pyrame, se roulant sur la terre, jette des cris étranges.

La muse de Ferdoucy a signalé de semblables coutumes dans les funérailles des Perses.

Chez les Hébreux, on voit Jacob, dès qu'il apprend qu'une bête féroce a dévoré son fils Joseph, proférer des plaintes bruyantes et couvrir sa tête vénérable et sa robe avec la cendre du foyer; le héros biblique de la souffrance, Job, privé de ses richesses et du trésor plus précieux de ses enfants, déplorait ses maux en payant le tribut du deuil extérieur imposé par l'usage et les mœurs. Selon Jérémie, les Juifs appelaient *sages* les femmes qui chantaient les vers suprêmes auprès des défunts : *Vocate lamentatrices et veniant ad eos, quæ sapientes sunt; mittite et properent et festinent et assument super nos lamentum.* (IX, 16.)

Au temps fortuné de la jeune Rome, l'hommage des larmes constituait une fonction sociale remplie par des femmes qui touchaient un traitement de l'État. Elles portaient le titre de *présidentes*, et, en cette qualité, elles occupaient la place d'honneur dans les services funéraires où leurs cantiques lugubres alternaient avec le son de la *tibia*, lorsque le mort était un enfant; et avec celui de la *tuba*, pour un adulte. *Est carmen quod in funere laudandi gratia cantatur ad tibiam....... jussit religio ut majoribus mortuis tuba,*

LA SÉRÉNADE

LE BAPTÊME

VUE DE LA VILLE DE BASTIA, PRISE DE LA MER

FEMMES DE CARDO — VILLE — LCTA — BRANDO
QUI VONT VENDRE A LA VILLE DE BASTIA

minoribus tibia cantatur. (*Placid in stat. Sercius, lib. V.*) On désignait ces chants sous le nom de *Nenia*, qui se donnait aussi aux chansons avec lesquelles les mères romaines endormaient leurs fils au berceau. D'après leur croyance, les mânes, comme la frêle créature, voulaient qu'on les assistât pour trouver le sommeil. La plus haute aristocratie de Rome, non moins que les classes du peuple, observait cet usage. Tacite parle en ces termes des funérailles : *Veterum instituta, meditata ad memoriam virtutis carmina et laudationes et lacrimas vel doloris incitamenta.*

Indépendamment des Hébreux, des Romains et des Perses, tous les peuples, tels que les Phéniciens, les Egyptiens, les Etrusques, les Germains, les Celtes, les Irlandais, les Napolitains et les Sardes consacraient au culte des morts des chants spéciaux.

On les a retrouvés chez les premiers habitants de l'Amérique, et chez les Indiens, où se perpétue de nos jours encore l'habitude solennelle de chanter près de la dépouille de leurs parents et de leurs amis; elle règne aussi en Afrique et dans la province de Constantine; ces chants, fort usités, ont pris comme en Corse le nom de *vocerati*.

Ces *voceri* ou *vocerati* de la Corse sont empreints de la mélancolie la plus suave, et ils expriment parfois des pensées profondes et d'une grandeur étonnante. Le Corse est comme insensible à la joie; il se fait à l'ombre du laurier et du myrte; mais sous le cyprès son cœur se déchire, son âme s'élève et il donne à la douleur des accents d'une vérité sublime.

L'improvisation des chants funèbres est pour les femmes corses l'objet d'une constante méditation. Elles en occupent leur esprit au milieu de leurs travaux rustiques, soit qu'elles relèvent les olives, les châtaignes, les amandes; cueillent les pêches ou les raisins, exposent les figues sur les claies au soleil; ou dans le sein de la famille, soit qu'elles filent, tricotent, cousent et vaquent aux divers soins de l'intérieur. Cette instruction lyrique et toute autodidactique commence pour elles dès l'âge de douze à treize ans. L'amour filial en est le seul maître, maître grave qui leur rappelle sans cesse qu'elles auront à pleurer un jour sur le cadavre d'un père ou d'une mère adorés!

On a dénié aux femmes la faculté du génie, et cependant ces jeunes filles, poëtes de la nature, avec la faible provision des mots d'une langue usuelle restreinte à l'expression des besoins de la vie la plus humble, s'élèvent dans l'art à un tel degré de perfection, que les poëtes les plus fameux des nations policées, anciennes et modernes, ne les ont certes pas égalées dans la peinture de l'innocence, de la vertu et de la vérité des sentiments d'une douleur sublime. Elles étonnent, émeuvent, transportent. C'est qu'au fond leur art est l'écho fidèle, simple et docile de l'âme humaine.

Malgré la distinction des lieux, on remarque une singulière similitude entre tous ces chants, pour les idées qu'ils rendent, pour la structure des vers ainsi que pour la musique ; mais l'action scénique dont ils sont accompagnés offre plus d'un contraste et des traits propres à quelques contrées.

Ainsi, dans tel endroit de l'île, on étend le mort sur la *tola* (planche) qui repose sur une table ; les femmes forment un cercle à l'entour, et s'étant voilées d'une faldetta, ou espèce de jupe de couleur noir-bleu, qui est attachée à la ceinture et relevée de derrière sur la tête et sur les yeux, à la manière d'un capuchon, elles se mettent à répandre des pleurs, puis l'une d'elles entonne les hymnes du trépas. En ce moment, ces hymnes ont un caractère de tristesse douce, délicate. Quand la fatigue éteint la voix funèbre, la chanteuse fait un signe pour demander assistance, une autre voix succède à la sienne, et cette mélodie lamentable se prolonge de la sorte jusqu'à l'heure où le prêtre s'avance pour procéder à l'enlèvement du corps du défunt et le conduire à l'église avec la pompe chrétienne. A cet instant fatal les cœurs se brisent, la douleur se transforme en désespoir, les chants deviennent des cris aigus et poignants et la pantomime affecte des mouvements tragiques et convulsifs. Pendant l'office divin, qui dure souvent de neuf heures du matin à une heure de l'après-midi, les plus proches parents restent debout à la tête du cercueil, et à leurs côtés se tiennent les autres femmes, tout absorbées dans la prière et le visage baigné de larmes.

Ailleurs, et dans la maison mortuaire encore, elles entourent le cadavre, également voilées, mais immobiles comme des fantômes, inclinant la tête sur la poitrine, gardant un silence sépulcral et ne laissant échapper que quelques soupirs qu'elles étouffent avec effort.

Mais dans le Niolo, au lieu de demeurer immobiles près du corps, elles s'agitent au contraire, étendent les bras, se courbent, se frappent la poitrine, trépignent, et avec tous les gestes représentatifs de la douleur, marchent ensemble auprès du défunt.

En d'autres lieux toutefois, le tableau a un aspect plus effrayant, car elles vont jusqu'à s'écorcher la figure ; elles s'arrachent les cheveux, déchirent leurs vêtements.

Nous avons déjà relaté qu'une telle coutume se pratiquait par les peuples anciens. Mais elle fut interdite chez les Romains, ainsi qu'il résulte de la loi des XII Tables : *Mulieres genas ne radunanto, neve* LESSUM *funeris ergo habento; mulier faciem ne carpito,* etc., *ne his imbecillitatis exemplis assueta bello pectora debilitarentur.*

Jusqu'ici, dans les cas de décès ordinaires, les démonstrations de la peine, chez la femme corse, dégénèrent parfois en excès qu'expliquent tant soit peu la vigueur de son caractère, trempé dans les guerres incessantes dont l'île a été le théâtre. Cependant, s'agit-il d'un époux, d'un fils, d'un frère, tombé victime sous les coups d'un meurtrier, alors elle se change en une véritable Euménide; elle court çà et là éperdue, les cheveux en désordre; elle se roule sur le carreau, se précipite sur le cadavre, compte ses blessures, suce le sang qui en découle, trempe son mouchoir dans les plaies, et le visage enflammé, les yeux étincelants, pousse des hurlements, et profère les mots répétés et terribles de : Vengeance ! vengeance ! ! Elle fait appel au plus brave et l'invite à laver l'outrage dans le sang ; elle menace de s'armer elle-même pour frapper le coupable.

Mais quand s'est apaisé quelque peu ce courroux, les voceri éclatent pour implorer tantôt la justice divine, tantôt la justice humaine ; puis, par un retour subit de fureur, elle apostrophe de nouveau parents et amis, et les somme de se venger sans délai.

Quel pinceau saurait rendre dans toute sa vérité cette scène d'un délire affreux produit par le choc violent de la passion, de l'amour et de la haine?

Heureusement, ces inimitiés, application exorbitante du droit naturel de la défense, justifiable peut-être à son origine chez des hommes qui vécurent d'abord sans lien social, dispersés par espèces de familles patriarcales, séparées entre elles par d'abruptes montagnes dont tous les sommets fendent les nues et vont toucher les astres, ces inimitiés, disons-nous, ont disparu de l'île ; et depuis surtout l'interdiction des armes, les crimes y sont devenus très-rares. A la place du fusil, compagnon historique du Corse, justicier sommaire de la vertu déshonorée d'une sœur, de la foi outragée d'une épouse, on voit aujourd'hui le campagnard armé pacifiquement de la pioche et de la bêche, s'acheminer vers ses travaux utiles. Encore quelques années de ce régime salutaire et les vieilles rancunes seront évanouies ; tant de terres fertiles où croissent encore les ronces et les épines, et toutes ces plantes qui occupent vainement le sol, seront sillonnées par le fer généreux de la charrue, et épancheront de leur sein défriché des moissons dorées, et avec elles la paix, la joie, l'union et le bonheur, car l'homme de la Corse, dont l'intelligence est précoce et remarquable, s'identifiera sans effort avec les arts de l'agriculture et de l'industrie, et la mère patrie elle-même pourra tirer bientôt de ce progrès de magnifiques et d'inestimables ressources.

Nous ne passerons pas sous silence quelques autres particularités relatives à la cérémonie des funérailles. Pour la plupart des familles, le décès d'un de ses membres fait toujours époque, ainsi que le mariage. Il est l'heure solennelle de la réconciliation; il marque le terme définitif des haines invétérées.

Il ne se fait pas un enterrement dans un village quelconque, sans que les gens des pays les plus rapprochés n'y députent une notable assistance. Les hommes s'y rendent en contingent compact, et dans ces tristes occurrences, ils se montrent habituellement recueillis et graves, à la manière de ces vieux Germains dont Tacite dit : « *Feminis lugere honestum est, viris meminisse.* » Les femmes y viennent de même, mais après s'être concertées entre elles et avoir organisé la *schiera*, ou chœur des pleureuses. Entre autres motifs, tels que la piété et l'esprit de condoléance qui les attirent à ces solennités, c'est aussi le désir d'y mettre en relief leurs talents dans l'art des chants lamentables. A la plus habile en ce genre est dévolu le privilège de la préséance.

Parents et amis passent à veiller en compagnie la nuit entière qui précède le jour de l'enterrement. Vers minuit on leur apporte diverses espèces de gâteaux, de la pastella ou bastella (galette), de la schiaccia ou foccacia (gauffres), du fromage, du vin, et l'assemblée mange et boit autour de la dépouille mortelle.

Un autre repas suit l'inhumation, c'est le *conforto*. Presque partout il est préparé par la famille et les amis de la personne décédée. On a soin de disposer en temps convenable la *paniera*, c'est-à-dire d'envoyer au domicile mortuaire un panier garni des aliments qui doivent défrayer ce frugal et lugubre souper. Quand les relations de parenté sont étendues, on expédie tour à tour la *paniera*, afin que les réunions puissent se prolonger pendant plusieurs jours. Le mot de *conforto* dérive de *confortare*, soulager; en effet, les âmes tendres et compatissantes trouvent là l'occasion propice de répandre des consolations dans le sein de ceux que la mort a frappés dans leurs plus précieuses affections.

Ce banquet funèbre se tient encore dans plusieurs contrées du globe. Les Romains l'avaient laissé tomber dans l'abus, et il fut aboli par une loi des XII Tables : *Æpulas in funeribus*.

Des philologues italiens, français, anglais et allemands ont composé un recueil des *voceri* des femmes corses. Leur traduction a enrichi même plusieurs langues étrangères. Nous nous bornerons à en relater ici certains fragments pris dans les improvisations consacrées à la mort naturelle et tragique.

FRAGMENT D'UN CHANT FUNÈBRE IMPROVISÉ PAR UNE MÈRE SUR LE CADAVRE DE SON FILS UNIQUE, LA VEILLE DE L'ASSOMPTION :

Traduction littérale.

Demattina este lo jornu	Demain c'est le jour
Di la Vergine Maria,	Dédié à la sainte Vierge,
Quandu ella muntò a lu celu	Lorsqu'elle monta au ciel
Cull' anghiuli in cumpagnia;	En compagnie des anges.
Ah! dumane in Paradisu	Hélas! demain dans le Paradis
Quanta ci sarà allegria!	Combien sera grande l'allégresse!
In giornu tantu sulenne	Dans un jour aussi solennel,
In un dì di tanta festa,	Dans un jour d'une aussi grande fête,
Quandu celu e terra ride,	Lorsque tout sourit dans le ciel et sur la terre,
Sola eo qui dolente e mesta	Moi, souffrante et triste,
Restu a pienghie o a suspirà	Je reste ici à pleurer et à soupirer,
Perchè or nulla più mi resta.	Car maintenant il ne me reste plus rien.
Avia un unicu figliu	J'avais un fils unique
Cunfortu di li miò affanni,	Qui soulageait mes chagrins,
Ristoru di le miò pene,	Qui était l'oubli de mes peines
Riparu di li miò danni,	Et le réparateur de mes dommages!
Ma la morte mi lu toglie	Mais la mort me l'a ravi
Nell' eta' di dodec' anni!...	A l'âge de douze ans.
Dumque eo resterachiu qui	Je resterai donc ici
Senza te, miò dolce branima?	Sans toi, ô mon doux désir!
Ma giacchè tu ti ne vai	Mais puisque tu t'en vas
Duve u Signore ti chiamma,	Où le Seigneur t'appelle,
Perchè per accumpagnarti	Pourquoi n'appelle-t-il pas aussi
Ella 'un chiama ancu a to mamma?	Ta mère pour t'accompagner?
Ah! morte tantu crudele,	Hélas! ô mort si cruelle,
Cusi barbara a ritrosa;	Si barbare et si capricieuse,
Cu la tò falce fatale	Tu as coupé ma rose
Hai recisu la miò rosa;...	Avec ta faucille fatale!
Quandu appuntu ella apparia	Lorsqu'elle apparaissait
Mezzu aperta e mezzu ascosa!	Moitié ouverte, moitié fermée.

RÉPONSE D'UNE FEMME A LA MÈRE DU DÉFUNT :

Asciugate u vostru piantu,
Calmate u vostru dulore,
Di a Vergine a la curona
Ci mancava un bellu fiore,
E un anghiulu qui ha iniziatu
A pigliarlu lu Signore.

Ellu è omai in un giardinu
Duve nun c'é siccità ;
Culà starà sempre verde
Per tutta l'eternità,
E li sò più grati odori
Da pe ...ttu spergbierà.

Essuyez vos larmes
Et calmez votre douleur,
Car à la couronne de la Vierge
Il manquait une fleur,
Et le Seigneur a envoyé un ange
Pour la cueillir dans cette demeure.

Il est maintenant dans un jardin
Où il n'y a jamais de sécheresse.
Là il restera toujours verdoyant
Pendant toute l'éternité,
Et il répandra de tous côtés
Ses plus suaves parfums.

LA MÈRE REPREND LE CHANT :

S'ella è dunque in un giardinu,
Frà le gioje ed i contenti,
Ed eo devu restà qui...
Frà le angoscie ed i turmenti !
Lu Signore ascolti almenu
Li miò voti e i miò lamenti !

Mi perdoni i miò peccati,
Ellu ch' è bonu e pietosu !
Poi gli piacequa di levarmi
Di stu' mondu dulurosu, .
E ch' eo veda mi conceda,
Lu miò fiore preziosu, etc., etc.

Mais s'il est dans le Paradis,
Parmi les joies et les contentements,
Dois-je rester seule ici
Dans les angoisses et les tourments ?
Que le Seigneur écoute au moins
Mes vœux et mes plaintes !

Que Dieu me pardonne mes péchés,
Lui qui est si bon et si miséricordieux !
Puis, qu'il lui plaise de m'enlever
De ce monde douloureux
Et qu'il me permette d'admirer
Ma fleur précieuse, etc., etc.

CHANT FUNÈBRE D'UNE FEMME SUR LE CADAVRE DE SON MARI,
EXPIRÉ SOUS LES COUPS D'UN MEURTRIER :

É per me una doglia amara,
Chi sò donna e poverella,
Nun potermi fà la barba
Dopu fatta la vendetta ;...
Ed in pace mi convene
. Di soffre la miò disdetta !

C'est pour moi une douleur amère
D'être une pauvre femme ;
Car je ne pourrai pas me raser la barbe
Après avoir fait ma vengeance.
Et ainsi il me convient de souffrir
En paix mon outrage.

Veggu qui li miò parenti,	Je vois ici mes parents
Che si stannu tristi e muti,	Qui sont tous tristes et muets ;
Perchè 'un sgrignanu li denti	Comme ils ne montrent pas les dents,
Da nessunu só temuti,	Ils ne se font craindre de personne ;
Sicchè a fa' la miò vendetta	Aussi je n'espère pas
Nimu speru chi mi ajuti.	Qu'aucun vienne en aide à ma vengeance.
Vogliu cinghje la cherchera,	Je veux ceindre la cartouchière,
Vogliu armà schioppu e pistola,	Je veux m'armer du fusil et du pistolet ;
Vogliu esse crudele e fiera,	Je veux être cruelle et fière,
Benchè abandunata e sola,	Quoique abandonnée et seule !
Vogliu vendicà lu sangue	Je veux venger le sang
Di quellu ch' è su la tola !	De celui qui est étendu sur la planche !
Purtà bogliu li miò crini	Je porterai mes cheveux
Sciolti e spersi su le spalle.	Épars sur les épaules,
Sempre appressu all' assassini	En poursuivant les assassins
Girà bogliu monti e valle,	Sur les monts et dans les vallons,
Finch' elli nun cascherannu	Jusqu'à ce qu'ils tombent
Morti sotto le miò balle !	Morts sous mes balles.
Ah ! s' eo avessi mai la sorte	Ah ! si j'avais le sort
Di strappali lu so core,	De leur arracher le cœur,
Mi saria cara la morte !	Que la mort me serait chère !
Mi saria dolce u dulore !	Que la douleur me serait douce !
S' eo mi mostru tantu cruda	Si je me montre aussi cruelle,
Mi perdoni lu Signore !	Que le Seigneur me pardonne !
Nun credu chi sia peccatu	Je ne crois pas que ce soit un péché
Di stirpà li malfattori,	D'extirper les malfaiteurs,
Quelli chi m' hannu privatu	Ceux qui m'ont privée
Di tutti li mio' tesori !	De tous mes trésors ;
E mi hannu tinta lu core	Ceux qui ont teint mon cœur
Cu li più neri colori !	Avec les couleurs les plus noires !
Si 'un mi possu bindicà,	Si je ne puis me venger
Di tanti sufferti danni,	De tant de dommages soufferts ;
Prestu prestu ingrenderà	Bientôt, j'espère, grandira
Lu mio figliolu Ghiuvanni ;	Mon fils Jean
Per bindicà lu só sangue	Pour venger son sang
Quanda ellu averà vint' anni.	Lorsqu'il aura l'âge de vingt ans.
La camiscia insanguinata	La chemise ensanglantée
Pende appesa a la terzetta,	Est suspendue à la terzetta (1),
Ella nun serà lavata...	Elle ne sera pas lavée
Fin tantu che la vindetta	Jusqu'à ce que la vengeance

(1) La terzetta est un pistolet dont le canon à 75 centimètres de longueur.

Nun sia fatta e sia distrutta	Soit faite, et que soit détruite
Quella razza maledetta!	Cette race maudite.

UNE FEMME AMIE RÉPOND :

Calmate u vostru dulore,	Calmez votre douleur,
Nun n'asprite i vostri affanni,	N'aigrissez pas vos tourments,
Lasciate fà a lu Signore	Laissez faire le Seigneur,
Chi vindicherà li danni,	Qui vengera vos pertes ;
Conservatevi in salute	Conservez votre santé,
E allevatevi a Ghiuvanni.	Et ayez soin de votre Jean.
Nun sarebbe mancu pocu	Ce ne serait pas une petite chose
Chi una casa cusì conta	Que d'une maison si renommée
Si spingnassi lu so focu	Vienne à s'éteindre le foyer
E' un restassi mancu impronta !	Et qu'il n'en restât aucune trace !...
La vendetta di u Signore	La vengeance du Seigneur
Sara' ghiusta, e sara' pronta, etc.	Sera sûre et sera prompte, etc.

Nous avons cité ces deux fragments parce qu'ils sont encore inédits. Nous regrettons de ne pouvoir en citer d'autres encore plus beaux ; mais nous ne pouvons insister davantage sur les *voceri*. D'ailleurs ces poésies funèbres ont été recueillies et traduites en beaux vers par des auteurs allemands, français et anglais.

Nous avons dessiné et décrit en grande partie les coutumes et les mœurs des habitants de cette île ; maintenant dans l'itinéraire que nous allons entreprendre en reproduisant les paysages et les lieux les plus remarquables, nous n'oublierons pas de reproduire aussi les costumes et les habitudes qui sont particuliers à certaines contrées de l'île.

ITINÉRAIRE

Avant de commencer notre histoire naturelle, civile, politique et militaire, nous croyons nécessaire de faire parcourir à nos lecteurs le rivage de la Corse, afin de lui faire connaître la position topographique de l'île, en lui mettant sous les yeux les dessins de tout ce qui peut s'offrir de plus remarquable et de plus intéressant dans notre voyage. Nous le conduirons ensuite à travers nos montagnes, si riches en calcaires, en granits, en porphyres, en jaspes, etc., où les chênes blancs et verts, les pins et sapins séculaires élèvent leurs cimes gigantesques jusqu'aux cieux qu'ils semblent menacer.

Nous les conduirons à travers nos collines, sur lesquelles règne une verdure continuelle, et où se font remarquer des plantes aromatiques : les arbrisseaux, les bruyères, les lentisques, les myrtes, les genévriers, les romarins, le thym, la digitale et tant de plantes médicinales.

Nous les promènerons sur le penchant d'autres montagnes au front rocailleux et nu, et à travers des vallées profondes, où croissent les châtaigniers, les oliviers, les orangers, les citronniers, les cédrats, etc.

Nous leur ferons remarquer tous les lieux où se passèrent les actions les plus importantes, pendant les guerres de l'indépendance corse.

Tous les écrivains, nos prédécesseurs, ont commencé leur récit par la partie nord-est de l'île, qu'ils ont nommée *parte di quà* (partie d'ici) (ou le deçà des monts), en nommant *parte di là* (partie du de là) (ou le delà des monts) le sud de l'île. Nous les imiterons en commençant notre voyage pittoresque en partant de *Bastia*.

Nous suivrons la route du cap Corse en longeant le littoral et nous pénétrerons ensuite jusqu'à l'antique province du *Nebbio*.

Nous continuerons notre voyage à travers les solitudes de les *Acriate*, pour arriver jusque dans la Balagna, où fleurit l'olivier. Nous suivrons ensuite les côtes de l'île au nord-ouest et l'ouest, et nous traverserons les bois touffus de *Filosorma*, où fleurissait jadis la ville phocéenne *Calaris*, et où maintenant le silence de la tombe n'est quelquefois interrompu que par le mugissement des vents, ou par le craquement des feuilles sous les pieds agiles des mouflons et des daims, que poursuit le chasseur. Nous entrerons dans la province de *Vico*, où nous aurons soin de faire remarquer les ruines du château féodal des *Leca*, les ruines de l'antique ville de *Sagona* et les débris des anciens châteaux féodaux des seigneurs de *Cinarca*. Notre route nous conduira jusqu'à *Ajaccio*, capitale actuelle de la Corse.

En passant par *Cauro* nous suivrons toutes les sinuosités du beau golfe de cette ville, pour côtoyer ensuite toute la partie sud, en touchant le golfe de *Vallinco* et les villes de *Sartène* et *Bonifacio*. Nous doublerons le *Capo-pertusato* pour retomber vers l'orient. Nous trouverons sur notre passage les golfes de *Sant' Amanza* et *Portovecchio* et l'établissement métallurgique de *Solenzara*. En quittant l'arrondissement de Sartène nous pénétrerons dans celui de Corté, où nous admirerons, sans nous écarter de la route, la riche ferme de la famille *Spinola*, de Gênes (le *Migliacciaro*), maintenant acquise par une compagnie française. Les villages du canton de Fiumorbo, les eaux thermales de *Pietra-Pola*, les eaux minérales de *Puzzichello*, les ruines de la ville d'*Aleria*, son ancien port (l'étang de Diana), la grande propriété de Casabianda, et après avoir traversé cette immense plaine d'Aleria, en grande partie inculte, nous entrerons dans l'arrondissement de *Bastia*.

Nous verrons le canton de *Cercione*, le premier qu'on rencontre de ce côté de l'arrondissement de Bastia.

Nous laisserons à droite une plaine fertile cultivée et d'une grande étendue; à gauche, une suite de villages bâtis sur les hauteurs et entourés de vignobles, de forêts, de châtaigniers, d'oliviers, etc. Nous voulons parler des cantons de *Muriani*, *Tavagna* et *Casinca*; ce dernier forme la partie la plus riche de l'île de Corse. Nous entrerons ensuite, après avoir traversé le pont du *Golo* et visité les ruines de la *Mariana*, et vu les villages qui forment le canton de ce nom, dont quelques-uns sont célèbres dans les annales de l'île, dans la ville de Bastia, notre point de départ.

Nous reprendrons de là notre voyage en suivant la route impériale qui conduit à *Corte* et *Ajaccio*, mais nous laisserons quelquefois cette grande route pour pénétrer dans les cantons de l'intérieur de l'île, à l'effet de montrer aux voyageurs tout ce qu'il peut y avoir d'intéressant et de remarquable.

BASTIA

Bastia, ainsi nommée à cause du bastion qui la protége, doit son origine à *Leonello Lomellino,* gouverneur génois, qui la fit bâtir en 1383.

Celui-ci, expulsé de tout le reste de l'île, et en dernier lieu de *Biguglia,* qui alors en était la capitale, par les habitants insurgés, que commandait *Arrigo de la Rocca,* alla se réfugier avec les débris de ses troupes sur le rocher qui s'avançait dans la mer en forme de promontoire et se partageait en deux anses, l'une au nord, appelée *Porto-Cardo,* et l'autre au sud, dite *Porto-vecchio.*

Ce fut là que plus tard les Génois élevèrent une forteresse que vers l'an 1407 *Nicoroso de Manicipio,* alors gouverneur pour la république de Gênes, fut obligé de vendre pour 700 livres de Gênes à *l'incentello d'Istria,* successeur d'*Arrigo.*

Cette forteresse ne tarda pas à tomber au pouvoir du gouvernement génois, et après tant de luttes sanglantes elle fut peuplée par les habitants des pays limitrophes, dont les Génois avaient réduit les villages en cendre pour enlever un asile aux insurgés. Parmi ces villages on compte la *Vetrice, Falconaja, Bagnaja* et plus tard *Belgodere,* qui fut ruiné de fond en comble par *Sampiero de Bastelica,* parce que les Génois y avaient placé une forte garnison et voulaient en faire un point important qui aurait servi de rempart à la naissante ville de *Bastia.* Tous ces petits hameaux composaient l'ancienne *Pieve d'Orto,* dont il ne reste plus que *Biguglia* et *Furiani.*

Le territoire de la ville de Bastia, pendant trois siècles, fut restreint dans l'espace occupé par les villages détruits, excepté qu'on avait occupé une portion du territoire du village de *Cardo.* Ayant abandonné l'ancien port, qui porte même aujourd'hui le nom de *Porto-Vecchio,* le gouvernement génois fit bâtir un môle dans le *Porto-Cardo,* où quelques petites et pauvres maisons appartenant au village de *Cardo,* ont existé jusqu'au xixe siècle. Ce n'est qu'en 1847 que nous voyons le petit hameau de *Cardo,* dont le territoire s'étendait jusqu'à quelques maisons de la ville et à une partie de la grande place de *Saint-Nicolas,* incorporé avec l'autorisation du gouvernement à la commune de *Bastia,* et plus tard même le village de *Ville,* obligé de céder une partie du sien qui descendait jusqu'à la mer.

Cette ville de progrès est devenue la plus riche et la plus populeuse de l'île; elle se distingue des autres par ses mœurs continentales et par la politesse et la douceur de ses habitants. Elle a emprunté en partie au continent français ses habitudes de luxe, son goût pour l'élégance, l'urbanité de ses négociants et l'amour des arts; et au continent italien, avec l'amour des beaux-arts, cette mollesse que les habitants tiennent surtout de la *Toscane*, où l'on peut se rendre quelquefois en six ou sept heures en partant de *Bastia* sur ces bateaux à vapeur, qui renouvellent presque tous les jours cette agréable promenade.

On remarque à Bastia deux belles églises principales, *Sainte-Marie* et *Saint-Jean*. Sainte-Marie, quoique déchue de son ancienne splendeur épiscopale, s'enrichit de jour en jour de tableaux, dorures, sculptures et peintures, qu'elle doit à d'habiles artistes. Ce que l'on voit de plus admirable, c'est le groupe en marbre qui représente le *Baptême de Jésus-Christ*, et un orgue construit récemment.

L'architecture n'offre pas tout ce fini qu'elle devrait avoir; c'est une mauvaise copie de l'église *Canonica* de l'ancienne ville de la *Mariana*, ouvrage pisan exécuté suivant le style byzantin. Tout près de cette paroisse se trouve l'Oratoire de *Sainte-Croix*, très-riche en dorures de mauvais goût. On y voit un autel magnifique de marbre très-fin et un crucifix en bois noir, dit le *Crucifix des Miracles*, qui est l'objet d'une légende merveilleuse et auquel les habitants de Bastia adressent d'ardentes prières dans les temps de malheur et au milieu des orages.

Non loin de cet oratoire, en se dirigeant vers le nord-est, on voit le palais épiscopal des évêques de la *Mariana*, qui, après avoir établi successivement leur résidence à *Corticchiato*, ou plutôt à *Belforito*, village de la *Casinca*, qui prit le nom de *Vescovato* et qui le conserve toujours, vinrent se fixer à Bastia.

Au sud du même oratoire se trouve l'hospice civil, asile incommode et pauvre où la misère et la maladie trouvent des âmes saintes et dévouées pour les soulager.

Au sud-ouest était autrefois le monastère de Sainte-Claire, où des vierges innocentes et pures venaient consacrer leur vie à Dieu.

Ce lieu, qui retentissait jadis de mélodies religieuses et de chants suaves et tendres, n'est plus que la demeure forcée des criminels et des bandits. On n'entend que le cliquetis des chaînes qui se mêlent aux cris de rage et de vengeance que répètent en *écho* les sombres voûtes d'une prison maudite.

A la place occupée aujourd'hui par le donjon était autrefois le palais du gouverneur génois et la terrible prison, plus justement appelée les *Catacombes*. C'était de là que partaient ces infâmes arrêts que rendaient les gouverneurs dans leur lâche cruauté, et par lesquels ils disposaient de la vie et des biens des habitants de cette île. C'était là qu'ils vendaient l'impunité aux assassins, et où souvent l'innocent expirait sous les tortures réservées aux coupables.

De nos temps, ce palais ou cette forteresse bâtie par les Génois, lorsque *Leonello Lomellino* gouvernait la Corse, a été converti en caserne militaire, où au lieu d'arrêts barbares et de gémissements, on n'entend que les instruments militaires et les chants joyeux des soldats français.

Cette partie de la ville forme la citadelle; elle est entourée de murailles de défense. Le commandant de la place, le Génie militaire et les artilleurs ont leurs logements dans cette enceinte. On donne le nom de *Terranuova* à la citadelle et à la partie qui constitue la haute ville; et à la basse ville, quoique plus moderne, on donne le nom de *Terravecchia*.

L'autre partie de la ville, à laquelle on donne improprement le nom de *Terravecchia*, est beaucoup mieux bâtie : on y voit des maisons d'une jolie apparence, des rues plus larges et mieux pavées pour la plupart.

Là se trouve la paroisse de *Saint-Jean*. L'architecture de cette église est plus grandiose et d'un meilleur goût que celle de Sainte-Marie; on y remarque les *Fonts baptismaux* construits avec des marbres de Corte, dus à la générosité du curé *Lusinchi*. Malheureusement ce monument, qui aurait pu être admirable, est loin de présenter la forme des monuments de ce genre, comme l'on en remarque plusieurs en Italie. Grâce au plan mesquin que l'on a suivi, il ressemble à un autel adhérent au mur d'une chapelle.

Il y a dans la rue Napoléon deux belles églises qui en font l'ornement et qui ne seraient pas déplacées en Italie. Ce sont les petites églises de la *Conception* et de *Saint-Roch*.

Cette partie de la ville renferme le *Lycée impérial*, autrefois couvent des Jésuites, le marché des blés, le théâtre, petit et mal bâti; la statue colossale de *Napoléon Ier*, élevée sur la place Saint-Nicolas; un grand hôpital militaire, autrefois couvent des Franciscains; un établissement destiné à l'éducation des jeunes filles, avec une salle d'asile pour celles qui sont indigentes, et où les sœurs de charité répandent sur les jeunes personnes les bienfaits de l'enseignement; un vaste édifice, ancien couvent des Missionnaires, qui a servi jusqu'à nos jours en partie de palais de justice et en partie de caserne militaire.

Les Frères ignorantins, qui rendent des services immenses à l'humanité en se vouant avec zèle et assiduité à l'instruction des enfants, ont bâti, à force d'aumônes et de secours, un établissement magnifique qu'on peut compter pour un des plus grands monuments de la ville.

On a ouvert, il y a peu d'années, une grande rue le long de laquelle on a vu s'élever rapidement des maisons à plusieurs étages très-commodes et construites avec luxe.

Cette rue aurait pu être comparée à celles des plus grandes et des plus belles villes d'Europe, si l'inhabileté des ingénieurs, ou plutôt le désir de ménager des intérêts particuliers n'avait abouti à en faire un zig-zag, en pente; tandis qu'avec moins de frais, peut-être, on aurait pu avoir une rue droite et d'une pente plus douce : on lui a donné, fort à propos, le nom de *Traverse*.

Le nouveau palais de justice, que l'on a bâti au pied d'une verdoyante colline, presque au bout de la traverse, est orné à l'intérieur de belles colonnes de marbre de Corte; mais la façade extérieure et les escaliers qui conduisent aux divers appartements, ne sont pas en rapport avec la grandeur de l'édifice et n'offrent rien de monumental.

La bibliothèque contenant environ 20,000 volumes est due à la libéralité et au patriotisme de M. Prela, citoyen de Bastia, médecin du pape Pie VII, président du collège des médecins de Rome et qui en a rempli les fonctions jusqu'à sa mort.

L'ancien port de Cardo est devenu aujourd'hui le port de Bastia; l'ancienne jetée qui le protégeait avait été construite aux frais de plusieurs communes de la Corse, alors soumise à la domination génoise. Ce port était trop petit, et quand soufflaient les vents d'est et d'est-sud, les bâtiments n'y étaient plus en sûreté. Le gouvernement a déjà fait exécuter des travaux destinés à le rendre plus sûr et plus commode. Le rocher qui présentait la forme d'un lion et duquel les voyageurs continentaux ont tant parlé, était situé à l'embouchure du port. On l'a fait disparaître ainsi que l'ancienne jetée. (1)

La population de Bastia s'élève à environ 18,000 habitants. Elle possède une cour impériale, un tribunal de première instance, un tribunal et une chambre de commerce, une direction de douanes, la 17e division militaire, un lycée impérial dédié à Napoléon III, une sous-préfecture, un commissariat de marine, une école d'hydrographie, etc.

(1) Les travaux du nouveau Grand-Port, dans l'anse de Saint-Nicolas, n'étant pas encore commencés, nous garderons le silence pour le moment.

Cette ville jouit d'un bel horizon, elle est en face de la Toscane et des îles de Capraja et d'Elba.

Bastia a donné le jour à Bancheri, historien; au poëte Biguglia; à Sisco, célèbre médecin, mort à Rome; à Prela, médecin d'une grande renommée, mort à Rome; aux officiers généraux de Franceschi, de Giovanni, Caraffa et Garbuccia; à l'historien Gregori; au cardinal Viale; au poëte Viale, à M. Benedetti, ambassadeur, et à tant d'autres d'un talent remarquable dans le barreau et dans les belles-lettres.

Maintenant laissons Bastia et ses vignobles, ses oliviers, ses bosquets de citronniers, d'orangers et ses délicieux jardins; traversons la place Saint-Nicolas et nous aurons devant nous l'ancien village de Cardo avec ses maisons petites, avec sa petite population, qui a conservé sa rusticité, malgré le voisinage de Bastia, et ses rapports fréquents avec cette ville. Les femmes de ce village apportent à Bastia, dans des bouteilles recouvertes d'osier, l'eau fraîche et délicieuse de Cardo, qu'elles vendent à plusieurs familles. Cette eau est une des plus grandes ressources de ce village. C'est à Cardo que pendant l'été plusieurs habitants de Bastia vont jouir des douceurs de la campagne. Ce village a contribué beaucoup à l'augmentation de la naissante ville de Bastia; quelques familles des plus nobles de cette ville en étaient originaires.

Cardo a eu beaucoup à souffrir de la lutte acharnée des Corses avec les Génois. Il fait maintenant partie de la ville de Bastia. Nous en ferons souvent mention dans notre récit historique.

A quelque distance de Cardo, et sur une colline plus élevée, se trouve le village de Ville de Pietra-Bugno dont le clocher, comme une flèche, semble s'élancer dans les airs.

Les habitants de Ville sont en général plus laborieux et se trouvent plus dans l'aisance que leurs voisins; mais, comme eux, ils ont fait peu de progrès, et leur contact avec Bastia ne les empêche pas de négliger la culture de l'intelligence.

En suivant la grande route qui sert de promenade aux habitants de Bastia, on rencontre la grande usine métallurgique de Toga.

Cette usine, où l'on a jeté des sommes folles, après avoir passé par plusieurs alternatives de bonne et de mauvaise fortune, est enfin tombée entre les mains de personnes riches et habiles, qui l'ont élevée à un haut degré de prospérité; elle est d'une ressource continuelle pour plusieurs familles de la ville. — Nous en donnons ici le dessin et la description abrégée.

L'usine de Toga, est sise sur les bords de la mer, près de la ville de Bastia : un petit ruisseau, dit Toga, traverse cet établissement.

L'usine renferme trois hauts-fourneaux et six feux d'affinerie, ou forges coutoises avec tous leurs accessoires ; les trois hauts-fourneaux, marchant au charbon de bois, ont produit en 1861 quatorze mille tonnes de fonte. Les forges coutoises ont produit sept cent cinquante tonnes de fer martelé en affinant environ mille tonnes de fonte de l'usine.

Le personnel employé dans cette usine est de deux cents hommes et trente femmes. La consommation du minerai a été d'environ vingt-cinq mille tonnes. L'importation des combustibles et du minerai, etc., et l'exportation du port de Bastia de la fonte, ont nécessité l'entrée et la sortie de ce port de cinq cent cinquante-neuf navires chargés d'environ six mille deux cents tonnes de marchandises. Tout le personnel que cette usine occupe, travailleurs, employés, marins, etc., etc., est de mille neuf cent quarante.

Si nous poursuivons notre voyage le long de la mer, au pied de la montagne, nous voyons Pietra-Nera, village formé par une réunion de magasins appartenant aux habitants de San-Martino de Lota. Ce village est souvent, dans la belle saison, le rendez-vous des habitants de Bastia qui vont y chercher une agréable distraction à leurs soucis et les noient quelquefois dans l'excellent vin de cet endroit.

On rencontre ensuite le pont de Grigione et ses petits magasins ; là, se présente aux yeux du voyageur charmé la vue pittoresque du pays de San-Martino de Lota. Tout près de là on rencontre un autre pont également entouré de magasins que l'on appelle Miomo, où l'on voit une tour qui est peut-être la moins délabrée qui existe sur le rivage de l'île.

Dans les deux communes de Lota, situées sur le penchant de la montagne, les habitants sont laborieux, industrieux et jouissent de beaucoup d'aisance (1).

Les communes de Cardo, Ville, San-Martino et Santa-Maria de Lota, formaient l'ancien canton de Pietra-Bugno, dont le nom vient, selon nous, de l'ancienne tour de Pietra-Bugno, située sur un monceau de pierres, ou bien du terrain qui est très-pierreux. Ce terrain, cultivé avec un soin extrême, produit la plupart des fruits que l'on voit sur le marché de Bastia. On voit

---

(1) D'autres dessins, représentant les vues de Bastia, de l'ancien Belgodère, de Cardo, du port du Maisnaggio, de celui de Centuri et de la tour de Sénèque, seront rapportés dans l'histoire politique.

USINE DE TOGA

VUE EXTÉRIEURE DE LA GROTTE DE BRANDO

7

CAP CORSE

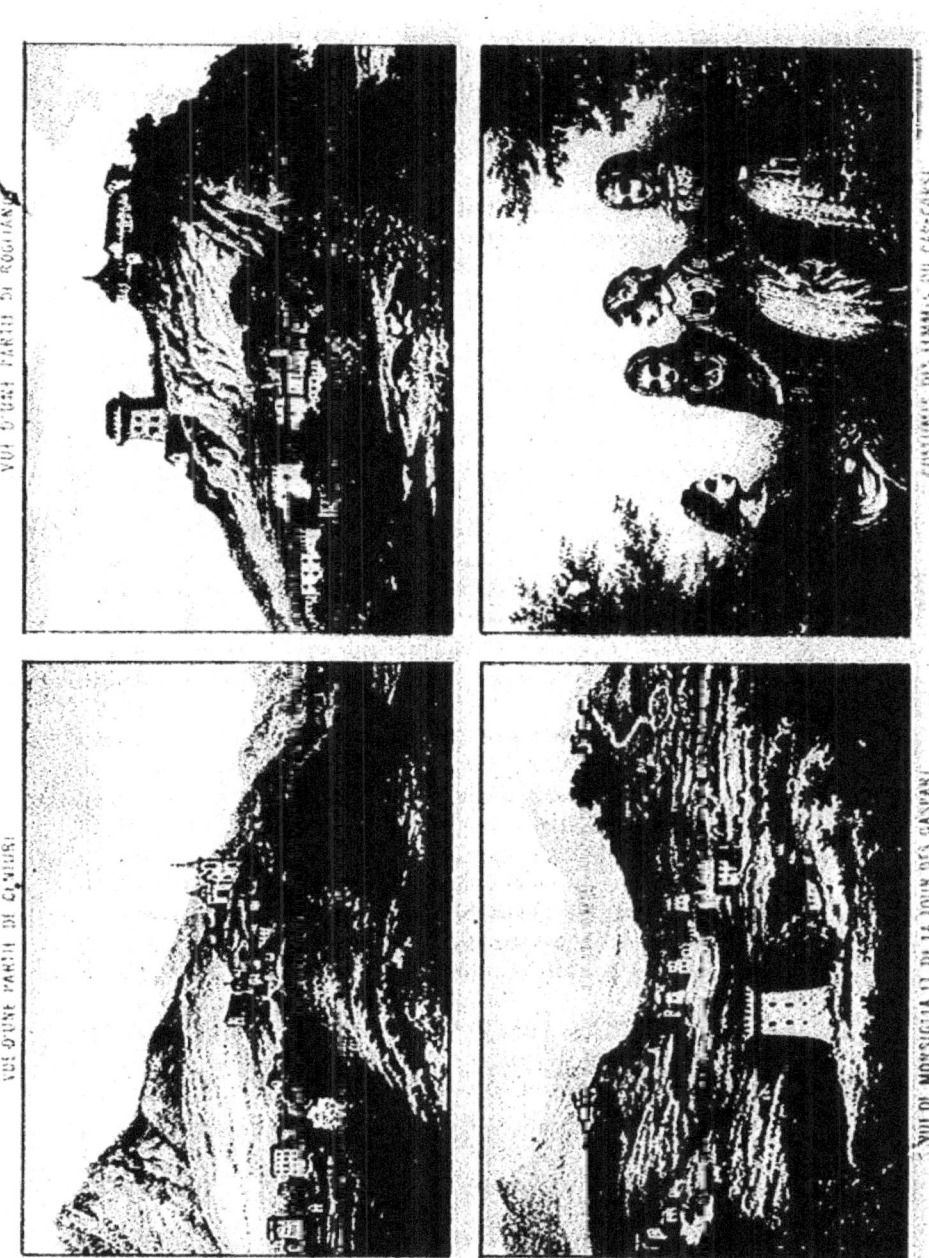

tous les matins entrer dans la ville de Bastia une troupe de femmes de Lota chargées de fruits, de bois, de lait et d'huile.

Après le pont de Miomo on aperçoit celui de Lavasina, qui se trouve sur le territoire de Brando. Une anse contenant des barques et des esquifs destinés à transporter les marchandises de Brando à Bastia, des magasins, une église et un ancien couvent en ruines récemment restauré, voilà tout ce qui s'offre aux regards des voyageurs sur cette étroite et incommode plage. L'église de Lavasina (1) est dédiée à la Nativité de la sainte Vierge. Tous les jours on y voit arriver des personnes qui s'y rendent en pèlerinage ; mais c'est surtout le 8 septembre, jour de la grande fête, qu'on voit une foule immense accourir de tous les points de l'île. Les murs de cette petite église sont tout couverts de tableaux *ex voto*. Le maître-autel et la balustrade qui le sépare du reste de l'église, sont en marbre de Carrara. On y voit en entrant le tombeau du fondateur de l'église et du couvent, monseigneur Salluzzo, évêque de Mariana. La statue du défunt, en marbre blanc, est de grandeur naturelle ; il est étendu sur un lit et on le voit s'endormir dans les bras du seigneur. Sur ce monument est inscrite la date de 1747.

La commune de Brando se compose de plusieurs villages d'un très-joli aspect. La population est belle, aimable, civilisée et laborieuse. Tous les matins, à la pointe du jour, on voit entrer dans la ville de Bastia des bandes de femmes, jeunes pour la plupart, et venant de Brando, chargées de bois, de lait, de fruits et de fromage.

Quand la mer est calme plusieurs de ces femmes se confient à de frêles barques, et, durant un petit trajet de deux heures, elles manient la rame et guident le gouvernail comme de vieux marins. Comme eux, elles savent éviter les rochers et les bancs de sable que l'on rencontre le long de la côte.

Brando possède des curiosités qui méritent la visite du voyageur. Telles sont la grotte, la cascade, la fontaine du Mausoleo, qui jaillit d'un immense rocher, un château féodal et deux couvents.

GROTTE DE BRANDO

Ce fut dans l'année 1811 que M. Ferdinandi, commandant en retraite, fit la découverte de cette grotte excessivement curieuse, et qu'il a aussitôt élégamment disposée pour recevoir des visiteurs ; en effet, depuis lors peu de voyageurs sont arrivés à Bastia sans être allés voir cette merveille de la nature. Dernièrement encore LL. AA. II. le prince Napoléon et la princesse Clotilde ont honoré cette grotte de leur présence.

Nous extrayons la description suivante, faite par M. le docteur Mattei et publiée dans la *Benedetta* de M. Bouchez (Bastia, 1844).

« La grotte de Brando est creusée dans une colline calcaire, sur une longueur de plus de soixante mètres. Sur cette longueur, elle présente des étranglements et des excavations qui permettent de les considérer comme les diverses pièces d'un appartement. Nous allons décrire successivement ces pièces.

« *Le vestibule* offre peu de cristallisations. A gauche, est une loge où des stalactites rapportées forment une cheminée qui semble être l'œuvre de la nature elle-même, tant a été imitatif le talent de M. Ferdinandi en tout ce qu'il a fait ici. Dans ce vestibule commence un escalier qui semble se perdre dans la voûte, mais qui conduit par une ouverture jusqu'à l'*antichambre*.

« Cette dernière pièce observée du fond de l'escalier offre les effets de lumière les plus curieux. Devant vous se dresse un amas de blocs incrustés en guise de montagne sur le sommet de laquelle luit un fanal. La voûte de cette pièce est garnie d'une forêt de stalactites, la plupart cylindriques et diaphanes. Vous suivez le chemin qui contourne le monticule, et bientôt vous vous trouvez en face de nombreuses cristallisations que l'on dirait être des masses vivantes à divers degrés de leur développement.

« Derrière ces stalactites s'ouvrent des creux qu'on ne visite pas, mais où des stalactites jointes à leurs stalagmites représentent autant de colonnes en cristal destinées à soutenir la voûte et qui, s'empruntant la lumière les unes aux autres, s'embellissent et se décorent.

« A droite, le pavé qui manque vous sépare d'une paroi sillonnée d'incrustations, et de laquelle se détachent des rideaux d'une magnifique dentelle. Enfin, à la voûte de l'antichambre on croirait voir suspendu un lustre du dernier siècle garni de cristaux en chapelet. C'est une stalactite étroite à la partie supérieure, et qui en s'élargissant à la base se garnit de pendants.

« Un rideau, deux fois replié sur lui-même, conduit dans le *corridor* que l'on suit pour arriver à l'entrée de la *salle*. On est alors au plus beau point de vue de la grotte.

« Vos yeux ici sont éblouis par la blancheur du dôme qui s'ouvre devant vous. Vous croiriez voir de larges draperies à fil d'argent qui tombent en ondoyant sur des urnes d'albâtre, des colonnes de marbre d'une éclatante blancheur qui soutiennent les flancs d'une voûte de cristal, et tout autour se presser debout comme autant de fantômes des personnes immobiles enveloppées d'un chaste voile qui se replie à leurs pieds.

« Vous voyez à votre gauche deux colonnades entre lesquelles est une double rangée de stalactites qui s'élargissent et s'emboîtent comme les feuilles d'un aloës. Une masse arrondie, qui est placée au pied de la voûte, semble être un bassin où les eaux se ramassent pour se précipiter ensuite en cascade.

« Des bandelettes calcaires descendent de la voûte en serpentant et se terminent par des rideaux sur les stalagmites qu'elles ont formées. Une de ces pièces semble être un vase placé sur une demi-table ronde et de laquelle pend un tapis festonné. Au-dessus de ce vase sont des rideaux qui le recouvrent en partie comme s'il était destiné à contenir quelque chose de précieux. Enfin, vous voyez à votre gauche un pilastre qu'on croirait appartenir au gothique le plus pur. Il commence sur le sol avec un court piédestal, puis il monte par nervures jusqu'à la corniche en relief, enfin il se perd dans la voûte qu'il semble destiné à soutenir.

« La paroi droite de la salle est presque toute masquée par une rangée de stalagmites isolées qui semblent être autant de statues placées sur des piédestaux. Les deux premières ressemblent à des madones tenant sur les bras l'enfant Jésus. Une rangée de stalactites déliées et brillantes est placée au-dessus de leur tête et semble leur servir d'auréole.

« On ne peut pas quitter la salle sans être frappé d'admiration devant un grand rideau qui se détache du milieu de la voûte. Ce rideau n'est pas étalé comme tant d'autres pour encombrer la pièce, il est ramassé à sa partie supérieure pour laisser voir des stalactites déliées qui tombent autour de lui comme autant de cordons d'ornement ; enfin le rideau lui-même se termine par de nombreuses duplicatures à l'instar d'une étoffe qui fait d'autant plus de replis qu'elle est plus fine. Au-dessous de cette immense stalactite se trouve une forte stalagmite mamelonnée ; on dirait une urne funéraire sur laquelle tombe en guise de deuil une belle draperie.

« Le *salon* ne paraît être de prime-abord que la continuation de la salle, mais quand on a traversé celle-ci on voit qu'une sorte d'étranglement sépare les deux pièces.

« A gauche du salon, s'offrent des colonnades, en partie cachées par des rideaux, un pilastre, un balustre et une multitude de stalagmites de dimensions semblables qu'on prendrait pour autant de statuettes d'anges

« A droite, le sol manque ou plutôt il conduit dans des *cavités labyrinthiques*, mais vous ne pouvez pas avancer dans le salon sans admirer deux objets qui en font le principal ornement. Le premier est un large rideau étalé transversalement au milieu de la pièce et dont la rare transparence laisse presque voir le flambeau qui est placé derrière lui.

« En laissant le rideau à gauche vous vous trouvez enfin devant un voile blanc qui est largement étalé sur la paroi la plus reculée du salon. Le bord inférieur de ce voile présente des festons réguliers ; d'autres festons sont placés derrière les premiers et semblent brodés sur le même modèle.

« Les *chambres* et les *cavités labyrinthiques* sont tantôt remplies de stalactites qui se détachent de la voûte comme autant de glaçons, tantôt émaillées par des lacs de cristaux. On ne peut guère pénétrer dans ces cavités; mais des flambeaux, artistement placés, permettent de les voir à travers des ouvertures, de sorte que les yeux sont ici frappés par une lumière vive et pétillante, là par des ombres nuancées qui semblent multiplier et prolonger ces pièces jusqu'à l'infini. »

Une autre curiosité, quoique bien moins remarquable, c'est la cascade d'eau située au lieu dit Castello. Ce village a tiré son nom du château féodal de la famille Gentili de Brando, une des plus anciennes familles de la Corse.

On voit plusieurs membres de cette famille, dont la présence en Corse est antérieure à la domination génoise, paraître dans les guerres de l'indépendance, et quelques-uns même obtenir le titre de gouverneurs de l'île.

La commune de Brando possédait deux couvents, celui des capucins qui est encore debout et en bon état, l'autre, de l'ordre des franciscains récollets. Celui-ci est occupé par les familles des propriétaires acquéreurs, mais l'église est en ruines. Dans cette église il y avait de magnifiques tableaux, peints sur bois, restes des xv° et xvi° siècles, qui appartenaient peut-être à l'école du Pérugino; mais les habitants, n'en connaissant pas la valeur, les avaient transportés dans l'église paroissiale et jetés dans un endroit écarté; brisés en morceaux sur le pavé, ils servaient de banquettes, où on s'asseyait, sans respect pour des chefs-d'œuvre. Il y a quelques années, un capitaine du génie (M. Chalandon) en résidence à Bastia, homme d'une vaste érudition, les découvrit par hasard et voulut acheter un de ces tableaux dont il offrit 500 fr. Cette nouvelle parvint jusqu'aux oreilles de l'évêque, du préfet et même du Ministre de l'intérieur. Celui-ci donna l'ordre au maire de la commune de remettre ces tableaux au gouvernement; mais tout disparut sans qu'on sût comment.

Brando a été le théâtre de luttes sanglantes durant la guerre de l'indépendance.

Cette commune a donné le jour au fameux Anton-Padovano de Pozzo, intrépide compagnon de Sampierro, à plusieurs membres de la famille Gentili, gouverneurs de l'île pour les Génois, et aux officiers généraux Ferdinandi et Franceschetti.

Erba-Lunga, un des hameaux de la commune de Brando, qui est traversé par la route carrossable qui mène au cap Corse, est bâti sur un promontoire que la mer baigne au nord-est et au sud-est. Il était autrefois la propriété de la famille Gentili, dont on admire encore aujourd'hui la vieille tour et d'autres édifices appartenant jadis à cette opulente famille.

Ce village a de l'avenir et sa population croît de jour en jour. Les habitants de la ville de Bastia vont y faire des réjouissances, et dans la saison d'été elle est toujours remplie de familles qui vont y chercher le bon air.

Il y a une petite anse vers le nord qui lui sert de port; ce port est l'asile de quelques barques et de quelques esquifs qui mettent le village en rapport avec Bastia et même avec le continent.

A côté d'Erba-Lunga existe une carrière de marbre bleu-noir, et la pierre qui sert à paver la ville de Bastia se tire de la commune de Brando.

Si l'on part d'Erba-Lunga en suivant, le long de la mer, le chemin carrossable, à travers un terrain aride et inculte, on arrive à la vallée de Sisco, où l'on remarque une belle culture, qui s'étend vers le sommet de la montagne. Les habitants font d'excellentes récoltes d'oignons, d'aulx, d'huile et de pommes de terre; ils confectionnent le drap corse, qu'ils vont vendre dans plusieurs endroits de la Corse. L'historien Filippini parle dans son histoire des belles *corsesches* qui se fabriquaient dans la commune de Sisco. Le mot corsesca signifie arme corse, et qui est de la même structure que celle que tient dans la main droite la figure emblématique de la Corse, que nous avons rapportée dans le commencement de cet ouvrage. On croit avoir trouvé entre Sisco et Olchini, vers le sommet de la montagne qui sépare ces deux villages, une mine de zinc.

Avant d'entrer dans la vallée de Sisco, on franchit a pointe de Sacro, qui a donné son nom au canton de Sagro. Il y a des historiens qui prétendent que c'est Sauro et non Sagro. Quant à nous, nous nous en tenons au nom le plus usité, qui est celui de Sagro.

Il y a des écrivains qui pensent que les anciens romains y avaient élevé un temple, ce qui est probable, puisque dans cet endroit la mer est dangereuse pour les petits bâtiments, si le moindre vent vient à souffler. Les anciens conquérants avaient l'habitude d'élever des temples et des autels pour apaiser les tempêtes et les orages.

Après avoir traversé la vallée de Sisco, on voit le monastère de Sainte-Catherine. L'architecture de l'église appartient au moyen âge; mais il est clair que les pierres qui ont servi à la construction des murailles ont été détachées d'un édifice beaucoup plus ancien. Plus bas que le monastère, on voit les catacombes de Sainte-Catherine, dont l'entrée donne sur le rivage de la mer. Ces catacombes communiquent, à ce que l'on dit, avec l'intérieur de l'église. Les moines y avaient fait construire une porte qui n'existe plus aujourd'hui, mais les traces en sont bien visibles. Ce lieu ne mérite guère, d'après nous, qu'on lui donne le nom de catacombe, puisque c'est l'œuvre de la nature et non celle de l'homme. On voit que ce souterrain était riche en stalactites; mais les visiteurs l'ont presque détruit.

Dans l'église de Sainte-Catherine on conserve plusieurs reliques auxquelles s'attache une légende merveilleuse; elles sont l'objet de la vénération des habitants du cap Corse. Ce sont: la baguette de Moïse, un doigt d'Enoch, le fil de la sainte Vierge, les amandes du paradis terrestre, etc. (1).

De Sainte-Catherine, on arrive, en peu de temps, dans la vallée de Pietra-Corbara. N'oublions pas qu'avant d'arriver à cette vallée, entre Sisco et Pietra-Corbara, les habitants de ces communes vous montrent une vieille tour en ruines, en vous disant que c'était la demeure du philosophe Sénèque dans la saison d'hiver; car celle qui est au-dessus de Luri lui servait d'asile dans la belle saison.

La vallée de Pietra-Corbara, qu'on appelle Ampuglia, est une des plus belles plaines du cap Corse. C'est là qu'un historien (2) place une

(1) Cette église contient une crypte, la seule connue en Corse. C'est dans cet endroit que Cluvier place l'ancien *Mantinum civitas*. L'historien Limperani place cette ancienne ville au cap Sagro.

(2) Pietro Cirneo.

ville romaine; nous n'avons pu rencontrer aucun vestige de cette ville antique, dite Ampulia.

Les villages qui composent la commune de Pietra-Corbara sont tous entourés de bosquets de citronniers, d'orangers, de vignobles et d'oliviers; les flancs de la montagne sont couverts de châtaigniers. Les habitants de Sisco et de Pietra-Corbara sont très-laborieux; mais, parmi les peuples du cap Corse, ils sont les moins avancés en civilisation.

Lorsqu'on a dépassé la petite plaine de Pietra-Corbara, en foulant un terrain ingrat, on rencontre la Torre dell'Osso. On dit que cette tour, encore en bon état, a pris sa dénomination de la grande quantité de squelettes humains qu'on trouva lorsqu'on fit les fouilles pour jeter ses fondements.

A peu de distance de là, on trouve Porticciolo, petite anse où l'on construit une espèce de jetée. On y voit de gros esquifs qui vont ordinairement transporter sur les côtes de l'Italie du vin et des citrons, que produisent en abondance les villages de Cagnano, situés aux environs (1).

Les habitants de cette commune sont fort adonnés au travail, et ils ont des mœurs plus douces que leurs voisins de Pietra-Corbara.

A côté de Porticciolo se trouve une anse beaucoup plus large devant laquelle s'ouvre une vaste plaine de terrains bien cultivés, qui porte le nom de Misinco.

Dans la susdite commune est le couvent d'Oveglia, situé sur une éminence des plus pittoresques et qui domine toute la vallée. Ce couvent, encore intact, conserve un autel très-remarquable sculpté en bois durci et d'une élégance rare. Parmi les pièces les plus précieuses de cet autel est le tabernacle offrant plusieurs étages soutenus par des colonnes enrichies de statuettes et autres ornements finement sculptés.

De ce couvent on voit aussi une cascade qui a plus de cent cinquante mètres de hauteur, et qui, dans l'hiver, offre une nappe d'eau écumante de plusieurs mètres de largeur.

Un peu plus loin que Porticciolo, on rencontre Santa-Severa, marine de Luri, où l'on voit quelques rares barques. C'est là qu'on place généralement l'ancien Laurinum; en effet, on découvre dans plusieurs endroits quelques ruines, et l'on voit dans la mer les restes d'une digue.

De Santa-Severa, en suivant une route magnifique, parfaitement carros-

1. Cagnano a donné le jour à l'abbé J. Mattei, connu par sa charité et par les secrets qu'il possédait dans la science de la chirurgie avec lesquels il opéra plusieurs guérisons difficiles. Il inspira le goût de la médecine à son neveu, le docteur Mattei.

sable, que bordent des deux côtés des oliviers, des citronniers, des cédrats et des peupliers, qu'ornent de part et d'autre des jardins délicieux, de riantes prairies et des vignes fertiles, après avoir fait environ deux lieues de chemin, on arrive au village appelé les Piazze, qui ressemble à un faubourg des villes les plus policées du continent. Il y a dans ce village l'église paroissiale, le clocher et l'oratoire de la confrérie, qui sont de très-beaux édifices. Dans l'église, sur le maître-autel, on voit un admirable tableau représentant l'*Ecce homo*. Ce tableau est un présent du médecin Defranceschi, cher au pape Pie VII, qui en fit cadeau au curé de Luri; celui-ci le plaça dans le poste qu'il conserve toujours.

Plusieurs hameaux disposés sur de riantes collines forment la commune de Luri. Sur le sommet de la montagne qui domine tous ces hameaux, se trouve le couvent, édifice d'une beauté remarquable. Tout près du couvent, et dans un lieu plus élevé, se montre la tour de Sénèque, où ce philosophe a, dit-on, été renfermé durant sept ans par ordre de l'empereur Claude, et où il écrivit ses livres *de Consolatione*. La construction de cet édifice semble pourtant appartenir à une époque moins éloignée et n'indique nullement une origine romaine. Quoi qu'il en soit, on a toujours conservé en Corse la tradition du séjour de Sénèque, et le nom en est resté au canton.

Au-dessus de la tour de Sénèque on voit le Pinzo-Vergine, où l'on découvre encore les ruines des dolmens ou autels des Druides.

La montagne entre Luri et Méria est presque entièrement couverte de pins-larix, grâce aux soins de feu M. Estela, qui, en revenant d'Amérique dans son pays natal, fit couvrir une grande étendue de terrain de semences de pins qui ont poussé à merveille et dans peu d'années ont formé une belle forêt.

Non loin de Luri on rencontre le village de Méria dont les habitants sont laborieux et donnent chaque jour un démenti à cet axiome : *tu sembles né à Méria*, que l'on jette au visage de tout homme stupide et crédule. Aujourd'hui les habitants sont adroits et tout aussi fins que les autres populations du Cap-Corse. On cultive dans ce village la vigne, les oliviers et les cédrats. Il n'est pas très-éloigné de la mer, sur le rivage de laquelle il possède des magasins de vin et où l'on voit plusieurs barques.

Au bas du village et tout près de la mer on voit des gisements de marbre blanc dont la carrière n'est pas encore exploitée. Une mine d'antimoine a été aussi récemment découverte dans les environs de Méria.

A une lieue de distance de Méria on voit apparaître Tomino, village bien situé sur une des collines les plus riantes du Cap-Corse. C'est dans ce village, connu pour avoir toujours montré le plus ardent patriotisme, que l'on a organisé, sous le gouvernement de Paoli, la fameuse expédition de Capraja qui, dirigée par Ristori et Achille Murati, fut couronnée d'un heureux succès et jeta l'épouvante dans les murs de Gênes. Dans cette circonstance les marins de Cagnano, Luri, Méria, Tomino, Rogliano, Ersa et Centuri, rivalisèrent de courage avec les soldats du général Paoli.

Les communes de Tomino et de Rogliano, qui sont dans le voisinage l'une de l'autre, possèdent en commun un port, c'est celui de Macinaggio, sur lequel on a élevé une belle jetée qui peut servir d'asile contre le vent à plusieurs bâtiments d'une certaine grandeur.

Le rivage est couvert de maisons où le voyageur trouve une nourriture convenable.

Les villages qui composent la commune de Rogliano offrent aux yeux ravis du voyageur un admirable panorama. Des maisons de construction ancienne et moderne, de nombreuses tours, les anciens châteaux féodaux des familles Damare (1), Taglia-Carno et Negroni, les églises, le grand couvent qui couronne et domine tous ces villages, le luxe des habitants, les boutiques que l'on voit et la population nombreuse et civilisée qui l'anime, peuvent à bon droit faire regarder Rogliano comme une des petites villes de l'île. Rogliano possède un commissariat de marine, un bureau des domaines et un bureau de douanes. De nos jours il n'y a qu'une brigade de gendarmerie qui réside à Rogliano; mais autrefois il recevait des troupes de ligne et un tribunal même y siégeait.

Nous voici enfin arrivés au finistère de la Corse, dans la commune d'Ersa. Cette commune possède trois anses ou petits ports, dont la plus grande s'appelle Barcaggio; il contient beaucoup de barques et d'esquifs, qui font le commerce avec le continent italien.

Le territoire d'Ersa est parfaitement cultivé, il y a une mine d'antimoine très-riche, propriété de la famille Franceschi de Centuri. Vis-à-vis de cette commune, et à une distance très-rapprochée, on découvre le phare de la Giraglia qui a été construit depuis peu. Là se trouve une tour défendue par des canons et même, en cas de guerre, par une brigade d'artilleurs. Un rocher de couleur blanche, qui s'avance dans la mer et qu'on appelle Capobianco, a donné son nom au canton. La mer dans ces parages est toujours

(1) Nous aurons l'occasion de citer souvent plusieurs membres de cette illustre famille dans le cours de notre histoire.

dangereuse pour les petits bâtiments et souvent pour les grands. A cet effet on a établi dans le petit îlot de la Giraglia le plus beau phare qui existe dans l'île; c'est un vrai monument bâti en pierre de taille.

En nous dirigeant à gauche vers le sud et sud-ouest, nous découvrirons les côtes de la Balagne jusqu'au golfe de Saint-Florent, et en côtoyant le rivage nord-ouest du cap Corse nous verrons en peu de temps les hameaux qui forment la commune de Centuri, qui par leur disposition forment un amphithéâtre agréable aux yeux des voyageurs.

Le port de Centuri sert d'abri à plusieurs esquifs qui entretiennent le commerce de ce village avec le continent italien. Près du port de Centuri on remarque une île dont la tour en ruines est très-connue, dans l'histoire nationale, pour avoir été le théâtre de nombreuses et sanglantes luttes, soit durant les dissensions civiles, soit durant les guerres de l'indépendance.

Au-dessous de Centuri se remarquent quelques ruines, où l'on croit avoir existé l'ancienne ville de Centurinum, Civitas de Ptolémée : le plan que ces ruines occupent porte le nom de Civita.

Il y a à Centuri plusieurs familles qui vivent dans l'opulence et qui y ont fait élever des maisons dignes des plus jolies villes. C'est de ce village que sont sortis les premiers navigateurs qui ont osé entreprendre le voyage d'Amérique et y ont amassé des fortunes colossales, car l'historien Filippini parle de quelques-uns de ceux-là qui avaient établi leur résidence en Italie et en France, comme des Agostini, Franceschi et Cipriani. D'autres familles ont, il n'y a pas longtemps, réalisé une grande fortune, et on compte entre autres celles de Bartolomei et Cipriani qui se sont établies en Italie, et celle des Franceschi qui réside dans Centuri même. Entre Centuri et Morsiglia on voit un couvent dont l'église est en bon état et très-vaste, mais complétement tombée dans l'oubli. Elle renferme les tombeaux en marbre blanc de ceux qui se sont illustrés parmi les nations étrangères ; nous voulons parler des Gaspari, qui sont devenus célèbres dans les histoires d'Espagne, du Portugal et du Maroc; des Semidei, qui se sont illustrés dans la république de Venise, et des Franceschi, dont le nom a retenti en Corse, en Toscane, à Venise et en Espagne, dans les xvie et xviie siècles. Les Franceschi avaient vu le jour à Centuri; les Gaspari et les Semidei à Morsiglia (1).

Morsiglia, située à une demi-lieue de Centuri, est composée de plusieurs villages, tous bâtis sur une montagne dont la pente est très-douce. Plusieurs

(1) Nous reproduirons les portraits avec les biographies des illustres personnages Gaspari et Franceschi.

tours embellissent ces villages où l'on remarque aussi de belles maisons. Le terrain est très-bien cultivé, mais il paraît que l'eau est très-rare, car l'on voit partout des moulins à vent.

Dans toute cette partie du cap Corse la civilisation et le luxe ont fait beaucoup de progrès. Les dames, tout en conservant l'ancien costume national, savent l'embellir avec des étoffes de soie, et elles ont des toilettes que ne dédaignerait pas une dame parisienne.

Morsiglia se vante, comme nous l'avons dit, d'avoir donné le jour à la famille Gaspari. M. Agénor de Gasparin a fait réparer la tour de l'ancienne famille Gaspari, persuadé qu'il descendait en droite ligne de cette souche illustre.

Morsiglia a donné le jour au général Gaspari, au service de la Moldavie, mort retraité à Paris il y a peu d'années. Elle est aussi la patrie d'Antomarchi, qui était médecin de Napoléon le Grand à Sainte-Hélène, et qui est mort à Cuba (Amérique) en 1837.

Cette commune possède quelques rares magasins sur le bord de la mer.

Le vin muscat de Morsiglia passe pour le meilleur de l'île.

De Morsiglia on arrive à Pino, village remarquable par ses nombreuses tours et ses belles maisons. Pino est le pays natal de Piccioni, homme qui a bien mérité de l'humanité en léguant à ses compatriotes des sommes considérables pour doter des jeunes filles qui sont dans la misère et répandre sur les jeunes gens les bienfaits de l'éducation, en faisant ouvrir des routes et en faisant à son église paroissiale des dons de la plus grande valeur. Il est mort à San-Thomas en Amérique, mais sa dépouille mortelle a été transportée à Pino et ensevelie dans un superbe tombeau. Pino possède aussi d'autres familles opulentes, entre autres la famille Blasini qui possède plusieurs millions et qui n'est pas encore revenue en Corse (1). Minerbio, petit village de la commune de Barettali, est sur la route qui conduit de Pino à ladite commune. Minerbio est le coin de l'île le plus heureux; jamais un crime ni une de ces haines implacables qui désolent la Corse ne sont venus troubler le calme profond dont jouissent ces pacifiques populations. Ces populations laborieuses et aisées ne connaissent encore que l'âge d'or; leurs maisons sont entourées de superbes bosquets de cédrats, qui par leur

(1) Dans les communes de Centuri, Morsiglia et Pino, outre les familles qui vivent dans l'opulence, on en compte plusieurs qui vivent dans l'aisance: telles sont les Lucchesi, les Pietri, les Simompietri, les Caraccioli, les Padovani, les Agostini, les Napoleoni, les Tommasi, les Sembdei, les Palmieri, les Marc Antoni, les Mattei, etc., etc.

beauté et les parfums qu'ils exhalent nous rappellent les jardins des Hespérides.

Les habitants de ce village ont commencé les premiers à cultiver cette plante précieuse, dont le fruit est la richesse de presque tout le cap Corse. Nous parlons des cédrats. On recueille les fruits deux fois pendant l'année : la première fois dans le mois de mars, lorsque le fruit est assez gros pour qu'on puisse l'embrasser de la main, et ils le vendent de dix, quinze et vingt sous chacun sur le lieu même.

On les transporte ensuite à Nice et à Gênes, et de là dans toutes les villes du continent qu'habitent les juifs, car ils les payent très-chers. Chaque juif tâche de s'en procurer à tout prix pour la fête des Tabernacles.

La seconde récolte se fait plus tard, quand ces fruits sont devenus plus gros; on en fait alors des fruits confits. Ce fruit atteint souvent le poids de quatre à cinq kilogrammes. Quand l'année est bien fertile on arrive jusqu'à une troisième récolte qui se fait en décembre (1).

Barettali n'est pas un village d'une grande importance; les habitants n'en sont pas moins laborieux et de mœurs très-douces, ils possèdent quelques rares barques sur les bords de la mer.

Canari, situé à une faible distance de Barettali, est un village d'une certaine importance. La place qu'il occupe est la plus agréable de toute la partie nord-ouest du cap Corse. L'architecture de l'église paroissiale est fort ancienne, et l'on remarque sur les murs extérieurs plusieurs inscriptions écrites en lettres gothiques. Aux environs de cette église on a découvert plusieurs tombeaux, monuments d'une époque reculée, et l'on a pensé que Canari n'était autre chose que l'ancienne ville de Canelata, dont parle Ptolémée dans sa Géographie (Canelata Civitas). Plusieurs historiens ne sont pas d'accord sur l'emplacement de cette ville. L'historien Limperani désigne Canari, Gregori le Cannelle. Cluvier (2) place cette ville à Saint-Florent, Robiquet (3) à Farinole, sur le golfe de Saint-Florent; Walkenaer dans la Marine d'Albo (cap Corse), etc. Quant à nous, nous suivons l'opinion de l'historien Limperani. Le couvent de Canari est encore en très-bon état; il renferme de vieux tableaux en bois d'une grande valeur. Dans l'église du couvent sont plusieurs inscriptions gravées sur le marbre; entre autres,

---

(1) Nous avons fait mention des cédrats dans la troisième livraison, page 41.

(2) Cluvier, géographe.

(3) Robiquet, ingénieur des ponts et chaussées.

il y en a une qui mérite une mention toute particulière, c'est celle qui conserve le souvenir d'un descendant de la famille Cenci. Cette grande famille (Cenci), qui possédait des fiefs à Canari, Ogliastro, Olchini et Olmetto, avait aussi des possessions très-étendues dans l'intérieur de l'île. Les plus remarquables étaient le Capannelle, tout près de la ville de Bastia, et le Pineto, sur les bords de la mer, dans la plaine de la Mariana.

Le château des Cenci, relevé de ses ruines, a repris maintenant son ancienne splendeur. Deux membres de cette famille, Antoine et Sébastien-Octavien Cenci, se sont illustrés à Venise (1), où ils ont rempli avec honneur les charges les plus élevées. N'oublions pas la famille Alessandrini de Canari, dont quelques membres ont rendu d'éclatants services à la patrie dans les temps de l'indépendance.

On voit sur le rivage de Canari quelques barques qui font le commerce avec le continent italien. Canari produit du bon vin, d'excellents raisins secs; les cédrats sont aussi d'une grande ressource dans ce pays. C'est dans le promontoire de Canari que commence le beau golfe de Saint-Florent.

Ogliastro, près de Canari, petit village, possède un territoire très-resserré; mais il est si fertile et si bien cultivé qu'il donne l'aisance à la plupart des habitants par l'abondante production des figues, du vin et des cédrats.

Ogliastro a donné le jour au célèbre Giuliani, professeur de médecine à Rome et directeur de l'hospice de Saint-Jean-de-Latran, en ladite ville, où il est mort. Un superbe tombeau perpétue son souvenir dans l'église de Saint-Jean-et-Paul (2).

A Ogliastro on remarque un tableau d'un grand mérite; il existe dans la chapelle de la famille Giuliani, attenante à leur ancienne maison. Cette famille est éteinte.

Nonza. Sur un rocher inaccessible du côté de la mer s'élève le village de Nonza, qui était connu du temps des Romains sous le nom de Castrum-Nuntiæ. C'est à Nonza que sainte Julie subit le martyre dans le iv siècle (3) de l'ère chrétienne, et de là les anachorètes transportèrent son corps dans l'île Gorgone, d'où le roi des Lombards Desiderius le fit enlever pour l'ensevelir dans la ville de Brescia, près de Milan. C'est sur ce rocher que les familles des Avogari et Gentili ont bâti leurs demeures lorsque les premiers membres

(1) Selon les pergamènes que nous possédons, Antoine Cenci se distingua sous le doge Jean Bembo, et S. Octavien sous le doge Nicolas Sagredo (1675). Ce dernier fut nommé successivement gouverneur de Zara, de Zante et de Cerigo.
(2) Le docteur Giuliani mourut âgé de quatre-vingts ans, en janvier 1631.
(3) Ou dans le commencement du v.

de ces familles furent appelés de Gênes pour rendre la justice dans le cap Corse longtemps avant que les Génois se fussent emparés de l'île.

On voit encore l'ancienne maison des Gentili ; elle est située sur un rocher à pic, qui s'élève à quelques centaines de pieds au-dessus de la mer ; elle est souvent exposée aux coups de la foudre, qui y laisse de terribles vestiges. Il y a quelques années, elle est venue frapper le dernier rejeton de cette ancienne et illustre famille, le lieutenant général Gentili, au moment où il était assis au coin du feu entre son père et sa mère.

Il n'y a de remarquable dans ce village que la fontaine où les habitants placent le martyre de sainte Julie, dont les mamelles coupées se sont, disent-ils, transformées en deux sources d'eau. Plusieurs personnes, dans l'excès de leur dévotion, ont une confiance aveugle dans ses eaux, qu'ils croient propres à guérir une foule de maladies. Les deux canaux qui servent à leur écoulement ont la forme de mamelles. Nonza est riche en vin et en cédrats, dont la récolte est une source abondante de richesse pour le pays. Nous parlerons souvent de ce village dans le cours de notre histoire.

Olchini, situé sur la montagne, est invisible pour le voyageur qui suit la route du littoral. Ce village n'est habité en grande partie que par des bergers et des laboureurs, qui négligent leur sol stérile pour aller semer les blés dans l'endroit dit Acriate, au-delà du golfe de Saint-Florent.

Olmeta, du cap Corse, se trouve à l'extrémité de cette ancienne province, et est séparé du Nebbio par le fleuve Negro.

Le village d'Olmeta est très-bien situé, mais le mont âpre, aux rochers noirs et arides qui le couvre du côté du nord, lui donne un aspect peu riant. Ce mont est rempli de gisements de minerai de fer. Olmeta récolte de l'huile, des châtaignes et des cédrats et possède quelques troupeaux de chèvres et de brebis.

ANCIENNE PROVINCE DU NEBBIO [1]

La province [2] du cap Corse est séparée de celle du Nebbio, ainsi que nous nous l'avons dit, par la rivière du Negro.

En côtoyant le rivage de la mer, le premier village de cette province que l'on rencontre est Farinole, dont le nom tire son étymologie du fer. En effet, toute la montagne de ce village est une véritable mine de fer qui s'étend jusqu'aux villages voisins; car nous avons remarqué près du hameau du Poggio, qui fait partie de cette commune, que tous les rochers étaient plus ou moins chargés de parcelles de ce métal.

Il paraît que dans les temps passés on a extrait de cet endroit du minerai, et, plus récemment encore, on en a tiré des quantités assez considérables; mais le manque d'argent a fait suspendre les travaux.

On voit encore à peu de distance de la commune de Farinole et sur le rivage de la mer, une tour bien conservée, dans laquelle, au premier bruit, le gouvernement envoie une garnison d'artilleurs. On y voit encore aujourd'hui, étendu à terre, un canon de gros calibre. Cette tour, qui est placée en face de celle de la Mortella, sert à défendre ou à empêcher les vaisseaux ennemis de s'approcher de la petite ville de Saint-Florent.

Au-dessus de Farinole et près du village de Patrimonio, on distingue, placé sur une hauteur d'où l'on jouit d'une vue enchanteresse, le couvent en ruines de Farinole où, pendant les guerres politiques de l'île, avaient lieu les réunions du peuple corse.

Le village de Patrimonio, qui se trouve placé à très-peu de distance, paraît mieux situé et possède un terrain plus fertile. Ces deux villages exportent dans la ville de Bastia une quantité assez considérable de figues sèches qui sont très-estimées, tant pour leur grosseur que pour leur goût exquis.

(1) *Le Nebbio, province aride, couverte de montagnes et de collines escarpées* (*Géographie de la Corse*, par Marmocchi, page 115). Ce géographe italien, qui habitait Bastia, n'avait jamais visité la belle vallée du Nebbio, quoique très-proche de ladite ville. Il se laissait guider par un homme excentrique, qui voit tout à sa façon, et qui l'a induit dans les erreurs les plus grossières.

(2) Anciennement le Cap-Corse, le Nebbio, la Balagna et Vico portaient le nom de provinces.

Il existe à Patrimonio une mine de plomb argentifère qu'on a essayé d'exploiter. Ce village récolte encore du vin, de l'huile en abondance et des céréales.

La famille des Calvelli, connue par son opulence, mais mieux encore par son patriotisme, habite le village de Patrimonio. Sur les murs de sa maison existe encore cette inscription : *Cette maison fut défendue par les fusils des Corses et forcée par les canons des Français pendant la trêve.* 1" août 1768. Ce fait se rapporte à l'époque où les Français vinrent faire la conquête de l'île (1).

Barbaggio, près de Patrimonio, est sur la route carrossable qui conduit à Saint-Florent; ses terrains sont assez fertiles. Ces deux villages de Patrimonio et Barbaggio ont servi longtemps de théâtre à des guerres cruelles et acharnées, tant sous le gouvernement génois qu'à l'époque du premier débarquement des troupes françaises en Corse, lors de la conquête de l'île.

Ces villages sont à une petite distance de la ville de Saint-Florent.

Saint-Florent, petite ville, la moins importante de l'île (si toutefois on peut lui donner le nom de ville), a toujours été témoin des faits politiques les plus remarquables. Située au fond d'un des plus beaux golfes de la Corse, elle se trouve rapprochée du continent italien et à une petite distance du continent français. De tout temps le golfe de Saint-Florent a servi de point de débarquement aux nouveaux conquérants de l'île. On croit, selon quelques historiens, que le fort de la Mortella tire son nom du Campo-Myrteo des Romains, où les premiers de ces conquérants, commandés par Lyciniu Varus et conduits par Claude Glicia, son lieutenant, opérèrent leur débarquement. Mais l'arrivée dans ce golfe de l'illustre Doria (André) fut plus fameuse encore, ainsi que le siège que cet homme célèbre dans les fastes maritimes fit de la ville de Saint-Florent.

Plus tard cette petite ville eut à s'opposer au débarquement des Anglais. Ainsi Saint-Florent a été de tout temps le théâtre de beaucoup d'actions belliqueuses.

Saint-Florent fut la première ville corse qui, en 1483, se donna à l'Office de Saint-Georges. Pour cet acte de soumission, ses habitants obtinrent des franchises. Saint-Florent était (2) autrefois entouré de murailles avec une tour

---

(1) Il faut avouer que cette inscription est récente : l'auteur n'a jamais donné preuve de patriotisme. Le seul mobile qui l'a porté à la faire inscrire, c'est sa haine contre les Français.

(2) Saint-Florent possédait aussi des salines qui, selon l'historien Philippini, furent détruites par la malveillance de quelques familles.

CAP CORSE

VUE DE LA MINE D'ANTIMOINE À ERSA

VUE DE L'ANCIEN CHATEAU DES CLERG
OU ANCIEN EMPLACEMENT DE CANELATA (CYRAS À CANARI)

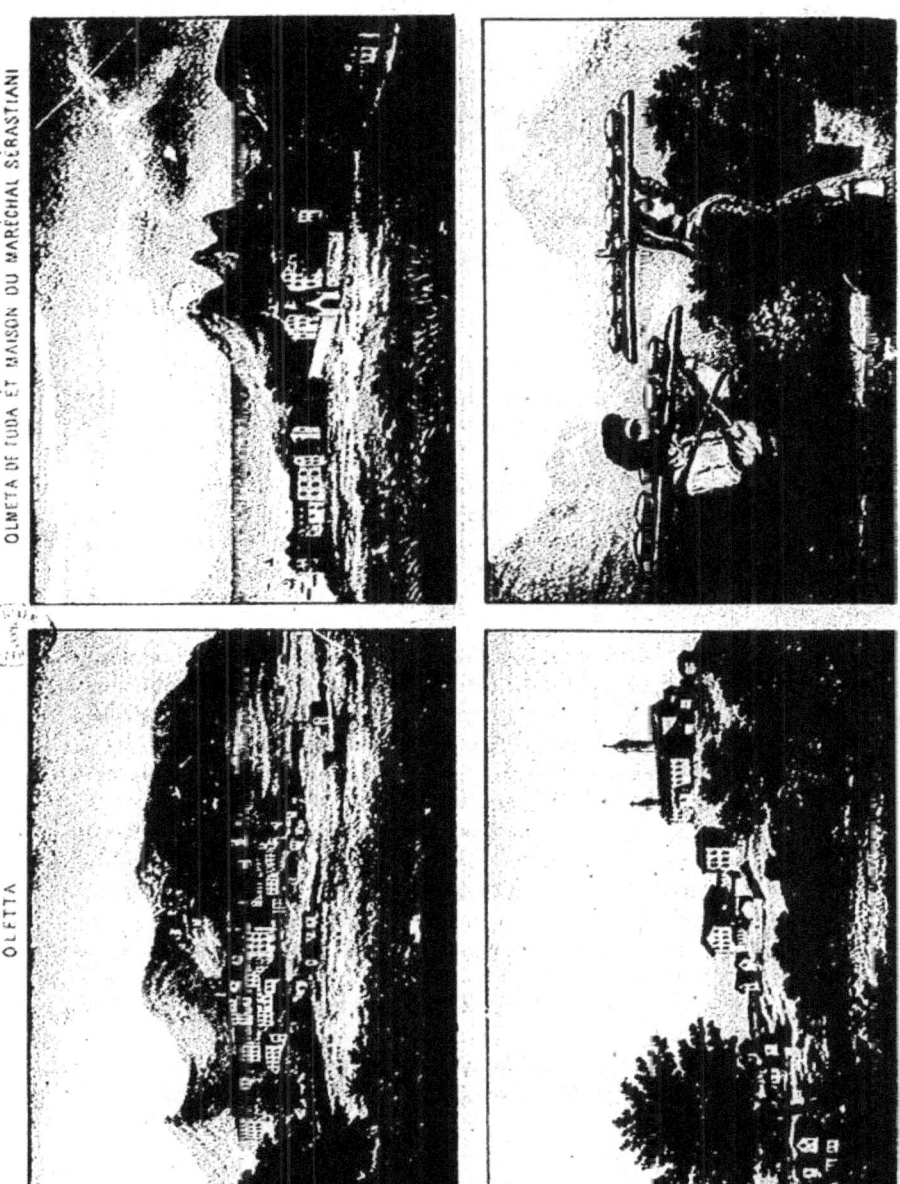

mal bâtie; il possède maintenant une belle forteresse élevée par les Français. Autrefois le golfe de Saint-Florent était gardé par les forts de la Mortella, Fornali, etc.; mais les Anglais, forcés par les républicains français à évacuer la Corse, démolirent tous les forts qui se trouvaient sur les bords du golfe de Saint-Florent.

Les marais qui avoisinaient cette petite ville la rendaient insalubre; mais tous ces marais et ces lieux humides ont été desséchés sous le gouvernement de Napoléon III (1853), et transformés en belles prairies.

Napoléon Ier dans son exil a souvent exprimé son regret de n'avoir pas mis a exécution le projet qu'il avait conçu, de bâtir au fond de ce grand golfe une ville grande et forte; car sa proximité de la France et de l'Italie l'aurait rendue une ville d'une grande importance.

Près de Saint-Florent existe encore intacte l'église de l'ancien évêché du Nebbio construite en style byzantin dans le moyen âge. On dit que l'ancien Cersunum se trouvait dans cet endroit; mais toutes les ruines qu'on peut voir sont d'une construction moderne. Cette église, bâtie par les Pisans et dédiée à l'assomption de la sainte Vierge, est sise sur une colline où l'on jouit d'un air plus pur que celui de Saint-Florent. Cette antique cathédrale de l'évêché du Nebbio sert de paroisse à la petite ville de Saint-Florent, quoique éloignée de la ville d'environ un kilomètre.

Nous avions promis, page 33 de notre ouvrage, de donner les dessins des anses, des golfes et des forts avec les chiffres marquant les rochers et la profondeur de l'eau, lorsque nous serions arrivé au chapitre de notre itinéraire.

Le premier dessin que nous reproduisons commence à l'endroit où est sise la ville de Bastia, lieu de notre départ, et comprend tout le littoral du cap Corse, du golfe de Saint-Florent jusqu'à l'Ile-Rousse.

Nous expliquerons à nos lecteurs certains signes qu'on verra marqués sur le plan maritime de tous les dessins que nous donnons:

1° Les chiffres des sondes expriment en pieds de France la profondeur de l'eau; le pied de France est de 33 centimètres environ.

2° Les signes représentant un ө avec une +, sont les rochers dangereux pour les navires.

3° Les signes qui représentent un ө avec un point, sont les rochers à fleurs d'eau.

4° Les signes simplement soulignés indiquent qu'on a pas trouvé le fond.

5° Le signe qui représente une ancre, indique un mouillage.

6° Les qualités de fond rapportées par le plomb, sont indiquées par les observations suivantes R., roche; Coq., coquillage; A., algue; G., gravier; H., herbe; V., vase; S., sable; Cor., corail.

S'il y a quelques petits îlots ou pointes oubliés dans notre itinéraire, le lecteur les trouvera marqués dans les dessins que nous donnons.

Si le voyageur veut jouir de l'aspect pittoresque de la vallée du Nebbio, il n'a qu'à se diriger vers l'intérieur de cette province et à se rendre près des ruines d'une petite église appelée Saint-Nicolas; alors il verra disséminés en amphithéâtres de nombreux villages assis sur de riantes collines et sur des coteaux charmants.

Oletta, ce gros village où il existe un grand nombre de familles aisées, a donné naissance aux célèbres Saliceti, médecin du pape Pie VI, et Natali, évêque de Tivoli, auteur du *Disinganno della guerra di Corsica*, ouvrage hostile au gouvernement génois. Ce dernier fut blessé mortellement à Rome d'un coup de poignard par un sicaire qu'avait armé la république de Gênes. La jeune fiancée de Leccia, victime de l'amour conjugal le plus ardent, était également d'Oletta.

Le village d'Oletta est assis sur une pente rapide; mais ses belles maisons, habitées par des familles aisées, et sa population, qui a fait beaucoup de progrès dans la civilisation, le rendent digne de remarque. Ce fut dans ce village que choisit son domicile la famille des comtes Rivarola.

Poggio di Oletta est un village qui forme à lui seul une commune, mais qui n'offre d'ailleurs aucun intérêt.

Olmeta de Tuda, beau village situé dans une position agréable. Le maréchal Sébastiani ayant fait des acquisitions considérables d'immeubles dans cette commune, y a fait construire un château. C'était son village de prédilection, et souvent même il quittait Paris pour venir y passer une partie de l'année, afin de jouir de la beauté de l'endroit et de la douceur du climat; il avait plus d'une fois manifesté l'intention d'y finir ses jours.

Le village d'Olmeta a donné le jour à Cirni (Antoine-François), qui a écrit l'histoire du mémorable siège de Malte dont il fut témoin et auquel il prit part en défendant ce rempart de la chrétienté contre les Turcs.

Valle-Calle est un village bien situé au bas duquel on aperçoit les restes de l'ancien château féodal des Campo-Casso, famille qui était une des plus remuantes de la Corse dans le moyen âge, pendant les guerres de l'indépendance de l'île. Ce village était renommé pour ses vins exquis.

Pieve et Rapale, petits villages habités par des familles aisées, mais qui n'offrent aucun intérêt remarquable.

Sorio, village très-riche en oliviers, est la patrie du général Petriconi (Nep.). Dans le territoire de Sorio, sur le mont Tenda, on voit encore un amas de ruines; cet endroit s'appelle Campo-Casso; on croit que ce sont les restes d'un ancien château féodal de la famille Campo-Casso.

San-Gavino, petit village près de Sorio et Santo-Pietro, n'offre rien de remarquable.

Santo-Pietro, avec les autres villages que nous venons de nommer, entoure cette belle et fertile vallée du Nebbio. Cette province, qui reste au couchant de Bastia, est disposée tout autour du golfe de Saint-Florent qui en est l'unique débouché. Santo-Pietro, dernier village de cette province, étend ses limites jusqu'à la Balagne. Son territoire est le plus vaste du Nebbio, parce que les déserts des Acriates en font partie. Le Campo-Castinco, où l'on voit quelques ruines et d'où a tiré son nom la fameuse famille des caporaux et des gentishommes Casta, reste aussi dans le territoire de Santo Pietro. Cette famille Casta a donné à l'Eglise des prélats, à la patrie des hommes dévoués et à la République de Venise des officiers généraux. Santo-Pietro a donné le jour à Giovani da Santo-Pietro, lequel accompagna les premiers navigateurs qui allèrent à la découverte du Nouveau-Monde, où il mourut en laissant des ouvrages qu'il avait composés en langues indienne et espagnole.

Ce village a donné aussi le jour au général Pietriconi (César).

Nous avions laissé de côté les villages de Rutali et Murato parce qu'ils ne sont pas visibles de l'endroit d'où tous les autres que nous venons de nommer se déroulent aux yeux du voyageur.

Rutali, village qui récolte beaucoup de châtaignes, reste près du confluent de Bivinco; il n'a rien de remarquable.

Le village de Murato est renommé dans les guerres de l'indépendance. On croit que les anciens habitants de Murato étaient les mêmes qui habitèrent Pietra Ellerata, ou Pietra all'Arretta selon quelques auteurs. On voit encore quelques ruines de cet ancien village, et l'église dédiée à Saint-Michel lui appartenait. Cette église s'est conservée en bon état et elle est une des plus belles de l'île. C'est un édifice sacré des plus remarquables que les Pisans aient bâti dans l'île au moyen âge; son style est byzantin; elle est construite par assises de pierres blanches et noires, et on y remarque des bas-reliefs qui appartiennent à la décadence des beaux-arts. Du côté du nord, on remarque quelques obscénités dans ces sculptures. Dans l'intérieur, il a semblé à quelques-uns avoir découvert des traces de peintures à fresque, mais on ne peut pas l'affirmer, car tout a disparu. Cette église est bâtie sur une riante colline, d'où l'on jouit de la vue la plus agréable, en admirant la belle vallée du Nebbio et le grand golfe de Saint-Florent.

On voit deux autres églises du même style près de Murato, qu'on appelle Saint-Nicolas et Saint-Césaire; elles sont en ruine et tout à fait abandonnées.

Pietra all'Arretta était la patrie de Giovanninello da Casta, fameux rival de Giudice de Cinarca et un des plus riches seigneurs de la Corse au moyen âge.

Le village de Murato a été souvent le théâtre de luttes acharnées dans les guerres de l'indépendance. Ce fut à Murato que la révolution appelée la Crocetta fut étouffée par les soldats de la République française; les chefs de cette insurrection périrent misérablement.

Le général Paoli séjournait souvent à Murato; c'est dans ce village qu'il fit battre monnaie.

Murato a donné le jour à Achille Murati, qui sous le gouvernement de Paoli fit la conquête de l'île de Capraja, et à quelques membres d'une autre famille Murati anoblie par le roi Louis XV.

Ce village est le plus fertile en châtaignes entre tous les villages de la province du Nebbio; il est aussi riche en blés et en bestiaux.

Cependant revenons à Saint-Florent, et en continuant notre chemin du côté de la mer et en traversant le pont de la rivière d'Aliso qui a son embouchure près de Saint-Florent, nous suivrons la route carrossable qui côtoie toute la vallée du Nebbio. On arrive sur le sommet de la montagne sans rencontrer autre chose sous ses pas qu'un terrain aride, scabreux et inculte. Cependant la route devient plus facile, et, tournant le dos au Nebbio, on s'achemine à travers cette province déserte vers la Balagne. Ici, le chemin se sépare pour quelque temps du rivage de la mer (1), où se trouvent les Acriate, contrée malsaine, et où un grand nombre des habitants du Nebbio et du cap Corse viennent faire leurs labours. On arrive aussitôt dans une vallée bien cultivée couverte de plantes d'oliviers.

On appelle cette vallée Casta, et il est bien probable que l'ancienne famille Casta possédait dans cette contrée quelque château féodal. On aperçoit encore les ruines de quelques maisons ainsi que celles d'une ancienne église.

En quittant la vallée de Casta on pénètre dans un site bien triste; la na-

---

(1) Entre la pointe de la Mortella et l'embouchure d'Ostriconi se trouvent la plage d'Alga, où les géographes placent *Casiæ littus*, et la pointe de l'Alciuolo, où l'on place l'*Attium promontorium* de Ptolémée.

ture ne peut rien traduire de plus sauvage. Le voyageur est contraint de se tourner à chaque instant vers la montagne afin de ne pas voir les précipices épouvantables que l'on rencontre du côté de la mer.

C'est seulement après un long trajet que l'on arrive à *Ostriconi*. On croit que l'ancienne Rhopicum Civitas de Ptolémée existait à l'endroit où se dresse encore une vieille tour en ruines (1). On dit que sur la rive gauche de ce torrent et près de son embouchure existent encore des ruines qui paraissent éparses ça et là : elles sont imperceptibles. La ville pourrait posséder facilement un port commode et une petite vallée assez fertile. L'air de cette vallée est malsain. L'historien Limperani croit que Ptolémée a désigné l'embouchure d'Ostriconi sous le nom de Valerii Amnis Ostia; le géographe Cluvier nous indique sous ce nom l'embouchure de l'Aliso, près de Saint-Florent. Le torrent d'Ostriconi qui prend sa source sur le mont Tenda, sert de limite entre la province du Nebbio et celle de Balagna et entre l'arrondissement de Bastia et celui de Calvi.

Après avoir traversé le pont d'Ostriconi, on rencontre de nouveau un sol aride et pierreux, et l'on parvient ensuite dans la vallée fertile, mais malsaine, de Losari. En quittant Losari, après un court trajet on commence à fouler un terrain plus propre à la culture, et l'on pénètre enfin dans une contrée très-bien cultivée, — la province de la Balagne.

ANCIENNE PROVINCE DE LA BALAGNE

ARRONDISSEMENT DE CALVI

Le premier pays que l'on rencontre en suivant cette route, c'est l'Ile-Rousse.

La ville de l'Ile-Rousse tire son nom d'un îlot qui l'avoisine et qui est de couleur rougeâtre. Cet îlot, qui s'appelait autrefois l'île de l'Or (2), était le repaire des pirates. Lorsque les Génois s'emparèrent de toute la Corse, ils son-

(1) Cluvier et Walkenaer.
(2) Philippini, *Histoire de la Corse*.

gèrent à fortifier cet îlot, et au moyen d'une jetée l'unirent à la terre plus proche et délivrèrent ainsi cette belle contrée des fréquentes incursions des barbares.

Le véritable nom de cette ville devrait être Paulina, en mémoire de son fondateur Pasquale Paoli. Elle fut appelée pendant quelque temps Devaux, nom qu'elle tenait du général Devaux qui fit la conquête de la Corse sous le règne de Louis XV.

On croit que Paoli fonda cette ville en haine de l'Algajola et de Calvi, petites villes peu distantes de l'Ile-Rousse et qui furent toujours du parti des Génois.

L'illustre général Paoli, en posant les fondements de cette ville, se tourna vers les susdites villes de l'Algajola et de Calvi et s'écria : *Je fais planter les potences pour vous pendre!* Prophétie bien justifiée, car, en ce moment, l'Algajola est déserte et Calvi ne jouit plus de son ancienne splendeur.

Les rues de l'Ile-Rousse sont droites, régulières et entièrement pavées; on voit de très-belles maisons, parmi lesquelles on remarque celle d'Arena, qui doit son nom à un des premiers fondateurs de cette ville (1758). Cette famille (Arena) s'est distinguée dans les vicissitudes politiques de l'Ile et durant la tourmente révolutionnaire de la première république française. Barthélemy Arena, républicain ardent et membre de l'assemblée des Cinq-Cents, au moment où Napoléon le Grand, à son retour d'Egypte, prononça brusquement la dissolution de cette assemblée, était l'un des membres les plus distingués de cette famille. L'autre était Joseph Arena, qui périt misérablement avec Georges Cadoudal dans une conspiration contre Napoléon Ier.

L'autre famille qui la première bâtit une maison à l'Ile-Rousse, fut celle des Salvini, dont un membre, l'abbé Salvini, ami intime du général Paoli, fut l'auteur de la *Giustificazione della Corsica* (Justification de la Corse), ouvrage très-remarquable.

D'autres maisons s'élevèrent par ordre du général Paoli, malgré les boulets que lançaient les vaisseaux génois.

Plus tard des familles plus riches qui sont venues s'y établir ont bâti des maisons plus vastes.

Cette petite ville possède un port bien commode, mais où l'on ne voit guère de navires. Le quai est très-beau ainsi que le marché, qui est couvert et entouré de colonnes. On y voit aussi un lavoir recouvert, et au milieu d'une vaste place on admire une fontaine surmontée d'un buste en marbre du général Paoli, exécuté par un artiste corse, M. Varèse.

L'église paroissiale était petite et pauvre, mais on en a récemment construit une autre plus vaste. La ville possède un bel hospice destiné aux sœurs de Saint-Joseph. Les environs de l'Ile-Rousse sont très-fertiles et très-bien cultivés; lorsque la récolte des huiles est abondante, les habitants en font un commerce très-étendu. Le sol est aussi fertile en légumes, en blé, en maïs, etc.; on y voit des forêts d'oliviers et d'amandiers et la vigne est bien cultivée.

Monticello. Ce village est bien peuplé, comme le sont généralement les villages de la Balagne; il jouit d'un bel horizon et le sol produit les mêmes récoltes que le reste de cette belle contrée. Au-dessus de Monticello, on voit encore les ruines d'un ancien château qu'on dit avoir été fondé par Giudice de Cinarca dans le moyen âge (1). Ce fut à Monticello que l'on vit un drame sanglant en 1848. Une charmante et vertueuse femme, dernier rejeton de la famille Pietri de Sartène (2), mariée à un sieur Malaspina et mère de cinq enfants, fut lâchement assassinée, en défendant son honneur, par un réfugié italien, auquel on avait donné la plus généreuse hospitalité. Cette dame était la petite-nièce du général Paoli. Le scélérat, après cette abominable crime, se tua lui-même (3).

Santa-Reparata, gros village situé comme Monticello sur le sommet d'une colline, jouit, lui aussi, d'un bel horizon; il récolte de l'huile en abondance, de l'orge, du blé, des amandes, du vin, etc. Santa-Reparata a donné le jour à Leoni (Marc-Antoine), jurisconsulte distingué qui brilla dans le XVIe siècle sur le continent italien. Mgr Castellani, confesseur et camérier secret de Sa Sainteté Grégoire XVI, était de Santa-Reparata.

Corbara. En continuant la route carrossable qui conduit à Algajola et à

---

(1) Au lieu dit Capo-Spinello.

(2) Jean Petri, appartenant à une des premières familles de Sartène, ayant épousé la petite-nièce du général Paoli, fixa son séjour dans le village de Monticello.

(3) . . . .
. . . .
Da malvagio desio giamai non dome,
Morir pria che macchiar d'un rio sospett
La patria, il sangue, il parentado, il nome.

Ma chi tanta virtù vuol nota appieno
Miri, o Vittoria, il marital tuo letto,
L'infranto capo e lo squarciato seno.

J. Vitus Grimaldi.

Calvi, on voit, sur la crête d'une colline, le gros village de Corbara. Les habitants de ce village, au dire des habitants de la Balagna, ont la réputation d'être par trop niais. Ce village est riche en céréales, olives, amandes, etc. Corbara a donné le jour au docte père Mariani, professeur à l'université d'Alcala, en Espagne, membre de plusieurs sociétés savantes, l'ami et le conseiller intime du général Paoli. Corbara a donné également le jour à Daniele, célèbre médecin de Louis XIII, roi de France, et auteur d'un ouvrage qui a pour titre : *Promptuarium medico-chimicum*. C'est à Corbara qu'est né le vénérable frère Franceschino, de l'ordre de Saint-François. Son corps repose dans l'église de Saint-Barthelemy, dans l'île de Transtevère, à Rome. Le village de Corbara était la résidence des Caporali. L'église paroissiale de ce village est une des plus belles de l'île. L'ancien couvent de Corbara est habité par des religieux dominicains.

Après Corbara, on voit Pigna, petit village sur le penchant d'une colline, près de Sant'-Antonino.

Le village de Sant'-Antonino est placé comme un nid d'aigle sur le sommet d'une montagne d'où l'on découvre presque toute la Balagna. Dans ce village résidaient les Caporali et la famille dite les seigneurs de Sant'-Antonino, de laquelle prétendent descendre les diverses familles des Savelli. Ce village a donné le jour à Nobili-Savelli, médecin et poëte, qui traduisit Horace en beaux vers italiens; il était l'ami intime de Métastase.

Toujours en continuant la route carrossable à travers des bois d'oliviers et d'amandiers, on découvre le village d'Aregno, entouré de champs et de jardins plantés d'orangers, de citroniers, d'oliviers et d'amandiers. Tout près de ce village, se trouvent les ruines d'une très-belle église, la Trinità, bâtie dans le moyen âge.

Algajola. Entre l'Ile-Rousse et Calvi, à 8 kilomètres environ de la première de ces deux villes, et à 10 kilomètres de la seconde, se trouve l'Algajola, ancien chef-lieu civil de la Balagna.

Située sur un des points les plus sains du littoral de l'île, cette petite ville, dont la population compte à peine aujourd'hui deux cents habitants, ne présente plus aux voyageurs que des ruines, et réalise ainsi la prédiction du général Paoli, lorsqu'il fonda l'Ile-Rousse : « *Vado a piantare le forche d'Algajola*. Je vais planter les potences de l'Algajola. » Il se vengeait ainsi de n'avoir pas pu entrer dans cette dernière ville, entourée de murs et de bastions, et défendue par les Génois. La faute n'en était pas aux habitants, si le libérateur de la Corse, qui avait besoin d'un port maritime, ne put pas entrer à l'Algajola. Nous savons, en effet, que les principales familles s'étaient mises en relation avec lui; mais, grâce à la trahison d'un prêtre ami des Génois, ceux-ci purent étouffer la conspiration en faisant venir par mer des renforts de Calvi.

Nous aurons lieu de revenir sur l'histoire de ce pays, qui a joué un rôle assez important dans les vicissitudes politiques de l'île. Aujourd'hui, le nom d'Algajola n'est guère connu en Corse que par un vieux proverbe resté dans nos villages, lorsqu'on veut désigner quelqu'un qui aime à prendre ses aises et le *farniente* des Italiens; on dit alors : « *Pare dei quattro dell'Algajola.* Il a l'air des quatre de l'Algajola. » C'étaient les membres des quatre principales familles de la localité, qui, pendant leurs moments de loisir, se tenaient drapés dans leurs manteaux, aux portes de leur cité, narguant les paysans qui passaient devant eux pour vaquer à leurs affaires.

Les quatre familles étaient les Bagnara et les Castagnola, déjà éteintes; les Padroni et le Giuliani, existant encore.

On parle aussi de l'Algajola lorqu'il est question du beau monolithe en granit rose qui gît dans les carrières, à un kilomètre environ de ce pays.

Cette colonne, qui a une longueur de 17 mètres sur un diamètre d'environ trois mètres, était destinée, par souscription nationale, à être élevée sur la place publique d'Ajaccio, à la mémoire de Napoléon le Grand. Aujourd'hui, on paraît avoir renoncé à ce projet trop dispendieux pour les ressources du pays, pour lui en substituer un autre moins coûteux. Le granit de l'Algajola est très-connu à Paris; il figure au soubassement de la colonne Vendôme et au tombeau des Invalides.

Après avoir quitté l'Algajola et fait quelques heures de marche, on arrive au village de Lumio, où les routes carrossables se croisent : de ces routes, l'une mène à Calvi, en côtoyant la mer, et l'autre conduit au Ponte à la Leccia, en traversant la montagne. On voit dans le village de Lumio quelques vieilles tours bien conservées et qui servent d'habitation aux gens du village. Le pays est fertile en huile, en amandes et en céréales. Non loin de Lumio, on voit une église en ruines, ouvrage des Pisans. Au-dessus de Lumio se trouve Occi, ancienne commune aujourd'hui réduite à un petit hameau.

En suivant la route de Lumio à Calvi, on laisse à gauche les villages de Montemaggiore, Cassano, Lunghignano, Zilia, Calenzana et Moncale.

Calenzana est le village le plus important des villages susdits, il est aussi l'un des plus peuplés de l'île; il se trouve dans une plaine fertile et bien cultivée; les rues sont pavées, on y voit de belles maisons habitées par des familles aisées. L'église paroissiale est grande et belle; elle est ornée de jolis marbres et possède un tableau admirable représentant *la Madonna della Pietà*, la Vierge de la piété. On y voit aussi des inscriptions gravées sur des planches en marbre, et dédiées à des personnages qui ont bien mérité de la commune. Le père Bernardino, déclaré vénérable par l'Eglise, a vu le jour dans le village de Calenzana.

Dans les alentours de cette commune, il s'est passé des événements importants pendant les luttes de l'indépendance. Un des plus mémorables est le fait d'armes qui eut lieu en 1732, lorsque le général Ceccaldi, à la tête des patriotes corses, défit les troupes allemandes et génoises commandées par le général de Vins et par Camille Doria.

Calenzana possède un territoire très-vaste et peut-être le plus étendu des villages de la Corse. Il embrasse des plaines fertiles et bien cultivées, une double chaîne de montagnes couvertes de pâturages et de belles forêts, et va jusqu'à la vallée de Luzzobeo, qui se termine à la mer.

Lorsque les portes de la France ont été rouvertes à la famille Bonaparte, le prince Pierre, fils de Lucien, venu le premier respirer l'air de la mère-patrie (la Corse), a fait bâtir un château dans la vallée de Luzzobeo, qu'il habite pendant plusieurs mois de l'année, et pendant lesquels il se livre aux plaisirs de la chasse. Son caractère ouvert, généreux et affable lui a attiré l'affection respectueuse et dévouée, non-seulement des habitants de la Balagna, mais encore de tous les bergers du Niolo, qui mènent paître leurs troupeaux dans ces contrées agrestes.

Moncale, village un peu arriéré dans le progrès, possédait un château appartenant à la famille Maraninchi, originaire de la Mariana. Dans ce village, les femmes gardent toujours les anciens costumes de ces contrées. Zilia, petit village que nous trouvons sur la route départementale, n'offre rien de remarquable que son heureuse situation.

Cassano a donné le jour au général Orsatelli (Eugène). Lunghignano est le pays natal d'Antonini, médecin en chef de Saint-Jacques des Incurables, à Rome.

Montemaggiore est le village qui a donné le jour à un autre Antonini, médecin en chef de l'armée d'Afrique, mort il y a quelques années.

Ces quatre dernières communes, dont Cassano est le centre, sont placées à quelques minutes de distance les unes des autres, et forment à elles seules un petit bassin des plus agréables et des plus fertiles de l'arrondissement de Calvi.

Calvi, petite ville, jadis si florissante et si peuplée, ne compte de nos jours qu'une population de mille quatre cent soixante-treize habitants. Cette ville est située au fond d'un golfe, et bâtie en partie sur un promontoire élevé. Elle est le chef-lieu de l'arrondissement qui porte son nom (Calvi), résidence d'une sous-préfecture, d'un tribunal de première instance, d'un bureau de douane, d'un bureau de poste, etc., etc.

Quelques auteurs ont dit que Calvi doit sa fondation à Giovannivello de Casta, qui s'y fortifia dans le XIIIe siècle lorsqu'il était en guerre avec Giudice ou Sinuncello de Cinarea. Plus tard il fut possédé par les Gentili, famille génoise, qui vint s'établir en Corse avant que la république de Gênes s'emparât de l'île : la compagnie de la Banque de Saint-Georges de Gênes, devenue plus tard la maîtresse de la Corse, en fit une place forte. La ville de Calvi est située sur le point le plus rapproché de la France, n'étant séparée que par une traversée de huit à dix heures d'Antibes.

Le promontoire sur lequel est bâtie la citadelle de Calvi forme deux baies ou deux golfes (1) : le golfe de Rivellata à l'ouest et celui de Calvi à l'est ; le port qui peut contenir des gros navires est au sud-est de la ville.

Calvi est divisée en deux parties, la citadelle, ou ancienne ville, sur le sommet du rocher, et le faubourg ou basse ville, sur les bords de la mer.

Calvi n'offre rien de remarquable que ses fortifications ; les deux églises sont surmontées de coupoles, mais elles ne contiennent aucun objet digne de remarque.

Cette ville soutint un siège terrible contre les troupes franco-corses et turques, commandées, du côté de la terre par le maréchal de Thermes et le général Sampiero de Bastelica, et, du côté de la mer, par Dragut commandant la flotte turque composée de vingt-trois galères, et le baron de La-Garde commandant la flotte française composée de vingt-cinq galères. Dans ce siège mémorable qui eut lieu en 1553, les femmes de Calvi se montrèrent aussi intrépides que les hommes : plusieurs d'entre elles périrent sur la brèche en défendant leurs foyers. Les Génois, en mémoire de ce siège, firent graver cette inscription sur la porte de la citadelle : *Civitas Calvi semper fidelis*. Elle conserva toujours sa fidélité aux Génois pendant les guerres de l'indépen-

---

(1) La géographie de Malte-Brun place la ville de Calvi au fond du golfe de Sagona, dont cette ville est éloignée de plus de 80 kilomètres. — Voilà comme on écrit la géographie !

dance. Cependant il faut avouer que plusieurs familles furent jetées dans les cachots, ou furent obligées de s'expatrier comme suspectes d'entretenir des relations secrètes avec les insurgés corses.

Sous le gouvernement du général Paoli, la ville de Calvi fut obligée de soutenir un autre siège, dans le moment où les jésuites expulsés de l'Espagne se trouvaient dans la citadelle au nombre de plus de huit cents (1767). En 1794, Calvi fut assiégée et bombardée par la flotte anglaise. La coupole de l'église de la haute ville fut traversée par une bombe dont on voit encore les traces.

Cette ville, inexpugnable du côté de la mer, est aussi bien défendue du côté de la terre par le fort de Mozzello qui la domine.

Les environs de Calvi, qui étaient marécageux et malsains, ont été desséchés et assainis sous le règne de Napoléon III (1853).

Calvi a beaucoup perdu depuis la fondation de l'Ile-Rousse, dont nous avons déjà parlé; sa population diminue tous les jours et son commerce n'est pas florissant.

Lorsque les vastes déserts de Filosorma et de Galeria seront peuplés et mis en culture, la ville de Calvi pourra devenir le point de départ des produits de ces nouvelles colonies, et prendre place parmi les villes commerçantes. Une route carrossable d'enceinte traverse déjà ces vastes territoires incultes, et on voit s'élever progressivement le long de cette route des hameaux, pour lesquels le conseil général de la Corse, dans ses réunions, a exprimé plusieurs fois ses vœux, que tous ces hameaux, dont la population augmente tous les ans, soient bientôt érigés en communes.

La ville de Calvi a donné le jour a plusieurs personnages célèbres et remarquables : tels sont les Baglioni, qui furent honorés du nom de *Libertat*, l'un pour avoir délivré son pays natal de ses tyrans, et l'autre pour avoir délivré la ville de Marseille assiégée par les troupes de la Ligue du côté de terre et par la flotte espagnole du côté de la mer, ce qui fit dire à Henri IV: *Maintenant je suis roi!*

Calvi s'honore des noms suivants :

Jean Mattei, général de l'ordre de Saint-François, nonce apostolique en France et en Portugal, définiteur de théologie au concile de Trente, où il mourut, et le fondateur du mont-de-piété à Rome; Jean-Baptiste Agnese, poëte distingué; Guidi (Jules), célèbre pour les merveilleux effets de sa mémoire, qui fit à l'université de Padoue l'admiration du docte Muret; les deux frères Minucci, gouverneurs de Porto-bello et de Pananca dans les

Indes; les Mignara, le Morgagna, les Battaglini, les Giubega et surtout Vincent Giubega, bon poëte et docte jurisconsulte; les Flach, les Castelli, dont un fut le premier président nommé par Napoléon I", lorsque ce souverain voulut doter la Corse d'une Cour impériale. Le docteur Charles Marchal, de Calvi, ancien professeur de médecine au Val-de-Grâce et professeur agrégé à la Faculté de médecine de Paris, et le général Massoni, ont vu le jour dans cette ville (1).

La ville de Calvi a donné en outre le jour à plusieurs personnages, auxquels les bornes étroites de notre ouvrage ne nous permettent pas de donner une place spéciale, mais qui ont bien mérité de la patrie en la servant avec honneur et avec éclat.

Nous avons parlé des villes qui sont sises sur les bords de la mer et des villages qui couronnent la route d'enceinte; mais nous ne pouvons pas laisser dans l'oubli les beaux villages de la Balagna, bordant la route carrossable, qui de Calvi mène au Ponte alla Leccia, et ceux même qui sont à une certaine distance de cette route, mais qui font partie du même arrondissement de Calvi. — En revenant donc sur nos pas, nous toucherons à Lumio, puis à Lavatoggio C'est ici qu'on commence à voir les champs plantés de chataigniers; on y voit aussi, comme dans le reste de la Balagna, des nombreuses plantations d'oliviers et d'amandiers. Le village de Lavatoggio est d'un aspect riant et on y rencontre de belles maisons, dont les plus jolies ont été bâties avec l'or tiré de l'Amérique.

Cateri, à peu de distance de ce dernier village, possède une église dont la coupole est hardie et d'une élégante architecture. Tout près de Cateri existe un couvent très-bien conservé et dans une admirable situation.

Aregno, dont nous avons déjà parlé, est tout près de Cateri, les oranges d'Aregno passent pour les meilleures de l'île.

Muro, village très-peuplé, s'offre ensuite à la vue avec ses belles maisons; il est habité par des familles très-aisées; il possède aussi une très-belle église riche en marbres et en tableaux remarquables : les rues en sont pavées.

Feliceto, village traversé par la route carrossable, est situé agréablement au milieu d'une forêt d'arbres fruitiers.

Nessa, qui vient après Feliceto, est aussi un village bien boisé.

(1) Il existe à Calvi, de temps immémorial, une rue du nom de Colombo, et les habitants de cette ville croient posséder des données certaines pour prouver que Christophe Colomb était né à Calvi, dans une maison de la rue qui porte son nom.

Speloncato, gros et beau village situé non loin de la grande route, jouit d'un bel horizon; il est habité par des familles aisées et dont plusieurs membres se sont distingués, soit dans le barreau, soit dans l'état ecclésiastique. Speloncato a donné le jour au cardinal Savelli, et à N. Arrighi, homme de lettres, auteur du *Lyomèle*, etc.

Ville de Paraso, pays habité par des familles très-aisées. Ce village a donné le jour à Simonetti Joseph, un des chefs de la haute cour de l'inquisition romaine, et censeur de l'Académie théologique dans le sacré collège romain.

Costa et Occhiatana, villages qui se dessinent les uns après les autres sur la grande route, sont remarquables par des plantations d'oliviers et de châtaigners. Occhiatana a donné le jour au poëte Biaggino, appelé autrement Akyon. En suivant la route, on aperçoit dans le bas et à sa gauche la petite commune d'Avapessa.

Belgodere apparaît comme une petite ville fortifiée; en effet, ce village, dont une partie est située sur une pente très-douce et l'autre sur un terrain qui s'élève en cône et dont le sommet est couronné par une tour qui semble bâtie pour le défendre, cette petite ville, disons-nous, présente au voyageur un aspect singulier. La route carrossable traverse ce village.

Le village de Belgodere fut fondé par le marquis de Malaspina, seigneur de Massa, et Lunigiana, appelé d'Italie par les Corses, dans le moyen âge. Ce seigneur ne pouvait choisir une plus belle position pour y établir son habitation, car on y jouit de la vue de presque toute la vallée du Regino, une des plus belles et des plus fertiles de la Balagna, de celle des nombreux villages qui se dessinent tout autour, de la plaine de Losari, de la mer et des montagnes du Tolo et du Grosso, où règne un hiver éternel et qui forme un contraste frappant avec tant de collines et de vallées printanières.

Belgodere a donné le jour au père Guelfucci (Don Félix), académicien de la Crusca, secrétaire et ami intime du général Paoli. Le général Amici est né à Belgodere.

Novella, qui fait partie du canton de Belgodere, n'a rien de remarquable.

Palasca, village situé au bas de la grande route, n'a aussi rien d'intéressant. L'historien Gregori place dans l'endroit où se trouve Palasca, la Palanta civitas de Ptolémée. Nous n'y avons trouvé aucune ruine, ni même rien qui indique un endroit propre pour une ville. Le géographe Cluvier nous dit avoir lu dans un exemplaire de la *Géographie de Ptolémée*, qui se conserve dans la bibliothèque du Vatican, Palania et non Palanta; ce qui lui fait croire que cette ancienne ville a pu donner son nom à la province de la Balagna ou Balania.

Olmi-et-Capella. Ce canton, qui fait partie de l'arrondissement de Calvi, est séparé du reste de cette contrée par la grande chaîne des montagnes qui divisent la Corse. Ce canton est plus connu en Corse sous le nom de *Giussani*. On a voulu faire un calembour en faisant dériver ce nom des mots latins *jus-ani*, en disant que les anciens seigneurs ou petits tyrans de ces contrées montagneuses jouissaient du droit sur toutes les prémices, et surtout sur les femmes de leurs sujets pendant les premiers jours de leur mariage; de là les mots *jus-ani*, duquel dériverait le *Giussani*, nom du canton ou de la Piéve.

Le canton d'Olmi-et-Cappella (ancien Giussani) se compose des villages d'Olmi et Cappella, chef-lieu, Pioggiola, Vallica et Mausoleo. Tous ces villages sont riches en troupeaux, car ils possèdent une grande étendue de territoire, qui produit de bons pâturages, et des abondantes récoltes en céréales.

On voit dans ce canton bon nombre d'individus des deux sexes d'une beauté remarquable.

Le caractère des habitants de Giussani diffère sensiblement de celui des autres habitants de la Balagna; il a plus d'analogie avec celui des habitants de Castifao, qui est limitrophe.

Le Monte Padro ou Patro, qui se dessine devant ce canton, est riche en granits, jaspes et porphyres, et ses flancs sont couverts d'immenses forêts.

En revenant par la route forestière, qui de la forêt de Tartagine conduit au golfe de Losari, nous touchons au mont San-Colombano, où autrefois s'élevait un château féodal, fameux dans l'histoire de la Corse, et, dit-on, bâti par les marquis des Malaspina.

Revenons à Calvi, pour continuer notre route d'enceinte du côté de l'ouest de l'île en côtoyant les bords de la mer qui nous sépare du continent français. Cette route carrossable nous mène de Calvi aux cantons d'*Erisa* et de *Piana* par des solitudes, tantôt d'un aspect grandiose et sauvage, tantôt par des vallons riants et aptes à la plus belle culture. Ici, s'offrent à la vue du voyageur des montagnes taillées à pic, déchirées et montrant de profondes cavités; là d'immenses forêts qui, du rivage de la mer, s'étendent en gravissant le flanc de ces montagnes escarpées, et vont jusqu'à ombrager leurs têtes rocailleuses. On voit aussi de temps en temps quelques ruines des anciens villages, qui se dressent comme des spectres pour témoigner au voyageur la tyrannie et le barbarisme de l'oligarchie génoise.

Ce voyage offre au poëte, au peintre et au penseur de quoi échauffer leur verve et leur imagination, et au naturaliste de quoi enrichir son cabinet en botanique et en minéralogie.

On a découvert dans ces contrées désertes des gisements de minéraux de cuivre, de plomb argentifère et du charbon fossile, dont on a demandé la concession pour l'exploitation. Sur le penchant du mont Argentella, existe une mine aurifère qu'on a commencé à exploiter. On voit que cette mine n'était pas inconnue aux anciens maîtres de l'île, car en plusieurs endroits il existe des traces des fouilles pratiquées dans des temps bien reculés.

Ce qu'on trouve de plus beau parmi les rochers granitiques et porphyriques dont se composent toutes ces montagnes, c'est le porphyre globuleux. Ces globes qui, de la plus petite dimension, s'élèvent à une grosseur considérable, se détachent du rocher, de sorte que, en les sciant dans le milieu, ils présentent le dessin du soleil avec des rayons d'une couleur blanche et jaunâtre. On pourrait en faire des tables rondes qui serviraient à orner les salons princiers.

Ces roches de porphyre globuleux se trouvent à Marzolino, à Curzo, à Girolata, etc.

Anciennement, toute cette contrée déserte était peuplée par des habitants cultivateurs et bergers, et en même temps hommes belliqueux et remuants, ce qui détermina la république de Gênes à brûler leurs habitations, à dévaster leurs campagnes et à disperser toute la population. Tous ces anciens villages formaient deux pièves ou cantons, Ermito et Sia. Du temps de l'historien Philippini, il n'existait que le village de Luzzopeo, appartenant à l'ancienne piève d'Ermito; mais plus tard il subit le même sort que les autres.

En partant de Calvi et en côtoyant la mer à l'ouest, on voit la Punta Rivellata, que l'historien Limperani croit le *Tiloz promontorium* de Ptolémée. Après, on voit la vallée de Luzzopeo, où le prince Pierre Bonaparte, comme nous l'avons dit, a fait bâtir un château. La vallée de Crovani, où existent les ruines d'un ancien village, vient après, et enfin on arrive à Galeria, où on a formé un village érigé récemment en commune. On y a placé une brigade de gendarmerie et un bureau de douanes. Quelques écrivains ont cru que la ville de Calaris, fondée par les Phocéens, était sise au fond de ce golfe; mais on n'y voit aucun vestige, et, du reste, il n'existe aucun docu-

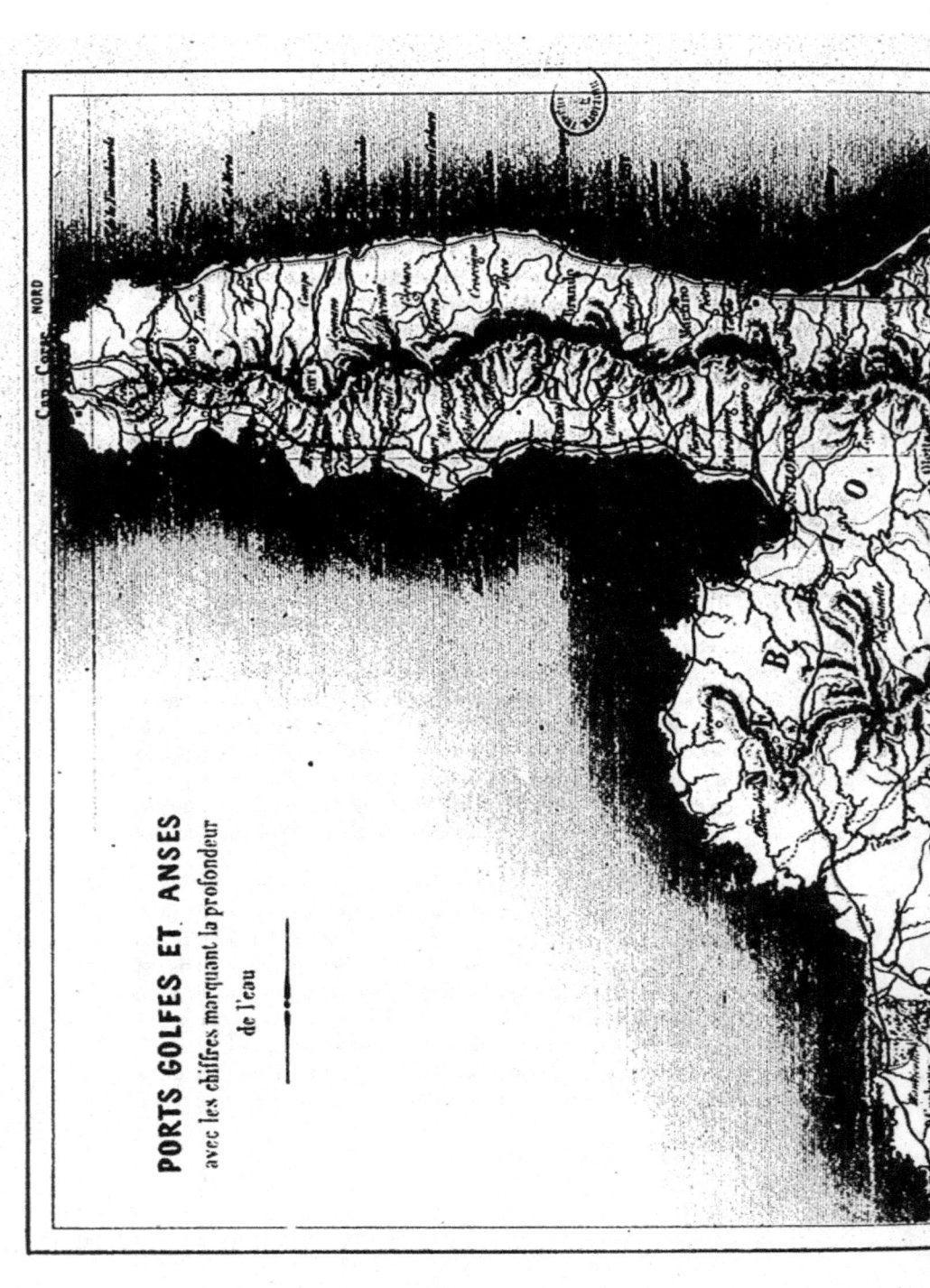

MONUMENTS DU MOYEN-ÂGE

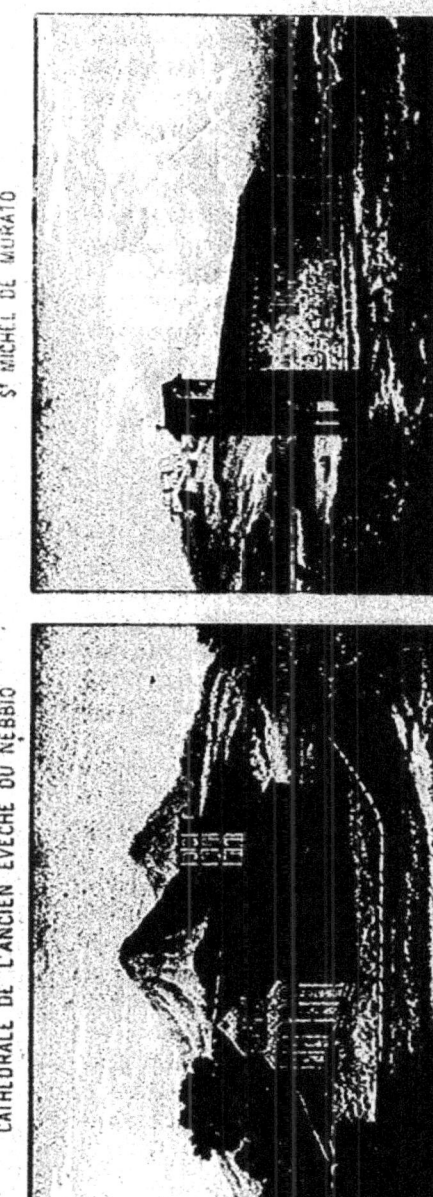

CATHÉDRALE DE L'ANCIEN ÉVÊCHÉ DU NEBBIO

S' MICHEL DE MURATO

ALGAJOLA

ILE - ROUSSE

ment qui le prouve. Un continental français y avait bâti un établissement assez commode, et avait essayé de mettre en culture ces terrains, dont une partie est assez fertile; mais il les abandonna après quelques années. Les habitants de Niolo, qui vont en grand nombre faire paître leurs bestiaux dans ces contrées, y avaient élevé des cabanes et avaient défriché plusieurs endroits; mais depuis 1830, un acquéreur a assigné tous ces bergers devenus cultivateurs, et les a contraints par voie de justice à quitter leurs chaumières et les terrains qu'ils avaient possédés depuis longtemps.

Avant d'atteindre le golfe de Galeria, on voit çà et là de petits hameaux habités par des bergers et des laboureurs, tels que Pedimonte, Vaccaja, Ogliastrone, etc. On arrive à la rivière de la Sposata, et bientôt à celle du Fango, qui est la plus considérable dans ces parages. Ces deux rivières versent leurs eaux dans le golfe de Galeria. Après le golfe de Galeria, vient celui de Focolare, puis la Marine, et enfin l'Echelle d'Elba et la pointe du Gargalo, où le géographe Cluvier place le *Viriballum promontorium* de Ptolémée. Robiquet place ce promontoire au cap Rosso, qui reste à l'extrémité du golfe de Porto. On voit au-dessus du golfe Focolare les ruines du couvent de Sainte-Marie à la *Stella*. Après une petite course, on arrive au grand bassin qui contient le golfe de Girolata et celui de Porto, beaucoup plus vaste; ce dernier est un golfe des plus grands de l'île et il en est le plus profond; ce fut dans ces eaux que Zannettino Doria surprit et fit prisonnier le fameux et terrible corsaire musulman Dragut. On dit que ce Turc, lorsqu'il se présenta prisonnier au commandant génois Doria, et qu'il le vit tout jeune et sans barbe, ne put contenir son courroux, et, quoique captif, il eut l'audace de l'appeler *Face d'une P.....* Au fond du golfe de Girolata, on voit une tour en bon état et habitée; cette tour fut bâtie par ordre de la compagnie de Saint-Georges de Gênes, afin de défendre l'entrée de ce golfe aux navires ennemis.

Au fond des golfes de Girolata et Porto, on aperçoit encore plusieurs hameaux habités par des bergers cultivateurs; ces hameaux portent les noms de Curzo, Pertinello, Vetrice, Pinto, Osani, Suera, Tuera, etc. Toutes ces agglomérations de petites habitations sont bâties en partie sur les ruines des anciens villages dévastés et incendiés par les Génois. Nous avons dit ailleurs que le conseil général de la Corse, dans ses réunions, a émis le vœu que tous ces hameaux soient érigés en communes, et qu'ils puissent former un nouveau canton.

Toute cette contrée, en grande partie inculte et sauvage, est comprise sous les noms de *Galeria* et *Filosorma*; elle est aussi appelée la *Balagna deserta*. Au-dessus du golfe de Porto, on aperçoit le village d'Ota, qui fait partie du canton de Piana. Ota, village qui ne flatte pas le voyageur qui le visite, est remplie d'oliviers en grande partie sauvages, comme la vue des alentours de ce pays. Au-dessus d'Ota, se dresse une énorme pierre surplombante, qui semble à chaque instant menacer ce village. On raconte des légendes sur cette pierre, et on dit qu'anciennement les habitants superstitieux allaient, à certaines époques de l'année, lier cet énorme rocher avec des cordes, et on l'arrosait d'huile, pour qu'il ne tombât pas sur le village.

Nous laisserons la route qui, du fond du golfe de Porto, nous mène dans le canton d'Evisa, pour suivre la route d'enceinte qui nous conduit à la Piana, à Cargèse, et au golfe de Sagona. Du golfe de Sagona, en suivant la route forestière qui mène à la grande forêt d'Aëtona, nous visiterons Vico et tous les villages des cantons qui l'entourent.

Après le village d'Ota, on arrive à la Piana, chef-lieu du canton; beau pays, situé sur un penchant assez doux, tout près du golfe de Porto. On voit à la Piana des pierres sculptées qui dénotent la décadence des beaux-arts et qui devaient appartenir à d'anciens monuments. Les habitants de la Piana ont fait des progrès dans la civilisation. Le sol est planté en partie en oliviers et en châtaigniers; les habitants possèdent des terres assez fertiles près du golfe de Chioni, d'où ils tirent de belles récoltes en céréales; ils sont surtout riches en troupeaux de brebis et de chèvres. Tout cela dément le proverbe de la misère de leurs ancêtres, qui ne pouvait être que l'effet de la paresse :

> Pays maudit
> Sans balance et sans tamis.
>
> Paese maladetto
> Né staccio né cantaretto.

Près de la Piana et entre Murzo et Bocca-Soro, on voit la *Foce d'Orbo*, où sont les restes du fameux château de la Zurlina, où les seigneurs de Leca et leurs compagnons d'armes renfermèrent leurs femmes et leurs enfants pour faire plus librement la guerre contre les Génois, et où Rinuccio de Leca, neveu du célèbre Jean-Paul de Leca, resta victime d'une horrible trahison en 1488.

CARGÈSE

OU COLONIE GRECQUE EN CORSE

En quittant la Piana, on arrive en peu de temps à Cargèse.

Les calamités et la désolation que causait le joug des musulmans dans la Grèce, firent décider plusieurs familles de la Laconie à quitter le sol natal et à chercher ailleurs une nouvelle patrie. Jean Stephanopoli, qui appartenait à la plus illustre famille de cette contrée spartiate, partit tout seul à la recherche du coin de terre où il aurait pu mettre à l'abri de la fureur musulmane cette nouvelle colonie; il visita la Sicile, où il ne put se décider à se fixer, et de là se porta à Gênes. Il présenta au sénat ligurien un mémorial, où il lui faisait connaître tous les malheurs des Grecs et l'objet de son voyage. La république de Gênes accueillit avec empressement ce nouvel hôte, et l'envoya en Corse, afin de choisir l'endroit qui lui serait le plus agréable.

Après avoir parcouru différents points de l'île, il choisit, au-dessus du golfe de Sagona, la position qui lui semblait la plus convenable, et il repartit pour la Grèce. A peine fut-il de retour dans son pays, qu'il exposa à ses compatriotes le résultat de son voyage, qui fut écouté avec joie. Il se trouvait heureusement, dans le port de Vitilio, capitale de la Laconie, un navire français. Le capitaine reçut dans la nuit cette émigration, qui se composait de sept cent trente individus, hommes, femmes et enfants. Le départ eut lieu le 3 octobre 1675, et, après une longue traversée, ils arrivèrent à Gênes dans les premiers jours de janvier 1676. Une autre émigration, composée de quatre cents personnes, partait, quelques jours après, pour rejoindre la première, mais elle fut prise par la flotte turque et massacrée impitoyablement.

La première émigration, qui était arrivée saine et sauve à Gênes, signait, à la date du 18 janvier 1676, avec le gouvernement de la Ligurie, le traité qui assurait à la colonie la possession des terres de Paomia, aux conditions suivantes :

1° Les émigrés doivent reconnaître pour chef spirituel le Pontife romain, et professer le rit grec tel qu'on l'exerçait dans les Etats pontificaux.

2° Les évêques et les autres ecclésiastiques de la colonie devaient recevoir l'investiture du Saint-Siége.

3° Ils s'obligeaient à construire à leur arrivée à Paomia des églises et des maisons pour leur usage, à charge par eux de reconnaître la souveraineté de la sérénissime république, à laquelle ils juraient d'être fidèles, et qu'ils s'engageaient à servir sur terre et sur mer dès qu'ils en seraient requis; ils promettaient aussi de payer exactement les impôts établis.

4° Les colons restaient subordonnés à l'autorité de l'évêque latin du diocèse.

5° Les domaines de Paomia, Revida et Salogna, que la république abandonnait à titre emphytéotique, devaient être partagés entre les divers colons; le lot de chacun d'eux devait se subdiviser à son décès par portions égales entre ses enfants, sans distinction de sexe; les biens possédés par un colon, venant à mourir sans descendance, devaient faire retour à la république.

6° Le gouvernement de Gênes s'obligeait à fournir les matériaux nécessaires pour la construction des églises et des habitations; il devait faire aussi l'avance des semences, dont la valeur devait lui être remboursée dans le délai de six ans.

7° Il était loisible aux colons de bâtir des fours, des moulins, de posséder du bétail de toute espèce et d'avoir des armes, à l'exception de celles dont le port était prohibé.

8° Ils pouvaient librement exercer le commerce à la charge de payer patente.

9° Ils pouvaient armer, mais seulement sous le pavillon de la république, des vaisseaux contre les Turcs.

10° Le gouvernement de Gênes fournissait gratuitement les moyens de transport de Gênes à Paomia; mais les colons devaient rembourser à la république une somme de mille piastres dont elle avait fait l'avance, soit pour défrayer le capitaine du navire sur lequel ils étaient venus de Grèce, soit pour pourvoir à leur entretien avant leur départ pour la Corse.

11° La république de Gênes se chargeait d'entretenir à ses frais un ecclésiastique sachant la langue grecque littérale pour instruire les enfants de la colonie, afin d'y conserver la langue et le rite grec catholique, et se chargeait aussi d'entretenir à ses dépens deux élèves à la *Propaganda Fide* de Rome.

Après avoir réglé et signé toutes ces conditions avec le sénat, la colonie se rembarqua et arriva heureusement en Corse le 14 mars 1676.

La colonie grecque alla donc s'établir dans la partie occidentale de la

Corse, à dix lieues nord d'Ajaccio, et à une lieue au-dessus du golfe de Sagona ; la forme de l'endroit que les Grecs choisirent, imitant la queue du paon, lui a fait donner le nom de *Pavonia* ou Paomia, nom qu'il conserve encore.

Il ne faut pas oublier que Gênes avait prêté à la colonie quarante mille livres sans intérêt ni redevance, et avec cette somme elle put bâtir bientôt des maisons habitables.

Les Grecs divisèrent Paomia en cinq hameaux, dont les noms étaient : Pancone, Corone, Rondolino, Salici et Monte-Rosso. L'église qui devait desservir la paroisse fut bâtie dans le hameau de Rondolino, qui formait le milieu, et elle fut dédiée à Notre-Dame de l'Assomption.

Un monastère fut aussi construit dans le hameau de Salici.

Il y avait parmi ces colons un évêque du nom de Parthénius, mais la république de Gênes imposa à la colonie grecque de ne plus avoir d'évêque après la mort de celui-ci ; et les jeunes ecclésiastiques grecs devaient aller recevoir l'ordination de leur rite grec, des mains d'un évêque grec catholique résidant à Rome.

La colonie grecque s'étant mise à l'œuvre, défricha les makis pour les mettre en culture, et, dans l'espace de dix ans, elle devint si florissante, que les récoltes des céréales et des fruits pouvaient nourrir une population trois fois plus nombreuse. Le bonheur de cette colonie dura cinquante-trois ans, depuis 1676 jusqu'en 1729, époque de la révolution qui éclata dans la Terre de commune et qui dura jusqu'en 1769.

Dans cette circonstance, les Grecs, par reconnaissance envers le gouvernement génois, ne prirent aucune part à la révolution ; les villages limitrophes leur demandèrent des armes ; les Grecs refusèrent de leur en donner et se mirent sur la défensive ; ils furent alors accusés comme partisans des Génois, et assaillis de toutes parts ; leurs campagnes furent dévastées et leurs troupeaux pillés et enlevés.

Ne pouvant plus résister dans cette déplorable position, le gouvernement de Gênes conseilla aux Grecs d'abandonner Paomia et de se réfugier dans la ville d'Ajaccio.

Les Grecs ayant envoyé leurs familles à Ajaccio sur des barques, tâchèrent encore de se défendre pendant quelque temps ; mais, cernés de toutes parts, ils furent bientôt réduits à la cruelle nécessité d'abandonner leurs villages et de se sauver, en faisant de grands efforts, dans la ville d'Ajaccio. Cet événement eut lieu dans le mois d'avril 1731.

Transplantés dans cette ville, on leur accorda pour l'exercice de leur culte une chapelle située à peu de distance d'Ajaccio, dite : la *Madonna del Carmine*, laquelle fut ensuite appellée la chapelle des Grecs.

Ils avaient jusqu'alors conservé leurs costumes (1); mais une inimitié sanglante survenue entre eux et les habitants de Mezzana leur fit adopter les mêmes costumes que ceux des habitants de la ville d'Ajaccio, car les hommes de Mezzana, dès qu'ils voyaient quelqu'un habillé en costume grec, le tuaient sans miséricorde.

Pendant un laps de temps que les Grecs demeurèrent dans la ville d'Ajaccio, ils contribuèrent beaucoup à l'amélioration de la culture des belles campagnes que possède cette ville; et le gouvernement de Gênes en tira parti pour former quelques bons soldats.

Les Allemands, venus en Corse à l'aide de la république de Gênes, ne purent pas leur inspirer assez de confiance pour retourner dans leurs possessions de Paomia. A peine les impériaux se furent-ils retirés de l'île que de nouveaux troubles éclatèrent. Ce fut alors que Gênes appela la France comme médiatrice; mais cette dernière ayant conquis la Corse en 1769 la réunit à la couronne.

La France, devenue maîtresse de la Corse, pensa tout de suite à faire rentrer la colonie grecque dans ses domaines; mais toutes les habitations avaient été ruinées de fond en comble, et leurs champs si bien cultivés avaient repris leur ancien aspect sauvage.

Le gouvernement français honora d'une protection particulière les Grecs en leur accordant un nouveau terrain en remplacement de celui qu'ils avaient perdu.

Après quarante-trois ans d'expropriation (1774), on les établit à une lieue ouest de Paomia, sur un promontoire dit *l'ontiglione*, qui sépare le golfe de Sagona de celui de Pero, et ce nouvel établissement fut appelé Cargèse; on l'érigea en marquisat sous la protection du comte de Marbœuf.

Ce village, ou cette petite ville est placée en amphithéâtre sur le rivage de la mer; elle fut bâtie aux dépens du gouvernement français; toutes les maisons étaient, dans les premiers temps, au même niveau et les rues tirées au cordeau.

Le comte de Marbœuf fit bâtir à Cargèse un superbe château, et il y venait souvent passer des jours d'agrément en admirant les progrès de l'industrie des Grecs.

---

(1) Nous avons trouvé à Paris des dessins représentant les anciens costumes des Grecs de la Corse.

Ces colons continuèrent à jouir des fruits de la paix jusqu'à la révolution française. A cette époque se réveillèrent les anciennes animosités des habitants des pays environnants : la guerre ne tarda pas à éclater, et les Grecs ne pouvant résister abandonnèrent Cargèse, qui fut incendié en grande partie, et le château du comte de Marbœuf fut détruit de fond en comble.

La population rentra dans la ville d'Ajaccio, réduite à la plus grande misère. Ce fut alors que plusieurs familles contractèrent des alliances avec des Corses, et lorsque l'ordre fut consolidé, et qu'ils purent rentrer en possession de leurs biens, bon nombre de ces Grecs préférèrent rester dans la ville d'Ajaccio.

En 1814, de nouveaux troubles éclatèrent entre les Grecs et leurs voisins; mais les Corses qui avaient contracté des alliances en parenté avec les Grecs, volèrent à leurs secours, et leurs ennemis ne purent commettre que quelques dégâts dans les campagnes. Depuis cette époque on a joui de la tranquillité la plus parfaite : les alliances avec les insulaires ont augmenté, le dialecte corse est parlé même par tous les Grecs, quoique la langue grecque se soit toujours conservée parmi eux. Les mariages des Corses avec les Grecs ont exigé de nos jours qu'on érigeât deux églises : l'une consacrée au rite latin et l'autre au rite grec uni.

L'état de prospérité de cette colonie, comme aussi les crises auxquelles elle a été en butte, ont engagé plusieurs personnes à faire des démarches en leur faveur auprès des gouvernements. Les uns présentaient des mémoires, en demandant qu'on transplantât la colonie grecque de la Corse sur le continent français, où elle aurait mieux prospéré, et où elle aurait rendu la fécondité et la richesse à l'endroit où elle se serait placée (1).

D'autres demandaient que tous les Corses fussent enchaînés et transportés dans les Landes; une partie aurait été forcée de travailler la terre, et l'autre partie employée au service militaire de terre et de mer; que toute l'île fût peuplée par des colonies grecques, qui auraient rendu cette île florissante en y introduisant la culture, l'industrie, les beaux-arts et la langue d'Homère et de Démosthènes.

Le tableau affreux que le géographe Strabon a fait de la Corse et les diatribes de Senèque contre cette île, sont des louanges en comparaison de cette philippique lue à l'Académie française par un de ses membres du nom de *Le Clerc* (2).

(1) M. Seinglande, mémoires et voyages, tome Ier, page 119.
(2) Manuscrits de la bibliothèque du docteur Mattei, à Paris.

« *Catherine II, s'écriait-il, traita ainsi les Cosaques et régna en despote; Charlemagne chassa les Saxons de leur pays natal et y introduisit d'autres peuples, et c'est ainsi qu'il put régner en paix. Et cependant les Saxons combattaient pour défendre leurs dieux et leur religion, tandis que les Corses insultent et tuent leurs divinités et renient et souillent leur religion.* »

Ce mémoire était lu à l'Académie, à l'époque où la France avait brisé ses autels, fermé ou incendié ses temples, égorgé ou proscrit ses ministres. L'île de Corse, seule, résistait à cette impiété ; des Sans-culottes vinrent exprès de Marseille pour nous forcer à abjurer le culte et la foi de nos pères, mais une partie d'entre eux y perdit la vie, et l'autre dut son salut à une fuite précipitée. C'est ainsi que les Corses d'alors tuaient leurs dieux et souillaient leur religion.

Voilà un républicain qui prie un gouvernement républicain d'imiter le despotisme de Catherine II, impératrice des Russies, à l'heure même où la Corse, déclarée partie intégrante de la France, envoyait ses enfants verser pour elle leur sang sur les champs de bataille ; à l'heure même où plusieurs d'entre eux avaient ceint leur front de lauriers, et où celui qui devait bientôt terrasser le monstre qui dévorait cette grande nation, et la promener triomphante dans toutes les capitales de l'Europe, commençait à manifester son grand génie. Mais foulons aux pieds ces bavardages et continuons notre route d'enceinte (1).

Après avoir quitté Cargèse, on côtoie le golfe de Sagona et on arrive au port qui sert d'abri aux navires qui viennent dans ces parages, et enfin on parvient à la route carrossable qui conduit d'Ajaccio à Vico, route que nous nous sommes déjà proposé de suivre pour visiter plusieurs villages qui existent du côté de la montagne.

Nous avons fait des recherches pour découvrir quelque trace des restes de l'ancienne ville de Sagona, mais inutilement ; tout a disparu du sol ; la petite église en ruine qui existe appartient au moyen âge. Cependant la ville de Sagona a fleuri au fond de ce beau golfe, et, quoiqu'elle n'existât plus depuis longtemps, elle a toujours conservé le titre de ville épiscopale de l'île, jusqu'à 1801, époque à laquelle toute l'île fut réduite à un seul évêché.

Nous donnons le dessin de ce paysage où la seule ruine d'une église de

(1) Dans le petit dessin que nous donnons de Cargèse, nous avons voulu indiquer aussi le lieu où se trouvait Paomia ; ainsi le lecteur verra que l'ancienne colonie était placée au-dessus du golfe de Sagona, tandis que Cargèse se trouve à l'entrée de ce même golfe.

style byzantin reste encore debout dans l'endroit même où une petite ville florissante, à cause de son golfe, a existé autrefois, et qui dut subir le même sort que toutes les autres villes du littoral de la Corse. En quittant Sagona, et en prenant la route forestière qui nous mène jusqu'à la montagne, nous visiterons d'abord Vico, pays le plus remarquable de cette contrée.

Vico, petite ville, chef-lieu du canton du même nom, possédait anciennement un tribunal de première instance; l'évêque de Sagona y résidait, et elle fut toujours le chef-lieu de l'ancienne province de Vico.

Cette petite ville est située dans un bel endroit; on y voit de belles maisons, bien bâties; les rues sont assez larges; on y trouve des magasins remplis de tout genre de marchandises; il y a des auberges et des cafés assez propres. Le luxe a fait des progrès, et les habitants sont polis et d'une belle physionomie. La culture, dans les environs de Vico, ne laisse rien à désirer. Cette petite ville récolte du vin excellent et elle est riche surtout en céréales. Elle est placée sur une colline au bas de laquelle coulent les eaux du Liamone, l'une des trois plus grandes rivières de l'île. Le golfe de Sagona est à peu de distance de cette petite ville. Les montagnes, âpres et sauvages, qui l'entourent rendent son séjour un peu sombre pendant la saison d'hiver.

Vico possède un beau couvent, habité par les moines de l'ordre des Oblats, qui y ont été introduits par le soin de l'évêque, Mgr Casanelli d'Istria, natif de Vico.

Des biographes génois(1) font originaire de la Corse Vico (Ange-François), célèbre jurisconsulte, gouverneur de l'île de Sardaigne et un des premiers conseillers de la couronne du roi d'Aragon. Il écrivit deux gros volumes sur la jurisprudence du royaume de Sardaigne, imprimés en 1645. Les chroniqueurs nationaux lui donnent pour pays natal la petite ville de Vico.

Les biographes nous donnent un autre Vico (Jean), célèbre médecin et chirurgien, qui écrivit un grand ouvrage sur la chirurgie, divisé en sept volumes, imprimé à Venise en 1669. Son fils aussi embrassa l'état de son père et fut médecin du pape Jules II, de la Rovère. Ces derniers, selon ces biographes, seraient originaires de Sagona; mais cette ville n'existant plus à cette époque, nous supposons qu'ils auraient pu être originaires de Vico ou de quelque autre pays limitrophe de cette ancienne ville. Vico a donné aussi le jour, comme nous l'avons dit, à Mgr Casanelli d'Istria, qui a rendu d'im-

(1) Oldoini, Soprani, etc.

menses services à son diocèse et dont nous parlerons plus longuement ailleurs.

Multedo (Joseph), auteur de diverses pièces de vers lyriques, qui on tmérité les plus grands éloges des poëtes italiens, est né à Vico.

Cette petite ville était la résidence des anciens seigneurs de Leca, famille qui a joué un grand rôle dans l'histoire de la Corse au moyen âge. Nous en parlerons ailleurs, car les événements qui se sont succédé dans l'île nous obligent à lui consacrer plusieurs pages dans l'histoire politique.

Le canton de Vico se compose des communes de Vico, chef-lieu, Apricciani, Arbori, Balogna, Coggia, Letia, Murzo et Renno. Le petit hameau de Nesfa, près du couvent, fait partie de la commune de Vico; il n'a aucune importance.

Apricciani, près de Vico et à peu de distance de la grand'route, est un pays qui récolte des céréales de toute espèce. C'est près de ce village que M. Mérimée, membre de l'Institut et sénateur, a découvert une pierre ébauchée à l'effigie humaine, et qu'il a désignée comme une ancienne idole d'une origine antérieure à l'occupation romaine, représentant une divinité, ou un héros *ligure, libyen, ibère* ou *corse*. Il nous laisse cependant des doutes sur son origine, jusqu'à ce que le hasard nous fasse découvrir quelque autre monument de ce genre (1).

M. le baron Aucapitaine, officier au 36°, qui a visité ce monument, croit avoir reconnu en lui la même analogie et la complète identité avec les sculptures et sarcophages phéniciens, qu'il a eu occasion d'étudier en Syrie, et notamment dans la nécropole de Sidon (Saïda). Ainsi il suppose que l'émigration asiatique, partie de Lydie vers le milieu du vi° siècle avant notre ère, et qui, entre autres, fonda la colonie de *Tharrus* en Sardaigne, aurait de même visité la Corse, et croit corroborer son opinion sur le monument d'Apricciani, et sur les traces nombreuses des colonies et des religions asiatiques signalées en Sardaigne et dans la partie méridionale de la Corse (2).

Murzo, petit village, a les mêmes produits; les habitants s'adonnent à la culture de la *nicotina rustica*, ou *herbe à tabac corse*.

Arbori, commune près de laquelle existent les ruines du château féodal des seigneurs de Leca (3). Cette commune récolte les mêmes denrées.

(1) Notes d'un voyage en Corse, page 53.
(2) Voyez Revue africaine, pages 471, 472.
(3) M. Walkenaer place la ville Aloca de Ptolémée près des ruines du château des Leca.

Coggia, pays qui fait de belles récoltes en céréales dans la vallée du Liamone.

Letia, pays où l'on fait une grande plantation d'herbe à tabac corse. Letia possède un territoire assez étendu sur la montagne. Ce village a donné le jour au fameux bandit *Arrighi*, qui, surpris, avec les *Massoni*, par les gendarmes, se sauva dans une grotte où il fut assiégé et où il résista pendant plusieurs jours à un grand nombre de gendarmes, dont il fit un grand carnage, et à trois compagnies de soldats venus à leur aide de la ville de Corte, avec un canon de campagne.

Ce scélérat se voyant blessé, et sans vivres depuis quelques jours, sortit de la grotte, appela les gendarmes, leur demanda s'il y avait quelqu'un de son pays ou du même canton, et ayant reçu la réponse affirmative, jeta par terre ses armes, lui présenta sa poitrine et le pria de s'approcher, afin de ne pas manquer son coup. Une détonation alors se fit entendre et le bandit tomba raide.

Balogna, commune qui possède un territoire assez étendu et fait des récoltes de toutes espèces de céréales.

Renno, gros village qui possède un vaste et assez fertile territoire et fait de bonnes récoltes, a produit aussi des hommes remarquables.

Renno a donné le jour à cette veuve, qui, sous le gouvernement du général Paoli, voua ses deux enfants à la patrie. Ayant reçu la nouvelle que l'aîné était mort en combattant, elle s'empressa d'armer l'autre et l'accompagna jusqu'autant qu'elle put voir le général pour le lui présenter. Le général Paoli en fut ému jusqu'aux larmes.

Du village de Renno, nous pénétrons dans le canton d'Evisa, qui s'approche des hautes montagnes, et se trouve entouré des plus grandes et belles forêts de l'île. La forêt d'Aetona, qui est la plus classique de la Corse, contient plus de sept cent mille arbres de sapins et larix d'une grosseur et d'une hauteur considérables. L'exploitation qu'en firent les Génois dans le xviie siècle dura cinquante ans. La superficie de cette forêt est de 1360 hectares; elle s'approche de la mer en côtoyant le torrent de Porto, et de l'autre côté elle franchit la montagne et va s'unir à la grande forêt de Valdo-Niello, qui contient plus de cinq cent mille sapins et larix, et dont nous parlerons plus tard.

Le canton d'Evisa se compose de trois communes : Evisa, chef-lieu, Cristinacce, résidence des anciens *Caporali* et *Marignana*. Evisa a donné le jour à plusieurs hommes remarquables qui se sont distingués dans leur pays et sur le continent, entre autres, Ceccaldi, médecin-inspecteur des armées de terre.

Ce canton, quoique dans les régions montagneuses, récolte des céréales et des châtaignes, et il est riche surtout en troupeaux de chèvres et de brebis.

En revenant sur nos pas par la route forestière, nous arriverons à la petite chapelle de Saint-Antoine, près de Vico, et de là nous prendrons la route qui conduit aux eaux thermales de Guagno, dont nous avons déjà parlé dans notre article sur l'hydrologie de la Corse.

Ces eaux thermales se trouvent dans le canton de la Soccia. Nous visiterons ce pays montagneux qui s'étend jusqu'au sommet des plus hautes montagnes, Rotondo et Oro. Le lac Nino, qui est sur le Campo-Tile, reste enclavé dans le territoire de la Soccia.

Ce canton est composé des villages suivants : La Soccia, chef-lieu, Guagno, qui a donné son nom aux Bains (Bains de Guagno), Orto et Poggiolo.

Guagno, village le plus peuplée du canton de la Soccia (ancien *soro-insù*), récolte des châtaignes. C'est un pays dont les habitants sont presque tous bergers cultivateurs, et ils possèdent grand nombre de troupeaux de chèvres et de brebis. Le fromage de ce pays, comme aussi du canton entier, passe pour être de la meilleure qualité. Ils cultivent aussi le *nicotina rustica*, herbe à tabac, qui est d'une grande ressource dans ce pays alpestre.

Guagno a donné le jour au fameux bandit Teodoro Paoli, qui jeta l'épouvante dans ces contrées et se fit appeler le roi des montagnes. Son fils, après avoir servi avec distinction sous les drapeaux, revint en Corse, et voulut, en 1856, imiter son père ; mais le repentir fléchit son cœur ; il écrivit au préfet de la Corse, à Ajaccio, qui se rendit au rendez-vous en personne le prendre en voiture et l'amena dans les prisons.

Orto, petite commune, a les mêmes produits que Guagno (1).

Poggiolo, qui est le plus petit des trois villages de ce canton, a donné le jour à l'abbé Pinelli, ancien moine, et homme remarquable dans les belles-lettres.

L'autre canton limitrophe dans ces contrées montagneuses, est celui de Salice (ancien Cruzini).

Salice, chef-lieu ; pays stérile ; il récolte des châtaignes et possède des troupeaux de chèvres et de brebis, qui sont d'une grande ressource aux habitants de cette commune.

(1) Walkenaer place la *Sermitium* de Ptolémée sur la rive droite du Grosso, près du village d'Orto.

Azzana, Pastricciola, Rosazia et Scanafaghiaccia, composent le canton de Salice. Scanafaghiaccia a donné le jour à l'abbé Cerati, homme de lettres.

Laissons ces contrées âpres et montagneuses, qui montrent leurs têtes toujours couvertes de neige, et revenons sur nos pas jusqu'au golfe de Sagona; puis, en suivant la route carrossable qui mène à Ajaccio, nous toucherons au golfe de la Liscia et à la belle et fertile vallée qui arrose le Liamone. Les historiens Limperani et Robiquet croient que le *Circidii fluminis ostia* de Ptolémée, est le même que l'embouchure de la rivière du Liamone.

De cet endroit, nous visiterons le classique Cenarca, ancien domaine féodal de la puissante famille des seigneurs de Cenarca, souche de tant de familles qui jouèrent un grand rôle dans l'histoire de l'île.

Sari-di-Orcino (ancienne Cenarca) se compose de huit communes : Sari, chef-lieu, Cannelle, Saint-Andréa, Calcatoggio, Casaglione, Ambiegna, Arro et Sologna. Les deux communes d'Appietto et Alata, qui faisaient partie du susdit canton, ont été incorporées en 1860 à la ville d'Ajaccio.

Sari, village à 27 kilomètres d'Ajaccio, est situé sur une colline qui domine le golfe d'Orcino. Ce village mérite une place très-importante parmi les villages de l'île, par ses produits de toutes sortes et surtout par ses vins délicieux, et ses huiles, aussi fines que délicates, que les gourmets d'Ajaccio recherchent presque toujours. Cette commune abonde aussi en châtaignes et en céréales. Les habitants de Sari sont très-laborieux, ce qui, dans la province de Viço, a contribué à ce joli proverbe : *Non manca al Sarese intelletto e braccia, ma terreno*. Sari est en effet un pays favorisé par la nature : le palmier, le cocotier, l'oranger et le citronnier y viennent comme n'importe où.

La rivière principale est la Liscia, formée par les confluents de deux ruisseaux, le Grosso et le Magliostro; elle va verser ses eaux dans le golfe qui porte son nom (la Liscia). Il ne faut pas oublier l'église paroissiale attenante à un ancien couvent. Cette église est d'une jolie construction, dans une des plus belles positions de la Corse.

Des ruines gigantesques se trouvent dans la montagne Saint-Elysée, ruines appartenant probablement à quelque château féodal des seigneurs de Cenarca.

Cannelle, village où l'on cultive les plantes potagères qui servent à alimenter les marchés de la ville d'Ajaccio.

Saint-Andréa, à l'ouest de Cannelle, n'en est séparé que par une rivière.

Calcatoggio, à l'ouest de Sari-di-Orcino, se trouve sur la grande route qui mène d'Ajaccio à Vico. Les productions sont les mêmes que celles de Cannelle et de Saint-Andréa. Mais un ancien proverbe, qui existe encore, quoiqu'il soit tombé en désuétude, nous atteste l'ancienne avarice de ses habitants :

Calcatoggio! Calcatoggio!
Mala cena e peggio alloggio!

Quant à nous, qui avons couru la Corse, comme vous le voyez, pour être précis dans nos faits, nous affirmons que les habitants ont fait mentir ce proverbe.

Casaglione se trouve à un kilomètre et demi de Vico; c'est un des pays les plus riches de la Corse en céréales, mais sa mauvaise disposition entretient des maladies continuelles : l'eau est malsaine et les fièvres y règnent presque toujours.

Nous n'oublierons pas de mentionner le tombeau du dernier comte de Cenarca, qui se trouve dans l'église de ce village, aujourd'hui en démolition.

Ambiegna, au nord de Sari, se trouve sur le versant oriental de Liamone; c'est un village coquettement placé au milieu d'un bois de chênes et de sapins. Des allées pittoresques et des sources d'eaux limpides nous font beaucoup aimer ce séjour.

Arro, situé également sur le versant oriental du Liamone, pays tellement riche qu'il est le noyau des autres localités.

Lopigna, qui voit le Liamone rouler ses eaux à ses pieds, est situé sur un terrain très-accidenté; aussi sa principale ressource est la châtaigne.

Les vins du canton de Sari-di-Orcino sont très-renommés; ils jouissent, en France surtout, d'une grande réputation. Lors de l'exposition de 1855 ils eurent le prix, et l'exposition de Londres de 1862 est venue sanctionner la réputation qu'ils méritent à si juste titre.

M. Robiquet place l'*Urcinium Civitas* de Ptolémée dans le canton de Sari-di-Orcino, tandis que d'autres, tels que Cluvier, Limperani, etc., placent cette ancienne ville dans l'endroit où était jadis Ajaccio, au Castel-Vecchio.

Dans les vignes de Sari-di-Orcino on a trouvé une source d'eau minérale, qui est d'une grande efficacité pour les ulcères et les maladies de peau.

On voit dans le canton de Sari-di-Orcino plusieurs vestiges des anciens châteaux de la seigneuriale et puissante famille des Cenarca, dont l'origine se perd dans la nuit des temps, faute d'historiens nationaux de cette époque.

Les grands domaines de cette illustre famille occupaient une grande partie des côtés ouest et sud de l'île. Les comtes de Cenarca, ainsi que leurs descendants, connus sous les différents noms de Leca, Bozzi, Ornano, Istria, etc., ont été, pendant les siècles qui ont traversé le moyen âge, tantôt des héros, tantôt des libérateurs de la patrie et tantôt des petits tyrans.

Comment cette illustre famille a pu devenir aussi riche et aussi dominante dans cette partie de l'île, dans les temps reculés, c'est encore un secret qui se cache dans le silence des tombeaux.

D'illustres familles de l'Italie, pour se soustraire à la persécution des barbares, qui avaient inondé cette belle contrée, avaient cherché un refuge dans les îles de la Méditerranée; mais quel fut le nom de la famille qui choisit sa demeure sur les bords de la Liscia et du Liamone, on l'ignore encore.

Si on examine l'histoire sur les luttes acharnées et fratricides qui s'ensuivirent pendant le dixième siècle, parmi les descendants de Charlemagne, pour la domination de divers Etats de l'Italie, elle nous apprend que quelques-uns de ces petits souverains, vaincus et pourchassés par les empereurs d'Allemagne, furent obligés de se réfugier dans l'île de Corse; ainsi on serait tenté de croire que quelques-uns de ces illustres proscrits aient fini par s'y fixer et devenir propriétaires des immenses domaines que leurs descendants se partagèrent entre eux. Quant à la venue de Hugues Colonna en Corse, il n'existe aucun document sur lequel on puisse s'appuyer.

La famille da Colonna, originaire du bourg Colonna, distant de 24 kilomètres de Rome, a commencé à se faire remarquer dans la ville éternelle vers le XIIIe siècle, six siècles après l'imaginaire expédition d'Hugues Colonna en Corse, par ordre du pape Etienne IV. Ægidius da Colonna fut le premier qui parut sur la scène; il était un célèbre scolastique, surnommé *doctor fundatissimus et theologorum princeps*. Il enseigna à Paris et fut le précepteur du roi Philippe le Bel, devint ensuite général des Augustins, composa plusieurs ouvrages, et mourut en 1316.

L'autre, ce fut Jaques de Colonna, créé cardinal par Nicolas III, homme remuant, comblé de faveurs par Nicolas IV, et proscrit, avec toute sa famille, par Boniface VIII.

Etienne Colonna, le favori du pape Nicolas IV, fut le chef du parti des Guelfes, à Rome, où il fomenta les troubles pendant plusieurs années, et d'où il fut enfin chassé par Rienzi, en 1347.

Othon de Colonna, cardinal, qui succéda à Jean XXIII, sous le nom de

Martin V, en 1417, éleva sa famille à l'apogée de la puissance, et devint l'arbitre de Rome et de l'Italie.

Jean de la Grossa, l'inventeur de la venue en Corse d'Hugues Colonna, vivait à l'époque du pontificat de Martin V. Pour faire la cour à Vincentello d'Istria, il inventa cette généalogie et remplit toute sa chronique de récits fabuleux et d'anachronismes les plus extravagants.

L'héroïque autant que malheureux Jean-Paul de Leca, forcé de manger le pain de l'exil dans la ville de Rome, n'eut jamais l'idée de se faire connaître pour descendant de l'illustre famille Colonna, alors toute puissante. Il mourut dans cette ville et fut enseveli dans l'église de Saint-François ad Ripam. Nous avons copié le blason qui est gravé sur son sarcophage, où il n'existe aucune trace de la colonne que quelques-unes des familles de nos jours, qui prétendent descendre des Leca, des Istria, etc., etc., ont jointe à leurs anciennes armoiries. Nous avons copié de même les armes du marquis Ornano, existant dans sa maison, située sur la place Navona, à Rome. Ce personnage, au service des Papes, avait été comblé de richesses et nommé marquis; mais dans ses écrits comme dans son testament, il ne s'est jamais paré du nom de Colonna. Il vivait dans le temps de Sampiero, aux fils duquel il léguait toute sa fortune, si sa fille, mariée au marquis de Véra, grand d'Espagne, venait à mourir sans héritiers. Son tombeau existe de même dans l'église de Saint-François ad Ripam, en Transtevère.

Nous croyons que ces deux personnages dont nous avons parlé, qui ont habité pendant de longues années la ville où florissait les Colonna, pouvaient être à la portée de savoir si leurs ancêtres avaient une commune origine avec cette famille.

Nous reviendrons sur ce chapitre dans notre histoire politique

Avant de revenir sur la route qui nous conduit à Ajaccio, nous ferons notre excursion dans le canton de Sarola et Carcopino, un des plus grands et des plus riches territoires de la Corse, mais peu cultivé; car la culture que les habitants se permettent est celle du maïs, culture facile et fort productive.

Sarola se trouve sur le chemin qui mène à Sari. Ce village est placé sur une colline très-accidentée; et même, en temps d'orage, il a beaucoup à craindre des eaux torrentielles.

Valle-de-Mezzana, situé au fond d'un ravin, craint beaucoup les rayons solaires; aussi, qu'on ne s'étonne pas d'y trouver le teint et la délicatesse des gens du Nord. Le maïs est la principale ressource de ce pays. Valle-de-Mez-

CALVI

CALENZANA

zana a donné le jour au savant M. Poggiale, professeur de chimie au Val-de-Grâce, à Paris.

Cutoli et Corticchiato, situé non loin de la route qui mène à Corte et à Bastia, a des sites assez pittoresques : les forêts presque vierges qui le couronnent à l'est font le désespoir de nos entrepreneurs.

Peri, non loin de Cutoli et Corticchiato, sis sur une colline, jouit des mêmes avantages. La châtaigne et le maïs font sa principale ressource.

Tavaco, tout petit village, récolte les mêmes productions du sol des susdites communes.

En reprenant la route de Sari di Orcino, nous visiterons les deux villages trop connus dans les annales de l'histoire de la Corse, Appieto et Alata. Ces deux villages, comme nous l'avons dit page 141, ont fait partie jusqu'en 1860 du canton de Sari (ancienne Cinarca).

Appieto, village dont nous donnons le dessin, reste non loin de la route carrossable ; c'est un pays bien situé ; il jouit d'un bel horizon et possède un assez vaste territoire qui produit des céréales de toute espèce, du vin et de l'huile. Appieto était aussi la résidence des seigneurs de Cinarca. Les ruines du grand château féodal de Gozzi, appartenant à l'illustre famille Cinarca, existent non loin d'Appieto.

Alata, village près d'Ajaccio, jouit d'un horizon magnifique et agréable. Ce village récolte du vin excellent, de l'huile et des céréales.

Les femmes d'Alata portent tous les jours du lait et des fruits sur les marchés d'Ajaccio, et surtout des figues d'Inde, qui ont un goût exquis. Elles se coiffent d'un chapeau de paille à larges bords, qui, quoique d'un tissu rustique et grossier, leur donne un air continental. Nous reproduirons plus loin des dessins représentant leurs costumes, ainsi que la vue du village.

Alata a donné le jour au célèbre diplomate, le comte Charles-André Pozzo di Borgo, ambassadeur plénipotentiaire des Russies, dont nous donnerons la biographie.

En descendant d'Alata pour aller à Ajaccio, sur la route faite aux dépens du susdit comte Pozzo di Borgo, on rencontre une belle chapelle, ou un tombeau, que les héritiers de ce diplomate ont fait bâtir récemment, et plus loin, sur une hauteur, on aperçoit les ruines des vieilles tours et des maisons de l'ancien village qui portait le nom de Pozzo di Borgo. L'eau potable qui sert à alimenter en partie la ville d'Ajaccio prend sa source aux susdites ruines.

Entre le golfe de Liscia et celui d'Ajaccio on voit le port Provençal, puis la tour et le cap de Feno, et enfin la tour et la pointe de la Parata et les îles Sanguinaires à l'entrée du golfe d'Ajaccio.

On voit dans ces parages plusieurs agglomérations de petites maisons habitées par des bergers et des cultivateurs, en grande partie montagnards; tels sont : la Scala, Lenaro, Atalà, Aruscia, Afà, Olmastrello, Alsiccio, Fontanacce, Case delle Torre, Capo di Feno, Mezzavia, San Benedetto, Villanuova, etc.

Toute la contrée que nous avons parcourue depuis Ota, qui est le premier village qu'on rencontre de l'arrondissement d'Ajaccio, jusqu'aux cantons de Sari et Sarola, était comprise jadis sous le nom de province de Vico.

Les habitants de cette partie de l'ouest de l'île parlent le même dialecte (si on excepte quelques mots plus accentués) que ceux de la partie qu'on appelle le Deçà-des-Monts, ou l'ancienne Terre-de-Commune. Le reste de la population des deux arrondissements d'Ajaccio et Sartène possède un patois un peu plus énergique, il est vrai, mais aussi un peu plus rude, et certains mots n'ont aucun rapport avec la langue italienne, d'où nos dialectes dérivent.

Il faut, toutefois, exclure les personnes qui ont reçu quelque éducation, lesquelles, en causant, cherchent toujours à éviter les mots inintelligibles et s'expriment avec lucidité, conservant néanmoins un langage plus accentué que les habitants du Deçà-des-Monts.

Nous avons dit ailleurs que les anciennes coutumes, habitudes et mœurs se sont conservées plus intactes à travers les siècles dans les montagnes des parties ouest et sud, et surtout dans cette dernière partie, où, mieux qu'ailleurs, on trouve les mœurs anciennes et caractéristiques du pays. Ces habitudes et mœurs, nous les avons décrites en partie dans les chapitres sur les mariages, les décès et les superstitions. Nous avons pu remarquer qu'elles avaient existé chez les peuples de l'antique Grèce, de la vieille Rome, chez les Arabes, et surtout elles ont un grand rapport avec les habitudes des montagnards de l'Ecosse.

Cependant des écrivains romantiques, peu éclairés ou induits en erreur, ont attribué aux Corses certains usages qui n'ont jamais existé dans l'île. Tommaseo, écrivain italien qui a vu à vol d'oiseau la Corse, dans son *Répertoire sur les chants funèbres* improvisés par les femmes, fait danser ces pauvres pleureuses autour du cadavre, avant de commencer leurs *voceri*, comme les sauvages de l'Afrique et de l'Amérique.

En Corse, les danses expriment toujours la joie et non le chagrin de l'âme; nous rejetons ces contes dans le domaine des fables et du ridicule.

Ce même auteur est l'inventeur de l'histoire sur la pantomime que les hommes font en manœuvrant avec leurs armes devant le cadavre de l'homme assassiné, tantôt en aiguisant leurs stylets et en les brandissant de temps en temps en l'air, tantôt en faisant craquer le chien du fusil, et tantôt en frappant le sol avec la crosse de cette arme, etc., etc (1).

Un autre auteur italien, cité par Malte-Brun dans sa *Géographie*, chapitre sur les tribus sauvages de l'Amérique, rapporte que les Corses, même lorsque leurs femmes avaient accouché, se mettaient au lit pour soigner les nouveaux-nés et pour recevoir les visites des amis, tandis que les femmes étaient obligées de vaquer aux affaires domestiques.

Nous croyons que les Corses, si fiers et orgueilleux par nature, n'ont jamais commis la bassesse de descendre à remplir le rôle des femmes; ce sont des contes inventés exprès pour assimiler ces insulaires aux sauvages de l'Amérique, où cet usage existe encore de nos jours.

Pendant les guerres de l'indépendance, que de sottises, que de monstruosités les écrivains génois n'ont-ils pas débitées contre les Corses pour les décrier à la face des nations étrangères? Selon eux, les chèvres et les bêtes fauves étaient plus raisonnables, moins barbares et moins féroces que les habitants de cette île. Dans le cours de notre histoire, il nous viendra fort à propos de produire quelques-uns de ces horribles pamphlets.

La Providence nous délivra enfin de ces traficants d'impunités et d'injustices; de ces marchands de notre sang et de nos substances, et la Corse put à peine respirer libre de ce joug odieux, qu'elle donna aux nations, spectatrices et témoins de ses luttes, de ses gloires, de ses revers et de ses malheurs, le spectacle le plus étonnant prédit par le philosophe de Genève.

La valeur latine fuyant une terre envahie par la mollesse, la lâcheté, la corruption et par les hordes barbares du Nord, avait cherché un refuge sur ces rochers, où la Méditerranée vient briser ses flots. C'est ici que, en dédaignant d'être esclave, elle combattit sans cesse contre ses oppresseurs, souvent vaincue, jamais soumise; c'est de ce rocher qu'elle devait paraître en-

---

(1) Si des écrivains français s'étaient avisés de produire certains faits sur la Corse, ils auraient risqué d'exciter contre eux la colère convulsive de notre fantasque et pédant Aristarque Filippo de Mola. Il les aurait accablés, assommés avec ses philippiques foudroyantes, notées, chiffrées, déchiffrées, lardées, paradoxales, obscurcies comme sa raison, contradictoires comme tous les actes de sa vie. M. Babinet, pour avoir appelé cette île de ses anciens noms de Terapne, Calista, etc., faillit être rayé par lui du nombre des savants!

core sur la scène, pour éblouir, pour étonner le monde! Ce nouveau César, ce grand homme, pour la renommée duquel l'univers fut trop petit, a vu le jour dans la ville d'Ajaccio.

LA VILLE D'AJACCIO

Bella città, che fú di eroi la cuna,
Assisa stassi sú la curva sponda
Di un golfo, che qual placida laguna
A lei fà spiecchio di sua limpid'onda,
E dell' Arancio, chi ella ovunque ammira
Si gode all' ombra e i suoi profumi aspira.

Cette ville, qui fut le berceau de héros,
S'assied coquettement autour du beau rivage
D'un golfe qui, pareil aux transparentes eaux
D'un lac bleu, dans son sein reflète son image,
Et du vert oranger que partout elle admire
Se réjouit à son ombre et ses parfums aspire.

Ajaccio, qu'à juste titre on devrait appeler Napoléopoli, est une charmante ville, située presque au fond d'un golfe magnifique, peuplée d'environ douze mille habitants, avec une citadelle qui s'élève sur une langue de terre qui s'avance dans la mer. Cette citadelle fut bâtie vers l'an 1554, par l'ordre du général de Thermes, sous le règne de Henri II et dans le temps des guerres de Sampiero.

Ajaccio est le chef-lieu du département, résidence du préfet, de l'évêque, d'un général de brigade, d'un conseil académique, d'un receveur principal des finances, etc.

Cette ville était autrefois placée au fond du golfe; mais, à cause de son insalubrité, le gouvernement génois, ou la banque de Saint-Georges, la fit démolir pour la faire rétablir dans le lieu où elle se trouve maintenant.

Des écrivains ont prétendu expliquer l'étymologie de son nom; les uns attribuent sa fondation à Ajax, qui, revenant de la guerre de Troie, fut transporté par les vents contraires dans ce golfe, où il séjourna quelque temps et y bâtit une ville. Les autres font dériver son nom d'Adjacio, mot latin qui signifie être assis ou être couché (1).

(1) Une ville du nom d'Ajazzo ou Ajaccio, jadis très-florissante, existe dans la petite Arménie, sur la Méditerranée, près du passage dit Pas-d'Isus. Selon les relations de Marco-Polo et Balducci-Pegoletti, célèbres voyageurs du moyen âge, cette ville était l'entrepôt des marchandises que les trafiquants génois et vénitiens allaient chercher dans les Indes et dans la Chine. D'Ajazzo on les transportait en Europe par la voie de mer.

Nous n'entrerons pas dans ces détails et dans ces conjectures, et nous nous bornerons seulement à traiter les matières qui intéressent davantage notre histoire.

Dans l'endroit où jadis existait la ville (au Castel-Vecchio), on remarque quelques ruines de peu d'importance et un érable, arbre séculier, qui de temps en temps semble s'éteindre et reste souvent jusqu'à deux années sans donner des feuilles, puis tout à coup reprend sa végétation, sans qu'aucune de ses branches ait souffert la moindre détérioration. La vétusté de cet arbre a donné lieu à ce proverbe, lorsqu'on veut parler d'une personne très-âgée : *Elle est vieille comme l'érable*.

La ville d'Ajaccio ne possède, jusqu'à présent, aucun monument religieux qui attire l'attention du voyageur. La cathédrale dédiée à sainte Marie de la Miséricorde est surmontée d'une coupole ; elle possède un tableau sur toile qui a quelque mérite. Cette église fut bâtie en 1585, par les soins du pape Grégoire XIII, qui envoya exprès en Corse un vicaire apostolique, afin que l'évêché d'Ajaccio pût avoir une église qui méritât le titre de cathédrale. On y montre le vaisseau de marbre blanc où Napoléon Ier fut baptisé en 1771. Le maître-autel en marbre est un don de la princesse Elisa Baciocchi.

L'autre paroisse est la petite église de Saint-Roch. Ajaccio possède cependant les plus beaux monuments de la Corse; tels sont : la préfecture, l'hôtel de ville, qui contient un bibliothèque publique, riche de 27,000 volumes; le bâtiment Fech, où l'on admire tant de tableaux légués par son fondateur; la chapelle contiguë, qui doit servir de tombeau à la famille Bonaparte, bâtie par ordre de Napoléon III; l'Ecole normale, le théâtre, le petit et le grand séminaires, élevés par les soins de Monseigneur Casanelli d'Istria; le palais Pozzo di Borgo, le palais Conti, le château Baciocchi, l'hôpital militaire, la caserne Saint-François, les bains et les lavoirs publics, le quai, la fontaine monumentale surmontée de la statue de Napoléon Ier, sur la place du Marché, la statue du général Abbatucci. — Ajaccio possède de belles places, telles sont : la place du Diamant, belle et vaste, qui bientôt va être ornée d'un magnifique groupe de statues représentant Napoléon Ier et ses frères; la place du Marché, la place Miot, la petite place Létizia, les belles promenades du côté de la chapelle des Grées, le boulevard Granval, le Corso, qui a presque une demi-lieue de longueur et contourne le golfe. On voit dans ces belles promenades des allées ombragées d'orangers et d'autres arbres étrangers à la Corse.

Ajaccio possède enfin un golfe, où peuvent s'abriter toutes les grandes flottes qui sillonnent la Méditerranée.

Le commerce d'Ajaccio ne prospère pas comme celui de Bastia ; le caractère de ses habitants est plus rude, mais généralement plus loyal que celui des habitants des autres villes de la Corse.

La ville d'Ajaccio mériterait bien d'être dotée d'un chantier pour la construction des grands vaisseaux, à cause des grandes forêts qui couvrent les hautes montagnes qui l'avoisinent.

Les environs d'Ajaccio sont bien cultivés ; les fruits sont excellents, surtout les oranges, les pommes et les pêches. Le gouvernement a établi à Ajaccio une pépinière qui sert à répandre dans toute l'île les arbres fruitiers de la plus belle espèce, et elle porte le nom de Parc de l'Impératrice.

On voit près d'Ajaccio, dans l'ancien jardin *Casone* de la famille Bonaparte, la grotte formée de grands blocs de pierres granitiques, où Napoléon Ier étant enfant allait souvent passer des journées entières pour étudier sa leçon.

Ajaccio a donné le jour à plusieurs personnages célèbres, tels sont : Bianchi, historien national et jurisconsulte ; Giustiniani (André), évêque de l'ordre des Dominicains, littérateur distingué ; Giustiniani (Pompée), célèbre général au service de Venise et historien distingué, mort en guerre en combattant contre les Autrichiens en 1617 ; aux deux frères Rossi, généraux sous Louis XVI, qui furent exécutés à Paris sous le règne de la terreur ; au général Cataneo, au maréchal et sénateur Ornano, au général et sénateur Fiorella, au général Campi, au général Levie, au général Rossi, sous Louis-Philippe, au général Courrant, mort commandant la place de Paris en 1855 ; à Ottavi, littérateur distingué ; à Conti, homme de lettres et conseiller d'Etat ; au prince Baciocchi (Félix), à Baciocchi, premier chambellan de Napoléon III.

Les deux frères Louis, historien, et Charles Blanc, artiste, l'un né à Madrid et l'autre à Bayonne, ont adopté Ajaccio pour patrie, où ils ont été élevés par leur mère, de la famille Pozzo di Borgo.

Enfin les Bonaparte, trop connus dans le monde entier, ont vu le jour à Ajaccio.

En quittant la ville d'Ajaccio et en suivant la route d'enceinte, nous côtoyons le golfe en laissant à main gauche la route qui mène à Corte et à Bastia. La route carrossable, laissant les rivages du golfe, va à travers les montagnes jusqu'au golfe de Vallinco. Dans ce trajet, ne pouvant dénoter minutieusement tous les objets qui existent, nous mettons sous les yeux du lecteur le plan topographique où ils sont tous exactement désignés.

Les habitants des montagnes qui descendent près de la mer pour faire leurs labours et même pour faire paître leurs bestiaux dans la saison d'hiver, ont bâti des maisonnettes çà et là pour s'abriter; avec le temps, toutes ces habitations rustiques ont formé des hameaux, dont quelques-uns pourraient bientôt être érigés en communes; tels sont : Foatesi, près de la pointe Capo-Muro; Poggiala, Cotti, Pastriccialella, Pettinelli, Viva, etc.

Avant de quitter le golfe, nous ferons remarquer les deux rivières qui se jettent dedans; ce sont la Gravona et le Prunelli : la première, selon les géographes, serait la *Locræ fluminis Ostia* de Ptolémée, et la belle et fertile plaine de Campo di Loro, fécondée par le limon que les eaux de la Gravona y déposent, serait, selon l'historien Limperani, l'*Arenosum littum*, et selon Cluvier, ce serait la plage qui est au fond du golfe d'Ajaccio.

Le golfe d'Ajaccio forme, du côté du sud, plusieurs pointes, îlots et anses, qui servent à abriter les navires; tels sont : le Porticcio, le port de Santa-Barbara, la Punta delle sette navi, l'Isola Piana, la Punta della Castagna, le cap Muro, la cala d'Orzo, etc.

Nous passerons sous silence le canton de Bocognano, formé des villages de Bocognano, Vero, Uciani, Tavera et Carbuccia. Nous ferons connaître plus en détail la position topographique de ces deux cantons en parcourant l'intérieur de l'île.

Cauro, qui fait partie du canton de Bastelica, est le premier qu'on rencontre sur la grande route en partant d'Ajaccio pour aller à Sarlene et à Bonifacio. Ce village (Cauro) a été bâti récemment sur la grande route et il a l'aspect d'une petite ville; on y trouve de quoi se bien nourrir et se loger. L'ancien village de Cauro est à peu de distance de là, sur le penchant de la montagne. Ce pays récolte du blé, de l'huile, des châtaignes, du maïs et des légumes. Bastelica, le plus gros village de la Corse, est trop éloigné de la grande route d'enceinte; aussi n'en parlerons-nous que plus tard.

Eccica et Suarella, deux petits villages qui se montrent à droite de la route, abondent en blé, huile, légumes, en vin, châtaignes, etc.

Ocana et Tolla sont peu éloignés de la grande route; ils produisent de l'huile, du blé, du maïs, etc.

L'histoire nationale a rendu ces deux petits villages d'Eccica et Suarella célèbres; c'est là que succomba Sampiero, assassiné par son domestique

Vittolo. L'or génois avait corrompu quelques parents de l'infortunée Vannina, femme de Sampiero, et ceux-ci avaient gagné un ministre de la religion, le moine Ambrogio, confesseur du traître Vittolo, qui lui fit croire que ce serait une œuvre méritoire de tuer Sampiero, afin de procurer la paix à la Corse.

En suivant le chemin carrossable, on arrive à Grosseto. Ce village est partagé par la grande route. Grosseto est bien bâti et les alentours sont parfaitement cultivés.

Nous voilà dans la vallée d'Ornano, une des plus belles de l'île; elle est vaste et bien cultivée. Cette vallée renferme le canton de Sainte-Marie et Sicché, l'ancien *pieve* ou canton d'Ornano, qui est un des plus peuplés de l'île, étant composé de quinze communes.

Tout près de Grosseto-Prugna, on voit Sainte-Marie et Sicché. Dans cette commune existe encore la maison de Vannina Ornano, femme de Sampiero. Elle est assise sur un mamelon, qu'on appelle Vico. C'est un endroit pittoresque : la maison est grande et elle a la forme d'un château seigneurial du moyen âge. En face de ce château on voit une chapelle à moitié démolie avec une large porte : la tradition nous dit qu'elle fut bâtie par ordre de Sampiero, et que de sa maison il assistait au sacrifice de la sainte messe; quoique éloigné de quelques centaines de mètres, il pouvait voir le prêtre pendant qu'il célébrait à l'autel.

De Sainte-Marie à Sicché il y a maintenant une route carrossable qui conduit dans le canton de Zicavo et aux bains de Guittera. Nous parlerons de ce canton dans notre pèlerinage dans l'intérieur de l'île.

Le canton d'Ornano, ou de Sainte-Marie et Sicché, est composé des villages de Frasseto, Campo, Sainte-Marie et Sicché, Forciolo, Albitreccia, Grosseto-Prugna, Torgia-Cardo, Urbalacone, Quasquarra, Zigliara, Pila et Canale, Cognocoli, Coti-Chiavari, Guargualè et Azilione-Ampazza.

Frasseto, qui s'approche du canton de Zicavo, est loin d'offrir au voyageur de belles rangées de maisons; mais la grande route qui le traverse et la beauté du site qui l'environne en font un village assez agréable. Il se distingue par l'énergie de ses habitants, qui ont encore aujourd'hui le caractère des anciens Corses, comme ils ont aussi leur manière de s'habiller.

De Frasseto commence à se dérouler aux yeux ravis du voyageur la vaste, fertile et pittoresque vallée d'Ornano, qui s'étend jusqu'au bord de la mer. Elle est le rendez-vous des habitants des cantons d'Ornano et de ceux de l'ancienne Istria, qui viennent y labourer la terre, et y récoltent une grande quantité de blé.

Tout près est le petit hameau appelé Campo, agréablement situé dans une plaine plantée d'arbres fruitiers. Campo se trouve sur la route carrossable et non loin de Sainte-Marie et Siché, village dont nous avons parlé, et qui donne son nom au canton.

Nous étions occupé à dessiner cette maison de Vannina, pleine de grands souvenirs, lorsque nous vîmes s'avancer vers nous un homme d'une taille élevée, à la figure expressive et énergique, à la démarche digne et fière. Il nous demanda ce que nous faisions, et quand il sut que nous voulions dessiner la maison de Sampiero de Bastelica, cet inconnu baissa la tête, se troubla, puis d'une voix fière il s'écria : « Pourquoi dites-vous Sampiero de Bastelica?... — Mais parce que c'est à Bastelica, répondîmes-nous, que ce grand homme a vu le jour, et qu'il n'est pas connu sous d'autre nom. » Cet homme nous parut blessé de cette réponse; il nous pria de le suivre dans sa demeure. Là, il nous montra un manuscrit qui racontait l'arrivée d'Hugues Colonna en Corse. Ce manuscrit prétendait que la descendance de ce Colonna s'était étendue par des alliances avec les familles Bozzi, Ornano, Rocca, Istria, Leca, etc.; que la famille d'Ornano n'était qu'une branche cadette de la famille Bozzi, dont un membre, après avoir subi plusieurs vicissitudes, était allé se réfugier en France. Quelque temps après (suivant le manuscrit) arriva de France un certain Alphonse, qui épousa une fille de Bozzi de Bastelica, et de cette union naquit le fameux Sampiero. De tout ce récit cet homme conclut que Sampiero était le fils d'un Ornano, et que si le hasard l'avait fait naître à Bastelica, les habitants de ce village ne devaient pas s'arroger le droit et l'honneur de l'appeler leur compatriote. Quand il eut fini de nous détailler toute cette généalogie, nous lui fîmes observer que l'arrivée de ce Colonna en Corse était une pure invention de chroniqueur, et nous lui prouvâmes jusqu'à la dernière évidence qu'il était tombé dans une grave erreur en admettant de pareilles fables. « Alors, notre origine!... — Votre origine, lui répondîmes-nous, est peut-être plus ancienne et remonte à une source qui pourrait être encore plus illustre que celle des Colonna. » Il garda le silence sur ce sujet, et nous offrit l'hospitalité dans sa maison, qui fait partie de l'ancienne demeure de Sampiero et de Vannina.

De Sainte-Marie et Siché à Grosseto il n'y a qu'une distance de peu de minutes. Grosseto, comme nous l'avons déjà dit, est traversé par la route carrossable qui mène à Bonifacio.

Après, on rencontre les hameaux de Torgia et Cardo, où l'on voit une tour appartenant à la famille Ritrosi, et qui est assez bien conservée.

Tout près, on remarque le village d'Urbalacone, où l'on dit que jadis fut une ville; mais aucune trace n'existe. Tout près de ce village, à côté de la grande route, existaient autrefois les bains chauds de Buderango, dont on voit encore les traces.

Azilone et Ampazza sont compris dans une seule commune. Dans le bois qu'on dit Cepponiello, qui domine le hameau d'Azilone, existent les ruines du château des Locari. Ce château appartenait à une branche de la famille des Bozzi, qui résidait près du village de Guittera, et qui vint s'établir près d'Azilone. Quelques membres de cette branche des Bozzi bâtirent plus tard une autre tour sur la colline appelée la Foata : cette famille prit le nom de Bozzi de la Foata.

Près d'Azilone existait un village du nom de Calcinajo, qui en 1342 donna un évêque à Ajaccio. On voit encore son portrait et ses armoiries dans le tableau qui décore la petite église d'Ampazza, qu'il consacra.

Forciolo, assez beau village, Albitrecera, village riche auquel ne cèdent en rien les villages de Quasquarra, Guargualé, Cognocoli, Pietrosella, Pila et Canale et Coti-Chiavari. C'est dans cette dernière commune que le gouvernement de Napoléon III a établi un pénitencier agricole.

Le canton de Sainte-Marie et Siché est de ce côté le dernier de l'arrondissement d'Ajaccio.

En suivant la grande route, on arrive à un joli pont sous lequel coulent les eaux du Taravo, et après quelques instants on atteint les villages de Petreto et Bicchisano, qui forment une seule commune et qui donnent leur nom au canton (anciennement canton d'Istria, célèbre dans les annales de l'île).

Le village de Bicchisano, qui est assez joli, est traversé par la grande route. Il a donné le jour à monseigneur Colonna d'Istria, évêque de Nice, célèbre par sa piété. Peu de temps avant sa mort, il voulut se retirer à Rome, où il mourut pauvre dans le couvent de Sainte-Sabine (en 1835). Son corps fut déposé dans un caveau de cette église; mais peu de temps après, par ordre de Charles-Albert, roi de Sardaigne, ses restes furent transportés à Nice et déposés dans la cathédrale de cette ville.

De Bicchisano, le pays des anciennes tours, on passe à Casalabriva, où l'on aperçoit un clocher bâti au milieu d'une place. Ce petit village est traversé par la grande route, d'où l'on voit la mer, en deçà de laquelle s'étend une plaine bien cultivée. Mais autour de Casalabrira point de culture. On n'y voit que de sauvages bosquets qui entourent le village de si près, qu'en cas d'incendie le feu pourrait avec facilité se communiquer aux habitations.

Casalabriva a donné le jour au baron Cesari; ce personnage, suivant l'histoire du général Colletta, ouvrage très-estimé (t. II, l. IV, c. XIII, p. 136), aurait joué un triste rôle dans l'histoire de Naples au temps de la première révolution française, accompagné de trois autres Corses, aventuriers comme lui, dit-il : ceux-ci auraient été Corbara, Colonna et Boccheciampe.

En notre qualité d'historien, nous avons voulu tout faire connaître, traçant sous les yeux de nos compatriotes, avides d'être instruits sur l'histoire de leur pays, les ingénieuses anecdotes de certains étrangers; mais nous sommes heureux de pouvoir relever certaines erreurs d'autant plus grossières, que, tout en étant gratuites, elles sont l'œuvre de personnes intelligentes et éclairées.

Jamais la famille Cesari n'a donné, au temps jadis, des gens sans aveu et anciens domestiques de livrée dans leur pays, courant l'Italie en véritables aventuriers imposteurs, en se faisant les amis, les compagnons et les complices des assassinats et des brigandages de Fra-Diavolo.

On a bien raison de se récrier contre les injustes accusations de ces auteurs, qui ont fait parler leur éloquence sans étudier leur histoire, et surtout de se récrier contre ces intelligences de nos jours qui sont les tristes et mesquins Sosies de ces historiens, en parant les grands journaux de feuilletons romantiques, où Cesari et Fra-Diavolo jouent toujours un rôle détestable.

Ce que nous disons de Cesari, nous pouvons le répéter pour ses trois compagnons : leur entreprise dans le royaume de Naples n'avait qu'un but tout à fait politique en faveur des Bourbons expulsés.

Revenons maintenant sur notre chemin. A peu de distance de Casalabriva on aperçoit à droite un chemin qui s'embranche avec la route carrossable et qui nous conduit, après une demi-heure de voyage, à Sollacarò.

Sollacarò fut un village célèbre en tous temps dans l'histoire de l'île. C'était la résidence des seigneurs d'Istria. A quelque distance de ce village, et sur une montagne escarpée, on remarque le château féodal, presque entièrement détruit. L'ancienne maison de Vincentello d'Istria existe encore au fond du village sur un rocher fort élevé à pic. On y voit les cachots destinés à recevoir ceux que ce petit tyran faisait emprisonner, tantôt parce qu'ils étaient coupables, et tantôt parce que leur figure déplaisait à ce personnage, dont nous nous occuperons plus longuement dans sa notice biographique.

Sollacarò jouit de la vue de la mer. Ce village possède une plaine assez étendue; le terrain est couvert de plants d'olivier.

Au-dessous de Sollacarò on aperçoit Calvese, petit village qui fait partie de la commune de Sollacarò.

Le canton de Petreto et Bicchisano, ancien Istria, se compose des villages d'Argiusta et Moriccia, d'Olivese, de Mokà-Croce, Petreto-Bicchisano, Casalabriva et Sollacarò.

De Sollacarò, rebroussons chemin pour gagner la grande route; en moins d'une demi-heure de marche on arrive à Olmeto.

Olmeto, village très-populeux qui domine le golfe de Valinco et qui donne son nom au canton, est situé sur la pente escarpée d'une montagne. La route carrossable qui le partage par moitié lui a été d'une grande utilité; mais elle a occasionné de fortes dépenses pour le gouvernement lorsqu'il s'est agi d'empêcher l'éboulement de grosses masses de granit qui sont entassées dans ce petit village, et surtout de garantir les maisons qui se trouvaient comme suspendues en l'air, sans appui, au-dessus de la route, ce qui a nécessité la construction d'un triple mur de soutènement de plusieurs mètres de hauteur.

On trouve à Olmeto des maisons belles et vastes et des familles qui jouissent de beaucoup d'aisance. Un des plus beaux ornements de ce village est le monument qui a été élevé depuis peu pour servir de demeure à des religieuses de Saint-Joseph, qui se vouent à l'éducation des jeunes filles.

Olmeto est riche en oliviers, en vignes et en blé. On y découvre une vaste vallée fertile et bien cultivée.

D'Olmeto on descend en peu de temps au pont de Baraci, d'où l'on voit les villages de Viggianello et de Sainte-Marie de Ficaniella. Près de Viggianello on aperçoit les ruines du château de Baraci, tant de fois cité dans l'histoire nationale.

A peu de distance du pont de Baraci, au fond du golfe de Valinco, on trouve Propriano, qui se fait remarquer par de jolies maisons, par son commerce et le nombre de ses magasins. Une brigade de gendarmerie y est en résidence; il y a aussi un bureau de douanes.

A Propriano on voit une grande étendue de terrain couverte de restes de briques, qui ne sont autre chose que des tuiles et des briques romaines.

Valkenaer place dans l'endroit où existent ces ruines l'ancienne petite ville Pauca-Civitas, que Cluvier indique, au contraire, à Porto-Pollo, et Limperani dans l'ancien comté de Frasso. Ce dernier placerait l'ancienne Fisera-Civitas à l'embouchure de Baraci, tandis que Cluvier nous la montre à l'entrée du golfe de Figari.

Campo-Moro, village composé de quelques maisons, sur le golfe de Valinco, est situé à peu de distance de la grande route C'est là que l'historien Limperani place les Marianum Promontorium et Civitas des anciens.

En suivant la route carrossable, on arrive à un pont très-long; de là on découvre Sartène.

Si avant de pénétrer jusqu'à Sartène le voyageur désire voir les villages de Fozzano et Arbellara, qui sont à peu de distance l'un de l'autre, il n'a qu'à se diriger à gauche dès qu'il trouvera l'embranchement d'une route.

Arbellara et Fozzano font partie du canton d'Olmeto. Ils ont acquis l'un et l'autre une triste célébrité par les inimitiés sanglantes et invétérées qui ont régné depuis longtemps entre les familles les plus aisées et les plus distinguées. Maintenant ils jouissent, en apparence du moins, du calme le plus parfait; mais plaise au ciel que ce calme soit de longue durée et ne soit pas précurseur de la tempête!

On remarque dans ces villages des maisons qui ressemblent à des forteresses; elles sont entourées de murailles qui leur servent de rempart.

Arbellara et Fozzano sont des villages fertiles.

Fozzano a donné le jour à l'ami de cœur du célèbre Pindemonte, ce Durazzo dit Fozzanello, homme lettré.

On voit un autre embranchement avant d'arriver à Sartène; il conduit à Tallano, et de ce canton à Levie, Serra, etc., et va rejoindre à Solenzara la route de Bonifacio à Bastia.

SARTÈNE

Sartène, petite ville, est située sur une colline. Elle est le chef-lieu de l'arrondissement qui porte son nom, et a une sous-préfecture et un tribunal de première instance.

Cette ville jouit d'un horizon très-vaste et très-agréable. Elle était autrefois entourée de murailles.

On trouve dans Sartène des magasins de tout genre, des cafés et des hôtels à l'instar du continent. Bien que la civilisation y ait fait beaucoup de progrès, un caractère trop fier et un orgueil mal placé ont souvent causé parmi les habitants de terribles inimitiés, et surtout entre les familles les plus respectables.

Le territoire de cette ville est très-étendu, et la plus grande partie est livrée à la culture. On y récolte du blé, de l'orge, du maïs, du vin et de l'huile en abondance. Le vin et l'huile sont d'une excellente qualité.

Les villages qui composent le canton de Sartène sont Grossa, qui a donné le jour à Giovanni de la Grossa, chroniqueur; Belvedere, Giuncheto, Tivolaggio, Foce, Granace et Bilia.

La ville de Sartène a donné le jour à des personnes remarquables, tels qu'à l'ancien moine Pietri, préfet de la Corse sous Napoléon Ier; à Pietri, sénateur sous Napoléon III. Sartène est aussi la patrie de personnes respectables qui ont occupé des postes importants dans la magistrature et dans la milice. Cette ville est habitée par plusieurs nobles familles : telles sont les Roccaserra, Durazzo, Susini, Ortoli, Pietri, etc.

Etant à Sartène, on pourrait visiter les cantons qui l'avoisinent et qui sont traversés par la route forestière.

Le canton de Sainte-Lucie de Tallano est à peu de distance de Sartène; il se compose des villages de Sainte-Lucie, Olmiccia, Poggio, Cargiaca, Loreto, San Andrea, Zoza, Mela et Altagène.

Tous ces villages sont situés sur des mamelons à peu de distance les uns des autres; ils sont perdus au milieu des arbres fruitiers : les châtaigniers, les oliviers, les noyers y croissent en abondance. Les alentours sont bien cultivés; le vin et l'huile qu'on y récolte sont de la meilleure qualité.

A Sainte-Lucie de Tallano, on trouve le granit orbiculaire, qui est très-rare en Europe. Ce village est traversé par la grande route; ses maisons sont très-commodes et propres. Le magnifique couvent qu'y fit bâtir Rinuccio de la Rocca au moyen âge est encore en bon état. On remarque dans l'église un maître-autel fort beau, tout incrusté de marbre précieux. L'église est vaste; elle renferme dans un tombeau les cendres de Serena, femme de Rinuccio de la Rocca. Sur la pierre tumulaire on voit le portrait en bas-relief de la défunte, et tout autour une inscription en dialecte corse du village; sur d'autres plaques de marbre, placées près du maître-autel, sont gravés le jour, le mois et l'an où Rinuccio posa la première pierre du couvent. Sainte-Lucie est la patrie du fameux bandit Santa-Lucia. La vie de ce bandit offrirait un vrai type, si l'on devait écrire les annales du banditisme en Corse.

De Sainte-Lucie de Tallano on va en peu de temps dans le canton de Levie.

Le canton de Levie se compose de San Gavino, Carbini, Zonza et Figari.

La commune de Levie est ancienne et se vante d'avoir produit de nobles familles, qui presque toutes ont été anoblies par les rois d'Aragon et par le fameux Théodore, roi des Corses. Levie est bien situé; il possède une vallée belle et remplie de châtaigniers et d'autres arbres fruitiers. Le colonel Peretti était de Levie; c'était un homme remarquable comme militaire et comme littérateur.

Carbini est l'endroit où prit naissance cette exécrable société des Giovannali (1), vers la fin du quatorzième siècle, société qui professait une espèce de saint-simonisme et les opinions les plus exagérées du communisme. Cette société se propagea en Corse, mais les habitants en firent prompte justice : ils en massacrèrent tous les membres.

(1) La secte des Giovannali commença en Corse en 1334. Les chefs créateurs de cette société religieuse furent Paul et Henri d'Attala, frères bâtards de Guglielminuccio d'Attala. Cette faction fut excommuniée par le pape Innocent VI, et impitoyablement persécutée par les Corses, commandés par les commissaires du pontife. Elle resta massacrée et anéantie dans la Pière ou canton d'Alesani.

Cette secte avait pris le nom de Giovannali, peut-être de l'église de Saint-Jean de Carbini, où ses prosélytes se rassemblaient souvent. Ils ne reconnaissaient que l'Évangile de saint Jean, et ils l'interprétaient à leur manière.

Les Giovannali mettaient tout en commun, terres, argent, femmes, etc. La nuit, ils se réunissaient dans leurs églises, et après l'office les lumières s'éteignaient, et ils se livraient à des orgies monstrueuses.

Carbini, devenu désert à cause de la destruction des Giovannali, fut repeuplé par des familles envoyées de Sartène.

Carbini possède une église très-ancienne dont le clocher, fendu en deux parties par la foudre, se tient toujours debout. M. Prosper Mérimée, sénateur et célèbre antiquaire, en fait mention dans son livre intitulé : *Voyage en Corse*.

Le canton de Levie est vaste; il étend son territoire du haut de montagnes très-élevées jusqu'au rivage de la mer; mais ce territoire est en grande partie inculte, stérile, et dans la plaine il est malsain.

De Levie on peut visiter le canton de Serra de Scopamene, qui est composé des villages de Serra de Scopamene, Quenza, Sota, Aullène, Sorbollano et Zerubia.

Serra de Scopamene est un canton dont les habitants sont pour la plupart entichés de leur ancienne noblesse. On y voit des ruines de tours anciennes, mais elles donnent lieu de penser que les nobles familles ne devaient pas vivre avec un grand luxe pour ce qui tient au logement. Cependant il y eut des chefs de parti très-puissants et très-énergiques qui combattirent longtemps contre les Génois et les autres étrangers qui aspiraient à la possession de la Corse. Ces chefs ont presque toujours fait la guerre pour le parti aragonais. Les Espagnols ont distribué tant de titres de noblesse de ce côté de l'île, que leur grand nombre a fait naître cette vanité proverbiale en Corse : SIAMO TUTTI DELL' ALTA ROCCA; *nous sommes tous de la haute rocca :* ce qui signifie, nous sommes tous nobles. Cette vanité existe non-seulement dans la classe visée, mais encore parmi les bergers et les plus pauvres, qui ne possèdent ni *meubles* ni *immeubles*.

Le canton de Serra est très-étendu. Du centre des montagnes où ils sont établis, quelques-uns de ces villages voient leur territoire se prolonger jusqu'à la mer du côté de l'est et du côté du sud-est, en face de la Sardaigne.

Le voyageur qui, en quittant Sartène, prend la route de ceinture de l'île, parcourt un chemin assez long sans trouver aucune habitation. On y rencontre seulement quelques petites maisons que le gouvernement a fait construire et qui servent de logement aux cantonniers. La première qu'on rencontre et qui sert de relai aux voitures, s'appelle Orasi. A une certaine distance, et sur une haute colline, on aperçoit le village de Giuncheto, qui fait partie du canton de Sartène. En suivant un sentier toujours en pente, on arrive à un pont sous lequel coulent les eaux de la rivière Ortolo; puis on voit les terres de Rocca-Pina.

Monaccia, petit village, se montre à quelque distance de la route. C'est un village bien situé, dans une vallée riche et fertile.

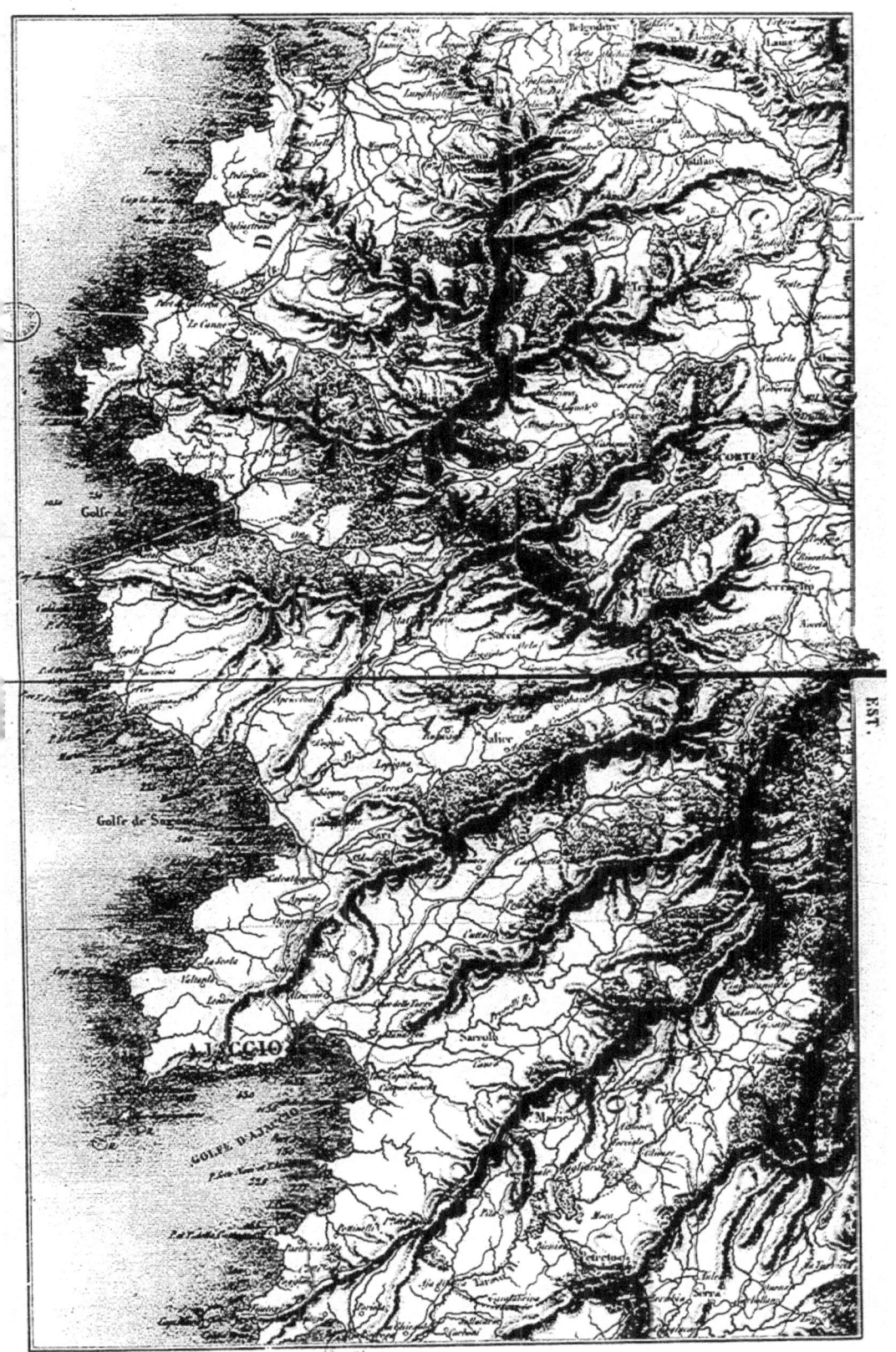

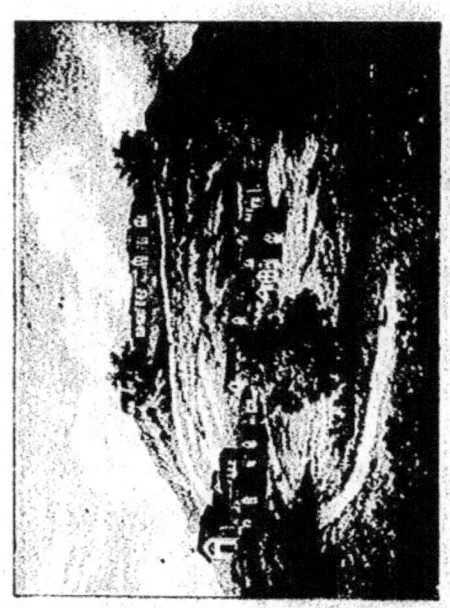
ALATA

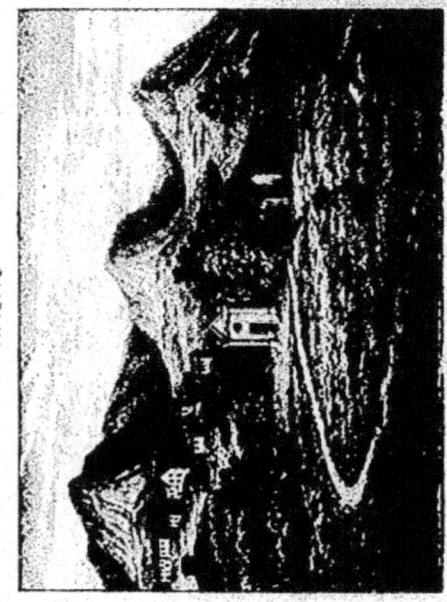
APIETTO

Après la Monacia, on commence à voir des maisons de campagne appartenant à des propriétaires qui habitent la montagne; ces maisons portent le nom de Pianottoli. L'air y est malsain; aussi dans la saison d'été tout le monde quitte l'endroit.

On aperçoit ensuite les villages ou hameaux de Caldarello, San Gavino, San Martino et Dugarello, situés dans une vallée très-étendue, mais en grande partie stérile et inculte.

Nous avons dit ailleurs que la route d'enceinte, quittant le rivage de la mer à partir du golfe d'Ajaccio, parcourt un vaste territoire dans l'intérieur de l'île, et ne rejoint la côte qu'au golfe de Vallinco. De ce dernier golfe, en s'internant de nouveau, elle va déboucher au golfe de Figari, et en ne s'éloignant qu'à une faible distance de la mer, elle touche le golfe de Ventilegne et bientôt celui de Bonifacio.

Il nous reste donc à décrire tous les nombreux petits golfes, ports, anses, etc., que ces côtes contiennent à partir de la pointe méridionale du golfe d'Ajaccio.

Ainsi, après la cale d'Orzo, vient le cap Néro, la cale Cupaja, le cap Porto-Pollo et le Porto-Pollo à l'entrée du grand golfe de Vallinco, près duquel se jettent dans le golfe les eaux du torrent Taravo, et où l'on voit un petit étang de la superficie de 22 hectares. Presque au fond de Vallinco, on voit le port de Propriano, où existent bon nombre d'habitations et où se fait un commerce assez considérable. Après, on voit le cap Lauroso, le Campo-Moro et la pointe et tour de Campo-Moro. Entre le cap Lauroso et Campo-Moro se jette la rivière la Tavéria. Après Campo-Moro vient la pointe Dello-Scalone, la pointe Manna-Molina, la cale d'Agulia, la pointe et l'île d'Eccica, la cale de Conca, la pointe de Senetosa, la pointe Aquila, le port de Tizzano, la pointe Latoniccia, le golfe de Mortoli, le golfe de Rocca-Pina, dans lequel l'Ortolo verse ses eaux. Après, on voit les îlots à fleur d'eau, dits les Monaci, les écueils d'Olmeto et del Prete, la cale Fornello, la cale d'Arbitro, les îlots Bruzzi, la cale Copina, le golfe et port de Figari, le rocher Testa di Cavallo, le golfe de Ventilegne, le cap Feno, la cale Paraguana, Fornali, Madonnetta, le golfe de Bonifacio, et enfin le cap Pertusato, qui forme la pointe la plus méridionale de la Corse.

En doublant le cap Pertusato, on est dans les bouches de Bonifacio, semées de petits îlots et d'écueils très-dangereux pour la navigation. De ces îlots, les plus remarquables sont : Les Lavezzi, Cavallo, Piana, Rattino et Porraja. Les autres, plus petits îlots ou rochers, sont : Le Prete, le Sprono, les Vaccharelle, les Cavalli, la Voraja, etc. Tous ces îlots se trouvent placés entre le cap Pertusato et la pointe Capicciolo. Après cette dernière, on voit le golfe de Santa-Amanza, la pointe Rondinara, la Porto-Nuovo, le golfe de Santa-Giulia et la pointe Alle-Chiappe. Entre les Chiappe et le golfe de Santa-Giulia existe un nombre d'îlots dits les Cerbicales. Les plus remarquables sont : Le Toro, la Folaca, la Petricaggia, la Piana, Maestro-Maria, la Forana, etc.

Après la pointe Alle-Chiappe, on trouve le beau golfe de Porto-Vecchio, la baie de Saint-Cipriano, l'Isola Cornuta, les Pecorelle, la pointe Capicciola, l'île de Pinarello, le golfe Pinarello, le port Favone; et enfin, la cale des Cannelle.

De cette dernière cale jusqu'à Bastia, on parcourt des rivages presque toujours sablonneux, de la longueur de plus de 100 kilomètres, sans rencontrer ni ports, ni anses profondes et sûres.

Revenons à notre route d'enceinte, où nous nous sommes arrêtés.

Après avoir laissé la Monacia, on arrrive au golfe de Figari, où l'on voit des vestiges d'anciennes habitations, et où, suivant Cluvier le géographe, était placée la ville de Ptolémée, Fisera-Civitas. Cet endroit est maintenant un des plus malsains de l'île.

Bientôt on arrive au golfe de Ventilegne; l'air est très-malsain dans toute cette contrée, qui appartient au canton de Levie. Une distance de 10 kilomètres sépare le golfe de Ventilegne de Bonifacio.

Avant d'arriver à Bonifacio, on voit à chaque pas de petites croix plantées sur le bord de la route; c'est le chemin de la Croix, qui conduit à l'église de la Très-Sainte-Trinité, fort révérée par les habitants de Bonifacio, surtout en 1834, alors que le choléra sévissait avec assez d'intensité dans cette ville.

Nous touchons enfin à l'extrémité sud de l'île, à peu de distance de la Sardaigne. C'est dans cette partie que l'on trouve Bonifacio, ville qui se recommande au voyageur par ses antiques maisons, ses remparts, ses grottes, sa position et les souvenirs historiques qui s'y rattachent.

Plusieurs autres vues de paysages d'Ajaccio à Bonifacio seront rapportées dans l'histoire politique.

BONIFACIO

Bonifacio est l'ancienne Palla-Civitas de Ptolémée, suivant le géographe Cluvier et l'historien Limperani. Bonifacio est la ville la plus ancienne de la Corse. Elle fut fondée dans le commencement du IX° siècle par Boniface, seigneur de Toscane, lorsque, sous Charlemagne, il vint pour chasser les Sarrasins des îles de Corse et de Sardaigne.

Après avoir mis en fuite ses ennemis, à son retour de Sardaigne, il bâtit un château qu'il appela de son nom (qu'il conserve encore). Avec le temps, une ville florissante crût autour du château. Elle fut si bien fortifiée, qu'elle resta inexpugnable dans de nombreux et longs siéges. L'un de ces siéges a été décrit dans tous ses détails par l'historien Pietro-Cirneo.

Bonifacio repoussa Alphonse, roi d'Aragon, et les Corses de Vincentello d'Istria, et plus tard, en 1554, au temps de Sampiero, les Turcs et les Français, alliés sous Henri II, conduits par le fameux Dragut, la prirent par stratagème, après un siége long et mémorable.

Bonifacio fut la première ville dont s'emparèrent les Génois, et cette possession leur assura la conquête de l'île entière, alors occupée par les Pisans.

Nous parlerons souvent de cette ville, parce qu'elle a été le théâtre de nombreuses vicissitudes politiques; motif pour lequel elle est aujourd'hui déchue de son ancienne splendeur.

De riches Génois y introduisirent l'opulence en venant y fixer leur domicile, car leur gouvernement, pour les engager à y demeurer, leur avait accordé de nombreuses franchises. Du reste, la position de Bonifacio, à cause de son voisinage avec la Sardaigne, était fort utile à leur commerce et les protégeait contre les invasions des barbaresques et les attaques des autres ennemis, soit par terre, soit par mer.

Bonifacio est situé sur une presqu'île formée par un rocher qui s'élève à une grande hauteur au-dessus de la mer. Le bras de mer qui l'entoure forme une crique aussi sûre qu'on peut le désirer. Ce rocher, couvert en partie par des maisons, pourrait supporter encore de nombreuses constructions sur la partie qui s'étend jusqu'au couvent des Franciscains.

L'aspect de cette ville est pittoresque, et les grottes que la mer a creusées dans le rocher au-dessous de la ville sont admirables. Les étrangers les visitent toujours avec un vif intérêt. Qu'il nous soit permis de reproduire ici la belle description d'une des grottes de Bonifacio, qui fut insérée dans le *Magasin pittoresque* (p. 232, 1re année, 1833.)

LA GROTTE BLEUE DE BONIFACIO.

« La grotte la plus remarquable s'ouvre sur la mer, à l'entrée du détroit, par une grande arcade, percée dans une falaise blanche et unie comme un mur. L'eau y est profonde et les vagues s'y promènent librement. On rencontre d'abord un grand corridor, qui peu à peu s'enfonce dans les ténèbres, et qui, enfin, se termine brusquement contre la paroi du rocher. Mais à la gauche, il reste un embranchement, à la porte duquel on fait d'abord peu d'attention à cause de la nuit qu'il fait et du mouvement des eaux. C'est par cet embranchement qu'il faut se diriger, car c'est le chemin qui mène à la grande salle. Ce passage est des plus difficiles dans les instants où la mer n'est pas très-calme. Lorsque nous y pénétrâmes, il y avait un peu de houle en mer et son influence se faisait très-bien sentir jusque dans le souterrain. L'eau, avec sa périodicité tranquille, frappait de chaque côté les murailles du corridor et retombait ensuite du haut de la voûte, avec un fracas d'échos retentissants et confus. C'était un curieux spectacle que de voir notre balancelle qui bondissait légèrement sous un couvert semblable à celui des grands cloîtres des couvents d'Italie......

« Nous entrâmes enfin avec un léger et tranquille sillage dans la plus belle salle, je crois, que la nature ait faite. Une étendue, comme celle d'un étang, occupée par une eau bleue comme le ciel et transparente comme l'air, jetant de bas en haut, de tous côtés, ses reflets azurés contre chaque saillie d'une voûte immense, tout hérissée de pointes et de dentelures, et prenant le soleil à plus de cent pieds de haut dans la campagne, au milieu des myrthes et des lauriers en fleur. Les Grecs auraient fait de cette retraite mystérieuse et profonde le palais d'Amphitrite et de Neptune, et auraient placé au péristile et sous les corridors le cortége sacré des tritons et des nymphes. »

L'on voit dans la ville de Bonifacio beaucoup d'anciens établissements, qui, par leur construction, indiquent les peuples qui l'ont habitée. Des maisons sur les murs desquelles on admire des pierres taillées et des sculptures pourraient bien appartenir au style pisan de l'époque à laquelle elle était sous la domination de cette république. Dans d'autres maisons on voit d'admirables portiques, très-artistement sculptés, et qui, d'après nous, auraient appartenu à d'anciennes familles génoises. Nous avons admiré les bas-reliefs d'un de ces portiques d'une maison devenue célèbre pour avoir servi d'asile à Charles-Quint, empereur d'Allemagne et roi d'Espagne, lorsqu'en 1541 il revenait de sa seconde et malheureuse expédition d'Afrique. Le vaisseau qui portait ce monarque, poussé par la tempête, vint s'abriter dans le golfe de Santa-Manza, tout près de la ville de Bonifacio. Charles V profita d'un retard occasionné par les vents contraires pour visiter la ville de Bonifacio. Cattacciolo, alors le plus riche habitant de la ville, offrit sa maison au monarque, qui l'accepta de très-bonne grâce. Charles V, en récompense de l'hospitalité qu'il avait reçue, fit de riches présents à Cattacciolo; de plus, il lui donna son cheval. Cattacciolo reçut le don du monarque, et, en sa présence, dit-on, il tira un pistolet et tua l'animal. Ce procédé déplut fort au roi, qui le considérait comme un outrage fait à sa personne; mais Cattacciolo s'excusa par ces mots : « *Le cheval qui a porté si illustre monarque ne doit plus être monté par personne.* »

Cette maison passa de Cattacciolo à Passano (François-Antoine), et à Charles Buonaparte, bisaïeul de l'empereur Napoléon Iᵉʳ. Passano prit des arrangements avec Buonaparte et redevint propriétaire de la maison, qu'il donna en dot à sa fille, madame Trani.

Bonifacio possède de belles et antiques églises.

Saint-Dominique, église des Templiers, est un temple assez vaste, et renferme beaucoup de tombes anciennes et des inscriptions murales. Sa construction est un mélange des styles gothique et byzantin. Outre les tombes et les inscriptions gothiques que cette église renferme, on voit encore sur ses murs les armoiries des nobles et infortunés chevaliers auxquels elle appartenait. Cet édifice est, selon nous, plus ancien que le couvent des Dominicains. Son clocher est carré, mais en s'élevant au-dessus du toit il devient octogone.

Sainte-Marie-Majeure semble de construction pisane. Elle est divisée en trois nefs et terminée par trois absides semi-circulaires. Elle est remarquable par une moulure en violettes bien travaillée et un grand œil-de-bœuf, ou plutôt une rose sans rayon (comme le dit M. Mérimée), à claveaux noirs et blancs, alternant avec régularité. On y voit au-dessus de la porte d'entrée la tribune où on délibérait autrefois sur les affaires de la ville; elle est riche en marbres et en porphyres. Le clocher de Sainte-Marie est carré et assez svelte, et, quoiqu'il soit mutilé, il conserve quelques vestiges de son élégance. Toutes les fenêtres de cette église sont ogivales et décorées avec recherche.

Saint-François, appartenant jadis aux Franciscains; c'est une belle église, qui contient des tables de marbres sur lesquelles sont inscrites les plus anciennes familles de la ville. On y remarque une tombe riche et très-estimée pour ses bas-reliefs, où l'on reconnaît l'œuvre d'un maître. C'est la tombe de Mgr Spinola Raphaël, archevêque de Gênes. Ce fut pour satisfaire sa dernière volonté qu'on transporta ses cendres dans cette église, où, dans sa jeunesse, il avait fait son noviciat en entrant dans l'ordre de Saint-François. Il existe dans cette église une source d'eau vive, la seule qu'on trouve à Bonifacio.

L'église de Saint-Roch n'a rien de remarquable, sinon qu'elle a été élevée par la piété des fidèles, dans l'endroit où mourut la dernière victime de la peste, qui, en 1528, désola la ville de Bonifacio.

Bonifacio possède aussi des édifices civils et militaires : le Torrione, qui, croit-on, est la même grosse tour que fit bâtir le marquis Boniface, et qui fut pendant longtemps le rempart de l'île contre les Sarrasins (cette grosse tour sert de poudrière); trois autres tours, qui figurent dans les armoiries de Bonifacio, et sur l'une desquelles on lit gravé dans le marbre ce mot: *Libertas*; le palais, ancien édifice génois qu'habitait autrefois le commissaire du gouvernement de Gênes; l'arsenal, qui été restauré par la France; la grande citerne, garnie de marches par lesquelles on descend jusqu'au fond; l'hôpital de Sainte-Croix, appelé *Domus Misericordiæ*, monument commencé par les Génois et achevé par les Français, etc., etc.

Dans le faubourg de Bonifacio, on remarque un long aqueduc, ouvrage des Pisans, qui fournit de l'eau en abondance aux habitants de cette partie de la ville.

Du faubourg on monte dans la ville par une rampe majestueuse, qui fait plusieurs lacets avant d'arriver à la porte de la ville. On a pratiqué récemment une route plus commode qui entre dans la haute ville après avoir côtoyé le rempart. Ce travail a coûté des sommes immenses au gouvernement.

Mais les curiosités naturelles de Bonifacio sont les grottes marines. Nous avons donné la description de l'une d'elles; les autres ne sont pas moins curieuses. Les trois plus grandes et les plus remarquables de ces grottes sont : Sdragonato, San-Bartholomeo et Monte-Pertusato. Cette dernière est une élégante galerie qui traverse de part en part une montagne. Toutes ces grottes sont baignées par les vagues bleues de la Méditerranée. Les gouttes d'eau qui suintent de la voûte forment des incrustations et des stalactites. A l'entrée de ces grottes ou de ces cavernes pittoresques, qui sont ornées de verdure et de festons de fleurs, on voit des milliers de colombes. L'intérieur est souvent habité par les oiseaux nocturnes et par les phoques.

Les îles du Cavallo, de Lavezzi et de San-Bainzo, et tant d'autres qui forment l'archipel des bouches de Bonifacio, rendent le passage très-dangereux aux vaisseaux. Ces rochers ont causé des désastres innombrables; en 1855, la frégate *la Sémillante*, chargée de troupes et de munitions pour l'armée de Crimée, y fit naufrage; personne ne se sauva.

On voit dans ces îles, dans celle de San-Bainzo surtout, de grandes colonnes et d'autres blocs de granit ébauchés par les Romains. On remarque les traces laissées par le feu sur le roc vierge, ainsi que des charbons à l'endroit où étaient situées les forges de ces carrières.

Tout près de Bonifacio est le golfe de Santa-Manza, où l'on voit le couvent et la belle église de Saint-Julien, et non loin de là existe la grotte vénérée par les habitants de Bonifacio: grotte où, dit-on, saint François d'Assise fit sa retraite pour quelques jours quand la tempête força le vaisseau qui le portait d'Espagne en Italie d'aborder à Bonifacio, en 1214.

La ville de Bonifacio a donné le jour à Marsolaccio, historien national. Le caractère des habitants de cette ville est doux et affable. Son commerce est bien déchu. Son territoire produit des céréales en quantité, du vin et de l'huile dont la qualité est excellente.

En sortant de Bonifacio du côté de l'est, on suit la route qui conduit tout le long du littoral de l'île jusqu'à Bastia. Cette route impériale se prolonge jusqu'au sommet du cap Corse, et bientôt elle ira jusqu'à Saint-Florent, en passant par la partie ouest du cap Corse. C'est la seule partie de la route d'enceinte encore inachevée à l'heure où nous écrivons.

PORTO-VECCHIO

Porto-Vecchio est séparé de Bonifacio par vingt-six kilomètres. La route est très-belle, mais l'œil cherche en vain une habitation humaine. On n'y rencontre presque jamais de voyageurs. Le silence y règne, et s'il est quelquefois interrompu, c'est par la voix d'un berger ou par le bêlement d'une chèvre, faibles bruits qui se perdent dans l'immensité de la solitude.

A main droite, du côté de la mer, après Santa-Manza, on voit Capo-Rondinara, Cala-Colombara, Porto-Nuovo, la Chiozza, les Isolette, Piccionara et enfin Porto-Vecchio.

Le port ou anse de Sainte-Julie est à peu de distance de Porto-Vecchio; l'air y est malsain; mais il est des parties de terrain qui sont très-fertiles.

A cinq ou six kilomètres de Porto-Vecchio, nous avons pu voir les *Pasciali*, résidence des bergers de l'endroit.

Dans les coins les plus reculés de l'île, la civilisation a jeté quelques rayons; mais ici l'homme est encore dans sa nature primitive.

Les bergers du Niolo mènent une vie nomade, couchent à la belle étoile; mais ils s'habillent comme les autres habitants de la montagne, quoique le drap corse serve à la confection de leur habillement. La position des bergers du monte de Coscione s'est améliorée; mais dans le voisinage des deux petites villes de Bonifacio et de Porto-Vecchio, le cœur saigne de voir nombre d'hommes vêtus de haillons tissus de poil de chèvre, qui pourraient servir de cilice aux plus austères anachorètes.

Porto-Vecchio, selon des historiens, portait autrefois le nom de *Favoni-Portus*, et selon quelques géographes *Alista civitas* et *Portus Syracusanum* (1).

Cette petite ville de la côte orientale de l'île est déchue tout à fait de son ancienne splendeur. Elle est ceinte de murailles et se présente de loin comme une ville importante. Mais, hélas! quelle déception pour le voyageur qui y

---

(1) Il y en a qui pensent que c'était le Portus-Syracusanum; d'autres, au contraire, placent la ville de ce nom dans le golfe de Santa-Manza. Il en est de même pour Rubra-Civitas, placée par les uns dans le Porto-Nuovo et par les autres dans le golfe de Saint-Cyprien.

pénètre! La plupart des maisons sont petites et mal bâties. Quelques-unes de ces maisons sont, il est vrai, construites avec luxe et avec un certain goût. L'église principale a pour toute voûte un plafond en planches ; elle est d'une mesquine architecture.

Pendant l'été, le plus grand nombre de ses habitants abandonne Porto-Vecchio pour se retirer dans les villages de la montagne, tels que Quenza, Aullène, Scopamène, etc.

Le golfe de Porto-Vecchio est un des plus beaux de l'île, et se prolonge très-avant dans les terres. Il y a des salines, et autour des terres d'une prodigieuse fertilité.

Les environs de Porto-Vecchio sont couverts d'oliviers et de vignes. Quand les marais qui l'entourent et qui déciment sa population auront été desséchés, cette ville deviendra une des plus belles de l'île, à cause de son golfe et de la fertilité de son territoire.

Les Génois avaient fortifié Porto-Vecchio pour empêcher le golfe de devenir l'abri des barbaresques, d'où, une fois entrés, il devenait très-difficile de les chasser, à cause de son entrée qu'une poignée d'hommes pourrait défendre et interdire à des forces considérables.

Le canton de Porto-Vecchio est très-vaste; il s'étend depuis l'embouchure de la Solenzara, au nord, jusqu'à la tour de Sponsaglia, au sud; il comprend, outre la plaine, une grande étendue de montagnes, pour la plupart incultes, les îles Cerbicales, qui sont Pietricaggiosa, Piana, Maestro-Maria et Forana; enfin, le port Favone, Porto-Nuovo, le golfe de Santa-Giulia: la baie de San-Cypriano, le golfe de Pinarello et la cale de Cannelle font partie de son littoral. Nous avons déjà fait mention de toutes ces côtes.

En quittant Porto-Vecchio, on parcourt une grande étendue de plaines incultes et malsaines : San-Cypriano, Zonza, Conca, Lecci.

On voit en passant le golfe de Favone, dans lequel de petits bateaux viennent charger du bois, du blé, et d'autres articles qui constituent le commerce de la côte. Les restes d'une tour génoise dominent encore ce golfe.

De là, en quelques heures, après avoir parcouru une route tortueuse, bien que carrossable, on arrive à l'établissement de Sollenzara.

C'est à l'embouchure de la rivière de Sollenzara que s'élèvent les belles et grandioses bâtisses qu'une compagnie du continent fit bâtir pour y établir une usine métallurgique. Cet établissement est sis sur le territoire de Sari, qui, autrefois, faisait partie de la Pieve, ou canton de Coasina, avec les autres villages qui composent aujourd'hui le canton de Fiumorbo. Maintenant le village de Sari fait partie du canton de Porto-Vecchio ; mais il en est très-éloigné, ce qui gêne beaucoup ceux qui ont à faire avec la justice de paix. Le village de Sari devint désert, selon l'historien Filippini, à cause des incursions des Sarrasins. Jusqu'à nos jours, la civilisation avait fait peu de progrès dans les villages de Conca, Sari et Lecci, qui font partie du canton de Porto-Vecchio ; mais les grandes forêts que ces villages possèdent, lesquelles ont été exploitées en partie, et la proximité de la grande usine de Sollenzara, ont apporté dans cette contrée la civilisation et le bien-être.

La rivière de Sollenzara est, de ce côté, la limite des arrondissements de Sartene et de Corte. L'historien Grégori place à l'embouchure de Sollenzara le *Ilieri fluminis ostia* de Ptolémée. Cluvier et Limperani désignent l'embouchure du Fiumorbo.

Après avoir traversé le pont sous lequel coulent les eaux de la Sollenzara, on parcourt une plaine en partie cultivée, et on arrive à la grande ferme Spinola, ou Migliacciaro. Cette ferme, après avoir passé entre les mains de divers propriétaires, fut achetée par une compagnie hispano-française, qui s'y ruina par des dépenses excessives et folles : elle fit banqueroute.

Les magnifiques bâtiments qu'y fit construire cette compagnie tombent en ruines, et les terrains, d'une fertilité prodigieuse, restent incultes en grande partie. Après des procès interminables entre les personnes intéressées, on a fini par s'entendre, dit-on.

Cette ferme, qui, compris le Migliacciaro et les parcelles isolées, se composait d'environ seize mille hectares, n'est plus maintenant que de douze mille, et chaque jour elle se réduit.

Près du Migliacciaro, on voit la route qui conduit aux eaux de Pietra-Pola. Elles ne sont éloignées du Migliacciaro que de quelques kilomètres, qu'on parcourt par une route carrossable.

Nous avons parlé des eaux thermales de Pietra-Pola, dans notre article sur l'hydrologie.

Le canton de Prunelli (ancien Fiumorbo) se compose de Prunelli, chef-lieu ; d'Isolaccio, de Serra, de Solaro et de Ventiseri.

Ce canton est le premier qu'on rencontre de ce côté, qui fait partie de l'arrondissement de Corte. Autrefois, cette contrée était divisée en deux pieves ou cantons : Covasina, renommée dans les annales de l'île, et Corsa, qui était située plus au nord. Ce canton, qui est d'une grande étendue, renferme des terres très-fertiles ; mais, dans plusieurs endroits, règne la mal'aria, ce qui rend désert et inculte un terrain apte à la plus belle culture

Isolaccio, pays tout entouré de bois, possède aussi un terrain fertile, et produit des céréales en abondance.

Serra de Fiumorbo récolte les mêmes produits du sol, ainsi que Solaro qui faisait partie de l'ancienne Corasina.

Ventiseri, agréablement situé, jouit d'un bel horizon, et possède, avec la commune de Serra, une grande étendue de terrain en grande partie fertile. On voit, au-dessus de Ventiseri, les ruines de deux châteaux appartenant à Rinuccio de la Rocca. Celui de Rocca-Tagliata était sis sur le sommet d'une montagne taillée à pic, et très-difficile à gravir : l'exiguïté de ces bâtisses ne donne pas une haute idée de la richesse et de la puissance de ces seigneurs, qui ont fait tant de bruit en Corse au moyen âge, et dont les exploits ont rempli les pages de notre histoire.

La commune de Ventiseri a été souvent le théâtre des vicissitudes politiques; il nous sera donné d'en parler souvent dans le cours de notre histoire.

Les habitants du canton de Fiumorbo passaient pour les plus intraitables de la Corse. Les gouvernements avaient essayé, en vain, d'y introduire la force armée : ils avaient été repoussés. Le général Morand, qui, sous Napoléon Ier, était investi de la haute police de l'île, usa de ruse pour y pénétrer; ayant abusé de la loyauté de ces hommes fiers et courageux, il en fit périr plusieurs par les armes, et fit déporter les autres dans les tours de Toulon. Aussi, le nom du général Morand est-il resté exécré dans cette contrée.

Plus tard, le marquis de la Rivière, sous la Restauration, fit des tentatives pour les soumettre; mais il ne sauva sa vie que par la fuite, laissant le champ de bataille jonché de morts et de blessés.

Enfin, le Gouvernement ayant envoyé dans cette contrée des frères ignorantins et une petite garnison sous les ordres d'un commandant corse (M. Biguglia), ceux-ci, en quelques années, y introduisirent l'instruction, le commerce et la civilisation, et maintenant ce canton est un des plus heureux de la Corse. Tous les enfants vont à l'école, et il n'y a en Corse aucun endroit où la langue française soit aussi généralement parlée que dans le Fiumorbo (canton de Prunelli).

La garnison est dans le village de Prunelli. Ce village, situé sur le sommet d'une montagne, jouit d'un horizon agréable et très-étendu. La plus vaste plaine de la Corse, celle d'Aleria, et une grande étendue de mer qui baigne sur le bord opposé la campagne romaine, se déroulent aux yeux du voyageur lorsqu'il met le pied dans le village de Prunelli.

Après avoir quitté le Migliacciaro, on trouve la rivière qui a donné son nom au canton. Sortant du Monte-Verde, elle coule sous l'ombrage d'immenses forêts (d'où son nom Flumen-Orbum, rivière privée de lumière).

Tout près du pont on trouve le village de Ghisonnaccia, peuplé par les habitants de Ghisoni, gros village de la montagne, qui, étant contraints de faire leurs récoltes dans cette plage, y ont bâti des maisons qui, par leur agglomération, sont arrivées à former un village récemment érigé en commune.

Vingt kilomètres plus loin est le petit village d'Aleria; mais avant ce village on trouve la grande propriété de Casabianda (1) et l'embranchement d'une route qui conduit aux bains de Puzzichello, après un parcours de dix kilomètres.

Ces eaux sont froides : pour s'en servir, il faut les chauffer, et elles sont alors d'une grande efficacité dans le traitement d'un grand nombre de maladies. Elles furent découvertes par l'abbé Pantalacci (de Vivario), homme fort extraordinaire, qui, ayant vécu longtemps en Autriche, avait étudié la médecine sous le célèbre Van Swieten. Il revint en Corse dans un âge assez avancé et soigna toutes sortes de maladies avec un grand succès. Il mettait en pratique des remèdes extravagants et se tirait parfaitement d'affaire; aussi se souvient-on de lui en Corse. Il soignait les malades sans exiger la moindre rétribution. Nous avons parlé de ces eaux dans l'article sur l'hydrographie, page 23.

ALÉRIA

Aleria, petit village, était anciennement une ville florissante, qui dut, selon Hérodote, sa fondation à une colonie de Phocéens, lesquels vinrent s'établir en Corse dans le sixième siècle avant l'ère vulgaire et le deuxième de la fondation de Rome. Cette ville ne comptait pas encore trente années d'existence, lorsque les habitants s'armèrent pour s'opposer aux forces réu-

(1) Casabianda a été acquise par le gouvernement, qui y a placé un pénitencier.

nies des Etrusques et des Carthaginois, et, quoique la victoire se fût déclarée pour eux, ils quittèrent leurs villes et la Corse et allèrent s'établir sur les côtes de la Provence et de l'Italie.

Après leur départ, les villes furent repeuplées par les insulaires et les Etrusques eux-mêmes; fait prouvé par les monnaies et les vases de ces derniers qui ont été trouvés lors du percement de la route carrossable qui traverse ces ruines, et dont nous donnons les dessins.

Pendant l'espace de trois siècles, les destinées de cette île demeurèrent inconnues; l'histoire ne nous transmet aucun fait important.

Après ce long intervalle, nous trouvons les Romains pour la première fois. La ville d'Aleria fut prise après un combat opiniâtre; mais la garnison que le chef de l'expédition y laissa fut bientôt chassée par les insulaires. Vingt ans après, les Romains songèrent à la conquête de l'île et envoyèrent un consul pour conduire cette expédition.

Ce consul, plus heureux que son lieutenant, qui l'avait précédé et qui avait été battu par les Corses, soumit l'île à la république victorieuse. Aleria étant la ville la plus importante, fut envahi par les forces romaines. Aleria et la Corse entière jouirent pour quelque temps du bien-être sous la domination romaine; mais on ne sait pour quel motif les Corses commencèrent à se révolter.

Dans ces fréquentes insurrections commencèrent aussi les expéditions consécutives des Romains, sous les ordres de leurs plus fameux généraux, et après cent trente-neuf ans de révolutions, de combats, de victoires, de revers et de pertes, qui ensanglantèrent le sol de la Corse, Aleria ne présenta qu'un amas de ruines. Lorsque Rome devint la proie des factions et des partis qui la désolèrent, la Corse commença à se relever de ses désastres. Le consul Marius envoya une colonie qui fonda la Mariana, et Sylla fit repeupler la ville d'Aleria. Sous l'empire romain, les destinées de l'île furent prospères; mais lorsque ce colosse tomba écrasé sous le poids de ses propres forces, la Corse se trouvait aussi en proie aux invasions des Barbares. Aleria, comme toutes les villes du littoral, fut détruite, et les fréquentes incursions des Sarrasins dans le littoral de l'île empêchèrent les insulaires de la reconstruire.

La ville d'Aleria était bâtie sur une colline dont l'escarpement, du côté du nord, s'élève à la hauteur de plus de 50 mètres au-dessus du niveau du sol, et qui s'incline légèrement vers l'est. Au sud-ouest, elle présente un terrain onduleux, et offre au voyageur qui s'assied sur ses ruines un panorama des plus imposants et des plus magnifiques. L'œil charmé découvre une plaine immense et fertile, mais peu cultivée : une rivière large, profonde et poissonneuse, dont les eaux cristallines prennent leurs sources sur les hautes montagnes du Niolo, et coulent en serpentant au pied de ces ruines pour se jeter dans la mer, tout à fait en face de l'embouchure du Tibre ; une grande étendue d'une mer azurée, qui va de l'autre côté porter ses flots aux rivages de la campagne romaine et les briser contre les superbes restes des villes d'Ostia, Porto et Neptune, lesquels semblent renvoyer aux rivages silencieux d'Aleria l'écho de leurs misères.

Quatre étangs : Diana, Salé (1), Urbino et Palo, célèbres par leurs huîtres et leurs délicieux poissons ; à l'orient et à l'ouest d'agréables collines bien cultivées et parsemées de villages pittoresques, et plus haut, la longue chaîne des montagnes de la Corse, courant du sud au nord, avec leurs penchants verdoyants et leurs sommets couverts de neiges presque éternelles : tels sont les objets qui se déroulent aux yeux du voyageur, qui, taciturne et solitaire, contemple sur les restes de la ville phocéenne, d'un côté l'œuvre de l'homme barbare, de l'autre, la magnificence de la nature.

Le port de cette ville antique était formé par un bras de mer qui vient encore aujourd'hui à une demi-lieue de ses ruines, et qu'on appelle Diana. Aucun marais, aucune plante marécageuse ne pousse autour de ses eaux : au contraire, elles sont encadrées par des collines d'une assez grande élévation, qui, couvertes d'arbrisseaux de différentes natures, d'arbusiers, de

---

(1) Nous avons parlé des étangs de la Corse, dans l'article sur l'hydrographie ; mais, selon les observations que des personnes qui se croient bien informées nous ont faites postérieurement, les dimensions de chacun de ces étangs seraient bien plus grandes que celles que nous avons puisées sur les plans de certains géomètres.

Ainsi, Chiurlino, au lieu de 1500 hectares de superficie, en aurait environ 1800. Diana, que nous avons marquée 570, dépasserait 700. Orbino, au lieu de 750, en aurait environ 900. Palo, de 72 hectares, selon ces dernières informations, en aurait environ 105. Taravo, au lieu de 21 hectares, en aurait 30.

Nous ne faisons aucune objection à ces observations, car nous avons sous les yeux plusieurs plans d'étangs et de marais de la Corse, et tous, à peu près, diffèrent les uns des autres.

Nous ne faisons ici aucune mention de tant de petits étangs et de marais qui occupent une grande étendue du littoral oriental de l'île, dont le desséchement apporterait la santé et la richesse à notre pays.

Les plus grands étangs de l'île sont la propriété de différents individus ; Chiurlino appartient à diverses familles de Bastia ; Diana et Urbino sont possédées par les héritiers du feu ministre Saliceti (Potenziani). Palo appartient à l'avocat Battesti, natif de Fiumorbo, avocat au barreau de la cour impériale de Bastia.

myrthes et de bruyères, offrent à l'œil de brillants tapis d'une verdure éternelle.

On remarque près de l'embouchure de ce port une île charmante et pittoresque, qui s'élève à plusieurs mètres au-dessus du niveau de l'eau du lac. Dans ce lieu de refuge et dans l'endroit le plus élevé, les pêcheurs ont établi une chapelle à la sainte Vierge. On voit en différents endroits de cette île les restes d'une muraille épaisse qui servait de quai.

Les eaux de Diana sont profondes, et, avec la moindre dépense, on pourrait y faire un port des plus beaux, des plus vastes et des plus sûrs de la Méditerranée (1).

RUINES D'ALÉRIA

Le petit village d'Aleria, qu'on a érigé en commune, occupe, en partie, l'emplacement de l'ancienne ville : sa population ne s'élève qu'à quatre-vingts habitants; depuis le mois d'octobre jusqu'au mois de juillet, sa population obtient le nombre de trois cents à six cents habitants.

Lorsque la récolte est faite, tout le monde se retire à la montagne, à cause de la mal'aria. A l'époque de notre voyage à Aleria (il y a quelques années), dans le mois de juin, il y avait dans ce petit hameau plus de cinq cents personnes, voyageurs et travailleurs, qui se trouvaient forcées de coucher pêle-mêle, jusque dans les greniers et dans les étables. De vives réclamations s'élevaient contre le génie militaire, qui, à cause du fort, ne permettait pas aux propriétaires de construire d'utiles et commodes habitations. Sans cet inconvénient, la position de la nouvelle Aleria est si avantageuse, que sur cette colline, entourée d'une plaine excessivement fertile, on aurait vu s'élever en peu d'années une cité florissante : position unique et naturelle sur la route de Bastia à Bonifacio, qui parcourt une étendue d'environ cent soixante-dix kilomètres.

Le génie militaire a fini par céder aux réclamations des habitants, et alors, en peu de temps, on a vu s'élever de vastes et belles maisons.

(1) Voyez l'article sur l'hydrographie.

Ce village renferme des maisons ruinées, dont rien ne nous peut attester l'antiquité. Le fort, l'église et les vieilles habitations d'Aleria occupent le sommet de la colline, qui présente une hauteur à pic de soixante mètres, et se trouve soutenue par une muraille antique d'une énorme épaisseur, dont quelques parties ont encore deux mètres de hauteur.

Toutes ces ruines ne présentent pas l'*opus incertum*, comme nous dit M. Mérimée, mais, au contraire, ce sont des constructions bâties avec des petits cailloux unis à un ciment très-dur. Ces murailles ne présentent pas une construction faite avec des moellons, ni de pierres taillées; aussi, elles ne peuvent appartenir aux Romains. Que ces murailles aient servi de remparts, et qu'elles fussent flanquées de tours, nous le laissons croire à tous ceux qui sont de l'avis de M. Juchereau, de Saint-Denis, et de M. Mérimée. On n'y remarque aucun vestige des tours rondes et très-rapprochées, ni aucune trace de la muraille qui servait de séparation entre la ville et le faubourg, dont les auteurs ci-dessus mentionnés ont parlé. Nous avons remarqué au sud-ouest le Pied-Droit, décrit par M. Mérimée, qui a trois mètres de hauteur sur un mètre de large; mais ses parements ne sont pas réticulés. Ce Pied-Droit est composé, comme les autres restes, de petits cailloux et de ciment très-dur. Selon nous, il n'appartient pas à un édifice romain.

Les jambages des arcades de ce Pied-Droit nous permettent, par leur peu d'apparence, de douter s'ils sont les restes de quelque portique.

Tout près de ce Pied-Droit, on voit une ruine d'environ quarante mètres sur trente. Son périmètre est tout à fait reconnaissable, quoique, dans quelques endroits, la muraille surpasse à peine le niveau du sol. Une ouverture, pratiquée du côté du sud de cette ruine, a fait découvrir une pièce à laquelle on donne le nom de *Sala Reale* (salle royale).

Cette salle a dix mètres de longueur sur quatre de largeur; sa voûte est très-mal exécutée, le ciment qui unit ces pierres porte l'empreinte des planches placées presque au hasard, et sur lesquelles il s'est consolidé.

A une certaine distance de la Salle royale, on trouve les restes d'un monument ovale, connu sous le nom d'Amphithéâtre. Tantôt les murs s'élèvent à deux mètres; plus loin, ils disparaissent. Deux enceintes sont seules apparentes; rien n'a pu nous faire découvrir la troisième dont parle Mérimée, et nous avons dû penser que ce savant archéologue a été induit en erreur par les fragments de mur tombés en dehors de la première et de la seconde enceintes. Ces murs ne présentent aucun parement, aucune partie des formes

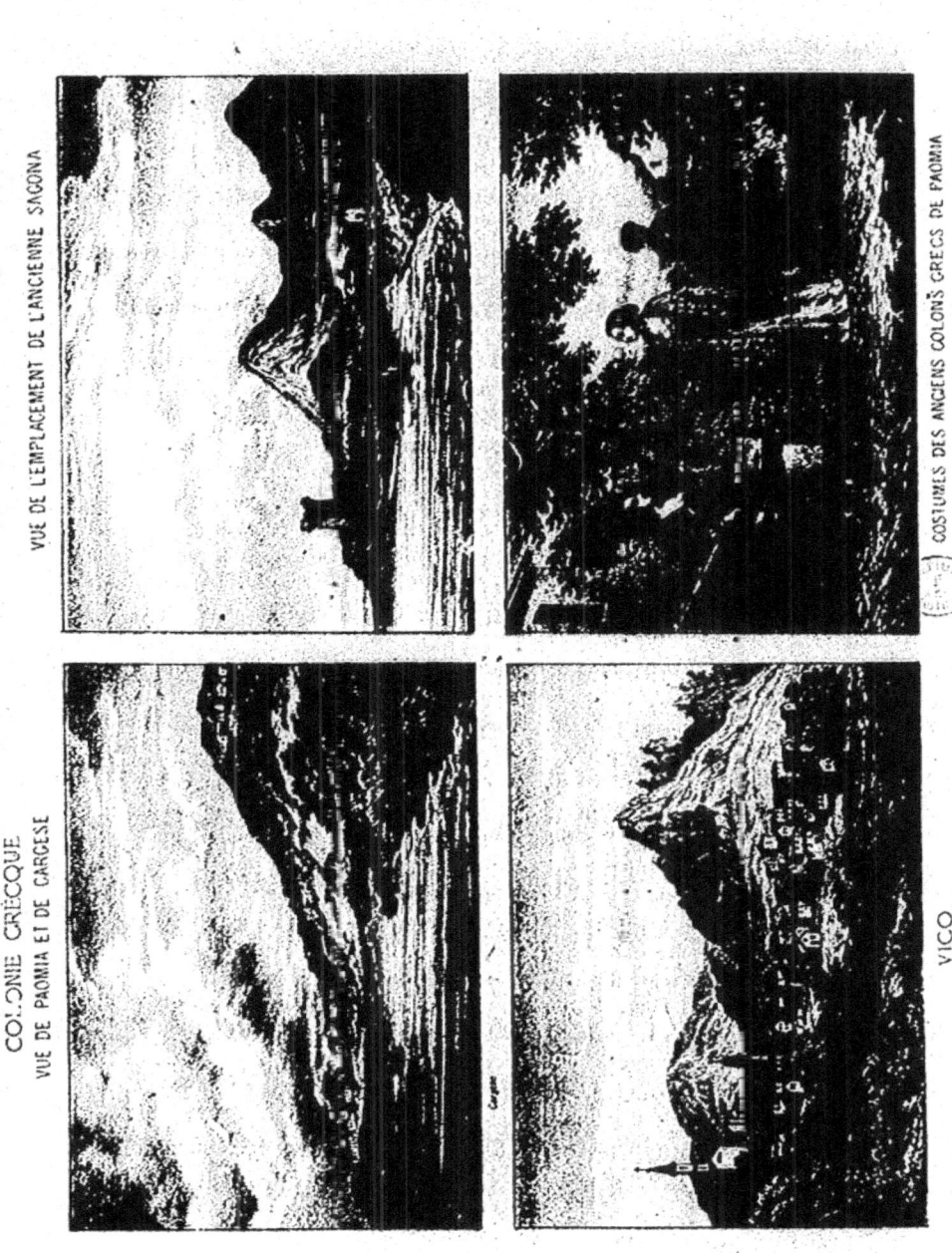

COLONIE GRECQUE
VUE DE PAOMIA ET DE CARGÈSE

VUE DE L'EMPLACEMENT DE L'ANCIENNE SAGONA

VICO

COSTUMES DES ANCIENS COLONS GRECS DE PAOMIA

ARRIVÉE DE L'EMPEREUR NAPOLÉON III
& DE L'IMPÉRATRICE EUGÉNIE A AJACCIO
14 Septembre 1860 — Hôtel de la Préfecture

FEMMES D'AJACCIO

architecturales et sont précisément de la même construction, du même ciment que ceux qui soutiennent la colline.

Quant à la destination de ce monument, elle n'est pas douteuse : c'est un cirque ; son ovale, sa circonférence de cent quarante-deux mètres, font que nous sommes de l'avis de M. Mérimée, qui dit que ce cirque pouvait contenir deux mille spectateurs. Ainsi nous trouvons qu'il a faussement avancé que la population de la ville ne s'élevait qu'au chiffre de trois mille habitants. Selon nous, l'immensité du cirque fait supposer une population bien plus importante.

Au nord-est et au pied de la colline, on voit des ruines présentant la forme d'un rectangle d'environ trente-six pas de longueur sur neuf de largeur. Ces murailles s'élèvent dans quelques parties à deux mètres de hauteur. Le fond du rectangle est semi-circulaire et surmonté par une voûte construite avec des fragments de briques et du ciment, et non avec du cailloutage, comme dans les monuments dont nous avons parlé. Cette construction est vraiment romaine et sert à corroborer notre assertion à l'égard des autres ruines.

Le monument qu'on appelle du nom de Sainte-Laurine peut bien avoir servi d'église aux chrétiens, mais le prolongement de ses murs latéraux, dont on voit encore les restes au niveau du sol, et les ruines qu'on voit à gauche, parmi lesquelles il y a une enceinte carrée avec des murailles très-épaisses et surmontées d'une voûte, tout nous porte à croire que ce monument avait été destiné à tout autre usage. La négligence avec laquelle ces murailles ont été construites nous prouve jusqu'à l'évidence que ce monument appartient à la décadence de Rome. On doit aussi attribuer à cette époque les ruines qui existent tout près du Tavignano, à plusieurs mètres à l'ouest d'Aleria, qui, selon la tradition, seraient les restes d'un pont. Nous nous abstenons de porter un jugement à cet égard.

Non loin de l'embouchure du Tavignano (*Rothanus* des Romains), à gauche de l'entrée de Diana, on aperçoit une partie couverte par les sables et les eaux de la mer, et sur une étendue d'environ cinq cents mètres des blocs d'une espèce de béton, qui, par leur nombre et leur position, indiquent qu'ils ont dû servir à former un môle ou une construction servant à défendre l'entrée du port (1). On rencontre encore ces blocs à l'embouchure de l'étang, d'où ils s'étendent jusqu'à la colline sur laquelle on voit les ruines d'une tour du moyen âge.

(1) D'après quelques-uns, ce béton serait formé accidentellement par des cailloux entremêlés d'une matière bitumineuse.

Des restes d'une épaisse muraille existent encore sur la partie de l'île qui se trouve à l'embouchure du même port et du côté de l'étang, qu'on appelle Santa-Agatha. Sur ces débris sont scellés des morceaux de fer; ils soutenaient les anneaux auxquels on attachait les cordages des vaisseaux. Des vases, des espèces de jarres sont encastrés dans la maçonnerie de ces murs.

En nous résumant, nous ne partageons pas l'avis de M. Mérimée, qui ne voit dans ces constructions que l'ouvrage des Romains, et moins encore cette autre opinion qui les attribuerait aux Arabes. Rien, en effet, n'atteste que ces ruines soient d'un ouvrage romain : on n'y trouve ni la brique, ni la tuile employées ordinairement dans leurs constructions; aucun ornement d'architecture romaine ou arabe : ce dernier peuple n'a pas fait en Corse un assez long séjour pour édifier des monuments, et surtout un ouvrage aussi considérable que la grande muraille qui soutient la colline au nord de cette ancienne ville.

Si nous avons cité M. Mérimée, c'est que ce savant archéologue fut envoyé en Corse en 1839 par le roi Louis-Philippe pour visiter les monuments de l'île. Il publia à son retour un excellent ouvrage sur la Corse, et nous lui sommes reconnaissant d'une foule de précieuses découvertes. Si quelquefois nous nous trouvons en opposition avec lui, c'est parce que nous croyons qu'il a été induit en erreur dans la marche rapide avec laquelle il a traversé le pays.

En revenant à Aléria, nous dirons que le fort qui a empêché pour longtemps l'accroissement de ce village était jadis une maison appartenant à la famille Matra, célèbre dans les annales de l'île, tantôt pour son attachement et tantôt par son infidélité à la patrie. Cette famille possède encore des maisons et de grandes propriétés à Aleria ; mais la plus grande partie des maisons debout ou en ruine de ce village appartiennent aux héritiers du marquis Potenziani de Rieti (Etats romains), ainsi que la plus grande partie du territoire de la ville phocéenne. Toutes ces terres, les étangs de Diana, Salé et Urbino, étaient la propriété de Saliceti (Christophe), ancien membre de la Convention sous la république française, mort à Naples, ministre de la guerre et de la police en 1809. Il laissa deux filles, une mariée avec le marquis Potenziani, l'autre avec le prince Torella de Naples.

En face du fort on trouve les murailles découvertes d'une très-petite église, qui semble servir de vestibule à une chapelle convertie récemment en paroisse. Ses murailles semblent appartenir au moyen âge; on y voit des inscriptions en caractères gothiques, et quelques pierres taillées qui semblent appartenir à un édifice plus important.

Près de là, on voit sur la porte d'une maisonnette une inscription qui a dû appartenir à une famille chrétienne. Cette inscription, en caractères mal gravés, est ainsi conçue :

```
        FLAVIAE
        MARIAE
       VETVLLENUS
        CALPVRNI-
       ANVS FILIVS
```

On a découvert récemment des tables de marbre où l'on voit des inscriptions très-anciennes : ce fut un laboureur qui les découvrit. Il labourait tout près de ces maisons en ruines, lorsque la charrue rencontre un obstacle dont il ne peut triompher; il va prendre une pioche avec laquelle il cherche à enlever l'obstacle, qui n'était autre chose que ces tables que nous reproduisons. Elles n'étaient qu'à vingt-cinq centimètres de profondeur.

```
 G·CAESARI
                        IMPERAT·CAESARI·DI
    AVGVSTI-F
                        PONTIFICI·AVGVSTO·MAX
                        COS·XI·IMP·XII
                        TRIBVN·POTEST·XII
                        DEC·ET·C·C·V·P·E
                             PATRONIS
```

On a trouvé sous cette pierre deux squelettes d'enfants, qui avaient des colliers d'or au cou et des bagues d'or aux doigts. Ces bagues étaient attachées les unes aux autres au moyen de petits anneaux du même métal. La seconde pierre porte cette inscription (1) :

```
              DIIS
         MANIBVS·SACR
         TETTIAE VXORI
       LVCIVS·IVLIVS·LONGINVS
              PROC·AVO.
```

Et la troisième, dont les bords sont tout endommagés, porte :

(1) La première et la troisième de ces planches sont entières, la seconde et la quatrième sont brisées et laissent à interpréter ce qui manque. Filippo de Mola, disons Philippe Caraffa, s'est empressé d'interpréter ces inscriptions, mais comme ses connaissances sur l'archéologie laissent beaucoup à désirer, nous n'en ferons aucune mention.

```
AE· COR  S
VS· MENATIS
MARMORIBV
PECVNIA·D
ICAVIT·R·C
```

Sous ces deux pierres il y avait des os qui tombèrent en poussière dès qu'on les toucha.

Le marquis Potenziani, alors vivant, menaça ses colons de les chasser s'ils faisaient ou laissaient faire des fouilles pour rechercher des antiquités. Nous avons remarqué que d'autres tombes se suivaient dans la même direction. Nous faisons des vœux pour que l'Institut historique de France cherche à faire céder les obstacles qui s'opposent à des recherches qui seraient si importantes pour l'histoire de la Corse, et serviraient en même temps à enrichir les musées d'antiquités.

Récemment, en ouvrant la route de ceinture qui touche les ruines d'Aléria, on a trouvé des vases étrusques, des monnaies qui appartiennent à différentes époques, et des armures que l'on ne sait à quelle nation attribuer. Nous donnerons plus tard les dessins de toutes ces trouvailles.

Les cantons qui dominent cette immense plaine d'Aléria sont : Vezzani (dont nous parlerons plus loin), Moita (dont Aléria fait partie). Ce canton se compose des villages de Moita, chef-lieu, très-beau village; Matra, patrie des Matra, fameux dans l'histoire de la Corse; Zuani, qui possède des tours du moyen âge; Tallone, Zalana et Ampriani. Tous ces villages récoltent en abondance du blé, de l'orge, du vin et des châtaignes. L'autre canton est celui de Pietra-de-Verde, qui est formé de : Pietra-de-Verde (chef-lieu), Chiatra, ancienne résidence des caporaux; Linguizzeta, qui possède une mine de cuivre très-riche; Campi, Tox et Canale. Tous ces villages sont sur le penchant ou sur la crête des monts qui dominent Aléria, et possèdent des territoires fertiles qui produisent en abondance du blé, des légumes, des châtaignes, etc.

Tout près d'Aléria coule le Tavignano, qui prend sa source au lac d'Ino, dans le haut Niolo, et se grossit des eaux de la Restonica, qu'il reçoit à Corte, et de beaucoup d'autres cours d'eau. Cette rivière descend en serpentant près des fertiles villages sis sur les collines qui avoisinent la plaine d'Aléria, et après avoir traversé la plaine, elle se jette dans la Méditerranée, en face de l'embouchure du Tibre.

Avant de quitter ces parages, nous dirons un mot de Casabianda, la plus grande propriété qui existe en Corse. M. de Coisneau, l'acquéreur de cette propriété, y fit des dépenses folles. M. Franceschetti ayant agi en qualité de maître absolu, y introduisit tous les instruments de culture dont on se sert sur le continent, et rien ne fut épargné pour améliorer la race des bestiaux. Maintenant elle est passée dans les mains du gouvernement, qui y a placé un pénitencier.

En quittant Aléria, on passe sur le pont de la rivière du Tavignano, et après un assez long parcours à travers des terrains tantôt fertiles et tantôt stériles, et couverts de makis, la plus grande partie incultes, on arrive à Bravona, dont le sol est en grande partie fertile. On y voit une tour en ruine qui jadis appartenait à l'ancienne famille des Gentile, du cap Corse. Près de cette tour existe un petit lac appelé Terrazzana.

Ensuite on arrive à Alistro, où l'on voit une tour qui porte le nom d'Alistro; puis on rencontre le Fiuminale d'Alesani (rivière d'Alesani). Ces lieux sont assez fertiles. Après avoir parcouru une route le long de laquelle on voit partout des terres incultes, on arrive à Padulella, où l'on trouve à se bien loger.

Ici les villages commencent à s'approcher de la grande route. Au-dessus de la Padulella on aperçoit Cervione, gros et joli village, ancienne résidence des évêques d'Aléria. Cervione est situé sur le penchant d'une montagne peu rapide, mais il jouit d'un horizon agréable. Les maisons sont vastes et commodes, les habitants sont civilisés, et le commerce y a fait beaucoup de progrès. La paroisse de Cervione est une des plus jolies églises de l'île; elle possède un tableau magnifique, qui est placé sur le maître-autel. Parmi les évêques d'Aléria qui ont résidé à Cervione, l'église vénère saint Alexandre Sauli; on lui a dédié le 25 avril. Quelques objets d'église ayant appartenu à ce saint évêque se conservent encore dans la paroisse de Cervione.

Le couvent de Cervione est réduit en caserne, où logent quelques compagnies de soldats. Les environs de ce village produisent en abondance des châtaignes, de l'huile, du blé, de l'orge et surtout du vin, qui passe pour un des meilleurs de l'île.

Cervione a donné le jour à Hercule Macone, célèbre général des armées de la république de Venise, pour laquelle il mourut en combattant, sous les murs de Cremone, contre les autrichiens, l'an 1536, le 15 août; Renaud Corso, son fils, fut un docte jurisconsulte et un célèbre poëte italien; il mourut évêque de Stromboli (Naples); à l'abbé Graziani, le plus grand helleniste de la Corse, dont on a plusieurs traductions d'auteurs grecs. Il aimait la musique et la poésie, et mourut à Rome curé de Saint-Louis-des-Français, l'an 1839; à Casalta, général de brigade sous la première république et sous Napoléon I", mort à Cervione dans un âge très-avancé.

Près de Cervione on voit la capricieuse église de Sainte-Christine, ornée de peintures à fresque très-grossières, mais très-intéressantes.

Le canton de Cervione est le premier de l'arrondissement de Bastia qu'on rencontre de ce côté; il est formé des villages de Cervione, chef-lieu, San-Giuliano, Sant-Andrea du Cottone et Valle de Campoloro. Tous les villages de ce canton récoltent de l'huile, du blé et des châtaignes; mais leur plus grande ressource, c'est le vin, qui est, comme nous l'avons dit, fort estimé en Corse.

Au delà de la montagne sur le penchant de laquelle est situé Cervione, on rencontre le canton de Valle d'Alesani. Ce canton est composé des villages de Valle (chef-lieu); Felce, qui a donné le jour à Pietro Cirneo, historien national; de Novale, Perelli, Tarrano, Pietricaggio d'Ortale, résidence des anciens caporaux, etc. Ce canton produit des céréales; mais on récolte surtout en abondance du vin et des châtaignes. Plusieurs habitants de ce canton se livrent au commerce des petits pourceaux, en les conduisant de village en village dans une grande partie de l'île; la marchandise n'est payable qu'à un an d'intervalle, et l'acheteur ne donne aucune garantie; les marchands n'exigent que le nom de l'acheteur et le pays où il demeure, qu'il s'empresse de marquer sur son carnet. Le temps expiré, ils font le tour de l'île pour ramasser leur argent, qui leur est remis sans la moindre difficulté. Les habitants d'Alesani ont de l'esprit. Le général Paoli s'amusait beaucoup de leur conversation (1). Alesani est un canton historique pour les événements politiques. Ce fut là qu'on détruisit la secte des Giovannali, et plus tard on y couronna Théodore I" roi de Corse.

Dans le canton d'Alesani il y a une mine de manganèse, et les sources d'eaux acidules de Sorbello. Ce canton a, au nord, le populeux canton d'Orezza, dont nous parlerons plus tard.

En quittant Cervione pour suivre la route de ceinture, on a la mer à droite à peu de distance, et à gauche des montagnes qui se couvrent de hameaux. Les premiers villages qu'on rencontre sont ceux qui forment le canton de

---

(1) Ce canton est vraiment digne de remarque pour les hommes fort spirituels, comme pour les hommes bébétés et idiots, qu'on rencontre en bon nombre.

San Nicolao (ancien Moriani) et qui sont : Poggio di Moriani, San Nicolao, chef-lieu, San Giovani, Santa Lucia et Santa Reparata. Ces villages se trouvent en grande partie sur le haut des monts et sont ombragés par des châtaigniers et d'autres arbres fruitiers. Ils récoltent en abondance des châtaignes, du vin, de l'huile et même des céréales, qui viennent dans une plaine peu étendue, mais fertile.

San Nicolao a donné le jour à Ange-Louis de Giorgi, écrivain du xviie siècle, et au général de brigade Costa, qui vivait dans le xviiie et dans le xixe siècles.

Les villages qui se dessinent après ceux-ci, sont ceux qui composent le canton de Pero (ancien Tavagna); ce sont : Pero et Caservecchio, chef-lieu, qui a donné le jour à François Octavien Renucci, professeur de rhétorique au lycée de Bastia et auteur d'une histoire de la Corse, et de plusieurs nouvelles historiques.

Talasani, patrie de l'héroïque Louis Giafferri, général des Corses pendant la guerre de l'indépendance, et de Giafferri (Augustin), son fils, général au service de Naples; Poggio et Mezzana, qui a vu naître Pompiliani, premier chef des Corses insurgés contre la république de Gênes, en 1729; Velone et Orneto, Taglio et Isolaccio.

Ce canton récolte des céréales, de l'huile, des châtaignes et des légumes; mais ses plus grandes ressources sont les pommes, le vin et le lin.

Nous arrivons à la rivière de Fiumalto, un des principaux torrents de la Corse. La tradition nous dit que l'ancienne ville de Nicea était placée à l'embouchure de cette rivière, dans l'endroit où est la tour de San Pellegrino, célèbre dans les annales de l'indépendance. Les historiens romains font mention de cette ville étrusque; mais on n'en voit aucun vestige. Cependant les habitants des cantons limitrophes prétendent que, lorsqu'on creuse dans cet endroit, ou que l'on y fait quelque fouille, on trouve toujours des débris d'antiquités.

A peine a-t-on franchi le pont de la rivière de Fiumalto, qu'on arrive à Folelli, où l'on trouve de belles habitations, qui offrent aux voyageurs tout le confortable. Les routes qui conduisent à Pero et Piedicroce s'embranchent à Folelli.

La seule route carrossable qui nous puisse amener (pour le présent) dans le canton de Piedicroce (Orezza) est celle qui a son embranchement à Folelli. Le voyageur qui désire pénétrer dans les montagnes pour visiter ce canton pourra suivre cette route, qui, dans plusieurs endroits, n'est pas agréable; mais il sera dédommagé par les vues pittoresques que lui offriront les villages des cantons de Pero, Vescovato et Porta. Ces trois cantons sont traversés en quelques endroits par la route carrossable et par la rivière de Fiumalto.

C'est à la rivière de Fiumalto que commence le territoire du canton de Vescovato, territoire le plus fertile de toute l'île. Ses collines et ses vallons sont tous boisés d'arbres fruitiers, tels que châtaigniers, oliviers, pommiers, poiriers, amandiers, etc., qui atteignent presque le sommet du mont Sant-Angelo, montagne qui domine le canton. Il est riche aussi en vignobles et en jardins potagers remplis d'orangers et de citronniers. La plaine, qui est en partie fécondée par les eaux du Golo, est très-bien cultivée, et la partie qui s'approche de la mer, et qui prend le nom de *Prato*, est d'une fertilité prodigieuse. Un canal d'irrigation qui amène l'eau du Golo augmente sa richesse. Ce canal, percé sous le règne de Napoléon III, est dû au zèle et au patriotisme du sénateur comte de Casabianca, ex-ministre d'État, ainsi que le desséchement des marais et l'introduction du tabac et de la garance.

Le premier village qu'on rencontre du côté de Fiumalto est Castellare, dont le nom dérive d'un ancien château. Ce village était le chef-lieu du canton, ou pieve de Quadro, qui prit ensuite le nom de Casinca, et ensuite celui de Vescovato. L'église de Saint-Pancrace, très-ancienne et de style byzantin, était la principale paroisse de la pieve. Cette église est en grande vénération. Le 12 mai, jour de sa fête, on y voit un grand concours d'habitants de l'intérieur de l'île, et même de la ville de Bastia. Autrefois, il y avait une foire et des courses de chevaux. On dit que ces fêtes furent instituées en commémoration d'une bataille décisive gagnée sur les Génois, le 12 mai.

Au-dessus du Castellare, on voit la Penta, gros et beau pays qui s'étend le long de la crête d'un mont. Sa vue est magnifique et pittoresque.

Penta a été le théâtre d'une inimitié fameuse dans les annales judiciaires de l'île de Corse. Un des chefs de cette inimitié fut arrêté par ruse et entendit prononcer contre lui l'arrêt de la peine de mort par ceux qui siégeaient à la place d'où lui-même avait tant de fois prononcé ses jugements contre d'autres criminels. Cet homme était Viterbi, ancien accusateur public. Il écrivit pendant sa captivité des satires et des élégies qui ont beaucoup de mérite. Un jour avant l'arrivée de la confirmation de son arrêt de mort par la Cour de cassation, on le trouva mort. Il se laissa mourir de faim.

Penta a donné le jour à Joseph Limperani, ancien conseiller à la cour de Bastia, ancien député de la Corse au Corps législatif, et ancien consul gé-

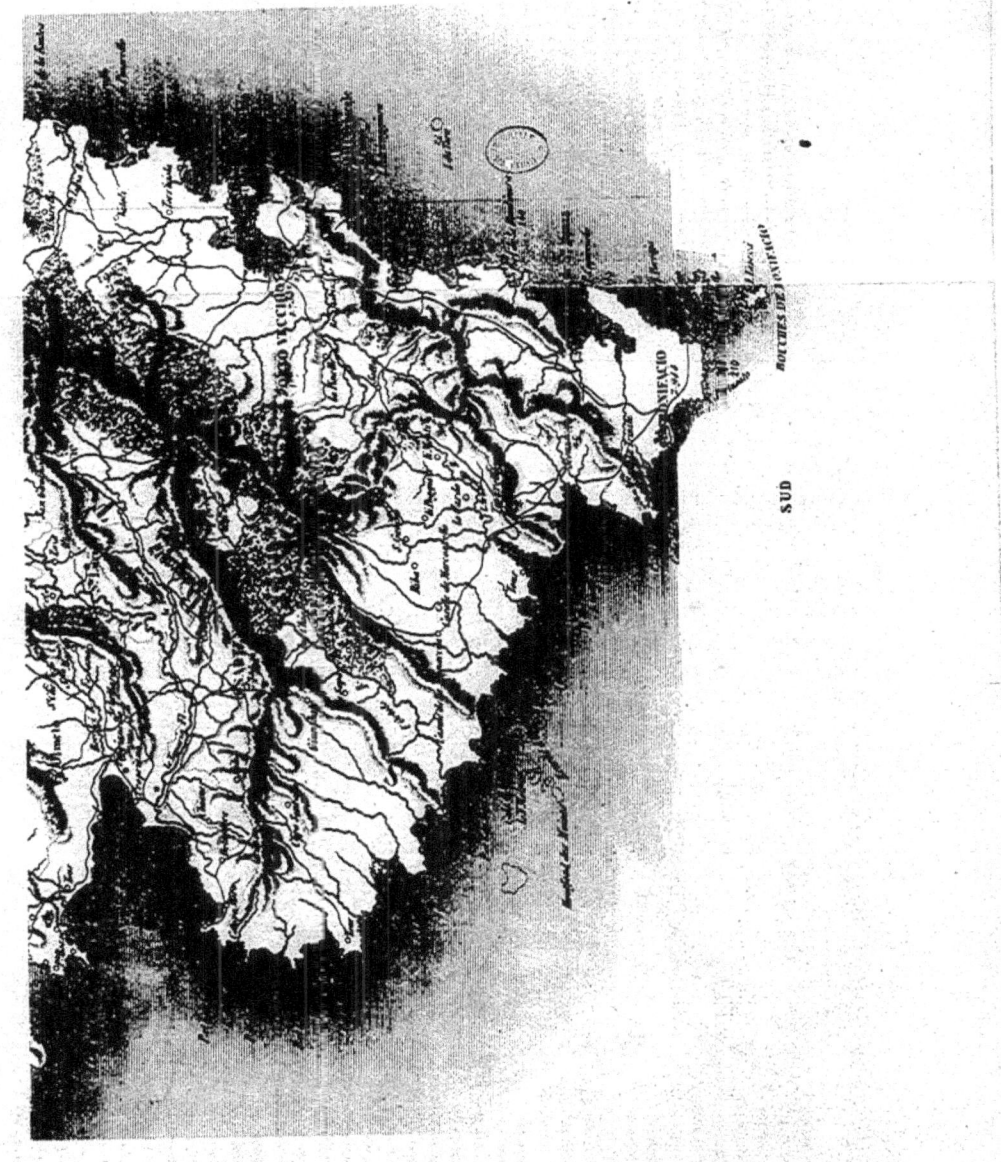

néral. Cet homme, recommandable à plusieurs titres, s'est adonné dans sa retraite à introduire dans son pays un grand perfectionnement à la culture des champs et à l'amélioration de la race bovine, ainsi qu'à démontrer, par ses écrits, d'une érudition incontestable, quels seraient les moyens pour créer les ressources et augmenter le bien-être en Corse.

Les villages de Sorbo et Ocagnano, ainsi que celui de Porri, n'offrent rien de remarquable.

Venzolasca, village le plus peuplé du canton, a été le théâtre de vicissitudes politiques dont nous parlerons plus loin. Le couvent de Venzolasca est un des plus anciens de l'île.

Ce village a donné le jour, selon des biographes, au cardinal Belmosto, dont les restes reposent dans un superbe tombeau en l'église de Saint-Charles des Funari, à Rome; au général vicomte Joseph Marie de Casabianca, mort à Avignon; au général Casabianca (François), mort à Vescovato; à l'adjudant général Mariotti, au général Buonavita, au poëte Lysandre Petrignani, dont fait mention Viale, dans sa *Dionomchia*.

Loreto, village situé près du sommet de la montagne, jouit d'un horizon rare, salubre et d'une grande étendue. L'eau qui jaillit à l'extrémité de la place publique le rend le plus riche en eau potable de toute l'île. Cette eau sert à alimenter ses jardins, ses moulins, ainsi que ceux du Vesuvato et Venzolasca, qui sont placés plus bas.

Vescovato, chef-lieu du canton, est sans contredit le plus célèbre des villages de la Corse. Ce village, quoique situé dans un vallon, ses collines boisées, ses jardins, ses belles et commodes maisons, habitées par des gens aisés, la grande place publique, qui fut l'œuvre du général comte de Marbœuf, rendent son séjour agréable.

Vescovato a donné le jour au général patriote André Ceccaldi, aux trois historiens Monteggiani, Ceccaldi et Filippini, au général comte de Buttafoco, à Luce de Casabianca, commandant du vaisseau l'*Orient*, mort à Aboukir; à Giocante, son fils, modèle de l'amour filial, qui périt avec son père à l'âge de douze ans environ; au général Raphaël comte de Casabianca, sénateur et pair de France; au c...el Pierre François de Casabianca, tué à Polosk en Russie; au colonel com... uttafoco; au comte de Casabianca (Xavier), sénateur et ex-ministre... enfin à une foule d'officiers, depuis le grade de capitaine jusqu'à ce... colonel. Ce village a été aussi le théâtre de vicissitudes politiques. La longue résidence des évêques de Mariana a changé son nom de Belfiorito en celui de Vescovato ou Vescovado.

Ce fut dans la maison Ceccaldi, à Vescovato, où habitait le général Franceschetti, que vint demander l'hospitalité le vaillant et héroïque ex-roi de Naples, Joachim Murat.

Cette hospitalité, si chère aux Corses et respectée même entre les ennemis les plus acharnés, fut un moment troublée par les adeptes des Bourbons. Antoine Galloni, ancien officier de l'Empire, commandant et chef de la réaction légitimiste en Corse, osa marcher, à la tête de six cents hommes, sur Vescovato, pour s'emparer de l'infortuné monarque; mais les habitants des pays limitrophes et ceux de Vescovato coururent aux armes, et Galloni et sa suite dûrent leur salut à une fuite précipitée (1).

Entre Venzolasca et Vescovato, dans la plaine, on voit la belle et grande ferme de l'Aréna. Elle fut d'abord la propriété d'un continental, ensuite le gouvernement en fit l'acquisition.

On y a établi une école d'horticulture et d'agriculture, et on y distribue chaque année une grande quantité d'arbres fruitiers, ainsi que d'autres de différentes espèces.

On franchit enfin le pont du Golo; ce pont est proverbial. Lorsqu'on veut parler de la solidité d'une bâtisse ou de l'assurance de quelque affaire, on dit : *Sûr comme le pont du Golo*. Ce pont a été aussi le théâtre de plusieurs luttes sanglantes pendant les guerres de l'indépendance.

L'historien Filippini rapporte que le pont du Golo a été construit selon le plan d'un certain Sébastien, son parent; mais on a trouvé récemment, dans les papiers de la famille Marengo de Bastia, un acte passé entre le sieur Marengo, ingénieur architecte de Turin, le premier de cette noble famille qui vint s'établir en Corse, et la république de Gênes, duquel il résulte que ce pont fut construit selon le plan et sous la direction du susdit ingénieur. (Marengo).

MARIANA (DÉTRUITE)

A peine a-t-on franchi le pont du Golo et qu'on se tourne à droite, on voit, à la distance d'une lieue environ, deux églises : c'est là qu'existait l'ancienne ville de Mariana, ville florissante sous les Romains, et que le consul Marius y avait fait bâtir.

(1) Lorsque Galloni et ses gens marchaient sur Vescovato, Joachim Murat était déjà parti pour l'intérieur de l'île; néanmoins les paysans armés s'opposèrent à leur approche, et aux premiers coups de fusils qu'ils tirèrent sur eux à Collettole, ils les mirent en fuite.

Les ruines de cette ville sont moins apparentes que celles d'Aléria, parce que, se trouvant sur un terrain fertile et tout à fait plat, elles sont journellement détruites, ou par les propriétaires du sol, ou par les colons, afin que la charrue ne trouve aucun obstacle. Nous-même, né à peu de distance de ces ruines et qui les avons foulées journellement pendant quelques années, nous avons été témoin oculaire du dépérissement de tant de restes de l'antique ville.

La ville de Mariana était sise sur la rive gauche de la rivière du Golo et non loin de son embouchure dans la Méditerranée, au milieu d'une plaine la plus plate, la plus unie et la plus fertile de la Corse, mais moins étendue que celle d'Aléria. Cette plaine, qui s'étend de Bastia à Fiumalto, comprend un espace de 32 kilomètres de longueur; sa largeur varie beaucoup par rapport à la mer, qui se retire en face des villages de Lucciana, Vescovato, Venzolasca, Sorbo, etc., laissant un espace de terrain sablonneux, que les débordements du Golo fertilisent peu à peu en abandonnant la terre végétale que les eaux torrentielles emportent des montagnes.

Les villages qui couronnent cette plaine formaient jadis trois *pieves* ou cantons : la pieve de Casinca (Vescovato); la pieve de Mariana (Borgo), et la pieve d'Orto; cette dernière ayant été détruite en partie pendant les guerres de l'indépendance, les deux villages qui restaient debout, Biguglia et Furiani, furent incorporés à la pieve ou canton de Mariana. Depuis peu d'années, le village de Furiani fait partie de la ville de Bastia.

RUINES DE LA MARIANA.

Les ruines que l'on admire encore de l'ancienne ville de Mariana et qui appartiennent au style romain, ce sont les pilastres du pont qui traversait la rivière du Golo; celles d'un petit temple octogone sur les bords de la route et près de l'église la *Canonica*; les deux morceaux de grosses murailles parallèles, que les paysans appellent la *Poudrière*; les restes d'une grosse muraille, près de la Poudrière. Les vestiges des bâtisses qui s'élèvent très-peu du sol, mais qui occupent une grande étendue de terrain, et sur lesquelles s'élève une maisonnette d'une construction qui se rapporte au moyen âge, appelée l'*Impériale*. Les ruines des Bains, que jusqu'à nos jours on croyait les restes d'une fontaine; mais, en 1860 et 1861, ayant creusé un large canal pour amener les eaux du Golo dans les marais et dans l'étang de Chiurlino, on a traversé ces ruines, et on a mis à jour un grand pavé construit en grosses briques romaines, très-bien conservé et sur lequel on a trouvé des étuves en terre cuite de la même forme que celles dont on se sert pour chauffer l'eau dans les baignoires de nos jours; on a trouvé des vestiges de charbon, et surtout nous avons pu voir une quantité d'amphores romaines, que nous avons dessinées, ainsi que les étuves.

On voit les vestiges d'un canal assez large qui communiquait avec la rivière du Golo; sur les bords de ce canal on voit une muraille d'une épaisseur considérable, qui s'élève encore, sur quelques points, à la hauteur d'un mètre; ce canal et cette muraille servaient, sans doute, de défense à une partie de la ville. On voit près de la petite église de San Perteo une maisonnette qui porte le nom de *Palazzetto;* sa construction date du moyen âge; elle est bâtie avec des pierres et des briques provenant d'anciennes bâtisses. De l'église de San Perteo et du Palazzetto aux vestiges du canal dont nous avons parlé, le sol est couvert de fragments de tuiles romaines, et on y voit çà et là quelques restes de murailles antiques, mais de peu d'importance (1). Entre la Canonica et San Perteo, en faisant des fossés pour for-

(1) Marmocchi, auteur italien dont nous avons fait mention, écrivit, pendant le temps de son exil dans notre île, un petit livre intitulé : *Géographie de la Corse.* Ce livre est élégamment écrit et renferme des notices intéressantes; mais l'auteur, qui n'a pas visité l'intérieur de l'île, a été amené, par les renseignements erronés dont il s'est entouré, à commettre des erreurs sans nombre. Nous ne relèverons ici que ce qui concerne les endroits les plus proches de la ville de Bastia, lieu de sa résidence.

« La ville de Mariana était sise entre l'étang de Biguglia à l'embouchure de la rivière du Golo... Mais aujourd'hui le sol ne conserve aucune trace de cette ville, de sorte que le géographe ignore la place exacte qu'elle occupait. » P. 103.

Les vestiges de la ville de Mariana sont parfaitement visibles, ainsi que nous l'avons dit plus haut.

« Les vallées du cap Corse sont arrosées par les eaux fécondantes des petits torrents qui, dans la montagne, coulent sous les frais ombrages de noyers et de châtaigniers touffus. » V. p. 104.

Le cap Corse est de toutes les contrées de l'île celle qui est la plus dépourvue de bois de châtaigniers.

« La plus grande longueur de l'arrondissement de Bastia est, de la pointe dite *Corno-di-Becco* dans le cap Corse à l'embouchure du Fiumalto. » P. 98.

L'auteur n'avait jamais parcouru la route orientale, et celui qui l'a induit dans cette erreur non plus. De l'embouchure du Fiumalto à la limite de l'arrondissement de Bastia il y a encore une grande étendue de terrain, comprenant les trois cantons de Pero, San-Nicolao et Cervione.

« La plaine d'Aléria commence à l'embouchure du Golo, et va jusqu'à la tour de Sollenzara. » P. 134.

Voilà des renseignements exacts!

mer des enclos, il y a peu de temps, on a découvert des sarcophages placés les uns horizontalement et les autres perpendiculairement, et tous en tuiles romaines.

LA CANONICA

L'architecture de la Canonica est d'une grande simplicité, qui n'exclut pas l'élégance. Elle a 32 mètres sur 12; elle est divisée en trois nefs, par

« De la ville de Bastia à l'embranchement du chemin de Cervione, il y a 25 kilomètres. » P. 117.
De Bastia à la rivière du Golo, il y a 21 kilomètres, et il y en a autant du Golo à Prunete, où s'embranche le chemin de Cervione.
« Centuri et Tomino forment l'extrémité du cap Corse. » P. 103.
L'auteur ne connaissait pas le village d'Ersa, et son mentor non plus.
« Depuis les pentes méridionales, où est située la ville de Bastia, à la rivière du Golo, s'étend une plaine qu'occupent en grande partie les eaux de l'étang de Biguglia. » P. 106.
L'auteur se trouve en contradiction; car ailleurs il donne à l'étang de Biguglia, une superficie de 1800 hectares, et à la plaine du canton de Borgo environ 13,000 hectares de superficie.
« Le canton de Porta produit des céréales en abondance. La Porta est bâtie peut-être avec les pierres de la ville d'Accia. » P. 111. Absurdités!
« Le canton de Pero est un pays de vallées rocheuses et de collines escarpées, tout ombragé de châtaigniers, dont le fruit est l'unique ressource de douze ou quatorze villages. » P. 112.
Le canton de Pero est riche en châtaignes, mais il récolte aussi des céréales, de l'huile, du lin, du vin, des pommes. De ces derniers le canton de Pero est le plus riche de la Corse.
« Le canton de Campitello (Costiera) est un pays de montagnes, de collines et de vallées printannières, riches en céréales, en cire. » P. 114.
La Costiera, qui comprend le canton de Campitello et s'étend jusqu'à la commune de Canavaggia, qui fait partie du canton de Castifao, est un pays aride, pierreux et en grande partie dépouillé de plantes, ce qui fait un contraste frappant avec l'autre versant du Golo, où sont situés les cantons de Campile et Morosaglia, pays boisés de châtaigniers, d'oliviers, et couverts de vignobles. Les habitants de Costiera vont en grande partie faire leurs labours sur le mont Tenda, et dans la plaine de la Mariana.
« Le canton de Lama est composé d'Urtaca et de Petralba, pauvres villages ombragés de bois de châtaigniers et habités par des bergers. » P. 114.
Il y a dans ce canton des pauvres et des bergers, comme partout ailleurs, mais il y a également des familles aisées, et le pays produit des céréales, de l'huile, du vin, de la cire, etc., et tout d'une excellente qualité. Quant aux bois de châtaigniers, on les attend encore.
Nous laissons de rapporter tant d'autres erreurs pour ne pas être trop long.
On voit que l'auteur a été très-mal renseigné; mais son mentor, son cicérone, son oracle et peut-être son collabotateur, Filippo de Mola, lui qui connaît toutes les dimensions des îles de la Méditerranée, avec toutes les distances en longitude et en latitude, aurait dû lui faire savoir que

des pilliers carrés fort élevés et d'une extrême légèreté. Cette église paraît avoir subi plusieurs incendies, car les traces en sont visibles, et dans plusieurs travées, qui jadis étaient de pierre de taille, on a fait des réparations avec des briques.

La canonica a quatre portes; la première s'ouvre à l'ouest, deux sont vers le sud, l'autre est au nord. On y voit plusieurs pierres grossièrement sculptées. Sur la grande porte les bas-reliefs d'ornementation sont fort beaux; mais ceux qui représentent des animaux sont très-grossiers et indiquent la décadence de l'art.

L'appareil de cette cathédrale se compose d'ouvrages revêtus à l'intérieur

l'arrondissement de Bastia s'étendait jusqu'à Alistro; que Cervione est non à 25 kilomètres, mais à plus de 40 kilomètres de Bastia; que c'est une erreur grossière de croire que la plaine d'Aléria commence à l'embouchure du Golo, et qu'enfin plusieurs de ces énonciations, quant aux principaux produits du sol, sont en général fort erronées.

Lui a-t-il au moins fourni des renseignements plus exacts touchant le pays qui s'étend de Bastia, lieu de sa résidence, à Patrimonio, où il a ses possessions et où il fit élever son mausolée, lorsque, dans sa monomanie, il ne se préoccupait que de sa mort prochaine?

Oui, nous en sommes sûr, de cela, car l'inscription contre la loyauté des soldats français qui est au-dessus de la porte de la maison Calvelli, dont il est un des copropriétaires, en fait foi, V. G. de Marmouhl, p. 117.

Notre paradoxal et fantasque Aristarque nous gronde, nous menace, parce que, sans le consulter, nous voulons publier l'histoire de la Corse. Il s'arroge ce droit parcequ'il a consacré un demi-siècle à l'élaborer, à la discuter, à prendre des notes, à crier à tue-tête contre tous ceux qui écrivent et qui ont écrit sur cette île, mais son travail gigantesque et monumental sera la montagne qui s'ouvrira pour enfanter une souris.

Nous avons vécu toujours dans la retraite et cherchant à faire le moins de bruit possible; nous n'avons jamais eu la prétention de passer pour savant et pour érudit, mais jamais, non plus, nous n'avons voulu être l'admirateur de cet aigle criard. Depuis qu'il fait tant de bruit pour viser à l'immortalité, nous n'avons pu lui reconnaître qu'un seul admirateur de ses talents, c'était Louis Figarella. L'intimité qui existait entre eux donnait raison au proverbe *qui se ressemble s'assemble*.

Tous les petits essais de son savoir qu'il a livrés à la publicité ne sont que des phrases dont le fond est obscur et le style très-dur. Tout ce qu'on a pu lire de lui ne serait pas même digne d'un élève de quatrième.

Nous n'avons pas lu la fameuse Adresse à la duchesse de Berry qu'on attribue à ses talents et à son ardent transport pour la légitimité; ne la connaissant pas, nous ne pouvons affirmer s'il en est l'auteur; mais nous avons été témoin oculaire et auriculaire, lorsqu'en 1848, à l'occasion de l'érection de l'arbre de la Liberté surmonté du bonnet phrygien, il prononça son discours ampoulé et décousu, où, en foulant aux pieds la foi et la dévotion qu'il avait vouées aux Bourbons, il se déclara fougueux républicain. Maintenant à quel parti appartient-il? Nous le dirons après.

Cependant nous finirons avec ses critiques impertinentes et déraisonnables, en les recommandant aux pages du *Hanneton*.

et à l'extérieur d'un placage de dalles placées alternativement à plat et de champ. Ces pierres sont régulièrement taillées et assemblées avec une grande précision. On voit des dalles qui, par leur poli, se rapprochent du marbre, et d'autres sont d'une pierre siliceuse d'un grain très-fin.

Sur l'abside, dans la partie inférieure, on voit aussi des bas-reliefs représentant des animaux ailés (Griffons).

Cette église, appelée Canonica, avait été dédiée à l'assomption de la sainte Vierge. Le nom de Canonica, qui veut dire église épiscopale, lui vient de ce que tous les évêques de Mariana, bien que leur résidence fût à Vescovato, en dernier lieu à Bastia, dès qu'ils étaient élus, se transportaient en grande pompe à Mariana pour prendre possession de cette église. Cela a duré jusqu'au commencement du xix⁰ siècle. A cette époque Napoléon I" réunissait les cinq évêchés de la Corse en un seul, celui d'Ajaccio.

L'autre église, Saint-Protée, est plus petite; elle est de la même construction, peut-être du même temps que la Canonica; elle n'a qu'une nef. L'abside de Saint-Perteo ou Proteo offre quelque intérêt au voyageur, car on voit qu'elle est formée à l'extérieur de débris de colonnes de granit et de marbre polis, et surmontés de chapiteaux corinthiens et ioniens assez bien conservés. Il est incontestable que ces colonnes et ces chapiteaux avaient fait partie d'anciens monuments romains.

CANTON DE LA MARIANA

Les villages qui composent le canton de Mariana sont au nombre de cinq : Vignale, Lucciana, Borgo (chef-lieu), Biguglia et Furiani.

Vignale est le plus rapproché de la montagne, dans un lieu écarté, et il ne jouit pas de la vue de la mer. Il n'y a pas longtemps, ce village était demi-sauvage, mais ses habitants s'étant adonnés à la culture et au défrichement de leur maquis, sont arrivés à l'aisance, et la civilisation y pénètre en même temps que le bien-être.

Lucciana, village qui possède dans son territoire les ruines de Mariana, a été probablement bâti par les habitants de cette ville, chassés par les incursions des Sarrasins, comme pourraient avoir la même origine les villages de Borgo, Vescovato, Venzolasca, etc. Toutes les anciennes maisons qu'on voit à Lucciana ont leurs angles formés de pierres taillées, qui proviennent évidemment de Mariana. Cependant ces maisons ne datent que des xv* et xvi* siècles; mais on trouve, en fouillant, les traces d'habitations beaucoup plus anciennes : le village est donc antérieur à la construction de ces maisons. Il en est de même de Borgo.

Lucciana possède une source d'eau minérale ferrugineuse acidulée, qui est beaucoup fréquentée.

On a découvert récemment, en ouvrant une nouvelle route, les bains dont la tradition se conservait parmi les habitants de Lucciana. On dit que ces bains étaient très-fréquentés par les habitants de Bastia, et comme la saison des bains coïncidait juste à l'époque de la récolte du blé, il arrivait que les baigneurs causaient des dommages considérables aux habitants du village; ces derniers prirent la résolution de détruire les bains qui leur amenaient ces incommodes visiteurs.

La végétation dans les alentours de Lucciana est une des plus belles de l'île; on y voit des châtaigniers qui ont atteint 45 pieds de circonférence. La culture est peu avancée; les collines sont encore couvertes de maquis. La plaine est au contraire bien cultivée, car elle est une des plus fertiles de la Corse.

Une tradition rapporte qu'un autre village existait jadis entre Mariana et Lucciana; c'était Quercio (Quercus) où serait née sainte Devota, la seule sainte indigène qui ait subi le martyre dans la ville de Mariana; nous disons la seule, car sainte Julie, d'après les Bollandistes, serait née en Afrique; elle ne fut martyrisée en Corse que par hasard. Nous raconterons les circonstances de son martyre.

Les ruines du village où naquit santa Devota ne sont pas visibles; mais en fouillant on trouve à chaque pas les vestiges des anciennes habitations.

Sur le penchant des collines qui s'étendent de Bastia au Fiumalto en couronnant la plaine de Mariana, on trouve en plusieurs endroits des restes d'antiquités. Selon toute probabilité, les Romains et les Etrusques y avaient bâti des villages ou des maisons de campagne. On trouve un nombre immense de tombeaux contenant des fioles et des vases lacrimatoires.

Les eaux sulfureuses de Merenzana, dont parlent tous les historiens de l'île, existent toujours. Les Romains y avaient construit des bains, dont on trouve encore les ruines. Ces eaux sont ignorées de tous les habitants, car l'endroit où elles se trouvent porte le nom de Marmorana au lieu de Merenzana. Tout autour où coulent encore ces eaux, le sol est couvert de bri-

BONIFACIO

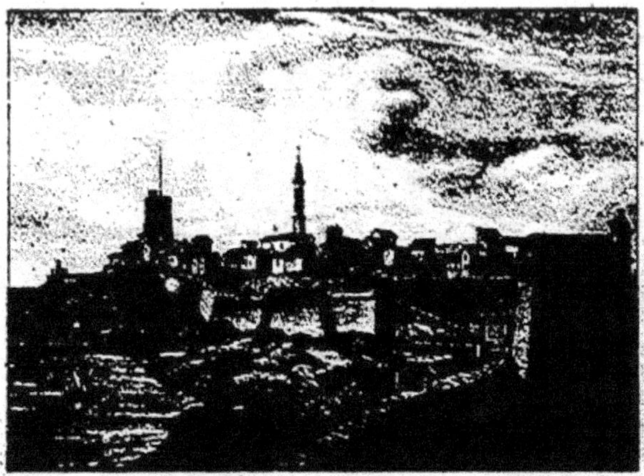

PORTO VECCHIO

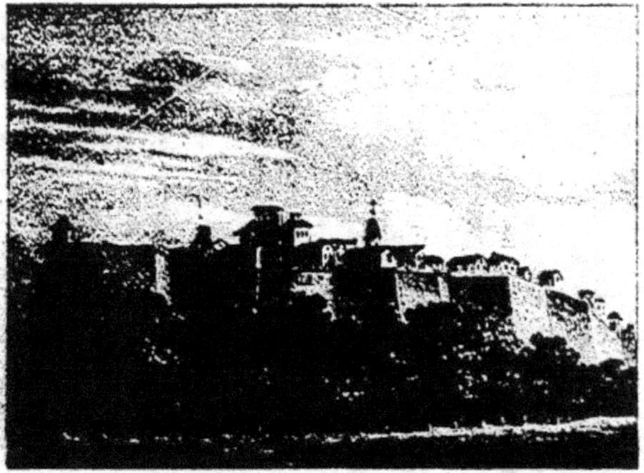

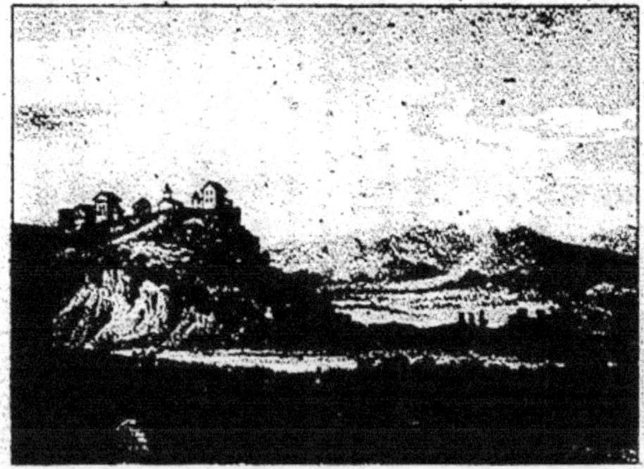

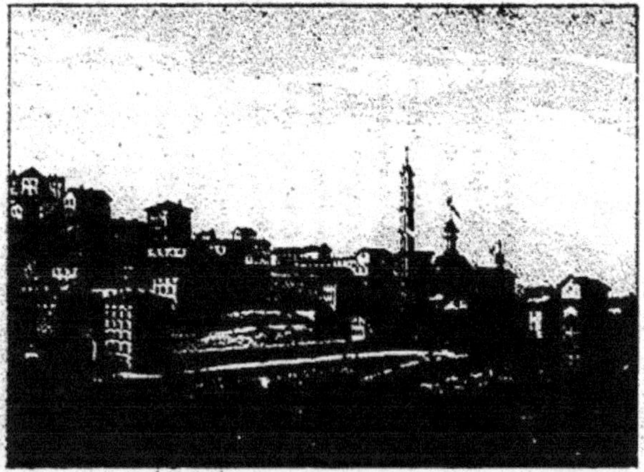

MARCHANDE AMBULANTE DE POIS DE CAMPILE

MARCHANDS DE PETITS PORCS D'ALESANI

FURIANI

MARCHANDS AMBULANTS D'ORIZZA

ques romaines; en faisant des fossés, on a découvert des charbons, et on y a trouvé une petite idole en bronze représentant Mercure.

Quant aux restes de briques, de tuiles, de sculptures que trouvent nos paysans, elles ne leur donnent aucune idée de ce que pouvaient être les Romains qui avaient bâti sur la terre qu'ils habitent. Quoique intelligents à l'égard des antiquités, ils sont comme les Turcs sur les ruines de la Grèce et de l'Egypte.

Borgo, qui donne son nom au canton, est un village situé sur le sommet d'une colline. Il jouit d'une vue des plus belles de l'île. Une grande étendue de mer, qui comprend depuis la rivière de Gênes jusqu'aux Etats romains, se déroule aux yeux des habitants, ainsi que tout le littoral, qui embrasse depuis le cap Sagro jusqu'à Cervione, ce qui, joint à la vue de la ville de Bastia, de l'étang de Chiurlino, des belles plaines de Mariana et de la Casinca, et de tous les villages qui les couronnent, forme un des plus beaux panoramas qui puisse se présenter aux regards de l'homme. Borgo est un village des plus historiques de l'île; il a été le théâtre de plusieurs luttes sanglantes pendant la guerre de l'indépendance corse. Les plus anciennes maisons de ce village datent de la même époque que celles du village de Lucciana; elles ont les coins en pierres de taille appartenant peut-être à l'ancienne ville de la Mariana. Le canton de Borgo abonde en céréales de toutes espèces, de châtaignes, d'huile, de maïs, de haricots, de lupins, etc., mais une grande partie de la plaine et de la colline est encore couverte de maquis (1).

Près de Borgo on voit les ruines d'un village dit Serra, que la tradition nous dit avoir été abandonné par les habitants à cause de la grande quantité de fourmis qui dévoraient leurs récoltes de blé.

Après la belle et grande ferme de l'Oriale, on arrive au pont de Bevinco. La rivière qui coule sous ce pont prend sa source sur la montagne de Tenda, et roule ses eaux dans l'étang de Chiurlino. Ce pont est devenu historique par la réunion des Corses qui formèrent un camp en 1815, circonstance néfaste à l'égard de quelques familles, dont nous parlerons ailleurs.

Biguglia, petit village, autrefois la capitale de la Corse. En 1383, lorsque

---

(1) Entre Lucciana et Borgo existent les ruines du couvent d'où les moines de l'ordre de Saint-François firent feu contre les troupes françaises qui avaient assiégé le Borgo en 1768. Après la bataille de Ponte-Novo, les troupes françaises revinrent et y mirent le feu. Ces ruines sont sur le territoire de Lucciana et servent de cimetière aux habitants de ce village.

Arrigo de la Rocca chassa de Biguglia Lomellino avec tous les Génois, ils se réfugièrent sur le promontoire de Porto-Cardo, où est maintenant la citadelle de Bastia : ils y bâtirent un fort et des bastions de défense. Avec le temps, elle prit le nom de Bastia et devint la capitale de l'île.

Biguglia, détruite de fond en comble, et par les guerres et par le mauvais air, a été pendant quelque temps le chef-lieu de la Pieve d'Orto, dont Bastia faisait partie. Pendant les guerres de Sampiero contre les Génois, elle perdit les villages qui composaient cette Pieve ; il ne lui resta que Furiani ; tous les autres furent rasés. Dès ce temps-là, ces deux villages firent partie de la Pieve de Mariana, comme nous l'avons déjà dit ci-dessus. Biguglia est un village des plus historiques de l'île ; nous en parlerons souvent dans le cours de notre histoire.

Au-dessus de Biguglia on voit encore les ruines des tours qui la dominaient. Dans la belle saison, lorsque l'eau de l'étang est claire, on voit une route pavée qui traverse l'étang entre Biguglia et le pont de Bevinco. On voit que ces eaux stagnantes ne s'étendaient pas jusqu'aux limites actuelles, et que Chiurlino n'était autre chose qu'un port de la ville de Biguglia.

L'étang de Biguglia, ou Chiurlino, s'étend, en long, à quatre lieues environ. Les eaux sont pestilentielles dans les mois d'août, de septembre et partie d'octobre.

Furiani. Ce village, rempart des Corses pendant les guerres contre les Génois, est situé sur une colline élevée qui domine la route nationale qui conduit à Bastia, de laquelle il est si près qu'on a été obligé d'en demander l'incorporation pour étendre les limites de la ville, qui augmente toujours en population. Le général Paoli séjournait souvent dans le village de Furiani. Nous voilà à Bastia.

Si l'on doit prêter foi à la tradition locale qui désigne l'emplacement de l'ancienne ville étrusque Nicea, à l'embouchure de Fiumalto, nous pourrions compter quatre villes anciennes sur une étendue d'environ trente kilomètres en ligne directe sur la côte orientale de l'île, en face de la Toscane, dont on voit les montagnes lorsque l'horizon est dégagé de nuages : d'abord Nicea, sur le Fiumalto ; Mariana, sur les bords du Golo ; Biguglia, près de l'étang de Chiurlino ; et Mantinum, de Ptolémée, dans les environs de Bastia. Bastia serait la cinquième ville qui se serait élevée sur ces parages.

Si les géographes et les historiens nous ont transmis les noms de ces anciennes villes, ils sont muets sur les événements et les tristes vicissitudes qui ont entraîné leur ruine : tout ce qu'on a dit d'elles, ne sont que des conjectures et des hypothèses. On dit que Biguglia, dans le moyen âge, était habitée par de riches familles dont les noms ne sont pas parvenus jusqu'à nous. Les descendants des comtes de Bagnaja existent encore dans le village de Lucciana, mais ils sont presque tous tombés dans la misère, et leurs anciens châteaux féodaux, près de Bastia, de Bagnaja, au-dessous du Borgo, et celui de Lucciana, qui porte encore le nom de Torraccia, conservent à peine quelques vestiges.

Nous finirons donc notre tour d'enceinte de l'île dans le canton du Borgo (ancienne Mariana), endroit célèbre à plusieurs titres pour ses ruines et pour avoir été souvent le théâtre de luttes sanglantes pendant des siècles, et où se sont accomplis des faits mémorables dont notre histoire s'honore.

	Traduction littérale.
Di Mariana la fertile piana	De Mariana la plaine fertile
Fu di Cirno ai tiranni fatale,	Fut fatale aux tyrans de la Corse.
Quivi Arrigo, Sampiero e Pasquale,	Là Arrigo, Sampiero et Pascal
Si adornaron le tempia di allor.	Se ceignirent le front de lauriers.
Qui la sposa qual fiera spartana	Là, l'épouse, telle qu'une fière spartiate,
Col consorte divise i perigli,	Avec l'époux partagea les dangers;
Qui la madre pugnando coi figli	Là, la mère, combattant à côté de ses fils,
Per la patria il sangue versò.	Versa son sang pour la patrie.

DÉPART DE BASTIA POUR L'INTÉRIEUR DE L'ÎLE

En partant de Bastia pour Corte et Ajaccio, on suit la route impériale orientale jusqu'à Casa-Mozza, près de la rivière du Golo, d'où, en laissant la côte orientale et en prenant à droite, on côtoie la susdite rivière pendant environ trente kilomètres. En parcourant cette route, froide dans la saison d'hiver et embrasée par les rayons du soleil durant l'été, et encaissée dans le versant des montagnes, on arrive d'abord à Fontanone, source d'eau abondante, qui est d'une grande utilité pour les voyageurs et leurs bestiaux. Le Fontanone est renommé pour avoir été le lieu où (dit-on) Bernadotte, roi de Suède, reçut les galons de caporal, lors du percement de la route carrossable de Bastia à Ajaccio, exécutée sous Louis XVI. Bernadotte, étant caporal, allait souvent travailler au bureau d'un petit employé de la ville de Bastia; il devint amoureux de la fille de celui-ci, et la demanda en mariage: on la lui refusa. Plus tard il fit la cour à une demoiselle du village de Cardo, au-dessus de Bastia; il voulait l'épouser, mais il éprouva le même refus. Vicissitudes humaines!!! La femme de Cardo, qui est morte dernièrement dans un âge avancé, se plaisait à raconter souvent des anecdotes sur ses amours avec Bernadotte.

Après avoir passé le Fontanone, qui est sur le territoire de Vignale, village du canton de Borgo, on a à droite le canton de Campitello, et à gauche celui de Campile. Campitello, ancien Costiera, est un pays rocailleux et alpestre, qui est formé des villages de Scolca, Volpajola, Campitello, chef-lieu, Bigorno et Lento. Les productions de ce canton sont les châtaignes, les céréales, l'huile et les bestiaux.

Au village de Campitello on voit encore les vestiges des anciens bains, ce qui a donné le nom de Bagnoli à l'endroit et à des familles qui l'habitent.

Lento est célèbre pour avoir été le théâtre d'une lutte sanglante, lutte qui dura deux jours et qui finit au Ponte-Novo, le 9 mai 1769. Jour néfaste pour l'indépendance corse; elle scella avec son sang son tombeau sur ce pont à jamais mémorable!!!

Canavaggia, pays limitrophe à Lento, mais qui fait partie du canton de Castifao, fut aussi témoin des funérailles de la liberté corse, et peut-être aussi de l'horrible trahison qui amena cette funeste catastrophe.

Le canton de Campile, exposé au nord, et qui reste à gauche en montant la rivière de Golo, est un pays très-accidenté; mais tous ses monts et ses vallons sont boisés de châtaigniers et d'oliviers, et couverts de vignobles. Les châtaigniers occupent la partie du nord, les oliviers et les vignobles sont exposés au sud. Ce canton est la terre promise pour l'arbre de la paix; il suffit de faire un trou et y placer une branche d'olivier sans racines pour obtenir en peu de temps un arbre qui produit d'excellents fruits. On voit déjà des champs d'une grande étendue couverts de plants d'oliviers, et l'huile qu'on en tire est de la meilleure qualité.

Le canton de Campile se compose des villages de Prunelli, Olmo, qui a donné le jour au général de brigade Graziani; Ortiporio, où est né le général Moroni; Penta et Acquatella, Crocicchia et Campile, chef-lieu, patrie d'Antoine Gavini, auteur d'un ouvrage de jurisprudence sur la servitude, et ancien président de chambre à la cour impériale de Montpellier (1). C'est à Campile que l'on fabrique les pots de terre mêlée avec l'amiante. Ces pots étaient en grand usage autrefois dans l'intérieur de l'île.

Jadis on pénétrait dans ce canton en passant la rivière de Golo sur une barque et en payant quelques sous. L'endroit a conservé le nom de Barquette; mais à présent on traverse la rivière sur un pont beau et solide, construit à l'américaine, sous le règne de Napoléon III. La route qui passe au milieu du canton de Campile est carrossable, tout ombragée par des bois de châtaigniers; elle touche le couvent en ruine de Saint-Antoine de la Casabianca, et de là va jusqu'au village de la Porta. Le couvent de Saint-Antoine de la Casabianca est situé sur la crête d'une montagne en pentes assez douces et tout ombragée par les châtaigniers; elle sert de limites aux cantons de Campile (ancien Casacconi) et de Porta (ancien Ampugnani).

Ce couvent est très-renommé dans notre histoire : c'était le lieu où se réu-

(1) Le père Massucco, de l'ordre des Escolopes, excellent poëte et professeur de belles-lettres, décéda, il y a quelques années, dans la ville de Gênes. Après sa mort on visita ses écrits, pour voir s'il y avait quelque chose d'inédit. On trouva parmi ses papiers un paquet qui portait ce titre : *Écrits appartenant à Métastase*. Ayant ouvert le paquet, on trouva, dit-on, un manuscrit qui commençait ainsi : *Felice Mariotti, detto Trapassi, nato a Campile, villaggio di Corsica, etc., etc.* (Félix Mariotti, dit Trapassi, né à Campile, village de Corse). Cette trouvaille fit beaucoup de bruit, surtout parce qu'on lisait dans la petite notice biographique qui précède l'une des dernières éditions des ouvrages de Métastase ces mots : *Pierre Trapassi, dit Métastase, fils de Félix Trapassi, soldat des troupes corses du pape.* Mais quant au lieu de sa naissance, le biographe lui assignait une ville des États de l'Église.

Cette nouvelle se répandit même en Corse, et M. Gavini de Campile, alors conseiller à la Cour royale de Bastia, sachant que nous nous rendions à Rome, nous pria de nous intéresser à cette affaire. Dans le même temps, il nous fit savoir qu'il avait fait des démarches auprès des vieillards du village de Campile, et qu'il avait pu savoir qu'un individu qui portait le nom de Félix Mariotti avait existé dans ce pays, mais que, pendant la cruelle inimitié entre la susdite famille Mariotti et celle de Pasqualini, cet individu avait disparu, et on n'avait plus entendu parler de lui. M. Gavini nous observa qu'il n'y avait rien de plus facile à croire ; que cet homme, après la dissolution de la légion corse à Rome, pour l'affaire du duc de Créquy, ambassadeur de France, craignant les poursuites de ses ennemis, se serait décidé à rester dans cette ville.

A peine fûmes-nous à Rome, que nous nous empressâmes d'en parler à Mgr Préla, ancien médecin du pape Pie VII. Ce personnage s'empressa d'écrire à Gênes, à un Corse son parent, haut placé dans cette ville. Celui-ci ne se donna aucune peine à faire des démarches; il répondit que le père Massucco était mort pauvre et criblé de dettes, et que tous ses écrits avaient disparu. Voilà où nous nous sommes arrêté ; ce serait faire un acte de patriotisme très-louable que de pouvoir arriver à découvrir ce manuscrit, pour lui donner toute la publicité désirable.

Le P. Massucco ou Massucio fit imprimer à Gênes, en 1802, tous les écrits inédits qu'il avait ramassés dans la maison de Métastase à Rome, lorsqu'il était fort jeune. Ces écrits inédits, avec ceux imprimés à Vienne en 1795, par Ayala, forment six volumes.

nissaient souvent les comices corses, les réunions populaires et les consultes pour délibérer sur les affaires de la patrie pendant les guerres de l'indépendance de l'île. Ce fut dans cette contrée que l'illustre Pascal Paoli fut pour la première fois nommé général en chef de la Corse, et ce fut dans ce lieu où souvent le bruit de la conque marine appela les Corses aux armes pour secouer le joug odieux de leurs tyrans (1).

Maintenant passons dans le canton de Porta (ancien Ampugnani).

Le premier village qu'on rencontre est celui de la Casabianca. Ce village est très-renommé pour avoir donné le jour à plusieurs personnages qui ont joué un grand rôle dans les affaires politiques de l'île, et à d'autres qui se sont distingués même parmi les nations étrangères.

Deux familles de la Casabianca s'étant transplantées dans le canton du Vescovato (Casinca), où elles vécurent longtemps en ennemies sous les noms des Rossi et des Negri, ont donné des hommes qui se sont rendus célèbres dans leurs pays et sur le continent.

Le village de Giocatojo, qui est traversé par la grande route, est situé sur la crête d'un mont boisé de châtaigniers et d'autres arbres fruitiers, dont les branches ombragent les demeures des habitants. Ce village, qui est un des plus charmants de l'intérieur par sa position, quoique d'une population d'environ deux cent cinquante habitants, comptait après la chute du premier empire une vingtaine d'officiers revenus dans leurs foyers.

Les autres villages de ce canton sont Porta, chef-lieu, qui a donné le jour à Paul Pompei, homme érudit, philosophe, et représentant du peuple sous la première république ; à Pierre-Paul-Benoît Pompei, un des hommes les plus instruits de la Corse, ancien préfet de l'Yonne, d'Eure-et-Loir et de Tarn-et-Garonne sous Louis-Philippe ; au maréchal comte Horace Sébastiani, l'une des plus grandes illustrations de l'île ; au vicomte Tiburce Sébastiani, lieutenant général et commandant la place de Paris en 1848 ; à Louis Sébastiani, qui fut nommé évêque de l'île entière en 1801 par Napoléon Ier;

---

(1) La réunion révolutionnaire, peut-être la dernière qui eut lieu au couvent de la Casabianca en 1798, ne fut que trop malheureuse ; elle ne fut pas inspirée par l'amour de la patrie, mais par des suggestions ambitieuses et soufflées par des agents secrets du parti anglais ; cependant cette révolution éclata sous le prétexte de la religion outragée. On vit alors un nouveau Pierre l'Hermite, un abbé du village de Prunelli de Casacconi, marchant à la tête et portant une longue croix ; les insurgés le suivaient ; ils avaient tous attachés à leurs bonnets, à leurs chapeaux, ou à leurs vestes une petite croix en étoffe blanche. Cette révolution fut appelée la Crocetta ; nous en parlerons en son temps.

et enfin à plusieurs autres personnes qui se sont distinguées dans le barreau, dans la magistrature et dans l'état militaire. M. Conneau, premier médecin de l'empereur Napoléon III, a fait l'acquisition de plusieurs immeubles dans ce pays, qu'il affectionne d'une manière toute spéciale.

Porta possédait autrefois un tribunal de première instance, une petite garnison de milices et un séminaire. On y voit de très-belles maisons, et on y trouve des magasins remplis de toutes sortes de marchandises. Il possède une belle église, dont le clocher passe pour être le plus beau de la Corse. Nous en donnons le dessin.

La Casabianca, déjà citée, est le pays du général Quilico de Casabianca; Scata, San Damiano, San Gavino, Pruno, résidence des anciens tribuns du peuple *les Caporali*; Silvareccio et Piano, qui a donné le jour à l'adjudant général Cappellini-Sébastiani. Le canton de Porta forme un vallon assez étendu, tout couvert de bois de châtaigniers, d'oliviers et de vignobles, et il est magnifique à voir dans la belle saison. Ce canton est encadré par les cantons de Vescovato à l'est, de Campile au nord, de Piedicroce au sud, et par celui de Morosaglia à l'ouest. Avant de pénétrer dans ce dernier canton, revenons à la Barchetta, et après quelques kilomètres, touchons au Pontenovo, où expira l'indépendance de la Corse, en 1769.

Du Pontenovo à Ponte à la Leccia on compte huit kilomètres environ; la route qui côtoie la rivière du Golo traverse une vallée assez fertile, appartenant au canton de Morosaglia, qui couronne cette route et qui porte le nom de Rostino Sottano, dont nous parlerons bientôt.

Le Ponte à la Leccia est le point le plus central de l'île, en même temps qu'il en est un des plus historiques. Ce fut là le théâtre de plusieurs luttes sanglantes pendant les guerres de l'indépendance, dont une jeta l'épouvante dans la république de Gênes : nous voulons parler du carnage que fit Sampiero des troupes génoises, commandées par Nicolò de Negro.

C'est à Ponte à la Leccia que s'embranchent ou se croisent les routes qui vont à Calvi, Corte, Ajaccio, Bastia, aux cantons de Lama, de Castifao, de Morosaglia, de Piedicroce, de San Lorenzo, d'Omessa, etc. C'est donc par rapport à ce vallon, aussi beau que central, où aboutissent tant de routes de communication, que M. Grandmaison, ingénieur en chef des ponts et chaussées, a démontré dans son ouvrage sur la Corse, imprimé en 1855, la nécessité de fonder une ville dans cet endroit; ville qui deviendrait en peu de temps populeuse et florissante.

On a découvert près du Pont à la Leccia des filons de minerai de cuivre d'une richesse considérable qu'on exploite depuis peu de temps; non loin de ce pont existent les carrières de marbre de Castifao, marbre coloré et de toute beauté. Sur la route carrossable qui conduit dans la Balagna, on trouve du côté droit le canton de Lama (ancien Canale), qui est formé par les villages : Lama, chef-lieu; Urtaca et Petralba. Le village de Lama est riche en céréales, en huile, en vin, cire, etc. Urtaca jouit de presque toutes ces productions, et Petralba, moins abondante en céréales, est peut-être plus riche en bétail. Dans les environs de Petralba se sont succédé des vicissitudes politiques dont nous parlerons ailleurs.

Du côté opposé sont les villages qui composent le canton de Castifao (ancien Caccia). Les plus considérables sont Castifao, chef-lieu, et Multifao. Ces deux communes possèdent un territoire très-fertile en céréales. Le général Paoli appelait le territoire de Castifao l'Egypte de la Corse; ils sont aussi riches en cire, et le miel qu'on tire de ce canton passe pour le meilleur de l'île.

Canavaggia, pays pierreux, tout près de la Costiera, fait partie du canton de Castifao; Asco, village encaissé dans les plus hautes montagnes de l'île et qui fait partie du susdit canton, est peut-être le pays des contrées montagneuses le moins avancé en civilisation. Les plus grandes ressources des habitants d'Asco consistent en troupeaux de chèvres, et dans leurs belles forêts, d'où ils tirent du goudron, de la poix, des quenouilles, des fuseaux et des pelles, qu'ils fabriquent et qu'ils vont vendre dans tous les villages de la Corse. Les torrents d'Asco et de Tartaggine, qui prennent leurs sources, le premier sur le mont Cinto et l'autre sur le mont Corona, arrosent le canton de Castifao, et, après s'être unis dans leur cours, vont se jeter dans la rivière du Golo, près du Ponte à la Leccia, dont ils sont les plus grands tributaires. On a découvert sur les rivages de ces deux torrents des filons de minerai de cuivre qui sont depuis quelque temps en exploitation.

L'ancienne Pieve de Giovellina, qui maintenant fait partie du canton d'Omessa, est limitrophe du canton de Castifao : ces villages portent les noms de Piedigriggio, Populasca et Prato; ils récoltent des céréales, du vin, et possèdent des troupeaux de bétail. Le P. Cristini, auteur d'un ouvrage remarquable sur les simples et sur les antidotes médicinaux, était de Giovellina. Nasica Toussaint, ancien conseiller à la cour impériale de Bastia et auteur d'un ouvrage qui a pour titre : *l'Enfance et la Jeunesse de Napoléon I*, a vu le jour à Prato de Giovellina.

Entre Piedigriggio et Prato existe la tour de Serravalle; parmi les monuments du moyen âge, cette tour est la moins endommagée. La tour de la Bocca de la Feata (1), au-dessous de Prato, et celle de Suppietra, près des Strette d'Omessa, sont en ruines. Tous ces châteaux ou tours appartenaient aux Amondaschi, familles puissantes au moyen âge, dont le chroniqueur Giovanni della Grossa forgea leur généalogie en les faisant descendre d'Amondo Nasica, issu des Scipion Nasica de l'ancienne Rome. Ces monuments anciens appartiennent toujours à la famille Nasica de Prato.

Revenant au Ponte à la Leccia, nous visiterons le canton de Morosaglia (ancien Rostino), rempli de tant de souvenirs historiques. Ce canton est formé des villages de Frasso, Bisinchi, pays qui a donné le jour à l'abbé Vignali, aumônier de Napoléon Ier à Sainte-Hélène; Valle et Pastoreccia, résidence des anciens Caporali. Le savant Valentini, professeur de médecine à Rome, mort en cette ville en 1863, était originaire de Pastoreccia. Tous ces villages portent le nom de Rostino Soltano et sont situés sur le versant du Golo; les villages qui composent le Rostino Soprano, situé sur le côté opposé de la montagne, sont Morosaglia, chef-lieu du canton. Ce village est à jamais célèbre pour avoir donné le jour à l'illustre famille de Hyacinthe Paoli père, général des patriotes corses; Clément fils, célèbre guerrier, et Pascal, le plus connu de tous, qui fut honoré du nom de PÈRE DE LA PATRIE. Saliceto, village qui a donné le jour au célèbre Christophe Saliceti, membre de l'Assemblée constituante, commissaire extraordinaire près la première république, mort en 1809, à Naples, ministre de la police et de l'intérieur. Gavignano, patrie de l'abbé Mattei, docte jurisconsulte, et de Jules Pasqualini, artiste peintre très-distingué et inspecteur des beaux arts à Paris; Castineta, qui a laissé, on ne sait par quelle finesse de ses habitants, le proverbe qui dit : *Io sof di Castineta, e mi ritiro.* « Je suis de Castineta, et je me retire. »

Le canton de Morosaglia possède un beau couvent encore intact, qui est devenu historique par le séjour de prédilection du général Paoli et de son frère Clément. Nous aurons lieu de parler souvent du couvent et du canton de Morosaglia; inutile donc d'insister davantage sur ces lieux historiques.

De Morosaglia on va au mont Piano, appelé plus communément le Prato de Morosaglia, où existait jadis, dit-on, la ville d'Accia, ville épiscopale, dont l'évêché fut plus tard réuni à celui de Mariana; on ne voit aucune trace de

---

(1) Ou Mont-Albano.

cette ancienne ville, si ce n'est une église en ruine, du moyen âge, appelée San Pietro.

Ce plateau au milieu des montagnes est devenu célèbre dans les annales de la Corse, pour avoir été l'endroit où se réunissaient les Corses en consulte, afin de délibérer sur les affaires de la patrie. Ce fut de là que partirent les premiers cris de guerre contre les barons et les seigneurs feudataires de l'intérieur de l'île, et qu'on décida leur anéantissement. Sambucuccio d'Alando fut choisi, en 1107, par les acclamations populaires pour chef suprême ; le choix ne pouvait être mieux couronné ; les sages lois qu'il élabora et qui régirent longtemps les Corses étaient dignes d'un Solon.

Le Prato de Morosaglia est limitrophe des cantons de Morosaglia, de Campile et de Porta, et tout près des cantons de San Lorenzo, de Piedicroce, etc., etc. La majestueuse et historique montagne de San Pietro domine tous les cantons susmentionnés ; c'est de ses flancs que jaillissent les eaux du Fiumalto, torrent qui, après avoir arrosé les cantons de Piedicroce, Porta, Pero et Vescovato, va se jeter dans la Méditerranée, en face de la Toscane. Dans le cours et sur les rivages du Fiumalto, on trouve les blocs du beau jaspe appelé Vert antique ou Vert d'Orezza, qui est de la plus grande beauté et qui fait l'ornement de la chapelle des Médicis, à Florence. C'est encore sur une longue étendue des rivages du Fiumalto qu'on rencontre une quantité de sources ferrugineuses-gazeuses, laissant partout une traînée d'une matière rougeâtre.

La plus abondante de ces sources, celle qui s'est déjà acquise une réputation européenne, se trouve au-dessous du village de Stazzona, et porte le nom d'Eau d'Orezza. Nous avons parlé de cette source dans notre article sur l'hydrologie de l'île.

Le canton de Piedicroce, qu'on peut visiter par la route qui côtoie le Fiumalto et qui aboutit à Folelli, comme aussi par les cantons de Porta et Morosaglia, dont il est limitrophe, est, sans contredit, le canton dont les habitants sont les plus industriels de la Corse. Le canton de Piedicroce est tout ombragé de bois de châtaigniers. Mais ce qui constitue son bien-être, c'est le commerce et l'industrie.

Les habitants d'Orezza (Piedicroce) ont été, pendant les guerres de l'indépendance, les plus intrépides champions de la liberté. Sampiero et Paoli y ont toujours trouvé les plus ardents patriotes. Nous citerons avec éloge les Bruschino, les Serpentini, les Manfredi, les Ciavaldini, les Piazzole, etc., etc.

Ce canton est formé des villages de Piedicroce, chef-lieu, Stazzona, Pastoreccia, Piediorezza, Campana et Piedipartino, résidence des chefs de parti; Carcheto, où ont eu lieu de cruelles inimitiés qui ont causé l'émigration de plusieurs familles. Carcheto a donné le jour au célèbre Limperani, le plus érudit des historiens nationaux; il exerça longtemps et avec un grand succès la médecine à Rome. Pietricaggio, Carpineto, Brustico, Monacia, Nocario, Parata, Piazzole, Rapaggio, Valle et Verdese; les docteurs Battesti, Manfredi, Giannetti, etc., qui ont vu le jour dans le canton de Piedicroce, se sont acquis, dans leur pays, une grande réputation dans la science médicale et chirurgicale, et le docteur Campana s'est distingué à Venise, où il est mort il y a peu de temps.

Le couvent d'Orezza est très-renommé dans l'histoire de la Corse, pour les consultes qui y ont eu lieu; la plus remarquable fut celle de 1729. Lorsque les plus grands théologiens de l'île furent appelés pour décider si la guerre contre les Génois était un crime, ou si elle était juste et légitime, les théologiens décidèrent, à l'unanimité, que la cause des Corses insurgés était sainte et juste; cette décision rassura les consciences, un peu timorées et un peu ébranlées par les missionnaires Génois, qui foudroyèrent les révoltés de leurs malédictions et de leurs anathèmes.

En quittant le canton de Piedicroce, nous nous transporterons dans le canton de San Lorenzo, ancien Valle rustie. Ce canton est formé des villages de San Lorenzo, chef-lieu Erone, où l'on a découvert une mine de cuivre; Lano, qui a donné le jour à Natali, officier supérieur, homme de beaucoup de mérite et qui aurait honoré son pays si la chute du premier empire n'avait brisé sa carrière dans la fleur de l'âge... Aiti, Carticasi et Rusio sont les autres villages qui appartiennent au canton de San Lorenzo. Ce canton est un pays montagneux, mais il récolte des céréales, de l'huile, des châtaignes, et possède des troupeaux de bétail. La rivière de Casaluna, qui arrose les cantons de San Lorenzo et de Morosaglia, et qui va mêler ses eaux à celles du Golo, fertilise la petite mais belle vallée de Casaluna, dont une partie appartient au canton de San Lorenzo.

En revenant sur la grande route qui conduit à Corte, on voit le pont de Francardo, où s'embranche la route qui mène dans le Niolo, dont nous parlerons bientôt. Après le pont de Francardo, on arrive aux Strette d'Omessa, où Sampiero défit les troupes génoises. Deux énormes rochers très-rapprochés, au milieu desquels passe la route corrossable, donnent à l'endroit le nom de Strette d'Omessa. A côté de ces rochers on voit les ruines de la tour de Suppietra, tant renommée dans l'histoire du moyen âge. Après les Strette, on arrive à Caporalino, lieu habité et à quelques minutes de distance du village d'Omessa.

Le village d'Omessa, chef-lieu du canton de ce nom (ancien Talcini), était la résidence des anciens tribuns du peuple, les Caporali. Omessa a donné à la Corse des évêques et des personnages très-influents qui ont joué un grand rôle dans le moyen âge. Les villages dont se compose ce canton sont Piedigriggio, Populasio et Prato, dont nous avons déjà parlé; les autres sont Castirlo, Castiglione, qui possède une grotte remplie de stalactites et stalacmites; elle est la plus vaste de celles qu'on trouve en Corse.

On dit que Castirla, Castiglione et Castelluccio, détruits, furent fondées par une colonie espagnole, et portaient tous des noms de châteaux.

Soveria, village sis sur une colline près du passage du col de San Quilico, a donné le jour à l'illustre général Cervoni, mort à la bataille de Ratisbonne, en 1809. Mais si le nom du général Cervoni brille dans l'histoire de la France républicaine et impériale, si son nom est gravé sur l'arc de l'Etoile, à Paris, parmi ceux des plus grandes gloires militaires de la France, les noms de sa grand'mère et de son père Thomas Cervoni sont aussi inscrits en lettres ineffaçables dans les annales de nos gloires nationales. Le général Paoli est en danger, assiégé dans le couvent de Bozio; la triste nouvelle se répand: la veuve Cervoni appelle son fils et lui ordonne de marcher au secours du général. Celui-ci, mécontent de Paoli, hésite; alors elle pleure, elle crie, elle prend les armes, les présente à son fils, le menace de renoncer pour toujours au doux nom de mère et de maudire le lait qu'il a sucé de son sein, s'il ne s'empresse de courir à l'aide du père de la patrie! Son fils est vaincu, il s'arme, il vole accompagné de ses parents et de ses amis; il attaque les ennemis, les met en fuite et disparaît.

Le général Paoli court pour embrasser son libérateur, et ne le trouve nulle part; il était déjà dans les bras de sa mère, qui l'attendait à Soveria, fondant en larmes de joie.

	Traduction littérale
Il peregrin che valica	Le passager qui s'achemine
Ver l'alpi di Cenesto,	Vers les monts de Corté,
Con mente e sguardo cupido	Cherche avidement des yeux et de l'esprit
Cerca l'asil modesto	L'asile modeste
Della spartana impavida,	De l'intrépide Spartiate
Che al figlio il braccio armò.	Qui arma le bras de son fils.

Al figlio allorché d'Alando	De ce fils qui des collines d'Alando,
Alle fatal' pendici	Tomba comme la foudre
Ratto piombò qual fulmine	Sur la tête des ennemis.
Sul capo dei nemici,	Alors la patrie reconnaissante
La patria grata e memore	Grava à jamais ces deux noms !
Due nomi allor segno'!	

Lorsqu'on a surmonté le col de San Quilico, on entre tout de suite dans le territoire du canton de Sermano (ancien Bozio). On voit à quelques pas de San Quilico une petite chapelle située sur le penchant de la montagne : cet endroit s'appelle Bistuglio. C'est là qu'en 1796 se forma une réunion d'insulaires mécontents qui menacèrent d'allumer la guerre civile en Corse. Elliot, alors vice-roi de l'île, conjura la tempête en éloignant du gouvernement quelques hauts employés (1).

Le canton de Sermano se compose de Serma o, chef-lieu ; de Sainte-Lucia, ancienne résidence des Caporali ; de Tralonca, de Bustanico, patrie du fameux Antoine-François Defranchi, dit Carlone, qui, vieillard et estropié, donna le premier, au couvent de Bozio, en 1729, le signal de la révolte contre les Génois, révolte qui dura jusqu'en 1769, époque où la Corse fut soumise à la France.

Alando, village célèbre pour avoir donné le jour aux illustres Sambucuccio, premiers législateurs des Corses, l'un en 1107 et l'autre en 1466.

Alzi, Arbitro, Mazzola, Castellare de Mercurio, Rebbia et Piedicorte de Bozio, sont tous des villages appartenant au canton de Sermano.

Le couvent de Sermano (Bozio) est devenu célèbre dans l'histoire pour avoir été le théâtre de la lutte sanglante qui mit en danger la vie du général Paoli, et où son antagoniste Marius Matra trouva la mort.

Le canton de Sermano a été un des plus remuants de la Corse. C'est là que le son de la conque marine a appelé souvent les insulaires aux armes pour secouer le joug des ennemis de la patrie. Les Sambucuccio, les Defranchi, les Raffelli, les Ristori, les Guiducci, etc., etc., ont transmis leurs noms à l'histoire.

Le canton de Sermano récolte des céréales, des châtaignes en abondance, du vin et peu d'olives.

Le canton de Piedicorte di Gaggio (ancien Rogna) est limitrophe de celui

---

(1) Les auteurs de cette révolte furent Gambini de Corte, Santini d'Omessa, Franzini de Croce. Et les hauts employés que le vice-roi anglais éloigna étaient Pozzo di Borgo et Bertolacci.

de Sermano; les villages qui forment ce canton sont Piedicorte, chef-lieu, résidence de la famille seigneuriale des Gaggio, dont plusieurs membres se sont distingués dans les affaires politiques de l'île; Pancheraccia, résidence des Caporali; Pietraserena, Altiani, Giuncaggio, Focicchia, et Erbajolo.

Le sol du canton de Piedicorte di Gaggio est un des plus fertiles de l'île; il produit en abondance des céréales, du vin, de l'huile, des châtaignes, des légumes, etc.

Au sud de ce dernier canton se trouve celui de Vezzani (ancien Castello). Ce canton se compose de Vezzani, chef-lieu; Ghisoni, gros village qui a donné le jour aux deux frères généraux Ottavi et Constantini; Noceta, Antisanti, situé sur une montagne qui jouit de la vue la plus pittoresque de la Corse : ce village est renommé aussi pour l'excellente qualité de son pain; Poggio di Nazza, Lugo di Nazza, résidence des Caporali; et Ghisonaccia, pays nouveau, récemment érigé en commune.

Le canton de Vezzani est un des plus vastes de l'île; il est couvert de grandes forêts et de makis épais. Les villages y sont très-rares, à cause de l'étendue de son territoire; le sol est très-fertile en toutes sortes de récoltes, et l'abondance des pâturages fait que ce canton est très-riche en bétail.

Il est temps de visiter la ville de Corte, capitale de la Corse pendant la guerre de l'indépendance, et maintenant chef-lieu de l'arrondissement qui porte son nom.

VILLE DE CORTE

La ville de Corte est située au centre de l'île. Sa population monte à environ 5,000 habitants. Toute la population de son arrondissement est de 59,244.

Corte possède une sous-préfecture, un tribunal de première instance, un bureau d'enregistrement, un collège institué par le général Paoli à son lit de mort, une garnison de troupes de ligne. On y voit un château situé sur un rocher qui s'élève sur une pointe culminante et qui semble défier le ciel. Selon le chroniqueur Jean de la Grossa, ce château aurait été bâti vers le commencement du xvi° siècle par Vincentello d'Istria, qui combattait pour le compte de Martin, deuxième roi d'Aragon.

Plus tard les Français le fortifièrent, et la grande caserne, qui passe pour la plus belle de l'île, a été bâtie sous le règne de Louis XVI. Sous le règne de Louis-Philippe, le génie militaire fit démolir toutes les maisons qui étaient situées dans l'enceinte de la citadelle, dont l'endroit s'appelait Castellacce. Ces maisons appartenaient à la population des travailleurs et des bergers, laquelle a été presque toute refoulée du côté des rivières du Tavignano et de Rostonica. A la place des maisons démolies on a élevé un hôpital militaire qui est un bâtiment monumental, un amphithéâtre pour faire l'autopsie des cadavres des militaires morts dans cet hôpital, un pavillon pour l'artillerie, un autre établissement militaire, etc. On a formé des places pour faire les exercices, dont la ville manquait absolument.

La citadelle de Corte a été récemment convertie en prison centrale pour les détenus politiques.

Au pied des murailles d'enceinte de la citadelle on aperçoit le collége Paoli, la maison où était le collége du gouvernement national des Corses, et plus bas on voit la maison Gaffori, où l'on aperçoit encore l'empreinte des balles génoises tirées contre la modeste demeure du général insulaire. La maison Gaffori est placée vis-à-vis de l'église paroissiale. Le bâtiment religieux est très-pauvre. Toutes les autres maisons des familles remarquables de Corte sont situées sur un penchant rapide; les rues sont étroites et tortueuses. La route nouvelle par laquelle on entre dans cette ville pourrait bien se comparer aux plus belles des grandes villes continentales; elle est large, droite, ornée d'une allée d'arbres d'une végétation remarquable, et sur les bords de laquelle s'élèvent des maisons grandioses et élégantes. Cette route, qui va du nord au sud, commence à la caserne de la gendarmerie, qui est hors de la ville, et aboutit à l'extrémité, près de la rivière du Tavignano. Du côté de cette rivière, et près de l'extrémité de cette ville, existe une petite place qu'on nommait autrefois place Mancini; maintenant on y a élevé la statue colossale en bronze du général Paoli.

Le commerce de cette ville est florissant; elle est riche en vignobles, dont le vin est très-renommé. Cette ville est entourée de jardins et de prairies; les oliviers et les châtaigniers rapportent du bon fruit; on y récolte aussi du blé, de l'orge et quelque peu de maïs; mais elle est riche surtout en bestiaux.

Quoique cette ville ait fait de grands progrès dans la civilisation, on distingue deux classes d'habitants. La haute classe étale un luxe au-dessus même de ses moyens, et la classe des artisans et des laboureurs s'habille très-modestement. On croit que les premiers habitants de cette île ont été ceux mêmes qui habitaient l'ancien Cenestum des Romains, dont on voit encore les ruines à la distance d'une demi-lieue de la ville.

Les dessins que nous rapporterons ailleurs de l'ancien Cenestum semblent avoir appartenu à des temples; leur construction en est bizarre, et elle nous semble un mélange des styles gothique, byzantin, romain et barbare. Les ruines des habitations que l'on voit éparses çà et là, et surtout sur un mamelon, sont si imposantes, que dans plusieurs endroits on pourrait (sans trop se tromper) les prendre pour des constructions romaines. La position topographique de Cenestum était très-belle; elle était située sur la rive droite du Tavignano, dans un endroit très-uni, excepté ce mamelon dont nous avons parlé, qui pouvait bien lui servir de citadelle. L'endroit où l'on aperçoit les ruines s'appelle San Giovanni, et, tout près, on voit encore une source que l'on appelle la Fontana dei Mori, la Fontaine des Maures.

Une tradition locale dit que les Maures ou les Sarrazins y ont demeuré quelque temps, et que ces infidèles, attaqués par les Grecs du Bas-Empire et les Vandales, avaient été contraints de céder la place et de se réfugier dans un endroit de défense. Cet endroit aurait été la partie actuelle de la ville de Corte qui reste située sur ce rocher escarpé et d'une hauteur considérable, et où de petites habitations, posées comme des nids d'aigles, existent encore. Cette partie de la ville s'appelle Mascara. On sait qu'une ville du même nom, bâtie par les Sarrazins, existe en Afrique.

On pourrait bien supposer que les Sarrazins aient visité et même dévasté l'intérieur de l'île; mais leur résidence a été de trop courte durée, et ces prétendus rois, comme Nugulone, dont parle Jean de la Grossa, pourraient bien appartenir au domaine de la fable.

La ville de Corte offre au voyageur plusieurs points de vue différents. Si l'on voit cette ville du côté de Bastia, elle présente un très-beau pays, tout environné de jardins, de vignes, de prairies et de belles maisons de campagne. Les maisons qui formaient l'ancienne ville se déploient par degrés sur une colline; elles sont couronnées par des fortifications et par le vieux château, qui s'élève sur un point culminant. Cette ville se présente avec deux vues bien différentes; du côté du couvent de Saint-François, quoique la vue soit plus pittoresque, elle a quelque chose d'âpre et de sauvage;

CATHÉDRALE DE L'ANCIEN ÉVÊCHÉ DE LA MARIANA

VESCOVATO

COUVENT DE MOROSAGLIA.

LES FEMMES DU NIOLO CONTRE LE PORTEUR DE MAUVAISES NOUVELLES.

MARCHANDS DE GOUDRON, DE POIX ET DE PELLES D'ASCO

ZICAVO

du côté du Nord et de l'Est, les bâtisses de cette ville se montrent plus au long et avec un aspect plus agréable.

La ville de Corté est fermée par deux rivières; celle du côté nord est de peu d'importance, mais celle du Tavignano, qui est grossie par les eaux de la Rostonica tout près de la ville, forme l'une des trois plus grandes rivières de l'île. Toutes ces rivières abondent d'excellentes truites, et la ville en est, dans la belle saison, toujours approvisionnée.

On voit à Corté des magasins remplis de toutes sortes de marchandises; il y a des cafés montés avec luxe et des hôtels où rien ne manque de confortable. Quant aux marchés des céréales et des légumes, ils laissent encore beaucoup à désirer. Une fontaine monumentale s'élève au milieu de la ville, mais ses eaux ne sont pas comparables à celles de Baliri et de Burninca, ni à celles de la rivière de la Rostonica. Les eaux de cette dernière rivière ont la propriété de purger et de rendre luisant tout métal oxydé. Ainsi, les femmes du peuple, lorsqu'elles veulent polir leurs ustensiles de cuisine, vont les plonger dans les eaux de la Rostonica. On voit sur les bords de cette rivière la grande scierie des marbres de Corté, d'où on tire des blocs d'une grande dimension. Nous parlerons de cette carrière dans la minéralogie de l'île.

La ville de Corté a été le théâtre de luttes sanglantes et de vicissitudes politiques; aussi aurons-nous lieu d'en parler souvent dans le cours de notre histoire politique. Une route carrossable, ouverte récemment de Corté à Aleria, augmentera dans cette ville le commerce et y apportera le bien-être.

La ville de Corté a donné le jour à plusieurs hommes d'une distinction remarquable, tels que Léonard de Casanova, célèbre compagnon de Sampiero, mort général au service de la France; à son fils Anton-Padovano, victime de son amour filial; à Arrighi (Antoine), professeur à la grande université de Padoue; au général patriote Gaffori; à son fils, général au service de la France; à l'héroïque Faustina, femme du général patriote Gaffori, susmentionné, ainsi qu'à plusieurs membres de cette famille qui se sont distingués dans la magistrature et dans le clergé. Corté a donné aussi le jour au général Arrighi, duc de Padoue, gouverneur des Invalides à Paris, dont le fils Ernest a occupé le ministère de l'intérieur en 1859; à la famille Mariani, dont plusieurs membres ont occupé des postes éminents; à la famille Montera, qui a donné à la patrie des hommes distingués dans la carrière des armes, dans le clergé et dans la magistrature; aux Olivetti, aux Boerio, aux de Signorio, au Père Teofilo, de l'ordre de Saint-François, dont la mémoire est en grande vénération parmi ses coreligionnaires, à Arrighi, auteur de plusieurs ouvrages qui se rattachent à l'histoire nationale, et conseiller à la Cour impériale de Bastia.

LE NIOLO

Le canton du Niolo est historique par les mœurs de ces habitants, par leurs costumes, par la vie nomade de ses bergers, par le patriotisme d'un si grand nombre de familles qui ont été en butte à tant de malheurs. La potence, l'exil, les cachots n'ont jamais pu éteindre l'amour de la patrie et de l'indépendance chez ces courageux montagnards.

Les villages du Niolo sont tous situés (excepté Calasima) dans un vallon le plus beau et le plus pittoresque de l'île; il est tout entouré de hautes montagnes qui se couvrent de neige pendant l'hiver : le mont Cinto au nord, le mont Baglia-Orba au nord-ouest, le mont Artica à l'ouest, et le Pascio au sud, couronnent le Niolo et en rendent l'accès un peu difficile.

Les habitants de ce canton, étant presque tous bergers-cultivateurs, vers la fin de septembre, ou dans la moitié du mois d'octobre émigrent avec leurs troupeaux dans les lieux qui avoisinent la mer, et y demeurent jusqu'au mois de mai. Ils couchent toujours à la belle étoile; le pelone, espèce de manteau avec capuchon et sans manches, leur sert de maison et la dure de lit; néanmoins ils sont en général très-robustes et vivent jusqu'à un âge très-avancé. C'est des montagnes du Niolo que jaillissent les plus grandes rivières de l'île, et c'est dans ces montagnes que l'on rencontre, entremêlés aux beaux granits, les jaspes, les porphyres et même les agates.

On pénètre dans le Niolo par des points différents, mais tous présentent des routes très-difficiles et incommodes. La route qui s'embranche au pont de Francardo nous amène au pont de Castirla, et, de là, en cotoyant la rivière du Golo par des sentiers qui nous offrent à chaque instant la vue d'affreux précipices et de montagnes âpres et sauvages, on arrive aux échelles de Santa-Regina, endroit très-dangereux autrefois, où ont péri tant de personnes et de bestiaux, maintenant rendu, par la main de l'homme, très-facile à surmonter même à cheval. De Santa-Regina on arrive en peu de temps au village de Corscia. Si l'on veut pénétrer dans Niolo du côté du mont Pascio, on part de la ville de Corté et on côtoie la rivière de Tavignano; mêmes précipices, mêmes vues sauvages et pittoresques, qui offrent au peintre et au poëte de quoi échauffer leur verve et leur imagination.

En suivant le cours de la rivière du Tavignano, on voit la grotte des Réfugiés. Elle porte ce nom-là parce qu'elle a servi de refuge à la mère de Napoléon Ier pendant une nuit d'orage, lorsqu'après la catastrophe du Ponte-Nuovo elle cherchait un asile sur les hautes montagnes de l'île avec d'autres compagnons d'infortune. Lorsque la route cesse de côtoyer le Tavignano, il faut se tourner à droite et ramper sur une pente très-rapide, par une ruelle très-étroite et incommode qui nous mène jusqu'au sommet de la montagne, où commence la belle et magnifique forêt d'Alberata di Melo. Si le pénible et dangereux passage du Tavignano effraie l'esprit du voyageur, la forêt du Melo et le monte Pascio, qu'on traverse successivement, le réjouissent par la vue d'arbres gigantesques et séculaires, et de plateaux couverts de gazon et émaillés de fleurs qui embaument toute cette contrée. On voit à l'entrée de la forêt de Melo la source d'eau tant renommée d'Argentella, et sur le monte Pascio à chaque instant on découvre de petits ruisseaux qui serpentent cachés sous les herbes et sous les fleurs de tant de différentes couleurs. Bien entendu, nous ne disons cela que pour le voyageur qui visite ces lieux vers la fin du mois de mai jusqu'au mois d'octobre. Du monte Pascio, on va à Campo-Tile, aux lacs Ino et Creno, dont nous avons parlé; mais si l'on veut descendre dans le vallon du Niolo, la route de ce côté est très-facile, et l'aspect du vallon se présente avec toute sa beauté ravissante et pittoresque. Les autres issues sont du côté du Sergio-Sottano, d'où elles aboutissent à Letia et à Vico, et du Sergio Soprano, dont la route mène à Marignana, à Cristinacce, à Evisa. C'est à Sergio-Sottano que l'on voit le roi des arbres pins-larix; celui qui portait le nom de Reine est tombé depuis longtemps, et il gît tout pourri sur le sol. Lorsqu'on a gravi la montagne et qu'on descend du côté des bains de Vico et des villages de Letia, on trouve la fontaine de Menta; cette source prend son nom de l'herbe de menthe, dont la montagne est couverte et qui embaume toute cette contrée de son parfum.

Le canton de Niolo est composé des villages Calacuccia, chef-lieu, Casamaccioli, où se tient la grande foire, le 8 septembre. Cette foire, dit-on, est la plus ancienne qui existe en Corse; elle consiste spécialement en échanges

(1) Ou fontaine d'Argento.

d'animaux, tels que bœufs, chevaux, mulets, chèvres, brebis, etc.; cependant il se fait aussi un grand commerce de nicotina rustica, tabac corse, qu'on tire des villages de l'ancienne province de Vico.

Corscia, village qui a donné le jour à Grimaldi, Jean-Vitus, auteur de quelques poésies lyriques et de quelques nouvelles historiques corses.

Albertacce, Pietra, Zittamboli, Lozzi, Poggio, où l'on montre les ruines d'une maison qu'on croit avoir appartenu à Prosper Farinacci, célèbre jurisconsulte à Rome, et enfin Calasima, le village qui domine tout le canton.

On croit trouver dans le Niolo les vestiges d'une colonie grecque, en supposant que *Calosima* dérive des mots grecs lieu-haut, ou belle-vue, belvédère en italien, calacuccia, lieu-bas, *eghia*, la jeune chèvre. D'autres, au contraire, y trouvent une origine gothique ou teutonne, à l'égard des costumes et des habitudes, ainsi qu'au mot Wald, bois ou forêt, car les Niolins appellent valdo la forêt, et *jacaro* le chien, etc. Nous laisserons discuter ces questions d'origine par les savants archéologues. Presque toute la culture de ce canton se porte vers le mont Cinto; les montagnes de l'ouest sont trop rocailleuses et les penchants du mont Pascio sont couverts par la grande forêt de Nielo, qui, touchant de près à celle du Melo, s'étend jusqu'à la magnifique forêt d'Aietona.

Quittons le Niollo avec ses bois et ses hautes montagnes pour rentrer dans la ville de Corté, afin de continuer notre voyage dans l'intérieur de l'île.

En laissant Corté pour suivre la route carrossable qui va à Ajaccio, on traverse les deux ponts très-rapprochés du Tavignano et de la Rostonica; non loin de ces ponts on voit l'ancien couvent de Saint-François, où souvent les patriotes corses formaient leurs consultes pour délibérer sur les affaires politiques de l'île, et où le général Paoli allait souvent demander aux moines l'hospitalité dans leurs très-modestes cellules. Ce couvent va bientôt être converti, par les soins de monseigneur Casanelli d'Istria, en un lieu de retraite pour les ecclésiastiques vieux, pauvres ou malades.

En poursuivant notre route, nous verrons à main gauche les misérables restes du château de Tizzani, appartenant à l'illustre Leonard de Casanova. Ces ruines se dressent encore comme des spectres pour témoigner aux voyageurs le vandalisme de la république génoise, et l'ombre de l'infortuné Anton-Padovano, immolé à l'âge de dix-huit ans par la barbarie la plus raffinée de l'oligarchie ligurienne, voltige toujours dans ces lieux silencieux.

Ah! jamais les siècles ne pourront effacer les tâches du sang, ni étouffer les cris de cette grande victime de l'amour filial.

En moins de deux heures on arrive dans le canton de Serraggio, qui est formé des villages de Casanova, de Riventosa, placée sur la crête d'une montagne, de Poggio, situé aussi sur une hauteur, et qui jouit d'une vue agréable. Les habitants de ce village nous montrent encore les restes du château d'Arrigo Bel-Messere, héros légendaire du dixième siècle, dont nos ancêtres se plaisaient à nous raconter les faits merveilleux. Ce Beau-Monsieur (Bel-Messere) et ses nombreux enfants firent une fin tragique, mais sa femme, après toutes ces pertes cruelles et douloureuses, se montra au-dessus de son sexe et devint une héroïne.

La légende nous dit qu'après la mort d'Arrigo, Bel-Messere, on entendait dans l'air une voix qui criait nuit et jour : *Corsica, non avrai più bene!!* O Corse, tu n'auras plus de bonheur!!

San Pietro est traversé par la grande route, et est un des villages les plus élevés de l'île, aussi y fait-il très-froid dans l'hiver. Par une descente rapide, on arrive aux villages de Lugo de Venaco, et puis à Serraggio, qui est le chef-lieu du canton. Tous ces villages sus-mentionnés sont plus connus en Corse sous le nom de Venaco. Les fromages de Venaco passent pour être les meilleurs de l'île ; ce canton possède deux belles carrières de marbre : celle du Serraggio et celle de San Gavino ; cette dernière donne un marbre de diverses couleurs, et de toute beauté.

Après le village de Serraggio, on passe le pont de Vecchio, le plus élevé et le plus hardi de tous ceux qui sont dans l'île, et enfin, en parcourant une route toujours en saillie, on arrive à Vivario, dernier village du canton du Serraggio. Ce dernier canton d'en deçà des monts est très-étendu, il est couronné par les plus hautes montagnes de l'île, telles que Monte Cardo, Monte Rotondo et Monte d'Oro; il possède deux grandes forêts : Vizzavona et Cervello. Les penchants des monts et les vallées du canton de Serraggio sont très-bien cultivés, et le sol est en partie couvert de châtaigniers, d'arbres fruitiers et de vignobles.

Les pommes de terre qu'on récolte à Venaco sont de la meilleure qualité. Une partie des habitants de ce canton descendent faire leurs labours dans la plaine d'Aleria, où ils ont fait de belles acquisitions, et où ils ont bâti des maison qu'ils habitent pendant une grande partie de l'année.

Lugo de Venaco a donné le jour à l'historien Giacobbi; Vivario a vu naître Barthélemy Telamone, commandant les flottilles navales du Pape, et le philantrope abbé Pantalacci, qui, après avoir vécu longtemps à Vienne (Autriche), où il étudia la médecine sous le célèbre Van Swieten, revint dans ses foyers, où il employa les derniers jours de son existence à soigner gratuitement les malades, qui venaient à lui de toutes les parties de l'île[1]. En quittant Gatti di Vivario et Muraciole, on entre bientôt dans la forêt de Vizzavona. Cette grande forêt, qui couvre tous les vallons et les flancs du Monte d'Oro, s'étend jusqu'à la Foce, le passage le plus facile pour pénétrer au delà des monts, mais difficile et dangereux pendant l'hiver. C'est là que la neige, poussée par les vents, descend en tourbillons, et, s'agglomérant dans cette vallée, en rend le trajet impossible. Quoique les soldats qui sont casernés dans un fort qui domine la Foce, et les cantonniers qui stationnent en bon nombre dans ce lieu, pendant la mauvaise saison, soient toujours occupés à balayer la neige, pour déblayer le chemin, on a néanmoins à déplorer des pertes d'hommes et de bestiaux. Après avoir dépassé la Foce de Vizzavona, et la grande forêt de pins laryxs, on descend par une route un peu rapide et ombragée par une immense forêt de hêtres gigantesques et séculaires, on parcourt un chemin qui offre aux voyageurs la vue de précipices affreux, de montagnes escarpées, âpres, aux flancs déchirés et d'un aspect imposant et sauvage, on arrive au pont de la Cellula, où existent les blocs du beau granit avec grenats, et enfin on entre dans le village de Bocognano.

Ce village, chef-lieu du canton qui porte son nom, est très-peuplé, mais il est rustique; il est sis sur le penchant d'une montagne et domine la vallée de Gravona. Ses environs sont cultivés, et le sol est en partie couvert de châtaigniers; mais son territoire étant presque tout montagneux et stérile, les habitants descendent en grande partie faire leurs labours dans le territoire de Mezzana, où ils possèdent des terres; ils vont aussi travailler et faire paître leurs troupeaux dans les lieux qui avoisinent la mer, où ils ont bâti des cabanes et des maisons, qu'ils habitent une grande partie de l'année. Bocognano contenait autrefois une population indomptée et demi-sauvage, qui a nécessité souvent de rigoureuses répressions de la part de la force publique; mais avec le temps, et grâce à la route carrossable, aux nombreux passagers qui le traversent pour se rendre à Ajaccio, à Bastia, ou dans l'intérieur de l'île, au commerce qui s'y est introduit, et enfin aux frères Igno-

---

[1] Quant au lieu de naissance d'Alberto Leccapecora, religieux vénérable, qui contribua à la conversion de Saint-Rainieri qui plus tard devint évêque et patron de Pise, nous ne pouvons pas l'assigner avec certitude; seulement on sait qu'il était de Talcini, contrée qui comprenait Omessa, Corte, Bozio et Venaco.

rantins, qui ont répandu l'éducation dans toutes les classes, la civilisation y a fait des progrès, et les mœurs des habitants se sont sensiblement adoucies. La famille Bonelli, qui a donné un colonel sous le premier empire, était une famille fort chère aux Buonaparte.

Les autres villages du canton de Bocognano (ancien Celavo) sont Vero, dont les tristes souvenirs s'effacent tous les jours; Ucciani, beau pays, riche en bétail, en blé, huile, châtaignes, vin. La famille Poggioli, aimée des Buonaparte, et dont Napoléon Ier se souvint dans son testament, a vu le jour à Ucciani. Ce village possède un pont magnifique, sous lequel coulent les eaux de la Gravona. Ce pont, en beau granit, fut construit sous Louis XVI.

Tavera, village remarquable, récolte des céréales, du vin, de l'huile, des légumes, des châtaignes, etc. Carbuccia est un village qui jouit des mêmes productions que Tavera.

Si le voyageur désire traverser les montagnes qui séparent Bocogagno de Bastelica, pour admirer les bois qui ombragent leurs flancs et leurs plateaux couverts de pâturages et de thym odorant (erba Barona), il n'a qu'à s'acheminer vers les Scalellé, très-difficiles à surmonter, mais au bout desquelles il sera dédommagé par les vues magnifiques et agréables qui se déroulent sous ses yeux.

Bastelica, le village le plus peuplé de l'île, est sis dans un très-beau vallon tout couvert de bois de châtaigniers et autres arbres fruitiers, qui ombragent en partie les demeures des habitants. Ce pays est très-riche en bétail, et ses habitants furent de tout temps les plus zélés défenseurs de l'indépendance de l'île. Bastelica a donné le jour à Sampiero, l'un des plus grands héros de son siècle, général au service de la France, dont le fils Alphonse et le petit-fils Jean-Baptiste furent deux maréchaux de cette grande nation. Nous parlerons de toutes ces illustrations dans leurs biographies.

La famille Costa, appelée par Napoléon Ier dans son testament à jouir de ses bienfaits, était de Bastelica. Un membre de la famille Costa, M. Costa, ancien préfet d'Avignon, est auteur de quelques pièces dramatiques en vers. C'est un homme très-érudit, et ses productions poétiques font beaucoup d'honneur à son talent et à son pays.

Eccica-Suvarella et Cauro, dont nous avons déjà parlé, font partie du canton de Bastelica (ancien Sampiero). La nouvelle route, qui de Bastelica s'embranche à la route qui conduit à Sartène, rend très-facile l'accès dans ce pays historique (Bastelica).

De Bastelica on peut pénétrer dans le canton de Zicavo (ancien Talavo), quoique le chemin soit bien incommode. Le canton de Zicavo possède un terrain en grande partie montagneux et stérile. On y voit des châtaigniers et des vignobles, mais l'olivier est très-rare. Ce canton se compose des villages de Zicavo, chef-lieu, qui a donné le jour au général Paganelli, dit le général Zicavo, au service de la république de Venise, aux généraux Abbatucci, Charles, tué au pont d'Huningue, sous la première république française, à l'âge d'environ 26 ans, et à Jacques-Pierre, général sous le premier empire, mort dans ses foyers, et enfin au ministre de la justice Abbatucci Jacques-Pierre-Charles, sous Napoléon III, mort récemment à Paris. Des trois enfants qu'il a laissés, l'un est colonel, fort jeune, l'autre, membre du conseil d'Etat, et le troisième, député de la Corse au Corps législatif. Les habitants de Zicavo s'adonnent, depuis quelque temps, au commerce et à l'industrie, et ils s'en tirent fort bien. Giovicacce, petit village; Guitera, qui a donné son nom aux eaux thermales dont nous avons parlé, Guitera possède les ruines du château des Bozzi. Corrano, autre petit village près de Guitera; Zevaco, pays qui a donné le jour à l'abbé Poggi, chéri par la famille Buonaparte, et auquel Napoléon Ier légua 100,000 fr. dans son testament. Cozzano, dont les habitans aiment beaucoup à mendier: on les voit parcourir les villages couverts de haillons d'une dégoûtante saleté; Sampolo, assez joli village; Ciammannacce, village qui possède la partie la plus fertile du canton, mais dont les habitants, quoique courageux et vindicatifs, ne se sont pas encore dépouillés des préjugés et des superstitions sur les sorciers. On voit dans ce village les ruines d'un ancien château féodal; Palneca, commune qui possède de belles forêts, dont l'exploitation a apporté parmi les habitants le bien-être, et Tasso, fort joli village, dont le territoire est couvert en partie de bois de châtaigniers. Le canton de Zicavo est limithrophe de celui de Santa-Maria et Siché (ancien Ornano), dont nous avons parlé page 153. Au village de Grosseto s'embranche la route carrossable qui, traversant le canton de Santa-Maria et Siché, va jusqu'aux bains de Guitera et à Zicavo. Il serait à désirer que cette route puisse se prolonger à travers les penchants du monte Verde et aboutir à Vivario, afin que tous les habitants de l'intérieur de l'île pussent profiter des eaux miraculeuses des bains de Guitera.

Le territoire du canton de Zicavo s'étend sur le mont Coscione, mont très-riche en pâturages, et très-agréable à parcourir dans la belle saison.

Dans le canton de Zicavo se terminera notre voyage difficile et interrompu à cause des communications si rares entre les villages de l'intérieur. Toutes ces difficultés s'aplaniront un jour ; nous espérons que les routes forestières à travers nos montagnes seront poussées avec activité, grâce au gouvernement providentiel de Napoléon III.

Plusieurs dessins représentant les vues des paysages, tels que villes, villages, sites, tours, ruines, etc., de même que les costumes et coutumes qui n'ont pas pu entrer dans l'illustration que nous venons de publier, nous les rapporterons dans l'histoire politique.

Maintenant que nous avons fini notre itinéraire, ou géographie physique de l'île, nous prions nos lecteurs d'être indulgents envers nous, et si par oubli nous avons omis quelque chose qui intéresse notre pays, ou si nous avons été induit en erreur par les habitants des lieux que nous avons parcourus sur les produits du sol ou sur tout autre matière qui puisse être de quelque utilité à notre ouvrage, nous leur serions très-reconnaissant, s'ils veulent avoir l'obligeance de nous donner des renseignemens dont nous ferons une note spéciale. Nous voulons parler des objets que renferme l'île et non des faits qui appartiennent à l'histoire que nous n'avons pas encore touchée.

La tâche que nous nous sommes imposée est certainement bien lourde et difficile, non-seulement pour les matières que l'ouvrage renferme, mais aussi pour les fortes dépenses que l'illustration nécessite.

Nous sommes heureux de voir que bon nombre de nos compatriotes nous encouragent et que des étrangers, même haut placés, nous aident et nous applaudissent. Quant aux sottes critiques inspirées par la haine et la jalousie, qui ont plutôt la forme et le style de pamphlets et de diatribes, et qui tendent à nous décrier avec des paradoxes et des raisonnements malins et perfides, elles ne nous détourneront pas un seul instant de notre entreprise (1). Tout ce que nous avons rapporté, ou comme opinions, comme

---

(1) Lors de la première livraison de cette publication nous avons eu à essuyer le feu peu nourri d'une critique aussi inconvenante qu'illogique. Certes, nous avouons qu'une critique sévère et faite par des écrivains sérieux est une réclame pour l'auteur; mais elle devient odieuse lorsqu'elle sort de sources plus révocables. Si le sieur Filippo de Mola ne s'était pas permis de sortir des convenances, nous l'aurions parfaitement laissé aller à la dérive sur l'océan de niaiseries où navigue sa critique, mais certains mots malsonnants et indignes d'un galant homme, qu'il nous a prodigués, nous ont fait un devoir d'arrêter l'avalanche des paradoxes et des extravagances qu'il amoncelait sur notre tête. Nous avons donc parlé, dans une note, sur les inexactitudes de la géographie de Marmochi (livre écrit et imprimé à Bastia, auquel il nie d'avoir pris aucune part), et en reprochant au sieur de Mola le silence qu'il avait gardé sur tant de fautes imprimées sous ses yeux, tandis qu'il se montrait si sévère contre nous, nous avons parlé de son

traditions ou faits historiques, nous le confirmons, excepté un anachronisme que nous avons commis dans une petite note à la page 8, où il faut lire Grégoire XIII et non Clément VIII. L'erreur commise dans cette note a été plutôt l'effet d'une distraction que d'ignorance dans cette matière, et dont nous nous sommes aperçu à peine était-elle sortie de l'impression.

Quant à avoir péché de patriotisme en émettant notre opinion sur quel-

---

savoir et d'un discours prononcé dans une circonstance politique, et dans lequel nous avons dit que, foulant aux pieds la dévotion vouée aux Bourbons, il s'était déclaré fougueux républicain. Il paraît que le sieur Filippo de Mola a peu de mémoire, puisqu'il a complètement oublié ce qu'il a signé en 1832; et lorsque nous le lui rappelons, il crie au mensonge et à la calomnie, et nous fait mitrailler par plusieurs journaux; de plus, il nous envoie par voie d'huissier ses titres et quelques documents biographiques. Que pourront faire ces actes et ces documents? Ils [n'effaceront jamais ce qu'il a écrit et dit.

Nous aurions pu nous refuser à insérer la réponse dudit sieur de Mola, puisque nous publions une histoire illustrée, qui paraît par livraisons dans des temps indéterminés, et non un journal ou écrit périodique; mais ne craignant pas le grand jour, nous voulons bien obtempérer à ses désirs, afin que nos lecteurs soient fortement édifiés sur le caractère et les antécédents de notre adversaire.

Nous avons commis une grave faute, un crime même, nous l'avouons, en blessant l'amour-propre d'un noble, d'un baron, d'un illustre conservateur de bibliothèque communale, d'un ex-savant bâtonnier de l'ordre des avocats de Bastia, d'un ex-très-intelligent administrateur, d'un haut personnage, et, en un mot, qui étant baron du premier empire (titre qu'il tenait de son père), fut ruiné par la Restauration pour être bonapartiste, nous le supposons. Suivons jusqu'au bout la vie de cet homme convaincu. Plus tard, la vertu poussant le bonapartiste à défendre les droits des Bourbons au trône de France, il signa, en 1832, la fameuse adresse à la duchesse de Berry, pour faire ensuite serment de fidélité à la république de 1848.

Ce n'est pas tout :

Aujourd'hui le républicain de 1848 est prêt (nous le croyons sur parole) à servir le gouvernement de l'empereur Napoléon III.

Le sieur Filippo de Mola a bien raison de le dire, et c'est en cela seulement qu'il a raison, le public verra si nous pouvons être taxé de diffamation, ou si l'épithète de girouette (mot que nous n'avons pas prononcé, et dont il se pare) peut être impunément adressé à une conviction aussi élastique.

Que le sieur de Mola vienne nous chercher dans « le repaire » où nous nous cachons, il verra que quoi qu'il en dise, une pareille lutte est impossible.

Nous allons reproduire son assignation :

L'an mil huit cent soixante-quatre, le dix-huit janvier, à la requête du sieur Philippe Caraffa, conservateur de la bibliothèque de Bastia, ancien conseiller de préfecture, ancien bâtonnier, demeurant audit Bastia, lequel fait élection de domicile,

J'ai, Charles Besnard, huissier audiencier au tribunal civil de la Seine, séant à Paris, y demeurant, rue du Temple n° 74, soussigné,

Dit et déclaré à M. Galletti, demeurant à Paris, rue Saint-Dominique-Saint-Germain, n° 49, en son domicile, parlant à la concierge de la maison, ainsi déclarée,

Que le requérant a eu connaissance des notes insérées contre lui dans l'ouvrage intitulé

ques personnages qui ne feraient pas de tort à notre pays, ou pour avoir assigné à cette île la place la plus importante parmi toutes celles de la Méditerranée, ce péché, disons-nous, ce crime ne peut pas trouver miséricorde auprès de ceux qui n'ont jamais su ce que c'est que l'amour de la patrie, ou qu'étant d'origine mercantile génoise pourraient encore conserver dans leur cœur les germes des rancunes et de la haine implacables que leurs ancêtres leur ont transmis en héritage.

Histoire de la Corse, par l'abbé Galletti, qui paraît par livraisons périodiques, et notamment de celles figurant pages 179, 188, 189 et 190 :

Qu'il proteste contre ces notes, qu'il considère comme contraires à la vérité, injurieuses et perfides, et qu'il entend user du droit qui lui est accordé par l'article 1 de la loi du 17 mai 1819, l'article 11 de la loi du 25 mars 1822 et l'article 17 de la loi du 9 septembre 1835, de reproduire sa réponse à ces notes dans l'ouvrage lui-même.

Pourquoi j'ai, huissier susdit et soussigné, fait sommation au susnommé de faire insérer sa réponse auxdites notes, en se conformant aux lois précitées, et d'insérer audit ouvrage, et dans le plus prochain numéro de la livraison, la réponse suivante :

« Les travaux d'érudition sont sujets à la critique, qui leur est même nécessaire. Le public lettré est alors juge de la convenance et de la modération des attaques et des réponses. Le sieur Galletti était donc dans son droit lorsqu'il appréciait, à son point de vue, la valeur de mes recherches sur la Corse. C'est la science qui décide et prononce mieux que dans un livre de descriptions consacré à l'histoire de la Corse; qu'on s'en prenne à la personnalité, à l'individualité des chercheurs, ainsi que l'a fait le sieur Galletti dans une note écrite en forme de pamphlet (p. 188), c'est un procédé aussi inqualifiable qu'inusité en pareille matière. Je ne devais pas m'attendre, à propos d'inscriptions et de critique archéologiques ou géographiques, à voir soulever un passé politique dont, au reste, je suis fier.

» Ce passé est déjà de l'histoire. C'est elle qui va me défendre contre les attaques et les insinuations contenues dans les dix dernières lignes de la page 190 de l'ouvrage du sieur Galletti.

» Le 5 mars 1850 :

» A propos de l'adresse de Mme la duchesse de Berry, dont le souvenir était évoqué devant la Cour d'assises de Bastia par M. le procureur général :

» Me Garaffa se lève et proteste en ces termes : Je ne puis pas rester sous le coup du reproche de M. le procureur général, quoiqu'il proteste qu'il n'a pas eu l'intention de parler de moi; ma conscience ne relève que de Dieu, mais je veux que ma maison soit de verre pour les yeux des hommes. Oui, en 1832, j'ai signé une adresse à la duchesse de Berry, et je m'en honore. Je suis un baron de l'empire; j'ai été ruiné par la Restauration, je ne l'ai jamais servie; on ne m'a jamais vu ni dans les antichambres, ni dans les salons des puissants de cette époque; mais j'ai respecté, j'ai aimé ses droits, parce que je m'incline devant le droit partout où je le trouve, parce que je suis habitué à lui faire le sacrifice de mes intérêts. Oui, la révolution de juillet m'a brisé le cœur, parce que je n'aime pas les révolutions à la turque, parce que je ne puis pas applaudir à un grand peuple qui chasse trois générations de rois pour en prendre un autre. (*Journal le Progressif de la Corse*, n° 18. Jeudi 14 mars 1850). »

» Le 2 mars 1848 :

» M'adressant à mes concitoyens de Bastia, je disais :

» La commission municipale extraordinaire que vous avez nommée hier m'a fait l'honneur de

Nous donnons ici la description de Ptolémée sur l'île de Corse avec les noms des promontoires, rivières, montagnes, villes, etc. :

« L'île de Corse, appelée *Cyrnus*, est entourée au nord et à l'ouest par la mer Lygurienne, au sud par détroit de la mer qui la sépare de la Sardaigne et à l'est par la mer Tyrrhénienne.

Elle a 14 villes situées dans l'intérieur, 13 villes maritimes, 12 peuples, 1 autel, 4 ports, 2 plages, 8 promontoires, 8 rivières, etc.

Quant aux montagnes, Ptolémée ne nous donne que le nom de deux et le nom d'un seul golfe.

Villes de la partie du nord de l'île : *Laurinum-Civitas* (selon la carte du géographe d'Alexandrie, cette ville n'occupait pas la place où se trouve Luri au cap Corse), *Centurinum-Civitas*, *Canellata-Civitas*; promontoires : *Sacrum-promontorium*, *Tilox-promontorium*; embouchures de rivières avec la mer : *Valerii amnis ostia*; plaines : *Coesie-lictus*.

Villes du côté de l'ouest : *Urcinum-Civitas*, *Pacua-Civitas*, *Marianum-Civitas*, *Fisera-Civitas*; promontoires : *Aticum-promontorium*, *Marianum-promontorium*, *Viriballium-promontorium*, *Rium-promontorium*; golfes : *Casalus-Sinus*; montagnes : *Rettius-mons*, *Erythron-oros*; plages : *Arenosum*

me choisir pour son président. Je n'ai pas la prétention d'avoir mérité cette préférence. Je sais que d'autres y avaient plus de droit que moi; mais j'en suis heureux parce qu'elle est un hommage à l'indépendance du caractère, parce qu'elle est une protestation contre l'avilissement et la corruption qui nous débordaient. C'est la seule couleur politique de ce choix. (*Au peuple de l'astia*. Bastia, imprimerie Fabiani). »

» Le 21 mai 1848 :

» A l'occasion de la fête civique pour la plantation de l'arbre de la liberté, en ma qualité de président de la commission municipale extraordinaire, je prononçai le discours si imprudemment rappelé par le sieur Galletti :

« En nous réunissant pour cette imposante cérémonie, ce n'est pas à une fête stérile, à une vaine parade que nous allons assister. Lorsque la liberté prend un arbre pour symbole, elle proclame sa véritable nature ; elle se dit un principe de vie et de conservation ; elle promet des fruits et de l'ombre, l'abondance et l'abri. — Et lorsque nous élevons de nos mains et que nous saluons de nos voix un arbre de la liberté, nous en acceptons l'heureuse signification; nous y souscrivons avec amour; nous nous rendons les garants des droits qui surgissent et que nous devons féconder parce que nous sommes frères, des droits qui restent et que nous devons protéger parce que nous sommes citoyens. — C'est donc un serment solennel que nous prêtons ici par le seul fait de notre présence et de nos acclamations, un serment de fidélité à la république, telle que le gouvernement provisoire l'a inaugurée telle que l'Assemblée Nationale veut la maintenir. (*Journal de l'Ère nouvelle*, n° 12. Jeudi 25 mai 1848). »

Voilà comment dans les actes et dans les discours de ma courte vie politique, j'ai foulé aux pieds la foi et la dévotion vouées aux Bourbons, comment je me suis déclaré fougueux républicain. »

Lui déclarant, etc.

lictus; embouchures de rivières : *Circidii-fluminis-ostia, Locræ-fluminis-ostia, Ticari-fluminis-ostia*; ports : *Titanus-portus.*

Du côté du sud. Villes: *Palla-Civitas, Rubra-Civitas, Alista-Civitas*; promontoires : *Granicum-promontorium*; ports : *Syracusanus-portus, Favonii-portus.*

Du côté de l'est. Villes : *Aleria-Colonia, Mariana-Civitas, Mantinum-Civitas*; embouchures des rivières : *Ilieri-fluminis-ostia, Rothani-fluminis-ostia, Tuolæ-fluminis-ostia*; ports : *Dianæ-portus*; promontoires : *Vagum-promontorium*; autel : *Tutela ara.*

Villes de l'intérieur : *Ropicum-Civitas, Cersunum-Civitas, Palania-Civitas, Aluca-Civitas, Oscinum-Civitas, Sermitium-Civitas, Talcinum-Civitas, Venicium-Civitas, Cenestum-Civitas, Opinum-Civitas, Mora-Civitas, Matista-Civitas, Albiana-Civitas.*

Noms des diverses peuplades qui habitaient les montagnes de l'île : les *Cervini*, les *Titiani*, les *Tarrabeni*, les *Blatoni*, les *Venacini*, les *Celebensi*, les *Opini*, les *Simbri*, les *Coymaseni* et les *Subaseni.*

Nous avons cité dans notre itinéraire plusieurs de ces villes antiques, rivières, promontoires, etc., en leur assignant les places que nos historiens et archéologues nous ont indiquées, mais il serait bien difficile d'en assurer l'authenticité, car presque tous ces écrivains ne sont pas d'accord entre eux.

Inscription existante dans les corridors du Vatican à Rome

CORSICA · MEDITERRANEI · INSVLA · ITALIÆ · LICTORIBVS ·
ET · SARDINIÆ · INTERJECTA · QVINGENTA · CIRCITER ·
PASSVVM · MILLIA · IN · AMBITV · PARTIM · MONTVOSA ·
MAXIMA · EX · PARTE · NEQVE · ADMODVM · FERRAX · ET ·
IDEO · INCOLIS · HAVD · SATIS · FREQVENS · QVATVOR ·
TAMEN · NATVRÆ · DONIS · COMMENDATVR · NAM · ET ·
EQVOS · FERT · EXILES · QVIDEM · ET · GRACILES ·
CÆTERNVM · AD · LABOREM · INDEFESSOS · AC · PROPE ·
FERREOS · GENEROSISSIMA · QVOQVE · VINA · QVÆ · IN ·
MENSIS · PRINCIPVM · AVT · IN · POSTREMIS · DELITIIS ·
HABENTVR · AD · HOC · VILLATICOS · ET · PASTORALES ·
CANES · CELEBRIS · LATE · NOMINIS · IN · PRIMIS · STRENVOS ·
ET · ACRES · VIROS · AC · BELLO · MAGIS · QVAM · PACE ·
BONOS · PEDESTRIS · CORSORVM · MILITIA · MAGNO ·
SEMPER · APVD · ITALOS · ET · APVD · CÆTERAS ·
NATIONES · PRETIO · EVERTIT ·
APOSTOCICÆ · SEDIS · EST ·

* Cette inscription date du XVIe siècle. On voit par les derniers mots *Apostolicæ*, etc., que les papes avaient toujours des prétentions sur l'île de Corse.

APERÇU DE LA STATISTIQUE DU DEPARTEMENT DE LA CORSE

Superficie: 874,765. — Population : hommes, 123,800 ; femmes, 126,200. — Arrondissements, 5. — Cantons, 61. — Communes, 356. — Revenu territorial 2,800,000 fr. — Contributions et revenus publiques 1,600,000 fr.

ARRONDISSEMENT D'AJACCIO

Superficie: 203,402 hectares. — Population : 58,065 habitants. — Cantons, 12. — Communes, 72.

CANTON D'AJACCIO 13000	Cognocoli-Monticchi.... 228	Cottoli-Cortiechiato..... 643
	Forciolo.... 277	Peri...... 618
CANTON DE BASTELICA 5446	Frasseto..... 660	Tavaco...... 141
	Grosseto-Prugna..... 335	Valle-de-Mezzana..... 380
Bastelica..... 3000	Guagnalè..... 329	**CANTON DE LA SOCCIA** 2163
Eccia et Suarella..... 626	Pila-Canale..... 620	
Cauro..... 641	Quasquara..... 419	Soccia..... 671
Ocana..... 556	Torgia et Carlo..... 108	Guagno..... 878
Tolla..... 623	Urbalacone..... 239	Orto..... 344
CANTON DE BOCOGNANO 5623	Zigliara..... 574	Poggiolo..... 349
	CANTON DE SALICE 1660	**CANTON DE VICO** 5673
Bocognano..... 2310		
Carboccia..... 477	Salice..... 433	Vico..... 1644
Tavera..... 778	Azzana..... 290	Apricciani..... 204
Ucciani..... 1080	Pastricciola..... 341	Arbori..... 500
Verro..... 479	Rosazia..... 436	Coggia..... 799
CANTON D'EVISA 2573	Scanafaghiaccia..... 390	Balogna..... 430
	CANTON DE SARI D'ORCINO 4028	Letia..... 900
Evisa..... 1444		Murzo..... 296
Cristinacce..... 369	Sari-d'Orcino..... 838	Renno..... 900
Marignana..... 580	Ambiegna..... 129	**CANTON DE ZICAVO** 5250
CANTON DE LA PIANA 3075	Appieto..... 666	
	Arro..... 217	Zicavo..... 1431
Piana (la)..... 1200	Alata..... 457	Ciammanacce..... 816
Cargese..... 1039	Calcatoggio..... 570	Corrano..... 322
Otta..... 836	Casaglione..... 378	Cozzano..... 816
CANTON DE SANTA-MARIA-SICCHÈ 5754	Cannelle..... 412	Guitera-Giovicacce..... 357
	Lopigna..... 321	Palneca..... 728
Santa-Maria-Sicchè..... 590	Santo-Andrea-d'Orcino... 181	Sampolo..... 251
Azilone-Ampazza..... 445	**CANT. DE SARROLA-ET-CARCOPINO** 2501	Tasso..... 412
Arbitreccia..... 587		Zevaco..... 424
Campo..... 283	Sarrola-et-Carcopino..... 720	

ARRONDISSEMENT DE BASTIA

Superficie: 136,206 hectares. — Population : 76,383 habitants. — Cantons, 20. — Communes, 93.

BASTIA	**CANTON DE CAMPILE** 4001	San-Andrea-di-Cervione.. 733
		San-Giuliano..... 479
CANTON DE TERRA-NUOVA 7955	Campile..... 840	Valle-di-Campoloro..... 356
	Crocicchio..... 460	**CANTON DE LAMA** 1491
CANTON DE TERRA-VECCHIA 10,120	Monte..... 1080	
	Olmo..... 543	Lama..... 452
CANTON DE BORGO 2268	Ortiporio..... 549	Pietralba..... 714
	Penta-Aquatella..... 251	Uriaca..... 330
Borgo..... 670	Prunelli-di-Casacconi... 428	**CANTON DE LURI** 3885
Biguglia..... 159	**CANTON DE CAMPITELLO** 2129	
Furiani [1]..... 378		Luri..... 1885
Lucciana..... 632	Campitello..... 271	Barettali..... 866
Vignale..... 400	Bigorno..... 280	Cagnano..... 1000
CANTON DE BRANDO 3379	Lento..... 560	Meria..... 668
	Scolea..... 451	Pino..... 886
Brando..... 1500	Volpajola..... 567	**CANTON DE MURATO** 2133
Pietracorbara..... 800	**CANTON DE CERVIONE** 3235	
Sisco..... 979	Cervione..... 1667	Murato..... 942
		Pieve..... 342

(1) Furiani, depuis peu de temps, fait partie de la ville de Bastia.

— 223 —

Rapale.............. 320	Casalta............... 260	Saint-Florent........... 626
Rutali............... 528	Croce................. 225	Barbaggio............. 329
CANTON DE NONZA	Ficaia................ 687	Farinole.............. 588
2568	Giocatojo............. 238	Patrimonio............ 167
Nonza............... 397	Piano................ 153	**CANTON DE SAN-NICOLAO**
Canari............. 1300	Poggio-Marinaccio..... 158	**2707**
Olcani.............. 226	Polveroso............. 239	San-Nicolao.......... 618
Ogliastro............ 232	Pruno................ 398	San-Giovanni......... 558
Olmeta-di-Capo-Corso.. 443	Quercitello........... 350	Santa-Lucia-di-Moriani.. 559
CANTON D'OLETTA	Scata................ 215	Santa-Maria-del-Poggio.. 512
2533	Silvareccio........... 511	Santa-Reparata-di-Moriani 610
Oletta.............. 1147	San-Damiano.......... 368	**CANTON DE VESCOVATO**
Olmeta-di-Tuda....... 539	San-Gavino........... 433	**4887**
Poggio-di-Oletta...... 460	**CANTON DE ROGLIANO**	Vescovato........... 1000
Vallecalle........... 387	**7213**	Castellare............ 434
CANTON DE PERO ET CASEVECCHIE	Rogliano............ 1070	Loreto............... 925
3113	Centuri.............. 779	Penta................ 945
Pero-Casevecchie..... 657	Ersa................. 900	Porri................ 328
Poggio-Mezzana...... 595	Morsiglia............ 734	Sorbo-Ocognano...... 626
Taglio-Isolaccio...... 720	Tomino.............. 1000	Venzolasca.......... 1129
Talasani............. 549	**CANTON DE SAN-MARTINO-DI-LOTA**	**CANTON DE SANTO-PIETRO**
Velone-Orneto....... 628	San-Martino.......... 817	**2010**
CANTON DE LA PORTA	Santa-Maria.......... 512	Santo-Pietro........ 1117
5396	Ville-de-Pietrabugno... 683	San-Gavino........... 280
Porta (la)............ 700	**CANTON DE SAINT-FLORENT**	Sorio................ 613
Casabianca.......... 280	**2110**	

ARRONDISSEMENT DE CORTÉ

Superficie : 218,567 hectares. — Cantons, 15. — Communes, 112.

CANTON DE CORTÉ	**CANTON D'OMESSA**	**CANTON DE PIETRA-DI-VERDE**
4900	**2290**	**2977**
CANTON DE CALACUCCIA	Omessa.............. 1054	Pietra-di-Verde....... 827
4255	Castiglione........... 334	Campi............... 300
Calacuccia........... 823	Castirla.............. 320	Canale............... 418
Albertacce.......... 1059	Piedigriggio.......... 200	Chiatra.............. 500
Casamaccioli......... 520	Prato................ 490	Linguizetta........... 625
Corscia.............. 760	Popolasca............ 236	Tox.................. 279
Lozzi................ 926	Soveria.............. 357	**CANTON DE PRUNELLI-DI-FIUMORBO**
CANTON DE CASTIFAO	**CANTON DE PIEDICORTE-DI-GAGGIO**	**4700**
3109	**3150**	Prunelli-di-Fiumorbo.... 800
Castifao............. 800	Predicorte-di-Gaggio... 963	Isolaccio............ 1500
Asco................. 827	Erbajolo.............. 453	Serra................ 600
Canavaggia........... 582	Fogicchia............. 271	Solaro............... 600
Moltifao............. 900	Altiani............... 354	Ventiseri............ 1200
CANTON DE MOITA	Giuncaggio........... 365	**CANTON DE SAN-LORENZO**
3356	Pancheraccia......... 320	**2459**
Moita................ 789	Pietra-Serena......... 400	San-Lorenzo.......... 579
Aleria............... 400	**CANTON DE PIEDICROCE**	Aiti.................. 334
Ampriani............ 138	**4991**	Cambia............... 492
Matra................ 299	Piedicroce............ 444	Carticasi............. 350
Pianello............. 543	Brustico.............. 200	Erone................ 152
Tallone.............. 362	Campana............. 200	Lano................. 168
Zalana............... 690	Carcheto............. 420	Rusio................ 354
Zuani................ 397	Monacia.............. 475	**CANTON DE SERMANO**
CANTON DE MOROSAGLIA	Nocario............... 575	**3154**
3432	Parata................ 180	Sermano.............. 295
Moroaglia............ 920	Pastoreccia-di-Orezza.. 190	Alando............... 210
Bisinchi.............. 765	Piazzole.............. 200	Alzi.................. 176
Castineta............. 257	Pielipartino........... 195	Arbitro............... 327
Frasso................ 220	Piediorezza........... 328	Bustanico............ 381
Gavignano............ 346	Rapoggio............. 222	Castellare-di-Mercurio.. 282
Pastoreccia........... 580	Stazzona.............. 215	Favalello............. 127
Soliceto.............. 300	Valle-di-Orezza....... 259	Mazzola.............. 272
Valle-di-Rostino...... 600	Verdese............... 324	Piedicorte-di-Bozio.... 242

— 224 —

Rebbia	272	San-Pietro-di-Venaco	520	CANTON DE VEZZANI	
Santa-Lucia-di-Bozio	567	CANTON DE VALLE-DI-ALESANI		6729	
Tralonca	300	3502		Vezzani	1087
CANTON DE SERRAGGIO		Valle-di-Alesani	680	Antisanti	1000
4464		Felce	455	Ghisonaccia	668
Serragio	1010	Novale	382	Ghisoni	1054
Casanova	253	Ortale	346	Lugo-di-Nazza	400
Gatti-di-Vivario	1060	Perelli	465	Noceta	587
Lugo-di-Venaco	379	Piazzale	421	Pietroso	574
Muracciole	367	Pietricaggio	400	Poggio-di-Nazza	1000
Poggio-di-Venaco	529	Piobetta	300	Rospigliani	359
Riventosa	359	Tarrano	354		

ARRONDISSEMENT DE SARTÈNE

Superficie : 180,134 hectares. — Population : 30,830 habitants. — Cantons, 8. — Communes, 42.

CANTON DE SARTÈNE		CANTON D'OLMETO		Sari-di-Porto-Vecchio	322
6670		3818		CANTON DE SERRA-DI-SCOPAMENE	
		Olmeto	2058	4268	
Sartene	4519	Arbellara	401	Serra-di-Scopamene	1000
Belvédère	151	Fozzano	820	Aullene	1359
Bilia	241	Santa-Maria-Figaniella	200	Quenza	316
Foce	339	Viggianello	400	Sorbollano	400
Granace	465	CANT. DE PETRETO ET BICCHISANO		Tolla	730
Grossa	388	3719		Zerubia	3730
Giuncheto	465	Petreto et Bichisano	900	CANTON DE S.-LUCIA-DI-TALLANO	
Tivolaccio	102	Argiusta-Moriccio	286	2540	
CANTON DE BONIFACIO		Casalabriva	300	Santa-Lucia	824
3689		Moca-Croce	633	Altagène	380
CANTON DE LEVIE		Olivese	600	Cargiaca	300
3656		Sollacaro-Calvese	1000	Loreto-di-Tallano	159
		CANTON DE PORTO-VECCHIO		Mela	200
Levie	1722	3200		Olmiccia	400
Figari	400	Porto-Vecchio	2071	Poggio-di-Tallano	200
San-Gavino-di-Carbini	500	Conca	600	Santo-Andrea-di-Tallano	260
Zonza	833	Lecci	214	Zonza	373

ARRONDISSEMENT DE CALVI

Superficie : 100,293 hectares. — Population : 23,340 habitants. — Cantons, 6. — Communes, 34.

		CANTON DE BELGODERE		Occi	69
CANTON DE CALVI		3592		Zilia	731
1817		Belgodere	1026	CANTON DE L'ILE-ROUSSE	
		Costa	210	5703	
CANTON DE MURO		Novella	380	Ile-Rousse	1850
6107		Occhiatana	672	Corbara	1180
		Palasca	515	Monticello	877
Muro	1362	Ville-di-Parasol	779	Pigna	254
Algajola	250	CANTON DE CALANZANA		Sant'Antonino	434
Arregno	700	6034		Santa-Reparata	1128
Avapessa	300	Calenzana	2500	CANTON D'OLMI ET CAPPELLA	
Catteri	613	Cassano	518	1824	
Feliceto	673	Lumio	989	Olmi et Cappella	826
Lavatoggio	390	Lunghignano	250	Mausoleo	163
Nessa	408	Moncale	439	Pioggiola	533
Speloncato	1097	Montemaggiore	558	Vallica	300

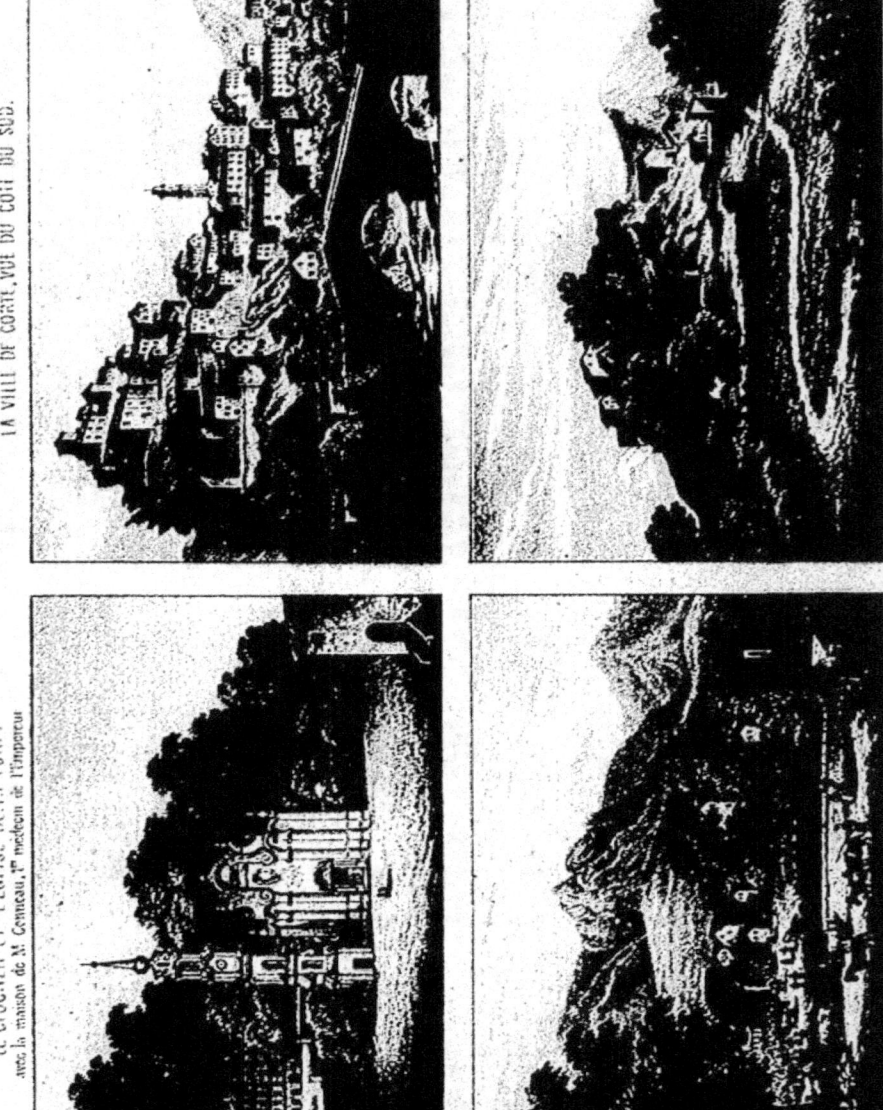

HISTOIRE NATURELLE

1. Mouflons. 2. Bouc à Chèvre. 3. Cerf à Biche. 4. Daim. 5. Renard. 6. Hérisson. 7. Lièvre. 8. Chien. 9. Belette. 10. Chauve-souris. 11. Rat.
12. Souris à musaraigne. 13. Loir. 14. Tortue. 15. Veau marin. 16. Salamandre. 17. Lézard. 18. Serpents.

HISTOIRE NATURELLE
DE L'ILE DE CORSE

SES PREMIERS HABITANTS

L'île de Corse, appelée Cyrnos par les Grecs et Corsica par les Romains, est située dans la Méditerranée occidentale.

Les hautes forêts qui, dans l'origine, couvraient toutes ses montagnes et ses vallons, ses grands golfes, ses ports bien abrités, ses anses et ses rades sûres et profondes, ainsi que ses plaines et ses vallées, propres à diverses productions, poussèrent plusieurs nations à en réaliser la conquête.

Cependant la plus grande obscurité règne dans son histoire et nous cache l'époque, lointaine sans doute, de la découverte de cette île et de l'arrivée de ses premiers colons. Tout ce qu'en ont allégué les archéologues n'est qu'hypothèses ou narrations conjecturales. Ils crurent apercevoir des traces d'antiquités phéniciennes, pélages, celtiques, étrusques, etc., et sur ces traces, qui n'ont rien que de très-fugitif, ils pensèrent pouvoir attester la présence de ces peuples dans la Corse.

Lors du grand mouvement qui s'opéra dans l'Asie orientale par ces peuplades qui, immigrant en masse, inondèrent l'Asie Mineure, la Grèce, l'Italie, etc., quelques-unes de ces innombrables populations, déjà avancées dans la civilisation, s'étant répandues dans les îles de la mer Égée et les grandes îles de la Méditerranée occidentale, la Sicile et la Sardaigne, et de cette dernière elles ont pu facilement atteindre jusqu'à la Corse.

Une pierre brute de la hauteur de 2 mètres, au sommet de laquelle était sculptée une figure humaine, a fourni occasion à M. Mérimée, membre de l'Institut, célèbre antiquaire et sénateur de l'empire, de supposer que cette pierre avait dû appartenir à l'antiquité la plus reculée, parce qu'elle représentait une sorte d'idole ou quelque héros ligurien, libyen, ibère ou corse; néanmoins, il avouait que pour étayer cette origine avec plus de garantie, il fallait attendre que le hasard permit de rencontrer quelque autre monument du même genre.

Au sujet de cette pierre à figure humaine, M. Aucapitaine, officier au 36e de ligne, a prétendu, à son tour, que l'émigration partie de la Lydie (Asie) vers le milieu du vie siècle avant notre ère avait abordé dans l'île de Sardaigne, où elle avait fondé la colonie des Tharrus, et qu'elle s'était dirigée également vers la Corse. Cette opinion s'appuyait sur l'espèce d'analogie que le monument d'Apricciani offrait avec les sarcophages phéniciens déposés dans la nécropole de Saïda (Sidon), et dont on remarque de nombreux vestiges dans l'île de Sardaigne.

M. Mathieu, capitaine de génie, et après lui le même M. Mérimée, ont avancé qu'ils avaient reconnu dans la partie méridionale de la Corse des traces de la religion celtique, telles que des autels et des pierres informes d'une certaine élévation et fichées en terre, appelées *dolmens* et *men-hirs*. Ces pierres fichées en terre furent considérées par d'autres (1) comme étant semblables à celles qu'on rencontre dans les îles de Sardaigne, de Gozzo, de Malte, les Baléares, etc., et comme remontant aux temps du sabéisme. Ce sont ces monuments grossiers, ces espèces de dieux Thermes des Romains que Moïse avait défendu de toucher avec le marteau, et qu'à l'époque de Laban et de Jacob on arrosait d'huile.

L'idole trouvée à Apricciani, les pierres fichées en terre et les amas de grosses pierres qu'on signale non-seulement près de Sartène, mais sur différents points de l'île, avaient passé jusqu'à nos jours pour les ouvrages d'anciens bergers, et cette croyance dure encore, même parmi les gens qui ont reçu quelque instruction. Il est vrai de dire que ces amas de pierres, que nos antiquaires ont pris pour des dolmens ou autels de druides, sont appelés par les insulaires *stazzone del diavolo*, forges du diable, et les pierres verticales *stantare*. C'est de là que vient le mot *far la stantara*, sorte de jeu dans lequel les enfants mettent la tête en bas et les pieds en l'air.

(1) Albert de la Marmora, *Voyage en Sardaigne*, cité par Marmochi.

Nous donnerons ailleurs les dessins de ces monuments anciens. Mais en admettant de bonne foi que les peuples sortis de l'Asie aient séjourné en Corse, qui nous affirmera avec l'autorité d'un fait historique lequel de ces peuples, Phéniciens, Ibériens, Liguriens ou Etrusques, s'est le premier implanté dans cette île?

Pausanias qualifie de Lybiens les premiers habitants de la Corse. Sénèque, qui avait vécu dans l'île, nous assure que les Corses avaient les mêmes mœurs et portaient les mêmes costumes que les Ibères; Hérodote, le père de l'histoire, nous apprend que 562 ans avant notre ère, une émigration phocéenne fonda la ville d'Alalia, dans l'île de Corse. Diodore de Sicile cite comme fondateurs de la ville de Nicea les Etrusques, et pour celle de Calaris les Phocéens (1). Plus tard les Siciliens, les Carthaginois, les Romains, etc., en foulèrent tour à tour le sol.

Si nous devions nous en rapporter aux assertions de tous ces auteurs, la Corse aurait été originairement habitée par une population hétérogène, et nous inclinerions à l'admettre. Les Lybiens, les Ibères et les Phéniciens auraient passé de l'île de Sardaigne dans l'île de Corse, et ils en auraient colonisé la partie sud et sud-ouest, cela est probable; mais les Etrusques ou Tyrrhéniens n'ont-ils pas pu aussi traverser la mer à laquelle ils ont laissé leur nom (la mer Tyrrhénienne) pour aller s'établir dans la partie orientale de l'île? Il en serait de même des Liguriens, qui auraient pénétré par le nord ou le nord-ouest pour occuper le rivage baigné par la mer ligurienne. Telles sont les conjectures que nous énonçons à regret sur l'intéressant problème de la première origine de nos ancêtres, qui n'est environnée que d'épaisses ténèbres.

Ce que nous savons, ou plutôt ce que nous raconte Hérodote, c'est qu'à l'arrivée des Phocéens dans l'île, vers 562 ans avant notre ère, elle était habitée par les Etrusques, qui, jaloux de voir les Phocéens s'y fixer, s'y répandre en construisant des temples et bâtissant des villes, cherchèrent à les expulser. Dans ce but, et aidés par les Carthaginois, ils leur livrèrent une sanglante bataille navale dans la mer de Sardaigne. Il est toutefois hors de doute que la ville d'Aléria ne fût déjà florissante lorsque les premiers Romains débarquèrent dans l'île sous la conduite de Lucius Scipion Nasica,

(1) Il existe en Corse une tradition, c'est que dans le golfe qui porte le nom de Galéria il y avait autrefois une ville, et on suppose que c'était la même que celle dont parle Diodore, car, selon Hérodote, deux immigrations phocéennes vinrent en Corse, l'une après l'autre, dans l'espace de vingt ans.

pour en faire le siége ; et il est permis de supposer que d'autres villes avaient également quelque importance. Les écrivains qui ont parlé de la Corse au temps de la domination romaine nous apprennent qu'elle possédait plusieurs cités. Pline, le célèbre naturaliste, qui l'avait vraisemblablement visitée, y en avait compté trente-trois, dont il ne nomme aucune. Strabon, le géographe, en mentionne un nombre à peu près égal, et il nous transmet leurs noms. (Voy. p. 218.)

Une chose demeure étrange, c'est la diversité des couleurs avec lesquelles tous ces écrivains, et surtout Diodore de Sicile et Strabon, tous deux contemporains, ont peint cette île et ses habitants. Écoutons ce qu'en dit Diodore de Sicile, qui vivait 44 ans avant l'ère vulgaire :

« Les esclaves qu'on tire de cette île (la Corse) sont les meilleurs esclaves du monde. Les habitants se nourrissent de miel, de lait et de viande que le pays leur fournit largement. Ils observent entre eux les règles de la justice et de l'humanité avec plus d'exactitude que les autres Barbares. Ils sont toujours certains de retrouver leurs brebis, sur lesquelles chacun met sa marque et qu'ils laissent paître ensuite dans la campagne sans que personne les garde. Le même esprit d'équité paraît les conduire dans toutes les rencontres de la vie. L'île contient 30,000 habitants (1). »

Strabon, le géographe, qui mourut vers l'an 17 de l'ère chrétienne s'exprime ainsi sur la Corse :

« L'île est mal peuplée, le terrain y est âpre, et dans la plus grande partie cette île n'offre que des lieux d'un difficile accès. Les montagnards qui y demeurent et vivent de brigandages, sont plus sauvages que les bêtes mêmes. Toutes les fois qu'un général romain, après s'être avancé dans l'intérieur des terres et y avoir surpris quelques forts, en ramène à Rome une certaine quantité d'esclaves, c'est un spectacle singulier de voir leur férocité

---

(1) Le chiffre de trente mille (*triginta millia*), qu'on lit dans Diodore, ne peut être qu'une erreur d'impression. Comment pouvoir admettre qu'une population de 30,000 habitants, disséminée sur une étendue de terrain de 900,000 hectares, ait pu former un corps de combattants capables de résister aux troupes aguerries des Romains, tantôt vainqueurs, tantôt vaincus, laissant jusqu'à 7,000 morts sur les champs de bataille, payer 200,000 livres de cire d'impôts, affronter les armées consulaires, mettre les phalanges ennemies, quoique formidables, dans les plus imminents dangers; faire courir le peuple romain aux temples pour offrir à leurs dieux des prières, afin que le sort des armes leur fût favorable ; décerner les honneurs du triomphe à Tarentius Thalna, qui en mourut de joie. En supposant que la Corse ne contenait que 30,000 âmes, il faudrait croire qu'un combattant corse valait autant que cinquante combattants romains, ce qui serait absurde. Au lieu de *triginta millia*, nous disons qu'il faut lire *trecentum millia*.

et leur tristesse ; ou ils dédaignent la mort, ou ils restent dans une insensibilité absolue ; ils fatiguent leurs maîtres et font bientôt regretter la somme, quelque petite qu'elle soit, qu'ils ont coûté (1). Disons néanmoins que quelques endroits sont habitables, et que l'on trouve plusieurs petites villes telles que Blesinum, Charax, Epicomiæ, Vapanes, etc. »

Lequel des auteurs ci-dessus est digne de confiance? Il règne entre eux une trop grande opposition. Nous comprenons pourtant qu'on puisse concilier quelques-unes de leurs idées sur la Corse ; mais si l'un d'eux se montre trop favorable à ce pays, l'autre au contraire le noircit du plus exécrable des poisons.

Il faut donc nous restreindre à parler du caractère des insulaires, et de l'amour qu'ils nourrissaient pour leur indépendance ; amour qu'ils ont conservé à travers tant de siècles. Une des preuves les plus anciennes, la plus incontestable et la plus décisive, c'est que les Romains, les grands conquérants qui par la force des armes avaient subjugué cette île, ne furent jamais les maîtres des habitants des montagnes, contre lesquels ils établirent une chasse permanente avec leurs guet-apens et leurs embuscades où ils les surprenaient pour aller les vendre sur les marchés de Rome.

Le même esprit les poussa à secouer le joug que les nations étrangères prétendaient leur imposer. Il n'y a peut-être pas de nation dans le monde dont l'histoire offre le récit de tant de révolutions et d'insurrections, qui aient eu pour cause le maintien de cette indépendance.

C'est ce sentiment de liberté qui, perpétué d'âge en âge, parmi les montagnards, a fait de l'habitant de la Corse un homme à part. Le Corse est resté l'homme primitif, l'homme de la nature ; il a mené pendant longtemps une vie patriarcale au milieu de ses montagnes et de ses bois.

On regarde les Corses comme des membres de la famille italienne : nous en convenons quant à la langue. Mais leurs mœurs et leurs habitudes diffèrent essentiellement de celles des Italiens : elles conservent une remarquable analogie avec celles des anciens Grecs et Romains ; elles ont aussi quelques rapports avec celles des montagnards de l'Ecosse, des Monténégrins ainsi que des Arabes, et ne présentent aucune similitude avec celles des habitants actuels de l'Italie.

---

(1) On n'a pas besoin de faire des réflexions sur ces mots de Strabon, pour comprendre aisément qui n'étaient pas les Romains, qui ne voulaient pas des Corses pour esclaves, mais qui étaient ces insulaires, qui ne voulaient pas les Romains pour leurs maîtres.

Quant aux types et aux physionomies des Corses, ils s'identifient avec ceux de tous les méridionaux ; ils ont en général le teint brun et un peu pâle, la taille moyenne, et sont d'une constitution nerveuse et forte.

Bien que leur taille soit, comme nous l'avons dit, de proportion moyenne, on voit néanmoins parmi les Corses des hommes d'une haute stature, mais les corpulences obèses y sont fort rares.

Chez les hommes comme chez les femmes, la chevelure est blonde, châtain ou noire et parfois rouge. Cependant, d'après nos observations recueillies parmi les populations des régions montagneuses où les races paraissent s'être moins facilement croisées, et où pourrait bien s'être conservé le vrai type corse, nous avons constaté que la couleur châtain foncé des cheveux est la plus commune.

Les traits des figures corses ont généralement de la finesse et de la régularité. La beauté n'est assurément pas le partage de toutes les femmes, car il y en a de fort laides ; mais on y distingue des types d'une pureté ravissante et dignes d'exciter l'envie des plus jolies andalouses.

Le Corse, avons-nous dit ci-dessus, est l'homme de la nature, l'homme primitif. Toutefois quelques modifications sont survenues dans la population des villes, et aussi de certains villages. En dehors de ces rares localités, les habitants de ce pays ont une manière identique de penser et d'agir qui leur est propre et qui révèle à quel degré ils sont encore près du berceau de la civilisation moderne. La sobriété, le mépris de la bonne chère, l'indifférence pour la richesse acquise par un commerce ou une industrie quelconque, le dédain pour le luxe et tout ce qui constitue le confortable de la vie, rendent leurs mœurs et leurs habitudes très-simples. Une petite vigne, un enclos, un étroit jardin, quelques châtaigniers et oliviers, qu'ils cultivent de leurs mains ; quelques chèvres ou brebis dont ils tirent une nourriture mesquine, suffisent à leurs désirs. Si le Corse est prudent et même circonspect, il devient parfois indiscret pour s'éclairer sur une affaire où son intérêt est engagé. Ami de l'égalité, il aborde naturellement toute personne qui arrive dans ses montagnes ; il s'enquiert d'où elle vient, de ce qu'elle se propose, si elle est mariée, si elle a des enfants ; enfin il veut tout savoir, et avec cette même confiance qu'il apporte dans son indiscrétion, il lui offre l'hospitalité dans sa modeste demeure, et l'invite à partager son pain avec lui et sa famille. Il se montre jaloux à l'excès de l'honneur de sa femme, de sa sœur, de sa fille et même d'une proche parente ; aussi exige-t-il qu'on les traite avec le plus rigoureux respect. Malheur à celui qui ose profaner le toit conjugal! Malheur à celui qui a séduit sa fille ou sa sœur! Il n'accepte aucun tempérament : il faut ou l'épouser ou mourir. Peu lui importe que le séducteur soit puissant ou riche ; cette circonstance le rend doublement coupable à ses yeux, et le mariage seul peut réparer la honte et l'outrage qui ont atteint la jeune fille et que tous les membres de la famille ressentent avec une égale douleur.

Outre ce soin de l'honneur des siens, le Corse se montre encore fidèle à l'amitié et expose noblement sa vie pour la défendre. De là les luttes qui désolèrent des villages entiers. De là ces intrigues d'hommes ambitieux qui abusèrent de ce sentiment, inné dans le cœur de leurs compatriotes, pour se former un parti qui servit d'escabeau à leurs desseins. Ce perfide patronage exercé dans l'île, tantôt par les uns, tantôt par les autres, a été pour le pays un fléau contagieux et la source de nombreux malheurs, dont il subit encore les funestes conséquences.

En résumant nos observations ethnographiques sur les enfants de la Corse, nous dirons qu'ils sont sobres, courageux, hospitaliers, aussi ardents dans les affections que violents dans les haines; ils ont peu de penchant pour les rudes travaux ; s'ils gardent la mémoire d'un bienfait reçu, ils oublient difficilement l'insulte, et cette humeur ne leur a que trop valu la renommée d'hommes vindicatifs ; mais ce défaut, ce vice ou plutôt ce crime, que des gouvernements tyranniques et injustes avaient enraciné dans son cœur, disparaît chaque jour, et la terrible *vendetta* corse ne sera bientôt plus, nous l'espérons, qu'à l'état de souvenir.

Il ne nous a pas été possible de retracer autrement qu'en quelques mots l'origine des premiers colons de la Corse, origine complètement douteuse et incertaine, par l'absence de documents archéologiques.

Nous traiterons maintenant de son histoire naturelle dans les trois règnes, animal, végétal et minéral qu'elle renferme.

Loin de nous la prétention de vouloir paraître un savant naturaliste. Sans doute nous nous sommes imposé de laborieuses recherches et nous avons dessiné une grande quantité de sujets qui rentrent dans le domaine de cette science sublime, mais nous avons regardé comme un devoir de recourir aux maîtres qui ont écrit sur ces matières, pour les consulter sur les caractères, la nature et les qualités de ces objets.

Il n'y a pas une seule ville en Corse qui soit en possession d'un cabinet public d'histoire naturelle. Aussi nous a-t-il fallu faire des efforts extrêmes pour nous procurer des éléments d'étude, soit dans les campagnes, soit dans les montagnes de diverses régions.

La ville de Bastia, la plus commerçante et la plus peuplée de l'île, où existe un lycée impérial, n'a pas encore songé à se créer une de ces collections dont la publicité décuplerait le prix. Elle jouit pourtant d'un petit cabinet dont le propriétaire, M. Romagnoli, italien, par ses seules ressources et les plus persévérants travaux, est parvenu à composer un intéressant dépôt de divers spécimens de l'histoire naturelle de la Corse. Notre plume se plaît ici à rendre un sincère hommage de reconnaissance à ce patient ami de la science, dont la collection, accessible à tous les étrangers, est classée dans un ordre méthodique (1).

M. Poggi, ancien militaire, épris de passion pour la sculpture, et qui, sans avoir jamais appris les premiers éléments du dessin, a pourtant exécuté de belles œuvres sur des pierres serpentines, a eu l'initiative des recherches. C'est à lui que nous devons la découverte de quelques carrières de marbre. Plus tard des Italiens ayant établi à Bastia un atelier de marbrerie, tous les marbres venus de Carrara et des autres exploitations de la Corse, y purent être travaillés.

Une collection des plantes qui croissent dans l'arrondissement de cette même ville de Corte a été formée par le docteur Vannucci qui en fait mention dans un petit ouvrage dont il est l'auteur. Le fruit de ses recherches a passé dans les mains du docteur de Lens pour en enrichir son herbier.

Le prince de Canino (Charles-Bonaparte) a fait don au séminaire d'Ajaccio d'une petite collection ornithologique, mais elle se compose d'oiseaux qui appartiennent à plusieurs pays. Nous devons au docteur Serafini, de Bonifacio, un catalogue qui contient la nomenclature de tous les oiseaux sédentaires et nomades de la Corse.

Ce sont des étrangers, venus des pays les plus éloignés, qui exploitent les richesses que recèle le sol de la Corse. Récemment encore nous avons vu plusieurs naturalistes éminents qui parcouraient cette île depuis six ou sept ans et qui y trouvent toujours de précieux exemplaires pour en orner leurs cabinets.

Parmi les savants naturalistes qui ont visité la Corse, nous citerons M. Gueymard, célèbre géologue, qui appelait les montagnes du Niolo le

(1) Nous venons d'apprendre que la collection d'histoire naturelle de M. Romagnoli a été transportée à Ajaccio.

Cabinet minéralogique de l'Europe, et M. Requien, savant et infatigable botaniste, qui appelait cette île un Jardin de plantes, — un Empire végétal, etc. Ce dernier auteur mourut à Bonifaccio, victime de l'amour pour la science; sa mort fut déplorée par tous les nombreux amis qu'il s'était acquis dans cette île.

En 1860, M. Montez, pharmacien en chef de l'hôpital militaire de Bastia, eut mission, par le ministre de la guerre, de composer un herbier des plantes qui croissent spontanément dans l'île de Corse. Cet herbier, qui a pour titre : *Herbier de la 17ᵉ division militaire*, contient un grand nombre de diverses espèces, toutes recueillies dans l'arrondissement de Bastia. C'est une récolte très-intéressante que celle de M. Montez, et nous en ferons mention dans l'article botanique.

Il ne faut pas oublier les quelques plantes que le P. Paul Boccone, de l'ordre des Bénédictins, rapporte dans son ouvrage; plantes qu'il dit avoir trouvées dans les montagnes de la Corse.

Le docteur Frediani fit aussi des études sur les insectes que renferme cette île, et M. Payraudeau en fit une collection de plus de trois cents, tous de diverses espèces.

Ce qu'il y a le plus à regretter, c'est la perte des ouvrages du docteur Ignace Cardini de la Mariana. Cet auteur écrivit, dit-on, des ouvrages, en très-bon latin, sur les minerais et les plantes qui se trouvent dans l'île de Corse; mais, ayant aussi publié des satires contre les abus du clergé de l'île, il fut persécuté par les religieux et obligé de se réfugier sur le continent italien, où il mourut. Tous ses ouvrages furent ramassés et jetés aux flammes par les moines, *in odium auctoris*.

Il serait trop long d'énumérer tous les noms des savants qui ont visité l'île de Corse pour explorer les richesses qu'elle renferme dans son sein.

Nous avons dit plus haut que nous avions dessiné une grande quantité de sujets appartenant à l'histoire naturelle, afin de les reproduire pour enrichir notre ouvrage. Ayant soumis ce travail à des hommes compétents en pareille matière, ceux-ci, tout en louant nos nobles efforts, nous ont conseillé de ne pas trop compliquer un ouvrage historique et de ne donner qu'un abrégé de tous ces matériaux que nous possédons.

Nous n'aurions peut-être pas obtempéré à ces sages conseils, tant nous brûlions du désir de reproduire tous nos dessins; mais un autre motif est venu nous opposer une barrière insurmontable, l'énormité des dépenses qu'aurait nécessitées cette reproduction. Ainsi, à notre regret, nous nous bornerons à une certaine quantité de nos dessins, accompagnés de notes explicatives, tout en faisant mention de tous les objets dont les dessins ne pourront être reproduits sur nos planches.

Nous allons commencer par la zoologie, d'abord des quadrupèdes, et ensuite de tous les êtres qui appartiennent au *règne animal*.

ZOOLOGIE

ANIMAUX QUADRUPÈDES, DOMESTIQUES ET SAUVAGES

Bœuf. — L'espèce bovine de la Corse est en général petite et chétive. Depuis quelques années, on a cherché à introduire dans l'île des vaches et des taureaux du continent, et plusieurs personnes ont obtenu des prix pour l'amélioration de cette race. Quant aux vaches, elles vivent dans un état sauvage. Ce ne sont que les pays qui avoisinent les villes et surtout ceux des alentours de la ville de Bastia, qui en tirent quelque profit en faisant un commerce continuel de lait et de beurre.

La chair bovine corse, si on réussissait à l'engraisser, est préférable, pour la saveur, à celle du continent ; mais le manque de culture fait que les boucheries sont bien souvent mal approvisionnées de bonne viande.

Le *Cheval.* — Les chevaux corses sont presque tous de petite taille ; cependant on en voit d'assez grands et robustes. Les chevaux corses sont très-agiles et résistent à la fatigue ; ils rampent sur les montagnes, et il est beau de voir comment ces pauvres bêtes regardent attentivement les routes qu'ils parcourent, et comme ils arrangent leurs petits pieds dans ces sentiers scabreux. L'espèce chevaline s'améliore aussi tous les jours dans l'île ; car le gouvernement nous envoie des étalons de la meilleure espèce.

Le *Mulet.* — La Corse possède de fort beaux mulets : c'est la race, peut-être, qui, la première, s'est améliorée en Corse. On voit, il est vrai, de bien petits mulets, mais cette espèce disparaît tous les jours ; car les habitants, séduits par l'appât du prix, tâchent de se procurer de bonnes juments, dans un but de spéculation.

L'Âne. — L'âne est l'animal domestique de la Corse le plus chétif, le plus maltraité et le plus mal nourri. A peine arrivé du travail, on le pousse à coups de pied et de bâton, et on l'oblige d'aller chercher sa nourriture. Dans les villages les moins civilisés de l'île, les femmes n'osent pas se montrer sur un âne, parce que autrefois c'était l'usage d'y enfourcher les femmes de mauvaise vie, lorsqu'on voulait les chasser honteusement des villages où elles avaient donné le scandale.

On voit pourtant quelques bêtes de cette espèce assez robustes, dont on se sert pour la monture des juments, afin d'avoir de bons mulets.

Les Porcs. — La race porcine de la Corse est petite et chétive et un peu trapue; elle a le poil long, rude et le museau court. Dans plusieurs villages de l'île on voit des troupes de ces animaux, que les habitants laissent courir librement dans les bois et même dans les villages, où ils causent de l'insalubrité et des dommages. Les jambons des porcs de la Corse sont très-recherchés à cause de leur saveur toute particulière. Les *Lonzi*, espèce de filets qu'on tire des lombes et qu'on enfile dans des boyaux, sont encore plus exquis et plus recherchés que les jambons.

Depuis peu d'années on a introduit dans l'île les races porcines du continent français et italien, et on en a fait venir même de l'Angleterre.

Chèvre. — Les chèvres corses passent pour les plus grandes et les plus belles de diverses contrées de l'Europe. Ces troupeaux innombrables de chèvres qu'on admirait autrefois dans l'île ont presque tous disparu de nos jours, après que la loi sur la vaine pâture a été mise en vigueur. Ces troupeaux de chèvres, bien qu'étant d'une grande ressource dans certaines contrées où abondent les makis et les terres incultes, étaient d'un autre côté le fléau de la culture dans les endroits où elle était plus étendue.

La peau des petits chevreaux est très-recherchée en Corse par les continentaux; on dit qu'elle est de la meilleure qualité pour confectionner les gants.

Brebis. — L'espèce des brebis de la Corse n'égale pas celle des chèvres. Les brebis sont peut-être les plus petites et les plus chétives qu'on connaît en Europe. Elles ont la laine rude et en grande partie noire, qui sert à confectionner le drap corse, dont s'habillaient autrefois presque tous les habitants de l'île.

Chien. — Le chien corse a sa renommée bien acquise, pour sa fidélité et par son courage. Les bergers qui sont obligés d'errer avec leurs troupeaux, laissent leurs effets à la garde de leurs chiens. Malheur à celui qui oserait s'approcher de la bergerie pendant l'absence de leurs maîtres. Tout change à l'arrivée des bergers et des troupeaux ; ces chiens déposent leur férocité redoutable et laissent l'étranger s'approcher en toute sûreté. On sait que les bergers corses exercent l'hospitalité jusqu'à la superstition, et le chien semble partager la pensée de son maître, car il s'approche de l'étranger et s'empresse de le flatter comme un ami. Nous avons vu en diverses contrées de l'Italie des gros chiens qu'on appelle *cani-corsi*, chiens corses ; si ces bêtes sont originaires du pays dont elles portent le nom, nous pouvons assurer que cette race n'existe plus dans cette île.

Chat.—Les chats sont comme partout ailleurs, ils ont le caractère de l'indépendance, et ils sont généralement plus attachés à l'habitation qu'aux personnes. Les chats en Corse sont aussi de deux espèces ; les uns sont voleurs, fripons et incorrigibles, et les autres vivent au milieu des cuisines sans être jamais tentés de rien dérober.

QUADRUPÈDES SAUVAGES

Sanglier. — La Corse, étant remplie de bois et de makis, doit sans contredit posséder des sangliers.

On voit souvent des porcs domestiques qui ressemblent aux sangliers, et cela dérive de la rencontre de ces animaux dans les forêts, car on a vu plusieurs fois de petits sangliers suivre les troupeaux de porcs domestiques jusque dans les villages de l'île, et les bergers nous attestent que souvent les truies sont restées grosses des sangliers.

Renard. — La Corse ne connaît pas de loups, mais elle est bien tourmentée par les renards.

Il y a en Corse deux espèces de renard ; la plus commune est celle qui a le pelage rouge jaunâtre qui est le *canis melanogaster* de Charles Bonaparte.

Il est inutile de parler des ruses et des moyens que le renard emploie pour réussir à dérober sa proie. Cet animal ne cesse de crier pendant la saison d'hiver, et il est presque muet dans la saison d'été. C'est dans cette dernière saison que son poil se renouvelle.

L'historien Filippini parle, dans son histoire, des ours que la Corse possédait de son temps. Il y a des personnes qui croient que cet auteur a été trompé ; mais si jamais la chose était vraie, il y a bien du temps que ces bêtes ont disparu de l'île.

Le *Cerf*. — Le cerf de la Corse, selon le célèbre Buffon, est chétif et trapu. Cet auteur aurait pu se tromper. Il y a en Corse des cerfs à la forme élégante et légère, à la taille svelte et aux membres flexibles et nerveux.

C'est au printemps que leur bois se renouvelle. Les biches sont en cas d'engendrer à l'âge de dix-huit mois, mais elles ne mettent qu'un ou deux petits. Le pelage ordinaire des cerfs est jaune, mais on en trouve des bruns et des roux foncés.

Le *Daim*. — Cet animal, qui ressemble beaucoup au cerf, est plus rare dans les montagnes de la Corse. Le daim, quoiqu'il soit de la même famille que le cerf, ne s'approche jamais de lui ; il cherche au contraire à l'éviter toujours. Cet animal s'apprivoise facilement.

Mouflon. — Cet animal, qu'on croit être la souche des diverses variétés de nos moutons, s'apprivoise facilement lorsqu'il est pris tout petit. Le mouflon habite les plus hautes montagnes et cherche toujours les lieux du plus difficile accès.

Si les pâturages lui manquent à cause de l'abondance de la neige qui tombe sur les montagnes, alors il s'aventure à descendre jusqu'aux bergeries où on l'a vu quelquefois se mêler avec les brebis et les chèvres. Le mouflon se présente souvent en troupe de quinze à vingt et l'un d'entr'eux se place en sentinelle sur les hauteurs pour prendre du vent et voir si on leur tend des piéges. Cet animal est de la plus grande agilité ; il saute d'un rocher à l'autre à la distance de plusieurs pieds. Toutes les plus hautes montagnes de la Corse abondent de mouflons.

Le *Lièvre*. — Les lièvres se multiplient beaucoup en Corse ; car, comme on sait, ils sont en état d'engendrer en tout temps et dans la première année de leur vie. La mère allaite ses petits pendant vingt jours, puis ils cherchent leur nourriture. Le lièvre dort beaucoup, mais toujours avec les yeux ouverts. Il n'a pas de cils aux paupières, mais il a l'ouïe très-fine et les or. illes d'une grandeur démesurée.

Le *Hérisson*. — Cet animal en Corse est de petite espèce. On rencontre deux sortes de hérisson, l'un qui a le groin de cochon et l'autre qui a le museau de chien. Lorsque cet animal est attaqué par les chiens il lâche son urine, dont l'odeur et l'humidité se répandent sur son corps, et dégoûtent si fortement, que les chiens se contentent d'aboyer sans le saisir.

La *Belette*. — Ce petit animal, qu'on appelle en Italie *Donnola* et en Corse *Bellola*, est très-répandu dans cette île. Il chasse les insectes et les souris, mais s'introduit aussi dans les basses-cours et détruit les œufs des poules.

Les habitants des campagnes, lorsqu'ils le voient se promener, disent que la pluie n'est pas éloignée.

Le *Rat*. — Cet animal est le plus incommode que l'on connaisse. Il est carnassier et même omnivore. Il ronge la laine, les étoffes, les meubles; il perce les bois et il fait des trous dans les murs. Il produit plusieurs fois par an, et il met de cinq à six petits par portée.

Lorsque ces animaux sont pressés par la faim, les plus forts tombent sur les plus petits, leurs semblables, et les tuent pour se nourrir.

La *Souris*. — Cet animal est beaucoup plus petit que le rat, mais il est aussi plus répandu et plus commun. La souris ne sort du trou que pour chercher à vivre; elle ne s'en écarte guère et rentre à la première alerte. Les souris sont de plusieurs espèces; telles sont:

La *Barbastelle*, qui a le museau très-court, le nez fort aplati, les yeux presque dans les oreilles.

Le *Mulot*, plus petit que le rat et plus gros que la souris, n'habite jamais les maisons; il loge dans les bois et dans les champs. Cet animal a les yeux gros, et le poil du ventre est d'une couleur blanchâtre. Le mulot produit plusieurs fois par an, et il porte de neuf à dix petits. Ces animaux, lorsqu'ils ne trouvent pas de quoi manger, se détruisent entre eux.

Le *Rat d'eau* est un petit animal de la grosseur d'un rat; il ne fréquente que les eaux douces et les bords des rivières. Il se nourrit d'insectes, de poissons et quelquefois de racines, d'herbes.

Le *Campagnol*. — Cet animal est encore plus répandu que le mulot; il habite les campagnes; il est remarquable par la grosseur de sa tête, par sa queue courte et tronquée. Le campagnol se pratique des trous sous terre, où il ramasse des graines, des châtaignes : il est fort dangereux pour les semences.

Les *Chauves-Souris*. — On place les chauves-souris parmi les animaux quadrupèdes, quoiqu'elles aient le vol commun avec les oiseaux. Elles diffèrent des volatiles dans tout le reste de leur conformation. Les chauves-souris ont des dents et des mamelles, et ne portent ordinairement que deux petits. Ces animaux peuvent passer plusieurs jours sans manger, car dans la saison d'hiver ils restent accrochés ou collés avec les pieds de derrière aux murs et aux voûtes des grottes et avec les ailes ouvertes, et ne bougent qu'au retour du printemps.

Les chauves-souris sont de plusieurs espèces : l'*Oreilleur*, qui est plus petit et qui a les oreilles assez grandes; le *Noctule*, qui a les oreilles courtes et larges; le *Sérotine*, qui a les oreilles petites et pointues; et enfin le *Pipistrelle*, qui a les yeux très-petits et les lèvres fort renflées.

Le *Crapaud*. — Ces hideux animaux abondent dans l'île de Corse. Dans la saison d'été ils paraissent par milliers, surtout dans les contrées qui avoisinent la mer. On dit que la morsure de cet animal est venimeuse, mais on n'a pas d'exemple qu'on ait eu à déplorer de funestes conséquences. Le joug cause souvent aux bœufs des blessures sur leur cou (en Corse les laboureurs ont l'usage d'attacher le joug au cou et non aux cornes des bœufs); ces blessures causent quelquefois des enflures considérables, et le laboureur est persuadé que ces enflures sont causées par les crapauds; que, voyant le bœuf couché par terre, ils vont lécher le sang ou les matières qui coulent des blessures et y injectent leur poison. D'ailleurs, ces enflures ne sont jamais d'une longue durée.

La *Grenouille*. — Cet animal amphibie abonde dans les rivières, mais surtout dans les fossés qui ont été pratiqués dans les marais. Dans la belle saison, il y a des personnes qui vont à la pêche des grenouilles et trouvent dans leur chair une nourriture délicieuse.

La *Tortue*. — Il y a en Corse plusieurs sortes de tortues, mais toutes de petite espèce. Il y en a qui vivent dans les campagnes, d'autres qui sont amphibies, et d'autres enfin qui ne sortent jamais de l'eau salée ou douce.

On introduit souvent ces animaux dans les maisons de campagne, car on croit qu'ils détruisent les pouces et les fourmis. La chair des tortues est souvent employée pour la nourriture des poitrinaires.

Le *Veau marin*. — Ce poisson mammifère et amphibie abonde dans l'île de Corse. Les grottes de Bonifacio sont souvent remplies de veaux marins, où ils vont déposer leurs petits. Dans les mois de septembre ou octobre, on a surpris souvent ces amphibies dans les vignes de Lota, sises sur les bords de la mer, à Miomo; ils y allaient manger du raisin, dont ils sont friands; mais ce fruit les enivrait et les rendait engourdis, de sorte que les vignerons ou les gardes champêtres s'en emparaient facilement.

LES REPTILES

On voit en Corse plusieurs espèces de reptiles, mais aucune n'est venimeuse.

La *Couleuvre* (*Coluber*), qu'on pourrait classer parmi les amphibies, est d'un gris bleuâtre et verdâtre; elle a une tache blanche ou jaunâtre de chaque côté du cou qui forme un demi-collier. Ce serpent a aussi des rangées longitudinales de taches noires, dont deux rangées au milieu du dos et les deux autres aux flancs, de chaque côté. On l'appelle aussi le *serpent d'eau*, ayant l'habitude de se tenir dans les lieux humides.

La couleuvre pond de quinze à vingt œufs. Un autre serpent assez court, la tête grosse et aplatie et de couleur noirâtre, se tient ordinairement sur les bords des fossés, des puits, et dans les lieux marécageux.

Le *Serpent arcet* (*Anguis arcis*) a acquis le nom de *fragile*, parce qu'il ne peut résister aux coups d'une petite baguette, et il se brise avec la plus grande facilité.

La Corse étant un pays chaud, contient une énorme quantité de serpents. Dans les contrées qui avoisinent la mer, surtout, on en rencontre dans la belle saison à chaque pas; mais, comme nous l'avons dit, les serpents ne sont pas venimeux, et si quelquefois ils se sont tournés contre une personne et l'ont piquée, leur piqûre n'a jamais produit aucun malheur.

Les vipères et les aspics ne sont pas connus en Corse.

Les *Lézards*. — On trouve en Corse plusieurs espèces de lézards. Le lézard gris, le lézard vert, le lézard stellion, et un autre lézard cendré et aplati, lent dans ses mouvements, qui se tient toujours dans les vieilles masures, et enfin le grand lézard, la salamandre.

Le *Lézard gris* était appelé par les anciens l'ami de l'homme. Ce lézard est d'un gris cendré, tacheté de noir; mais ces taches forment tantôt des marbrures et tantôt elles forment des espèces de raies qui sont entremêlées de signes d'un gris clair.

Le *Lézard vert* est plus grand, et il est plus remarquable par sa beauté; il s'arrête lorsqu'il voit l'homme et le regarde avec complaisance. Cet animal court avec rapidité, s'élance au milieu des broussailles sèches et fait beaucoup de bruit.

L'autre *Lézard cendré*, avec le corps aplati et lourd dans ses mouvements, est très-connu en Corse; il habite les vieilles murailles et s'introduit souvent dans les maisons de campagne. On dit qu'en se posant sur le corps d'une personne, lorsqu'elle dort, ce lézard lui refroidit tout le sang. On l'appelle en Corse la *Torrentola velenosa*.

La *Salamandre*. — Ce gros lézard ne se montre que dans l'automne et pendant les temps humides; il est de beaucoup plus gros que les autres lézards. Sa peau est d'une couleur noirâtre, visqueuse, humide et tachetée

HISTOIRE NATURELLE

1. Grand Aigle. 2. Buse commune. 3. Chouette. 4. Chouette effraie. 5. Merle. 6. Mésange azurée. 7. Gros bec Tarin. 8. Oiseau-mouche. 9. Hirondelle des rochers. 10. Faisan. 11. Corneille mantelée. 12. Oiseau Goï. 13. Huppe. 14. Pie grièche. 15. Vanneau. 16. Canard arlequin. 17. Pingouins. 18. Héron.

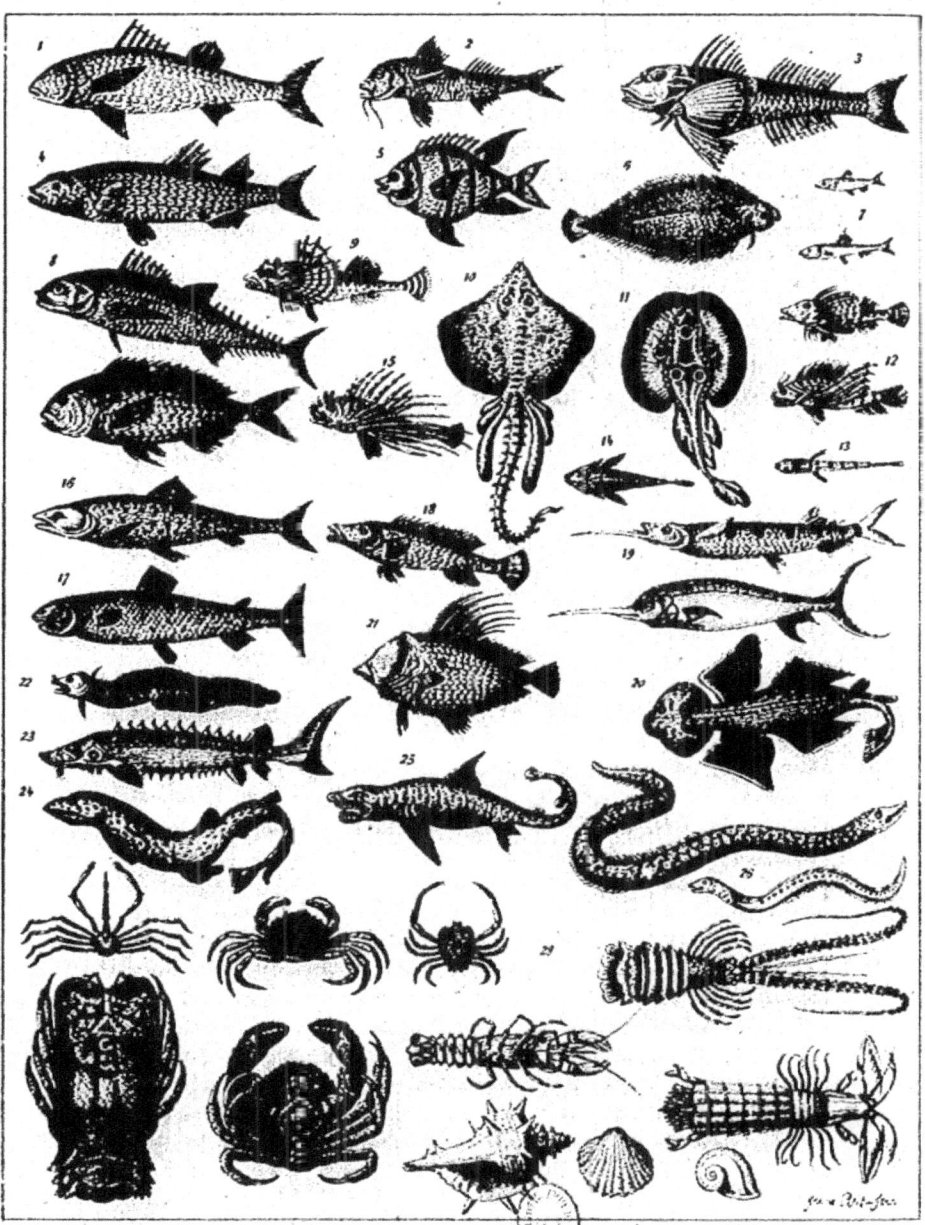

1 Surmula. 2 Rouget. 3 Trigle. 4 Cphale. 5 Bandoulière. 6 Sole. 7 Anchois. Sardine. 8. Thon. 9 Sorbène. 10 Raie. 11 Torpille
12 Sorbène volante. 13 Bouleau. 14 Chabot. 15 Rascasse. 16 Saumon. 17 Truite. 18 Paon. 19 Plat et grand Espadon. 20 Angdot
21 Dorée. 22 Musidle. 23 Esturgeon. 24 Incassale. 25 Lowsie. 26 Murène et Congre. 28 Onslacis.

de jaune. Les bergers de la Corse le font frire, et de l'huile qu'on en tire ils se servent pour soigner les plaies qu'ont leurs brebis ou leurs chèvres sur les mamelles. Les femmes des bergers s'en servent aussi pour faire croître leurs cheveux. On dit que cette huile ou cette graisse est très-efficace pour la guérison des tubercules scrofuleux. Les anciens étaient convaincus que la salamandre pouvait vivre dans le feu. (*Catello Lurco*, en Corse.)

LES INSECTES

L'île de Corse, comme tous les pays chauds, abonde en insectes de différentes espèces. Nous ne pouvons pas nous entretenir longuement sur cette partie de l'histoire naturelle ; un gros volume ne suffirait pas pour décrire la nature et les caractères de chacune de ces nombreuses espèces d'insectes que renferme le sol de cette île.

En Corse, presque tous les insectes sont nuisibles à l'homme, excepté la mouche à miel (l'Abeille). Cet insecte appartient à la famille des Hyménoptères, et il était autrefois l'objet d'une culture très-soignée en Corse, où ce précieux et ingénieux petit être récompensait largement ceux qui s'occupaient de lui.

Les Abeilles se divisent en mâles, femelles et neutres ; les mâles sont les plus grands et portent le nom de *bourdons* ; les neutres sont les plus petits et s'appellent les *ouvrières*. Chaque essaim d'abeilles a sa reine, qui marche toujours à sa tête lorsqu'il prend son vol. Ce sont les reines qui combattent à la tête contre les essaims ennemis ; lorsqu'une reine succombe dans la lutte, tous ses sujets se rendent aux vainqueurs et les suivent.

Les Fourmis, qui appartiennent aussi aux Hyménoptères, quoiqu'elles ne soient d'aucune utilité à l'humanité, sont néanmoins dignes de remarque pour leur prévoyance à ramasser leurs provisions pendant l'été, et pour les combats qu'elles se livrent entre tribus ennemies. Elles ont aussi leur reine qui marche en tête, et lorsqu'elle succombe, ses sujets se rendent prisonniers et sont portés en esclavage par leurs vainqueurs.

Les *Hyménoptères* sont l'un des ordres les plus intéressants parmi les insectes : leur tête est globuleuse, verticale, munie de deux yeux etc., mais leur anatomie, selon les plus célèbres naturalistes, n'est pas encore bien connue. Les Hyménoptères sont en grande partie des insectes vivant sur les fleurs, lorsqu'ils sont dans un état parfait. Leurs larves ont la forme d'un ver blanc.

Les *Hyménoptères* se divisent en *Tenthrèdes, Papivores, Porte-Scies, Hétérogynes, Fusseux, Diplotères, Mellifères*, etc.

Les *Lépidoptères* (Papillons) se divisent en plusieurs familles : *Diurnes, Crepusculaires* et *Nocturnes*, et toutes ces familles se subdivisent en plusieurs espèces.

Les *Nevroptères* se divisent en *Libellines, Éphémérines, Plasnipennes, Plicipennes*, etc.

Les *Coléoptères* se divisent en *Carnassières, Brachélytres, Serricornes, Clavicornes, Palpicornes, Fucicornes, Mélosomes, Trachilites, Xysiloplaces, Longicornes, Aplidiphages, Funicoles*, etc., etc.

Les *Diptères* se divisent en *Némocères, Tanistomes, Notacanthes, Athéricères, Pupipares*.

Les *Orptoptères* se divisent en familles de *Formiculaires, Ballaattiares, Manides, Spectres, Grilloniens, Locustaires, Aéridiens*.

Les *Émiptères* se partagent en familles de *Géocoriles, Hydrecorises, Cicadaïres, Hyménélytres, Gallinsectes*, etc.

Les *Aragnides* sont les seuls insectes suspects d'être vénimeux.

L'Araignée qu'on appelle en Corse *Malmignottao*, qui a plutôt la forme d'une fourmi, et dont les caractères sont : couleur noire, abdomen tacheté de rouge, corps frêle et tête osseuse. La piqûre de cet insecte produit des frissons, des tremblements convulsifs qui rendent tous les membres paralysés. Les remèdes dont on fait usage contre cette piqûre sont : le four très-chaud ou des potions de liquides très-spiritueux, afin d'enivrer le malade et réchauffer son sang tout refroidi. Nous avons eu l'occasion de voir souvent ces insectes dans la plaine de la Mariana, où nous avons, pour ainsi dire, vu le jour; nous en avons serré quelques-uns entre deux cailloux, et, leur ayant comprimé la tête, qui, comme nous l'avons dit, est très-dure, nous leur avons vu sortir l'aiguillon de la bouche, au bout duquel on remarquait une goutte de liquide verdâtre, qui constitue le poison. Les moissonneurs, pour se garantir pendant la nuit de la piqûre de cet insecte, se frottent les mains et le visage avec de l'ail.

Un autre insecte qui a la même conformation que la fourmi, mais qui est ailée, produit les mêmes effets: cet insecte n'est connu que dans la partie sud ou sud-ouest de la Corse, et porte le nom d'*Inafantato*. Une autre araignée, qui a la tête très-petite et le corps très-gros, en forme de boule, d'une couleur jaune blanchâtre et avec de petites taches rouges, est considérée comme venimeuse; mais on n'a à déplorer encore aucun accident de sa piqûre. Du reste, on n'a à déplorer que des cas fort rares de piqûres des insectes dangereux dont nous avons parlé. Quant à la piqûre du Scorpion, elle est aussi fort rare, et ne cause qu'une enflure facile à faire disparaître.

Les familles des *Arachnides* se divisent en *Vagabondes, Saltigrades, Filandières, Tapissières, Plumipèdes, Sédentaires*, etc.

Nous parlerons des insectes de mer dans l'*Ichthyologie*.

ORNITHOLOGIE

Les *Ornitologistes* partagent en six grands groupes les oiseaux, savoir :
1° *Accipètres* ou *Rapaces*; 2° *Grimpeurs*; 3° *Passereaux*; 4° *Gallinacés*; 5° *Échassiers*; 6° *Palmipèdes*.

Plus récemment MM. Gray et Charles Buonaparte les ont élevés au nombre de huit, en y joignant les *Colombes* et les *Struthions*.

OISEAUX RAPACES

Les oiseaux Accipètres ou Rapaces se divisent en deux ordres : les uns sont Diurnes, et les autres Nocturnes. Les Accipètres Diurnes sont les Aigles, les Vautours, les Buses, les Faucons, les Milans, les Eperviers, etc.

Les Nocturnes sont le Grand-Duc, le Chat-Huant, le Moyen-Duc, le Hibou, le Scop, l'Huette-Hulotte, l'Huette-Effraye et l'Engoulevent.

LES FALCIDES ou RAPACES DIURNES

Grand Aigle. Cet oiseau est remarquable par la puissance de son vol et par sa force musculaire; il est la terreur et l'épouvante des oiseaux et des mammifères. Les anciens avaient consacré l'aigle à Jupiter. Cet oiseau vit dans les montagnes de la Corse; les bergers de ces contrées cherchent à détruire leurs nids.

L'*Aigle criard*. Cet oiseau est de la grandeur d'un gros coq, son plumage est d'un brun obscur, blanchâtre à la gorge, les ailes sont tachetées de blanc, les pennes de la queue sont blanches à leur origine et à leur extrémité.

Le *Balbuzard*. Ces oiseaux sont des espèces d'aigles qui vont par bandes et qui se nourrissent de poissons. Leurs caractères sont : bec noir, plumes brunes, le dessous du corps blanc, les pennes des ailes sont brunes avec des raies blanches du côté intérieur.

Le *Vautour*. Cet oiseau est le plus lâche de tous les Falcides : il ne se nourrit que de cadavres et de charognes, et ce n'est que poussé par la faim qu'il attaque les animaux les plus inoffensifs et les plus faibles. Ses caractères sont : bec gros et fort, dont il se sert pour dépecer sa proie; ses ailes sont longues, etc.

La *Buse*. Cette espèce de Falconide est très-répandue en Corse; elle détruit le gibier et se nourrit aussi de grenouilles, de sauterelles et d'autres insectes. Ses caractères sont : les parties supérieures, le cou et la poitrine, d'un brun foncé, la queue un peu arrondie, avec douze bandes transversales.

Le *Faucon*. Il y a diverses espèces de Faucons en Corse, le *Faucon hobereau* ayant la gorge blanche, avec une bande noire qui s'étend depuis les yeux jusqu'à la partie blanche des côtés du cou, le croupion et les cuisses sont rougeâtres et les pennes latérales de la queue sont rayées, en dessus, d'une couleur noirâtre. Le *Faucon Émérillon* a ses ailes aboutissantes vers les deux tiers de la longueur de la queue; ses plumes, cendrées bleuâtres, sont marquées de taches noires, et sa queue porte cinq raies isolées; sa gorge est blanche. Cet oiseau habite les forêts et se nourrit de petits oiseaux.

Le *Faucon Cresserelle* a le plumage plus varié avec de nombreuses taches noires, la queue cendrée avec une longue bande noire, et blanche vers son extrémité.

L'*Épercier* est le plus courageux des Faucons; il se nourrit presque toujours de petits animaux, mais s'il est poussé par la faim, il devient si audacieux qu'en poursuivant sa proie, il ne craint pas d'entrer dans les maisons habitées pour la saisir. Cet oiseau porte une tache blanche à la nuque, et cinq bandes noirâtres sur la queue.

Le *Milan* noir se nourrit de mammifères et de reptiles, et même de charognes ; il est intrépide, effronté et voleur. La tête et la gorge de cet oiseau sont rayées de couleur bleuâtre et de brun, et la queue, un peu fourchée, est rayée d'un brun grisâtre.

Le *Busard* vit toujours dans les marais et se nourrit d'oiseaux aquatiques et de petits reptiles. Sa tête et sa poitrine sont d'une couleur jaunâtre avec de nombreuses taches brunes, et les scapulaires et les ailes sont d'un brun rougeâtre.

ACCIPÊTRES NOCTURNES

Les Nocturnes se distinguent des Diurnes par des yeux gros à fleur de tête, dirigés en avant et entourés d'un cercle de plumes formant, par leur rayonnement circulaire autour de la face, ce qu'on appelle *Disque Facial*, ayant le bec pour centre. La nature a doué ces oiseaux de toutes les facultés qui pourraient favoriser la chasse nocturne pour arrêter la multiplication des petits mammifères et des insectes rongeurs qui ne sortent que la nuit. Ces oiseaux paraissent être éblouis par la clarté du jour et entièrement offusqués par les rayons du soleil. Ils sont doués d'une finesse d'ouïe extrême, ayant les conques des oreilles assez grandes. Tous ces oiseaux nocturnes varient très-peu entre eux, à l'égard de leurs caractères. — Le *Grand Duc* (Bubo maximus), qui est le plus grand, en est en même temps le plus courageux et ne craint pas les chiens; s'il est attaqué, il se défend avec ses ongles. — Le *Chat-Huant* habite les forêts et niche dans les trous des arbres ou dans les nids abandonnés par d'autres oiseaux.—Le *Hibou* niche dans les fentes des rochers, dans les trous des arbres, ou dans les nids abandonnés par les Pigeons Ramiers. — Le *Hibou Moyen Duc* habite les bois et les vieux bâtiments. — Le *Scop* ou *Petit Duc*, est celui d'entre les oiseaux nocturnes qui est le plus facile à apprivoiser.

La *Chouette-Hulotte* habite les grandes forêts; elle pond dans les nids abandonnés des Corneilles et se nourrit de Rongeurs, de Chauve-Souris, etc.

L'*Engoulevent* (Caprimulgus). Cet oiseau est appelé, dans certaines contrées de la France, le *Crapaud volant*, dans d'autres, *Tête de chèvre*, et enfin dans certaines autres, *Corbeau de nuit*. L'Engoulevent suit les chèvres et les brebis pour chercher dans les urines et les crottins les insectes dont il fait sa nourriture. Cet oiseau a les parties supérieures variées de lignes grises et brunes transversales en zig-zag.

La *Chouette-Effraye* (Stryx flammea). Cet oiseau, qu'en Corse on appelle *Malugello*, s'approche toujours des lieux habités, et habite les vieilles masures et les tours des églises. La Chouette-Effraye fait entendre ses cris lugubres et sa voix entrecoupée dans le silence de la nuit. Les personnes qui sont soumises aux préjugés croient encore que cet oiseau apporte de sinistres augures : ainsi l'Effraye est regardée comme l'oiseau de la mort.

OISEAUX GRIMPEURS. — LES PICCIDES (Piccbj)

Les *Piccides* ont ordinairement le bec droit, en forme de coin carré, et à sa base il se termine en une pointe aiguë d'une substance très-solide : la tête grosse et le cou très-fort ; sa langue longue, effilée et armée d'une pointe dure et osseuse. La langue des *Piccides* a été un sujet d'admiration pour les savants naturalistes. Ces oiseaux habitent les bois, ils font des trous dans les troncs d'arbres, où ils font leurs nids et cherchent leur nourriture sous l'écorce des plantes. Le célèbre Buffon dit que la nature les a condamnés, pour ainsi dire, à une galère perpétuelle. On compte en Corse quatre espèces de *Pics*, savoir : le *Pic épiche* (Picus major), qui a le dessus du corps d'un noir lustré avec une plaque rouge cramoisi à l'occiput ; le dessous du corps d'un gris rougeâtre jusqu'au ventre. La femelle ne diffère du mâle que par l'absence du rouge à la nuque. Les autres sont le *pic leuconète* (picus leuconetus), le *pic moyen* (picus medius), et le *pic épichette* (picus minor), qui ne diffèrent que par quelques variétés de couleurs placées en différentes parties du corps. Les pics ont le vol rapide, mais court, les mouvements brusques, la voix rauque et la queue toujours courbée en bas. Ces oiseaux ont la faculté de grimper et de marcher verticalement sur les troncs et sur les branches des arbres.

La *Huppe* (upupa). — Cet oiseau était chez les anciens Egyptiens l'emblème de la piété filiale. Lorsque les pères et les mères étaient devenus caducs, les jeunes fils les réchauffaient sous leurs ailes ; ils soufflaient sur leurs yeux malades et leur rendaient tous les services qu'ils avaient reçus en leur bas âge.

En Angleterre, au contraire, ils étaient regardés autrefois comme des oiseaux de mauvais augure, et même aujourd'hui les peuples de la Suède regardent l'apparition de cet oiseau comme un présage de guerre. Les anciens, lorsqu'ils l'entendaient chanter avant le temps, prenaient ce chant comme un bon augure pour l'abondance des vendanges. Le cri du mâle est : bu-bu-bu. Ces oiseaux ont le bec plus long que la tête et légèrement convexe en dessus ; ils vont par couples et ne se réunissent jamais avec les autres oiseaux.

LE COUCOU

Le Coucou. — Cet oiseau a des mœurs tout à fait singulières, et il a attiré l'attention de tous les ornithologistes anciens et modernes; mais, jusqu'à présent, ils n'ont pu expliquer par quels motifs son instinct bizarre le porte à déposer ses œufs dans les nids des autres, abandonnant aux oiseaux étrangers le sort de sa progéniture. Lorsque le coucou a pondu un œuf, il le prend dans son bec et il le porte dans le nid d'un autre oiseau, au risque de soutenir une lutte acharnée avec le propriétaire du nid. Mais, chose singulière, lorsque le coucou réussit à introduire par la force ses œufs dans le nid de l'étranger, ce dernier ne cherche plus à les en ôter, et il les couve avec les mêmes soins que les siens. Le coucou visite souvent le nid, et lorsqu'il voit ses œufs éclos, il apporte à ses petits la nourriture nécessaire. Le chant n'appartient qu'au mâle, et c'est au temps de ses amours qu'il se fait entendre.

Le *Coucou-Geai* a les mêmes qualités que le coucou chanteur.

PASSEREAUX

L'Alouette. — Cet oiseau est appelé par les ornithologistes le musicien des champs; « son joli ramage est l'hymen de l'allégresse qui devance le printemps et accompagne le premier sourire de l'aurore. » On voit en Corse plusieurs espèces d'alouettes, parmi lesquelles il y a la calandre, qui est celle qui chante le mieux; mais elle est la plus sauvage parmi les oiseaux de la même espèce.

Le *Pipit.* — Ces oiseaux sont de plusieurs espèces, et ils ont entre eux différentes manières de vivre, et leur chant diffère aussi. Le pipit de buisson s'exprime avec le *pi-pi*. Le pipi rousseline s'exprime avec les syllabes *prin-prin*. Celui à gorge rouge et le bruant diffèrent très-peu entre eux. Tous les pipits ont un chant agréable, qu'ils font entendre dans le temps de leurs amours. Les pipits se divisent en rousseline, bruant, gorge-rouge, farlouze, bec-figues, gros-bec, etc.

La *Bergeronnette.* — Cet oiseau tire son nom de l'amitié qu'il professe pour les troupeaux; car on le voit, en effet, suivre toujours les bergers et les troupeaux dans les pâturages, et voltiger en toute confiance au milieu du bétail;

jusqu'à se poser sur le dos des bœufs et des brebis; et il montre une telle fraternité pour les bergers qu'il les avertit même de l'approche de quelque oiseau de proie. Cet oiseau est l'ami de l'homme, et semble avoir pour nous un penchant, s'il n'est repoussé par notre barbarie.

Le *Pinson*. — Les couleurs de cet oiseau sont : tête noire, le cou noir par devant et d'un roux obscur par derrière, la poitrine d'une couleur orangée, le ventre bleu, la queue et les ailes brunes.

Le *Chardonneret*. — Cet oiseau se distingue par la beauté de son plumage, par la douceur de sa voix et par sa docilité à l'épreuve. Les principales couleurs qui brillent sur son plumage sont : le rouge cramoisi, le noir velouté, le blanc et le jaune doré. La femelle a moins de rouge que le mâle et n'a point de noir.

La *Linotte*. — Il n'y a point d'oiseau qui réunisse autant de belles qualités. Ses caractères sont : tête et poitrine décorées de couleur rouge brillant dans l'état de liberté; mais elle s'efface renfermée dans la cage. Le nom de linotte nous apprend que cet oiseau aime à se nourrir de fleurs de lin. Il y a des linottes dont les couleurs diffèrent de celles dont nous venons de parler.

Le *Serin*. — Si le rossignol est le chantre des bois, le serin est le musicien des chambres. Le serin, ayant l'ouïe plus attentive, est plus susceptible de recevoir et de conserver les impressions étrangères; aussi il devient plus sociable et plus familier; il se nourrit de graines, tandis que le rossignol se nourrit de chair, d'insectes et de mets préparés.

Le *Verdier*. — Ce nom suffit pour indiquer sa couleur dominante, quoique cette même couleur soit mêlée d'un gris brun sur la partie supérieure du corps, et de jaune sur les parties de la gorge et de la poitrine. Le verdier est facile à apprivoiser.

Le *Motteaux*, ou cou-blanc, est un oiseau qui se tient ordinairement dans les campagnes, sur les mottes de terres fraîchement labourées, et il suit le sillon avec la charrue pour chercher les vermisseaux, afin de se nourrir. Lorsqu'il vole, il rase la terre d'un vol court et rapide.

Le *Tarquet*. — Cet oiseau n'est jamais en repos; il est très-vif et très-agile, toujours voltigeant de buisson en buisson; il ne se repose que quelques instants, pendant lesquels il ne cesse de soulever ses ailes pour s'envoler à tout moment.

La *Fauvette*. — Parmi les hôtes des bois, les fauvettes sont les plus nombreuses, comme aussi les plus vives, les plus aimables et les plus légères. La fauvette fut l'emblème des amours volages. On dit que c'est dans le nid de la fauvette que le coucou dépose le plus souvent ses œufs, car elle est d'un caractère craintif. Les fauvettes sont de plusieurs espèces : la grande fauvette, dont la couleur est gris brun; la petite fauvette, dont le chant est : *tip-tip;* la fauvette à tête noire, dont le chant est le plus doux et tient un peu de celui du rossignol; mais la fauvette des roseaux est celle qui chante le mieux, et on lui donne le nom de fauvette des osiers. Les autres fauvettes sont : celle d'*hiver*, celle *des bois*, la *rousse*, la *tachetée*, etc.

La *Mésange* (parus). — Ce petit oiseau, quoique faible en apparence, est vif et courageux. Il voltige sans cesse d'arbre en arbre en sautant de branche en branche; il grimpe sur l'écorce; il gravit les murailles, et se suspend de toutes les manières, souvent même la tête en bas. Les mésanges sont d'une grande fécondité, car elles pondent de dix-huit à vingt œufs.

Les *Mésanges* sont de plusieurs espèces, telles que la *carbonnière*, le *pinson*, la *bleue*, la petite et celle à longue queue, qui est très-mince, et lorsqu'elle vole, elle semble une flèche.

Le *Rossignol* (motocilla). — Les rossignols sont de deux espèces : celui des campagnes et celui des murailles. Les ornithologistes nous disent que celui des campagnes chante mieux que celui des murailles.

L'*Hirondelle.* — Ces oiseaux nomades sont de plusieurs espèces : l'hirondelle des rivages, l'hirondelle des cheminées et l'hirondelle des fenêtres. Cet oiseau est d'une existence assez longue; et quant à l'engourdissement et au sommeil dans lesquels tombent les hirondelles pendant l'hiver, ils ont soulevé parmi les savants naturalistes des opinions contraires, et on n'a pu jusqu'à présent s'accorder sur ce phénomène.

La *Grive* (turdus merula). — Ces oiseaux sont de passage en Corse, mais ils y abondent pendant l'hiver; leur chair est excellente et on la préfère à celle des merles; on les prend dans des lacets par millions, qu'on envoie sur le continent.

Les *Merles* sont en grande partie de permanence en Corse. La chair des merles de la Corse est parfumée et délicieuse, à cause des fruits de myrtes et d'autres arbres aromatiques dont ils se nourrissent. Ainsi les merles de cette île se sont acquis une grande réputation et sont très-recherchés sur les marchés de Marseille et de Livourne. Ces oiseaux diffèrent entre eux dans la variété des couleurs; il y en a qui ont le plumage très-noir, d'autres qui l'ont brun foncé, et d'autres qui sont d'une couleur gris noir; on a vu même des merles blancs, mais rarement.

Les *Moineaux* (pyrigita) appartiennent à la famille des fringuilles. Ces oiseaux se réunissent en société pour nicher et cherchent à se placer dans les lieux où les serpents ne puissent détruire leurs œufs. Les moineaux sont le fléau de la campagne, pour la quantité des graines qu'ils dévorent. Ils ne sont pas bons à manger, à cause de la dureté de leur chair. Les moineaux s'apprivoisent facilement.

Le *Roitelet* (trochilus) est le plus petit des oiseaux; il aime à fureter dans les trous des murailles, et en général il cherche les lieux obscurs. Cet oiseau chante admirablement, même pendant l'hiver, et il porte toujours la queue relevée.

Le *Guêpier* (mérops). — Cet oiseau, en Corse, est appelé *maturajolo*, à cause de son apparition dans l'île lorsque les céréales approchent de leur maturité.

Le *Mérops* est appelé guêpier, parce qu'il se nourrit de guêpes, d'abeilles et d'autres insectes hyménoptères. Ces oiseaux vont par bandes, et, pour nicher, ils cherchent de préférence les coteaux de la mer et des rivières. Ils habitent pendant l'hiver les climats les plus chauds du globe.

Plusieurs naturalistes comptent les corbeaux parmi les familles des passereaux conirostres.

Le *Corbeau* passait autrefois pour l'oiseau de mauvais augure, et les aruspices examinaient leur vol dans les temps sinistres pour en tirer les prophéties.

Il y a plusieurs espèces de corbeaux, savoir : le corbeau à plumage très-noir, aux cris lugubres et au regard farouche; il est carnivore et frugivore; la *corbine* et le *corbeau freux;* ceux-ci vont par bandes si nombreuses, que quelquefois ils dévastent dans un instant une grande étendue de terrain récemment ensemencé.

La *Corneille* mantelée se distingue de la corbine et du corbeau freux par son plumage noir et tranché, par une espèce de scapulaire gris bleu, qui s'étend par devant et par derrière depuis les épaules jusqu'à l'extrémité du corps; c'est à cause de ce scapulaire qu'on l'appelle *moinesse*. Les corneilles vont par bandes nombreuses et s'approchent des lieux habités. On dit que cette espèce de corbeau vit longtemps. — L'espèce corbine est susceptible d'apprendre à parler.

La *Pie* (pica). — Cet oiseau appartient aussi à la famille des corbeaux; il apprend très-facilement à parler; même dans l'état sauvage il contrefait la voix des autres animaux. La pie se rend très-familière dans les maisons.

GALLINACÉS

Le *Coq* et la *Poule*, qui sont, en Corse comme partout ailleurs, les habitants des basses-cours, sont, en général, de l'espèce la plus petite. Cependant le contact avec l'Italie et même avec l'Algérie a apporté une grande amélioration dans cette espèce de gallinacée domestique.

Le *Faisan*, qui n'a rien à envier au coq pour la beauté de son plumage, habite les bois et les makis de la Corse. On croit que cet oiseau est de permanence dans l'île; car on a pu en apercevoir dans toutes les saisons de l'année.

Les *Pigeons*. — On voit en Corse plusieurs espèces de pigeons ou colombes sauvages; ces oiseaux vont par bandes nombreuses; ils ont l'habitude de se poser par centaines sur un seul arbre, qu'ils fréquentent à certaines heures de la journée; mais dès que le chasseur connaît l'endroit où ils reposent, il les surprend, et, d'un seul coup de fusil chargé de petit plomb, il en fait un massacre. Le pigeon dont le plumage représente une espèce de collier autour du cou et qu'on appelle *colombo collato*, est celui dont l'espèce est la plus nombreuse.

La *Tourterelle* (turtur columba) appartient à la même famille que les colombes. Cet oiseau peut bien être de passage, mais on en voit en Corse pendant toutes les saisons. La tourterelle s'apprivoise très-facilement.

La *Perdrix grise* abonde dans l'île de Corse, surtout depuis plusieurs années, pendant lesquelles le braconnage a été rigoureusement interdit.

La *Perdrix rouge*, si elle n'est pas connue, est du moins très-rare dans l'île.

La *Caille*. — Ce petit oiseau voyageur, quoique faible et avec le vol pesant et bas, peut traverser tous les ans une grande étendue de mer. Cependant en Corse il en reste quelques-uns, car l'hiver n'est jamais rigoureux dans les endroits qui avoisinent la mer pour faire périr les vers et les insectes, et même les graines qui servent de nourriture à cet oiseau.

L'*Outarde*. — Cet oiseau visite de temps en temps la Corse; il ne construit point de nid, mais il creuse seulement un trou, où il dépose ses deux œufs, qu'il couve pendant trente jours. Il se nourrit d'herbes, de semences, d'écorce d'arbres, et quelquefois il avale des cailloux. On lit dans Pline que la graisse de l'outarde a la vertu de soulager les crevasses des seins qui surviennent aux nouvelles accouchées. — Il y a deux espèces d'outardes, la grande et la petite.

OISEAUX D'EAU

Palmipèdes, Échassiers, Longirostres, etc.

Toute la partie orientale de l'île de Corse abonde malheureusement en étangs et en marais. Quoique ces étangs et ces marais soient habités pendant toute l'année par de nombreuses troupes d'oiseaux aquatiques et amphibies, tels que canards sauvages, plongeons, macreuses, harles, vanneaux, échasses, hérons, poules d'eau, bécassines, etc., etc., cependant, dans la saison d'hiver, on y voit arriver de nouveaux hôtes, même des régions les plus lointaines.

L'*Oie*. — Cet oiseau paraît par troupes nombreuses dans certains temps pluvieux, pendant l'hiver. Les chasseurs en tuent souvent quelques-unes. L'apparition des oies, selon la croyance des paysans, est signe de temps pluvieux et orageux.

Les *Grues* arrivent aussi par bandes pendant les mauvais temps d'hiver. Ces oiseaux portent le vol très-haut et se mettent en ordre pour voyager. Si, dans leur course, le vent se déchaîne et menace de rompre l'ordre de leur vol, alors elles se resserrent en cercle. Les grues ont leur chef, qui vole en avant et les avertit par un cri de la route qu'il tient; ce cri est répété par la troupe qui le suit. Lorsqu'elles sont à terre et qu'elles dorment, elles établissent un garde pendant la nuit pour les éveiller en cas de danger. La grue était chez les anciens le symbole de la vigilance.

Le *Pingouin*. — Cet oiseau est aussi de passage dans les étangs de la Corse; il a les mêmes mœurs que la macreuse; son plumage est noir et ses ailes sont propres au vol. Il y a deux espèces de Pingouins; le grand Pingouin et le petit Pingouin.

Le *Manchot*. — Cet oiseau est le moins oiseau parmi les oiseaux; car ses ailes sont réduites à des moignons aplatis et couverts de plumes lisses presque semblables à des écailles; ses pieds courts et plantés si loin en arrière font qu'il ne peut se soutenir à terre, même dans une position verticale.

Le *Cygne* se fait voir, comme la Grue et l'Oie, par bandes, quelquefois dans les mauvais temps de l'hiver. Selon les naturalistes, le Cygne est le plus grand navigateur ailé. Les anciens ont fait du Cygne un chantre merveilleux ; ils l'ont mêlé dans toutes leurs histoires et dans toutes leurs fables, et ils ont célébré ses derniers moments, lorsque, avec des accents doux et touchants, il donne son triste et tendre adieu à la vie : si l'Aigle est le roi des oiseaux des airs, le Cygne est le roi des oiseaux aquatiques.

Le *Canard Arlequin* doit son nom aux couleurs vives et tranchantes de son plumage.

Le *Canard Miquelon* fréquente aussi les étangs de la Corse.

La *Harle huppée*. — On voit paraître souvent cet oiseau avec une huppe occipitale haute et touffue, et avec les pieds et le bec rouges.

Le *Plongeon* se fait voir par troupes nombreuses. Son plumage est d'un cendré noir parsemé de petites gouttes blanches, et le devant du corps est bleu.

La *Macreuse*, qui est de la grandeur du pigeon, est l'oiseau qui abonde le plus dans l'étang de Biguglia, près de la ville de Bastia.

Le *Flamand*. — Ce grand oiseau, dont les chasseurs corses ignorent le nom, visite de temps en temps les étangs de l'île ; quelques-uns ont été tués et empaillés.

Le *Harle*. — Il y a deux espèces de Harles, le Harle commun et le Harle huppé. Le Harle commun est plus grand ; il est presque tout blanc, mais tout est raccourci en lui, vol, plumage et taille. Sa chair est dure et mauvaise à manger.

L'*Echasse* a les jambes fort longues, dont la disproportion à l'égard du corps lui permet à peine de porter son bec à terre pour prendre sa nourriture.

Le *Vanneau*. — Cet oiseau semble avoir tiré son nom du latin *vanni*, ailes ; il est fort gai, il est sans cesse en mouvement et difficilement se laisse approcher par le chasseur. L'Eglise catholique l'a admis parmi les mets de la mortification comme la Macreuse.

Le *Chevalier*. — Cet oiseau est fort garni de plumes et presque tout son plumage est nuancé de gris et de rouge.

Le *Héron*. — Cet oiseau, au moyen de ses jambes, qui sont fort longues, peut entrer dans l'eau plus d'un pied sans se mouiller. Il a les doigts d'une longueur excessive ; son cou se plie souvent en deux et il semblerait que ce mouvement s'exécute au moyen d'une charnière. Lorsqu'il vole, il roidit ses jambes en arrière, renverse son cou sur le dos et déploie ses ailes, qui sont fort concaves et frappe l'air par un mouvement égal et réglé par son vol uniforme.

Le *Boutor*. — Cet oiseau est de plusieurs espèces, mais celui qui fréquente nos marais est le Boutor rouge, qui a son plumage d'une couleur rougeâtre, claire sous le corps et foncée sur le dos.

La *Poule d'eau*. — Cet oiseau a le corps comprimé par les côtés, et son bec ressemble à celui des gallinacées; elle vole les pieds pendants et se jette à l'eau sans cependant nager beaucoup, si ce n'est pour traverser un lac d'un bord à l'autre.

La *Beccassine*. — Cet oiseau est très-renommé; il ressemble à la Beccasse. On voit ces oiseaux arriver par troupes nombreuses peupler nos étangs pendant la saison d'hiver (1).

Le *Pluvier*. — Ces oiseaux vont par bandes et fréquentent les lieux humides et limoneux, où ils cherchent leur nourriture. Les Pluviers courent très-vite, demeurent attroupés tout le jour et ne se séparent que la nuit. A la pointe du jour, ils s'appellent et se réunissent.

Le *Pétrel*. — Cet oiseau est le plus courageux marin parmi les oiseaux aquatiques; muni de longues ailes et pourvu de pieds palmés, il a la singulière faculté de courir et de marcher sur l'eau.

Le *Cormoran*. — Le Cormoran est un grand oiseau avec les pieds palmés; il est le destructeur des poissons; il est d'une grande adresse à pêcher et d'une grande voracité.

Le *Goëland*. — Ces oiseaux se tiennent par troupes sur les rivages, ils font retentir leurs cris importuns. Ils sont gourmands et lâches, et se nourrissent de cadavres qui flottent sur la surface de la mer.

L'*Hirondelle* de mer. — Cet oiseau rase la mer dans son vol rapide et enlève les poissons qui sont à la surface de l'eau. Il a les ailes longues et la queue fourchée comme les hirondelles de terre.

(1) La grande beccasse abonde aussi en Corse; elle se tient ordinairement près des lieux humides. Selon les naturalistes, c'est l'oiseau le plus étourdi de tous.

ICHTYOLOGIE

et

HISTOIRE DES POISSONS

DES RAIES

Le corps des *Raies* est mince et large ; elles ont les narines au-dessus des yeux ; les deux ouvertures qu'on voit derrière les yeux de ces poissons leur servent à rejeter l'eau qu'ils avalent ; leur bouche en travers est garnie de plusieurs rangées de dents. Les Raies que l'on pêche dans la mer qui entoure la Corse sont la *Raie-Lisse*, la *Raie-Cendrée*, la *Raie-Aigle*, la *Raie-Pasternaque*, la *Raie-Bouclée*, la *Raie-Roncée*, la *Raie-Torpuilla*, etc.

La *Raie-Lisse* se distingue des autres par une rangée simple de pointes qui suit le dos et la queue ; le corps est mince et ses mâchoires sont garnies de plusieurs rangées de dents pointues.

La *Raie-Cendrée* se distingue par sa queue garnie de pointes ; sa surface inférieure est d'un gris cendré, et on y remarque quelquefois des taches noires : sa queue a deux nageoires.

La *Raie-Aigle*, n'a pas de nageoires ventrales, seulement sa queue, qui est très-longue, lui sert de nageoire ; elle est aussi garnie de piquants.

La *Raie-Pasternaque* (Ciuccio en Corse) ; ce poisson n'a pas de nageoires ventrales ; sa queue, sans nageoires, est armée d'un piquant. Les anciens disaient que la blessure du piquant de ce poisson était mortelle et sans remède. Les anciens grecs avaient armé de ce piquant le fils de Circé, afin de tuer plus sûrement son père Ulysse. Les habitants du Japon regardent ce piquant comme le remède le plus efficace contre la morsure des serpents ; ils en frottent la blessure, et c'est pour cela qu'ils en portent toujours sur eux.

La *Raie-Bouclée* (Razza Spinosa). Ce poisson porte tout le long du corps et de la queue des pointes courbes en forme de clous, et on en remarque aussi autour des trous aqueux, les yeux et le nez. Toute sa surface est garnie de petites pointes ; la queue est plus longue que le corps, et le côté supérieur est tout à fait blanc

La *Raie-Rousse*. — Ce poisson a une rangée de petites pointes en forme de clous, que l'on aperçoit sur l'épine du dos et trois rangées de pointes sur la queue, quatre grosses pointes sur le dos, six aux yeux et deux au nez. On voit aussi de grosses pointes sur la partie inférieure.

La *Raie-Torpuilla* (Raja-Torpedo). — Ce poisson n'a point de piquant et il est difficile de distinguer la tête dans la figure circulaire. On voit sur le côté supérieur cinq taches rondes et noires, et quelquefois on en compte six. Ces poissons causent des engourdissements à ceux qui les touchent.

LES SPARUS (Dentice)

La *Denté* (Sparus Dentex). — Ce poisson se distingue par un grand nombre de petites dents et par les quatre canines dont chaque mâchoire est armée. Il se distingue aussi par six rayons à la membrane branchiale, quinze à la nageoire pectorale, six à la ventrale, onze à celle de l'anus, quinze à celle de la queue et vingt-deux à la dorsale. La couleur dominante de ce poisson est argentée tirant sur le jaune; sa tête en partie verte dorée est en partie argentée. Le dos rouge brun, mais en vieillissant la couleur devient pourprée.

La *Mendole* (la Mennola). — Les caractères de ce poisson sont : treize rayons à la nageoire de l'anus et ses petites dents en forme de poinçons. Il a aussi six rayons à la membrane branchiale, quinze à la nageoire pectorale et six à la ventrale. Sa tête est sans écailles jusqu'à la nuque, toutes ses nageoires sont rougeâtres; le fond de ce poisson est bleu nuancé de lignes bleues, sa tête présente une tache noire au milieu. Ce poisson est Ichtyophage, et il détruit les alevins des autres poissons.

La *Dorade* (Sparus Aurata). — Les caractères de la Dorade sont : six dents incisives à chaque mâchoire; six rayons à la membrane branchiale, seize à sa nageoire pectorale, six à la ventrale, quinze à celle de l'anus, dix-sept à celle de la queue et vingt-cinq à la dorsale. La tête, les flancs et le tronc sont argentés; le dos d'un brun clair.

La *Salpe* (Sparus Salpa). — Le caractère distinctif de ce poisson est formé par le seul rang des dents incisives, dont chacune des deux mâchoires est armée et par ses six rayons à la membrane branchiale; seize à la pectorale, six à la ventrale, dix-sept à celle de l'anus, vingt-cinq à celle de la queue.

1 Arbousier. 2 Lentisque. 3 Myrthe. 4 Laurier-tin. 5 Prunier sauvage. 6 Aubépine. 7 Bruyère. 8 Daphné. 9 Chèvrefeuille. 10 Garance.
11 Millepertuis. 12 Thim. 13 Digitale pourprée. 14 Rue Centaure. 15 Gentiane. 16 Belladone. 17 Ladulis. 18 Héliantheme. 19 Laurier rose. 20 Ognè.
21 Guimauve. 22 Iris. 23 Genêt épineux. 24 Tamaris. 25 Bourrache. 26 Armthe. 27 Camomille. 28 Coquelicot.

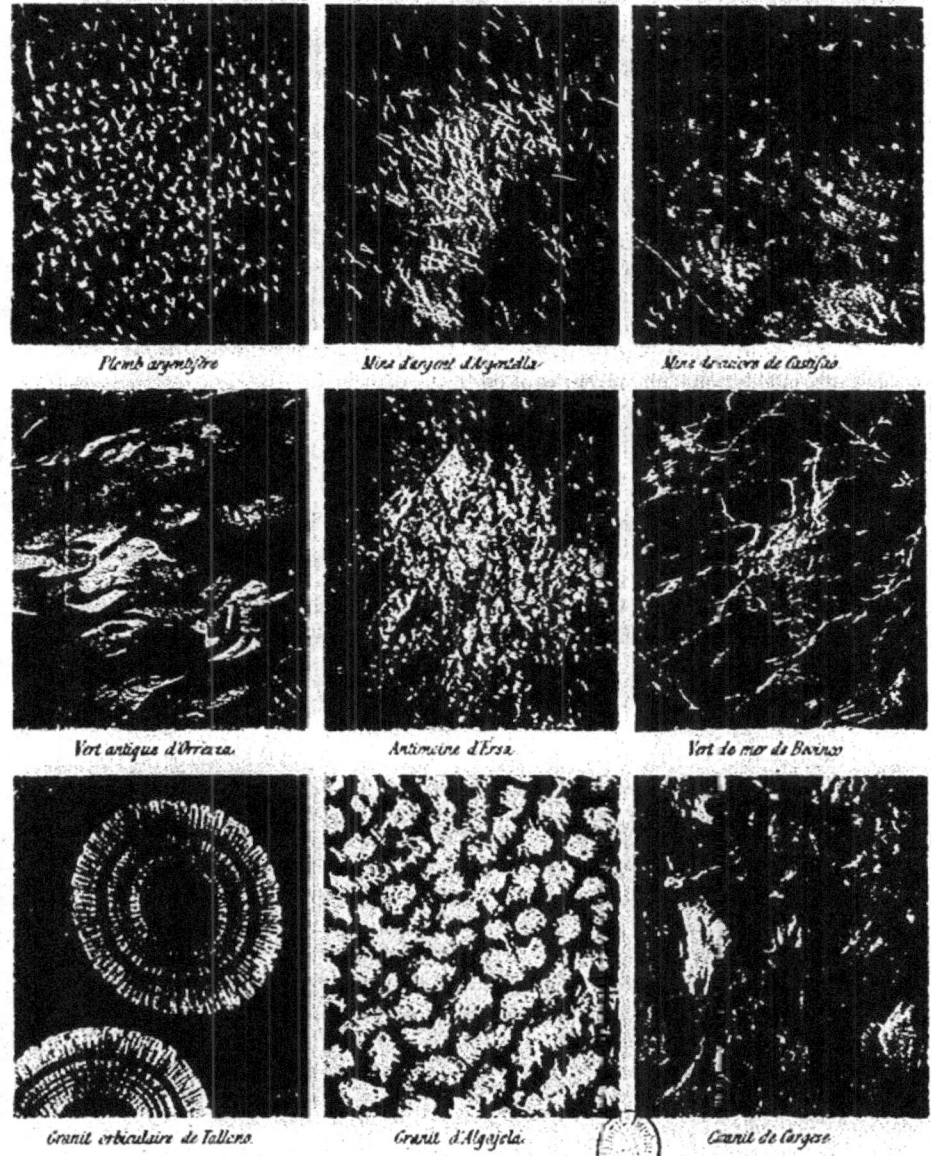

vingt-huit à la dorsale, *Sparus* (*Pagrus*) (Parago). La couleur de ce poisson est rouge tirant sur le jaune, le ventre argenté et les nageoires rougeâtres.

SALMO SALAR

Le *Saumon argenté*. — Ce poisson a la mâchoire inférieure un peu avancée, et des taches noires, en forme de croissant, sur les côtes. Les joues, la gorge et le ventre sont d'une couleur argentine, et la tête semble plaquée en argent.

La *Truite* (Salmo-Fario). — Ce poisson est de la même famille que le précédent; il abonde dans les rivières de la Corse. Les truites des montagnes de cette île sont d'une saveur toute particulière.

CLUPEA SARDINA

La *Sardine*. — Ce poisson a la mâchoire inférieure avancée, et recourbée sur la supérieure; la tête est pointue et assez grosse; le front est noirâtre, le dos bleuâtre et les côtes argentines.

L'*Anchois*. — Ce poisson a la mâchoire supérieure en saillie. Le ventre est gris, le corps est allongé et couvert d'une peau mince et d'écailles tendres.

MULLUS SURMOLETUS

Le *Surmulet* (Mullus). — Ce poisson se distingue des poissons du même genre par sa couleur rouge, ses ouïes jaunes, sa tête grosse et ornée de raies jaunes d'or sur un fond argenté, parmi lesquelles brille une couleur rouge. Les anciens Grecs avaient consacré ce poisson à la déesse Diane, et les Romains l'estimaient beaucoup. Juvénal (poète satirique) reproche à Calidore d'avoir dépensé 1,200 sesterces pour quatre Surmulets. On dit qu'Octave ne crut payer trop cher un Surmulet 3,000 sesterces.

Mulet (Triglie). — Ce poisson se distingue par ses trois taches noires sur la ligne latérale. Son corps est couvert de roux de sang et ses barbillons sont jaunes. (Mulet tacheté).

Rouget. — Ce poisson a la tête tronquée, le menton garni de deux longues barbes, le dos et les côtes rouges, le ventre argentin et les nageoires jaunes. (Triglia barbata.)

La *Galline* (Triglia hirundo). — Ce poisson se distingue par sa grande nageoire pectorale, ce qui fait qu'on le croit un poisson volant. On l'appelle Cabot, Galline ou Gallinette.

Paon (Triglie). — Les trois taches noires, deux à la partie postérieure du dos et la troisième près de la nageoire de la queue, et sa tête, étroite et sans écailles jusqu'aux yeux, le distinguent des poissons de la même famille. (Tordolo en Corse).

Mugil (Cephalus, Mazzardo). — Ce poisson a des lignes noires parallèles sur le corps. Sa tête est large par en haut et comprimée des deux côtés, et toute couverte d'écailles; le corps est brun, les flancs sont rayés de noir, le ventre est argentin et les nageoires sont bleues.

SCOMBEROÏDES

Le *Bonite* (Scomber Sarda), Pesce Cavallo. — Ce poisson a le corps argenté; l'ouverture de la bouche grande, les mâchoires sont munies d'une rangée de dents séparées, et l'on n'y voit que des raies noires du dos aux flancs.

La *Tranche* (Trinca). — Ce poisson a ses joues d'une couleur jaune tirant sur le vert, la gorge blanche, le dos vert foncé et formant arc; les deux côtés, jusqu'à la ligne latérale, sont d'un vert plus clair.

La *Scorpène* ou *Rescasse*. — Ce poisson, qu'on nomme *Crapaud*, *Carbe*, *Diable volant*, *Scorpène* à antennes, et *Pythonisse*, etc., se distingue par sa tête tronquée, large par devant et comprimée sur les côtés. Ce poisson est garni de piquants et de barbillons dentelés. La *Scorpène Pythonisse* est dépourvue d'écailles; sa tête est grosse et garnie d'un grand nombre de bosses et de piquants. La *Scorpène Diable* a de petites écailles dures et est dépourvue de barbillons à la mâchoire inférieure. La *Scorpène Crabe* a de grandes écailles et de grands barbillons qui garnissent la ligne latérale.

La *Bandulière* (Vazzica). — On connaît plusieurs espèces de ce poisson; mais la plus commune en Corse est celle qui a la tête dépourvue d'écailles et porte six bandes verdâtres.

La *Dorée* (San-Pietro). — Ce poisson, on le connaît à la nageoire ronde de la queue et à la tache brune qu'il a sur les côtés. Sa tête est grosse et ses yeux grands.

La *Limande* (Limande). — Ce poisson a les écailles dures et dentelées ; sa couleur est jaune sur le côté supérieur et blanche sur l'inférieur.

La *Sole*. — Ce poisson a le corps plat, la mâchoire supérieure saillante, et les écailles dures et raboteuses.

Le *Boulereau* (Torrentola). — Ce poisson se distingue aisément par ses taches jaunes et noirâtres semées sur un fond blanchâtre ; il est cunéiforme ; sa tête est grosse et diminue peu à peu vers sa partie postérieure.

Le *Chabot* (Pesce Preto). — Le Chabot a des piquants crochus à chaque opercule de l'ouïe. Son tronc diminue en avançant vers la queue ; il a des bosses rondes sur le corps.

Le petit *Espadon* (Exos). — Les marques distinctives de ce poisson sont : la mâchoire inférieure, en forme d'une longue pointe, la tête et les flancs, d'une couleur argentine.

Le grand *Espadon* (Xiphias gladius). — Ce poisson a le corps allongé, rond, uni et couvert d'une peau mince, la tête aplatie et grosse, les ouvertures de la bouche larges, la mâchoire inférieure terminée en pointe et la supérieure en forme d'épée. La tête et l'épée sont d'une couleur bleu acier.

La *Vire* (Trachinus Drago), la Trachina. — Les caractères de ce poisson sont : l'avancement de la mâchoire inférieure, le dos d'une couleur jaune brun, les côtés d'une couleur argentine, et au ventre on remarque des lignes bleuâtres transversales. En Italie on nomme ce poisson *Pesce Ragna*. La *Ragna*, ou *Ragnola* en Corse, n'a pas tous les mêmes caractères que la susdite ; mais sa chair est fort délicate et recherchée.

Le *Merlan* (Gadus-Merlangus) (Nasello en Corse). — Ce poisson a le corps qui brille d'une couleur argentine, excepté sur le dos ; sa mâchoire supérieure avance ; son corps est allongé et couvert de petites écailles rondes, minces et argentines.

La *Murène*. — Ce poisson forme le passage du poisson au serpent ; il porte des dents aux mâchoires et au palais, et il est parsemé de taches et de points de différentes couleurs. Les anciens Romains nourrissaient ce poisson avec de la chair humaine pour l'engraisser.

Le *Congre* (Conger Murena). — Le Congre a le corps rond et semblable à celui de l'anguille ; il est couvert de mucosités comme cette dernière.

L'*Anguille*. — On pêche dans la mer, dans les étangs et dans les rivières de la Corse des Anguilles, surtout dans l'étang de Chiurlino, où elles abondent prodigieusement. Il y a des Anguilles qui pèsent jusqu'à 4 et 5 kilos. Ces Anguilles sont de plusieurs espèces : *Paglina*, *Fina*, etc.

Les *Jarets* (*Zeri*). — Ces poissons sont petits; ce sont ceux qui abondent le plus et qu'on livre à un prix très-bas. Dans certaines saisons, leur chair est fort bonne.

Les *Occhiates*. — Ce poisson a le corps un peu rond et aplati, et sa chair est délicieuse.

Les *Polybes* abondent sur les côtes de cette île, comme aussi certains poissons dont nous ignorons les noms en français, tels que *Paraghi, Sarraghi, Regine, Capiccioni, Orticole*, etc., etc.

Le *Thon*. — Ce gros poisson abonde aussi sur les côtes de l'île; mais il est plus recherché en Toscane et dans l'île d'Elbe, où les pêcheurs en font une pêche spéciale dans certaines époques de l'année. Sa chair se conserve dans les tonneaux.

L'*Esturgeon* (Sturio). — Ce poisson porte cinq rangées de boucliers; sa peau est rude; la partie supérieure est parsemée de points bruns, et l'inférieure de points noirâtres. Sur les tables des anciens Romains, ce poisson était servi couronné de fleurs.

Le *Grand Esturgeon* (Huso). — Ce poisson est du nombre des cartilagineux; il a le dos noir et le ventre blanc. Son corps est sans écailles et couvert d'une matière visqueuse.

Le *Dauphin* (Delphinus). — Ce poisson a le museau aplati, aigu, et le corps presque ovale. Le Dauphin a été célébré, par les poètes et par les historiens, à cause de son affection pour l'homme.

La *Lamie* (Squalus Charcharias), Pesce Cane. — Ce poisson a le dos large, le corps allongé et rude, l'ouverture de la bouche large et armée d'un grand nombre de rangées de dents. La Lamie attaque les hommes toutes les fois qu'elle peut attaquer.

La *Cétrine* (Squalus Centrina), Pesce Porco. — Ce poisson a le tronc triangulaire, aigu sur le dos et large au ventre. Sa peau sert pour polir le bois.

La *Roussette* (Squalus Cetulus), Pesce Gatto. — La Roussette a le corps tacheté de rougeâtre, le ventre blanc, le dos rond et la queue très-longue.

L'*Angelot* (Squalus .....), Squarro. — Ce poisson a le corps aplati comme celui de la Raie; sa tête est aussi aplatie et forme un cercle plus large que le tronc.

CRUSTACÉS.

Les bords de la mer, en Corse, étant en grande partie remplis de rochers, abondent de toutes sortes de crustacés et de petits insectes marins. Les plus connus sont les *Crabes*, tels que la *Chauve-Souris* (Granchio Peloso), le *Crabe milliaire* (Cancer Milliaris), Calzolajo en Corse, le *Crabe parcule* (Parvulus), le *Crabe ménade*, le *Crabe dorique* (Pulce Marina), les *Dromies*, les *Leucomies* (Gritte), la *Maja septicorne*, la *Maja squinando*. Ce crustacé, chez les anciens Romains, passait pour aimer la musique ; il était, par conséquent, pendu au cou de Diane d'Éphèse. La *Hippe*, qui est le plus grand nageur des crustacés ; la *Hippe* (Adactyla, l'*Écrevisse* (Astacus), la *Galatée*, la *Squille* (Nantis), la *Dromie*, le *Leucone*, le *Palémon* (Crevette), qui nage à reculons ; le *Grangon*, qui marche aussi à reculons ; la *Langouste* ou *Palynure*, etc., etc.

Les côtes de la Corse abondent aussi d'Anélides et de Mollusques. Parmi les Conchifères bivalves, nous citerons l'*Arche*, la *Buccarde*, la *Byssonie*, la *Lutraire*, la *Capse*, la *Mulette*, le *Peigne*, l'*Huître*, etc., et parmi les univalves, nous citerons : l'*Hélice*, la *Mélanie*, l'*Oscabrion*, l'*Auricule*, la *Pittorine*, la *Natice*, la *Murex*, la *Modonte*, le *Troque*, l'*Ocule*, le *Cerithe*, le *Pleuronome*, la *Pourpre*, le *Buccin*, le *Rocher*, la *Mitre*, le *Junthye*, etc., etc.

BOTANIQUE

Nous avons dit, page 232, que plusieurs savants naturalistes avaient visité la Corse, et qu'ils avaient été éblouis et charmés de la grande richesse des végétaux enfermés dans cette île; cependant, nous ne pouvons encore nous glorifier de posséder une Flore complète de la Corse. *Paul Boccone, Alliani, Viviani, Requien, Lecoq, Larygenie, Moquin-Tandon, Reveillère, Salins-Marschlins, Vannucci, Romagnoli, Montez*, etc., etc., s'en sont occupés, et quelques-uns y travaillent encore; mais jusqu'au jour où nous écrivons, la Flore de cette île laisse beaucoup à désirer.

M. Romagnoli (1) a fait aussi un travail sur la Mygale et sur les Champignons, avec planches et dessins coloriés; mais ses trop louables efforts resteront stériles; malheureusement, il n'a point de fortune, et les personnes riches et influentes de la Corse sont plus dominées par des ambitions égoïstes et des passions mesquines que par l'amour de la science, et ne se préoccupent point de ceux qui les cultivent.

Nous avons fait mention des arbres fruitiers, qui abondent dans l'île. Ces arbres, sans aucune culture, atteignent une élévation gigantesque, chacun selon son espèce. Non-seulement les arbres fruitiers sont admirables à cause de leur végétation, mais aussi les Pins, Sapins, Chênes, Hêtres, Frênes, etc., dont nos montagnes sont couvertes, font l'admiration et excitent souvent la convoitise des étrangers.

Les arbrisseaux et arbustes qui forment nos makis, tels que Arbousiers, Myrtes, Lentisques, Bruyères, Lauriers-Thym, Cistes, etc., sont aussi d'une végétation peu commune. Dans certaines contrées de l'île, on rencontre des Arbousiers qui s'élèvent du sol de 8 à 10 mètres, et ont un tronc d'une gros-

---

(1) M. Romagnoli nous réclame sa nationalité française, et comme il a adopté pour patrie la Corse, où il a passé presque toute sa vie, nous nous faisons un plaisir de le compter parmi nos plus honorables compatriotes.

seur considérable. Nous avons mesuré des Myrtes dans les plaines de la partie orientale de l'île qui portaient 5 mètres et plus de longueur; il en est ainsi de la Bruyère (*Erica arborea*), arbre dont les habitants d'Orezza se servent pour confectionner des cuillers. On voit de même des Lentisques isolés dans la plaine, dont l'ombre sert à abriter bon nombre de moissonneurs pendant leurs repas. Nous aurions voulu consacrer quelques lignes à chacune de ces plantes; mais des obstacles insurmontables entravent nos projets. Ainsi, nous nous limiterons à rapporter ici un catalogue assez incomplet des plantes qui fleurissent en Corse.

DES GRAMINÉES.

Aira flexuosa, montana, capillaris, caryophyllea, articulata, media, minuta.
Agrostis pungens, maritima, stolonifera vulgaris, elegans, pallida, setacea, involucrata.
Alopecurus paratilis, gerardi.
Arundo donax.
Avena mollis.
Bromus mollis, scalis, sylvaticus.
Anthoxanthum odoratum.
Cynosurus gracilis, echinatus.
Bromus multiflorus, divaricatus, alopecuros, lanceolatus, rubens, racemosus, matritensis, polystachius.
Egilops ovata.
Festuca mirerus.
Lagurus ovatus.
Melica ciliata.
Poa trivialis.
Læmarchia auris.
Triticum rotobolis.
Paspallum.
Triticum repens.
Panicum dactylon.
Saccorum ravennæ.
Cylindrium.
Calamagrostis, lanceolata, arenaria.
Stipia aristella, tortilis, pennata.
Milium lindigerum, multiflorum, vernale.
Panicum crus-galli, verticillatum.
Phalaris arundinacea, bulbosa, cylindria, paradoxa.
Phleum pubescens.
Polypogum maritimum, subspathaceum.
Melica ramosa.
Flavescens panicea, leningiana, fragilis.
Donatonia decapens.
Festuca spadicea, ciliata, stipoides, doriuscula, lanceolata, ovina, rethia.

Poa littoralis, annua, rigida, maritima, bulbosa, airoides, pilosa.
Dactylis glomerata, hispanica.
Briza media, maxima, minor.
Kœleria macilenta.
Pluoboides.
Nardus stricta.
Cynosurus cristatus.
Rotobolla incurvata, filiformis, subulata.
Ægylops glabra, ermiata, aparina.
Segale villosum.
Lolium perenne, multiflorum.
Hordeum murinum.
Triticum pungens, acutum.
Junceum pinnatum, paoa, glaucum, ciliatum, cespitosum unilaterale, faretum.

CYPÉRACÉES.

Cyperus montis.
Scirpus pubescens, palustris, longus, junciformis, staceus, romanus, esculentus, variegatus, acicularis, lacustris.
Schœnus nigricans, mucronatus, marisius.
Eriophorum alpinum.
Carex arenaria, vulpina, divulsa, muricata, remota, cespitosa, cynomorea, precox, extensa, frigida, levigata maxima, paludosa glomerata, squarosa.

PALMÉES.

Champærops humilis.

JONCÉES.

Juncus maritimus, capitatus, acutus, insulanus, bufonius, pygmeus, tenageus.
Bulbosus, bucephalos, lampocarpus, heterophyllos, marockphalus, allonatus, acutiflorus, multiflorus.
Abons ox-fraga.

AMENTACÉES.

Alnus cordifolia, suaveolens, cordata, eliptica.
Quercus ilex.
Quercus robor, alex suber, racemosa, coccifera, sessilifera.
Taxus bacata, salix caprea, aurata, vitellina, babilonica.

URTICÉES.

Parietaria officinalis, lusitania, judaica.
Urtica dioica urens, hispida, membranacea.
Ficus caria.

EUPHORBIACÉES.

Mercurialis tormentosa, annua.
Euphorbia biambellata, peplis, chamæsyce, hyberna, helioscopia, petriocca, platyphillos, spinosa, pilosa, pythiosa, paralias, serrata, niaidnites, segetalis, provincialis, exigua, retusa, foliata, caracias, pinfolia, rotundifolia.
Riccius communis.

ARISTOLOCHIÉES.

Aristolochœia longa, pistolochia, rotundifolia.
Asarum europeum.

CISTINÉES.

Cystinæ bipocritis.

LAURINÉES.

Laurus nobilis.
Laurus thymus.

SANTALACÉES.

Osiris alba.
Thesium linophyllum.

THYMÉLÉES.

Daphné oleoïdes, glandulosa, passerina, Thomasii, tarton-raira, hirsuta, thimelacea.

POLYGONÉES.

Polygonum Alpinum, equestilium, arvense, aviculare, convolvulus, visiparum, maritimum, acquisetiforme, ramosissimum.
Rumex acetosella, patientia, acutus, bicephalophorus, lingetanus orifolius, nemolapathum, obtusifolius, tuberosus, intermedius.

CHENOPODÉES.

Cenopodium, bonus-enricus, fructicosum, maritimum, scoparia, rubrum, ambricides, ficifolium.
Atriplex halimus, portulacoïdes, glauca, rosea, lacineata, greca, hastata.
Polytolacea descandra.
Beta vulgaris, maritima.

AMARANTHACÉES.

Amaranthus blitom, prostratus, retroflexus, caudatus.
Paronichia echinata.
Cinosa, argentea, polygonifolia, capitata, scripilifolia.
Herniaria glabra, hirsuta, cinerea, alpinea, lenticulata.
Illecebrum verticillatum.

PLANTAGINÉES.

Plantago sobulata, maritima, icana, capitellata, albians, pilosa, lagobus, montana, minor, victorialis, argentea, media, coronopus, psillium.

VALÉRIANÉES.

Valeriana officinalis pumilis, dentata echinata, gallatis coronata, microscropa montana, tuberosa, membranea, cakitrapa, trinervis phu.
Fedia cornucopia.
Centranthis latifolius, angustifolius.

APOCYNÉES.

Asclepias fruticosa, nerium olander.
Vinca major, minor.

JASMINÉES.

Jasminum officinale, fruticans.
Ligustrum vulgare.
Fraxinus excelsior argentea, fl rifers.
Phylliera latifolia, angustifolia.

ÉBÉNACÉES.

Diospyros lotus.
Styrax officinale.
Solea, europea.

LOBELLIACÉES.

Lobellia laurentia, minuta.

VACCINÉES.

Arbutus uvauris, unedo.
Vaccinium, myrtillus.
Vitis idœa.

ÉRICÉES.

Erica ramulosa, cinerea, corsica, scoparia, arborea.
Rododendrum ferrugineum.

RUBIACÉES.

Rubia peregrina, lucida, tinctorum, requieni.
Gallium purpureum, vernum, rubrum, campestre, glaucum, linifolium, mollogo, palustre, tricorne, setaceum, lucidum, tenuifolium, murale, cruciata, liliosum, aparine, rotundifolium, barrellieri, nudiflorum, cinereum.

CAPRIFOLIACÉES.

Lonigera implexa, etrusca, balearica, periclymenum.
Hedera helix.
Sambucus ebulus, racemosa, nigra.
Viburnum tinus.

OMBELLIFÈRES.

Buplerum glaucum, stellatum, fulcatum, spinosum, fructicosum, rotundifolium.
Caucalis leptofylla, nudiflora.
Condylocarpus officinalis.
Crithmum maritimum, vulgare.
Conium maculatum.
Ferula communis.
Angelica sylvestris.
Peucedanum seseli verticillatum.
Sium siculum latifolium.
Lingusticum levisticum.
Scandis pekeuveceris.
Pimpinella mogaya peregrina.
Aecthum fenicolum sanicale.
Eryginum campestre.
Crithimum.
Calchys.
Astrantia major.
Leserpiticum.
Tapsia villosa.
Daucus maritimus.
Gomifer, carota, lypidus.
Oriala grandiflora, maritima, platicarpos.
Torrilis nodosa.
Bifora-torditium.
Pastinaca, echirofera spinosa.
Opoponax, ferulago.
Brigrotia, athamanta, cretensis, macedonica.
Œgopodium podagraria.
Drepanophyllum.
Œthosa cynopium.
Trinia sisono amomum, flavoosum.
Bunium petreœi.
Ammi majus, visnaga.

Sesseli tortuosum, elatum.
Ptychotis verticillata.
Helosciadium lanudatum, nudiflorum, crasipes.
Œnanthe fistulosa, globulosa, apifolia.
Critmum maritimum.
Scandis australe.
Smyrium olusatrum, perfoliatum.
Eryganium maritimum.
Hydrocalyte vulgaris.

SAXIFRAGÉES.

Saxifraga aizom, cervicoris, corsica, hirsuta, pedementana ascendens, g-ranoides, ladenifera, petadifida, lypboides, stellaris, aspera, rotundifolia.
Chrysoplenicum oppositifolium.
Adosa moscatellina.

CACTÉES.

Cactus opuntia.

JOOIDES.

Mesembryanthemom modiflorum cristallinum.

CRASSULACÉES.

Umbellicus pendulinus, erectus-sedum gallioides, heptapetatum, brevifolium, corsicum, alratum, album, cepa, saxatila, cruciatum.
Sempervivum testorum rubens, atrum, repens, altissimum, cespitosum.

POLYCARPÉES.

Polycarpum tetraphyllum.

PARONYCHIÉES.

Corrygiola littoralis.

PORTULACÉES.

Montia fontana.
Tamaris gallica, africana.

LYTHRAIRÉES.

Lytrum salicarea, lysopifolia, xamalorifolium.

ONAGRARIÉES.

Epilobium roseum palustre, hirsutum molle, tetragonum.
Isnardia palustris.
Circea lutetiana.

CUCURBITACÉES.

Brionia dioica alba, momoridica claterium.

MYRTACÉES.

Punica granatum.
Myrtus communis.

ROSACÉES.

Rosa rubigosa.
Geum sylvaticum, amygdalum.

Armeniaca vulgaris.
Potentilla argentea, hirta, valderia, splendens, caulescens, lupinoides.
Poterium hybridum spinosum.
Prunus spinosa, domestica.
Cerasus avium.
Sorbus-potentilla divaricata.
Geum urbanum.
Poterium sanguisorba.
Pyrus communis, malus-cydonia.
Agrimonia eupatoria, etc.
Rosa sempervirens, carcina, seraphinii.
Rubus fructicosus, sanguisorba officinalis.
Crategus oxyacantha, pyracantha.
Pyrus aucoparia.

LÉGUMINEUSES.

Anagyris fetida.
Ulex provincialis.
Genista corsica, umbellata, triquetra triacanthos.
Melilitus officinalis, parviflora.
Spartium junceum.
Genista candicans, salzmanni, scorpeos hispanica, cinerea, monsperma.
Cytisus laburnum, triflorus, spinosus, lanigerus, candicans, linifolius, capitatus, argenteus.
Ononis arvensis cherleri, alopecuroides mitissima, viscosa, fructicosa, ornithopodes.
Medicago officinalis marina, lupulina.
Lotus hispidus edalis, creticus, cystiloides, etc., etc.
Adenocarpus parvifolius.
Ononis viscosa, fructicosa, ornithopopoides, augustissimus, gracilis, cenisia.
Trifolium strictum stetisium, arvense, angustifolium, pratense, procumbens, vesiculosum, subterraneum, baccoai.
Viccia cracca, sylvatica, angustifolia, hybrida, casubica, pseuderaeca, tenuifolia, atropurpurea, disperma, sativa, pyrenaica, lutea, pallidiflora, gracilis, narbonensis, altissima.
Pysum sylvaticum arvense, lupinus albus.
Astragalus salcatus, stella.
Ornithopus scorpioides.
Lathyrus sylvestris arvensis-phaseolus vulgaris.
Orobus variegatus.
Cicer arietinum.
Onobrychis crista-galli.
Anthyllis Gerardi.
Cytisoides, erinacea, barba-jovis, vulneraris.
Statice monopitala, reticulata, fasciculata, bellidifolia, leucantha, oleofolia, mianta, echioides, ferulacea, diffusa, arenaria, solleroli.

GLOBULAIRES.

Globularia alypum, medicalis.

PRIMULACÉES.

Androsace, alpina, imbricata, maxima, septentrionalis.
Primula, auricula, marginata, longifolia, villosa, integrifolia, fariross.
Anagallis, cerulea, arvensis.
Lysimachia vulgaris, punctata.
Cyclamen hederefolium, europeum.
Asterolinum stellatum.
Coris monspelliensis.
Grecoria vitaliana.
Cortusa mathioli.
Samolus valerandi.

TYPHACÉES.

Sparganium ramosum.

AROIDÉES.

Arum maculatum, pictum, italicum, muscivorum, crinitum.
Dracunculus.

ALISMACÉES.

Alisma ranunculoides, plantago.
Triglochim borellieri, palustre, latifolium.

COLCHICACÉES.

Colchium montanum, alpinum, autumnale.
Veratrum album, nigrum.
Tofieldia palustris.

LILIACÉES.

Allium parvifolium, chamœ-moli.
Tulippa oculis-solis.
Lilium candidum, martagon.
Asphodelius luteus, microcarpos, fistulosus.
Leuconium hiemale.
Phalangium bicolor, autumnalis.
Muscari racemosus, odorus, tazzetta, serotinus.
Scilla nudata, peruviana, veralba, campanulata, lanceolata, obtusifolia.
Pancratium illyrium.
Ornithogalum, etc., etc., narbonense, araticum.
Hyacinthus poulzolzi.
Muscari baltrioides.
Gagea villosa.
Pancratium maritimum.
Leucoium æstivum, autumnale.

ASPARGÉES.

Asparagus amaras, albus, tenuifolius, officinalis, acutifolius.
Ruscus aculeatus, similax aspera, mauritanica.
Convallaria polygonatum.
Tamus communis.

IRIDÉES.

Iris florentina, pseudo-acorus, splendens.
Isia parviflorum.
Crocus versicolor.

Iris germanica, bulbicodium.
Crocus minimus.
Corsicus.
Gladiolus communis.

ORCHIDÉES.

Orchis masculata, alba, maculata, latifolia, morius.
Limodorum abortivum, sphero labium.
Orchis papilionacea, secundiflora.
Cariſura longiraris, variegata, longibrateata, globosa, bifolia.
Ophrys canicolata, fucerra.
Scarpias cordicera, linguata, lutea, psedo-speculum, antropophera iriodes, pelopus.
Neottia repens, æstivalis, spiralis.
Epipactis cordata, ovata.

NAIADÉES.

Zostera oceanica mediterranea.

PLANTES PHANÉROGAMES.

CONIFÈRES.

Zuneparus phenicia, licia, oxidetrus, nana communis sabina.
Cupressus fastigiata.
Pinus larga, pinea, sylvestris, alpensis.
Abies excelsa, pectinata.
Larix Europea.

JUGLANDÉES.

Joglans regia.

LENTIBULARIÉES.

Pinguicula alpina.

ACANTHACÉES.

Acanthus mollis, spinosus.

VERBENACÉES.

Vitex agnus castus.
Verbena officinalis.

RHINANTHACÉES.

Veronica montana, beccapunga, cymballaria, peregrina, rumularia, alpina, spicata, officinalis, arvensis, fructicosa, bellioides, tenella.
Euphasia officinalis, linifolia, corsica, viscosa, latifolia.
Polygata vulgaris, saxatilis, amara, monspelliaca.
Bartisca viscosa, maxima.
Orobanche rigens, major, crinita, fetida, ramosa, bractea.
Pedicularis tuberosa, comosa, foliosa, flammea.

ANTIRRHINÉES.

Antirrhinum ansinæfolium, minus, bellidifolium.
Digitalis purpurea, lutea, parviflora, ferruginea.
Linaria, organifoliis, rubrifolea,

cimballeria, sparia, arvensis, da-
va, cirrhosa, etc.
Scrophularia canina, pellegrina,
trifoliata, melliflora, auriculata,
scordonica, lucida, frutescens,
oblongofolia.

SOLANÉES.

Solanum villosum, nigrum, dulca-
mara.
Lycium afrum, etc.
Datura stramonium.
Hyosciamus albus, niger, aureus,
pusillus.
Verbascum, sinuatum, lapinoides,
mayale, phœniceum nigrum.
Mandragola officinalis.
Nicotiana tabacum.

BORAGINÉES.

Borago laxifolia, officinalis.
Echium australe, violaceum, vul-
gare, plantagineum.
Cerinthe glabra, longiflora.
Cynoglossum pictum, officinale.
Myosites pussilla, annua, perennis.
Pulmonaria officinalis.
Trigonella prostrata.
Medicago circinnata, sativa, olei-
rolii, orbicularis, lappacea, dis-
ciformis, precox, minima, macu-
lata sphœrocarpus, hirsuta, ser-
rata, etc., etc., etc. Melilotus
italica, gracilis, messanensis, aul-
cata, elegans.
Dorignium rectum parviflorum,
soffruticosum.
Psolarea palæstina bituminosa, etc.
Scolpiarus sulcata, acutifolia, etc.
coronilla, emerus, juncea, scopa-
laris, glauca, minima.
Ervum ervilia.
Astragalus pentaglottis, sesamens,
hamosus, bœticus, massiliensis,
incanus.
Astrolobium ebracteatum.
Ornithopus compressus.
Hippocrepis comosa multisiliquosa.
Securigera coronilla.
Hedysarum pallidum, coronarium,
humile.
Onobrychis saxatilis capot galli
Lathyrus pratensis, apicea, sphe-
ricus, angulatus, setifolius, ci-
cera, bithynicus, clymenum, etc.
Lupinus varius, luteus, hirsutus,
angustifolius.
Ceratonia siliqua.
Cercis siliquastrum.

TÉRÉBINTHACÉES.

Pistacia vera, lentiscus, terebin-
thus.
Rhus coriaria, cotinus.
Guecrum tricoccon.

RHAMNÉES.

Rhamnus alternus, corsicus, Zi-
phus, vulgaris.—Palinorus, acu-
leatos. Rhamnus, catharticus, in-
frestorios, frangula.

ÉVONYMÉES.

Evonymus europeus.
Ilex aquifolium.

RUTACÉES.

Ruta angustifolia, chalepensis, divaricata, Corsica, graveolescens.

ZIGOPHYLLÉES.

Tribus terrestris.

OXALIDÉES.

Oxali stricta, villosa, corniculata,
acetosella.

HYPERICINÉES.

Hypericum repens, hircinum, cho-
ris, perforatum, dentatum, tor-
mentosum, etc.

AURENTIÉES.

Citrus medica, risso, bergamium
aurantium, limonium.

MALVACÉES.

Athea hirsuta, rosea, officinalis.
Malva sylvestris, robifolia, circi-
nuata, sylvestris, hirsuta, alcea,
rotundifolia.
Lavatera cretica, arborea, napole-
tana, trimestris, ambigua, maritima.

LINÉES.

Linum gallium, strictum maritimum, alpinum, angustifolium.

FRANKENIACÉES.

Franckenia lœvis, pulverulenta, in-
termedia.

VIOLACÉES.

Viola odorata, canina arborescens,
arenaria tricolor, biflora, calca-
rata.

CISTÉES.

Cistus eriocephalus, albidus, cris-
pus, corsicus, incanus, halimi-
folius, villosus, salvifolius, lauri-
folius, longifolius.
Helianthemum, vulgare, alisoides,
toberaria, guttatum, lediflolium,
halia iciliquastrum, glutinosum, thy-
mifolium, juniperinum, suma-
na, lavandolefolium.

CAPPARIDÉES.

Capparis spinosa.

ÉRABLES.

Acer campestre.

FUMARIACÉES.

Fumaria officinalis, leucantha, media, parviflora, valantii.

PAPAVÉRACÉES.

Papaver rheas, roubizi, setige-
rum, somniferum.
Chelidonium majus.
Hyecum pendulum.
Roemeria bibrida.
Glaucium flavum.

NYMPHÉES.

Nymphea alba.
Nupar lutea.

CARIOPHYLLÉES.

Cerastium tenue.
Semidecandrum, arvense, vulga-
tum, strictum, heterophyllum.
Cucubalcus behen, baciferus-Ly-
chius corsica, cætirosa, coronlins,
etc., etc.
Velesia rigida.
Dianthus, polifer.
Buffonla annua pirenais. Spergula.
Saponaria officinalis.
Silece corsica, gallia, fruticosa, se-
rica aucalis, etc., etc.
Merchingia muscosa.
Sagina. Stellaria.
Arenaria rubra tenuifolia, etc., etc.

BERBÉRIDÉES.

Berberis vulgare cretica.

CRUCIFÉRES.

Nastortium officinale, pyrenaicum,
medium.
Raphanus sitivus.
Cochlearia. Draba.
Mathiola. Barbara.
Cardamine. Sinapis.
Sepidium. Cardamine.
Alysum. Thlaspi.
Alchinisia. Aliaria.
Malcomia. Brassica.
Capsella. Diplotaxis.
Rapistrum. Raphanus.

RENONCULACÉES.

Ranunculus aquatilis, corsicus,
montanus, muricatus, etc., etc.
Helleborus. Gantidella.
Clematis vitalba.
Myosurus.
Delphinum. Ficaria.
Anémone. Adonis, etc., etc.

COMPOSÉES.

Arnica corsica, Inula.
Bellis, Balsamita.
Cerephalium, Filago.
Eupatorium, Cineraria.
Carduus, Cynora.
Chrysanthemum.
Centaurea, Tussilago.
Aster, Erigeron, Conitor.
Carthamos-Matricaria.
Anthemis, Ambrosia.
Senecio, Achillea.
Santolina, Xanthium.

Tagetes, Onopoidum.
Silybum, Cynara.
Calcus, Carlina.
Icolymus-Picris.
Hieracium, Drepania.
Zacintha, Andryla.
Scorzanera, Hyoseris.

FOUGÈRES.

Adianthum, Asplenium.
Aspidium, Acrostichum.
Adianthum capillis-veneris.
Scolopendrium officinale.
Polysticum capillip'eris.
Osmunda, Pteris, Polypodium, etc.

LICHÉNÉES.

Pelticera canina.

Isciphorus, usnea.
Stercaucolon, etc.

LYCOPODIACÉES.

Lycopodium alpinum, helveticum, denticulatum.
Isoles lacustris.

CHAMPIGNONS.

Boletus ungulatus.
Pizza auricula, etc., etc.

HYPOXILÉES.

Graphiola. Phenicis.

HÉPATIQUES.

Riccia pyramidata canicula.

MOUSSES.

Vessia templetooi.

ALGUES.

Cystocira crisita.
Cricoides-Fuccus.
Halimenia.
Volubilaria.
Chondrus, Cigartina.
Padina, Spongodium.
Conserva, Spheroplethia.

MUCÉDINÉES.

Torrula sokirolii (1).

(1) Nous omettons beaucoup d'autres plantes, dont le catalogue serait trop long.

MINÉRALOGIE

Les montagnes de l'île de Corse renferment de grandes richesses minéralogiques. Parmi les métaux que ces montagnes cachent dans leurs flancs, nous citerons le fer, qui est, sans contredit, de première utilité pour l'homme.

On a découvert des gisements de ce métal en diverses contrées de l'île; entre autres à Venzolasca, où l'on voit une mine de fer olgiste et oxydulé. A Lota, et près de Furiani, on a aussi découvert récemment des gisements de fer. Dans le canton de Pero, on a essayé d'exploiter une mine de fer oxydulé; mais la plus considérable, et qui semble avoir attiré l'attention des nations qui ont gouverné la Corse, est celle de Farinole. Toute la montagne entre ce village (Farinole) et celui d'Olmeta, du Cap-Corse, est couverte d'amas ferrugineux irrégulièrement entassés; mais, dans les carrières ouvertes dans les flancs de la montagne, le fer se présente en filons horizontaux. La mine de Farinole donne du fer oxydulé très-riche. On voit près de cette mine une forge d'une époque très-ancienne. La mine de Farinole est près de la mer.

ANTIMOINE

L'antimoine est un métal blanc, luisant, fragile, etc. Il se présente souvent en lames, et il se trouve combiné avec le soufre et mêlé avec des matières terreuses et pierreuses. Ce métal sert à l'usage de la médecine, pour composer les types d'imprimerie et à la composition des cloches.

Une mine très-riche d'antimoine sulfuré et de sulfate de mercure existe à Ersa. Cette mine, déjà en exploitation, appartient à M. Franeschi, de Centuri. Une autre mine du même métal a été découverte à Meria, exploitée par M. Segoudy, procureur général de cour impériale, et autres;

une troisième existe à Luri, exploitée par M. Giuseppi. Toutes ces mines existent dans le Cap-Corse.

CUIVRE

Ce métal est d'une couleur jaune et rougeâtre, tr... malléable, et sert à plusieurs usages, tels qu'ustensiles de cuisine, instruments à vent, cloches, timbres, monnaies, etc. Plusieurs mines de cuivre ont été découvertes en Corse; telles sont celles de Linguizetta, d'Erone, de Ponte alla Leccia; cette dernière, qui est très-riche, est exploitée par le sieur Palazzi. Deux autres mines de ce même métal, qui sont assez riches, existent sur les rivages de l'Asco et du Tartagine; elles sont exploitées par une compagnie française et par le sieur Santelli. Ce dernier s'occupe depuis longtemps, avec un zèle très-louable, de l'exploitation des mines.

PLOMB

Deux mines assez riches de plomb argentifère sont les seules connues de nos jours : l'une existe près de Barbaggio et Patrimonio, et non loin de Saint-Florent, et appartient à la famille Arena; l'autre, peut-être plus riche, se trouve dans la Balagna. Cette dernière appartient à M. Piccioni, de l'Ile-Rousse.

ARGENT

On exploite en ce moment la mine d'argent située sur le mont Argentella, dit-on, avec beaucoup de succès. Cette mine était connue dans les temps les plus reculés. La concession de cette mine appartient au sieur Agostini; le sieur Pieraggi a contribué beaucoup à mettre en évidence la mine d'Argentella.

MANGANÈSE

Le manganèse est une espèce de métal fragile, lequel, étant traité avec le borax en tuyau, donne un vert d'une couleur violette. Une mine de manganèse, oxyde noir compacte et très-dur, existe près de Valle d'Alejani.

ABESTE-AMIANTE

L'abeste-amiante est une substance pierreuse, crétacée, disposée en filaments plus ou moins fins, et dont les anciens se servaient pour faire de la toile incombustible. Cette matière abonde en Corse.

MARBRES

Le marbre, selon les minéralogistes, est une pierre calcaire plus ou moins dure. Ce calcaire doit avoir les grains fins, et il doit être susceptible de recevoir le poli.

La Corse est riche en marbres de différentes couleurs. — Le marbre qu'on a découvert à Ortiborio et à Gavignano est d'une couleur blanc-statuaire. A Meria, près du rivage de la mer, on voit aussi des couches de marbre blanc. Près du village d'Oletta, on a découvert du beau marbre coloré, du marbre Portor, du marbre Brèche et du marbre Egriotte. Toutes ces espèces de marbres sont en exploitation. Une autre espèce de marbre, formée par les coquilles et les matières pierreuses, stratifiées par le mouvement et le dépôt des eaux de la mer, se trouve au fond du golfe de Saint-Florent. Sur les bords de la Rostonica, on a établi une grande scierie pour les marbres. Les carrières qui existent dans cette contrée sont les plus riches de la Corse; on en tire des colonnes de toutes dimensions. C'est du marbre Sbardiglio ou Cipolin d'une grande beauté.

Le marbre du Serraggio est d'une couleur gris foncé; il est très-beau et offre des blocs énormes. Celui de San Gavino (canton de Serraggio), par la variété des couleurs, est préférable aux marbres de Corte et du Serraggio.

Le marbre de Castifao est tacheté de rouge, bleu, blanc, noir et jaune; il est très-dur, a le grain fin, et est susceptible d'un polissage très-luisant. Dans la commune de Brando existe un marbre noir bleu susceptible d'un beau poli.

PORPHYRES

On trouve dans les montagnes de la Corse plusieurs espèces de porphyres: le porphyre rouge, semé de petites taches blanches et rougeâtres; — le porphyre vert, avec des taches plus ou moins claires, formées par le feld-spath ou le schort; — le porphyre gris, avec des taches verdâtres; — le porphyre ou Euryte globuleux de Girolata, Curzo, Marzolino, etc., qui se présente avec tant de magnificence, que la nature ne forme rien de plus régulier.

Porto-Vecchio possède du porphyre couleur nankin, avec des cristaux de feld-spath rose. Le porphyre de Calacuccia est formé par des petits globules. — Le porphyre graphique de Baglia Orba est admirable avec ses cristaux de feld-spath et de quartz, disposés avec la plus grande régularité.

JASPES

Le jaspe ou vert antique d'Orezza est d'une beauté remarquable; sa couleur est mêlée d'un vert de gazon, d'un vert plus foncé et de raies ou taches blanches et noires, longitudinales ou curvilignes, de forme et de grandeur inégales.

On trouve sur les montagnes du Niolo à Valle di Stagno le jaspe à fond vert parsemé de taches rouges; le jaspe sanguin, le jaspe à fond sanguin, tacheté de lignes d'agate; le jaspe à fond rouge, avec des bandes jaunes; le jaspe à corail, le jaspe à fond rouge, avec des taches vertes, etc. Le jaspe de Multifao est d'un vert tacheté de brun, blanc cendré et rougeâtre.

GRANITS

Le granit est composé de quartz, de feld-spath, de schort, et souvent il y entre la mica. Le nom de granit lui vient de petits grains de sable condensés et disséminés; mais il prend le nom de granit porphyroïde lorsqu'il contient des cristaux de feld-spath d'une forme régulière.

Le plus beau de ces granits est le granit orbiculaire de Tallano; selon les géologues, cette espèce est rare dans le monde.

La plus grande partie des montagnes de la Corse est formée de roches granitiques; ainsi on rencontre dans plusieurs endroits des blocs de granit d'une beauté admirable. Après celui de Tallano vient celui d'Algajola, qui est composé de cristaux de feld-spath rose, de quartz gris, de mica vert ou noir, etc. Ce granit est près de la mer.

Le granit avec granates du Pont à la Cellula, près de Bocognano; le granit de Sartène, dit granit hébraïque; celui de Cargese, d'une couleur rose; celui entre Vico et le col de Sevi, d'un rouge légèrement violet, et celui de Buscagia, près du golfe de Porto, d'une couleur rose incarnat, sont les plus remarquables parmi les différentes espèces qu'on trouve en Corse.

SERPENTINE

La serpentine est ainsi nommée à cause de sa couleur imitant celle du serpent. On admire plusieurs espèces de serpentines en Corse, mais la serpentine ou vert de mer de Bevinco, près de Bastia, est la plus remarquable. Les colonnes qui figuraient à l'Exposition universelle de Paris (1855) obtinrent le premier prix. Dans le canton de Fiumerbo, on trouve des blocs d'une grande beauté, ainsi que dans le canton d'Alesani et dans les environs de Bastia.

Dans la même vallée de Bevinco existent des blocs de serpentine qui sont d'un vert tacheté de jaune d'une grande beauté. On a donné à cette espèce le nom de *Pierre-Eugénie*, du nom de l'impératrice des Français. Toutes ces carrières de serpentine, de Bevinco, comme aussi les siénites de Porto, avec divers marbres colorés de Nebbio, et la pierre améthyste d'Aleria, ont été découvertes par M. Poggi, dont nous avons parlé ailleurs.

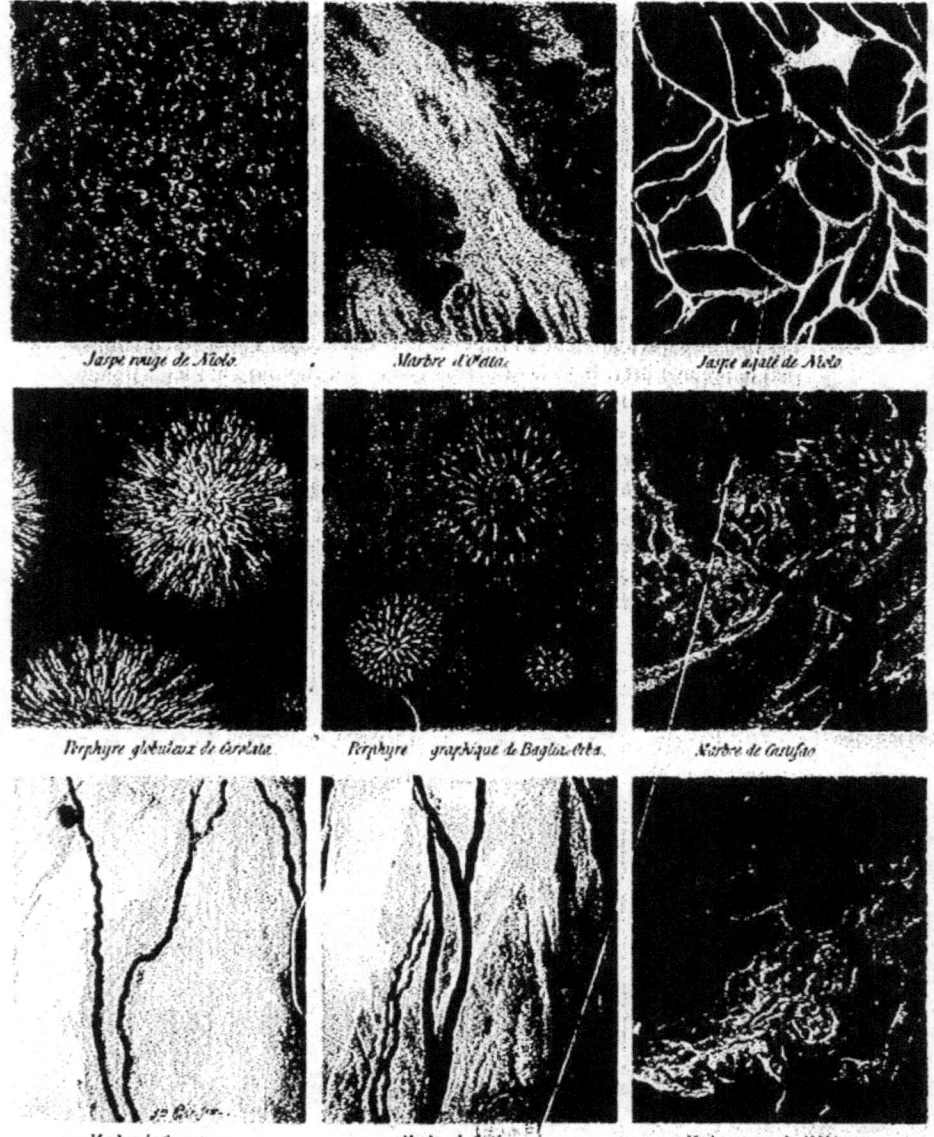

GIANN-ANGELO GALLETTI

MA BIOGRAPHIE

Je touche maintenant à un des côtés les plus épineux de mon œuvre. Après avoir décrit les richesses physiques de mon pays, et exposé la marche successive de son histoire générale, il me faut dessiner les figures de nos principales illustrations nationales, et cela sans passion, mais aussi sans faiblesse, c'est-à-dire avec tous les caractères de la plus complète véracité. Toujours heureux, lorsqu'il me sera possible d'accorder des louanges; je n'hésiterai pas cependant devant les exigences d'une critique, même sévère, qui, inspirée uniquemment par le seul sentiment de la justice, se réglera toujours sur le véritable amour du pays.

Il importe donc qu'avant tout la bonne foi des écrivains soit parfaitement constatée. C'est la sincérité qui commande la confiance. Aussi m'a-t-il paru naturel de faire précéder mes portraits historiques de la biographie personnelle de l'auteur: si on me connaît bien moi-même, on appréciera mieux la vérité de mon livre.

L'innovation n'est pas la mienne, j'ai été devancé dans cette voie par d'éminents compatriotes. Jean de la Grossa s'est complu à énumérer, dans le cours de son ouvrage, ses services, ses travaux et son action sur les événements de son temps, le tout en confessant, nous devons le dire, sa prodigieuse versatilité d'opinions et de doctrines.

L'abbé Pierre Felice, surnommé *Petrus Cyrneus*, s'est réservé les dernières pages de son livre pour raconter sa naissance, ses vicissitudes, ses voyages et ses aventures.

Un autre abbé, Antoine-Pierre Filippini (et plusieurs encore que nous passons sous silence), a, de même, mis en relief diverses phases du rôle qu'il a joué dans les affaires publiques.

Pour moi, je n'ai jamais paru sur la scène politique, ma vie s'est écoulée dans la retraite et dans l'obscurité. Sans titre aucun, sans brevets honorifiques, préservé de cette soif fiévreuse de noblesse en *de* et en *de la*, qui s'est répandue, de nos jours, jusque dans les dernières classes de nos concitoyens; enfin, déshérité de tout talent et de toute fortune, j'oserais cependant, et cela dans l'intérêt de mon entreprise, présenter au public mon portrait et ma propre histoire.

Je suis né dans le village de Lucciana, ancien canton de Mariana (maintenant du Borgo).

Mon pays natal est situé dans un vallon un peu sombre, tout boisé d'arbres, tels que des oliviers et des châtaigniers gigantesques; les monts aux doux penchants et les collines fertiles qui l'entourent sont encore couverts de makis, effet de la paresse ou du manque de bras.

Sur le territoire de Lucciana et assez près, existent les ruines d'une ancienne ville qui portait le nom de son terrible fondateur, le consul romain Marius, la *Mariana*.

Tout près de Lucciana, et du côté du nord, s'élève le village du Borgo sur la crête d'un mont qui domine la plaine : ce qui fit dire au plus éminent poëte de la Corse (Viale) :

« Sublime è il Borgo, e pech' indi lontana
« In un cupo vallon giace Lucciana. »

Le Borgo est haut placé, et non loin (1),
Dans un sombre vallon, gît Lucciana.

Ma mère s'appelait Jeanne, c'était une femme affectueuse, excellente mère et ménagère infatigable.

Mon père Charles-François, élevé dans le métier *del far niente* (fort sympathique à sa nature), avait une taille au-dessus de la moyenne, une constitution forte et robuste, bel homme enfin, et il joignait à ses qualités extérieures celle d'un causeur disert et une rare mémoire. Je n'héritais point

---

(1) M. Robiquet, ancien ingénieur des ponts et chaussées en Corse, a écrit une histoire de cette île fort intéressante sur quelques points. En parlant de l'ancienne ville de la Mariana, il lui assignerait (selon la Table de Ptolémée) sa place au village de Rutali, ou à celui de Borgo; puis (en plaisantant peut-être), il dit que le consul Marius ayant bâti une ville où se trouve maintenant le Borgo de Mariana, Lucius Sylla, son antagoniste, bâtit la sienne où se trouve Lucciana, et lui donna son nom, *Luciana*, et c'est à cause de cela que les deux villages ont conservé toujours cet antagonisme entre eux.

— 275 —

de ces prérogatives; je ne m'exprime qu'en balbutiant, et la nature n'a pas seulement ébauché mon visage (1).

(1) Il y a quelques années, je fus prié de donner des leçons de dessin dans la ville de Bastia; j'eus plusieurs élèves des deux sexes. Quelques-uns voulurent essayer de faire mon portrait, et y joignirent des vers en français. Ce fut dans cette circonstance qu'ayant promis de le faire moi-même, au lieu de le tracer avec le crayon, je voulus faire une plaisanterie en vers, qui furent presque improvisés. Ces vers ayant été répétés, quelqu'un de cette ville, fort érudit, voulut les entendre. Il les trouva assez beaux dans leur simplicité, et me pria de ne pas les oublier. Me trouvant à Paris, où j'ai eu l'honneur d'être admis dans la société de personnes fort connues et même haut placées, qui connaissent très-bien la langue italienne, je ne sais pas comment ces vers sont venus sur le tapis, mais ils ont été goûtés et ont servi souvent, dans les longues soirées d'hiver, à égayer la société. C'est à la prière réitérée de quelques-uns de ces personnages que j'ai donné dans ma biographie plusieurs de ces strophes.

Je ne désirerais pas qu'il se trouvât parmi mes lecteurs quelqu'un d'assez pauvre d'esprit pour prendre cela au sérieux; ce sont des licences permises aux peintres et aux poètes, comme l'a dit Horace dans son *Traité de l'Art poétique* :

« . . . . . Pictoribus atque poetis,
« Quidlibet audendis semper fuit æqua potestas. »

D'ailleurs la plaisanterie retombe toute sur l'auteur et ne blesse la susceptibilité de personne.

Io mi chiamo Don Galletto;	C'est Don Galletto (a) qu'on m'appelle,
E al mio nome accoppj il fatto;	Au nom de coq je suis fidèle.
Ho con me più di un difetto...	J'ai plus d'un défaut : je suis laid
Io son goffo e contraffatto;	Et mon corps n'a pas de tournure ;
Non ostante mi è concesso	Malgré ma piteuse nature
Di pingere il gentil sesso.	Des beautés je fais le portrait.
Io pur nacqui nel paese	Parmi les Loux et les épines
Tristo e cupo di Lucciana;	S'élèvent les vastes ruines
Lungi una lega francese	De l'antique Mariana :
Dall' antica Mariana,	A trois milles près de distance (b)
Che tra i sterpi e tra le spine	On voit le lieu de ma naissance
Mostra ancor le sue ruine.	La triste et sombre Lucciana.
L'anno decimo secondo	Le quinze ventôse en l'an douze,
Il di quindici ventoso;	Quand, d'un nouveau Mars, la jalouse
Mentre sbalordiva il mondo	Gloire étonnait le genre humain,
Nuovo Marte glorioso.	Aux bruits du canon, de la foudre,
Tra quei strepiti e rumori	A la noire odeur de la poudre,
Io sbocai dall' alvo fuori.	Mère, je sortis de ton sein!
« Gesù mio! gridava mamma	« Doux Jésus! s'écria ma mère,
« Quand'ella mi pose al mondo.	« Le jour où je vis la lumière:
« Forse mi venne la brama	« D'où vient ce monstre repoussant?
« Di qualche animale immondo?	« Ai-je désiré quelque bête?
« Mi potea premere tatta	« N'était besoin que je m'y mette
« Per far bestia tanto brutta! »	« Pour accoucher d'un tel enfant! »
Balbo accorse a tal bisbiglio;	Mon père accourt à ce tapage,
E mamma si pose in cresta,	Et ma mère dit avec rage :

(a) Galletto, en français, veut dire *petit coq*.
(b) Un peu plus éloigné.

Mes parents portaient tous deux le même nom de famille; peut-être descendaient-ils de la même souche. J'ai cherché à savoir si, parmi mes ancê-

Dicendogli : « ho fatto un figlio	« Regarde…, que ton fils est beau!
« Brutto quant' una tempesta. »	« Moïse laide est l'affreuse tempête !…
Babbo altor presomi in braccio	Mon père à son tour : « Quelle tête !
Gridò anchi egli, uf! che mostaccio! »	« Cria-t-il; quel affreux museau! »
Poi rivolto alla consorte	Puis, se retournant vers sa femme,
Disse : « Omai fatta finita;	« Assez là-dessus, ma chère âme,
« Preghiamogli buona sorte,	« Prions plutôt qu'à notre enfant
« Sanità con lunga vita;	« Le destin sans cesse sourie,
« Giacchè la mia intenzione	« D'autant plus que j'ai bonne envie
« Si è di farne un pretacchione. »	« D'en faire un prêtre bon vivant. »
Mamma ridendo rispose;	Ma mère rit à cette idée,
« Ancor io penso lo stesso,	Et dit : « C'est aussi ma pensée;
« Ch' avendo forme schifose	« Et c'est ce qui vaudra le mieux :
« L'odierà tutto il bel sesso;	« Ayant un visage contrefait,
« Così non sarà danaro	« Il sera détesté du sexe,
« Per il sensual peccato.	« Et le célibat même aux cieux!
« E ho piacer che non sia bello,	« Puis enfin sa laideur m'est chère,
« Così almen son persuasa,	« Car je suis sûre, moi, sa mère,
« Che un figliuolo santarello	« Qu'un saint naîtra de ma maison,
« Sarà nato in questa casa.	« Et puis je sais qu'à tout bon prêtre
« Eppoi so che ogni buon prete	« Il faut plus qu'un repas champêtre,
« Mangia bene e fa monete. »	« Et que l'argent vient à foison. »
Si avverrò la profezia	Ce vœu plus tard se réalise,
E all' altar fui consecrato;	Prêtre, j'appartiens à l'Église,
Ma non so come ella sia,	J'ai la foi d'un chrétien fervent,
Che son sempre sbajoccato.	L'hypocrisie m'exaspère,
E la mia devozione	Mais, quoiqu'en ait pensé ma mère,
Non fu mai da Bacchettone.	Je suis toujours sans argent.
. . . .	. . . .
. . . .	. . . .
Era il babbo del paese	Sous la république, mon père,
Podestà repubblicano;	De son village était le maire;
Era grave, era cortese,	Il était grave et très-courtois;
Ma pigliava a larga mano	Mais sans nulle cérémonie
Senza fare complimenti	Il acceptait l'offrande amie
Dagli amici e dai parenti.	En élargissant les cinq doigts
E sovente sotto i lembi	Aussi le pâtre avait l'usage
Del Pelone il buon pastore.	De porter l'anean…, le fromage,
Gli portava e Brocci e Bembi (a),	Du manteau sous le pli flottant;
Poi recavasi ad onore	Puis il venait, l'âme ravie,
Far carezze e civiltà,	Donner une embrassade amie
Al figlio del podestà (b).	Du maire au jeune et tendre enfant.
« Prendi il Bè… Bè, ei mi dicea,	« Prends l'agneau, je te l'abandonne,
« A te caro, io lo presento. »	« A toi, cher enfant, je le donne. »

(a) *Brocci*, fromage doux; *bembi*, agneaux.
(b) Les bergers cherchent toujours à être généreux avec le maire du village.

tres, certain d'entre eux s'était distingué dans une carrière quelconque; je n'en ai trouvé aucun; mais j'ai pu du moins reconnaître qu'ils professaient

Bè... è è, l'agnello ripetea	Bè..., bégayait alors l'agneau;
Ogn' istante, ogni momento :	Bè..., répétait-il à toute heure;
Sicchè quel continuo bè,	Et ce Bè..., Bè, dans ma demeure,
Restè sempre fisso in me!...	Se fixa dans mon cerveau.
Quel vocabol pecorino	Pour mon malheur je fis usage
Lo imparai per mia sventura	De cet interrompu langage.
Fin da tenero bambino,	Depuis l'âge où j'étais enfant,
E il serbai in età matura;	Jusqu'à l'âge où l'homme raisonne,
E da tanto che il spiegai	Ce Bè jamais ne m'abandonne,
Quel Be... è, bèè, balbo restai!	Et je suis bègue maintenant.
« Brutto e balbo; oh! che disgrazia; »	« Bègue et laid! comble de misère! »
Fra i sospir dicea mia madre;	En soupirant disait ma mère :
« S' Egli avesse almen per grazia	« Si de son père le destin
« Il bel genio di suo padre...,	« Lui donnait au moins la science
« Mi saria più grato e caro!	« Vraiment j'en jouirais d'avance,
« Ma chi sa..., ? sarà un somaro! »	« Mais il ne sera qu'un ane. »
E Babbo aggrottando il ciglio	Mon père alors prit la parole
Rispondea : « Sta zitta, o pazza,	En fronçant les sourcils : « La folle!
« Che s'egli sarà mio figlio	« Finis-en, s'il est mon enfant,
« Non farà torto alla razza!	« Il ne fera tort à la race!
« Poi... vediamo, se i suoi tratti	« Puis voyons si sa carapace
« Son così scongi e malfatti...	« Ne cache rien de consolant.
« Fronte larga e un pò curvata (a),	« Front haut, d'une courbe sensible,
« E' un buon segno di giudizio :	« C'est du bon sens signe lisible ;
« Testa grossa e un po quadrata,	« Crâne vaste et carré (fort bien!)
« Di talento è un certo indizio :	« D'un grand talent c'est l'enveloppe ;
« E la nuca prominente...	« Mais l'occiput se développe,
« Vuole dir... vuol dir... niente ! »	« Cela veut dire... ma foi... rien !...
Mamma allor gridava : « Eccome!	« Et comment ! » cria ma mère
« Anche in testa Egli ha difetti!	En se retournant vers mon père,
« No (mio padre), sai che ha il nome	« Le crâne même a des défauts? »
« Di un Galletto, ed i Galletti	Mon père : « Il porte sur la tête,
« Ognun sa che han sulla testa.	« Non des cornes, mais la crête
« Non le corne..., ma la cresta.	« Comme les coqs ses égaux.
« Il suo naso è un pò grassotto,	« Le nez rayonne outre mesure,
« Ma non è brutto nè bello ;	« Mais ni beau ni laid, sois-en sûre,
« E alle parti che stan sotto	« Pas contrefait, pas élégant,
« Lor potria servir d'ombrello.	« A ce que dessous il recèle,
« Cara moglie, anche per questo	« Il pourrait bien servir d'ombrelle.
« L'è un gran merto : Andiamo al resto.	« Passons au reste maintenant.
« Ha le labbra concentrate,	« Sa lèvre se pince au sourire,
« Che ad un satiro somiglia;	« On le prendrait pour un satyre,
« Non per par le Pasquinate...	« Non pas pour les farces, vraiment ;
« (Non saria gran meraviglia,	« (Et ce ne serait pas merveille
« Se in un capo di tal foggia	« Que dans une tête pareille
« Qualche ingegno vi si alloggia).	« Pût se loger un grand talent.)

(1) Mon père fit la phrénologie sur ma tête.

un profond respect pour la propriété et tous les devoirs sociaux. Voici le blason de ma noblesse :

Mon bisaïeul, selon des actes authentiques, jouissait d'une certaine aisance ; il était même lié en parenté aux plus nobles et plus riches familles de Vescovato : sa mère était une Buttafoco, et de ce côté il était proche parent aux Ceccaldi, Filippi, Orsini, etc., etc. ; mais, soupçonné d'être ennemi de la sérénissime république ligurienne, il fut arrêté avec son frère et amené à Gênes. Son frère s'évada et mourut à Rome ; pour lui, il lui fallut endurer quinze ans d'exil : sa maison fut brûlée, et le petit patrimoine qui lui restât était, à son retour, dans un état sauvage. Je pardonne aux Génois le mal qu'ils nous ont fait ; je ne crierai pas comme le Dante :

« Ah ! Genovesi, uomini diversi,
« D'ogni costume e pien d'ogni magagna,
« Perchè non siete voi dal mondo spersi !... »

O Génois ! à tout crime, à tout vice aguerris,
Et dont le cœur pervers en noirceur toujours gagne,
Pourquoi n'êtes-vous pas sur terre anéantis !

Mais si j'avais vécu à certaines époques, je n'aurais pas imité l'historien Filippini, qui n'était pas l'ami de Sampiero, parce qu'il combattait pour les chasser de la Corse. Il est vrai de dire que Filippini était archidiacre de l'évêché de la Mariana, dont l'évêque était un Génois.

« Ha eminenti le pommette :	« Femme, sa pommette saillante
« Ma quel strano zigomatico,	« Est la preuve bien évidente
« Cara moglie, ci promette,	« D'un caractère original.
« Che sarà di umor lunatico.	« Il sera d'humeur lunatique ;
« Già sovente l'uom bisbetico	« Il aura l'esprit poétique
« Ha con sè l'estro poetico.	Étant rétif et jovial.
« Quanto al resto, Egli mi sembra	« Quant au reste, j'ai droit de croire
« Cha sia bello quant'un altro ;	« Que son corps n'est pas dérisoire ;
« Ben connesso é nelle membra.	« Un jour cet enfant sera fort,
« Sarà forsa agile e scaltro.	« Adroit, agile..., c'est énorme :
« Non é gobbo, non é storto,	« Il n'est ni bossu, ni difforme.
« Di lagnarti hai dunque il torto »	« Si tu te plains, c'est donc à tort. »
Da quel dire frenologico	Par ces mots de phrénologie ,
Restò mamma affatto invasa ;	Ma mère eut la tête envahie.
Già mio padre era un buon logico	Mon père, à force de raison,
E del tutto persuaso	Aurait pu lui prouver sans peine,
El l'avria, ch'io fossi bello,	Que ma beauté n'était pas vaine
Anzi di beltà un modello (a).	Et que j'étais un Apollon.

(1) Dans la crainte d'ennuyer mes lecteurs, je finirai ici ma biographie burlesque.

On m'envoya de bonne heure à l'école, tantôt chez des ecclésiastiques, et tantôt chez des laïques. J'étais l'aîné de la famille; cette famille devint nombreuse, et les faibles revenus des biens paternels ne suffirent plus à son entretien; mon père fut forcé alors d'avoir recours aux usuriers de la ville de Bastia. Il eut ainsi la douleur de voir bientôt passer quelques petits champs qu'il possédait dans la fertile plaine de la Mariana entre les mains de ces vautours financiers. Par suite de ces revers, je dus quitter les bancs de l'école et m'initier aux travaux des champs. A l'âge de treize ans, je commençais à descendre dans la plaine voisine avec l'homme qui dirigeait les travaux agricoles pour notre compte, et l'année suivante j'attelais déjà moi-même les bœufs au joug, et ma main conduisait la charrue.

J'appris bientôt à cultiver la vigne, à planter et à greffer les arbres, enfin je devins un agriculteur actif, et, content de mon état, je répétais souvent les vers d'Horace :

« Beatus ille qui procul negotiis
« Ut prisca gens mortalium,
« Paterna rura bobus exercet suis
« Solutus omni fœnore. »

Horace avait bien raison de chanter au son de sa docte lyre ses vers harmonieux; alors les plus illustres consuls et généraux romains déposaient leurs manteaux consulaires et leurs épées pour s'occuper de la charrue; mais depuis, et surtout de nos jours, cet instrument de paix, le plus ancien, le plus noble et le plus utile à l'humanité, est le lot d'une caste qu'on regarde comme des *parias*, et certaines personnes vont lui préférer les charges les plus dégradantes dans la société.

Je continuai ma vie rurale jusqu'à l'âge de vingt et un ans; mais comme l'agriculteur est obligé de compter avec le Ciel, qui ne révèle jamais ses secrets, la grêle, les vents, les pluies contre saison, la sécheresse, etc., m'éprouvèrent cruellement, et je fus découragé. Dans mes douleurs, je m'asseyais souvent près des ruines de l'ancienne Mariana, que j'étais obligé de fouler tous les jours; je pensais alors à mon état, à la fragilité des choses d'ici-bas; je pensais aussi au fier et courageux fondateur de cette ville, lorsque, malheureux et fugitif, il se reposait sur les ruines de Carthage.

Negl' anni miei più floridi	Vers le doux printemps de ma vie,
Arai, la spiaggia aprica,	Défrichant la plaine fleurie,
Su i resti ancor superstiti	Fatigué, je m'assis souvent,

Di una cittade antica,	Les yeux fixés au sol fertile,
Stanco m'assisi, e tacito	Sur les vieux débris d'une ville
Rivolsi i lumi al suol.	Que l'on voit encore à présent.
Mirando i fiori teneri	Voyant la fleur tendre et dorée
Spegnersi innanzi a sera,	Se faner avant la soirée,
Pensai all' uman fragile	Je réfléchis au genre humain,
Del fiore immagin vera;	De la fleur ressemblante image;
Pensai al brieve transito	Je pensais au subit passage
Dalla letizia al duol !	De la joie au triste chagrin !

Dans ce moment de crise, les exhortations d'un ami qui me peignait un heureux avenir si je voulais le suivre en Toscane pour étudier la pharmacie, me déterminèrent à en faire part à mes parents. Je reçus de ces derniers un refus formel pour ce que je leur demandais; mais en échange ils s'offraient de tout sacrifier si je consentais à embrasser l'état ecclésiastique. Je ne voulais pas les contrarier, j'obéis; seulement j'éprouvais une grande répugnance d'aller à l'école avec des bambins. Je fréquentai pendant quelques mois l'école du village, pour me remettre en mémoire tout ce que j'avais oublié de mes études; je passai ensuite six autres mois au village de la Porta, où M⁰ʳ l'évêque Sébastiani avait établi une espèce de séminaire, et l'année suivante j'entrai au collége de Bastia, où je me consacrai pendant quatre années à l'achèvement de mes classes; mais apprenant beaucoup et réfléchissant peu, je ne me rendais jamais raison de mes études. Ces quatre années écoulées, mon père ayant sollicité un Bref pontifical *De non servatis interstitiis*, je me rendis à Ajaccio pour me présenter aux examens. Je ne puis dire si ce fut un miracle, ou plutôt un effort de mémoire, dont j'étais bien capable à cet âge, mais je répondis *optime* à toutes les questions que les examinateurs me firent en présence de M⁰ʳ l'évêque, et je fus approuvé dans tous les ordres.

Ce fut le premier et le dernier examen que je subis de ma vie. Un mois après, je rentrais prêtre dans mes foyers. Je n'étais pas encore bien initié aux fonctions de mon état, lorsqu'on me désigna pour faire les fonctions de curé au chef-lieu du canton (le Borgo). Peu de temps après, ayant été remplacé par le curé en titre, je fus envoyé pour exercer les mêmes fonctions dans mon pays natal; de là je fus envoyé en qualité de vicaire au village de Ville de Pietrabugno, avec la promesse d'être nommé bientôt desservant; mais je remerciai M⁰ʳ l'évêque, et je préférai me fixer dans la ville de Bastia pour vivre indépendant. C'est dans cette ville que j'ai passé (sauf quelques années en Italie) tout le reste de mes jours; j'y ai vécu dans la gêne et presque déconsidéré, car, dans Bastia comme dans toutes les villes marchandes, il faut avoir de l'argent pour être apprécié et même considéré, si savant et si vertueux qu'on puisse être. Dans mon isolement, pour tromper le temps, je m'amusais à faire des dessins représentant des personnages de la Corse; ces dessins, quoique défectueux, furent présentés au Conseil général lors de ses séances; ils furent estimés, et l'on m'accorda un encouragement pour me rendre à Rome.

En 1836, je fus visiter la ville éternelle, mais il était trop tard pour espérer de devenir artiste. Là, je partageais mon temps entre l'étude des beaux-arts et la lecture dans les bibliothèques. Je trouvai dans ces dernières quelques documents sur la Corse, et alors il me vint à l'idée de poursuivre mes recherches.

En 1841, une lettre de mon père m'obligea de me rendre en Corse, et en rentrant dans l'île je me fixai de nouveau dans la ville de Bastia, où je continuai une vie laborieuse, mais toujours obscure comme ma soutane. Parfois je faisais des excursions dans l'intérieur de l'île pour étudier les lieux, et pour dessiner les sites et les costumes. Dans mes courses, armé du courage que l'amour seul de la patrie peut inspirer, je souffrais tout avec une extrême patience, la faim, la soif, les nuits à la belle étoile, sous le *pelone* du berger, la chaleur accablante, et souvent les blessures aux pieds causées par de longues étapes.

In sul montano vertice	Des monts je gravissais la cime,
Ascesi, e l'alma ansante	Devant le spectacle sublime
Nel muto immenso spazio	De la mer, cercle flottant (1),
Dell' orbe fluttuante,	De l'espace muet, immense,
Come rapita in estasi	Mon cœur s'inspirait en silence,
Ella inspirossi allor.	Noyé dans le ravissement.

. . . .

In triste solitudini	Dans la tristesse qui désole,
Notti indurai penose;	Aux froids mugissements d'Éole,
Dei freddi venti al sibilo	Des nuits j'endurais la rigueur;
Fra Pini e querce annose,	Au milieu des forêts jaunies,
Un raggio d'amor patrio	Ce fut l'amour de la patrie
Temprava il duro gel!	Qui seul me réchauffa le cœur.

Cercai saper dei popoli	Des peuples cherchant les langages,
I riti ed i costumi;	Les mœurs diverses, les usages,
Interrogai memorie	J'interrogeais les monuments,

(1) Des sommets des monts Rotondo et Ragra Orba on voit un grand espace de la mer qui entoure l'île de Corse.

Disperse sotto i dumi;	El j'évoquais sous la ruine,
Opra del tempo barbaro,	Vieux débris que le temps calcine,
E più dell' uom crudel!	Les souvenirs des anciens temps.
Poi peregrino ignobile	Puis vers toi, patrie, ô ma mère!
Volsi alle patrie mura,	Je revins pauvre et solitaire,
Dove fû speme e pascolo	N'ayant pour unique aliment
Il pan della sventura;	Que le pain noir de l'infortune!
E trà l'uman convivio	Du banquet humain la Fortune
Povero stuol mi amò.	M'offrit un pauvre groupe aimant.
In abituro rustico	Sous une rustique masure,
Ognor negletto io vissi;	J'usais mon existence obscure.
Ebbro di amor di patria,	Ivre de l'amour du pays,
Là meditai, là scrissi;	C'est là que ma muse adorée
E li inspirati numeri	Me dit notre gloire ignorée;
La musa a me dettò.	Là je méditais, j'écrivis!!!
Ma le vergate pagine,	Hélas! ces pages achevées,
I pinti oggetti e i carmi,	Ces chants, ces images gravées,
Dalla mia cella misera	Ce que m'inspira le hameau,
In cui solea inspirarmi	J'ai bien craint de les voir perdues,
Meco nel freddo tumulo	Toutes à jamais descendues
Oimè!... temei portar!	Dans le froid oubli du tombeau.
Ma no... che alfin benefico	Aujourd'hui mon âme joyeuse
Il cielo ai sospir miei	Voit ses travaux édifiés;
Sorrise, e lieta ce l'anima	O Corse! mère radieuse,
Dei miei sudor potei,	Ton fils te les a dédiés;
In dono a te, mia Patria,	Si j'ai célébré ta mémoire,
Il frutto consecrar.	C'est par amour et pour ta gloire.

En 1860, lorsque S. M. l'empereur Napoléon III, accompagné de l'impératrice, vint visiter le berceau de ses ancêtres, je fus du nombre de ceux qui accoururent pour le voir et le saluer à Ajaccio. Dans cette circonstance, je fis une demande à Sa Majesté, et deux mois après, M. le ministre demandait à l'évêque et au préfet de la Corse des informations sur ma position. Je ne puis pas dire quelle fut la réponse du préfet, mais celle de l'évêque ne fut que trop flatteuse pour moi; elle me procura la protection de M. Thuillier, ancien préfet de la Corse, alors directeur général des affaires départementales au ministère de l'intérieur. Ce personnage a été pour moi un premier Mécène, et c'est grâce à lui si j'ai eu le bonheur de voir Paris et si j'ai pu commencer l'impression de mon ouvrage. Je dois aussi rendre hommage à M. Conneau, premier médecin de l'Empereur, dont la bonté n'a pas failli un seul instant à mon égard, de même qu'à l'amitié de M. le sénateur comte de Casabianca et de M. le vicomte Raphaël, son fils. Je passe sous silence, pour le moment, les noms d'autres éminents personnages.

Je n'ai voulu faire la Dédicace de mon livre à aucun personnage de considération ou haut placé de la Corse, car je ne veux pas être obligé d'exposer une liste de titres héraldiques et de blasons nobiliaires ; c'est une banalité à laquelle je tiens à rester étranger. Pourtant j'estime les nobles, et surtout les nobles de cœur et d'action; mais je fais peu de cas des parchemins, qui sont maculés souvent de taches ineffaçables. Le voudrais-je, que je ne pourrais pas maîtriser ma plume, lorsqu'elle veut dévoiler le ridicule et les turpitudes de certaines personnes dont la vanité, enflée par des richesses d'origine peu avouable ou par des prétentions à une noblesse illusoire, les aveugle à tel point qu'elles ont l'impudence de se croire sorties d'une source surhumaine. En résumé, je suis d'un caractère ferme, libéral et indépendant. Je suis sensible aux bienfaits comme aux injures, et parfois un peu susceptible. Je ne suis pas un causeur, mais plutôt un homme d'action, et mon existence a été toujours laborieuse. Par nature, sobre et tempérant, aucun excès n'a pu altérer ma santé. Que Dieu me la conserve. — Amen!

HISTOIRE

POLITIQUE, CIVILE ET MILITAIRE

DE LA CORSE

BIOGRAPHIE DE SES PERSONNAGES

CHAPITRE PREMIER

Etymologie sur les divers noms de cette île. — Age incertain des immigrations de différentes nations dans l'île de Corse. — Statue d'Appricciani. — Dolmens et Men-hirs des Druides. — Leurs rites barbares. — Immigration des Phocéens en Corse, 512 ans avant Jésus-Christ. — Bataille navale entre les Tyrrhénéens et les Carthaginois d'un côté, et les Phocéens de l'autre. — Costumes des Corses sous les Étrusques. — Vases étrusques trouvés à Aléria. — Auagalla, femme corse célèbre; sa nationalité contestée. — Grande lacune. — Apparition des premiers Romains en Corse, l'an de Rome 494, 259 ans avant Jésus-Christ.

Les premiers âges de la Corse, comme ceux de tant d'autres nations, tiennent du domaine de la Fable. Ainsi, les noms que cette île porte : Cyrnus, Terapné, Corsica, etc., ont été l'objet de différentes investigations dont les conclusions reposent sur des bases peu solides et peut-être tout à fait fausses.

Le nom de Cyrnos, selon Servius et Woss, parlant de l'églogue IX de Virgile, lorsqu'on fait mention du miel de la Corse :

  Sic tua Cyrnæos fugiant examina taxos,

dériverait de Cyrnus, fils d'Hrcule (1). L'arrivée de Cyrnus dans l'île de Corse, d'après Denys d'Halicarnasse et d'autres anciens écrivains, aurait eu lieu dans le temps où Hercule, son père, passa les Alpes pour conquérir l'Italie. Ce conquérant ne peut triompher dans cette expédition qu'avec le secours de sa flotte. Plus tard ses vaisseaux ayant repris la mer, furent dispersés par les vents et contraints de se réfugier dans les îles de Corse et de Sardaigne. Ce fut dans cette circonstance que les deux fils d'Hercule imposèrent leurs noms à ces deux îles.

Cette île a été connue aussi sous les noms de Cerneati et Tyros (Lycophi-Alexandra vers 1084), mais ce dernier nom, qui ne se trouve que dans le Scoliaste de Callimaque sur le vers 19 de l'hymne de Delos, semble corrompu.

D'autres pensent que le nom de cette île dérive de la richesse des forêts dont elle était toute remplie (2). Platina et Pietro Cirneo nous disent que ce fut un ancien proscrit romain du nom de Corsus qui se réfugia dans cette île, lui donna son nom et bâtit la ville d'Ajaccio, qui est composée des mots : ad (ici) et jaceo (je me repose). Isidore (3) et Fogliella (4) donnent au nom de la Corse une dérivation plus extravagante : ce serait une femme ligurienne qui, s'étant aperçue qu'un taureau passait souvent la mer à la nage, voulut le suivre sur une barque, et ce fut alors que cette femme, du nom de Corsa-Bubula, aborda la première dans cette île et lui donna son nom. Quant aux motifs des fréquents voyages du taureau dans l'île, c'est qu'il y avait découvert d'abondants pâturages.

D'autres pensent que les premiers Romains qui visitèrent la Corse ayant trouvé tous ses habitans armés d'un poignard suspendu à leur poitrine, l'appelèrent Cor-sica, des mots Cor, poitrine, et sica, poignard.

Bochart, et Marmochi, dans sa Géographie de la Corse, croient que le nom de Cyrnus lui vient de Kyrn, qui signifie cap ou corne (5), et selon Fréret, le nom de Corse dérive du mot celtique Corsog ou Corsig qui signifie marais.

---

(1) Hæc insula, græce Cyrne dicitur, a Cyrno Herculis filio.

(2) . . . . Mari lætissima Cyrnus,
Indigenæ patrio, quam Corsica nomine dicant;
Insula, qua sylvis non est facundior ulla.
Dion-Pérégents-Géog.

(3) Liv. XIV des Étymologistes.
(4) Annales, liv. 1er.
(5) Page 263.

Toutes ces hypothèses et narrations conjecturales sont des matières sur lesquelles l'historien ne doit pas s'appesantir et s'arrêter davantage (1).

Nous avons dit ailleurs (2) qu'une impénétrable nuit couvre les origines historiques de l'île de Corse; les monuments nous font défaut, et toute trace de ses premiers habitants a disparu du sol. La statue d'Apricciani, qui, selon certains archéologues, devrait être l'œuvre des plus anciennes peuplades venues de l'Asie, n'offrant qu'un fait isolé, comme l'a bien dit M. Mérimée, ne peut recevoir de date précise. Les Dolmens et les Men-hirs, appelés du nom caractéristique de *Forges du Diable* et *Stantare*, sont plus répandus dans l'île. Aussi, si ces monuments sont authentiques, comme le prétendent des savants éminents (3), seraient-ils les seuls témoins du séjour dans cette île des peuples que notre histoire a ignorés jusqu'à nos jours.

Deux grands peuples habitaient la France actuelle : les Galls ou Celtes et les Ibères. Les premiers occupaient la partie nord, les seconds la partie sud. Les Galls ou Celtes ayant repoussé les Ibères vers les Pyrénées, et plus tard s'étant fixés eux-mêmes sur divers points de l'Espagne, vainqueurs et vaincus se confondirent et prirent le nom de *Celtibères*. De l'Espagne, ces peuplades, toujours mobiles, passèrent probablement dans les îles Baléares, puis en Sardaigne, et de cette dernière en Corse, où elles purent nous laisser des traces de leur religion.

Les Cantabres, peuples de l'Espagne et voisins des Ibères, qui, selon le savant Humbold dans son admirable ouvrage sur la langue des Basques, formaient une nation à part, auraient aussi visité cette île et y auraient introduit leurs costumes et leurs idiomes, du moins est-ce là le témoignage de Sénèque, qui prétend que les Ibères, les Cantabres, les Ligures et les Tyrrhénéens de ces temps les plus reculés, parlaient le même langage et portaient des vêtements uniformes.

Nous reproduisons le dessin de la statue d'Apricciani, qui n'est qu'une pierre brute au front de laquelle on voit sculptée une figure humaine, ainsi

---

(1) La plus curieuse est la fable de Giovanni della Grossa que Filippini rapporte : « Énée ayant abandonné Didon, l'un de ses compagnons, dit Corso, enleva la princesse Sica, nièce de cette reine et sœur de Sardo. Poursuivi par ce dernier, le ravisseur se sauva en Corse et y fut élu roi. Ainsi il donna son nom et celui de sa femme à l'île Cors-Sica. Il eut quatre fils : Ajazzo, Alero, Marino, Savino, qui donnèrent leurs noms à Ajaccio, à Mariana, à Aléria et à Savona, etc., etc. » Ainsi doit être considérée l'origine des grandes noblesses de la Corse dont parle ce chroniqueur.

(2) Pages 225-226.

(3) MV. Mathieu et Mérimée. 1839.

que les dessins des Dolmens ou autels des druides. Pour édifier nos lecteurs sur l'usage barbare de ces amas de pierres, nous allons rapporter ici le récit historique emprunté à des auteurs renommés :

« Les druides se distinguaient en druides proprement dits, en ovates ou
« eubages, et en bardes. Les druides étaient les prêtres, les eubages les devins,
« et les bardes étaient les poëtes; ils présidaient à l'instruction des hommes,
« ils avaient leurs colléges à Chartres, à Autun. etc., etc. Après le sacrifice,
« ces terribles ministres d'un culte féroce et barbare arrosaient du sang de
« leurs victimes les branches de chênes d'Hisminsul et faisaient retentir les
« profondeurs mystérieuses des forêts du cri : *Teutatès veut du sang!* en se-
« couant le gui (1) sacré sur les têtes que leur faucille d'or devait frapper
« pour apaiser leurs dieux courroucés.

« On ne peut se figurer sans horreur ces ténébreux bocages, où l'on n'ar-
« rivait que par des sentiers tortueux. Là se voyaient des ossements amon-
« celés, des cadavres épars entre les arbres teints du sang des victimes.
« L'affreux silence de ces sanctuaires de barbarie n'était interrompu que par
« les croassements des corbeaux et les gémissements des malheureux qu'on
« immolait au pied de ces autels. Le druide, comme s'il eût été impassible,
« sans être distrait par les cris aigus de la douleur, plongeait un regard
« curieux dans le sein qu'il venait d'ouvrir et qu'il contemplait tranquille-
« ment ; et, avec une sorte de joie féroce, il observait attentivement sa chute,
« ses mouvements, ses palpitations, avant-coureurs de la mort, et la ma-
« nière dont le sang coulait pour annoncer aux populations inquiètes et
« avides, qui se pressaient autour de l'enceinte de mort, si les dieux se mon-
« traient propices.

« Quand un grand était dangereusement malade, ils élevaient des statues
« colossales d'osier dont les membres étaient remplis d'esclaves ou de cri-
« minels qu'on brûlait vifs. Pendant cette affreuse exécution, les druides
« imploraient les dieux pour le malade, persuadés que ces holocaustes
« leur étaient fort agréables.

« La conquête des Romains ébranla leur puissance, et plus tard l'intro-
« duction du christianisme dans les Gaules fut seul capable d'anéantir ce culte

---

(1) Le *gui* est une plante parasite qui naît sur les chênes et autres arbres. Les anciens Gaulois le croyaient semé sur le chêne par une main divine ; on le cueillait en hiver à l'époque de la floraison dans le sixième jour de la lune. Un druide, en robe blanche, montait sur l'arbre, une serpe d'or à la main, et tranchait la racine de la plante, que d'autres druides recevaient dans une soie blanche.

PORT DE DIANA ET VILLE D'ALERIA

PREMIÈRE APPARITION DES ROMAINS EN CORSE

CLAUDE GLYCIAS SIGNE LA PAIX AVEC LES CORSES

« barbare. Les bardes cependant firent retentir leurs chants jusqu'au temps
« de Charlemagne. » (V. Anquetil, etc.).

Les premières notions historiques que nous possédons sur la Corse nous viennent du père de l'histoire, Hérodote ; mais à l'époque où se réfère cet auteur, l'île était notablement peuplée, et il paraît que les Etrusques l'avaient réduite ou prétendaient la réduire à leur domination.

Hérodote, dans le passage suivant, fait la description de l'émigration des Grecs de la Phocée l'an 530 avant Jésus-Christ :

« Arpages, général de Cyrus, roi de Perse, n'eut pas plutôt approché de
« la place qu'il en forma le siége, faisant dire en même temps aux Phocéens
« qu'il serait content s'ils voulaient abattre une tour de la ville et consacrer
« une maison. Comme ils ne pouvaient souffrir l'esclavage, ils demandèrent
« un jour pour délibérer sur la proposition, promettant, après cela, de lui
« faire réponse. Ils le prièrent aussi de retirer ses troupes de devant leurs
« murailles pendant qu'on serait en conseil. Arpage répondit que, quoiqu'il
« n'ignorât pas leurs projets, il ne laissait pas cependant de leur permettre
« de délibérer. Pendant qu'Arpage retirait ses troupes de devant la ville, les
« Phocéens lancèrent leurs vaisseaux en mer, y mirent leurs femmes, leurs
« enfants et leurs meubles, et de plus les statues et les offrandes qui se trou-
« vaient dans les temples. Lorsqu'ils eurent porté tous leurs effets à bord de
« ces vaisseaux, ils firent voile vers Chios. Les Perses ayant trouvé la ville
« abandonnée, s'en emparèrent.

« Les Phocéens demandèrent à acheter les îles *Œnusses* (1) ; mais voyant
« que les habitants de Chios ne voulaient pas les leurs vendre, dans la
« crainte qu'ils n'y attirassent le commerce au préjudice de leur île, ils mi-
« rent à la voile pour se rendre en Cyrne, où vingt ans auparavant ils avaient
« bâti la ville d'Alalia pour obéir à un oracle.

« Ayant donc mis à la voile pour s'y rendre, ils allèrent d'abord à Phocée
« et égorgèrent la garnison qu'Arpage y avait laissée. Poussant ensuite les
« plus terribles imprécations contre ceux qui se séparaient de la flotte, ils
« jetèrent dans la mer une masse de fer ardent, et firent serment de ne re-
« tourner jamais à Phocée que cette masse ne revînt sur les eaux (2).

---

(1) Les Œnusses sont des petites îles près de l'île de Chios, appelées par les habitants Agna-saï : les Italiens les nomment Spalmatopori. — Pline place ces îles dans le golfe messinien, devant Messène, et Pausanias nous dit qu'il n'y en a qu'une qui mérite le nom d'île ; les autres sont des rochers. Les plus remarquables sont : la Sapienza et Caprera.

(2) . . . . Phoceorum

« Tandis qu'ils étaient en route pour aller en Cyrne, plus de la moitié, tou-
« chés de compassion et regrettant leur patrie et leurs anciennes demeures,
« violèrent le serment et retournèrent à Phocée. Les autres, plus religieux,
« partirent des Œnusses et continuèrent leur route.

« Lorsqu'ils furent arrivés à Cyrne, ils élevèrent des temples et demeurè-
« rent cinq ans avec les colons qui les avaient précédés ; mais comme ils ra-
« vageaient et pillaient tous leurs voisins, les Tyrrhénéens et les Carthaginois
« équipèrent les uns et les autres, d'un commun accord, soixante vaisseaux.
« Les Phocéens ayant aussi équipé de leur côté pareil nombre de vaisseaux,
« allèrent à leur rencontre sur la mer de Sardaigne. Ils remportèrent la vic-
« toire, mais elle leur coûta cher, car ils perdirent quarante vaisseaux, et les
« vingt autres ne purent servir dans la suite, les éperons ayant été faussés.
« Ils retournèrent à Alalie, et, prenant avec eux leurs femmes, leurs enfants
« et tout ce qu'ils purent emporter du reste de leurs biens, ils abandonnè-
« rent l'île de Cyrne et firent voile vers Rhégium (1).

« Les Carthaginois et les Tyrrhénéens ayant tiré au sort les Phocéens qui
« avaient été faits prisonniers sur les vaisseaux détruits, ceux-ci (les Tyrrhé-
« néens) en eurent un plus grand nombre. Les uns et les autres les ayant
« menée à terre, les assommèrent à coups de pierre. Depuis ce temps-là, ni
« bétail, ni les bêtes de charge, ni les hommes même, en un mot rien de ce
« qui appartenait aux Agyliens, ne pouvait traverser les champs où les
« Phocéens avaient été lapidés, sans avoir les membres disloqués, sans de-
« venir perclus, etc. (2). Les Agyliens envoyèrent à Delphes pour expier leur

> Velut profugit execrata civitas,
> Agros atque Lares proprios habitandaque fani
> Apris reliquit et rapacibus Lupis.
>
> HORACE.

(1) Rhégium était au pied de botte de l'Italie, vis-à-vis de Zancle et Messane, sur le détroit nommé Phare de Messine.

(2) Agillone, que les historiens Giacobbi et Limperani font dériver d'Agylia, où eut lieu le massacre des Phocéens, n'existe pas à l'ouest de la Corse. La ville d'Agylia était dans l'Étrurie, fondée par les Pélages. Cette ville fut appelée aussi Céré ou Cératé, et donna son nom à la rivière Cératane, près du lac de Bracciano, à l'ouest et peu loin de l'embouchure du Tibre. Elle conserve aujourd'hui le nom de Céré. Ce fut là que les Étrusques et les Carthaginois amenèrent leurs prisonniers de guerre. Le petit hameau qui reste dans la partie ouest de la Corse, dont les deux historiens nationaux cités plus haut prétendent parler, s'appelle Ogglioni, et non Agillone. C'est un petit hameau qui fait partie de la commune de Santa Reparata, arrondissement de Calvi. Nous n'avons pu remarquer aucun vestige remarquable d'antiquité autour de ce hameau.

« crime. La Pythie (1) leur ordonna de faire aux Phocéens de magnifiques
« sacrifices funèbres et d'instituer en leur honneur des jeux gymniques et
« des courses de chars. Les Agyliens observent encore maintenant ces
« cérémonies (2).

« Tel fut donc le sort des Phocéens. Ceux qui s'étaient réfugiés à Rhé-
« gium, en étant partis, bâtirent dans la campagne d'Oénotrie (3) la ville
« qu'on appelle aujourd'hui Hiele (4) : ce fut par le conseil d'un habitant de
« Possidonia, qui leur dit que la Pythie ne leur avait pas donné la réponse
« d'aller à Cyrne établir une colonie, mais d'élever un monument au héros
« Cyrnus (5). » (Hérodote, tome I, trad. nouv. Paris, 1802.)

Hérodote, en parlant de cette seconde émigration des Phocéens, dit qu'ils
bâtirent des temples, mais il ne dit pas qu'ils fondèrent des villes; ainsi la
croyance qu'il existait une autre ville du côté ouest de l'île du nom de Galéria
ou Calaris est fort douteuse (6).

(1) La Pythie était l'oracle ou la prêtresse du temple de Delphes.

Quelques historiens nationaux, appuyés de l'autorité de Sénèque, où il dit : « *Græci, qui nos Massiliam colunt, prius in hoc insula considerant*, etc., etc., » ont rapporté que les mêmes Phocéens qui avaient abandonné la Corse allèrent s'établir en partie sur les côtes de la Provence et y fondèrent la ville de Marseille; mais selon tous les chronologistes et même selon les anciens historiens Thucydides et Pausanias, l'émigration des Phocéens qui s'établirent sur les côtes de Provence avait précédé celle de la Corse de plusieurs années. Alalia, bâtie par les premiers Phocéens qui vinrent dans l'île de Corse, daterait de l'an 4152 de la période julienne, c'est-à-dire 562 ans avant Jésus-Christ. La seconde émigration du temps de Cyrus, dont parle Hérodote, ce fut vingt ans après, 512 de l'ère vulgaire, et celle qui fonda Marseille, selon les historiens susdits et les chronologistes, aurait eu lieu 600 ans avant Jésus-Christ. Ces derniers, sous la conduite de Créonitiades, eurent une rencontre sur mer avec les Carthaginois, qu'ils battirent, et après cette victoire ils abordèrent les côtes de Provence. Ce fut là, selon Timée, que le pilote d'un navire phocéen, ne pouvant approcher de la côte, et voyant un pêcheur, lui jeta une cabale, en lui disant : Massilan, ce qui signifie *attache* (la cabale), et de là le nom de *Massilia*, la ville qu'ils bâtirent dans cette contrée.

(2) Hérodote a écrit ce fait important peut-être cinquante ans après, et les jeux pour l'expiation de ce crime se continuaient encore de son temps.

(3) L'Œnotrie comprend le coude de pied de la botte de l'Italie, depuis Possidonia jusqu'à Tarante; cette contrée fut appelée plus tard la Lucanie.

(4) Hyele, bâtie par les Phocéens dans l'Œnotrie, a porté le nom de Velia, d'Hélia et d'Élea : c'est aujourd'hui Castellamare della Brucca.

(5) Le héros Cyrnus, dont parle Hérodote, était le fils d'Hercule.

(6) Les historiens nationaux, Limperani et Giacobbi, placent la ville de Calaris sur le fond du golfe de Galeria. Toute cette contrée porte le nom de Filosorma, que les hellénistes font dériver des mots grecs *Port-Ami*.

Quoiqu'il ne nous reste aucun monument étrusque digne de remarque, nous sommes porté à croire que ce peuple puissant a pu introduire en Corse ses mœurs, ses costumes, ses arts et métiers, sa civilisation. Cependant les costumes que nous reproduisons et qui passent pour être ceux des habitants de la Sardaigne, de l'Elbe et de la Corse, pendant que les Etrusques étaient maîtres de ces îles, ont beaucoup d'analogie avec les costumes des Ibères, des Ligures, des Sicanes, des Cantabres, etc., qui habitaient les montagnes et dont l'habillement le plus commun se composait d'une espèce de justaucorps de poil roide et noir, et de bottes ou guêtres tressées avec des cheveux et entrecroisées de cordelettes.

Le Pape Grégoire XVI a voulu illustrer sa mémoire en dotant, comme quelques-uns de ses prédécesseurs, le Vatican d'objets rares et précieux, et en formant un superbe musée d'antiquités étrusques. On y admire des vases magnifiques, des statues en bronze et en marbre, des instruments, des ustensiles, des parures en or et en argent, et beaucoup d'autres curiosités d'une richesse et d'une beauté admirables.

C'est dans cette collection d'antiquités historiques et descriptives que nous avons pu remarquer deux petites statues en bronze qui reproduisent les costumes des Corses sous les Etrusques.

Dans les dessins que nous rapportons on voit un berger revêtu d'une tunique taillée dans une peau de mouton, dont on se couvrait dans quelques parties de la Corse au temps même de la conquête des Romains; cette tunique était appelée par ces derniers *villosa matrusca*. Elle est sans manches et reste ouverte des deux côtés. La statue tient un bâton sur ses épaules, auquel pend une espèce de corbeille remplie de petits mouflons; les pieds sont nus et la tête est coiffée d'un bonnet rond.

L'autre personnage représente un soldat armé d'un arc, d'un bouclier et d'une espèce de giberne avec une veste entièrement fermée; les jambes sont couvertes d'une sorte de guêtres ceintes de cordelettes jusqu'aux genoux, où elles viennent se fixer; son bonnet est d'une forme conique, orné tout autour de rubans carrés semblables aux bonnets pointus de velours que portaient les Corses montagnards jusqu'au commencement du xix° siècle, et qui devint la coiffure d'un bataillon de milice corse qui fut organisé sous le premier empire français. Ces costumes ne diffèrent en rien de ceux des anciens Ibères et des Cantabres, peuples belliqueux de l'Espagne. Sénèque, que nous avons déjà cité, étant Espagnol et ayant vécu longtemps en Corse, où il fut exilé par l'empereur Claude, était évidemment en mesure d'en parler sciemment.

Les Phocéens, chassés de la Corse et qui étaient allés fonder d'autres colonies en Italie, eurent la joie de voir la marine des Tyrrhéniens détruite par les Syracusains en une seule bataille, et leur empire si vaste resserré entre la Macra, le Tibre et l'Apennin. On croit qu'après cet événement les Syracusains ont aussi dominé la Corse, mais on ne sait rien de positif sur la durée de leur domination.

Selon quelques historiens (1), la Corse a été une île florissante, possédant trente-trois villes et un réseau considérable de grandes routes, mettant en communication les localités les plus importantes de ce pays. Cependant, nous l'avons dit et nous le répétons, l'absence de documents ne nous permet pas de vérifier l'exactitude de ces assertions. Le temps et la main de l'homme ont opéré des transformations si variées, qu'on chercherait en vain des vestiges du passé dans les lieux qui furent jadis les témoins d'une prospérité complétement éclipsée. Toutefois, malgré l'indigence des sources historiques, nous sommes autorisé à admettre, sur les relations précitées, que la Corse était un centre actif de civilisation ; que les arts et les sciences s'y prêtaient un mutuel secours, afin de doter cette île de cités et d'œuvres assez considérables, pour que le souvenir parût digne d'être conservé dans les annales des peuples.

Cet état de choses dut même subsister pendant un long laps de temps, car une nation, quelque grandes et nombreuses que soient les révolutions politiques et les révolutions sociales qui agitent son existence, garde, comme un dépôt sacré, les éléments dont elle tirait sa gloire et sa force.

Les conquêtes de la pensée s'avancent à travers les âges et ne s'effacent qu'avec les derniers débris de la nature qui s'éteint. Aussi voyons-nous quelques faits sortir de l'oubli, depuis que de savants archéologues se sont donné la peine de faire des recherches dans cette île. Il est vrai de dire que ces faits sont encore incohérents, tels que les men-hirs, les dolmens, quelques vases, quelques idoles, quelques sarcophages, quelques inscriptions anciennes, etc. Mais que de matériaux éloquents ne fourniraient pas à la science de zélés archéologues, si encouragés par le gouvernement, ils s'appliquaient à faire des fouilles dans les ruines de nos antiques cités ! Nous avons vu exhumer sous nos yeux des tombeaux, des vases, des mon-

(1) Pline, Diodore de Sicile, etc.

naies, etc., par des travailleurs luquois, creusant à travers les ruines de la Mariana le canal qui porte les eaux du Golo dans l'étang de Chiurlino, et combien d'objets d'une plus grande importance encore n'a-t-on pas découverts en perçant dans les décombres d'Aléria la route carrossable qui va de Bastia à Bonifacio? Ces armures, ces vases, ces ustensiles avaient été mis en pièces par les Luquois, et c'est à peine si quelque curieux a daigné ramasser les seuls vases dont nous donnons les dessins et qui semblent appartenir à l'art céramique des Etrusques (1). Quant aux débris des armures que nous avons vues, il nous a été impossible d'en connaître l'origine. Si la Corse possédait un antiquaire capable d'interroger ces admirables trouvailles, il pourrait, certes, enrichir notre histoire de documents précieux; malheureusement il n'en est pas ainsi, et il nous faut gémir de rester encore dans la plus complète ignorance sur cette partie de la science.

Les monuments ostensibles sont en réalité très-rares dans l'île, mais ce qui est encore plus déplorable, c'est que l'histoire ne nous ait conservé aucun indice de ce que fut un personnage remarquable à une époque fort reculée. Nous avions espéré d'être assez heureux pour pouvoir orner notre ouvrage du nom d'une célébrité féminine, qui aurait fleuri en Corse avant la conquête de cette île par les Romains, mais hélas! ce personnage illustre nous est contesté, en dépit de plusieurs auteurs dont nous citerons les noms et qui confirment son origine Corse.

ANAGALLA.

« Anagalla ou Anagallis, vierge Corse, éprise de la belle passion des
« sciences, se livra avec une telle ardeur à l'étude de la grammaire et y fit
« de si rapides progrès, qu'elle surpassa en savoir les hommes les plus
« doctes de son temps. » François-Augustin De le Chiesa, de Salluce, docteur en droit : *Théâtre des femmes illustres et lettrées,* pag. 12. Venise. 1620.
« Anagalla, née en Corse, tout à la fois grammairienne et poëte, eut la
« gloire, selon plusieurs écrivains, d'avoir introduit la syntaxe gramma-
« ticale en Italie. » Pierre-Paul Ribera, de Valence en Espagne, chanoine

(1) Nous avons pu remarquer dans le musée Campana à Paris, que l'un de ces vases, dont nous reproduisons les dessins, appartiendrait à l'art céramique des Corinthiens. Nous avons aussi pu remarquer sur certains vases étrusques des figures analogues à celles dont nous avons parlé ci-dessus, qui représentaient les costumes des Corses, etc., du temps des Tyrrhénéens.

de Saint-Jean de Latran. *Des femmes illustres,* pag. 297. Venise, 1609. « Anagallis, vierge Corse, ornée de toutes les vertus, possédait aussi des « talents merveilleux. La Corse faisant partie (c'est un Génois qui parle) du « domaine ne notre république, nous sommes fiers de parer notre Athénée « du nom d'une femme si célèbre. Elle écrivit les règles et la syntaxe gram- « maticales et, dit-on, inventa la spheromagie ou jeu du ballon. » Oldoini, jésuite génois, *Athénée des hommes et des femmes illustres génois.*

Nous omettons de rapporter ce qu'ont dit de cette femme célèbre tant d'autres auteurs, tels que Testore, Boceto, Celius, Rodriguez, Raphael Soprani, Jean Ravisius, etc., etc. Toutefois, nous devons avouer que le fameux écrivain grec Suidas se trouve en opposition avec tous ces auteurs précités, et au lieu de lui donner la Corse pour patrie, il lui assigne Corcyre (Corfou). Nous ne voulons pas décliner l'autorité de l'auteur grec, mais puisque tant d'écrivains italiens et espagnols ont consacré ce nom dans leurs ouvrages, pourquoi devrions-nous passer sous silence un tel fait? Quant à décider à laquelle de ces deux îles, la Corse ou Corfou, Anagalla a pu appartenir, nous abandonnons cette solution au jugement des savants.

En reprenant notre récit historique, nous sommes obligé de convenir de notre impuissance à donner les dates fixes et précises des émigrations des peuples étrangers dans l'île de Corse, comme aussi des immigrations des Corses dans l'île de Sardaigne et dans les îles Baléares (1). Comme il arrive trop souvent lorsqu'on veut remonter aux premiers âges d'une nation, on ne rencontre ici que doutes et obscurité. Les récits contradictoires, les mythes absurdes de certains historiens nous plongent dans un chaos ténébreux, et la vérité, malgré nos efforts, reste ensevelie dans la nuit des temps.

Nous avons adopté la version la plus généralement admise, c'est-à-dire que les Tyrrhénéens sont le peuple parmi tant d'autres qui a le plus contribué à coloniser la Corse, mais il est probable que d'anciens habitants, dont le nom reste inconnu, ont dû leur céder leur territoire, ou du moins se confondre et se mêler avec eux.

Après le départ des Phocéens de la Corse, cette île, suivant Diodore de Sicile, resta sous la domination des Tyrrhéniens, qui probablement y bâ-

---

(1) Bochart a prétendu que Pausanias s'est trompé en écrivant que les *Corsi* de la Sardaigne étaient originaires de la Corse, et il fait dériver les noms des peuplades, qui, après l'invasion des Carthaginois, s'étaient retirées sur les montagnes, telles que les *Balari*, des mots (désert, sauvage); *Ilienses*, de Ilaë (lieux élevés), et *Chorsai* (habitants des forêts). Tous ces peuples, selon Bochart, étaient d'origine africaine.

tirent des villes, dont une aurait acquis une certaine importance (Nicea). Mais, vers le milieu du v° siècle, avant l'ère vulgaire, suivant le même auteur, les Tyrrhéniens s'étant rendus redoutables par leurs fréquentes pirateries, les Siciliens armèrent une grande flotte, les poursuivirent et anéantirent leurs forces navales.

Dans cette expédition des Siciliens contre les Etrusques, Diodore ne fait aucune mention des Carthaginois. Ainsi, depuis la moitié du v° siècle avant Jésus-Christ jusqu'à l'an 259 avant la même ère (494 de Rome), la Corse est tout à fait tombée dans l'oubli. Rien ne nous assure si les Tyrrhéniens ont continué à dominer l'île, ou si leur domination s'est bornée sur le littoral de la Corse; si les Carthaginois eux-mêmes y ont possédé des comptoirs, ou enfin, si les insulaires se sont gouvernés d'eux-mêmes et quelle sorte de gouvernement ils avaient adopté.

CHAPITRE II

DEPUIS L'AN 494 DE ROME (259 AV. J. C.) JUSQU'EN 673 (88 AV. J. C.)

Première apparition des Romains dans l'île de Corse (494 de Rome). — Flotte romaine dans le port de Diana, près d'Aléria. — Siége et prise de cette ville par Lucius-Cornelius Scipion. — Départ de ce général pour l'île de Sardaigne. — Siége d'Olbia. — Seconde expédition des troupes romaines en Corse, commandée par Licinius Varus, en 237 avant Jésus-Christ, 23 ans après la prise d'Aléria par Scipion. — Claudius Glycias, lieutenant de Licinius, fait la paix avec les Corses. — Licinius Varus ne reconnaît pas le traité de paix et poursuit les Corses à outrance. Il s'empare d'une partie de l'île. Il revient à Rome et demande au Sénat les honneurs du triomphe; on les lui refuse. — Claudius Glycias, renvoyé en Corse pour être livré aux insulaires comme traître. — Dessin représentant le comité des Corses qui donne la liberté à Glycias. — Les Corses se révoltent (232 avant Jésus-Christ). — Les Romains envoient dans l'île Spurius Carvilius avec des forces. — Ce dernier repart aussitôt pour la Sardaigne au secours de son collègue. — La flotte romaine jetée sur les côtes de la Corse. — Les insulaires s'emparent du butin que les Romains avaient fait en Sardaigne. — Le Sénat envoie Cajus Papirius Mason avec une armée pour soumettre les Corses et pour les punir. C. P. Mason livre bataille contre les insulaires. — Il est forcé à demander la paix (231 avant Jésus-Christ). — Après 50 ans de repos, les Corses se révoltent (181 avant Jésus-Christ). — Marcus Pinarius est envoyé en Corse avec des forces considérables. — Grand combat où 2,000 Corses restent sur le champ de bataille. — Les insulaires condamnés à payer 100,000 livres de cire par an. — Huit ans après, les Corses se révoltent (173 avant Jésus-Christ). — Cajus Cicereus fut envoyé pour les soumettre. — Sanglante bataille. — Sept mille insulaires y perdent la vie, et 1,700 sont faits prisonniers. — La paix est conclue et les Corses sont obligés à payer 200,000 livres de cire par an. — Dix ans après (163 avant Jésus-Christ), les insulaires reprennent les armes. — Juventius Thalna vient en Corse avec une armée consulaire. — Il apaise ou soumet les insulaires. — Juventius Thalna, en recevant les lettres de félicitation du Sénat romain, meurt de joie. — P. C. Scipion Nasica est envoyé en Corse pour le remplacer. — Grande lacune historique. — Le consul Marius envoie en Corse une colonie qui fonde la ville de Mariana. — Le dictateur Lucius Sylla fait repeupler la ville d'Aléria devenue déserte. — Les montagnards de la Corse faits prisonniers, sont vendus sur les marchés de Rome comme esclaves.

L'an 494 de la fondation de Rome (259 ans avant Jésus-Christ), Lucius-Cornélius Scipion entra dans le magnifique port de Diana avec une grande flotte et des forces imposantes. Il débarqua ses troupes et alla mettre le siége devant la ville d'Aléria (1).

(1) Dans le dessin qui représente l'entrée de la flotte romaine dans le port de Diana, nous avons rapporté la position locale; seulement, nous nous sommes permis d'embellir le paysage, en nous transportant par l'imagination à l'époque où la ville d'Aléria était dans un état florissant.

Les historiens anciens nous laissent ignorer quelle fut la cause de cette expédition; on ne sait pas non plus à quelle condition les habitants de cette ville se rendirent aux Romains (1). Si nous devons en croire Lucius Florus, les habitants d'Aléria auraient opposé la plus vive résistance aux armes romaines, et il dut y avoir un grand carnage avant la reddition de la ville (2). Quant à savoir si Lucius Scipion a porté les armes dans l'intérieur de l'île, il n'y a aucune preuve certaine.

L'inscription qu'on voit sur le sarcophage de Scipion et que nous-même avons copiée à Rome, pouvait bien être interprétée de la manière dont parle l'historien Limpérani : « *Hic cepit in Corsica Aleriam urbem;* » Il prit en Corse la ville d'Aléria, et non, comme l'a interprétée Sirmond : « *Hic cepit Corsicam, Aleriamque urbem;* » Il prit la Corse et la ville d'Aléria, comme si la Corse et Aléria étaient deux nations séparées.

Cependant il y en a qui supposent qu'Aléria pouvait être possédée par les Carthaginois et que le reste de l'île formait un gouvernement à part (3). Ce ne sont que des hypothèses.

Lucius Florus nous dit, qu'après la prise d'Aléria dans l'île de Corse, Scipion alla assiéger la ville d'Olbia en Sardaigne, ville alors considérable (maintenant Terra-Nuova). Suivant Tite-Live, ce général aurait combattu avec avantage contre les Sardes, les Corses et contre Hannon, général des Carthaginois. Cet historien ne nous dit pas toutefois qu'il soumit l'île de Corse, et nous ne trouvons que Zonara et Freinshemius qui pensent qu'après la reddition de la ville d'Aléria, toute l'île de Corse se soumit sans opposer la moindre résistance.

On suppose que L. C. Scipion, après la prise d'Aléria, partit avec presque toutes ses forces pour l'île de Sardaigne, ne laissant qu'une faible garnison en Corse. Il paraît certain que ce célèbre général romain a éprouvé une vive résistance au siège d'Olbia, et qu'il revint à Rome afin d'augmenter ses forces, avec lesquelles il retourna dans l'île de Sardaigne, soumit les habitants, battit les troupes carthaginoises, dont le général Hannon resta sur le champ de bataille. On dit aussi qu'à son retour de cette dernière expédition en Sardaigne, les vents contraires jetèrent sa flotte sur les côtes

---

(1) Corsis arma inferendi, quæ causa fuit, nemo tradit. (Sigonius de antiq. jus. prov. t. I, cb. 4.)

(2) ..... Ità Aleriæ urbis excidio incolas terruit.
Lucius Florus.

(3) Robiquet.

de l'île de Corse, où il risqua de faire naufrage. Scipion aurait fait vœu, dans cette circonstance, s'il échappait au danger, d'élever un temple à la tempête. Ce vœu fut accompli ; Ovide même en aurait fait mention (1) dans ses Fastes.

L'an 237 avant l'ère vulgaire, 22 ans après la prise d'Aléria par Scipion, le Sénat romain décréta de porter la guerre dans l'île de Corse. Aucun auteur ne fait mention, si les habitants s'étaient révoltés, ou si les Romains qui possédaient déjà la Sardaigne, songèrent aussi à faire la conquête de cette île ; ce qui nous ferait supposer que ces conquérants ne s'en étaient pas emparés lors de la prise d'Aléria.

Ce fut Licinius Varus qui fut nommé chef de cette expédition. Ce général voulant débarquer dans l'île avec des forces imposantes, tâchait de réunir un grand nombre de vaisseaux pour leur transport. Tandis qu'il s'occupait de cette besogne dans les ports de l'Etrurie, il s'était fait précéder de son lieutenant Claudius Glycias. Ce dernier, à peine débarqué dans l'île, attaqua les Corses, mais, épouvanté du danger qu'il allait courir, demanda de s'entendre avec les insulaires, et agissant en maître absolu, sans attendre les ordres du général en chef, il signa un traité de paix dont les conditions étaient très-favorables aux insulaires (2).

Licinius Varus ne tarda pas à débarquer dans l'île, et, méconnaissant le traité signé par son lieutenant, poursuivit les Corses à outrance. Ces derniers se défendirent vaillamment, lui disputèrent pas à pas le terrain, mais il réussit enfin à s'emparer d'une partie de l'île. Il revint à Rome et demanda les honneurs du triomphe, qui lui furent refusés par le Sénat, parce que la victoire remportée sur les Corses laissait quelque chose à désirer (3).

(1)
Te quoque tempestas merita delubra fatemur
Cum pene est Corsis abrupta classis aquis.
Ovine, Fast.

(2) Les dessins que nous donnons sur la seconde expédition des Romains en Corse, représentent deux épisodes ; l'un est celui de la paix signée entre les Corses et Glycias, et l'autre est celui où ce même Glycias fut absous par les magistrats de la Corse. Nous n'avons pas pu représenter les lieux où ces faits se succédèrent, mais nous avons habillé nos personnages insulaires selon les costumes des Ibères, Cantabres, etc., dont parle Sénèque.

(3) Licinius Varus, Corsicam petituros, cum propter navigiorum penuriam trajicere non posset, Marcum Claudium Glyciam cum copiis præmisit, qui, terrore a Corsis injecto, in colloquium venit, et quasi imperator esset, fœdus cum iis fecit. At Licinius Varus, eo neglecto, Corsicos nihilominus oppugnare non destitit, donec eos subegit. Romani vero ut a se violati fœderis crimen removerent Claudium eis dederunt, etc. Hunc Marcum Claudium ob infamem pacem

Si Licinius Varus ne fut pas tout à fait heureux dans cette circonstance, son lieutenant Glycias n'en fut que plus malheureux. Il fut renvoyé en Corse par les Romains comme prisonnier, afin que ces sauvages insulaires assouvissent leur rage contre celui qui les avait trompés, en violant les conditions de paix, conditions qu'il avait signées sans être investi d'aucun pouvoir.

Les magistrats de la Corse réunis dans une assemblée, ne voyant, dans le prisonnier romain, aucune culpabilité, ni aucun acte de manque de foi, ordonnèrent que ses chaînes fussent brisées et qu'il fût immédiatement mis en liberté.

Le Sénat romain, irrité de cet acte de générosité chez un peuple qu'il appelait sauvage et barbare, fit arrêter de nouveau Claudius Glycias, le fit traîner dans les prisons, puis l'ayant condamné à la peine de mort, ordonna que son corps fût jeté aux gémonies.

Si le procédé des Corses envers un malheureux prisonnier fut digne d'une nation sauvage, nous sommes fiers et orgueilleux de croire que tant de vertus bannies des nations civilisées s'étaient réfugiées parmi ces féroces insulaires.

Les Corses ne tardèrent pas à se révolter, et ils furent bientôt suivis par les Sardes. Rome accusait Carthage comme instigatrice de ces troubles et lui fit sentir son mécontentement en commençant par s'apprêter à la guerre.

Le Sénat de Carthage envoya alors à Rome une ambassade pour s'expliquer sur sa conduite à l'égard du maintien de la paix signée entre les deux républiques. Le chef de cette ambassade eut le courage de demander au Sénat romain la restitution des îles de Sicile et de Sardaigne, que les Carthaginois avaient cédées aux Romains pour garantie des traités, si toutefois ces derniers voulaient déchirer les conventions signées. La hardiesse de l'envoyé africain produisit son effet pour le moment et l'expédition eut lieu seulement contre les Sardes et les Corses révoltés (1).

Spurius Carvilius, à la tête de l'armée romaine, débarqua dans l'île de Corse, et pendant qu'il combattait contre les insulaires, Publius Albinus, son collègue, qui était chef de l'expédition contre les Sardes, se trouvant dans un danger imminent dans cette île, s'empressa d'écrire à Spurius Car-

---

Corsis a Senatu deditum, nec ab iis acceptum, in publica custodia jussu Patrum necatus fuit, atque corpus contumelia carceris et detestanda ignominia Gemoniarum scalarum nota fœdatum, etc. *Val. Max. l, 6. Zonara. Tite-Live.*

(1) *Zonara, Ann. l. 8.*

vilius, en le priant de voler à son secours. Ce dernier quitta aussitôt la Corse avec ses troupes, arriva en Sardaigne, et les deux armées réunies, après de grands efforts, réussirent à soumettre les Sardes insurgés. Les chefs romains, pour tirer vengeance de leurs pertes, saccagèrent plusieurs villes, et dès qu'ils eurent chargé leurs vaisseaux des dépouilles des vaincus, ils firent voile vers Rome.

Ils étaient en face de l'île de Corse, lorsqu'une affreuse tempête s'éleva et jeta la flotte contre les rochers. L'armée romaine chercha à se sauver dans les anses, golfes ou ports qui offraient quelque abri à leurs vaisseaux, mais les insulaires, qui veillaient toujours à leur défense, craignant une invasion de la part des Romains, accoururent partout sur le littoral, les battirent, délivrèrent les prisonniers et s'emparèrent du butin qu'ils avaient fait en Sardaigne.

Lorsque cette nouvelle parvint à Rome, le Sénat fut vivement irrité et ordonna à Cajus-Papirius Mason de partir aussitôt pour la Corse, de soumettre et punir les barbares avec toute la sévérité possible.

Ce général ne tarda pas à paraître sur les côtes de cette île avec des forces formidables, et y opéra son débarquement dans un endroit dit des *Myrtes* (1).

Il est bien difficile de préciser cette contrée, car les myrtes abondent partout sur le littoral de l'île. On croit, mais sans pouvoir l'assurer, que le débarquement des troupes romaines eut lieu à la *Mortella*, du côté nord, dans le golfe de Saint-Florent (2). Il est hors de doute que les anciens Romains ont élevé quelques bâtisses dans cet endroit, car, dans les excavations que l'on fait, on en trouve toujours des témoignages irrécusables. D'ailleurs, le golfe de Saint-Florent offre des mouillages très-sûrs, et il serait permis de croire que les Romains ont débarqué dans ce golfe, de préférence à tous les autres, comme ont fait presque tous ceux des temps modernes qui sont venus pour faire la conquête de l'île.

Les forces imposantes commandées par Papirius Mason n'effrayèrent pas les habitants de la Corse, qui acceptèrent le combat, et ce ne fut que la tactique militaire des Romains qui parvint un instant à les repousser vers

---

(1) Paul-Diacre place le *campus Myrteus* dans l'île de Sardaigne; cela n'empêche pas que ce même nom ait pu exister en Corse.

(2) Plusieurs habitants de Saint-Florent, dignes de foi, nous ont assuré avoir vu de leurs propres yeux plusieurs objets extraits des fouilles pratiquées dans cet endroit et qui appartenaient au temps des anciens Romains.

la montagne ; mais là, les insulaires ayant pris le dessus, enveloppèrent l'armée ennemie et forcèrent son chef à demander la paix (1).

Les Corses, quoique vainqueurs, consentirent à suspendre les hostilités, la paix fut signée, pense-t-on, avec des conditions très-favorables aux insulaires; en effet, après ce traité de paix signé avec ce dernier général romain, les Corses vécurent pendant un long intervalle de temps dans une parfaite tranquillité.

Des écrivains nationaux ont voulu prétendre que ce long silence des Corses n'était que l'effet des conditions favorables qui leur furent faites, c'est-à-dire les mêmes dont jouissaient les peuples confédérés de la république romaine, qui, tout en payant un tribut, étaient libres de se régir par leurs propres lois. Ainsi, on croit que pendant longtemps le Sénat romain n'envoya en Corse, pour la gouverner, ni préteurs, ni proconsuls, comme il agissait avec les nations conquises (2).

Ce bonheur, pour ces insulaires, ne dura que pendant l'espace de cinquante ans, au bout desquels se succédèrent des révolutions dont nous parlerons dans la suite.

Cependant Cajus-Papirius Mason revenait à Rome, orgueilleux d'avoir reduit les Corses à reconnaître la domination romaine, et demandait au Sénat les honneurs du triomphe.

Le Sénat, après avoir sanctionné la paix stipulée avec les insulaires, rejeta sa demande et le jugea indigne de mériter les honneurs destinés aux vainqueurs. Cajus Papirius Mason, irrité de ce refus, s'en alla sur le mont Albanus, où il triompha en ceignant son front d'une couronne de myrte; couronne dont on se servait pour les ovations et jamais pour les honneurs du triomphe. Ce général romain eut depuis la folie de paraître couronné de myrte dans les jeux publics et dans les fêtes solennelles de Rome.

L'an 181 avant l'ère vulgaire, sous le consulat de Publius-Cornelius Cethegus et Marcus-Bebius Pamphilius, les Corses prirent les armes et les Iliens, qui habitaient la Sardaigne, suivirent leur exemple. Ainsi, Rome se trouva dans la nécessité de faire une levée de troupes nouvelle, pour marcher au secours de ceux qui se trouvaient en danger dans les deux îles. Dans

---

(1) Cajus Papirius Mason, Corsos campis pulsos ad montana loca sequutus est. Ibi labor ingens cum periculo fuit; multique militum siti, aut subito barbararum incursu periere. *Zonara, l. 8, Tite-Live.*

(2) Juncta administratio harum insularum fuerat : post quælibet suos prætores habuit, nunc singulæ a suis præsidibus reguntur. (SEXTUS RUFUS.)

ce temps-là, le *Latium* se trouvait affligé par une maladie contagieuse, et le Sénat romain voyant la population décimée par la peste, donna ordre au préteur Marcus Pinarius de se rendre à Pise, pour ordonner à Bebius, qui y commandait une garnison composée de huit mille fantassins et trois cents chevaux, de se porter immédiatement avec ses troupes dans les îles de Corse et de Sardaigne, pour apaiser l'insurrection. Marcus Pinarius étant passé en Toscane et y ayant réuni toutes ses forces, fit voile, lui aussi, pour la Corse et y débarqua. Bientôt une lutte sanglante s'engagea, et après des massacres des deux côtés, la victoire se déclara pour les Romains. Deux mille Corses restèrent sur le champ de bataille (1).

Ce fait d'armes obligea les insulaires à se soumettre de nouveau à la République romaine, de donner des ôtages et de payer deux cent mille livres de cire.

Cette soumission ne dura que pendant l'espace de huit ans (173 ans av. J. C.). Sous le consulat de Postumius Albinus et de Quintus Muscius Scévola, les insulaires reprirent les armes et déployèrent l'étendard de la révolte. Le Sénat ordonna à Marcus Attilius, qui occupait alors le poste de préteur dans la Sardaigne, de passer dans l'île de Corse avec une légion de soldats. Ce général ne tarda pas à s'y rendre, mais il ne fut pas heureux; ses troupes furent défaites, et lui-même fut obligé de se sauver en Sardaigne.

Un an après, étant consuls Lucius Postumius Albinus et Marcus Papilius Léna, le préteur Marcus Attilius fut remplacé par Cajus Cicereus dans l'île de Sardaigne. Ce général passa de cette dernière dans l'île de Corse; la lutte ne tarda pas à s'engager : elle fut sanglante; Cajus Cicereus trembla pour le succès, et fit vœu d'élever un temple à la déesse Junon si la victoire se déclarait pour lui. Les Romains furent vainqueurs; les Corses laissèrent sept mille des leurs sur le champ de bataille; mille sept cents furent faits prisonniers, et les insulaires furent obligés, pour avoir la paix, de payer deux cent mille livres de cire par an (2).

Cette catastrophe fut bientôt oubliée, et au bout de dix ans les Corses reprirent les armes contre les Romains.

Titus Sempronius Graccus et Marcus Juventius Thalna ayant été portés

---

(1) Pugnatum est cum Corsis. Ad duo millia eorum Marcus Pinarius in acie occidit, qua clades compulsi obsides dederunt et cere centum millia pondo. *Tite-Live, liv.* 40.

(2) Cajus Cicereus in Corsica signis collatis pugnavit; septem millia Corsorum cæsæ, captis amplius; voverat ex ea pugna prætor ædem Junonis Monetæ. Pax deinde data petentibus Corsis et exacta cere ducenta millia pondo. *Tite-Live, liv.* 42.

au consulat, ce dernier voulut se porter lui-même en Corse à la tête d'une armée consulaire. Ce fut la plus grande expédition d'armes (croit-on) que les Romains firent dans cette île.

Le consul Juventius Thalna débarqua dans l'île; il livra aussitôt bataille, et pendant qu'il combattait contre les insulaires, le Sénat romain ordonnait des prières publiques, afin que le succès leur fût favorable. On ne sait rien des luttes qui suivirent ; l'histoire romaine se contente de nous dire que J. Thalna apaisa la Corse.

Le consul Thalna donna avis au Sénat de son succès, et ce dernier lui témoigna par des lettres toute sa reconnaissance, en lui faisant savoir que dans Rome on avait ordonné des prières publiques pour le succès de cette expédition. J. Thalna, lorsqu'il reçut les lettres du Sénat, faisait lui-même des libations et offrait des sacrifices aux dieux. La lecture de cette lettre lui causa tant de joie, qu'il tomba mort par terre (1).

On pense que la mort instantanée de Thalna aura causé des troubles dans l'île, mais les historiens anciens n'en donnent aucun détail; on sait d'ailleurs que Publius Cornélius Scipion se hâta de quitter l'île de Sardaigne pour se mettre à la tête de l'armée consulaire qui se trouvait en Corse, et qu'il continua à réprimer les insurrections (2).

P. C. Scipion Nasica ne tarda pas à se rendre à Rome, par ordre du sénat, la gestion de son consulat étant expirée (3). Depuis le départ de ce dernier de la Corse, on trouve une grande lacune dans l'histoire de ce pays, et nous n'avons plus aucune notice qu'à l'époque des consulats de Marius et de Sylla (673 ans de Rome). Nous avons passé rapidement sur la période de temps qui comprend la première apparition des Romains dans cette île, jusqu'au jour où la Corse retombe dans l'oubli, faute de documents historiques.

Ainsi, dans l'espace de moins d'un siècle, nous comptons sept grandes expéditions des légions romaines dans cette île, guidées par les plus illustres généraux de cette république. Elles eurent lieu en 494, 517, 521, 522, 572, 579, 589 de la fondation de Rome.

---

(1) M. J. Thalna receptis litteris decretas ei a Senatu supplicationes nuntiantibus, intento illas animo legens, caligine orta, ante feculum collapsus, mortuus humi jacuit; quem quid aliud quam nimio gaudio eventum putemus. *Valer. Max., l. 1.*

(2) Res adversus Ligures, Corsos et Lusitanos vario eventu gestas. *L. Florus = Valer. Max.*

(3) Cajus Figulus e Gallia et Scipio Nasica e Corsica Romam redierunt et se consulatu abdicaverunt. *Valer. Max. l. 1.*

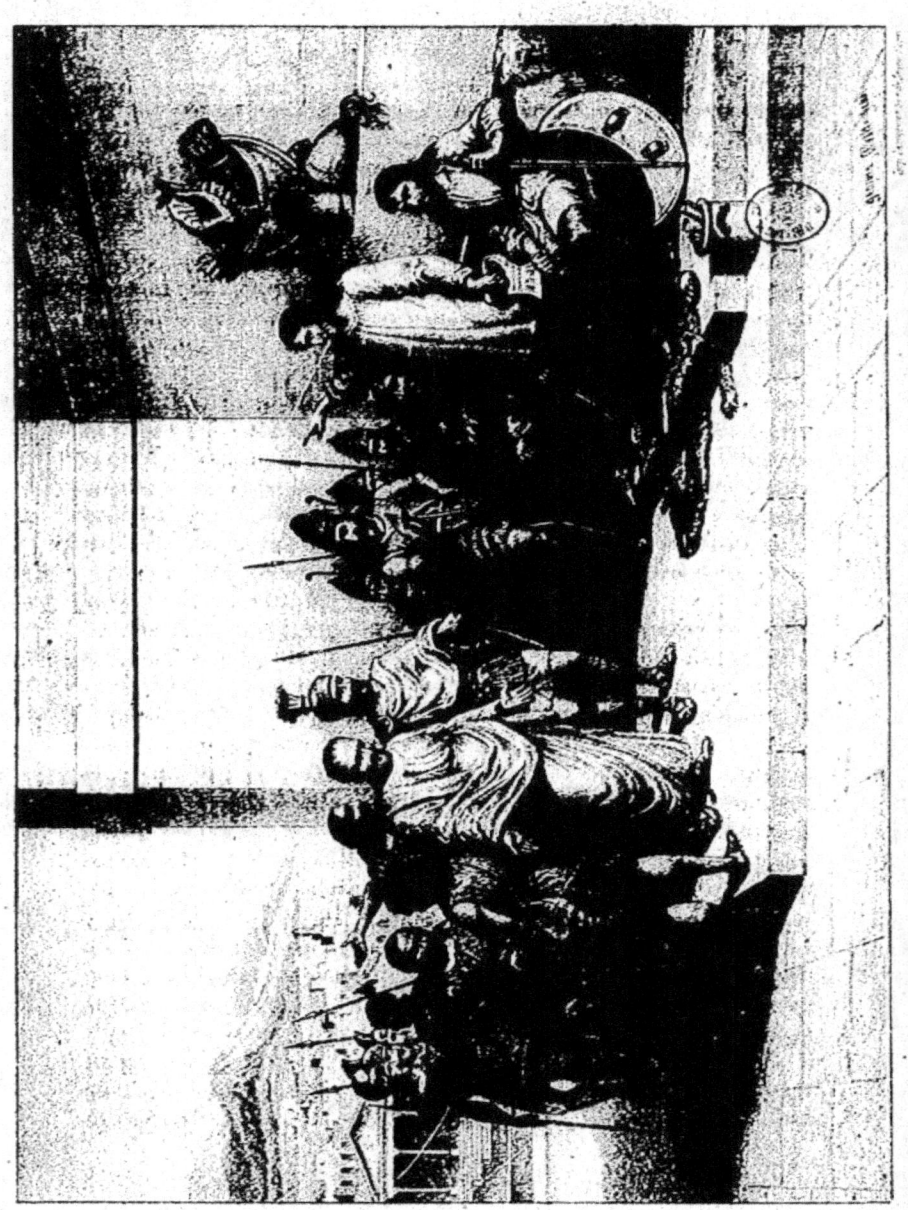

LE CONSUL J. THALNA MEURT DE JOIE EN CORSE.

RUINES DE L'ANCIENNE MARIANA.

Nous ne nous tromperions pas, si nous osions ajouter un nombre pareil de révolutions et de combats que les insulaires ont dû soutenir pour secouer le joug de leurs conquérants, combats qui n'ont pas nécessité l'intervention de nouveaux renforts pour réparer les pertes que les généraux romains avaient souffertes, et pour effacer la honte que ce grand peuple avait dû subir. D'ailleurs, on sait que les historiens n'ont enregistré que les grandes catastrophes et les faits les plus remarquables.

Que dire de tout cela? On nous répondra que les Corses aimaient plus les troubles que la paix! Non, le mobile qui poussait ces insulaires à prendre les armes n'était autre chose que l'amour de l'indépendance. Ils ne voulaient pas de maîtres étrangers, ils préféraient la mort à l'esclavage. Opprimés, terrassés, réduits aux plus affreuses misères, ils se relevaient avec courage. S'ils étaient souvent vaincus, les historiens ont dû avouer du moins que leur courage a fait souvent trembler les plus illustres généraux ennemis, et que le peuple romain est accouru aux temples pour implorer la protection de ses dieux.

Pendant ces combats acharnés, les historiens romains ne nous ont transmis que les noms de leurs chefs, qui sont venus tour à tour combattre contre ces insulaires; cependant les habitants de la Corse, qui couraient si souvent aux armes pour secouer le joug des étrangers, et qui résistaient aux chocs des phalanges invincibles de ces grands conquérants, étaient sans doute guidés par des chefs valeureux, régis par des lois et gouvernés par des magistrats suprêmes.

Mais si les Corses, épuisés, ont dû enfin céder et courber le front devant leurs vainqueurs, il est hors de doute que la domination de ces derniers ne s'étendait que sur le littoral de l'île, et que les habitants de l'intérieur ont dû conserver leur indépendance au milieu de leurs montagnes inaccessibles et de leurs immenses forêts.

Si les Romains avaient été maîtres absolus de l'île entière, les historiens ne nous auraient pas transmis les souvenirs de toutes les embuscades, des guet-apens, des pièges que ces conquérants tendaient aux montagnards de la Corse (ne pouvant les soumettre par la force des armes), afin de les amener comme des bêtes fauves sur les marchés de Rome! Nous reviendrons sur ce sujet.

Les côtes de la Corse, et surtout les riches plaines de la partie Orientale, furent, sans doute, le principal objet qui attira dans cette île les nations étrangères, et tous les grands combats qui s'ensuivirent n'avaient d'autre but que la possession de ces campagnes fertiles et de quelques autres points du littoral.

Jusqu'à l'an 670 ou 673 de Rome, nous n'avons aucun indice que les Romains aient pris un intérêt particulier pour la Corse ; mais à cette époque, le vainqueur de Jugurtha, le fléau des Cimbres et des Teutons, tourna ses regards vers cette île et y envoya une colonie agricole, qui vint se fixer sur la rive gauche du Golo et non loin de la mer ; la ville qu'on y bâtit prit le nom de ce redoutable consul (Marius) Mariana. Cette ville s'élevait en face de la Toscane, sur un terrain tout à fait plat et d'une grande fertilité : cette contrée est formée par des alluvions, et en partie elle est souvent fertilisée par les eaux du Golo, qui dans ses débordements y dépose les terres végétales qu'il entraîne des montagnes.

Quelques années plus tard le dictateur Lucius Sylla, grand antagoniste de Marius, voulut imiter ce dernier et y envoya une autre colonie, qui servit à repeupler la ville d'Aléria, restée, peut-être, déserte à cause des guerres continuelles auxquelles elle fut en butte pendant longtemps.

On croit que cette époque fut la plus heureuse et la plus florissante de l'île : il est hors de doute que les plaines d'Aléria et de Mariana mises en culture pouvaient alimenter une grande population. Aléria possédait un port magnifique, et si la Mariana était privée de port, elle pouvait néanmoins former, à peu de frais, un grand bassin avec les eaux du Golo ; car à peu de distance de ses ruines, même de nos jours, ses eaux sont presque stagnantes, et de grands esquifs qui viennent de la ville de Bastia remontent cette rivière, pour charger le bois, la paille et diverses denrées (1). L'établissement de ces

---

(1) Nous reproduisons un dessin qui représente l'emplacement de la ville de la Mariana. Bon nombre d'auteurs ont parlé de cette ville. Ptolémée lui assigne sa place à plusieurs mètres de l'embouchure du Golo : ce géographe s'est bien trompé. Ses ruines se trouvent de nos jours à trois kilomètres de la mer, et à l'époque de son existence elle devait être plus rapprochée, car la mer s'est retirée et se retire toujours en cet endroit. On a voulu dire que la Mariana fut fondée sur les ruines de Nicea (a). Diodore de Sicile, qui vivait plusieurs années après la fondation de la Mariana, et qui, dit-on, avait visité la Corse, nous dit que la ville de Nicea, fondée par les Tyrrhéniens, était l'une des plus florissantes de l'île. Quant aux ruines de la Mariana, tous ou presque tous ceux qui en ont parlé, si l'on en excepte M. Mérimée, sont tombés dans des erreurs et dans des absurdités. Quelques-uns ont dit qu'il n'existait absolument plus rien de la Mariana (b); que les géologues étaient en peine de retrouver son emplacement (c); que les deux églises qu'on

(a) Cluvier.
(b) Idem.
(c) Malthus, Geogr.

deux colonies aurait apporté l'âge d'or en Corse; l'abondance et la paix y auraient régné pendant quelque temps.

y voit sont de construction romane (a); qu'une partie de la cathédrale dite la *Canonica* était de style gothique (b); que les deux niches qui existent en face de la Canonica ne sont que les restes d'une fontaine ; et comme les Grecs du Bas-Empire avaient coutume de bâtir des fontaines tout près des églises (c), ce monument (la Canonica) appartenait au style du Bas-Empire.

Quant aux deux niches susdites, elles ne sont pas les restes d'une fontaine, mais d'un établissement de bains (d), car en creusant dans ces derniers temps le canal qui porte les eaux du Golo dans l'étang de Chiurlino, on a touché à ces ruines, et on a découvert des étuves, un beau pavé et des ustensiles appartenant aux bains. Les deux églises qui sont les plus remarquables parmi ces ruines appartiennent au style pisan, et leur construction ne date que du xɪɪᵉ ou xɪɪɪᵉ siècle.

Les églises qu'on pourrait classer comme appartenant à la même époque sont : Sainte-Marie de Saint-Florent, Sainte-Marie de Lota, Saint-Michel de Murato, Saint-Nicolas et Sainte-Césarée de Murato, la Trinité d'Aregno, Saint-Jean de Paomia, Saint-Quilico et Saint-Jean-Baptiste de Carbini, et enfin une foule de petites églises qu'on rencontre dans l'intérieur de l'île, toutes ou presque toutes existant de nos jours dans des lieux inhabités. Tous ceux qui ont parcouru le territoire de l'ancienne république de Pise ont pu remarquer plusieurs édifices religieux bâtis sur le même style que ceux qu'on voit en Corse.

La ville de Mariana n'existait plus lorsque les Pisans étaient maîtres de la Corse ; mais ces derniers ont peut-être voulu bâtir ces deux églises pour ramener la population, qui s'était réfugiée vers la montagne, et il est probable que les ruines modernes qu'on y voit encore aient appartenu à ceux qui s'étaient hasardés d'y bâtir leurs demeures ; mais le mauvais air et les fréquentes incursions des Sarrasins dans cette contrée auront rendu ces lieux inhabitables.

On voit dans l'église dite la *Canonica*, sous l'abside latérale du côté nord, un gros morceau d'une colonne antique de granit ; les colonnes qui décorent l'extérieur de l'abside de Saint-Perteo sont d'un fort beau style ancien, et de célèbres antiquaires nous assurent que ces colonnes ont appartenu à quelque temple des anciens Romains.

En parlant de l'eau qui alimentait la ville, on a dit que les piliers qu'on voit encore du côté de la rivière auraient pu appartenir à un aqueduc et non à un pont (e); on a supposé que le petit bâtiment carré qui fait partie de l'église de la Canonica, et qui est sans issue, pouvait être un réservoir d'eau pour les besoins des habitants de la ville, etc. Nous disons que tous ces raisonnements sont absurdes, et que tous ceux qui ont écrit sur cette matière n'ont pas visité les lieux. Les piliers que l'on voit appartenaient à un pont qui servait à traverser la rivière ; le petit carré incrusté de pierres de taille, de même que l'église, et que les paysans nomment le *Campanile* (clocher), n'était nullement un réservoir, et il contenait une ouverture à une certaine hauteur du sol; cette ouverture a disparu depuis qu'on a démoli cette partie du mur pour se servir des pierres et des briques.

Étant né dans ce pays, nous pouvons (autant que nos faibles connaissances nous le permettent) parler de la Mariana mieux que tous ceux qui l'ont visitée à vol d'oiseau. Nous avons vu dans le voisinage de ces ruines quelques restes de l'aqueduc qui de la montagne portait les eaux potables

(a) De Caumont.
(b) Pierangeli.
(c) Walkenaer et Fleury.
(d) Nous avons déjà dit quelques mots sur ces ruines, page 141.
(e) Robiquet.

Ce fut peut-être à cette époque que Diodore de Sicile vint en Corse et qu'il nous laissa un souvenir si flatteur et si précieux des mœurs et des habitudes de ces anciens insulaires. « Ces habitants, dit-il, observent entre eux
« les règles de la justice et de l'humanité, avec une grande exactitude, mieux
« que tous les autres barbares. Ils se nourrissent de miel, de lait, de viande
« et de fruits, que le pays leur fournit en abondance. Leurs brebis, dont cha-
« cune porte sa marque, vont paître librement dans la campagne, sans que
« personne les garde. Le même esprit d'équité les conduit dans toutes les
« rencontres de la vie. »

A côté de ce tableau, où tout sourit, ou tout abonde, et où rien ne manque au bonheur de l'homme de la nature, nous voyons un autre tableau sur le même sujet et fait à une époque peu éloignée de la première, où tout est tristesse, horreur, sauvagerie, brigandage!!! C'est Strabon qui l'a peint. Ce géographe, qui de Piombino ou des côtes des Maremmes Toscanes avait aperçu

dans cette ville, et dont personne n'a encore parlé. Ce même aqueduc a été découvert par un cantonnier en travaillant à la grande route qui va de Bastia à Ajaccio, et qui suivait la même direction que celui qu'on a découvert plus bas dans la plaine. Il faut savoir qu'à peu de distance de la grande route, et en ligne droite, où l'on a découvert les restes de cet aqueduc, il y a une source dite *Granaja*, qui donne de l'eau excellente et sert de nos jours à alimenter la population éparse dans cet endroit, quoique le volume d'eau qu'elle donne de nos jours soit très-faible.

En perçant récemment un chemin vicinal carrossable, qui du village de Lucciana s'embranche à la route impériale qui va à Bastia, etc., on découvre les restes d'un aqueduc romain dans le lieu dit *Quercio*. Sa direction était vers la plaine où existait la ville de la Mariana. Quant à ce fameux aqueduc romain que le village de Lucciana possède, et dont plusieurs écrivains ont parlé, nous l'ignorons; nous sommes né et avons vieilli dans ce village sans pouvoir le connaître.

Quant à ceux qui ont dit que les eaux du Golo sont bourbeuses et mauvaises (a), ils se sont bien trompés. Les eaux de cette rivière sont toujours claires, excepté dans les temps de grandes pluies. Ces eaux servent à alimenter presque tous ceux qui travaillent dans la plaine, non loin de ses rivages, pendant l'hiver et les premiers mois du printemps. Malheureusement plusieurs personnes qui fréquentent la plaine boivent de cette eau même pendant toute l'année. Dans certains endroits l'eau se filtrant sous le sable ou les cailloux, reparaît de nouveau sur les bords en formant de petites sources qu'on appelle *bollari*. C'est là qu'on puise de l'eau potable. Nous parlons sciemment de ces matières, car nous avons passé nos plus beaux jours sur ces rivages, et nous nous sommes désaltéré mille fois dans les eaux du Golo.

On parle des médailles antiques découvertes sur divers points de l'île. Si nous avions ramassé tous les objets trouvés dans la Mariana, nous aurions pu former un musée d'antiquités. — Nous avons vu et même possédé des médailles romaines depuis Tibère jusqu'aux derniers empereurs romains, et même quelques-unes du Bas-Empire. Quelques-unes nous sont restées inconnues. — Elles pourraient appartenir à une époque plus reculée, mais nous ne pouvons porter ici aucun jugement.

(a) Dans la plaine.

ce rocher noir, battu par les flots de la Méditerranée, n'osa pas s'en approcher, comme son prédécesseur Diodore ; mais de ce point il ébaucha son tableau avec les couleurs les plus sombres.

« Le terrain de cette île, dit-il, est âpre, les habitants vivent de brigandage
« et ils sont plus sauvages que les bêtes mêmes. Toutes les fois qu'un général
« romain s'avance dans l'intérieur de l'île pour leur faire la guerre, et réussit
« à surprendre quelque fort, il en amène une certaine quantité d'esclaves.
« C'est un spectacle singulier que de voir leur férocité et leur triste stupidité ;
« ou ils dédaignent de vivre, ou ils restent dans une insensibilité absolue. Ils
« fatiguent leurs maîtres et font regretter la somme, quelque petite qu'elle
« soit, qu'ils ont coûté. »

Plusieurs auteurs ont tâché de concilier les assertions si opposées des deux célèbres écrivains : ils ont dit que Diodore de Sicile avait visité la Corse en temps de paix, et que Strabon l'avait peinte lorsque ces insulaires étaient en guerre avec les Romains, et les notes de ce dernier : *Montana colentes*, seraient une preuve évidente que les montagnards de la Corse n'étaient pas encore soumis du temps des Césars.

Quant à la férocité, à la tristesse et au dédain de la vie des esclaves corses, on n'a pas besoin de commentaire, pour aisément les comprendre. Ces montagnards, qui combattaient sans cesse pour défendre leurs pénates et leur indépendance, dédaignaient cet état d'avilissement, et c'étaient eux-mêmes qui ne voulaient pas des Romains pour leurs maîtres. Oh ! qu'il devait être honteux pour les habitants de nos montagnes, de se voir enchaînés et vendus comme des bêtes sur les marchés de Rome ! Ces affreux regards, cette féroce stupidité, ce dédain pour la vie, étaient naturels chez des hommes nés indépendants et heureux d'errer libres parmi leurs immenses forêts, d'aspirer les parfums de leurs plantes aromatiques, de grimper sur les sommets de leurs hautes montagnes, pour respirer cette liberté si chère à l'homme de la nature dont l'égoïsme n'a pas encore desséché le cœur !!! Le vrai montagnard de la Corse est resté à peu près le même, il préfère toujours la mort à l'esclavage, et l'honnête étranger qui s'assied à son foyer domestique, trouve toujours tout ce que Diodore de Sicile a écrit, il y a près de deux mille ans.

CHAPITRE III

DE 700 DE ROME (53 ANS AV. J. C.) JUSQU'A 800 DE J. C.

État prospère de la Corse. — Rome envahie par la corruption. — L'Empire romain est partagé par les triumvirs. — La Corse tombe en partage à Octavien. — Sextus Pompée s'empare de cette île. — Ménas, lieutenant de Sextus Pompée, abandonne le parti de ce dernier et livre la Corse à Octavien (713 de Rome). — César Octavien nommé empereur. — L'empereur Claude exile en Corse Sénèque le philosophe (43 de J. C.). — Tableau horrible de la Corse fait par Sénèque, et ce philosophe écrivant son traité : *De Consolatione* sur les rochers du cap Corse (46 de J. C.). — Vitellius et Othon se disputent l'empire (69 de J. C.). — La Corse se déclare pour Othon. — Marcus Pacarius force les Corses à embrasser le parti de Vitellius et fait mourir deux personnages romains du parti d'Othon. — Les Corses se révoltent, massacrent Marcus Pacarius avec une partie de ses adhérents. — Introduction du christianisme. — Martyre de sainte Dévota (204 environ de J. C.). — Division de l'empire romain (372). — La Corse fait partie de l'Empire d'Occident. — Les Barbares inondent l'Italie. — Genseric, roi des Vandales, s'empare de la Corse (457 de J. C.). — Martyre de sainte Julie à Nonza. — Marcellin, général de l'empereur Léon, chasse les Vandales de la Corse (458). — Les Vandales reprennent cette île après la mort de Marcellin (460-463). — L'Aneric, roi des Vandales, relègue en Corse les évêques catholiques d'Afrique et les condamne à couper les forêts (469). — Dessin représentant ces évêques dans les forêts de la Corse. — Cyrille, lieutenant de Bélisaire, chasse les Vandales de la Corse (534). — Les Goths, sous Totila, leur roi, s'emparent de cette île (551). — Ces derniers sont chassés par les Grecs du Bas-Empire (553). — Les Lombards envahissent l'Italie (582). — Les Corses, réduits aux misères les plus affreuses, se réfugient chez les Lombards et leur vendent leurs enfants pour payer les impôts. — Saint Grégoire le Grand s'émeut à cette nouvelle. — Les Lombards débarquent en Corse, y font des ravages et détruisent de fond en comble la ville de Tomile (58.). — Les Sarrasins, en 720, débarquent en Sardaigne ; ils sont harcelés par les Sardes et les Corses. — Les Sarrasins font une descente en Provence. — Quelque temps après, ils débarquent en Corse. — Ils sont chassés de cette île. — Pépin fait donation de la Corse à l'Église (754). — Charlemagne confirme cette donation. — La Corse reste sous la protection de l'empereur (800).

Les mœurs dans Rome avaient sensiblement changé ; les richesses avaient apporté l'orgueil et la vanité ; les patriciens étaient devenus insupportables avec leur faste et leur insolence. Les plébéiens, corrompus, se laissaient entraîner par l'appât de l'or : de là prirent naissance les guerres civiles ; Rome, devenue le théâtre des factions, fut dévastée tantôt par un parti, tantôt par l'autre. Cette convulsion contagieuse des partis envahit bientôt toute l'Italie ; la Corse, comme toutes les autres îles de la Méditerranée, subit le même sort.

Le gouvernement républicain changea d'aspect sous la domination de Jules César : la Corse elle-même, qui jouissait d'une certaine liberté, perdit sous sa dictature, comme le reste des États romains, le droit de s'administrer elle-même; on y envoya un préteur ou un préside, qui représentait le chef du gouvernement.

Après que Jules César fut tombé sous les poignards de Brutus et de Cassius, la Corse échut en partage au triumvir Octavien. Ménas, qui commandait l'armée navale de Sextus Pompée, s'en empara bientôt; et comme cette île renfermait des forêts immenses, le fils du grand Pompée en profita pour construire des flottes formidables, avec lesquelles il fit mettre le blocus devant tous les ports de l'Italie.

Les triumvirs, poussés par le mécontentement du peuple qui souffrait la misère, sentirent la nécessité de traiter avec un homme qui se rendait redoutable, et, à la suite d'une entrevue qui eut lieu à Micène, ils abandonnèrent, après de longs débats, à Sextus Pompée, la Sicile, la Corse, la Sardaigne et une partie de la Grèce, sous la condition d'envoyer un tribut annuel en blé à Rome. Sextus Pompée, ayant fixé sa résidence en Sicile, donna l'administration de la Corse et de la Sardaigne à Ménas. Ce dernier ne tarda pas à se rendre odieux dans ces îles par ses exactions. Les insulaires se plaignirent amèrement à Sextus Pompée; celui-ci demanda impérieusement compte à Ménas de son administration; mais ce dernier chercha son salut dans la trahison, en livrant à Octavien la Sardaigne, la Corse, une flotte de soixante vaisseaux de guerre et trois légions de soldats (715 de Rome) (1).

Sextus Pompée en fut affecté et se plaignit de la perfidie de Ménas en demandant à Octavien la restitution des deux îles. Le triumvir chercha des subterfuges et reprocha à Sextus Pompée d'avoir lui-même, le premier, violé le traité de Micène (2), en infestant la mer de ses flottes. Alors on eut recours aux armes, et un combat naval eut lieu dans la mer de Sicile, où la victoire se prononça pour Octavien. La Corse, ayant passé sous la domination des triumvirs, dut subir le sort du reste de l'empire romain.

Quelque temps après survint la rupture entre les triumvirs, et la bataille d'Actium assura la souveraineté à Octavien, qui changea la république en

---

(1) Si receptus fidem obtinuisset, Sardiniam Corsicamque, cum tribus legionibus, sexaginta navibus et multis amicis suis. APPIAN., *Cic.*, liv. 5.

(2) Appian., *ibid.*

monarchie, en accordant, toutefois, des priviléges au Sénat et au peuple. A César Octavien succéda Tibère, qui se montra plus despote et plus tyran envers le peuple; Caligula fut son successeur, et enfin Claude le Débonnaire monta sur le trône de ce vaste empire.

A côté de Claude régnait alors une femme nommée Messaline, dont les débauches sont devenues trop notoires. Cette femme, jalouse de Livilla, sœur de Caligula, accusa cette princesse d'avoir des relations avec Sénèque et fit éloigner ce philosophe de la cour en l'exilant dans l'île de Corse.

Sénèque endura son exil pendant environ six ans; mais habitué aux aisances, aux débauches et aux intrigues de la cour, il ne pouvait pas se faire à la triste existence à laquelle il était condamné. C fut sur les rochers du cap Corse (1), croit-on, qu'il fut exilé, et ce fut là qu'il écrivit son traité *De Consolatione*, adressé à Polybe et à sa mère Helvia. Sénèque se plaint amèrement dans ses écrits du climat de la Corse, et peint avec les plus sombres couleurs l'état physique de cette île. On voit clairement que Sénèque fit cet horrible et sauvage tableau du lieu de son exil pour toucher le cœur de quelque haut personnage, afin qu'il s'intéressât à lui pour solliciter son pardon auprès de l'empereur.

(1) Les ruines de la tour qui porte le nom de Sénèque sont situées sur le sommet de la montagne au-dessus de Luri. Ces ruines s'élèvent sur un rocher à pic, mais du côté ouest l'accès est très-facile. La construction de cette tour n'a rien du style romain, elle est plus moderne, et elle avait plutôt l'aspect d'une vedette que d'un lieu de demeure. Cependant ces ruines portent depuis un temps immémorial le nom de tour de Sénèque, et les villages des environs formaient un canton qui était connu jusqu'à nos jours sous le nom de *canton de Sénèque*.

Une autre tour, qui porte le même nom, existe non loin de la mer, entre les communes de Sisco et de Pietra-Corbara, où, dit-on, ce philosophe passait la saison d'hiver. Ce sont des dit-on et des traditions, mais si les faits avaient pu se vérifier, Sénèque aurait calomnié la Corse et aurait grandement menti. La vallée de Luri, dominée par la tour qui porte le nom de tour de Sénèque, est une des plus belles et des plus fertiles de la Corse, et la plaine d'Ampuglia, ainsi que les collines au-dessus, où sont situées les communes de Pietra-Corbara et Sisco, sont toutes boisées et susceptibles de toutes sortes de productions.

Quant à ce fameux distique: *Prima est ulcisci lex*, etc., on dit que Sénèque, dont les mœurs laissaient beaucoup à désirer, ayant attenté à la pudeur des femmes corses, fut pris, mis à nu et fustigé avec des orties par les habitants. Il se vengea de cet affront en composant ce distique sur la sauvagerie des mœurs de ces insulaires.

Tout ce que nous venons de dire est tiré des traditions qui existent parmi les habitants du cap Corse. Quelques-uns de nos historiens nationaux prétendent que Sénèque n'est pas l'auteur ni de l'épigramme: *Barbara præruptis*, etc., ni du distique: *Prima est ulcisci lex*, etc.; car, dans les premières éditions des écrits de ce philosophe, il n'existe rien de tout cela; mais que c'est l'ouvrage de quelque auteur génois qui a voulu décrier la Corse en y joignant ces diatribes. Voici une de ces épigrammes dans laquelle Sénèque se plaint de la chaleur excessive à laquelle l'île

Après la mort tragique de Messaline, l'empereur Claude épousa Agrippine, qui avait été mariée à Domitius Enobardus, et avec lequel elle eut un fils du nom de Néron. Agrippine rappela Sénèque de l'exil et le donna pour précepteur à son fils. Néron succéda bientôt à Claude, mort assassiné.

Ce monstre souilla sa vie et son règne des plus odieux forfaits. Après avoir fait mourir sa mère et Sénèque, son maître, après avoir dévasté et incendié la ville de Rome, déclaré ennemi du peuple par le Sénat, il eut le triste courage de se suicider. Galba, pauvre vieillard, lui succéda; mais lui aussi ne tarda pas à être massacré par la soldatesque effrénée.

Deux généraux se disputèrent alors l'empire : Othon et Vitellius. Le premier était appuyé par le Sénat et par le peuple d'Italie; Vitellius était soutenu par une grande partie de l'armée et par les peuples de la Germanie. La Corse se déclara pour Othon (1); mais Marcus Pacarius, procurateur dans cette île, partisan de Vitellius, s'efforça d'entraîner les insulaires en faveur de ce concurrent. Claude Phiricus, commandant les forces navales (2), et

est exposée pendant l'été; cependant Sénèque était espagnol, et sa patrie n'était pas moins exposée aux rayons du soleil que la Corse :

> Corsica Phoceo tellus habitata colono,
>   Corsica quæ Grajo nomine Cyrnus eras;
> Corsica Sardinea brevior, porrectior Ilva;
>   Corsica piscosis pervia fluminibus;
> Corsica terribilis cum primum incanduit æstas,
>   Sævior ostendit cum ferus ora canis,
> Parce relegatis, hoc est jam parce sepultis;
>   Vivorum cineri sit tua terra levis.

Voici la seconde épigramme, que quelques auteurs nationaux prétendent être l'ouvrage des Génois, ne se trouvant pas dans les premières éditions des écrits de Sénèque :

> Barbara præruptis inclusa est Corsica saxis;
>   Horrid, deserta undique via locis.
> Non poma Autumnus, segetes non educat æstas,
>   Canaque Palladio munera bruma caret.
> Umbrarum nullo ver est lethabile fœtu,
>   Nullaque in infelici nascitur herba solo:
> Non panis, non haustus aquæ, non ultimus ignis.
>   Hic sola hæc duo sunt, exul et exilium.

(1) Corsicam ac Sardiniam, cæterasque proximi maris insulas, in partibus Othonis tenuit. TACIT., *Hist.*, 123.

(2) Namque, Othonis odio, juravere Vitellium Corsorum viribus Pacarius statuit. Vocatis principibus insulæ, consilium aperuit. Et contradicere ausos Claudium Phiricum trierarchum Liburni-

Quintius Cestius, chevalier romain, combattirent les prétentions de Marcus Pacarius. Ce dernier fit mourir ses antagonistes et réussit un instant à ramener les insulaires à son parti. Il essaya aussitôt d'organiser un corps de milices corses, mais une grande partie d'entre elles ne pouvant supporter ce chef, et encouragées d'ailleurs par les partisans secrets d'Othon, s'insurgèrent, et ayant pénétré dans la demeure de Marcus Pacarius, le trouvèrent dans le bain, où elles le massacrèrent; une grande partie de ses adhérents subit le même sort (1).

La guerre civile dura environ deux ans; pendant cette période, les mœurs en Italie étaient parvenues à un relâchement abominable; les concurrents à l'empire ne purent, ni l'un ni l'autre, arriver à un résultat définitif; ils périrent dans ces terribles vicissitudes, et Flavius Vespasien fut élu empereur des Romains (70 de Jésus-Christ).

Titus, son fils, lui succéda; Titus, appelé les Délices du genre humain, ne régna pas longtemps. Ce fut à lui que le ciel réserva l'accomplissement des prophéties de Jérémie. Jérusalem fut détruite, son peuple fut en partie massacré, et le reste amené en esclavage ou dispersé sur toute la surface de la terre.

Mais déjà, dans cette contrée de l'Asie, le grand phénomène annoncé par les sybilles et les prophètes avait fait son apparition; le Christ vint annoncer son règne; il eut des disciples pauvres et ignorants; les doctes et les grands le persécutèrent et le firent périr de la mort des méchants. Ses disciples se dispersèrent dans tout l'empire romain, annonçant la parole de leur maître; ils furent persécutés, martyrisés, mais les tourments et les supplices auxquels on les soumettait, au lieu de les éteindre, ne firent qu'en augmenter le nombre, ce qui fit craindre un bouleversement dans la société entière.

Dans cet intervalle, l'Evangile avait pénétré dans l'île de Corse, mais on ne peut pas préciser l'époque; on croit qu'il y fut introduit par ceux qui, fuyant la persécution des idolâtres, s'étaient réfugiés dans cette île. Quelques-uns ont dit que saint Paul y débarqua lui-même et qu'il y répandit les lumières de la sainte doctrine; mais il n'existe aucune preuve certaine sur laquelle on puisse s'appuyer. Si l'auteur des Actes des Apôtres avait visité

---

carum ibi navium, ac Quintium Cestium equitem romanum interfici jubet. Quorum morte exterriti qui aderant, simul ignara, et alieni metus socia imperitorum turba, in verba Vitellii juravere. Tacit., *Hist.*, 2.

(1) Digressis qui Pacarium frequentabant, nudus et auxiliis inops balneis interficitur. Trucidati et comites. Tacit., *Ibid.*

la Corse, il en aurait fait mention, comme il a fait pour toutes les parties du continent et des îles qu'il a parcourues.

Quoi qu'il en soit, il est certain que le christianisme a dû s'introduire en Corse dans le premier siècle de l'ère, et nous croyons que cette île a eu ses héros et ses martyrs, qui ont combattu pour leur foi et qui ont arrosé de leur sang le sol natal. Toutefois, les noms de deux héroïnes de la foi sont parvenus jusqu'à nous. Nous reproduisons dans notre ouvrage les dessins qui représentent leur martyre, et en même temps nous transcrivons leurs légendes et leurs biographies.

Sainte Dévota, selon la tradition existant depuis des siècles parmi nous, serait née tout près de la ville de Mariana, et elle aurait subi son martyre dans cette ville sous les empereurs Dioclétien et Maximien, dont nous parlerons bientôt (203 de J.-C.). On désigne même le nom de son village, *Quercus*, Quercio de nos jours. En effet, dans cet endroit, qui est maintenant couvert de vignobles, on trouve souvent, en fouillant la terre, des témoignages irrécusables qui attestent l'agglomération d'une population dans ce lieu du temps des anciens Romains.

Sainte Julie, que les Bollandistes font naître à Carthage, en Afrique, mais à laquelle quelques chroniqueurs et historiens nationaux assignent la Corse même pour lieu de sa naissance, subit son martyre à Nonza (*Castro Nuntiæ*), dans le cap Corse, lorsque les Vandales envahirent cette île (en 470 environ de J.-C.).

Nous allons d'abord rapporter littéralement la traduction d'un manuscrit tiré, dit-on, de l'ancien code, qui se conserve dans la bibliothèque du couvent de Saint-Ponce, à Nice, sur le martyre de sainte Dévota (1) :

MARTYRE DE SAINTE DÉVOTA.

« Lorsque les empereurs Dioclétien et Maximien régnaient à Rome, il y avait une jeune fille dans l'île de Corse appelée Dévota, ornée des plus grandes vertus. Elle était chrétienne dès sa plus tendre enfance. Or, ayant appris que le nouveau gouverneur de l'île allait débarquer sous peu de jours à la Mariana, pour renouveler la persécution contre les chrétiens, pour se dérober à sa fureur, elle se réfugia chez un certain Eutichés, qui était un personnage dans

---

(1) L'Église a mis la Corse sous le patronage de sainte Julie et de sainte Dévota.

cette ville. Douée d'une piété surnaturelle, instruite des saintes Écritures, cette bienheureuse fille passait les jours et les nuits à prier et à chanter les louanges et les gloires de son Dieu. Elle matait son corps par des jeûnes et par des abstinences continuelles, et, toujours attachée aux maximes de l'Évangile, elle était persuadée qu'il n'y a d'heureux que ceux qui ont faim et soif de la justice : *Beati qui esuriunt et sitiunt*, etc.

« Cependant Eutichés, lui voyant pratiquer de si grandes austérités, lui dit un jour : « Pourquoi, ma fille, te tourmentes-tu et épuises ainsi ton corps ? — Je n'épuise pas mon corps, lui répondit Dévota, mais je le soumets à l'esprit et je m'abstiens de certaines viandes qui engendrent la mort ; je rassasie mon âme d'une nourriture céleste et délicieuse que la main bienfaisante de mon Dieu me fournit tous les jours. »

« Eutichés ne sait plus rien ajouter à ces paroles : ébloui du visage rayonnant de la sainte fille, il est dans l'étonnement et il est saisi d'une certaine crainte qui le remplit pour elle de vénération et de respect.

« Cependant le gouverneur ne tarda pas à paraître dans l'île ; il voulut marquer son installation par un sacrifice à ses dieux, et il convia les plus grands dignitaires de la ville. Eutichés était de ce nombre ; Dévota ayant appris tout cela, fut saisie de tristesse, mais elle ne se découragea pas.

« En attendant, les Gentils se réunissent pour se livrer aux jeux et aux orgies les plus révoltantes et le gouverneur entretient les spectateurs sur la mission qu'il a contre les adorateurs du Christ. Alors on l'instruit qu'il y avait chez Eutichés une jeune personne de cette secte, qui méprisait les dieux de l'empire. Le gouverneur, s'adressant à Eutichés, lui demanda si cela était vrai ; celui-ci répondit affirmativement, et que c'était sans fruit qu'il s'était employé à lui faire abjurer ses croyances. Alors le gouverneur lui ordonne de lui amener la jeune fille, car il veut qu'elle offre à l'instant même de l'encens et des prières aux dieux. Eutichés refuse d'obéir ; or ce personnage était très-honoré et jouissait d'un grand crédit dans la ville, et le gouverneur n'osait pas l'insulter publiquement ; mais, sentant blessé son amour-propre, il veut s'en venger, aussi le fait-il assassiner secrètement.

« Ce meurtre consommé, il ordonne qu'on arrache Dévota de la maison de son malheureux hôte et qu'on la traîne devant son tribunal. Cet ordre sanguinaire est exécuté sur-le-champ, et la sainte y paraît toute joyeuse, chantant les louanges de son Dieu et répétant sans relâche ces paroles du prophète: *Deus, in adjutorium meum intende ! Domine, ad adjuvandum me festina !*

« Le gouverneur lui ordonne de se prosterner et d'adorer les idoles. Elle lui répond : *J'adore* un seul et vrai Dieu, et je ne prostituerai jamais mes hommages à des dieux de pierre, d'airain et de bois, qui, ressemblant aux hommes, ont des yeux et ne voient pas, ont une bouche et ne parlent pas..... Elle n'avait pas encore achevé d'articuler ces mots, que le gouverneur lui dit brusquement : Pourquoi, sacrilége, blasphèmes-tu ainsi les dieux? et il ordonne incontinent qu'on la frappe avec une pierre sur la bouche. Il ne s'arrête pas là, le cruel gouverneur; il ordonne ensuite qu'on attache Dévota mains et pieds liés, qu'on la frappe impitoyablement jusqu'à lui briser les os.

« L'héroïque vierge s'écriait dans ses tourments : Je vous remercie, mon Dieu, de ce que vous daignez m'honorer de la couronne du martyre ! Et poursuivant chaleureusement la prière, elle disait : Dieu des vertus ! vous qui êtes le scrutateur des cœurs, vous qui avez dit : « Soit; et tout a été fait, » écoutez la voix de votre servante! Recevez, mon Dieu, parmi vos élus votre serviteur Eutichés, que le cruel gouverneur a fait mourir pour moi ! Le perfide, à ces mots, frémit de colère et ordonne que Dévota soit suspendue au chevalet. Pendant qu'on lui faisait endurer ce supplice, elle s'écriait avec un visage riant : Seigneur Jésus-Christ, mon Dieu, recevez mon âme ! Elle dit, et une voix retentit d'en haut et lui répond : « Dévota, tes prières sont exaucées. »

« Dans cet instant on voit une colombe voltiger autour de la martyre, et puis prendre son essor vers les astres; elle a achevé son triomphe. Ce miracle effraye le tyran, qui, dans son trouble, ordonne qu'on dresse un bûcher pour y faire brûler le lendemain le corps de la jeune héroïne. Or, en ce temps de persécutions, les confesseurs de la foi vivaient en Corse cachés dans des cavernes. Le prêtre Bénenatus, savoyard, et le diacre Appollinaire étaient de ce nombre, tous deux furent avertis dans une vision de se lever et d'aller enlever le corps de la sainte et de le déposer ailleurs. A cet objet, ils s'entendent avec le pilote Gracien et avec plusieurs vierges, et dans la nuit ils vont soustraire le corps de la martyre et l'emportent dans un navire, et après l'avoir parfumé avec des aromates, on fait voile vers l'Afrique. Mais on est forcé, à cause du vent contraire, de virer de bord et de se diriger vers le nord de l'île. Le navire, poussé par le courant, se trouva à sec sur un banc de sable, et il faisait eau. On travailla toute la nuit sans pouvoir reprendre la mer. Le pilote Gratien, harassé de fatigue, se sentait défaillir. Il tombait de sommeil, quand il dit au saint prêtre Benenatus : Levez-vous, monsieur, et venez prendre ma place, j'ai besoin de me reposer un instant. A peine s'est-il endormi, qu'une main invisible vint le frapper doucement sur l'épaule, et lui dit : « Levez-vous, Gratien, la tempête s'est apaisée, vous aurez la mer tranquille, et votre navire désormais ne fera plus eau. Cependant, soyez attentif, et lorsque vous verrez sortir une colombe de ma bouche, vous la suivrez des yeux; elle s'arrêtera sur un endroit appelé *Monachon* : car c'est là que vous devez inhumer mon corps. » Gratien s'éveille en sursaut et raconte à ses compagnons ce que la sainte lui avait révélé, et la suite leur apprit que ce n'était pas là un vain rêve, mais une véritable vision. Leur traversée fut heureuse et la colombe de Dévota alla se reposer dans une fertile vallée, tout près de Monachon, appelée *Gannates*.

« Il y avait dans le temps une église dédiée à saint Georges dans ce lieu; ce fut près de là qu'on déposa le corps de la sainte martyre (1). »

Tibère, qui avait, comme nous l'avons dit, concentré en lui toute l'autorité, avait rendu le Sénat impuissant et dépouillé le peuple romain de ses priviléges; cependant il paraît que les lois municipales étaient toujours en vigueur dans les provinces et paralysaient souvent le despotisme central. L'Empereur Adrien créa un nouveau mode d'administration; il donna le dernier coup aux libertés italiennes, et changea les attributions des magistrats envoyés dans les provinces, dont les plus importantes étaient gouvernées par des personnes qui avaient les titres de *Consulaires*, les secondes, de *Correcteurs* et les troisièmes de *Présides*. La Corse fut comprise dans la troisième catégorie: elle eut un Président pour la gouverner. Ces magistrats jouissaient d'un pouvoir immense, plusieurs d'entre eux en abusèrent en sortant de leurs limites, et causèrent un grand mécontentement dans les provinces.

Dioclétien étant monté sur le trône, voulut s'associer son ami Maximien, et partagea l'empire avec lui: la Corse passa sous la domination de Dioclétien. La résolution de ce dernier produisit l'affaissement de l'empire romain.

Après la mort de ces deux empereurs, plusieurs prétendants se disputèrent la couronne et allumèrent la guerre civile. Chaque prétendant accordait à ses soldats des licences illimitées, et leur promettait de grandes récompenses pour les entraîner à combattre et pour atteindre son but. Dans cette période les mœurs du peuple romain étaient arrivées au comble de la dépravation. Les tributs étaient intolérables, les campagnes fertiles, dévastées par des brigands, étaient devenues désertes ; la discipline militaire était méconnue, et

(1) Le corps de cette sainte martyre est toujours à Monaco, près de Nice, où il est en grande vénération.

l'amour de la patrie avait disparu pour faire place à la cupidité et à l'égoïsme.

Mexence ayant trouvé la mort au pont Milvius, en combattant contre Constantin, ce dernier, libre de tout antagoniste, monta seul sur le trône (en 312). Ce monarque voulut établir deux siéges dans son gouvernement : l'un dans l'ancienne capitale et l'autre à Bysance (Constantinople). Ce partage accéléra la chute de Rome et même de tout l'empire. La grande étendue territoriale de l'empire avait obligé les princes romains à confier la garde des frontières à des Barbares. Ainsi, les Huns, les Goths, les Francs, les Vandales, etc., apprirent la discipline militaire, et, s'étant révoltés, parvinrent à triompher de leurs maîtres dégénérés.

L'empereur Valens admit les Goths dans ses états et leur assigna des terres dans la Basse-Mésie (372); mais ceux-ci se voyant chargés d'impôts exorbitants, se révoltèrent; plusieurs généraux romains furent vaincus et l'empereur Valens perdit lui-même la vie à Andrinople (1). Théodose le Grand chercha à s'entendre avec les Barbares, mais toutes les concessions que leur accorda ce monarque ne produisirent que des effets funestes. Radagasie, à la tête des hordes barbares, envahit l'Italie. Stilicon, Vandale d'origine, tuteur et général d'Honorius, repoussa pour un instant ces invasions. L'empereur Honorius ayant fait mourir le redoutable Stilicon en 408, Alaric, roi des Goths, entra en Italie et marcha sur Rome (410). L'empereur Honorius épouvanté prit la fuite et se réfugia dans Ravenne, et ne rentra dans Rome qu'après la mort d'Alaric (412); mais déjà un effroi irrésistible avait gagné toute la péninsule Italique, et des milliers de familles cherchaient un refuge dans les îles de Sardaigne, Sicile, Corse, Elbe, Capraja, Gorgona, etc., où elles croient être à l'abri des attaques des hordes barbares, qui ne possédaient pas encore de flottes. L'empereur Valentinien II marcha à la tête de l'armée contre les Francs; il les défit, mais le traître Arbogaste l'assassina à Vienne, (en Gaule).

Valentinien III, après avoir lâchement assassiné Aétius, le soutien de l'empire, fut à son tour assassiné par Petrone Maxime, dont il avait outragé la femme. Petrone Maxime s'étant emparé du trône, força Eudoxie, veuve de Valentinien III, à se marier avec lui; mais Eudoxie, pour se venger, appela en Italie Genséric, roi des Vandales. Petrone Maxime fut lapidé par le peuple romain (456). Genséric, maître de la ville de Rome, songe à conquérir toute

---

(1) Procop., *De Bello Vandalorum*. — Victor Utic.

l'Italie. Il marche avec des forces formidables pour s'emparer de l'île de Sicile, mais cette île, défendue par le vaillant Marcellin, fils d'Aëtius, résiste aux efforts des Vandales. Genséric fit alors voile vers la Sardaigne et la Corse, et réussit à s'emparer des deux îles (457) (1).

Avitus, qui avait succédé à Petrone Maxime dans l'empire, dirigea une expédition sur la Corse, commandée par Ricimère, Goth de nation. Ce général chassa les Vandales de la Corse, mais après son retour il renversa Avitus du trône et se proclama protecteur de l'Italie. Plus tard il demanda à Léon, empereur d'Orient, un successeur à l'empire d'Occident, Avitus étant mort en exil. Le choix de Léon tomba sur Antémius, homme d'un grand mérite. Ce dernier, pour gagner l'amitié de Ricimère, épouse sa fille. Cette alliance ne produisit pas une longue entente cordiale, la bonne harmonie fut interrompue, et la guerre civile ensanglanta l'Italie. La Corse resta sous la domination de Ricimère. Antémius, assiégé dans Rome, périt noyé dans le Tibre.

Pendant que l'anarchie désolait l'Italie, Genséric, qui avait fondé son royaume en Afrique, fit une expédition dans les îles de Sardaigne et de Corse dont il s'empara facilement; mais cette possession fut de courte durée, le vaillant Marcellin, qui commandait en Sicile, fut envoyé par Léon, empereur d'Orient, avec des forces imposantes, pour chasser des deux îles les Vandales. Son entreprise fut couronnée du plus grand succès (462). Le célèbre Marcellin ayant péri dans une expédition malheureuse en Afrique, où il commandait les flottes réunies des deux empereurs, Genséric, délivré de ce redoutable guerrier, reconquit la Corse (469).

Les Vandales avaient embrassé l'Arianisme; il paraît que dans le commencement de leur conversion ils s'étaient montrés tolérants; mais plus tard, ils se firent les persécuteurs les plus acharnés des catholiques et commirent toutes sortes d'atrocités (2).

Ce fut pendant ces cruelles persécutions que sainte Julie reçut la couronne du martyre dans l'île de Corse.

MARTYRE DE SAINTE JULIE.

Plusieurs auteurs ont écrit sur la vie et sur le martyre de sainte Julie. Nous les avons tous consultés, et c'est à regret que nous voyons qu'ils ne

---

(1) Ces barbares commirent de grands ravages dans ces deux îles.
(2) Victor Uticens. *De Persecut. Vandal.*, lib. I. — Baron., *Annal.*, ad an. 470.

LES ESCLAVES CORSES SUR LE MARCHÉ DE ROME

LES ROMAINS NE VOULAIENT PAS DES CORSES POUR ESCLAVES. (Strab.)
NON, C'ÉTAIENT LES CORSES QUI NE VOULAIENT PAS DES ROMAINS POUR LEURS MAÎTRES

SÉNÈQUE ÉCRIVANT SON TRAITÉ DE LA CONSOLATION SUR LES ROCHERS DU CAP CORSE

LES ÉVÊQUES D'AFRIQUE CONDAMNÉS PAR UNNERIC, ROI DES VANDALES, A COUPER LES BOIS DANS L'ILE DE CORSE

sont guère d'accord dans leurs récits. Quelques-uns de ces écrivains font naître notre sainte dans la ville de Carthage, en Afrique, et disent que lorsque les Vandales inondèrent cette contrée, Julie fut prise et vendue à un négociant nommé Eusèbe; selon eux, celui-ci, après avoir chargé son navire de marchandises et de productions du pays, se dirigea vers les côtes de la Provence, en Gaule; mais les vents contraires le poussèrent vers les rivages de la Corse, où il fut obligé de relâcher et où le patron du navire, ou bien le marchand qui avait acheté Julie, voulut faire des sacrifices en l'honneur des idoles. Julie, comme esclave, faisait partie de l'équipage, mais elle ne débarqua point et refusa constamment de prendre part à cette solennité. C'est alors que Félix, gouverneur de l'île, lui fit subir le martyre (1).

D'autres écrivains, sans nommer le maître de Julie, se bornent à dire que c'était un riche marchand de Syrie, qui, venant des bords de l'Asie-Mineure pour commercer dans les Gaules, fut obligé par les vents contraires à relâcher sur les côtes de la Corse, où il y débarqua pour offrir des sacrifices aux idoles, et que Julie, son esclave, n'ayant pas voulu adorer les dieux de son maître, fut incontinent condamnée à mort par le gouverneur, qui, dans cette circonstance, se trouvait à l'endroit même où l'on célébrait ces fêtes (2).

Cependant quelques chronologistes et historiens nationaux et étrangers rejettent les opinions des écrivains susmentionnés, et nous disent que sainte Julie est née en Corse et de parents corses, ou que du moins ses parents pouvaient être d'origine romaine, et avaient cherché un abri en Corse en fuyant la persécution des Barbares ou des ennemis de la foi chrétienne.

(1) On n'a pas de souvenir qu'il existât encore en Corse des païens du temps des Vandales, et qu'on sacrifiât aux idoles dans les temples: c'est dans l'île de Sardaigne que l'idolatrie s'est conservée, même longtemps après l'invasion de ces barbares, comme il résulte de la lettre écrite par saint Grégoire le Grand à l'impératrice, femme de Maurice, empereur d'Orient, où ce pontife se plaint des vexations qu'exerçaient les gouverneurs du Bas-Empire dans les deux îles de Sardaigne et de Corse.

Le Baronius, d'après Adonis, évêque de Trévi, nous dit que ce Félix, qui gouvernait alors la Corse, était Saxon, et qu'ayant demandé Julie à Eusèbe, celui-ci la lui refusa; alors le gouverneur l'ayant invité à un banquet et lui ayant échauffé la tête avec des liqueurs, put facilement la lui arracher des mains et lui faire subir le martyre.

(2) Giacobbi accuse les Génois d'avoir donné Carthage pour patrie à sainte Julie; et, s'appuyant sur ces mots de son martyrologe: *In Corsica natalis sanctæ Juliæ*, etc., il pense que sainte Julie était née en Corse et d'origine corse.

* Le jour dédié par le calendrier diocésain à sainte Julie est le 22 mai, et celui dédié à sainte Dévota, le 27 janvier.

Quelques-uns ont même écrit que sainte Julie avait été martyrisée longtemps avant la persécution des Vandales (1).

Pour ce qui regarde le martyre de sainte Julie, quelques écrivains, sans s'arrêter aux circonstances qui amenèrent en Corse ce navire du marchand syrien, ni aux fêtes du château de Nonza (castro Nuntiæ), pensent que le gouverneur de la Corse se trouva par hasard dans ce lieu pendant les tournées qu'il faisait dans l'île avec ses satellites, traitant partout comme des bêtes les confesseurs de Jésus-Christ.

Quelques auteurs anciens assurent (2) que ce fut en ce temps-là que plusieurs athlètes de la foi méritèrent dans ce pays l'auréole du martyre. Quant au supplice que l'on infligea à sainte Julie, les uns disent qu'on la suspendit à un arbre par les cheveux; d'autres qu'on l'y attacha par les mains, et c'est dans cette position que nous la trouvons peinte en miniature, par des moines, sur un parchemin, et que nous la reproduisons nous-même dans notre ouvrage.

Avant de lui donner la mort, on lui fit endurer (selon son martyrologe) les tourments les plus affreux. On la frappa de verges, on lui arracha le sein (3), on lui déchira les membres avec des ongles de fer, et enfin on l'attacha à une croix, où elle acheva glorieusement son triomphe. Son corps fut inhumé à Nonza, où il resta jusqu'au temps (selon certains auteurs) où les Sarra[...] envahirent la Corse. A cette époque, il fut enlevé et transporté, avec les reliques de plusieurs personnes mortes pour la foi de Jésus-Christ, dans l'île de Gorgona, et quelque temps après, le corps de sainte Julie fut transporté à Bresse (Brescia) par ordre de Didier, roi des Lombards, où la reine Anse, sa femme, avait fondé un monastère en l'honneur de cette sainte, et dans lequel on le conserve toujours en grande vénération.

Si nous devons croire d'autres écrivains, il résulterait que le corps de sainte Julie resta toujours en Corse, et que c'est de là qu'il fut transporté à Bresse (4).

(1) Salvator Vitali, Sarde d'origine, rapporte le martyre de sainte Julie sous le règne de Dioclétien et Maximien. Fiorentini réfute l'opinion de Vitali.

(2) Procope, *De Persecut. Vand.*; Victor Utic., *idem*; Salvius Massili, Baronius, etc.

(3) Les habitants de Nonza possèdent une belle fontaine dont les deux tuyaux, d'où les eaux jaillissent, représentent deux mamelles. La croyance des habitants est que sainte Julie a subi le martyre dans ce lieu.

(4) Selon l'évêque Sicardus, le corps de sainte Julie resta en Corse jusqu'en 773 de J. C. : « Misit devota regina nuntios solemnes et fide dignos ac devotos in insulam Corsicam, et manda-

Les Hérules, les plus perfides et les plus cruels parmi les Barbares, avaient, eux aussi, fait irruption dans l'empire romain. Odoacre, l'un des chefs de cette nation, se distingua pourtant par son génie et par sa sagesse; et s'étant créé un Etat en Italie, il y apporta la paix et le bien-être. Selon l'historien Victor d'Utique, il posséda de même la Corse, qui lui fut donnée en emphythéose par Genseric, roi des Vandales (1). Théodoric, roi des Goths, disputait à Odoacre la possession de cette belle contrée; ce dernier employa tous les moyens pour se procurer son alliance; mais Théodoric, quoique plusieurs écrivains l'aient peint comme juste, et qu'ils aient donné son gouvernement pour un modèle parfait, se montra néanmoins trop lâche et perfide en assassinant Odoacre. Après la mort de son redoutable adversaire, Théodoric régna en paix et mourut dans un âge très-avancé.

Les Vandales s'étaient créé un grand empire en Afrique, où ils avaient persécuté cruellement les catholiques. Genseric étant mort, Unneric, son fils, voulant se montrer plus conciliant dans les affaires de religion, convoqua un concile à Carthage, où se rendirent tous les évêques catholiques et ariens de l'Afrique. Après des débats longs et fort animés, aucun des deux partis ne voulut accorder la moindre concession à l'autre; et comme Unneric était arien, il se courrouça et relégua les évêques catholiques dans l'île de Corse, en les condamnant à couper les forêts pour la construction de ses vaisseaux. Unneric ne vécut pas longtemps, et son successeur, Gondebaud, rappela tous les évêques exilés et les rétablit dans l'exercice de leur religion (2).

Ilderic, fils d'Unneric et d'Eudoxie, fille de l'empereur Valentinien III, que Genseric avait amenée en esclavage lorsqu'il entra dans Rome, traita à son tour les catholiques avec douceur; mais il fut renversé du trône par Gélimer, son parent, et traîné dans un cachot, où il fut bientôt égorgé par ordre de ce même Gélimer. Ce dernier s'empara aussitôt du trône et marcha contre Bélisaire, général de l'empereur Justinien, qui était débarqué en Afrique pour venir en aide à Ilderic, allié de l'empereur d'Orient. Bélisaire s'étant emparé de Carthage, envoya Cyrille, vaillant officier de son armée, dans les îles de Sardaigne et de Corse pour en chasser les Vandales (3). Cette

« vit ut corpus beatissimæ martyris Juliæ cum omni sollicitudine deferretur ad monasterium quod
« ipsa construxerat, etc. » Sicardi, episc., *Chron.*; Muratori, *Rer. Ital.*, t. VIII.

(1) Victor Utic., *De Bello Vand.*
(2) Victor Utic., *idem.*
(3) Eidem Cyrillo jussit ut partem exercitus in Corsicam mitteret atque insulam ad Romanam ditionem a Vandalica revocaret. (Procop., *De Bello Vand.*).

expédition eut un succès complet, et ces Barbares, après une domination d'environ soixante-quinze ans, furent totalement chassés de la Corse (534). Bélisaire ayant défait et fait prisonnier Gélimer, s'empara aussitôt de toute la partie de l'Afrique soumise aux Vandales. Les îles de Sardaigne et de Corse passèrent sous la domination de l'empire d'Orient.

Théodoric, roi des Goths, avait fondé, comme nous avons dit, un empire indépendant en Italie; ses successeurs, Théodat et Vitigès, l'avaient presque perdu; mais Totila, qui leur succéda, entreprit de le rétablir.

La Corse, qui avait été ravagée, pillée et dévastée pendant la domination des Vandales, eut encore la douleur d'endurer de plus affreuses misères sous le gouvernement rapace et tyrannique des Grecs. Au bout de dix-huit ans de souffrances, Totila vint chasser les Grecs et s'empara des deux îles de Corse et de Sardaigne (1).

On a dit que les Goths se montrèrent plus humains, mais leur domination ne fut pas d'une longue durée. L'empereur Justinien ayant envoyé Narsès, son général, pour chasser les Goths de l'Italie, Totila fut vaincu sous les murs de Pavie et y perdit la vie. Teja, vaillant général des Goths, prit le commandement et continua la lutte avec acharnement; mais surpris à Nocera par Narsès, il fut battu et y perdit, lui aussi, la vie. Ainsi la puissance des Goths en Italie s'écroula, et les deux îles de Corse et de Sardaigne furent de nouveau soumises à l'empire d'Orient (551).

Les Corses, qui aimaient le gouvernement des Goths, se soumirent avec peine à la domination des Grecs du Bas-Empire; cependant tant que l'eunuque Narsès gouverna l'Italie et les îles de Sardaigne et de Corse, les habitants n'eurent jamais à se plaindre de sa justice; mais leur bonheur ne dura pas longtemps.

A la mort de l'empereur Justinien, le trône fut occupé par son fils Justin II, sur lequel sa femme Sophie exerçait un empire absolu. Elle obligea aussitôt son mari à rappeler Narsès de l'Italie et à lui substituer Longin dans ce gouvernement; mais Narsès, qui connaissait la rapacité de cette femme, qui, pour s'emparer de toutes ses richesses, n'aurait pas eu la honte de le condamner à filer avec les femmes, ne voulut pas obtempérer aux ordres de

---

(1) Totilas vero, cum adjunctas ditioni Africæ insulas affectaret, statim classem collegit, impositoque justo in Corsicam et Sardinians transiit. Atque in Corsicam primum expositus, nemine prohibente, insulam occupavit. (PROCOPE, *De Bello Goth.*, liv. IV.)

l'Empereur; et lorsque Longin était en voyage pour se rendre en Italie, Narsès appela d'autres Barbares dans la péninsule (569).

Les Lombards avaient envahi la Pannonie et y régnaient; ce fut à leur roi, Alboin, que Narsès s'adressa, et, pour le presser à se rendre à son invitation, il lui peignit cette contrée comme un paradis terrestre. Alboin se mit aussitôt en marche avec une grande partie de ses sujets, hommes, femmes, enfants, vieillards; tous fondirent en Italie. Narsès ne vécut pas longtemps; Alboin fut assassiné par sa femme Rodosmonde, et ne put continuer ses conquêtes. Cléfus fut élu roi des Lombards; mais sa férocité et ses vices indignèrent tous ses compatriotes, qui lui donnèrent la mort.

Après cet événement, les terres conquises par les Lombards furent partagées sous le nom de *ducats*, ayant chacun son chef et formant une confédération.

Les îles de Corse et de Sardaigne restaient encore sous la domination des Grecs du Bas-Empire; mais ce gouvernement rapace devenait tous les jours plus oppressif. Les Corses, réduits aux misères les plus extrêmes, fuyaient à l'étranger, et allaient se soumettre plutôt à la domination des Lombards, qu'ils trouvaient plus humains. Saint Grégoire le Grand écrivit à l'Impératrice, femme de l'empereur Maurice, en se plaignant de la rapacité révoltante des Grecs et des vexations qu'ils exerçaient dans les deux îles. En Sardaigne, les gouverneurs vendaient des priviléges de sacrifier aux idoles à tous ceux qui n'avaient pas encore renoncé au paganisme, et ils exigeaient les mêmes sommes de tous ceux qui avaient fait leur conversion. « Quant à ceux de la Corse, dit saint Grégoire le Grand, les charges que leur imposent les gouverneurs sont si énormes, qu'ils sont obligés de faire le cruel sacrifice de vendre leurs enfants aux Barbares pour les payer; et un grand nombre d'entre eux quittent leur pays pour se réfugier chez eux (1). » Les Lombards étendirent leurs conquêtes jusqu'à Pise; ce fut dans ce port qu'ils trouvèrent une flotte et des matériaux nécessaires pour faire une expédition maritime.

Saint Grégoire le Grand ayant su que ces Barbares se disposaient à faire une descente dans les îles de la Méditerranée, s'empressa d'en faire part à

---

(1) *Corsica vero insula tanta nimietate exigentium et gravamine premitur exactionum, ut ipsi qui in illa sunt eadem quæ exiguntur complere, sit filios suos vendendo sufficiant. Unde fit ut, derelicta republica, possessores ejusdem insulæ ad nefandissimam Longobardorum gentem cogantur effugere. Quid enim gravius, quid crudelius a Barbaris pati possunt, quam ut constricti atque compressi suos vendere filios compellantur?* (Greg. Mag., l. V, *Epist.* 41.)

Gennadius, gouverneur d'Afrique ; mais ce dernier fut sourd aux prières du Pontife, et les Lombards débarquèrent, sans éprouver aucun obstacle, dans l'île de Corse (582) (1).

Ces Barbares ne firent qu'augmenter les misères que ces pauvres insulaires avaient souffertes sous le joug des Grecs ; ils ne firent qu'ajouter leurs ravages à ceux qu'y avaient exercés les Vandales. La ville épiscopale de Tanate (2) fut détruite entièrement ; les autres auront peut-être éprouvé des dévastations et des ravages ; mais l'histoire ne nous en a transmis aucun souvenir.

Il résulte d'une lettre de saint Grégoire le Grand que les évêques, dans l'île de Corse, étaient élus par les suffrages du clergé et du peuple, comme il résulte aussi que les prêtres étaient mariés ; car dans une épître que saint Grégoire écrit à Simmaque, défenseur de cette île, il lui recommande de veiller sur les bonnes mœurs des prêtres corses et de les empêcher de converser avec les femmes, *excepté leurs épouses, qu'ils doivent gouverner chastement, leurs mères et leurs sœurs* (3). Ce fut à cette époque (599) que fut nommé l'évêque d'Ajaccio, et l'année suivante celui d'Aleria (600) (4).

On ne peut pas préciser le temps que les Lombards restèrent dans l'île de Corse. Saint Grégoire le Grand tâcha de concilier l'empereur d'Orient avec

---

(1) Paul Diacre, etc.

(2) « Et quoniam Ecclesia Tanatensis in qua dudum fuerat honore sacerdotali tua fraternitas decorata, ita est hostili feritate occupata atque diruta, ut illuc ulterius spes remeandi nulla remanserit ; in Ecclesia Sacnensi, quæ jam diu pontificis auxilio destituta est, cardinalem te, secundum petitionis tuæ modum, hac autoritate constituimus. » (GREG. MAG., liv. I, *Epist.* 80 a l Martinum episcopum.)

Selon Limperani, il existerait dans les manuscrits de la bibliothèque du Vatican le nom de cette ville écrit de différentes manières, telles que *Tanaten*, *Taitanes*, *Tainates* ; ce qui fait penser à cet historien que l'orthographe ayant été altérée, on pourrait l'interpréter pour *Civitas Taranensis*, au lieu de *Tanatensis* ; ce qui indiquerait Taragna, près de Ficmalto. L'abbé de Germenes, d'après Paul Diacre et quelques manuscrits, lui en donnerait trois autres, tels que *Tamina*, *Taina* et *Tamita*, ce qui pourrait être interprété pour *Tomins*, dans le Cap corse.

(3) Præterea volumus ut sacerdotes, qui in Corsica commorantur, prohiberi debeant, ne cum mulieribus conversentur, excepta dumtaxat matre, sorore et uxore, quæ casta regenda est. (GREG. MAG., liv. I, *Epist.* 52.)

(4) Experientia tua non sine culpa est quod Aleriam atque Adjacium, civitates Corsicæ, diu sine Episcopis esse cognoscens, clerum et populum earum ad eligendum sibi sacerdotem distulerit commovere. Clerum et populum singularum civitatum hortari festina, ut inter se dissentire non debeant, sed uno sibi consensu, unaquæque civitas consecrandum eligat sacerdotem. Et facto decreto, ad nos id qui fuerit electus adveniat. (ANAST., *Bibl.*, *in vita S. Greg.*, etc.)

les Lombards; mais, à la mort de ce grand Pontife, la guerre se ralluma, et les Grecs ne conservèrent en Italie que l'exarchat de Ravenne, le duché de Rome et les trois îles : Sicile, Sardaigne et Corse; tout le reste tomba sous la domination des Lombards.

Nous touchons à une époque à laquelle un homme extraordinaire venait de paraître sur la scène du monde. Mahomet, né à la Mecque en 570, commença ses prédications en 610, s'annonçant le prophète et l'envoyé de Dieu. Ayant trouvé une forte opposition dans son pays natal, il fut obligé de se sauver dans une autre petite ville. De ce jour, 16 du mois de juillet, commença son Égire, qui signifie *fuite* (622 de Jésus-Christ). Il voyagea chez les populations arabes, qu'il fanatisa avec ses idées religieuses; le nombre de ses satellites devint en peu de temps imposant et redoutable. Ce prophète étant mort, Abou-Bekr lui succéda, et, à la tête d'un peuple belliqueux et fanatique, étendit ses conquêtes, portant partout le ravage et la mort. Après le décès de ce dernier, Omar poursuivit sa marche triomphale dans l'Asie mineure. L'empereur d'Orient Héraclius II est saisi de frayeur et de découragement; il tombe malade et meurt (1). Constant lui succède; mais, ne se croyant pas en sûreté dans Constantinople, il va se réfugier dans l'île de Sicile, où il est assassiné par Mézencius, son ministre. Le meurtrier voudrait (2) s'emparer de l'Empire; mais Constantin, fils de Constant, ayant été proclamé empereur, arma une flotte et fit voile vers la Sicile. Mézencius eut recours alors aux Sarrasins, qui s'étaient emparés d'une partie de l'Afrique. Constantin débarque dans l'île de Sicile; son adversaire accepte le combat, mais il est vaincu et passé par les armes.

Les Sarrasins, appelés à son secours, arrivent et débarquent sur un point de cette île, et, ayant aussitôt appris le sort de leur allié, ils s'empressent de donner l'assaut à la ville de Syracuse, laquelle, étant mal défendue, tombe bientôt en leur pouvoir.

Les Sarrasins, avertis que les Grecs marchent à leur rencontre, chargent leur flotte d'un immense butin et font voile vers l'Afrique.

Une grande expédition maritime de Sarrasins, sous les ordres du fameux corsaire Tarif, ne tarda pas à quitter les ports de l'Afrique. Les côtes d'Espagne, de la Ligurie et de Provence sont ravagées par ces Barbares, et l'île

---

(1) Botta, *Histoire des peuples d'Italie.*

(2) Mezencius se fit proclamer empereur des îles de Sicile, de Sardaigne et de Corse. (Theora., *in Chron.*; Anast., *Bibl.*; Paul Diacre.)

de Corse n'en fut pas exempte : toutes les villes et les villages du littoral furent saccagés et dévastés (713) (1).

En 720, les Sarrasins s'étant emparés de la Sardaigne, furent harcelés par les Sardes et les Corses réunis, et bientôt après, ayant reçu des secours de Luitprand, roi des Lombards, ils furent chassés de toute l'île (2).

L'influence impériale était presque nulle en Italie; les Lombards s'étaient emparés de la plus grande partie de cette contrée. Les Pontifes romains, qui s'étaient rendus les médiateurs de la paix dans toutes les circonstances critiques, s'étaient acquis une espèce de suprématie dans Rome et dans la plus grande partie de la péninsule, dont les habitants ne considéraient les Lombards que comme des étrangers.

Une circonstance imprévue vint encore aggraver l'état des empereurs d'Orient dans la péninsule italique et rendre plus d'autorité aux Pontifes romains. Léon l'Isaurien, étant monté sur le trône impérial, ordonna que toutes les images introduites dans le culte du christianisme fussent abattues et détruites. Le pape Grégoire II rejeta avec horreur le décret de l'empereur; Rome et toutes les provinces d'Italie protestèrent énergiquement contre cet édit, et Luitprand, roi des Lombards, s'empressa de faire connaître à Grégoire II toute son indignation envers l'empereur.

L'exarque de Ravenne voulut mettre à exécution les ordres de son maître, mais le peuple lui opposa une vive résistance. Luitprand profita de cette circonstance et de ces tumultes, vint assiéger la ville de Ravenne et s'en empara, en chassant les Grecs. Les Impériaux eurent recours aux Vénitiens; ces derniers, unis aux troupes des Grecs, reconquirent la ville de Ravenne. L'exarque continua de nouveau ses poursuites contre les adorateurs des images; le pape Grégoire II condamna l'hérésie des iconoclastes et excommunia l'exarque de Ravenne. L'empereur Léon menaça le Pontife; cet attentat fut le signal d'un soulèvement; les Grecs furent chassés de Rome, et les habitants s'étant déclarés indépendants de l'Empire, se mirent sous l'autorité du Pape.

Grégoire II tourna le regard vers la France, en demandant aide et protection à Charles-Martel, maire du palais; mais il mourut dans cet intervalle, et Grégoire III lui succéda. Ce dernier ne vécut pas longtemps (741).

Pépin avait succédé à son père, Charles-Martel, dans la charge de maire

---

(1) Roscio, liv. III; Baron., ad ann. 713.
(2) Paul Diacre; Sigebert, in Chron., etc.

du Palais; celui-ci, poussé par une ambition dévorante, conçut l'idée de renverser du trône son roi, Childéric, dernier rejeton des Mérovingiens. Son projet ayant été mis à exécution, il s'empressa de demander l'appui moral du Pape. Zacharie, qui occupait alors le trône pontifical, délia les Français du serment de fidélité qu'ils avaient prêté à leur roi Childéric, et déclara Pépin, qui s'était fait couronner par l'évêque de Soissons, légitime roi de France. Etienne II, successeur de Zacharie, menacé par Astolphe, roi des Lombards, s'empressa de se rendre à Paris, où il sacra Pépin; ce dernier lui promit aide et secours et enleva aux Lombards Ravenne et Pentapole, en donnant ces Etats à l'Eglise.

En 755, Adrien Ier étant monté sur le trône pontifical, Didier, roi des Lombards, voulut forcer ce pontife à sacrer les deux fils de Carloman, frère de Charlemagne, qui s'étaient réfugiés à sa cour après la mort de leur père. Le pontife s'y étant refusé, Didier entra dans les terres de l'Eglise et marcha sur Rome.

Adrien Ier s'empressa d'appeler Charlemagne à son secours; ce monarque entra en Italie avec une armée formidable et envahit toute la péninsule, en chassant devant lui les Lombards. Charlemagne arriva dans la ville de Rome pendant les fêtes de Pâques, et confirma au Pape toutes les donations faites à l'Eglise par Pépin, son père. La Corse y était comprise (775). Adrien Ier étant mort, Léon III occupa le Saint-Siège; mais bientôt le peuple romain se souleva et le jeta en prison; le duc de Spolète vint à son secours et le délivra.

Léon III eut alors recours à la France. Charlemagne se porta en Italie et remit le Pape sur son trône. Léon III récompensa Charlemagne en le proclamant empereur des Romains. L'empereur alors jura solennellement de protéger l'Eglise contre ses ennemis. La Corse, quoique comprise dans les dons faits à l'Eglise, resta sous la protection de Charlemagne (800).

CHAPITRE IV

DE 800 A 1284.

Les Sarrasins débarquent en Corse en 806. — Ils sont chassés par Pépin. — En 809 ils tentent une invasion, mais ils sont repoussés par le connétable Bouchard. — En 810 environ, les Sarrasins débarquent en Corse, brûlent une ville et emmènent tous les habitants. — Peu de temps après ils débarquent, s'établissent et ravagent presque toute l'île. — En 813 la flotte des Sarrasins, chargée de butin et de prisonniers corses, est attaquée à l'île de Majorque par le comte Hermingard; le butin est pris, les prisonniers délivrés, et huit vaisseaux ennemis restent entre les mains des chrétiens. — Les Sarrasins se vengent en ravageant Nice et Civita-Vecchia. — Louis le Débonnaire envoie à la défense de la Corse Boniface, marquis de Toscane et comte de Lucques (828). — Boniface va attaquer les Sarrasins en Afrique, Il les défait entre Utique et Carthage, revient en Corse et jette les fondements d'un fort sur la pointe sud de cette île, qui prend son nom (Bonifacio, 830). — Le roi Lothaire enlève le gouvernement de la Corse à Boniface. — Louis II donne le gouvernement de cette île à Albert, fils de Boniface (856). — Albert donne avis au pape Sergius II d'une grande expédition des Sarrasins contre Rome. — Grande émigration des Corses pour le continent italien. — Le Pape Léon IV reçoit les émigrés et leur donne à habiter les villes de Leopolis, Porto, Amerata, etc. (852). — Les Romains reconnaissants élèvent un buste en marbre sur le Capitole à un Corse. — Tradition de l'origine corse de l'évêque de Porto, Donatus, qui fut plus tard pape sous le nom de Formosus (891). — Grande division entre les héritiers de Charlemagne. — Le marquis Guide (915). — Lambert, marquis de Toscane et de Corse (929). — Bisaco, marquis de Toscane et de Corse (931). — Ubert, marquis de Toscane et de Corse (951). — Béranger II s'empare de la Corse (951). — Adalbert, son fils, se retire en Corse (962). — Le comte Ruggieri (972). — L'empereur Othon réunit la Corse au royaume d'Italie (975). — Guerre entre les seigneurs de la Corse. — Une partie de l'île se rend indépendante et proclame Sambocuccio d'Alando protecteur du peuple (1007). — Les marquis Malaspina, Guillaume et Hugues gouvernent la Corse (1015). — Le marquis Renaud (1020). — Les Corses forment une faction à Rome et défendent Grégoire VII contre l'empereur Henri IV (1073). — La Corse se soumet au Pape (1077). — Urbain II cède la Corse aux Pisans (1091). — Mécontentement des Corses (1092). — Intervention de Gênes. — La faction Corse à Rome contre l'élection d'Étienne II (1105). — Le parti corse à Rome défend le Pape Gélase II, assailli par les Frangipani dans l'église de Sainte-Praxède (1118). — Guerre entre les républiques de Pise et de Gênes (1133). — Partage des évêchés de la Corse entre ces deux républiques. — Bonifacio est occupé par les Génois (1195). — La ville de Bonifacio est rendue au Saint-Siège (1216). — Guerre civile en Corse (1227). — Plusieurs seigneurs de la Corse font donation à la république de Pise de quelques châteaux, champs, etc. (1235). — Une partie de l'île se range dans le parti génois (1278). — Giudice de la Rocca envoyé par les Pisans en Corse (1280). — Défaite de la république de Pise à la Méloria (1284).

Pendant le règne de Charlemagne et celui de ses successeurs, la Corse fut continuellement infestée et ravagée par les Sarrasins. Ces derniers s'étant établis en Espagne, firent une descente dans l'île de Corse en 800. Une flotte, sortie du port de Pise, dirigée par Pépin (1), les chassa de l'île; l'un des chefs de cette expédition, appelé Hadumar, comte de Gênes, y perdit la vie. Les auteurs génois, s'appuyant sur le titre de ce personnage, ont voulu faire croire que la flotte qui chassa les Sarrasins de la Corse était sortie du port de Gênes, et que cette île était dès lors réunie à la Ligurie (2). L'année suivante (807), les Sarrasins, partis de nouveau des ports d'Espagne, tentèrent un débarquement en Sardaigne, mais ils furent repoussés; ils firent alors voile vers la Corse; mais le connétable Bouchard, que Charlemagne y avait envoyé avec une flotte, les empêcha de débarquer, les battit complètement et leur enleva treize vaisseaux (3).

Les mêmes Sarrasins qui avaient envahi l'Espagne revinrent en Corse deux ans après (809); ils y débarquèrent le jour du samedi saint, pillèrent une ville et emmenèrent tous ses habitants, excepté quelques vieillards, les malades et l'évêque (4). Petrus Cyrneus dit, selon une tradition, que ce fut la ville d'Aleria qui subit ce grand malheur, non le jour du samedi saint, mais dans la saison d'été. Les autres historiens ne font aucune mention du nom de la ville.

Une autre plus formidable expédition, sortie toujours des ports d'Espagne, débarqua dans l'île, qui, se trouvant sans défense, fut presque entièrement occupée par les Maures. Une autre descente fut opérée l'année suivante (812) sur un autre point de l'île; de sorte que l'île entière fut la proie des Sarrasins; elle fut ravagée, pillée, et une partie de la population emmenée en esclavage.

Selon une tradition rapportée par Petrus Cyrneus, les insulaires eurent alors recours au souverain de la France, qui y envoya aussitôt Charles-Martel. L'historien Limperani est d'avis que ce ne fut pas Charles-Martel, mais plutôt Charles, fils de Charlemagne. Ce dernier attaqua avec des forces considérables la flotte des Sarrasins devant la ville de la Mariana; après un combat opiniâtre et sanglant, les Maures furent défaits; ceux qui survécurent se réfugièrent dans la ville d'Aleria; les troupes impériales, aidées par les Corses accourus de toute part, les poursuivirent, les attaquèrent

---

(1) *Annales Francorum*, *Vita et Gesta Caroli Magni*; *Annales Bertiniani*, etc.

(2) Foglietta.

(3) Bureartum comitem stabuli, cum classem, etc. (Eginhard, secrétaire de Charlemagne.)

(4) Fama tamen inter nostrates ea est, non sabbato sancto, sed media estate; ad metenda frumenta, etc. (Petr. Cyrn.)

dans la plaine d'Aleria, où ils les défirent encore. Un dernier combat eut lieu dans un endroit près d'une fontaine, à l'est d'Alesani, où les Maures éprouvèrent une défaite complète, et où leur roi, Atime, perdit la vie. Cette fontaine prit le nom de fontaine de Charles, en mémoire de ce grand fait d'armes remporté par ce prince (1). Ceux qui survécurent à cette catastrophe s'internèrent dans l'île; mais, dans l'endroit où se trouve maintenant la ville de Corte, ils furent enveloppés par les montagnards et y perdirent tous la vie.

Une flotte des Sarrasins, partie de l'île de Corse en 813, chargée de butin et de prisonniers corses, fut surprise à l'île de Majorque et attaquée par le comte Hermingard. La victoire resta aux chrétiens. Cinq cents prisonniers corses furent délivrés; une partie du butin et huit vaisseaux tombèrent entre les mains des vainqueurs (2).

De l'an 814 à 828, la Corse ne fut pas inquiétée par les Maures, mais à cette époque ceux-ci recommencèrent leurs incursions. L'empereur Louis, qui succéda à son père Charlemagne, chargea Boniface, marquis de la Toscane et comte de Lucques, de la défense de cette île. Boniface débarqua dans les îles de Sardaigne et de Corse; n'ayant pu rencontrer les Sarrasins dans ces deux îles, il fit voile vers l'Afrique, y débarqua, et une lutte sanglante s'ensuivit entre Utique et Carthage, dans laquelle les chrétiens remportèrent une grande victoire. Boniface revint en Corse et bâtit, dit-on, un château sur la pointe extrême sud de cette île, qui prit son nom et le conserve encore. Plus tard, une ville florissante s'éleva dans ce même lieu : la ville de Bonifacio (3).

La famille de Charlemagne étant déchirée par des discordes, l'empereur Louis avait confié l'Italie à son fils aîné, Lothaire; plus tard, ses trois fils se disputèrent de son vivant ses Etats; mais, à la faveur de leurs dissensions, leur père put recouvrer sa couronne.

Le comte Boniface alla rendre hommage à l'empereur Louis; mais Lo-

---

(1) Qui locus est hodiernum diem usque fons Caroli, etc. (PETR. CYRN.)

(2) Mauris de Corsica Hispaniam cum multa præda redeuntibus, Irmingarius, comes emporitanus, in Majorica insulis posuit et octo naves eorum cepit, in quibus quingentos et eo amplius Corsos captivos inveuit, etc. (Annales Francorum.)

(3) Bonifacius comes, cui tutela Corsicæ istam erat commissa, assumpto secum fratre Berethario, et aliis quibusdam comitibus de Tusia, Corsica atque Sardinea, magna classe circumsectus, cum nullum mari piratam invenisset, in Africam trajecit et inter Uticam et Carthaginem egressus innumeram incolarum multitudinem subito congregatam offendit. (Annales Bertiniani.)

thaire, peu content de l'attachement que Boniface montrait à son père, lui enleva le marquisat de Toscane, ainsi que le gouvernement de la Corse, dont il investit Agano, son favori.

L'empereur Louis cessa de vivre en 840. Lothaire lui succéda; celui-ci donna le royaume d'Italie à son fils Louis II; ce dernier rendit à Albert, fils de Boniface, le marquisat de la Toscane et de la Corse. Albert se trouvait en Corse lorsque les Sarrasins s'apprêtaient à faire une grande expédition contre Rome; il en avertit le pape Sergius II. D'après les renseignements exacts qu'Albert donna au Pontife sur le nombre de soixante-treize vaisseaux dont se composait la flotte ennemie, de onze mille hommes de débarquement et de cinq cents chevaux, on serait porté à croire que les Sarrasins possédaient encore quelque point du littoral de la Corse, et que plus tard ils étendirent leurs conquêtes et leurs ravages sur plusieurs parties de l'île. L'histoire est muette ici; mais la grande émigration des Corses, qui s'opéra à cette époque, parle assez haut pour nous faire connaître les malheurs dont ils étaient accablés.

Grand nombre de familles corses s'expatrièrent et allèrent demander l'hospitalité au pape Léon IV, en 862. Le Pontife reçut paternellement ces malheureux insulaires, et leur donna des terres à cultiver et des villes à habiter. La ville Léonine, près du Vatican, que ce Pontife même avait fait bâtir, et les villes d'Amerina, Hortana et Porto, restées désertes par les fréquentes incursions des Barbares, furent restaurées et habitées en partie par les émigrants corses; surtout la ville de Porto, étant la plus exposée, comme ville maritime, aux déprédations des Barbares, fut habitée, selon le témoignage de saint Antonin, archevêque de Florence (1), uniquement par les Corses.

Léon IV, en accueillant ces malheureux insulaires, leur fit la plus flatteuse et paternelle allocution (2). Ceux-ci, que de grands malheurs avaient

---

(1) Insuper et civitatem Portuensem longis temporibus derelictam, solis Corsis, qui ad urbem Romanam Saracenorum infestationes fugientes venerant ad inhabitandum tribuit. (S. ANTON. *Chron.*, part. 2, pag. 148, § 6.)

Ostia in Tyberis ostio ab Anco Martio conditam, a Saracenis dirutam, restituit Leo IV, P. M. Corsis habitatoribus. (BARTEL. MONOSITO, liv. 1, chap. 34, pag. 231; BARON., *Ann. eccles.*, liv. 1, pag. 82.)

(2) Voici l'allocution que Léon IV, d'après le Baronius, fit aux émigrés corses :

« Si quid nobis diveritis opere curaveritis perficere, satis loca habemus optima in quibus habi-
« tare possitis, si tantum nobis nostrisque successoribus pontificibus boni fideles fueritis. Nam civi-
« tates quas nobis daturi sumus, valde firmae sunt atque munitae. Quos nos, Redemptoris nostri
« protegente auxilio, novis portis ac fabricis in locis pernecessariis positis at cultum pristinum

forcés de quitter leur chère patrie, pénétrés de reconnaissance, jurèrent à l'instant même fidélité et dévouement au Saint-Siége, et ils furent expédiés à leur destination.

Mais la terre étrangère qui les avait adoptés n'aura, nous pensons, pu si facilement leur faire oublier cette terre-mère qui les avait enfantés; ils revinrent peut-être tour à tour partager les dangers et la gloire de leurs compatriotes, alors aux prises avec les Sarrasins (1). Ils aidèrent peut-être à chasser ces Barbares de l'Italie, et Rome, dans plusieurs circonstances, eut besoin de ces braves insulaires, qui ne reculèrent jamais devant les dangers les plus redoutables lorsqu'il fut question de combattre et de se dévouer pour elle. Nous sommes porté à croire que dans ce peuple guerrier il y aura eu des hommes qui, par la force de leur génie, se seront élevés bien haut dans la carrière des armes; mais, hélas! « *leur mémoire s'est éteinte avec bruit,* » selon l'expression du prophète, et les monuments qui devaient la perpétuer ont aussi péri avec elle. Tel est le sort des choses d'ici-bas!

Cependant le temps n'a pas pu effacer des fastes de l'histoire le nom d'un héros qui honore notre patrie : ce personnage, connu sous le nom de *Corso de' Corsi*, doué d'une âme noble et élevée, se rendit puissant et nécessaire. Il aura sans doute, à la tête de ses compatriotes, rendu des services éclatants à la ville de Rome, alors toujours en proie aux terribles factions. La reconnaissance du peuple romain en a voulu perpétuer le souvenir, en érigeant son buste en marbre sur le Capitole, parmi ceux de ses plus illustres héros.

A l'appui du fait que nous venons de rapporter plus haut, nous allons citer ce que nous dit à cet égard Monaldeschi d'Orvieto, écrivain du xive siècle, en parlant des factions qui se déchiraient entre elles au moyen âge :

« Ce fut alors, dit l'historien, que les Ursini ramassèrent beaucoup de monde; mais ils ne firent rien de remarquable. Il se commit pourtant une action barbare. Un de leurs serviteurs égorgea un enfant de *Messer Agapito Colonna*, et deux domestiques qui l'accompagnaient à l'église. Arrivés au Capitole, tous leurs exploits se bornèrent à renverser un buste en marbre d'un Corse, qu'ils précipitèrent des loges et après le jetèrent dans le Tibre.

« revocavimus. In quibus, sicut diximus, si manere cupitis, vineas vobis ac terras prataque con-
« cedemus ut nullam possitis habere inopiam. Dabimus etiam vobis, ut labore vestro habeatis,
« vos et mulieres vestræ et filii vestri, unde vivere plenissime valeatis; boves etiam et caballos,
« et animalia cætera, ut diximus, si cuncti bono animo fueritis. »

(1) On croit que les Sarrasins ne cessèrent d'infester la Corse que sous le gouvernement des Pisans.

Ils firent cela parce que la famille de *Messere Eccerardo Evangelisti*, défenseur des Colonna, descendait de ce Corse. Cette famille a pris le nom d'*Evangelisti*, parce que ses aïeux s'appelaient ainsi. Elle conserve pour armoiries un chien corse courant. Ce sont celles que le peuple romain avait données à *Corso*, pour lui témoigner sa reconnaissance et pour symbole de la fidélité et du courage qu'il avait montrés en combattant pour défendre ce même peuple *come un cane corso arrabbiato (sic)*, comme un chien corse enragé. Ces emblèmes figuraient au bas du buste qu'on venait d'élever sur le Capitole. »

Nous avons dit plus haut que, selon le témoignage de saint Antonin, archevêque de Florence, la ville de Porto fut uniquement peuplée par les émigrants corses. Cela aura peut-être donné lieu à la tradition existant en Corse, depuis un temps immémorial, que l'ecclésiastique élevé à la dignité d'évêque de cette ville, peu d'années après sa colonisation, était originaire de la Corse, ou du moins qu'il faisait partie de cette émigration. Nous ne prétendons pas donner à une tradition toute l'authenticité historique; mais, comme nous avons pris à tâche de parler de tous les personnages que la Corse a produits, nous ne voulons pas non plus oublier les noms de ceux dont le souvenir nous a été transmis par de simples traditions, laissant le lecteur libre dans ses croyances et dans ses appréciations.

L'évêque de Porto dont il est question s'appelait Donatus, et prit le nom de Formosus étant monté sur le trône pontifical. Etant évêque, il fut envoyé par Nicolas II prêcher l'Evangile en Bulgarie et dans l'Illyrie; il convertit ces deux nations au christianisme. Sous Jean VIII, il fut envoyé en mission près de Louis, empereur d'Allemagne, et plus tard près de Charles le Chauve, roi de France. Tombé en disgrâce, il fut déposé de son poste et excommunié. Marinus I" le rétablit sur son siége de Porto; et enfin, à la mort d'Etienne V, il laissa la mitre pour ceindre la tiare. Il mourut après cinq ans de pontificat. Formosus fut en butte, pendant quelques années de sa vie, à la plus perfide et lâche envie; cette furie infernale ne le quitta pas même après sa mort. Nous ne voulons pas retracer ici sa biographie, pour ne pas être obligé de rapporter toutes les horreurs qui se commettaient par quelques-uns de ceux qui voulaient arriver de toute force à posséder le trône pontifical dans ces temps de corruption et de relâchement. Flodoard écrivit sur ce Pontife ces vers, qui pourraient servir d'épitaphe à son tombeau :

> Præsul hic egregius Formosus laudibus altis,
> Evebitur castus, parcus sibi, fingius egenis,
> Bulgaricæ gentis fidei qui semine sparsit,

Deluben destruxit, populumque cœlestibus armis
Lastravit, tolerans discrimina plurima prontus.

Albert I" mourut (884) et Albert II lui succéda dans le gouvernement de l'île. Ce dernier ayant déclaré la guerre à Lambert, roi d'Italie, il fut fait prisonnier et renfermé dans la ville de Pavie. Après la mort de Lambert, il put recouvrer sa liberté et rentrer dans ses domaines (898). Albert II mourut en 910; Guide, son fils aîné, lui succéda. Ce dernier, devenu très-riche, ayant épousé Marozia, veuve du marquis d ...merino, contribua beaucoup à l'élection de Rodolphe comme roi d'Italie. A la mort de Guide, son frère Lambert lui succéda dans le gouvernement de la Corse (925); mais le roi Hugues, qui haïssait ce dernier, l'attira à sa cour sous divers prétextes, le fit arrêter, et, l'ayant privé de tous ses biens, lui fit cruellement arracher les yeux. Après ce fait barbare, Hugues confia le gouvernement de la Corse à son frère Besson; mais il ne tarda pas à le dépouiller pour en investir Hubert, l'un de ses bâtards (934). Hugues, ayant encouru la haine des seigneurs italiens, fut renversé du trône, et on donna la couronne à Béranger II. Ce monarque ayant pris possession de la Toscane et de la Corse, honora d'une visite cette île. Béranger II ne tarda pas à se faire détester par les barons et seigneurs de l'Italie, lesquels appelèrent Othon I", roi d'Allemagne. Ce monarque se rendit dans la péninsule, Béranger II fut battu, fait prisonnier et emmené en Allemagne, où il finit ses jours. Son fils Adalbert, dont la mère, Willas, était la fille héritière de Besson, frère de Hugues, se retira dans l'île de Corse. Après la mort d'Adalbert I", son fils Adalbert II gouverna la Corse; mais Othon II le déposséda et donna le gouvernement de cette île à Hugues, fils de ce même Hubert qui avait été dépossédé par Béranger II. Hugues céda le gouvernement de cette île au comte Ruggeri (972); mais, à la mort de Hugues, divers seigneurs féodaux de l'île firent des efforts pour se rendre indépendants.

En effet, après la mort d'Othon, souverain d'Allemagne, qui suivit celle de Hugues, plusieurs familles influentes de la Corse se soulevèrent et se regardèrent comme souveraines dans leurs domaines.

Cependant la jalousie et l'ambition d'étendre leurs possessions ne tardèrent pas à tourmenter l'âme de quelques-uns de ces seigneurs feudataires, la Discorde alluma son flambeau, et une guerre de partis mit en combustion l'île entière.

Le peuple corse, fatigué de tant de misères, se souleva, s'arma, et se

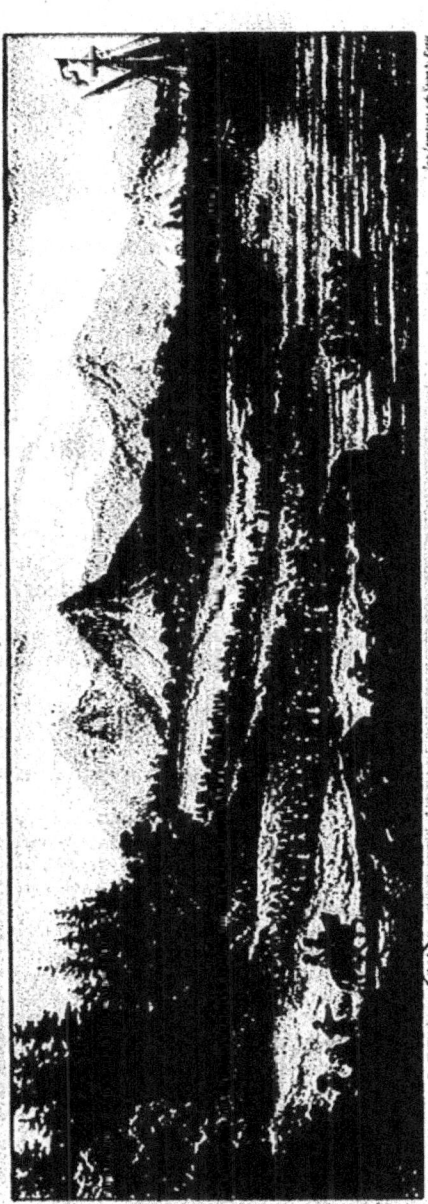

EMPLACEMENT DE LA VILLE D'ACCIA

RUINES DU CENESTUM, PRÈS CORTÉ

GRANDE ÉMIGRATION DES CORSES AU 9ᵐᵉ SIÈCLE

réunit en consulte à Morosaglia, selon Petrus Cyrnæus, choisit pour son chef un certain Sambucuccio d'Alando (1), homme pauvre et obscur, mais doué d'une grande énergie, d'un grand courage, et possédant de nobles qualités de cœur.

Après son élection, Sambucuccio, accompagné d'un grand nombre d'insulaires, se mit à parcourir la Corse en proclamant partout l'indépendance. Tous les habitants de l'intérieur de l'île se rallièrent sous le même drapeau. Le comte de Cinarca (2), le plus puissant et le plus ambitieux des seigneurs de la Corse, fut obligé de rentrer dans ses domaines; toute l'autorité des familles feudataires de l'intérieur de l'île fut anéantie; les seuls habitants du cap Corse et ceux de Cinarca restèrent sous le vasselage de leurs comtes, barons, etc.

Toute cette partie de l'île affranchie prit le nom de *Terre de commune*; elle s'étendait de la rivière de Sollenzara jusqu'à celle de Lavasina, qui coule entre les cantons de Lota et Brando.

On attribue à Sambucuccio les sages institutions des lois et des règlements qui régirent pendant quelque temps une grande partie de l'île. Chaque commune élisait un certain nombre de conseillers, qui étaient appelés *Pères de communes*. Ceux-ci étaient présidés par un *podestat*, et ils

---

(1) Denique cum principes tyrannice imperassent, populus corsus surrexit, armaque induit, et habito convento Morosaglium, Sambucuccium Alandum Corsicæ gubernatorem creaverunt. (Petrus Cyrnæus.)

Giovanni della Grossa, rapporté par Filippini, ne dit pas un mot du premier Sambucuccio. Giovanni della Grossa était né en 1388 et Petrus Cyrnæus en 1117. Nous ne dirons pas que l'ouvrage de ce dernier soit parfait, mais on n'y rencontre ni les fables ni les récits absurdes et romantiques dont Giovanni della Grossa a enrichi sa chronique; ainsi nous n'hésitons pas à nous prononcer pour Petrus Cyrnæus.

(2) Les comtes de Cinarca étaient les plus puissants seigneurs de l'île de Corse; l'historien Limperani est d'avis que cette famille descendait des Béranger, anciens souverains d'Italie et de la Corse, dont quelques-uns, dans leurs malheurs, avaient cherché un refuge dans cette île, et non de Hugues Colonna, dont la venue en Corse n'est qu'une pure fable sortie du cerveau de Giovanni della Grossa.

Charlemagne, en donnant la Corse à l'Église, s'en réserva le protectorat, voyant que les papes n'avaient pas assez de force pour défendre leurs États contre les incursions des barbares. Nous voyons figurer, parmi les défenseurs de cette île envoyés par Charlemagne et ses descendants, les noms de Pépin (806), Bouchard (810), Bermingard (813), Boniface, marquis de Toscane (830); Albert, son fils (846), et puis les descendants de Guide (915), Lambert (923), Bosson (931), Ubert (931), Béranger, souverain d'Italie (951); Adalbert, son fils (962); Hugues et Huggieri (972), Othon, souverain d'Allemagne (975); les marquis Guillaume et Hugues Malespina (1018), Renaud (1020), Albert Ruffo (1045); et enfin le pape Grégoire VII revendique les droits de l'Église sur la Corse (1073).

étaient chargés d'administrer la justice. Les podestats de diverses communes réunis élisaient un membre du *Suprême Conseil*, qui était chargé d'élaborer les lois; ce conseil s'appelait le *Conseil des Douze*, des douze districts dont se composait la *Terre de commune*. Dans chaque district, les Pères de communes élisaient un magistrat qui prenait le nom de *Caporale*. Ce dernier avait pour mission de défendre les intérêts des pauvres et de leur faire rendre justice, etc.

A la mort de Sambucuccio, les seigneurs de Cinarca reprirent les armes, les autres comtes et barons les imitèrent, et la Corse entière retomba dans l'anarchie. A tous ces malheurs s'en joignit un autre non moins funeste : les Sarrasins recommencèrent leurs incursions sur le littoral de l'île, portant partout la désolation et la mort.

Les insulaires, plongés dans la plus affreuse misère et dans le désespoir, tournèrent leurs regards vers les marquis de Massa et Lunigiana (les Malaspina), descendants des Boniface, qui avaient gouverné longtemps la Corse. Le marquis Guillaume accepta l'offre des insulaires et s'empressa de se rendre en Corse avec une petite armée. L'arrivée du marquis Malaspina dans cette île produisit un grand effet; les habitants de l'intérieur le suivirent en masse, et les seigneurs de cette partie de l'île n'osèrent lui opposer aucun obstacle. Après, il marcha vers la Cinarca et obligea ces seigneurs, qui étaient les plus remuants, à s'éloigner de la Corse. Ce fut alors que la partie qu'on appelle le *Delà-des-monts* institua son conseil appelé des *Six*, des six districts dont se composait cette contrée de l'île.

Le marquis Guillaume gouverna la Corse pendant environ huit ans. Hugues, son fils, lui succéda (1020). Après le marquis Hugues, la Corse fut gouvernée par Renaud, auquel succéda le marquis Ruffo. Ces derniers maîtres n'ont rien fait de remarquable, si ce n'est quelques donations de leurs biens aux monastères et aux églises de la Corse et de Monte-Cristo (1).

---

(1) Nous donnerons ici seulement le nom des donataires. Parmi les témoins qui ont assisté à ces actes de donation figure un messire Buonaparte. La famille qui porte le même nom, et qui a fondé une des plus grandes dynasties du monde, a été l'objet d'une foule d'investigations pour connaître son origine ; les adulateurs généalogistes n'ont pas fait défaut : les uns lui ont donné une origine impériale en la faisant descendre des empereurs Grecs d'Orient ; d'autres lui donnent une origine génoise; d'autres la font descendre des plus nobles et illustres familles de la Toscane, etc. Mais si cette famille vivait en Corse aux x° et xi° siècles, pourquoi ne pas supposer qu'elle s'y soit toujours maintenue, ou du moins que des vicissitudes l'aient éloignée un instant de la mère-patrie et qu'elle soit retournée plus tard aux antiques pénates? Ce sont là des conjectures qui pour-

Nous avons dit ailleurs que Pépin et Charlemagne avaient fait donation de l'île de Corse à l'Eglise; mais les papes n'avaient pas encore songé à en prendre directement possession. Grégoire VII, élevé en 1073 au pontificat, voulut revendiquer les droits de l'Eglise sur cette île et y envoya comme légat Landolphe, évêque de Pise. Ce pontife écrivit lui-même aux évêques de l'île en leur recommandant la mission spirituelle de son envoyé.

Landolphe, en arrivant dans l'île de Corse, convoqua tous les prélats et les seigneurs, et les exhorta à se déclarer sujets du pape. Il y réussit. Grégoire VII, informé du bon résultat de son légat, écrivit lui-même une lettre aux habitants de cette île, dans laquelle il les félicitait de leur résolution (1077), et, en même temps, il accablait d'amers reproches tous ceux qui avaient occupé cette île, appartenant à l'Eglise. Peu de temps après, Landolphe recevait du pape l'investiture de l'île, pour lui et tous ses successeurs à l'évêché de Pise, moyennant la perception de la moitié des revenus publics.

Landolphe gouverna paternellement la Corse pendant treize ans; l'évêque de Pise, Gérard, lui succéda et marcha sur les traces de son prédécesseur;

---

raient avoir plus de vraisemblance que toutes les généalogies chimériques qui ont été produites par divers auteurs. Il ne faut pas oublier que le mot *messere* était un titre de noblesse.

Revenons aux actes de donation de nos anciens souverains de la Corse.

719. Le comte Roland, gouverneur de la Corse, fait donation de quelques terres aux couvents de la Corse. Acte passé à Fogata, dans le lieu dit Marcorio, par le notaire Leonardus quond. Laurentii.

900. Beranger, roi de Corse et de Sardaigne, fait donation de terres, etc., au monastère de Saint-Benoît et Zénoble. Acte passé à la Mariana par le notaire Boccacius de Pirelli, de Alesani.

900. Othon, comte de Corse, fait donation de terres et maisons au couvent de Monte-Cristo. Acte passé à la Mariana par le notaire Phillippus quond. Arrico. Témoins messire Buonaparte et messire Manfredo.

Angelo, comte de Corse, et madonna Giuila, sa mère, font donation de plusieurs terres à l'abbatie de Saint-Elime de Venaco.

Simon, comte de Corse, fait donation de plusieurs terres au couvent de Saint-Mamilien de Monte-Cristo.

931. La comtesse Matilde, femme de Guillaume, comte de Corse, lègue en testament plusieurs terres et maisons aux églises de Sainte-Marie de Canavaggia, Saint-Nicolas de Campile et Saint-Mamilien de Monte-Cristo.

931. Ruggeri, comte de Corse, fait donation de plusieurs terres au monastère de Monte-Cristo. Acte passé par le notaire Fregolious de Tavagna.

Guillaume, marquis de Corse, fait donation de plusieurs terres au monastère de Monte-Cristo. Acte passé par le notaire Mariano.

1021. Hugues Malaspina, seigneur de la Corse et juge de Cagliari, fait donation de terres à l'église de Sainte-Marie de Canavaggia, etc., etc.

mais Daibert, qui succéda à Gérard, obtint du pape Urbain II la souveraineté de l'île moyennant un simple tribut annuel (1091).

Passons un instant à la colonie corse qui habitait Rome et qui prit part à l'élection du pape Grégoire VII contre l'antipape Clément III, protégé de l'empereur d'Allemagne, Henri IV. Ce monarque, voulant à tout prix placer sur la chaire de saint Pierre Clément, marcha contre Grégoire VII ; les Corses seuls s'opposèrent à cette entreprise sacrilége et disputèrent le passage à ses bataillons. L'empereur, irrité de cette démarche, vint assiéger la ville de Rome. Les Corses, guidés par leur chef, du nom d'Etienne Corso, la défendirent avec courage ; mais, accablés par le nombre, force leur est de céder ; la ville fut prise et saccagée, les maisons d'Etienne et de tous ses adhérents furent livrées aux flammes (1). Grégoire VII, chassé de son siège, fut forcé de s'exiler en Sicile, où il finit en saint sa carrière mortelle. Après la mort de Grégoire VII, de l'antipape Clément III, de Victor III et Urbain II, Pascal II (Raineri) fut élu pape (1099).

Ce pontife étant hostile aux Corses qui habitaient Rome, Etienne Corso, chef du parti, s'opposa à son élection ; la lutte fut terrible ; mais les Corses furent obligés de lâcher prise et de se retirer de Rome. Quelque temps après, le pape Pascal va assiéger Bénévent ; Etienne Corso saisit cette occasion, rassemble tous ses adhérents, marche sur Rome, s'empare d'abord de l'établissement de Saint-Paul, et ensuite de presque toute la ville (2). Le pape, à cette nouvelle, quitte Bénévent, et, aidé par les comtes et barons de Gaëte et d'Aquila, vient pour occuper le Saint-Siége. Les Corses repoussent ses troupes, mais les partisans du pape qui habitaient Rome forcèrent les Corses à décamper. Ainsi, le pontife se voyant délivré d'un parti si redoutable, croyait régner en paix. Erreur ! illusion ! Le moyen âge, qui présentait incessamment des crises et des dangers, obligea Pascal II, en 1104, à faire des ouvertures de paix au parti corse, et de le rappeler avec les conditions les plus avantageuses, leur cédant le quartier de Transtevère (3) et leur accordant plusieurs priviléges.

(1) Henricusque interim familiæ Corsorum, tunc Romæ potentis, quæ Gregorio favebat, ædes partim capitolio suberectas evertit, etc. (CYPRIAN, *Manente*. — FLAVIUS BIONDI, etc., page 201.)

(2) Erat tempestate illa Romæ familia Corsorum potentissima... Dum itaque Pontifex in recipienda Benevento cum exercitum abest, Stephanus Corsus sancti Pauli Basilicam cum armatorum turba occupat, palatiumque illi ad primas portas impositum communit, etc., etc. (FLAVIUS BIONDI.)

(3) Regionem transteverinam quoque Corsi incoluerunt. (CYPRIAN, *Manente d'Orticlo*. — ANDREAS PALLADIUS, etc.)

Plus tard le pape Gélase II, persécuté par Henri V, Empereur d'Allemagne, qui voulait placer sur le trône pontifical l'antipape Maurice, Espagnol d'origine, qui avait pris le nom de Grégoire VIII, se réfugia à Capoue, d'où il fulmina l'anathème contre l'Empereur. Après le départ de ce dernier de Rome, le pape Gélase y fit son entrée, mais voyant que les troubles n'étaient pas encore apaisés, il se tint caché chez des amis. Un jour qu'il célébrait la messe dans l'église de Sainte-Praxède, il fut découvert et assailli par le parti des Frangipani ; les Corses, informés de ce sacrilége, prirent les armes, coururent à sa défense, dispersèrent les assaillants et délivrèrent le pontife (1118).

Nous avons dit plus haut qu'Urbain II avait cédé la Corse à l'évêché de Pise moyenant un tribut annuel (1095).

Les Pisans prirent alors solennellement possession de cette île au nom de la République, et ils la gouvernèrent pendant quelque temps avec un amour tout paternel. Ces nouveaux maîtres y introduisirent le commerce, l'industrie ; ils percèrent des routes et y élevèrent des temples, ainsi que des édifices publics ; de ces derniers, il ne reste que quelques ruines, mais une partie des églises que les Pisans bâtirent dans cette île, sert encore de nos jours au culte catholique.

L'évêque Daïbert obtint encore du pape Urbain II que les évêques de Corse fussent tous suffragants de l'archevêché de Pise ; mais le clergé corse, qui avait dépendu jusqu'alors directement du Saint-Siège, s'alarma et fit parvenir ses plaintes jusqu'au Vatican ; le pape, informé du mécontentement des insulaires, révoqua son édit.

A cette époque commença la croisade ; l'évêque Daïbert partit pour la Palestine avec une flotte de 120 navires, sur lesquels se trouvèrent beaucoup de Corses. Pierre succéda à Daïbert dans l'évêché de Pise ; ce dernier recruta bon nombre de Corses, et ayant armé une flotte, alla à la recherche des Sarrazins, qui infestaient la mer Tyrrhénienne ; la rencontre eut lieu à l'île de Minorque, où, après une lutte sanglante, les chrétiens revinrent vainqueurs et chargés de dépouilles ennemies. Le légat du pape, Bosson, qui se trouvait présent, fit le plus magnifique éloge des Corses en rendant compte de cette expédition : « *Corsi, tanquam leones, contra Barbaros pugnacere.* La gloire des armes de Pise augmenta la jalousie de la république de Gênes, et tandis que le pape Gélase II renouvelait l'édit d'Urbain II, Calixte II, qui lui succédait, fit une seconde édition de ce fameux édit en l'adressant solennellement au clergé corse en 1120. Les Corses se plaignirent de nouveau, et les Génois profitèrent de cette circonstance pour faire une protestation en faveur des insulaires. Le pape convoqua un concile (1123) à cet effet, et le bref fut rapporté (1123) (1); mais voyant que la guerre entre Pise et Gênes se continuait avec acharnement, indigné contre les Génois, il rendit encore à l'église de Pise ce privilége, objet de tant de jalousie (1126) (2). Innocent II voulut concilier les choses en érigeant en archiepiscopat l'évêché de Gênes, et en lui donnant pour suffragants, moyennant un tribut annuel d'une livre d'or, trois évêchés de la Corse : *Mariana, Nebbio et Accia* (1133). A partir de cette époque, Gênes commença sa convoitise sur la Corse.

En 1195, les Génois envoyèrent une ambassade à Pise, pour se plaindre des pirateries qui se commettaient contre eux par les armateurs de la ville de Bonifacio. Les Pisans s'excusèrent en disant que cette ville ne leur appartenait pas; ce fut alors que les Génois y envoyèrent une flotte, et, par un coup hardi, s'emparèrent de cette ville. Cette occupation ralluma la guerre entre les deux Républiques : le pape Célestin III ne put réussir à les concilier, et Honorius III, qui lui succéda, proposa et obtint que cette ville fût confiée à l'autorité du Saint-Siége, qui la garderait comme un dépôt.

Les factions des Guelfes et des Gibelins désolaient l'Italie, et la Corse n'échappa point à la discorde générale. D'autre part, la République de Pise n'ayant pas assez d'énergie pour réprimer l'insolence et l'arbitraire des chefs de parti en Corse, ceux-ci ne cessaient de se faire la guerre entre eux et de maintenir la division et l'anarchie dans l'île. Dans cette circonstance, plusieurs habitants de la *Terre de commune* appelèrent Isnard Malaspina, marquis de Massa et Lunigiana, qui s'empressa d'accepter les offres d'un pays que ses ancêtres avaient gouverné longtemps.

Le marquis débarqua en Corse avec 600 hommes armés (1269), mais voyant qu'il ne pouvait se concilier tous les partis, il s'empressa de quitter l'île.

SINUCELLO.

La République de Pise voyant son autorité dépérir chaque jour en Corse, y envoya un insulaire qui vivait à Pise, nommé Sinucello, connu plus tard

---

(1) L'archevêque de Pise fut fort indigné de la décision du concile tenu à Latran. On dit qu'il jeta sa mitre et son anneau aux pieds du Pape, en lui déclarant qu'il ne voulait plus être son évêque.

(2) Selon quelques auteurs, ce fut sous Honorius II que les Pisans rentrèrent dans leurs priviléges.

sous le nom de Giudice de la Rocca. Ce personnage, dont plusieurs auteurs étrangers et nationaux ont fait mention, vint en Corse avec deux galères armées, parcourut l'île, anéantit l'autorité des familles influentes, apaisa les partis et se montra juste et impartial en rendant la justice ; de là lui vint le nom de *Giudice* (1).

Mais si nous devons suivre le récit de Giovanni de la Grossa (rapporté par Filippini), qui se plaisait beaucoup à nous représenter des personnages légendaires et romantiques, nous voyons dans Sinucello un homme vindicatif, lâche, barbare, débauché, etc. Giudice était fils de Guillaume de Cinarca, qui, ayant embrassé le parti des Pisans, chassa les Génois commandés par Luciano Defranchi ; celui-ci, à l'aide des insurgés corses, s'était emparé de Rocca et Valle, et avait bâti le château d'Istria. Guillaume s'étant après fixé à la Rocca, prit ce nom, qu'il transmit à ses descendants.

Giudice eut à combattre contre les Génois commandés par Thomas Spinola, qu'il défit ; mais son plus redoutable adversaire fut Giovanninello da Casta de Pietra (2) all'Arretta ; celui-ci, aidé par les Damare et les Avogari, seigneurs du Cap-Corse, par les seigneurs de Saint-Antonino et même par les Génois, lui fit éprouver des échecs à Centuri et à Calvi. L'inimitié sanglante entre ces deux personnages dura, parmi leurs adhérents, pendant deux siècles.

Giudice de la Rocca étant devenu aveugle et parvenu à un âge avancé fit, sa soumission à Gênes en faisant donation à cette République d'une grande extension de terres entre Cinarca et Bonifacio. N'ayant pas d'enfants légitimes, il institua ses fils naturels héritiers de ses châteaux et domaines. A Arrigo il donna Attalà, à Arriguccio la Rocca, à Ugolino la Punta Rizzanese, et à Salnese l'Istria.

Il paraît cependant que les conventions de paix avec Gênes furent violées ; Guillaume de Pietra all'Arretta, partisan de Giovanninello, ayant obtenu deux mille soldats commandés par Pierre Spinola, marcha contre Giudice ; ce dernier, vieux et aveugle, et dans l'impuissance de se défendre, envoya contre ses ennemis Lupo d'Ornano ; Guillaume de Cinarca, qui s'était mêlé aux Génois, lui offrit sa fille en mariage pour lui faire rebrousser chemin ; Giudice fut extrêmement irrité et lui reprocha sa faiblesse ; Salnese, fils na-

---

(1) On rapporte de lui plusieurs traits de générosité et de justice sévère, dont les plus saillants sont ceux à l'égard des femmes génoises qui se présentèrent pour racheter leurs maris prisonniers, la justice rendue contre son neveu, et l'anecdote des veaux dans la Balagna.

(2) Le nom de *Casta* se trouve rarement joint à celui de Giovanninello.

turel de Giudice, défendit la conduite de Lupo. Giudice, alors courroucé, dépouilla Salnese du château d'Istria. Lupo et Salnese s'empressèrent de rejoindre les Génois; Giudice voulut quitter le château de la Rocca pour se réfugier dans celui de Laittalà ou dans celui d'Istria; mais le traître Salnese l'arrêta et le livra aux Génois. Avant de s'embarquer pour Gênes, le malheureux vieillard s'agenouilla sur le sable, et, en pleurant, donna sa malédiction à Salnese et à tous ses descendants. Il fut amené prisonnier à Gênes, jeté dans la prison de Malpaga, où, après quatre ans de souffrances, il mourut à un âge très-avancé.

Giovanninello de Pietra all'Arretta, qui, selon Giovanni della Grossa, fut un homme rapace et barbare, après avoir assouvi sa vengeance contre les Baguaninchi (1), qui, dans une contestation pour l'étang de Chiurlino, avaient tué son frère Orlando à la Mariana, après avoir fait mourir son parent Baciaccio, qui n'avait pas pris la défense d'Orlando, après avoir exterminé ses neveux, excepté un seul qui était infirme et qu'il fit jeter dans la neige, devint très-riche en s'emparant de tous leurs biens, et son orgueil n'eut plus de bornes. Il écrivit à Giudice de la Rocca; ils se rencontrèrent pour former alliance, mais cette alliance fut de très-courte durée : une rixe survenue entre deux de leurs sujets causa une guerre exterminatrice entre les deux partis; inimitié qui dura plus de deux siècles après la mort de ces deux antagonistes.

Giovanninello (2), pour s'attirer la protection de la république de Gênes,

---

(1) Les comtes de Bagnaja habitaient le village de Bagnaja, au sud de Bastia ; les villages qui faisaient partie de la pieve d'Orto, comme Biguglia, Furiani, Belgodere, Bagnaja et Vetrice, excepté Biguglia et Furiani, tous ont été détruits pendant les guerres contre les Génois; surtout lorsque ces derniers se furent fortifiés sur ce promontoire, qui prit le nom de Bastia, du bastion de défense. Après la destruction de Bagnaja, les seigneurs de ce nom s'établirent dans la pieve de Mariana (au village de Lucciana), limitrophe à celle d'Orto; plus tard ces deux pieves n'en ont formé qu'une, le canton de Mariana.

Les comtes de Bagnaja étaient des seigneurs les plus riches de la Corse, mais ils ne furent jamais chefs de ces partis qui ensanglantèrent l'île. Ils possédaient d'immenses propriétés dans les pieve d'Orto, Mariana, Ampugnani, dans le Nebbio et dans la Balagna. On trouve dans les *Annales d'Italie*, de Muratori, quelques actes de donations faites par ces comtes à la république de Pise. En 1248, le comte Albert donnait à cette république le château et les tours du Borgo, le château de Biguglia, le château de Furiani, celui de la Croce d'Ampugnani, des terres dans le Nebbio, etc. En 1260, le comte Raineri faisait donation au couvent de Saint-Gorgone de Pise de plusieurs terres de labour sises dans les plaines de Biguglia, Borgo, Lucciana, des vignes, des champs de châtaigniers et oliviers, de l'île de Saint-Damiano dans l'étang de Chiurlino, etc., etc.

(2) La Pietra all'Arretta, pays de Giovanninello, était située où se trouve l'église de Saint-

autorisa le sieur Damare, seigneur du Cap-Corse, mais Génois d'origine, à faire donation à la république de plusieurs de ses châteaux et de ses terres. Le sénat de Gênes accepta la donation, mais lui rendit tous ses biens à titre de fief et de noblesse, en le proclamant citoyen génois et en exigeant de lui fidélité en temps de paix et de guerre, et de plus, tous les ans, le jour de la Saint-Sixte un cierge de 55 livres et un autre du même poids le jour de la Saint-Jean-Baptiste. — Acte passé à Gênes le 12 août 1289. — Notaire Benesito. Giovanninello laissa deux fils : Mamone et Hugues.

Après la mort de Giudice, plusieurs des seigneurs descendants des Cinarca tentèrent de s'emparer du pouvoir. Arrigo d'Attalà, Ugolino, Rainero, Lupo, d'Ornano, Salnese, etc., se font une guerre acharnée et fratricide. Guillaume, fils d'Arrigo, se porte à Gênes pour implorer le secours de la république ; celle-ci y envoie Godefroi de Lavaggio. Ce chef génois, protégé par les Corses les plus influents, parcourt l'île en conquérant, mais se défiant de plusieurs des chefs corses qui l'avaient aidé dans son entreprise, il les fit périr sous de faux prétextes. Orlando Cortinco, qui appartenait à la plus puissante et riche famille de la *Terre de Commune*, fut pendu par ses ordres ; Orlando d'Ornano et Guillaume de Pietra all'Arretta furent arrêtés, amenés à Gênes et jetés en prison, où ils finirent leurs jours. Godefroi de Lavaggio, en partant de l'île, laissa le pouvoir à Guillaume de la Rocca ; mais, toujours en homme défiant, il voulut amener avec lui ses fils en ôtage. Après le départ de Lavaggio, les seigneurs de l'île se révoltèrent contre Guillaume de la Rocca ; ce dernier profita de cette circonstance pour s'emparer des biens de Guillelminucello d'Attalà, puis, s'étant uni à Arrigo d'Istria, il assiégea le château de Cinarca. Les seigneurs de Cinarca, qui ne périrent pas en défendant leur château se réfugièrent à Leca, où ils se fortifièrent et prirent le nom de ce lieu.

Arrigo d'Istria, s'étant dégoûté de son collègue, s'embarqua pour l'île de Sardaigne, où il fut tué, et Guillaume de la Rocca continua à parcourir l'île pour la soumettre.

Michel, près de Murato. On voit encore les ruines de ce village. Dans les gorges de Bevinco on voit quelques ruines qu'on nomme château de Pietra Ellerata ou all'Arretta, mais elles sont trop mesquines et n'indiquent pas la résidence d'une famille puissante.

CHAPITRE V

DE 1284 A 1460.

La Corse en proie aux factions. — Le pape Boniface VIII donne la Corse à Jacques II, roi d'Aragon (1297). — Révolution et démolition de plusieurs châteaux féodaux. — Les insulaires offrent le gouvernement de la Corse à Gènes (1347). — Jean Murta, doge de Gênes, signe l'acte de convention. — Guillaume de la Rocca. — Les Giovannali (1354). — Arrigo de la Rocca. — Tridano della Torre, gouverneur de la Corse; sa mort (1363). — Jean Magnera lui succède. — Deux gouverneurs dans l'île, Lomellino et Tortorino. — Arrigo de la Rocca revient de l'Espagne; révolte en Corse (1372). — Société de la Maona. — Arrigo pactise avec cette société. — Révolte d'Arrigo. — La société de la Maona est dissoute (1380). — Paul de la Carbaja, gouverneur. — Lomellino lui succède. — Il est battu par Arrigo de la Rocca. — Lomellino fait bâtir un bastion de défense près de Porto-Cardo, qui donna son nom à la ville de Bastia (1383). — Camponiello Cortinco défait Arrigo. — Désordres causés par les partis des Cagionacci et Ristagnacci. — Arrigo revient d'Espagne avec des forces, il attaque le gouverneur Zovaglia, le bat et le fait prisonnier. — Le général génois Ponzano est battu. — Raphaël Montalto, gouverneur de Corse. — Il met en fuite Arrigo de la Rocca. — Ce dernier se prépare à la guerre; sa mort à Vizzavona ou sous l'almento (1400). — François, son fils, embrasse le parti génois (1401). — Les Caporaux. — Le gouverneur Marial. — Le maréchal français de Meingle (1407). — Lomellino se fait céder la Corse par le roi de France. — Vincentello d'Istria (1408). — Raphaël Montalto, gouverneur de l'île. — Campo Fregoso. — Lomellino (1419). — Alphonse V, roi d'Aragon. — Siége et prise de Calvi. — Siége de Bonifacio. — Calvi se révolte et se donne aux Génois. — Vincentello d'Istria est nommé vice-roi de l'île par Alphonse V. — La Corse se soulève. — Vincentello triomphe. — Il va en Sardaigne et tombe entre les mains des Génois. — Il est décapité. — Simon de Mare et Paul de la Rocca. — Janus de Campo Fregoso (1438). — Giudice d'Istria combat pour les Aragonais. — L'évêque d'Aléria veut soumettre la Corse au pape (1441). — Révolte des Corses contre les Caporaux. — Le pape Nicolas V cède la Corse aux Campo Fregoso (1447). — Confrérie politico-religieuse de Nicolò. — Les Aragonais reparaissent en Corse (1451). — La compagnie de Saint-Georges prend possession de la Corse (1453). — Les Aragonais abandonnent l'île. — Raphaël Leca. — Les Aragonais reparaissent en Corse (1455). — Mort de Raphaël Leca. — Massacre des Leca (1457). — Antoine Spinola, envoyé comme gouverneur par la compagnie de Saint-Georges, commet des atrocités dans l'île de Corse (1459).

Le pape Boniface VIII avait donné, dès l'année 1297, l'investiture de la Corse à Jaques II, roi d'Aragon. Ainsi nous verrons bientôt l'île de Corse devenir la proie de trois factions qui la déchirent.

Vers le milieu du quatorzième siècle, la Corse se trouvait dans une complète anarchie, l'autorité de Pise était devenue nulle, Gênes n'occupait que quelques places fortes, et les lois n'étaient d'aucun poids dans l'île. Dans cet état de choses, il se fit une révolution tumultueuse parmi les insulaires, qui, ayant choisi pour leurs chefs des hommes d'un grand courage et d'une grande énergie, se mirent à parcourir toute l'île en rasant les châteaux féodaux, parmi lesquels ils ne respectèrent que ceux de Cinarca, de Nonza et de San-Colombano du Cap-Corse (1). Peu de temps après on tint une consulte et on décida de conférer la suprême autorité de l'île à la république de Gênes (1347).

Jean Murta, alors doge de la république, accepta l'acte de la réunion, et, après en avoir donné lecture en présence de tout le conseil réuni, il jura d'en observer scrupuleusement les dispositions.

Par cet acte la république de Gênes accordait aux Corses les priviléges : 1° d'être gouvernés par leurs propres magistrats, d'après les lois et les usages de l'île; 2° la partie cismontane de l'île devait rester soumise au souverain magistrat des Douze, et la partie ultramontaine à celui des Six; 3° un représentant des Corses, ayant le titre d'*Orateur*, devait résider à Gênes, afin de faire connaître les besoins et exposer les griefs de ses compatriotes; 4° aucun impôt ne devait être établi dans l'île sans l'avis de l'*Orateur* et l'approbation du suprême magistrat; 5° le prix du sel ne devait jamais être augmenté; 6° le tribunal supérieur devait être composé de Corses et de Génois en nombre égal.

Nous avons dit plus haut que Guillaume de la Rocca continuait de combattre pour ramener la Corse sous ses ordres, mais la guerre que lui fit Guilfuccio d'Istria lui fut fatale, et il ne tarda pas à perdre la vie dans cette lutte.

En l'année 1354 parut dans l'île de Corse une secte religieuse appelée les *giovannali*, du nom de son fondateur *Giovanni*, religieux de l'ordre de Saint-François. Les *giovannali*, comme les modernes saint-simoniens, voulaient régénérer la vieille société; ils ne formaient qu'une seule famille, tous leurs biens étaient mis en communauté, ils proclamaient de nouveaux dogmes, avec un culte particulier; leur costume était bizarre, et, en menant une vie mystique, ils affectaient des manières ridicules. Cette société avait attiré même des familles influentes : Henri et Paul, seigneurs d'Attalà, en faisaient partie.

---

(1) Selon Filippini, l'insurrection qui démolit les châteaux féodaux aurait eu lieu dans l'année 1339, et non en 1347. Ce même auteur fait paraître à cette époque sur la scène politique le premier Sambucuccio.

Les giovannali, qui d'abord avaient fait des progrès rapides, finirent par dégoûter les insulaires. Une persécution fut organisée contre eux. Ceux-ci cherchèrent à se défendre; mais, assaillis par des forces supérieures dans la pieve d'Alésani, ils furent tous impitoyablement massacrés.

Après la mort de Guillaume de la Rocca, Arrigo, son fils, jeune homme plein de courage, prit la résolution de continuer la guerre; mais Boccanegra, qui s'était emparé du pouvoir à Gênes, envoya en Corse Tridano della Torre avec des forces considérables (1362). Ce nouveau gouverneur marcha contre Arrigo et le força à s'embarquer pour l'Espagne.

Ce Tridano, dont l'administration semblait améliorer les affaires de l'île, perdit la vie dans le village de Venzolasca, où il s'était porté comme médiateur entre les Ristagnacci (1) et les Cagionacci. Les deux partis en vinrent aux mains, et l'un des Cagionacci donna la mort à Tridano della Torre (1365).

Jean de Magnera lui succéda, mais son imprudence lui attira bientôt la haine des insulaires, et le sénat le rappela tout de suite. La république pensa alors de nommer deux gouverneurs en Corse : le choix tomba sur Lomellino et sur Tortorino. Ces deux personnages formèrent deux partis; l'un se plaça à la tête des Ristagnacci et l'autre protégea les Cagionacci; mais ayant fini par s'entendre, la paix fut conclue entre les partis ennemis.

ARRIGO DE LA ROCCA.

Arrigo, fils de Guillaume de la Rocca, jeune homme valeureux, était passé en Espagne. Ayant obtenu des secours du roi d'Aragon (2), il reparut en Corse et réussit à soulever une partie des habitants (1372).

La république de Gênes, se voyant impuissante à comprimer ce soulèvement, abandonna cette entreprise à des seigneurs liguriens. Ce fut alors que se forma la fameuse société de la *Maona*, dont les premiers membres furent Leonello Lomellino, Jean de Magnera, Louis Tortorino, André Ficone et Christophe Maruffo.

Le Sénat céda la Corse à cette société à titre de fief. Celle-ci, qui

---

(1) Ces deux familles, pauvres et obscures, protégées par des personnes influentes et rivales, devinrent le pivot d'inimitiés sanglantes.

(2) Arrigo de la Rocca avait servi en Espagne et avait occupé des postes importants; il voulut, après, continuer la guerre commencée par son père contre les Génois.

disposait d'immenses richesses, réussit à jeter dans les embarras financiers Arrigo de la Rocca, qui fut forcé de s'entendre avec eux et de signer un traité de paix en vertu duquel il était admis au nombre des gouverneurs de la Maona.

La paix ne dura pas longtemps. Henri, qui s'était fortifié dans le château de Barricini, voulait rompre avec les Génois; deux de ces seigneurs de la Maona s'opposèrent à son entreprise; l'un fut mis à mort, l'autre fut fait prisonnier et racheta sa liberté moyennant six mille florins d'or. Les deux autres, qui restèrent en vie, se retirèrent à Gênes (1380).

La république, après la défaite de la société de la Maona, envoya en Corse, pour gouverneur, un certain Croara (1). Celui-ci n'y resta que peu de temps et ne fit rien de remarquable, mais Lomellino, qui lui succéda, commença les hostilités contre Arrigo de la Rocca. Ce dernier vint l'assiéger à Aleria, où il s'était fortifié; Lomellino se défendit pendant quelques mois, mais, croyant ne pouvoir prolonger sa défense, il se retira à Biguglia, qu'il quitta bientôt pour aller se placer sur le promontoire qui dominait le Porto-Cardo, où il jeta les fondements d'une forteresse ou bastion de défense, en 1383, qui devint plus tard une ville florissante : la ville de Bastia.

Arrigo de la Rocca croyait régner en paix, mais Camponiello Cortinco, qui avait épousé le parti génois, et qui jouissait d'une grande influence dans l'île, souleva le peuple, attaqua Arrigo, le défit et l'obligea à passer les monts. Arrigo se mit alors à combattre contre les habitants de la ville de Bonifacio; il remporta plusieurs avantages sur eux, mais deux de ses fils naturels s'étant révoltés contre lui, il fut obligé d'abandonner la lutte et de transiger avec ces deux rebelles.

Les partis Cagionacci et Ristagnacci ayant recommencé à causer des désordres, la république envoya en Corse Baptiste Zovaglia; celui-ci passa les monts, démolit tous les châteaux féodaux, excepté ceux de Cinarca et de Roccapina.

Arrigo de la Rocca, qui était passé en Espagne, revint bientôt avec deux galères chargées de soldats et de provisions, débarqua à l'embouchure du Golo, où le parti des Cagionacci vint le rejoindre. Baptiste Zovaglia est attaqué, vaincu et fait prisonnier; toute l'île est bientôt soumise, à l'exception de Calvi, Bonifacio et le Cap-Corse.

(1) Le nom du gouverneur génois qui précéda Lomellino n'est pas le même chez tous les historiens. Dans les uns on lit Croara, dans les autres Paolo della Corbaja, et enfin dans d'autres Paolo della Rovere.

A cette nouvelle, le doge Antoine de Montalto s'empressa d'envoyer en Corse le général Ponzano avec des forces considérables; celui-ci marcha contre Arrigo à Biguglia; la lutte fut sanglante, et les Génois furent obligés de battre en retraite. Le général Raphaël Montalto ne tarda pas, à son tour, à débarquer en Corse; plusieurs personnes influentes que l'orgueilleux Arrigo avait humiliées se joignirent à lui. Arrigo fut attaqué avec énergie; il fut repoussé partout et obligé d'aller se renfermer dans ses domaines. Il faisait de grands préparatifs pour recommencer la guerre, lorsqu'il fut surpris par un violent mal d'estomac, et mourut soit à Vizzavona soit à Palmento (1400).

Arrigo avait gouverné la Corse pendant quelque temps avec sagesse, mais, plus tard, il devint cruel et persécuta tous ceux qui lui portaient ombrage, et se plut à semer et à fomenter la discorde entre les familles influentes, afin qu'elles s'exterminassent dans des inimitiés sanglantes.

Après la mort d'Arrigo de la Rocca, François, son fils naturel, trahit le parti du roi d'Aragon et se jeta dans celui des Génois (1). Guilfuccio d'Ornano, indigné de son lâche procédé, l'attaqua dans ses possessions et l'obligea de se sauver à Bastia, où il vendit aux Génois pour peu d'argent toute sa seigneurie de la Cinarca. Le gouverneur de Montalto, pour récompenser la conduite de François de la Rocca, le nomma son lieutenant dans la *Terre de commune* (1401).

Montalto fut rappelé et Ambroise Marini lui succéda.

A cette époque, Gênes était régie par le maréchal de Meingle, en qualité de lieutenant de Charles VI, roi de France.

Le peuple corse était prévenu contre le gouverneur Marini, et s'apprêtait déjà à se révolter, lorsque la mort subite de ce gouverneur apaisa tous les esprits. Leonello Lomellino chercha à gagner les bonnes grâces du maréchal de Meingle, et, à force d'intrigues, obtint de lui le gouvernement de l'île comme fief du roi de France, avec le titre de comte de l'île de Corse.

En débarquant dans l'île, Lomellino s'aperçut bientôt que les habitants ne voulaient pas de lui. Il se montra hautain, et voulut employer la force pour se faire obéir; les Corses s'insurgèrent et le repoussèrent toujours avec perte.

(1) Arrigo avait deux fils. Antoine-Laurent, fils légitime, avait pris service en Espagne et resta fidèle aux rois d'Aragon; François, fils naturel, embrassa le parti génois.

VINCENTELLO D'ISTRIA.

A cette époque Vincentello d'Istria commença sa carrière militaire. Il avait à peine seize ans lorsqu'il s'embarqua pour l'Espagne et prit service dans l'armée du roi d'Aragon, Alphonse V. Dès que la guerre éclata entre ce roi et la république de Gênes, Vincentello obtint du monarque aragonais le commandement d'une galère bien armée ; deux autres galères et une galiote lui furent données après par le roi de Sicile.

Au moyen de ces renforts, et sachant que la conduite de Lomellino avait produit un grand mécontentement dans l'île, Vincentello commença la lutte contre les Génois et réduisit bientôt la Corse sous la puissance du roi d'Aragon, à l'exception de Biguglia, Calvi et les châteaux de Bastia et San-Colombano. Leonello Lomellino avait quitté la Corse laissant à sa place Nicoroso de Manicipio. Ce dernier fut obligé de céder la forteresse de Bastia à Vincentello, moyennant la somme de sept cents livres génoises (1407).

Vincentello fut nommé alors comte de l'île de Corse, mais son impartialité en rendant la justice lui attira des ennemis. François de la Rocca, fils d'Arrigo, qui était passé dans le parti des Génois, se mit à la tête des mécontents et poursuivit Vincentello. Aussitôt que Gênes eut connaissance de cette révolte, elle s'empressa d'envoyer André Lomellino pour aider François de la Rocca. Vincentello fut obligé de se renfermer dans la forteresse de Bastia ; la place fut assiégée par terre et par mer, il fit quelques sorties pour repousser les assiégants, dans une desquelles il fut blessé à la jambe.

Vincentello quitta la ville de Bastia et partit pour la Sicile; mais il ne tarda pas à revenir. Il débarqua à Ajaccio; toute la partie du *Delà-des-monts* le reconnut pour son chef. Plus tard, il passa les monts et se vengea de tous ceux qui avaient suivi François de la Rocca; il saccagea le village de Venzolasca et vint ensuite assiéger Biguglia, où se tenait enfermée la garnison génoise, commandée par François de la Rocca. Celui-ci, dans une sortie, fut blessé au cou par un berger, et mourut (10 janvier 1408). Les seigneurs du Cap-Corse étant accourus en aide aux Génois, obligèrent Vincentello à passer les monts et à se renfermer dans le château de Cinarca.

Dans une course que Vincentello fit du côté de Quenza, une femme intrépide, Madonna Violante, épouse de Risturcello, et sœur de François de la

Rocca, mort à Biguglia, "attaqua avec énergie ; après une lutte sanglante, Madonna Violante fut repoussée et alla s'enfermer dans Bonifacio.

Ayant appris que Martin, roi de Sicile et héritier de la couronne d'Aragon, se portait en Sardaigne à la tête d'une nombreuse armée contre le vicomte de Narbonne, Lara, juge d'Arborée, et Brancaleone Doria, qui avaient soulevé cette île contre les Aragonnais, Vincentello s'empressa de le rejoindre et assista à la bataille que le roi de Sicile livra aux Génois, près des *îles Asinarie*, et à la bataille qui suivit à San-Luri, d'où l'armée de Sicile sortit victorieuse. Rentré en Corse, Vincentello eut à soutenir la lutte contre plusieurs personnes influentes qui étaient passées au parti génois. Dans le *Deçà-des-monts*, l'évêque de Mariana (Jean d'Omessa) et Deodato de Casta (chanoine), mécontents du gouverneur génois, revolutionnèrent le peuple et appelèrent à leur secours Vincentello; celui-ci ne se fit pas attendre, mais Raphaël Montalto s'empressa de se rendre en Corse, apaisa les troubles et obligea Vincentello à repasser les monts. Sur ces entrefaites, un navire monté par des Biscaïens, armés et aguerris, vint jeter l'ancre dans les parages de Cinarca (golfe de Sagona). Vincentello les prit à son service et marcha contre l'évêque de Mariana, qui, après l'avoir appelé à son secours, était passé au parti génois. Celui-ci, à l'approche de Vincentello, s'enfuit auprès du gouverneur génois, et tous deux marchèrent à sa rencontre pour lui barrer le passage dans les environs de Corte, mais ils furent complétement battus. La ville de Corte tomba entre les mains de Vincentello. Montalto se refugia à Bastia, et l'évêque de Mariana courut se renfermer dans le château d'Omessa. Montalto demanda des secours à Gênes, et conclut avec les *Caporali*, les plus influents du *deçà des monts*, un traité par lequel ils s'engageaient à se tenir sur l'offensive et la défensive en faveur de la république ligurienne, à condition que cette dernière leur payerait une solde. Les *Caporali* signataires du traité furent l'évêque de Mariana, Baldacci de Chiatra, le chanoine Casta, Sambucello de Pietricaggio d'Alesani, l'évêque d'Aleria et plusieurs autres. Cependant Montalto recevait des renforts de Gênes, et sachant que Vincentello s'approchait, il marcha à sa rencontre et le battit dans la plaine de Mariana.

Peu de temps après, quelques *Caporali*, salariés par Gênes, firent défection à la république et embrassèrent le parti de Vincentello. Les évêques de Mariana et d'Aléria se mirent à leur poursuite; mais, voyant que Montalto ne secondait pas leurs efforts, ils le dénoncèrent à la république de Gênes, qui nomma gouverneur de l'île Abraham de Campo-Fregoso.

RINUCCIO DE LA ROCCA, VOYANT ROULER A SES PIEDS LA TÊTE DE L'UN DE SES ENFANTS ET CELLE DE SON NEVEU. (Ouvrage de Renato Deva.)

COLONEL VICTOR PIANELLI.

L'ARCHIDUC COSROÈS (MARTYR)

Campo-Fregoso arrive en Corse le 15 mai 1416, et ne tarde pas à soumettre l'île. Vincentello est obligé de passer en Catalogne; Campo-Fregoso repart pour Gênes. Les évêques d'Aléria et Mariana se révoltent de nouveau, et Campo-Fregoso s'empresse de revenir pour apaiser les troubles.

Vincentello revient de l'Espagne avec des renforts et avec le titre de vice-roi de l'île; plusieurs Caporaux et les évêques de Mariana et d'Aléria se mettent de son parti. Vincentello va s'établir à Corté, où il fait construire le château; plus tard, il s'avance jusqu'à Biguglia, et y met le siège; le doge Campo-Fregoso envoie en Corse André Lomellino et Jacques de Camera avec quatre cents soldats; les seigneurs du Cap-Corse se joignent à eux : Vincentello bat ces derniers et les fait prisonniers; mais il est battu à son tour par Lamellino. Vincentello revient assiéger Biguglia; Campo-Fregoso, qui était débarqué à Rinelle avec des troupes, oblige les Corses à battre en retraite. Ceux-ci s'étant réfugiés sur les montagnes, profitent d'un moment favorable et tombent sur les Génois; Campo-Fregoso et Lomellino sont faits prisonniers; ils rachètent leur liberté moyennant une forte somme d'argent, et repartent pour Gênes.

Le roi d'Aragon, Alphonse V, était passé en Sardaigne, de là il se rendit en Corse et mit le siège à la ville de Calvi, dont il s'empara, puis il se porta devant la ville de Bonifacio; mais cette dernière résista énergiquement. Alphonse V ayant été appelé à Naples par la reine Jeanne, sa mère adoptive, afin de la secourir contre le duc d'Anjou, leva le siège et laissa le commandement de l'île à Vincentello. Après le départ du roi d'Aragon, la ville de Calvi se révolta et massacra la garnison catalane. A la tête des insurgés se trouvait un certain Pierre Baglioni, auquel on donna le nom de *Libertà*, qu'il transmit à ses descendants.

Une grande partie des Caporaux (1) étant jaloux de l'ascendant qu'avait sur Vincentello Lucien de Casta, se divisèrent, et s'étant unis à Rinuccio de Leca, et à Paul de la Rocca, élurent pour leur chef Simon da Mare; mais ces mêmes Caporaux passèrent tout de suite au parti des Aragonais.

Vincentello, voulant rejoindre Alphonse V à Naples, fit construire deux galères, et à cet effet il fit lever de fortes contributions. Les Corses, peu ha-

---

(1) Tous les caporaux portaient le nom de leur village; ils n'étaient pas tous riches, ni seigneurs de noble souche, mais ils avaient une grande influence. Les plus anciennes familles des *Caporali* étaient celles de Casta, de Campocasso, de San Antonino, della Corbaja, de Pastoreccia, de Pruno, d'Ortale, de Chiatra, de Matra, de Pietricaggio, de Pancheraccia, d'Omessa, de Lugo, de l'Olmo, della Crocicchia, della Campana, de la Rebbia, de Lobio.

bitués à ces sortes de vexations, se soulevèrent, d'autant plus que ce petit tyran avait déjà encouru la haine des habitants de Biguglia pour avoir attenté à la pudeur d'une jeune fille fiancée à un jeune homme des Monteggiani.

Un membre de la famille Casabianca et des Campo-Casso se mirent à la tête des révoltés et obligèrent Vincentello à se réfugier dans la Cinarca; mais, poursuivi de tous côtés, il s'embarqua pour la Sardaigne. Assailli par une tempête, l'une de ses galères tomba entre les mains de Colombano da Mare, l'autre, qui aborda à Porto-Torre, fut capturée par Jean d'Istria, frère de Vincentello, qui voulut se venger de l'affront qu'il avait souffert à Biguglia. Jean d'Istria fit promettre par serment à Vincentello, s'il voulait recouvrer sa liberté, de lui livrer la citadelle de Bastia. Tout étant convenu, ils firent voile pour la Corse; mais, arrivés sous les murs de Bastia, ils la trouvèrent assiégée, et ce ne fut qu'avec peine qu'ils y purent pénétrer. Sur ces entrefaites, arriva en Corse Zaccaria Spinola, et ayant appris que les galères de Vincentello étaient désarmées, il conçut le projet de s'en emparer; par malheur Vincentello s'y trouvait tout seul; il fut arrêté, conduit à Gênes et condamné à mort (1434). Vincentello laissa deux fils naturels, Barthélemy et François.

L'année précédente, les Maures ayant fait une descente dans la partie sud de l'île, furent attaqués vigoureusement par les Corses, et, ne pouvant plus rejoindre leurs vaisseaux, furent tous impitoyablement massacrés.

Après la mort de Vincentello, Simon da Mare fut nommé gouverneur de la Corse par les Génois; Giudice de la Rocca, de son côté, voulait continuer la guerre pour les Aragonais; mais les Corses, faisant peu compte de lui, nommèrent dans une consulte, pour leur chef, Paul de la Rocca. Ce dernier combattit contre Simon da Mare, contre les Montalto et contre les *Caporali*; mais il fut bientôt obligé d'abandonner la lutte. Paul de la Rocca se mit de nouveau à la tête des insurgés, battit les Montalto; mais, attaqué par Janus de Campo-Fregoso, il fut obligé de battre en retraite.

Janus de Campo-Fregoso, homme rapace et perfide, ne s'occupa qu'à dépouiller les uns et les autres, même ceux qui l'avaient aidé; mais, lorsqu'il se hasarda de porter la main sur les Caporali, il fut obligé de prendre la fuite et de s'embarquer pour Gênes. Revenu quelque temps après dans l'île avec des forces considérables, il fut aidé par les toujours remuants Campo-Casso et par les évêques d'Aléria et de Mariana, défit les insulaires, guidés par le comte Polo, dans la plaine de la Mariana (1441).

Giudice d'Istria revint de l'Espagne avec des forces, l'évêque d'Aléria (Silvagnolo Matra) se mit de son parti; Campo-Fregoso voyant qu'il ne pouvait pas soutenir la lutte, partit pour Gênes.

Giudice, hautain par nature, se brouilla avec l'évêque d'Aléria; celui-ci le fit arrêter et jeter dans une prison, où il mourut.

Les Corses, tourmentés par l'anarchie et par les partis aragonais et génois, résolurent, à l'instigation de l'évêque d'Aléria, d'envoyer une députation au pape Eugène IV, pour lui offrir la souveraineté de l'île; l'offre fut acceptée, et en 1441 débarqua, dans l'île Montaldo, Paradisi, pour en prendre le gouvernement. A l'arrivée de ce dernier, les Corses se divisèrent en deux partis; Rinuccio de Leca assaillit l'envoyé du pape et le défit; le souverain pontife envoya alors dans l'île l'évêque de Potenza, avec des forces considérables; Rinuccio alla à sa rencontre, mais il périt dans le combat qui eut lieu près de Biguglia.

Après la mort de Rinuccio, les insulaires élurent pour chef Mariano da Gaggio; ce dernier, quoique du parti du pape, attaqua les Caporali, qui étaient le pivot de toutes les discordes qui désolaient la Corse; il détruisit leurs tours et les obligea de se réfugier dans les présides des Génois. La république envoya à leur secours le général Adorno avec des forces; une lutte sanglante eut lieu dans les environs de Caccia, où les insulaires, guidés par Mariano de Gaggio, mirent en déroute les *Caporali* et firent prisonnier le général Adorno.

Le pape Eugène IV mourut; Nicolas IV, d'origine génoise, lui succéda. Ce pontife rappela tout de suite les troupes de l'île, avec ordre de consigner toutes les forteresses aux autorités génoises.

Galéas, nommé gouverneur de l'île, s'attacha à lui Mgr de Germani, évêque de Mariana, dont il suivit d'abord les sages conseils; mais il s'en écarta bientôt, et sa rapacité, devenue insupportable, poussa les Corses à la révolte.

A cette époque parut en Corse le père Nicolò, de Naples, grand prédicateur, lequel, après avoir établi quelques confréries religieuses, dont faisaient partie plusieurs personnages du *Delà des monts*, tendit à les convertir en associations politiques; son supérieur, instruit de ses intrigues, le rappela à Naples.

Les seigneurs de Cinarca saisirent la circonstance de la révolte contre les les Génois pour rappeler les Espagnols en Corse. Le roi Alphonse, pour se captiver l'amitié des personnes influentes de cette île, prodigua des diplômes de noblesse (1) et envoya en Corse Jacobo d'Imbisora, avec le titre de vice-roi. La Corse, tourmentée alors par l'anarchie, ne fit aucun cas ni des largesses ni des forces du roi d'Aragon. Plus tard, les Corses, lassés de cet état de choses, formèrent une consulte, dans laquelle ils offrirent la seigneurie de l'île à la Compagnie de Saint-Georges (1453). Cette compagnie, qui existait depuis 1346, était devenue très-opulente; elle possédait des flottes et des armées, et signait des traités avec les puissances.

Lorsque le commissaire de la Compagnie prit possession de la Corse, il confirma dans leurs fiefs tous les seigneurs de l'île; mais, deux ans après, Battestino Doria les dépouilla sous divers prétextes, surtout les seigneurs du *Delà des monts*, qui étaient accusés d'avoir des relations secrètes avec les Aragonais.

Le roi d'Aragon, informé de la barbarie exercée contre ses partisans, s'empressa d'envoyer en Corse huit galères et d'autres vaisseaux de transport avec des troupes.

Les seigneurs ultramontains s'armèrent de courage, surtout les Leca; ils eurent plusieurs rencontres avec les Génois, qu'ils mirent en fuite; mais ces victoires furent de courte durée : un ordre imprévu du roi d'Aragon rappelait de la Corse son général Berlingero de Rillo, avec injonction d'amener ses troupes. Les seigneurs du *Delà des monts*, quoique consternés de cet abandon, tâchèrent néanmoins de résister encore aux Génois; mais ces derniers, mettant en œuvre la ruse et la perfidie, réussirent à introduire la discorde parmi ces seigneurs; Vincentello d'Istria passa au parti des Génois. Une telle défection fut fatale aux Leca; Raphaël, s'étant renfermé dans un fort avec vingt-cinq membres de sa famille et de ses proches parents, il y fut assiégé; leur résistance fut héroïque, mais le manque de vivres les força à se rendre : la garnison fut toute passée par les armes. Antoine Calvi, commandant des troupes génoises, homme barbare, fit écarteler le corps de Raphaël de Leca et en envoya les quartiers à Biguglia, Corte, Calvi et Bonifacio (1457).

---

(1) Les hommes annoblis par le roi d'Aragon furent :

Antoine de la Rocca.
Henri de la Rocca.
Raphaël de Léca.
Guillaume de Léca.
Giudice d'Istria.
François d'Istria.
Lanfranc Gentili.
Vinciguerra Gentili.
Vincentello Gentili.

Paolino Campocasso.
Charles de Casta.
Davigo de Logo.
Piccino de Pancheraccia.
Guillaume de Pancheraccia.
Guillaume d'Erbaggio.
Renucolo de Sant Antonino.
Vincent de Chiatra.
Rinuccio della Corbara.

Baldaccio de Pastoreccia.
Le chanoine de la Casabianca.
Emmanuel de Sant Antonino.
Guillaume de Campocasso.
Jean Ange de Pruno.
Guillaume Cortinco.
Silvagoolo de Matra.

En 1459, la Compagnie de Saint-Georges envoya en Corse Antoine Spinola, homme rapace et perfide, qui laissa sur tout son passage les traces de sa férocité. Les *pièves* de Niolo, de Sia, de Cruzini, de Sevedentro et de Sorrinsù furent dévastées de fond en comble, surtout celle de Sia, dont les habitants furent obligés de quitter pour toujours leurs habitations. Les ruines de ces villages sont encore debout de nos jours pour attester la barbarie d'Antoine Spinola. Après ces désastres, ce monstre feignit d'éprouver des remords et du repentir, et promulgua une amnistie; mais plusieurs de ceux qui vinrent lui faire acte de soumission périrent lâchement, et surtout Vincent Leca, avec trente hommes de sa suite, parmi lesquels son père, octogénaire, furent tous immolés à sa férocité. Antoine Rocca étant tombé entre ses mains, subit aussi le même sort. Ce terrible Génois fut trouvé mort dans son lit peu de temps après cette sauvagerie. Marc Marini, aussi sauvage et pervers que Spinola, lui succéda dans le gouvernement de l'île.

CHAPITRE VI

DE 1460 A 1554.

Louis de Campo Fregoso, doge de Gênes. — Il est déposé du trône ducal. — Gênes se donne au duc de Milan, François Sforza (1464). — Mort de François Sforza. — Galéas, son fils, lui succède. — Diète tenue à Biguglia. — Incident fâcheux. — Les seigneurs ultramontains se brouillent avec le gouverneur milanais. — Insurrection. — Sambocuccio d'Alando, nommé vicaire du peuple, apaise les tumultes. — Baptiste Amelia vice-duc en Corse. — Sambocuccio se démet de sa charge. — Graves troubles pour la perception des impôts. — Giudicello de Gaggio succède à Sambocuccio. — Après ce dernier, Charles de Casta, Vinciguerra de la Rocca, Colombano de la Rocca et Charles de la Rocca sont successivement nommés vicaires du peuple. — Galéas, duc de Milan, est assassiné. — Thomas de Campo-Fregoso veut s'emparer de la Corse; il est fait prisonnier. — Les Génois chassent le gouvernement milanais. — Thomas de Campo-Fregoso intrigue avec la duchesse régente de Milan et se fait céder la Corse. — Les Campo-Fregoso s'unissent en parenté avec Jean-Paul de Leca. — Thomas de Campo-Fregoso quitte la Corse et donne le gouvernement de l'île à son fils, Janus (1481). — Ce dernier part pour Gênes et laisse le gouvernement à Ambroise Farinole. — Les Corses s'insurgent (1483). Appien IV, prince de Piombino, est appelé à gouverner l'île. — Il y envoie son frère, Gérard. — Les Campo-Fregoso vendent leurs droits sur la Corse à la Compagnie de Saint-Georges. — Le comte Gérard perd courage. — Jean-Paul de Leca, passé au parti de la compagnie de Saint-Georges, attaque Rinuccio de Leca et le défait. — Le comte Gérard quitte la Corse avec toute sa suite. — Le cardinal de Campo-Fregoso est nommé doge de Gênes. — Thomas, son frère, intrigue pour arracher la Corse à l'Office de Saint-Georges. — Jean-Paul de Leca entre dans ses projets et se brouille avec l'Office. — Rinuccio de Leca s'éloigne, lui aussi, de l'Office et s'unit à Jean-Paul. — Ils sont défaits par Philippe Fiesque. — Conduite infâme de Fiesque envers Rinuccio. — Dénegri nommé gouverneur de l'île (1493). — Fondation de la nouvelle ville d'Ajaccio. — Sylvestre Giustiniani. — Dénegri revient dans l'île. — Défaite de Jean-Paul de Leca. — Il quitte la Corse pour la dernière fois. — Rinuccio de la Rocca brouillé avec la Compagnie de Saint-Georges. — Lescaro gouverneur de l'île. — Nicolò Doria combat contre Rinuccio, et il traite avec lui. — Rinuccio va à Gênes avec toute sa famille, et donne ses fils en otages. — Nicolò Doria ravage le canton de Talavo, force les habitants du Nielo à quitter leurs villages, et commet des atrocités. — L'Office de Saint-Georges cherche à éloigner Jean-Paul Leca de l'île de Sardaigne. — Jean-Paul rejette avec mépris les propositions de l'Office. — Rinuccio de la Rocca passe en Corse et cherche à la soulever. — Nicolò Doria fait venir en Corse les deux fils de Rinuccio, et exige impérieusement que ce dernier dépose les armes : Rinuccio garde le silence. — Nicolò alors fait trancher la tête à l'un de ses fils et celle de son neveu, et les lui envoie. — Rinuccio, consterné, quitte la Corse. — Il y revient bientôt. — André Doria vient le combattre, en le menaçant de faire trancher la tête au dernier de ses fils. — Rinuccio s'expatrie de nouveau. — Dernière apparition de Rinuccio, dans laquelle les Génois le font assassiner. — Destruction des deux familles Leca et Rocca. — Tyrannie des Génois. — Émigration de plusieurs insulaires. — Quelques-uns se distinguent sur le continent. — Notices biographiques. — Portraits. — Les corsaires barbaresques infestent le littoral de l'île. — Dissensions intestines à Gênes (1502). — Baldassar Adorno gouverneur de l'île. — André Doria délivre sa patrie. — Giocante Casablanca (Corse) y joue un grand rôle. — Janus de Brando (Corse) se fait remarquer dans cette entreprise. — Dragut, lieutenant de Barberousse, dey d'Alger, dévaste le littoral de l'île. — Zanettino Doria, neveu du célèbre André, le fait prisonnier dans le golfe de Porto (Corse). — Dragut rachète sa liberté et continue ses ravages (1541). — Église de Saint-Crysogone, à Rome, cédée à la colonie corse. — Pluies torrentielles qui dévastent l'île. — Rencontrasses des Corses à Gênes. — Henri II en guerre contre Charles V, empereur. — Gênes alliée de Charles V. — Henri II veut faire la conquête de la Corse. — Sampiero.

Louis de Campo-Fregoso ayant été élu doge de la république, eut l'idée de faire connaître ses prétentions sur la Corse; ainsi il cherchait tous les moyens de l'arracher à la Compagnie de Saint-Georges. A cet effet, il écrivit secrètement à plusieurs émigrés insulaires qui vivaient sur le continent italien et en Sardaigne. Ceux-ci s'empressèrent d'entrer dans ses desseins, et ne tardèrent pas à débarquer dans l'île. L'insurrection éclata dans presque toutes les parties de la Corse, et les troupes de la Compagnie furent chassées de l'intérieur de l'île (1462).

Louis Campo-Fregoso fut bientôt renversé du trône ducal par une émeute populaire, et Gênes tomba dans l'anarchie.

Dans cette circonstance, on envoya une députation à François Sforza, duc de Milan, pour lui offrir le gouvernement des États de Gênes; le duc accepta l'offre et s'empressa d'envoyer des troupes dans la capitale de la Ligurie. Les séditieux rentrèrent dans l'ordre, et la famille des Campo-Fregoso fut proscrite.

Le duc Sforza envoya en Corse le général Manetti avec des troupes (1464), et pendant deux ans la plus grande tranquillité régna dans cette île. Le duc François Sforza cessa de vivre; Galéas, son fils, lui succéda. Dans cette circonstance, le commissaire du duc Sforza convoqua une assemblée à Biguglia, afin de faire connaître aux insulaires l'avénement de Galéas au trône ducal. Cette réunion fut troublée par une altercation survenue entre quelques individus de la suite des seigneurs du *Delà des monts* et les habitants de Biguglia. Le commissaire milanais, fort indigné, fit arrêter et punir sévèrement les coupables, qui étaient tous vassaux des seigneurs de Cinarca. Ces derniers, se croyant humiliés, se retirèrent mécontents dans leurs terres. Voilà la Corse plongée dans la guerre civile. Giocante de Leca se mit à la tête des mécontents, et aidé par plusieurs des Caporali, toujours remuants, pénétra dans l'intérieur de l'île. Le duc Sforza envoya alors en Corse Ambroise de Lunghignano, avec huit cents soldats. Celui-ci défit d'abord Giocante de Leca, mais ce dernier, aidé par Pierre Casabianca, Griffo d'Omessa, les seigneurs de Bozzi et d'Ornano, et enfin par Giudicello de Gaggio, obligea Lunghignano à quitter la Corse.

Ce fut dans cette circonstance que prirent naissance les deux factions des Noirs et des Rouges ; deux membres de la famille Casabianca en furent les chefs : Pierre était à la tête des Noirs, et Giocante était le chef des Rouges. Ces deux factions ensanglantèrent longtemps le sol de la Corse.

Pour éviter les malheurs de la guerre civile, les personnes influentes de la *Terre de commune* formèrent une consulte à Morosaglia, et nommèrent pour chef Sambucuccio d'Alando, descendant peut-être du premier Sambucuccio. Celui-ci, à la tête de forces considérables, disperse les insurgés et conjure les horreurs de l'anarchie. Une députation fut bientôt envoyée à Milan, afin de prier le duc de rappeler son commissaire Costa, qui avait commis des imprudences ; les députés furent reçus avec honneur par le duc, et Baptiste Amélia fut envoyé en Corse avec le titre de vice-duc. Ce nouveau gouverneur ne fut pas heureux à cause de la perception des impôts, qui causa de graves troubles et des luttes sanglantes.

Sambucuccio d'Alando s'étant démis de sa charge de vicaire du peuple, Giudicello de Gaggio lui succéda ; celui-ci réussit à apaiser les troubles. Après sa gestion annuelle, Charles de Casta, homme fort estimé, fut nommé vicaire, mais il se démit bientôt de sa charge. Vinciguerra de la Rocca fut nommé après Casta, et par sa bonne administration mérita le surnom d'*Ami de la justice*. Colombano de la Rocca lui succéda, et après lui on nomma Charles de la Rocca. En 1476, une sanglante inimitié ayant éclaté entre les seigneurs ultramontains, Charles de la Rocca abandonna la *Terre de commune* et alla défendre sa famille.

Dans cet intervalle, Galéas, duc de Milan, fut assassiné, et les Campo-Fregoso saisirent cette occasion pour s'emparer de la Corse, mais ils furent repoussés, et Thomas de Campo-Fregoso fut fait prisonnier.

Les Génois ayant secoué le joug des Milanais, Thomas de Campo-Fregoso, qui se trouvait prisonnier à Milan, intrigua près d'un certain Simonetto, homme très-influent à la cour ducale, afin d'obtenir le domaine de l'île de Corse ; ce personnage en parla à la régente, et lui conseilla de la céder à une puissante famille génoise, plutôt que de la perdre autrement. Ses conseils furent écoutés, et Thomas de Campo-Fregoso fut bientôt investi de la seigneurie de la Corse. Dès son arrivée dans l'île, Campo-Fregoso s'empressa de proposer une alliance de parenté avec Jean Paul de Leca. Celui-ci y adhéra ; la pension que la duchesse régente de Milan lui avait accordée lui fut conservée, et plusieurs Caporaux même reçurent des emplois avec salaire.

RINUCCIO DE LECA. — JEAN-PAUL DE LECA. — RINUCCIO DE LA ROCCA.

Campo-Fregoso, se croyant affermi dans son pouvoir, commença par se montrer hautain et despote; sa conduite excita un grand mécontentement dans l'île, et, prévoyant une prochaine insurrection, il s'empressa de passer à Gênes, laissant à son fils Janus le commandement de l'île (1481). Janus de Campo-Fregoso, qui d'abord s'était montré juste, ne tarda pas à se rendre odieux, et lui aussi conjura la révolution en quittant la Corse et en donnant le gouvernement à Marcellin Farinole. Ce dernier, homme vénal s'il en fût, poussa les insulaires à une violente insurrection (1483).

Rinuccio de Leca, qui vivait retiré dans le village de la Casabianca, fut élu chef par les insurgés; il ne voulut pas accepter cette charge, mais il s'empressa d'écrire à Appien IV, prince de Piombino, en le priant de prendre le gouvernement de la Corse. Appien accepta l'offre et expédia dans l'île son frère, Gérard. Ce dernier fut reçu par Rinuccio et ses partisans, et une diète eut lieu au Lago Benedetto, dans la plaine de la Mariana. Bientôt après les Génois, attaqués de toutes parts, sont obligés d'abandonner la Corse. Les Campo-Fregoso, informés de cet événement, songèrent à vendre leurs droits sur cette île à la Compagnie de Saint-Georges.

Les directeurs de cette Compagnie tentèrent de nouveau cette entreprise et s'apprêtèrent à faire de grands préparatifs pour revenir dans l'île. A cette nouvelle, les Corses reprirent les armes; mais le comte Gérard se laissa intimider et refusa de combattre contre cette association si opulente : Rinuccio de Leca l'encouragea à tenter le sort des armes; mais Jean-Paul de Leca, qui avait déserté le parti du prince de Piombino, attaqua Rinuccio au couvent de Saint-André de Belgodère, le défit entièrement, et pressa le comte Gérard de quitter la Corse avec toute sa suite.

Le cardinal de Campo-Fregoso ayant été nommé doge de la république, Thomas, son frère, rêva de nouveau la conquête de la Corse, en l'arrachant à la Compagnie de Saint-Georges. Il écrivit à Jean-Paul de Leca, en lui faisant part de son projet, et en le priant de lui prêter un coup de main; Jean-Paul d'abord se troubla; puis, ayant réfléchi, il se décida à rompre avec la Compagnie. Il va trouver le gouverneur Zoraglia, il se plaint avec lui de l'ingratitude de la Compagnie de Saint-Georges à son égard, et avec un ton insolent et hautain l'appela lâche et infâme.

Le gouverneur Zovaglia informa de cet événement les directeurs de la Compagnie; ceux-ci soupçonnant quelque intrigue de la part des Campo-Fregoso, s'en plaignirent au cardinal Doge; ce dernier, qui était innocent, suspecta son frère Thomas d'avoir conspiré contre la Compagnie; Thomas nia avec effronterie et blâma la conduite de Leca; les directeurs l'engagèrent à lui écrire; ce qu'il fit. Mais Galeotti, qui était porteur d'une missive secrète, en débarquant en Corse fut arrêté et on trouva sur lui les preuves de la perfidie de Thomas de Campo-Fregoso.

Cependant Jean-Paul de Leca voulut tenter le sort des armes : il passa les monts, tous les Caporaux se joignirent à lui, mais il ne fut pas trop heureux dans ses entreprises. Rinuccio de Leca, peu content des agents de la Compagnie de Saint-Georges, songea à se révolter contre elle; il écrivit à cet effet à Jean-Paul de Leca en lui demandant pardon du passé et en le priant de se joindre à lui. Jean-Paul oubliant les torts de Rinuccio, vient à son aide : les troupes génoises, commandées par Dénegri et par Rollandone, sont défaites en plusieurs rencontres.

Rinuccio de Leca avait un fils qui étudiait dans les colléges de Gênes; on l'arrêta et on le confia à Philippe Fiesqui; celui-ci, accompagné par Alphonse Ornano au service de Gênes, vient en Corse avec des forces, amenant avec lui le fils de Rinuccio. Jean-Paul et Rinuccio furent attaqués avec énergie, la tour de Foce d'Orto de Jean-Paul fut prise d'assaut, la garnison massacrée, et lui obligé de s'éloigner. Rinuccio, harcelé de toute part, alla se renfermer dans la tour de la Zurlina.

Après ces faits d'armes, Fiesqui, qui avait connu beaucoup Rinuccio à la cour de Milan, lui écrivit en ami en le priant de se rendre à un tel point pour voir son fils et pour traiter ensemble sur les bases d'un arrangement. Rinuccio hésite et enfin refuse de consentir à cette entrevue. Fiesqui va alors à sa rencontre au fort de la Zurlina, où il fut reçu en ami par Rinuccio. Le perfide Génois proteste de son affection et l'invite à l'accompagner à Vico. Rinuccio ne montrant plus de défiance, se rend à sa prière, mais à peine y furent-ils arrivés que le Génois, foulant aux pieds les sentiments de l'honneur, le fit arrêter et l'envoya à Gênes chargé de chaînes, où il fut jeté dans un cachot et où il finit ses jours au milieu d'affreux tourments (1491). Jean-Paul de Leca, consterné par cette lâche et horrible trahison, s'embarqua pour la Sardaigne.

Dénegri fut nommé gouverneur de l'île en 1493. Cet homme rusé, sous prétexte de vouloir protéger le peuple, chercha à s'emparer des personnes les plus influentes. Ce fut à cette époque que la Compagnie de Saint-Georges bâtit la nouvelle ville d'Ajaccio à peu de distance de l'ancienne, laquelle resta entièrement déserte.

Jean-Paul de Leca revint en Corse et se vit bientôt suivi par une armée nombreuse. Silvestre Giustignani fut envoyé pour le combattre, mais voyant sa réussite difficile, il alla chercher l'alliance de Rinuccio de la Rocca. La guerre continuait avec diverses chances, lorsque Dénegri revint en Corse pour combattre contre Jean-Paul de Leca; les Campo-Casso et les Casta de Nebbio se rangent de son parti. Jean-Paul de Leca fait appel aux *Pères de communes* et met les Génois plusieurs fois en déroute; mais ses adhérents, lassés de poursuivre des ennemis qui cherchèrent toujours à éviter le combat, retournèrent en grande partie dans leurs foyers. Jean-Paul, voyant qu'il ne pouvait se maintenir plus longtemps, négocia avec Dénegri, et, s'embarquant à Calvi, accompagné de quelques Corses, s'expatria pour la dernière fois. Dénegri se rendit à Gênes, où il fut reçu en triomphe, et une statue fut élevée en son honneur dans le palais de la Compagnie de Saint-Georges.

Jean-Paul, après avoir demeuré quelque temps dans l'île de Sardaigne, passa à Naples, se présenta au roi d'Aragon et lui fit connaître ses droits sur la Corse. Ce monarque ne lui donnant pas de réponse rassurante, il se rendit à Rome et se présenta au Saint-Père Léon X, qui le reçut avec bonté et bienveillance, en lui faisant les plus belles promesses et en lui accordant pour le moment une pension de 500 ducats par mois. Jean-Paul ne put voir ses espérances réalisées, il fut atteint d'une fièvre violente qui le conduisit au tombeau; son corps fut déposé dans l'église de Saint-François *ad Ripam*. — Jean-Paul Leca eut la douleur de voir mourir tous ses enfants avant lui.

Rinuccio de la Rocca était devenu suspect à la Compagnie de Saint-Georges; il tâcha d'abord de se disculper, mais après il jeta le masque et se mit en campagne contre les Génois. Le gouverneur Lercaro cherche tous les moyens pour l'isoler des Caporaux, cependant il ne peut l'empêcher de pénétrer dans l'intérieur de l'île.

Nicolò Doria, qui avait débarqué à Ajaccio avec huit cents soldats, sachant que Rinuccio se trouvait dans la Casinca, va s'emparer de Roccapina et d'Ornano. Rinuccio, à cette nouvelle, s'empresse de se rendre dans ses terres, et malgré l'hiver rigoureux, les pluies et les neiges qui lui obstruaient le passage, il arrive et met en fuite les Génois.

Nicolò Doria, s'étant emparé de la tour de Barricini et ayant assiégé celle de Rocca-Tagliata, força Rinuccio à traiter avec lui; mais n'étant pas tombé d'accord, Rinuccio reprit les armes, et Nicolò Doria mit en feu le canton de Talavo (1), qu'il détruisit de fond en comble.

Rinuccio revint de nouveau à traiter avec Nicolò Doria et passa à Gênes avec toute sa famille, où il fut traité aux frais de la Compagnie de Saint-Georges, à laquelle il donna en ôtage ses deux fils (1503).

Nicolò Doria se mit alors à parcourir la Corse; arrivé à Corte, il fit appeler les chefs des communes de Niolo sous des prétextes d'amitié; mais dès que ces malheureux furent arrivés, il ordonna que tous les habitants de ce canton, sans distinction d'âge ni de sexe, sortissent de l'île dans l'espace de six jours. L'ordre tyrannique était donné et Doria fut inexorable aux larmes de tant d'innocents.

Jean-Paul de Leca habitait la Sardaigne, la Compagnie de Saint-Georges redoutait son voisinage et lui fit faire des propositions avantageuses qui furent toutes rejetées avec mépris. Rinuccio de la Rocca, ayant eu connaissance de ces négociations, s'évada de Gênes et alla trouver son compatriote en Sardaigne, en lui proposant une alliance; Leca dédaigna les propositions de de la Rocca et, en lui faisant des reproches amers, l'accusa d'être la cause des malheurs de son pays. Rinuccio en fut mortifié, mais il ne perdit pas courage et débarqua en Corse avec quelques-uns de ses parents, qui lui servirent d'émissaires.

Nicolò revint de nouveau en Corse, il menaça de mort les parents de Rinuccio, dont quelques-uns furent emprisonnés. Le gouverneur génois ramasse du monde et va à la rencontre de Rinuccio: on le découvrit, on le poursuivit. Rinuccio, près d'être atteint, fait volte-face, tue un certain Cristinacce, Corse, qui commandait la cavalerie génoise; les Génois l'entourent, mais il tue son cheval et prend la fuite à travers les montagnes.

Nicolò Doria voyant qu'il ne pouvait réduire ce terrible adversaire, eut recours à un moyen barbare: les deux fils de Rinuccio avaient été envoyés

---

(1) Ce fut dans cette circonstance qu'un officier génois sauva la vie à une jeune femme, Lucrèce Levie, mariée au sieur Ambroise Peraldi; mais cet acte de générosité n'ayant pas été inspiré par la vertu, l'officier fit bientôt connaître à cette nouvelle Lucrèce ses intentions sinistres. La jeune mariée, captive et obsédée, fit semblant de consentir et demanda la faveur qu'on la laissât toute seule pour un instant; l'officier y adhéra, ne se doutant pas de son fatal projet. Alors la jeune dame, n'ayant d'autres armes, se perça le cœur avec ses ciseaux. L'officier revint peu de temps après, et ne trouva qu'un cadavre.

de Gênes à Nicolò. Le dernier exigea alors que Rinuccio déposât les armes et qu'il quittât l'Île. De la Rocca ne lui donna aucune réponse. L'infâme Génois fit alors couper la tête de l'un de ses fils et celle de son neveu, et les lui fait rouler aux pieds; puis il ordonna qu'on assassinât Giudice et François de la Rocca, ses neveux.

Rinuccio fut fort affecté de cette action barbare, qui le contraignit à s'expatrier; mais ne pouvant vivre sans tirer vengeance de la mort de son fils, il rentra en Corse, portant partout la mort et le carnage contre les Génois.

Les Cataneo envoyèrent des agents pour conseiller Rinuccio à abandonner la lutte et à rentrer à Gênes. Louis XII, roi de France, s'étant emparé des États de la Ligurie, les Cataneo obtinrent de ce prince que Rinuccio pût vivre sous sa protection. Rinuccio partit pour Gênes, mais il ne tarda pas à reparaître en Corse.

La Compagnie de Saint-Georges envoya alors dans l'île, pour combattre son implacable ennemi, le célèbre André Doria, qui, encore fort jeune, avait combattu en Corse avec son frère Nicolò. Les deux frères suivirent le même système de destruction. Les cantons qui n'avaient pas encore été ravagés par Nicolò Doria n'échappèrent pas à la barbarie d'André son frère. André Doria voyant que Rinuccio lui faisait éprouver des pertes dans toutes les rencontres, menaça de trancher la tête à son dernier fils, qu'il tenait en ôtage, s'il ne déposait pas les armes. Rinuccio lui répondit qu'il ne combattait pas pour la liberté de son fils, mais pour celle de tous les Corses. André Doria, qui fut quelque temps après l'une des plus grandes gloires de sa patrie, se garda bien de se souiller les mains du sang d'un enfant prisonnier. Rinuccio s'éloigna de nouveau, mais il revint bientôt après et pour la dernière fois. Il se montra à plusieurs Corses chassés de leurs habitations et qui s'étaient réfugiés du côté de Porto-Vecchio. L'Office de Saint-Georges eut alors recours à une ressource infâme : il fit assassiner Rinuccio par un sicaire, son corps fut porté comme en triomphe à Ajaccio et jeté dans le fossé du château, où il fut enterré.

Les Génois s'appliquèrent alors à détruire tous les chefs qui leur pouvaient donner quelques soupçons; ils sévirent surtout contre ceux de Cinarca qu'ils purent atteindre, dont il ne resta aucun rejeton en vie.

Rinuccio avait fait bâtir un monastère dans le village de Santa-Lucia de Tallano. Nous donnons le dessin de la vue de ce monastère et rapportons en même temps ci-bas les inscriptions qui existent dans l'intérieur de l'église, qui ont quelque intérêt à l'égard du langage barbare. Celle qu'on voit sur la muraille latérale est ainsi conçue :

(1)
Questo Monasterio de Santo-Francisco Han fatto fare lo magnifico signor Rinuccio de la Rocca, filius quond" judice pro sua devotione, l'anno Domini MCCCCLXXXXII Die. V. MADII.

L'autre, sur le pavé, est le tombeau de sa femme Serena, morte en 1478.

Les deux puissantes familles de Leca et de la Rocca venaient d'être abattues, comme aussi celles d'Istria et d'Ornano. Les *Caporali* ne jouissaient plus d'aucune influence et les révolutions devenaient de jour en jour plus difficiles. Le gouvernement de l'office de Saint-Georges commença, en 1515, à faire montre de son plus tyrannique despotisme; tous les employés corses furent remplacés par des Génois; la justice fut bientôt méconnue et vendue à vil prix, les criminels trouvaient asile et protection à Gênes, et le gouvernement leur accordait des sauf-conduits pour rentrer dans leur pays.

Ce procédé fut la source intarissable de tant de cruelles inimitiés particulières et de combats sanglants qui anéantirent ou désolèrent des familles et même des villages entiers. La terrible *vendetta* fut alors considérée comme le seul moyen de pourvoir à sa conservation; ce fléau si funeste se naturalisa et s'enracina dans l'île de Corse. On conservait les armes des personnes assassinées; les mères montraient les habits ou la chemise ensanglantés de leurs maris à leurs enfants, les sœurs trempaient leurs mouchoirs dans le sang pour les montrer à leurs frères et quelquefois se chargeaient elles-mêmes de la vengeance; les fiancées pactisaient avec leurs futurs afin de venger l'honneur humilié de leurs parents. Dans cet état déplorable plusieurs familles émigrèrent sur le continent, et quelques-unes se rendirent recommandables en illustrant leur pays natal par leurs talents, leurs vertus et leur courage.

(1) Au-dessus de cette inscription on voit le blason des de la Rocca, représentant une tour surmontée d'une autre tour, sur laquelle posent les balances.

(2) Sur cette planche sépulcrale on voit sculptée en bas-relief la figure entière de la femme de Rinuccio. Elle est représentée morte, avec les bras croisés sur son corps.

L'Espagne, les États de l'Église, la république de Florence et surtout la république de Venise, ont souvent couronné le talent et le courage de nos compatriotes qui se sont distingués dans les sciences, ou qui ont contribué à augmenter leur gloire dans les armes.

Hercul Macone, fils de Rinaldo de Canale de Campoloro, officier général au service de Venise, fut un des plus célèbres guerriers de son temps; il avait une âme noble, mais trempée aux durs rochers de sa mère patrie. Sa fidélité était proverbiale; l'empereur d'Allemagne la mit à l'épreuve en lui offrant une somme énorme d'argent s'il voulait céder la place dont il soutenait le siège contre les Impériaux. Il rejeta avec mépris les offres du monarque, en lui répondant qu'il préférait de rester plutôt enseveli sous les ruines du fort qu'il défendait que de survivre avec honte. Le doge de Venise, Dandolo, s'écria un jour : Ah! si j'avais dix mille hommes tels que Marcone, j'oserais défier l'Europe entière. Il avait survécu à trente-cinq blessures qu'il avait reçues en divers combats; il succomba enfin, atteint mortellement au siège de Crémone, à l'âge de 44 ans, le 15 août 1526. Son fils Rinaldo Corso lui fit élever un monument aux frais de la République, dans l'église de Saint-François-de-Parme. Il laissa un fils (Rinaldo Corso) qui fut une des gloires littéraires de l'Italie, dont nous parlerons dans la suite. Nous rapportons ici l'inscription qui existe sur son sarcophage.

```
HERC · MACHONI · CORSO :
RINAL · F · PRAEF · COHOR ·
TRIB · DESIGN · QVI · LONGIS ·
DEFVNCTVS · PERICVLIS ·
QVIB · XXV · CIC · ATR-
ADVERSO · PECT · SVSTI-
NVERAT . CREMONAM ·
TAND · VRBEM · PRO · VENETIS.
PETENS-VBI · CONCVSSA ·
MOENIA · IAM · SVPERAS ·
SET-IGNITA · GLANDE ·
MINIMO · TORMENTO ·
EMISSA · OCCVPVIT ·
INSTIT · NON · SECVS · AC ·
FORTIT · CLAR · AN · AG ·
XLIIII · A · CONSVMATIS
SCRIPT · MDXXVI · EA · IPSA
DIE · QVA · VIRGINEM . IN
COELVM · ASSVMPTAM
MATER · LAETATVR · EC-
CLESIA · RINALDVS · F · P ·
DVM · LICVIT · VIXI · CVM
DECET · EMORIOR.
```

Une foule d'autres de nos compatriotes, qui cherchèrent un refuge dans cette république, s'élevèrent à des postes éminents auxquels fut confiée la défense de places fort importantes, telles que (1) : Corinthe, Zara, Candie, Zanthe, Padoue, etc., etc.

Mais, si tant de nos braves insulaires s'illustrèrent dans le métier des armes, quelques-uns brillèrent aussi dans la culture des lettres et des sciences. Parmi ceux-ci nous citerons un Guidi de Calvi, qui fut l'admiration de son époque dans la ville de Padoue, par sa vaste érudition et par les prodigieux efforts de sa mémoire; un Antoine-Jacques Corso, qui fut couronné poëte à Venise, dont nous reproduisons le portrait que nous avons copié sur le frontispice de son ouvrage. Il paraît que Corso fut un médecin fort habile; mais ce qui lui valu l'estime des plus grands érudits de l'Italie fut son génie poétique et surtout comme poëte improvisateur (2).

(1) Nous nous bornerons à rapporter ici seulement les noms de quelques-uns de ces personnages : Arrighi (Jean-Antoine), de Corte; Casta, de Santo Pietro; Cenci (Antoine) et Cenci (Octavien), de Canari; Gentili (Alphonse), du Cap-Corse; Savelli, de Corbara; Murati (Romain), de Muralo; Murati (Império), de Balagna; Ceccaldi (Gaspard); Peri (Hyacinthe); Franceschi, de Centuri; Mignara, Battaglini, Morgagna et Mattei, tous de Calvi; Vitali, de Bastia; Giustigniani (Pompée), (d'Ajaccio), surnommé *Bras de fer*, de ce qu'on avait substitué un bras de fer à celui qu'il avait perdu au siége d'Ostende. Il fut grand guerrier et écrivain; il mourut en combattant, et la république de Venise lui érigea une statue équestre. Nous sommes bien contrarié de n'avoir pu nous procurer le dessin de cette statue, pour le rapporter dans notre ouvrage (a).

(2) Quo ex genere, ut super Baccius Ugolinus et Antonius Jacobus Corsus in Italia sunt laudari soliti, sic hodie maxime, etc., etc. (Paolo Cortesi, *de Cardinalale*, lib. III, rapporté par Tranoscni, liv. III, pag. 2 et 173.)

Nous citerons quelques strophes des sonnets dédiés par des éminents poëtes italiens à Corso, que nous avons extraites d'un ouvrage imprimé à Florence en 1549.

SONNET DE LUDOVICO DOLCE A CORSO.

Mentre siete da noi, Corso, lontano,
L'alta virtù che ad amar voi mispinse
E coe salde catene il cor m'avinse
Fa che invidio sovente il colle Engano, etc.

. . . .

SONNET DE HYERONE RUSCELLI A CORSO.

Corso, se il rozzo mio spreggiato stile
Chi mi può ben cangiar stato e pensiero,
Dato avessi nel vago erto sentiero
Scorta, qual' è la vostra alma gentile, etc.

. . . .

SONNET D'HERCULE BENTIVOGLIO A CORSO

Senza desio di palme, archi e trofei
D'ambizione e d'ogni gloria privo,
Corso gentile, in duro esilio viso
Langi dal natio Ren questi anni miei, etc.

. . . .

(a) Plusieurs autres se rendirent recommandables par leurs talents, parmi lesquels Rinaldo Corso, célèbre avocat, littérateur distingué, mort évêque de Stromboli; Cristini (Bernardin), de Ginvelina, professeur de médecine, et Arrighi (Antoine), de Corté, jurisconsulte et professeur à l'Université de Padoue, dont nous reproduisons les portraits.

RÉUNION POPULAIRE DES CORSES AU MOYEN-AGE

SAMPIERO

Mais si quelques-uns de nos compatriotes s'étaient distingués sous la république de Venise, d'autres s'étaient acquis une grande renommée sous celle de Florence. Nous y remarquons Franceschi de Centuri, commandant en chef la flotille navale; Giacomo della Fica de Calvi, commandant des milices; Morazzani, etc., officiers généraux, et enfin Sampiero de Bastelica, qui plus tard se rendit si célèbre en France, et qui laissa une grande page dans les annales de la Corse.

D'autres, émigrant dans des contrées plus éloignées, consignèrent leurs noms à l'histoire; aussi trouvons-nous un Battaglini, un Valentini, deux Gaspari, etc., occuper des postes éminents en Espagne et en Portugal; Lazare de Bastia, Memmy de Pino, Jousuph aussi du Cap-Corse, et El-Hussan, devenir rois d'Alger.

Cependant la plus grande partie des émigrants de la Corse prenait toujours la route de Rome, où elle était sûre de trouver un accueil paternel auprès du souverain Pontife.

Il paraît que dans le commencement du xvi° siècle il y avait, dans la ville éternelle, une agglomération assez considérable de Corses à laquelle on accorda, sous le pontificat de Paul III (1543), des priviléges dans l'église de Saint-Chrysogone en Transtevere, où plusieurs familles possédaient des tombeaux pour elles et pour leurs descendants (1). Quelques-unes possé-

(1) Voici quelques-unes des inscriptions sépulcrales qui existent encore de nos jours:

D. O. M.
Martinus Marchionaccius a Venaco Corsus, loco isto in sepulcrum sibi suisque in perpetuum.

D. O. M.
Bernardinus Bastelicus milit. præfectus et Marianus Brunus, hic perpet. sepulcr. jus sibi et posteris. MDLXXXIII.

D. O. M.
Anastasia de Nicolo Corso de Tavera. MDXXXVIII.

D. O. M.
Deodato Cyrneo de Orlandis hic jacet. MDLVI.

D. O. M.
Alpheo a Montemaggiore Cors. hic jacet. MDLXIII.

D. O. M.
Alberica Albertium moritura patri moestro lacrimosa matri, deinde et sibi hoc preparavit sepulcrum. XXVII julii MDLXXXII.

D. O. M.
Ambrosius Sosacius a Pateo Borgo, ex primariis Adjacii illiusque cathedralis aliquando canonicus, deinde in urbe sancti Andreæ de Funariis paroco, etc. MDCVI.

D. O. M.
Dionora Laurentii a Bastia, Cors. sibi nepot. suis. MDLIX.

D. O. M.
Franciscus Gulielmus Cyrneus. MDLXII.

D. O. M.
Sepulcrum Joannis Frediani ex Insula Cors. et suorum.

D. O. M.
Hoc sepulcrum conces- sum fuit Paduæ, Cors. filiaquond. capitanei Consalvi de Sancto Antonino suisq. nepoti. MDLIV.

D. O. M.
Franciscus Gulielmus a Bastelica Corsus, qui a primis annis sub multis principibus ad exactam ætatem strenue militavit obiit. MDXXXI.

D. O. M.
Sepulcrum Dominici Bruni, Corsi. pro se suisq. success.

D. O. M.
Sepulcrum Baptistæ de Talavo et patro uxoris ejus.

D. O. M.
Prudenti viro Philippo Gulielmi Importati a Bastelica Corsi. ornatis, etc. MDLXXI.

D. O. M.
Hic jacet Sanctus Sanctæ Luciæ Corsus pro se suisque hoc tumulum factum est. MDLXXII.

D. O. M.
Petro et Helenæ dulcissi. filii. tenera ætate sublatis. Antonius a Saxella patre magna spe orbatus sepulcr... hoc moerens posuit. MDXXXI.

D. O. M.
Dominicus a Bastelica sibi suisq. hæred.

D. O. M.
Pasquino Corso militi tribuno strenue gestis, clarissimo qui magnis partis honoribus, magno omnium cum moerore die XV julii obiit. MDLIII et Lucretia ejus filia pudicitia et morib. insig., etc. MDLVIII. Horatius Castellani socer posuit.

daient des chapelles, et dans la confrérie qu'on institua en 1443, sous le titre de la Vierge du Mont-Carmel et du Sacré Corps de Jésus-Christ, après le supérieur du couvent, contigu à la susdite église, c'étaient les Corses qui occupaient les premières places.

Plus tard, le nombre des insulaires à Rome augmenta par la formation des milices corses sous le pontificat de Grégoire XIII (1).

On voit dans l'église de Saint-Chrysogone une chapelle latérale, dédiée à Saint-François, qui appartenait jadis à la famillle corse Bruni, de Bastelica. Le fondateur de ladite chapelle avait fait quelques petits legs, mais le nom du notaire où ses fonds avaient été déposés a été effacé, comme on peut le voir dans l'inscription qui existe encore sur une planche de marbre incrustée dans cette chapelle, et que nous rapportons ici :

> Divo Francisco Dicatum a D. Bruno Corso et Virginia uxore donatum; cond.
> T. Q. Fra. S^{ti} Chrysogoni perpetuo : singulis hædomadis IIII celebrent missas.
> Singulis mensibus II cantent : singulis annis in die S^{ti} Francisci unam solemnem celebrent pro vivorum salute et defunctorum requie. Per acta notar. . . . .
> XI julii An. Dom. MDLXXXVIII.

Parmi les personnages qui se sont le plus illustrés dans la ville de Rome pendant les XVIe et XVIIe siècles, nous comptons Barthélemy de Vivario, dit Telamone, commandant les galères du pape; le cardinal Octave Belmosto de la Venzolasca; le général Jean-Baptiste Casella de Bastia; Baglioni de Calvi, Jules Ornano, Pasquino Corso, Dominique Bruni et Bernardino Bruni, officiers supérieurs des milices. Jean Mattei de Calvi, général de l'ordre de Saint-François, fondateur du Mont de piété à Rome, nonce apostolique en France et en Portugal sous Paul III, et définiteur de théologie au concile de Trente, où il mourut à l'âge de quarante-sept ans. Nous repro-

---

(1) On voit encore des tombeaux qui appartenaient à des familles de la Corse dans plusieurs églises de Rome, telles que Saint-François ad Ripam (a), Sainte-Marie del Pianto (b), Saint-Charles des Funari, Sainte-Sabine, les Saints-Apôtres, Saint-Benoît (c), Saint-Celsus, Saint-Barthélemy dans l'île, Saint-Jean de Latran (f), Saint-Louis des Français, Sainte-Marie dell' Orto, etc.

(a) D. O. M. Ossa familiæ Ornani.

Requietorium hoc quo ducentis ab hinc annis gens Ornana sibi et posteris suis elegerat. Aloysius Marchio de Vera Aragona, ex comitibus Roccæ in Ispania magnatibus, Vertinarum Eques Jerosol. gen-

fis Ornana hæc e tere sepul. condidit.

(c) Joann. P. a Vico de Leca, comiti Cinarchæ in Corsica, ac Dom. Joan. . . . .
Hic jacet corpus B. D. D. Joanne Francisco de Leca

X. P. C. I. A. Ebi D. D. Mercurii a Vico Cors. ob. t.
. . . .
(b) Hic jacent ossa sacerdotis S monetti ex Villis Bataniæ; qualificatoris supremæ inquisitionis, academiæ theologiæ Romani archigim. censoris, etc.

(e) Hic jacet corpus Olivieri a Bastia.

(d) Cineribus et memoriæ Josephi Julianis ex insula Cors. Medici. professantis. atque in Nosocomio Lateran. Medici prioris, etc., etc.

duisons le portrait de ce célèbre personnage, que nous avons copié dans la galerie des illustres disciples de saint François, sise dans le couvent d'Ara-Cœli, sur le Capitole. L'autre portrait qu'on voit sur la même planche appartient à un des premiers disciples de saint François, mort pour la foi; il existe dans la galerie des Capucins, près du palais Barberini, à Rome.

Si nous devions prêter foi à la tradition (1) et à quelques notes biographiques que nous avons lues dans des auteurs génois (2), nous pourrions classer parmi nos illustres compatriotes Gaspard Farinacci, célèbre jurisconsulte, auteur de plusieurs ouvrages de jurisprudence, et qui occupa des places très-élevées dans le barreau romain. Ce fut lui qui défendit la belle autant que malheureuse Béatrix Cenci : il gagna sa cause; mais, pour des cas imprévus que nous ne pouvons dire, Béatrix fut exécutée! Le portrait qu'on admire de cette jeune princesse, morte à l'âge de dix-sept ans, est l'ouvrage de Guido Reni, que Farinacci put introduire avec lui dans la prison où Béatrix était enfermée.

Nous ferons plus tard mention de plusieurs autres personnages qui ont occupé des places importantes dans la ville de Rome, pendant ces derniers temps, dans la médecine, dans l'état ecclésiastique, etc.

Revenons à notre point historique.

Au fléau destructeur de l'horrible vengeance se joignit celui des fréquentes incursions de barbares qui ravagèrent le littoral de l'île. L'orateur insulaire qui résidait dans la capitale de la Ligurie ne cessait de faire de vives remontrances aux directeurs de l'Office de Saint-Georges sur les désastres que causaient les Sarrasins; ces instances réitérées finirent par réveiller l'Office endormi; on arma deux galères aux frais de la nation, destinées à parcourir les rivages de l'île; mais l'un de ces navires fut bientôt capturé par les corsaires barbares, et l'autre put à grand'peine se réfugier dans le port de Gênes.

Les affaires de l'île s'empirant de jour en jour, on se décida à envoyer une nouvelle députation à Gênes; cette mission fut confiée à Ristoruccio de Matra et à l'historien Monteggiani de Vescovato (1522). Cependant les guerres intestines qui déchiraient la république ne permirent pas à l'Office de Saint-Georges d'apporter aucun remède aux malheurs de la Corse, et on

---

(1) Les habitants du Niolo nous montrent encore de nos jours les ruines d'une maison, dans le hameau de Poggio, qu'ils disent avoir appartenu à Prosper Farinacci.

(2) Oldoisi, etc.

se borna à y envoyer comme gouverneur Baldassar Adorno, dont l'avarice et l'insouciance, unies à la peste, qui à cette époque désolait l'île, finirent par pousser la Corse dans la plus affreuse misère.

Le célèbre André Doria ayant quitté le service de la France, était passé à celui de l'Espagne. Ne pouvant souffrir que sa patrie gémît sous le joug de l'étranger, il pensa à la délivrer. L'histoire, en enregistrant ces faits, n'a pas été muette sur les noms de deux de nos compatriotes qui l'aidèrent dans cette audacieuse entreprise. L'un d'eux était Giocante della Casabianca, qui avait servi avec éclat sous la république de Venise, où il était parvenu au grade de colonel; l'autre était Janus Gentili de Brando, qui occupait une place importante à Gênes.

André Doria, après la délivrance de sa patrie, devenu grand amiral des flottes espagnoles et génoises réunies, songea à mettre un terme à l'orgueil téméraire du corsaire Dragut, lieutenant du fameux Barberousse, qui de pirate était devenu dey d'Alger. Ce fut à Giannettino Doria, son neveu, qu'il confia cette entreprise. Giannettino rencontra le corsaire Dragut dans le golfe de Girolata, à l'ouest de l'île de Corse; la lutte fut terrible et sanglante, mais le redoutable Dragut tomba enfin prisonnier d'un jeune imberbe (1541).

Ce fameux corsaire ne tarda pas à racheter sa liberté à prix d'or, et, redevenu libre, il songea à réparer sa défaite, dévastant et commettant des déprédations à chaque instant sur le littoral de l'île. Le golfe de Porto-Vecchio étant d'ordinaire le repaire de ces pirates, l'Office de Saint-Georges résolut d'y faire construire des fortifications et de relever de ses ruines la ville de Porto-Vecchio; mais malheureusement les travaux projetés ne reçurent pas tout le développement qu'aurait mérité cette fertile contrée (1545).

Ce fut à cette époque que des pluies torrentielles causèrent dans l'île des dégâts irréparables; les plaines furent ruinées par les inondations, et des masses énormes de rochers s'étant détachées des montagnes, couvrirent les terres environnantes et renversèrent un grand nombre d'habitations.

CHAPITRE VII

DE 1545 A 1567.

Quelques notices sur les premières années de Sampiero. — Conduite despotique des commissaires génois (1546). — Remontrances énergiques des insulaires. — Reconstruction du pont du Golo. — Rupture entre Charles V et Henri II. — Les Français débarquent en Corse (1553). — Bastia, Corté, Ajaccio et une grande partie de l'intérieur de l'île se déclarent pour la France. — Sampiero. — Siège de Bonifacio. — Conduite infâme des Turcs. — Siège de Calvi. — André Doria envoyé en Corse avec des forces considérables. — Il s'empare de Saint-Florent et de Bastia. — Les Génois reprennent plusieurs positions. — Bataille de Golo. — Sampiero est blessé. — Giacobosanto da Mare remplace Sampiero. — Augustin Spinola repousse les troupes corses et françaises, et incendie plusieurs villages. — Les Corses reprennent la ville de Corté. — Les Génois sont taillés en pièces par Sampiero à Tenda. — Sampiero est rappelé en France. — De Thermes est aussi rappelé. — Giordano Orsini (des Ursins) le remplace. — Les Corses et les Français sont mal secondés par les Turcs. — Pallavicini va assiéger Bonifacio. — Naufrage de la flotte génoise. — Retour de Sampiero. — Trêve générale (1556). — Henri II incorpore la Corse à la France. — Reprise des hostilités. — La paix est proclamée. — La Corse est rendue à Gênes (1559). — Les Français abandonnent l'île. — Sampiero aux cours de France et de Navarre. — Son départ pour l'Orient. — Vannina se laisse intriguer par les Génois et part pour Gênes. — Antoine de Saint-Florent l'arrête près d'Antibes (1563). — Sampiero arrive à Marseille. — Mort de Vannina. — Sampiero se présente à la cour de France. — Il revient en Corse (1564). — Bataille de Vesovrato. — Les Génois sont défaits à Volpajola. Etienne Doria en Corse. — Il défait les Corses. — Et. Doria incendie plusieurs villages. — Consulte nationale. — Ambassade à la cour de France. — Tentative d'assassinat contre Sampiero et contre Antoine de Saint-Florent. — Complot contre Sampiero. — Il est tué (1567).

De nouvelles et vives remontrances furent soumises à la Compagnie de Saint-Georges, afin d'obtenir l'envoi en Corse de deux commissaires chargés de vérifier l'état des choses.

Troïlo Negroni et Paul Moneglia reçurent cette grave mission en 1546. Ces deux personnages tâchèrent d'abord de réparer quelques injustices et condamnèrent des abus; mais, voulant coloniser Portovecchio avec des familles indigènes, ils rencontrèrent des difficultés. Les commissaires s'adressèrent alors aux magistrats des Douze et des Six, afin d'atteindre leur but. Ces derniers ne voulurent pas employer la force pour faire abandonner à plusieurs familles leurs foyers domestiques; les commissaires génois, courroucés de ce refus, prononcèrent la dissolution de ce collége (1547), et défendirent de faire de nouvelles élections afin de le recomposer.

Ce procédé tyrannique causa des troubles ; on pensa d'abord à prendre les armes, puis on se décida à faire des remontrances énergiques contre la conduite des deux commissaires. Les plaintes des Corses furent écoutées par les directeurs de l'Office : les deux commissaires furent révoquées, et les choses furent rétablies comme par le passé.

Ce fut à cette même époque que la Compagnie de Saint-Georges fit reconstruire le pont de Golo, près du Lago Benedetto, moyennant un impôt extraordinaire de quinze sous par famille corse.

Nous voilà arrivés à l'époque d'une crise qui devait changer pour quelques instants les affaires de la Corse.

Henri II ayant succédé à François Ier, son père, ne resta pas longtemps en paix avec l'empereur Charles V. La guerre s'étant allumée dans diverses parties de l'Europe, la république de Gênes se déclara pour l'empereur contre la France. L'escadre française, commandée par le baron de La Garde, et l'escadre ottomane, commandée par le grand pacha Mustapha et par Dragut, fameux corsaire, dont nous avons déjà parlé, parurent sur les côtes d'Italie ; et ce fut dans cette circonstance que la conquête de la Corse fut projetée par les deux flottes alliées. Sur ces navires se trouvait un personnage corse qui avait juré une haine implacable aux Génois, et qui bientôt va jouer un grand rôle dans les événements de l'île. Ce personnage était Sampiero de Bastelica, dont nous allons esquisser les traits les plus saillants de sa vie, et les sacrifices qu'il fit pour délivrer sa patrie du joug des Génois.

SAMPIERO

Sampiero de Bastelica (1) naquit dans le commencement du xvi° siècle, dans le village de Bastelica, arrondissement d'Ajaccio. Il alla fort jeune en Toscane et fut élevé, selon quelques historiens (2), dans la maison du cardinal Hippolyte d'Este, neveu du pape Clément VII. Il embrassa de bonne heure la carrière militaire, et se fit remarquer dans les *Bande nere* (Bandes noires.). Il passa ensuite au service de la France; il servit en Piémont, et en 1536 il se signala à la défense de Fossano. Peu de temps après, il alla en Provence, où, dans un combat, il fut fait prisonnier par les Impériaux; mais sa captivité fut de courte durée. Il servit encore en Piémont, et en 1543 il accompagna le dauphin au siège de Perpignan. Ce fut pendant le siège de cette ville que le dauphin, plus tard Henri II, voyant Sampiero déployer un courage extraordinaire, tira la chaîne d'or qu'il portait au cou, l'en décora, et lui permit de porter une fleur de lis dans ses armes. Sampiero retourna bientôt dans le Piémont, où il reçut une blessure au siège de Coni. Après sa guérison, il marcha au siège de Landrecies, où il fit des prodiges de valeur (1543). L'année suivante (1544), il se signala au combat de Vitry, et dans beaucoup d'autres occasions.

Peu après la mort du roi François Ier, en 1546, il fit un voyage en Corse, et il épousa Vannina, fille unique de François d'Ornano.

Le voyage en Corse de Sampiero, et l'accueil que lui firent ses compatriotes, réveilla la jalousie des Génois. Jean-Maria Spinola, gouverneur de l'île, le fit appeler à Bastia, et, sous prétexte qu'il méditait de s'emparer de la ville de Bonifacio, le fit arrêter et enfermer dans la prison de la citadelle. François Ornano, son beau-père, qui l'avait accompagné, fit toutes les démarches possibles pour le tirer d'embarras, mais il n'aboutit à rien. Jean-Marie Spinola avait décidé de le faire mourir.

(1) De Thou, l'historien Filippini et d'autres auteurs génois, tous contemporains de Sampiero, désignent ce grand capitaine sous le nom de *Sampiero de Bastelica*. D'autres prétendent qu'il était fils de Guillaume d'Ornano, et qu'il devrait porter ce dernier nom. Dans notre voyage dans l'intérieur de l'île, nous avons pu voir des manuscrits tous contradictoires sur la généalogie de Sampiero; les uns lui donnaient pour père Alphonse, les autres Vinciguerra, d'autres Guillaume.

(2) Henriette de Socilaes, etc.

On eut recours alors à Henri II, roi de France, qui chargea son ambassadeur à Gênes d'exiger la prompte délivrance de Sampiero.

Ce dernier, ayant recouvré sa liberté, retourna en France, le cœur exaspéré contre les Génois.

Lorsque la guerre se ralluma en Italie, il revint servir et se rendit utile à Octave Farnèse, duc de Parme, protégé du roi de France.

L'empereur Charles V et la république de Gênes pouvant, avec leurs flottes réunies, interdire facilement aux navires français l'entré de la mer de Toscane, Henri II prit la résolution de s'emparer de la Corse; Sampiero ne se montra pas, d'ailleurs, le dernier à conseiller au roi de faire cette conquête.

Sampiero, se trouvant en Piémont sous les ordres du maréchal de Brissac, fut envoyé en mission secrète à Paul de Thermes, qui commandait à Sienne, pour combiner cette expédition. Henri II, roi de France, s'était allié au Grand Sultan Soliman; la flotte turque était alors très-imposante, et au mois d'août 1553, les deux flottes unies, après avoir ravagé les côtes de la Sicile et de la Sardaigne, se montrèrent sur les côtes de la Corse, et ayant relâché pendant quelques jours dans le golfe de Santa-Manza, elles passèrent, sans exercer aucune hostilité, dans l'île d'Elbe. La flotte française, sous les ordres du baron de La Garde, était composée de 36 galères; la flotte turque, commandée par le fameux corsaire Dagut, comptait 55 galères et 23 galiotes.

La flotte française s'étant rendue à Castiglione, Paul de Thermes vint s'y embarquer avec quatre mille hommes de troupes italiennes, commandées par Giordano degl' Orsini, par Giovanni Torrino et par d'autres illustres personnages.

De Thermes, pour encourager les Corses qui faisaient partie de cette expédition, leur distribua d'avance les terres des partisans des Génois, et surtout les seigneuries dont les Génois s'étaient emparés dans l'île de Corse. Il promit à Sampiero la seigneurie de Leca, à Bernardin et à Jean d'Ornano les terres de la Rocca, à Altobello et à Raphaël Gentili de Brando les terres que le marquis Gentili de Gênes possédait à Sisco et à Pietra-Corbara.

A peine les Génois aperçurent-ils les flottes ennemies, qu'ils appelèrent les chefs du *Deçà des monts* et s'enfermèrent avec leurs adhérents dans la citadelle de Bastia, dont le commandement fut confié à Gentili d'Erbalunga.

Cependant, trois galères ayant débarqué des troupes à Arènella, près de Bastia, celles-ci marchèrent sur la ville et sommèrent Gentili de se rendre. Sampiero s'étant approché jusque sous les murs, harangua ses compatriotes et les engagea à secouer le joug de Gênes. Les habitans de cette ville ayant déclaré qu'ils voulaient se rendre, Gentili fut obligé de se renfermer dans le vieux château; la ville fut prise, et toutes les maisons appartenant à des familles génoises furent saccagées.

Les chefs corses s'étant répandus dans l'intérieur de l'île, trouvèrent tous les habitants disposés à se ranger sous les ordres de Sampiero et à rester fidèles à la France. De Thermes, après avoir partagé tous les biens appartenant aux Génois, y compris les revenus des évêques, entre les chefs des Corses, marcha sur Saint-Florent; Oléron et Sampiero prirent la route de Corte, d'autres chefs se portèrent sur Bonifacio.

Toute la Corse s'étant soulevée, les commissaires génois se trouvèrent dans un grand embarras, ne pouvant pénétrer ni dans la ville de Bonifacio ni dans celle de Calvi : ce ne fut qu'avec peine qu'ils parvinrent à se jeter dans la maison de François d'Ornano, beau-père de Sampiero; celui-ci eut pitié de leur état, et protégea leur fuite. Plusieurs s'étant répandus dans les campagnes, trouvèrent la même protection chez les insulaires, et Sampiero même, ce terrible et redoutable ennemi de Gênes, entré vainqueur dans la ville d'Ajaccio, protégea la vie des hommes et l'honneur des femmes. Il oublia même sa haine contre Doria et plusieurs chefs génois qui s'étaient réfugiés dans la maison de son beau-père, François d'Ornano.

Les villes de Bastia, Saint-Florent, Corté et Ajaccio, étaient tombées aux mains des troupes françaises et corses. La ville de Bonifacio était assiégée par la flotte turque et par Jacques Damare, d'origine génoise, et allié aux premières familles de la république, qui s'était énergiquement déclaré pour les Français. Bonifacio était défendue par les habitants et par la garnison; les femmes mêmes de cette ville se mêlaient aux soldats pour défendre leurs pénates, et elles aimaient mieux mourir que de tomber entre les mains des Turcs. Malgré l'opiniâtreté et le courage des assiégés, qui furent un moment animés par la superstition (1), ils furent obligés de capituler. Les conventions établies entre Damare et le commandant génois furent violées par les Turcs, qui, ayant pénétré dans la ville, la pillèrent et taillèrent en pièces la garnison (2).

(1) On raconte que les Turcs furent épouvantés pendant une nuit, croyant voir une milice céleste s'avancer menaçante contre eux; ils abandonnèrent la brèche et se retirèrent pour un instant. Les assiégés, qui restaient toutes les nuits sur les remparts, et dont les armes resplendissaient, produisirent ce mirage.

(2) Les Turcs avaient perdu plus de mille hommes pendant le siége; c'est pourquoi ils se ven-

L'empereur Charles V et le duc de Florence s'empressèrent de secourir la république de Gênes, et un grand armement s'étant fait dans ses ports, on confia le commandement à André Doria. Ce célèbre amiral, quoique très-âgé, fit voile vers la Corse, débarqua ses troupes, qui, après des combats opiniâtres, s'emparèrent de plusieurs places.

Les Corses, qui occupaient la ville de Bastia, furent obligés de se retirer dans le village de Furiani ; les Génois les assaillirent dans cette place, mais ils furent repoussés par les Corses, qui les poursuivirent jusqu'aux portes de Bastia.

La flotte française, forte de trente-trois galères, était partie de Marseille pour porter des renforts aux Corses; elle s'approcha de Saint-Florent, mais, ne pouvant opérer aucun débarquement, elle fit voile vers Bonifacio, où Sampiero alla la rejoindre. Une partie de cette flotte voulant se diriger sur Bastia, fut dispersée par une tempête et jetée sur les côtes de la Pianosa.

André Doria avait pris possession de Saint-Florent, mais dix mille hommes n'avaient pas tardé à être emportés par la guerre et par les maladies sous les murs de cette ville. Le chef génois, après avoir dévasté la province du Nebbio, fit publier une amnistie, de laquelle les premiers chefs corses étaient exclus (1). De Thermes ordonna à Sampiero de se porter à Ajaccio et à Bonifacio, afin de mettre ces deux places en état de défense, puis il se retira dans la place de Corté.

Grand nombre de Corses s'étant réunis dans les villages de Piano et de Silvareccio (canton de Porta), demandaient à de Thermes des renforts pour chasser les Allemands et les Espagnols qui occupaient le canton de Casinca (Vescovato). Ce général leur envoya Sampiero. A l'arrivée de ce dernier, il ne resta pas un seul homme capable de porter les armes dans les villages ; tous s'empressèrent de le rejoindre sur son passage pour marcher avec lui. Sampiero se porta dans le canton de Casacconi (Campile), et de là poussa

---

gèrent cruellement. Le célèbre de Thou rapporte que ce massacre eut pour mobile un tout autre motif. « Un janissaire, dit-il, voyant une belle arquebuse entre les mains d'un soldat génois, voulut la lui enlever; mais il fut tué par ce soldat. Tous les janissaires accoururent alors pour venger leur camarade, et la garnison fut impitoyablement massacrée. »

(1) Doria prit possession de Saint-Florent le 15 février 1554. Dans la reddition de cette place, que commandait des Ursins, Doria ne voulut accorder aucune grâce aux Corses; ceux-ci, informés des intentions de Doria, se jetèrent sur des esquifs et s'ouvrirent, les armes à la main, un passage à travers les troupes ennemies. Ils arrivèrent sains et saufs à Vescovato. Les chefs exclus de l'amnistie étaient Sampiero, Raphaël Gentili, Bernardino, François d'Ornano, etc.

jusqu'à l'endroit dit Carcarone, d'où il pensa faire une descente dans la Casinca. A cet effet il voulut d'abord expédier Raphaël Gentili de Brando, à la tête de trois cents hommes, avec ordre de s'embusquer derrière la Venzolasca, afin d'empêcher les Espagnols d'avancer. Un instant après, un éclaireur avertit Sampiero que des troupes ennemies, venant de Bastia, s'approchaient de la rivière du Golo. Ce chef, alors, laissant la plus grande partie de son armée à Carcarone, partit immédiatement, accompagné d'une petite troupe de cavaliers; mais à peine arrivé près de cette rivière, il s'aperçoit que les ennemis sont en grand nombre. Il hésite, mais enfin il se décide à les attaquer, les charge impétueusement avec sa petite armée, et porte la confusion dans leurs rangs. Spinola, qui les commandait, fit des efforts pour rallier ses soldats, mais il ne put en venir à bout. Cent cinquante Génois périrent dans cette lutte, tant noyés que tués.

Louis Gentili d'Erbalunga et Jourdan de Pino, tous deux au service de Gênes, qui se trouvaient avec leurs troupes sur la rive opposée, commencèrent à faire feu sur les cavaliers de Sampiero, lui tuèrent plusieurs hommes, et lui-même reçut une blessure à la cuisse qui le força à se retirer. Sampiero pria alors Giacobosanto Damare de prendre le commandement des troupes.

Sur ces entrefaites, la guerre d'Italie ralentit celle de la Corse, et la flotte impériale quitta l'île. Spinola punit cruellement les habitants de Casacconi, en brûlant plusieurs villages; il s'avança vainqueur jusqu'aux pièves d'Orezza et Rostino, en ne laissant que des ruines derrière lui. Les pièves de Tavagna et Moriani ne furent pas exemptes de ces représailles (1).

Giacobosanto Damare se voyant un peu harcelé par les troupes génoises, qui étaient en grand nombre, et dont le commissaire Casanova dirigeait lui-même l'expédition, écrivit à De Thermes, qui se montrait un peu trop insouciant, de lui envoyer Sampiero, dont la seule présence suffisait pour ranimer et pour retenir les Corses dans une circonstance si difficile. Sampiero, qui n'était pas encore rétabli de sa blessure et pouvait à peine se tenir debout, ne refusa pas de se porter à son aide; il marcha accompagné de sept cents Français, cent cinquante cavaliers et quinze cents Corses. Les Génois, informés de sa marche, se décidèrent à battre en retraite. Sampiero, averti

(1) Les Espagnols, dans cette circonstance, se distinguèrent par leur cruauté. Après tous ces désastres, Spinola ayant fait arrêter à Corté Guillaume de la Rebbia, les habitants l'arrachèrent des mains des soldats et assiégèrent le château. Spinola envoya de Calvi des renforts à la garnison assiégée; mais, assaillis par les Corses et les Français que de Thermes avait expédiés, ils furent taillés en pièces.

par l'intrépide François d'Attalà, chargea Damare de marcher avec sa cavalerie et de leur fermer le passage. Brancadoro, qui commandait les troupes corses au service de Gênes, se porta sur le hameau de Casanova, afin de gagner par là le passage de Tenda; Damare arriva avant lui à l'église de Sainte-Marie de Pietralba, et engagea le combat. Sampiero et Montastruc ne tardèrent pas à le rejoindre; tous les Corses qui étaient sous les ordres d'Horace Brancadoro désertèrent et se joignirent à Sampiero; les Génois, entourés de toutes parts, furent culbutés et massacrés, mais malheureusement le brave Damare fut tué d'un coup de fusil en poursuivant les Génois avec trop d'ardeur.

Sampiero fit plus de mille prisonniers, au nombre desquels se trouvait le commissaire Casanova et presque tous les officiers génois. A la nouvelle de cette victoire, la Corse se déclara presque toute pour la France, et les Génois se renfermèrent dans les présides de Bastia, Calvi et Saint-Florent, et dans quelques villages qui avoisinent ces places.

Malheureusement la jalousie causa de la mésintelligence entre de Thermes et Sampiero; si le premier était le chef de nom, le second l'était de fait. De Thermes cessa de consulter Sampiero, et fit révoquer la concession de la seigneurie de la Rocca en faveur de Bernardino d'Ornano. Celui-ci en fut irrité et lui suscita des embarras; tous les deux se plaignirent à la cour, mais Sampiero fut rappelé le premier.

De Thermes quitta bientôt la Corse, laissant le commandement à Giordano degli Orsini. Ce dernier tâcha d'employer toute la prudence et l'humanité dans son gouvernement.

Le commissaire Pallavicini, qui s'était acquis une grande réputation en Corse, même parmi les ennemis de Gênes, s'empressa de publier une amnistie en faveur de ceux qui seraient retournés à l'obéissance de la république. Cette politique favorisait beaucoup le parti génois; surtout Sampiero étant absent, plusieurs Corses désertèrent le parti français (1).

Sampiero ne tarda pas à débarquer en Corse : sa présence était d'une grande puissance; il se mit à parcourir l'île avec une suite peu nombreuse, afin d'établir la paix entre les familles divisées par les inimitiés. Dans le

(1) A cette époque reparut la flotte turque, composée de cent voiles, compris les galiotes et les corsaires. Elle était commandée par Cassim-Bey et par Dragut; s'étant unis à la flotte française, commandée par la Garde, ils entreprirent de nouveau le siège de Calvi. Les assiégés firent des prodiges de valeur et démolirent jusqu'à leurs maisons pour réparer les brèches. Les Corses et les Français furent repoussés. Les Turcs se montrèrent peu disposés à combattre.

Nebbio, à Borgo, à Lucciana et à Vescovato, où régnaient des inimitiés sanglantes, il fit conclure des trèves plus ou moins longues entre les partis.

Un secours en blé qu'il obtint par le moyen de Giordano degli Orsini, afin de secourir les montagnards, qui en avaient le plus grand besoin, acheva de ramener une grande partie des insulaires au parti de la France.

Sampiero entra ensuite dans la Balagna avec une troupe de Corses, s'empara de l'Algajola, et resserra de plus en plus la ville de Calvi. Il attaqua un détachement de Génois près de cette ville, lorsqu'un renfort envoyé par Giustignani attaqua vivement Sampiero, le repoussa et le poursuivit de si près, qu'il fut contraint de tuer son cheval et de se jeter dans les makis. Sampiero, ne pouvant marcher qu'avec beaucoup de peine à cause de la blessure qu'il avait reçue l'année précédente, se vit en danger et désespérait de se sauver, lorsque le hasard lui fit découvrir Polydore de Corté sur une colline voisine; il l'appela à demi-voix et parvint à se faire entendre. Polydore accourut aussitôt, lui donna son cheval, se cacha jusqu'au jour suivant, et parvint à son tour à échapper aux Génois.

Charles V avait abdiqué le trône d'Espagne; Philippe II lui avait succédé. Une trève fut alors conclue avec Henri II; les conditions de cette trève portaient que chacun resterait en possession des places qu'il occupait.

Giordano degli Orsini devait se rendre en France; mais, avant de partir, il convoqua une assemblée générale à Corté. Presque tous les notables de l'île s'y rendirent, et on y nomma une députation, chargée d'aller soumettre des innovations (1) à la cour de France. Giacomo Casabianca et Léonard Casanova furent choisis pour cette mission. Giordano degli Orsini ne tarda pas à quitter la Corse.

La guerre se ralluma en Italie; Giordano degli Orsini, auquel le roi avait accordé le cordon de Saint-Michel, revint en Corse, investi d'un grand pouvoir. Il y eut d'abord quelque différend entre Orsini et Sampiero; ce dernier quitta ses compagnons d'armes et passa les monts, puis il pensa à se rendre en France.

Le roi Henri II le renvoya en Corse, avec l'espoir qu'il se réconcilierait avec Orsini; mais ni l'un ni l'autre ne cherchèrent à se rapprocher. Sampiero ne prit plus aucune part aux affaires, et se retira à Sainte-Marie et Siché d'Ornano.

---

(1) Ces innovations étaient la nomination des membres des *Douze* et des *Six*, selon l'antique usage.

Le 3 avril 1559, il fut conclu un traité entre le roi de France Henri II et Philippe II, roi d'Espagne. D'après ce traité, la Corse devait être rendue aux Génois. Cette nouvelle fut un coup terrible pour tous les insulaires qui avaient embrassé le parti français. Cependant Sampiero ne se décourage point, et espère encore d'arracher la Corse des mains de ses ennemis.

Henri II mourut peu de temps après; Sampiero eut alors recours au pape et au duc de Florence; mais ses démarches n'eurent aucun résultat. Il se rendit ensuite à la cour de Navarre, où il reçut un accueil favorable. Catherine de Médicis était mécontente des Génois, parce qu'ils se refusaient de rétablir Jérôme Fieschi (Fiesque), qui vivait exilé en France. Antoine de Navarre, de son côté, n'aimait pas Philippe II, qui s'était emparé de la Sardaigne. Ainsi les deux souverains s'entendirent pour favoriser secrètement les desseins de Sampiero. Le roi de Navarre, Antoine de Bourbon, lui donna des lettres pour le dey d'Alger et pour le sultan de Constantinople. Sampiero partit immédiatement et se rendit d'abord à Alger, où il trouva Pierre-Jean Ornano, qui avait été fait esclave; il le racheta et l'emmena avec lui.

Gaspard Oliva, commissaire génois, voulant lever des impôts dans l'île, rencontra des obstacles. Plusieurs émigrés corses de distinction étant rentrés en Corse, tels que Léonard de Corte, Raphaël Gentili de Brando, Jacques de la Casabianca, etc., fomentèrent des troubles, en annonçant secrètement la prochaine arrivée de Sampiero dans l'île. Le redoutable mais inconstant Achille Campocasso fut le seul des *Caporaux* qui s'opposa à main armée à la perception des impôts; il fut poursuivi par les Génois, qui, ne pouvant l'atteindre, arrêtèrent trente-deux de ses parents et amis, avec ordre de ne point les relâcher jusqu'à ce qu'Achille Campocasso se fût rendu ou qu'il eût quitté l'île. Raphaël Gentili de Brando fut arrêté, et, quoique innocent, il fut jeté dans un cachot et mis aux fers, où on le fit mourir de faim. Ce dernier fut la victime immolée par la perfidie d'Alphonse Gentili d'Erbalunga, son implacable ennemi (1).

(1) Les Gentili de Brando, c'est-à-dire ceux qui habitaient Castello, Raphaël et Altobello, avaient embrassé le parti français. Les Gentili qui habitaient Erbalunga, qui est à peu de distance, sur les bords de la mer, étaient restés fidèles à Gênes. Ces derniers, aidés par les Génois, vinrent un jour attaquer Castello, où les deux frères se défendirent en désespérés. Leurs ennemis, ne pouvant pénétrer dans le château, y jetèrent un artifice, dont l'explosion fit sauter une partie de la plate-forme supérieure et tua presque tous les assiégés. Altobello et Raphaël, restés seuls, se préparaient à mourir, lorsque des soldats français, arrivés de Cardo, les délivrèrent. Peu de temps après, ils furent de nouveau assaillis; Raphaël réussit à se sauver, mais Altobello, souf-

Les corsaires barbares recommencèrent leurs incursions sur le littoral de la Corse. Dans les premiers jours du mois de mai 1560, ils débarquèrent et saccagèrent les villages de Centuri et de Morsiglia. La plus grande partie de ces pirates étaient sous les ordres de Mammy Corso, renégat de Pino, qui connaissait très-bien ces parages. Dans le hameau d'Ortinola, commune de Centuri, existaient deux tours que les pirates attaquèrent avec toutes leurs forces ; la première qui subit l'attaque était défendue par trois hommes : deux d'entre eux se découragèrent ; le troisième, du nom de Zaccagnino, soutint tout seul pendant un jour le feu, tua treize Turcs, en blessa plusieurs ; mais, épuisé par la perte de son sang, causée par vingt-deux blessures qu'il avait reçues, se rendit à Mammy, chef des pirates ; mais son compatriote, admirant son courage, le traita amicalement, et lorsqu'il fut guéri de ses blessures, il fut racheté par ses parents.

Dans le mois de septembre de la même année, les pirates débarquèrent à Ponte d'Arco, dans la plaine de la Mariana, marchèrent sur Borgo et Lucciana, qu'ils pillèrent ; ils attaquèrent ensuite Vescovato. L'un des chefs de ces pirates était un renégat qui s'était marié dans cette commune (1). L'année suivante, ils débarquèrent sur divers points de l'île, mais ils eurent à subir de grandes pertes.

Sampiero s'était embarqué, comme nous l'avons déjà dit, pour l'Algérie sur un vaisseau français. A son arrivée, le fameux Barberousse alla à sa rencontre avec des démonstrations amicales ; Sampiero lui ayant exposé les motifs de sa mission, ne fit qu'accroître l'estime que ce redoutable ancien corsaire lui avait toujours témoignée.

Cependant les directeurs de l'Office de Saint-Georges, instruits des desseins de Sampiero, songèrent à s'emparer de sa femme, qui habitait Marseille. Un certain Bassica-Lupo, qui se rendait souvent dans cette ville pour des affaires commerciales, se chargea de cette mission. Ce Génois tâcha d'abord de gagner l'abbé Michel-Angelo Ombrone, dans lequel Sampiero avait une grande confiance, et qui était chargé de l'éducation de ses fils. Ces deux traîtres étant tombés d'accord, firent entendre à Vannina que le seul moyen de rentrer en possession de sa seigneurie d'Ornano, que l'Office avait con-

---

frant de la blessure qu'il avait reçue à Bevinco, fut tué ; les Génois lui coupèrent la tête et la portèrent en triomphe à Bastia.

(1) L'un de ces renégats était un Génois qui avait été pris lors du naufrage de la flotte destinée à surprendre Bonifacio ; il s'était marié à Vescovato, qu'il avait quitté après deux ans de séjour.

fisquée, était de se rendre à Gênes; que d'ailleurs ses fils auraient reçu une brillante éducation aux frais de la Compagnie; que la vente de ses maisons, faite par son mari, aurait été annulée, et qu'enfin son mari, tout en songeant au bien de ses enfants, lui aurait, sans doute, pardonné. Vannina se laissa persuader.

La nouvelle accablante de ces infâmes négociations fut apportée à Sampiero par un marin français venant de Marseille. Sampiero ne savait quel parti prendre; enfin il se décida à faire partir immédiatement Antonio de San-Fiorenzo, qui l'accompagnait (1) dans son voyage, afin de surveiller sa femme, et de son côté il s'apprêta à partir pour Constantinople.

Dès qu'Antonio de San-Fiorenzo eut touché le sol de la France, il apprit que Vannina s'était déjà embarquée avec son fils puîné, Anton Francesco, le prêtre Ombrone et Auguste Bassica-Lupo; il partit précipitamment à leur poursuite sur un brigantin, et les atteignit près d'Antibes. Antoine de San-Fiorenzo les arrêta et les consigna à l'évêque, seigneur justicier du lieu. Celui-ci les envoya au parlement de Provence, qui siégeait à Aix.

Sampiero arriva à la cour du Grand Turc, où il demeura peu de temps. On dit, mais cela n'est pas certain, qu'en exaltant l'intrépidité de Sampiero, le sultan voulut la mettre à l'épreuve. Un jour qu'il l'invita à dîner, et au moment où Sampiero levait le verre pour porter un toast au sultan, celui-ci fit mettre le feu à deux pétards qu'il avait cachés tout près de la table. Au bruit de la détonation, tous les convives furent effrayés; Sampiero seul n'éprouva aucune impression et continua à vider son verre. On rapporte aussi de lui d'autres anecdotes que nous passons sous silence.

Sampiero prit congé du sultan, après avoir obtenu de lui l'assurance qu'il seconderait le roi de Navarre pour la domination de l'île de Sardaigne. La libération de la Corse aurait été la suite de cette expédition.

Sampiero, étant débarqué à Marseille, trouva sa maison vide. Sa colère alors ne connut plus de bornes. Il se rendit au parlement d'Aix, demanda à voir sa femme; le parlement rejeta sa demande; mais Vannina insista pour suivre son mari.

Ils arrivèrent à Marseille; ils entrèrent dans la maison vide de tous les meubles que Sampiero avait laissés lors de son départ. Personne n'a jamais pu savoir ce qui se passa dans ce moment suprême entre Vannina et Sam-

(1) Quelques auteurs ne sont pas d'accord sur la présence d'Antonio de San-Fiorenzo à Alger; mais ils pensent qu'il se trouvait à Marseille et qu'il fut averti par Sampiero de veiller sur sa femme.

Mes enfants, voilà la chemise ensanglantée de votre père!.. Le meurtrier protégé par les Génois, reviendra vous insulter... Jurez de venger votre sang!!! Voilà les armes!.. R. Nous le jurons!!!

L'ORIGINE DE LA VENDETTA CORSE

Une jeune fille trempe son mouchoir dans le sang de son frère assassiné et s'écrie: je le vengerai! Genêt tient l'assassin et ses deux enfants les autres voulaient partager sa mort.

piero. La pantomime de douceur, de tendresse et de respect qu'on attribue (1) à cet homme avant d'accomplir son funeste projet, serait en flagrante contradiction avec son caractère fier et indomptable, et avec son âme aussi fortement trempée que les roches granitiques qui entourent le village où il vit le jour.

Vannina connaissait la haine mortelle que son mari avait vouée, dès les premiers jours de leur mariage, aux Génois. Elle avait vu couler son sang ; elle avait pansé ses blessures. Elle savait que la tête de son mari avait été mise au prix de 4,000 ducats. Elle n'ignorait pas toutes les misères dont sa patrie était accablée ; elle savait enfin que son mari, privé de l'appui de la nation pour laquelle il avait combattu, errait dans des contrées lointaines, cherchant des armes et des secours afin de briser le joug qui opprimait son pays. C'est dans une circonstance aussi éminemment critique qu'elle trahit sa patrie, son mari, et se rendit parricide en livrant aux mains des Génois son fils, qui aurait subi, sans doute, le même sort que le fils de Rinuccio de la Rocca... Vannina cessa de vivre !

Nous n'applaudissons pas au meurtre de l'infortunée Vannina ; mais connaissant les passions violentes de nos montagnards, surtout lorsqu'elles sont excitées par de tels outrages au devoir conjugal et à l'amour de la patrie, nous ne sommes pas de l'avis de certains auteurs, qui prétendent qu'il aurait dû expier son crime sur l'échafaud.

Non, Sampiero n'était pas coupable à ce point-là. On sait qu'il adorait sa femme, qu'il aimait ses enfants. Pour tout autre motif, la tendresse conjugale et l'amour paternel auraient fléchi son cœur courroucé ; mais l'amour de la patrie, foulé aux pieds par sa femme, constituait aux yeux de Sampiero le plus énorme des crimes. Si l'histoire a été indulgente à l'égard de Brutus, qui immola ses enfants traîtres à la patrie ; si elle pardonna à Virginius, qui perça le sein de sa fille, pourquoi condamnerait-elle Sampiero ?

Après ce terrible événement, qui fit une grande impression à Marseille, et

---

(1) L'historien de Thou rapporte que Sampiero, avant de donner la mort à sa femme, ôta son chapeau, l'appela sa Dame et simula une certaine soumission, comme il avait l'habitude de le faire, par respect pour son illustre origine, car lui était issu d'une famille obscure. On dit que Vannina, voyant qu'elle ne pouvait échapper à la mort, pria aussi son mari de ne pas permettre que les esclaves turcs qu'il avait amenés de Barbarie, trempassent leurs mains dans son sang, et qu'elle-même choisit l'instrument de son supplice en détachant une de ses jarretières qu'elle donna à son mari, qui s'en servit pour l'étrangler. Cet épisode funèbre est encore inconnu, et les historiens ne sont pas d'accord sur la fin tragique de Vannina.

dont la nouvelle pénétra jusqu'à la cour, Sampiero se hâta d'envoyer Antoine et Paris de Saint-Florent en Corse, afin de surprendre la ville de Bonifacio par un coup de main hardi. Quant à lui, il prit immédiatement le chemin de Paris. A peine arrivé dans cette ville, il s'empressa de se présenter à la cour; mais à la vue de cet homme terrible, tous les courtisans efféminés et corrompus, pris d'effroi, se sauvèrent. Sampiero, alors, ouvrant sa poitrine et montrant les cicatrices des blessures qu'il avait reçues pour la gloire de la France, s'écria : « Qu'importe au roi et à la France de savoir si Sampiero a bien ou mal vécu et comment il s'est comporté avec sa femme! »

Ces paroles, prononcées avec un ton ferme et énergique, produisirent un grand effet. La reine-mère, qui d'abord le détestait, lui pardonna et empêcha que son procès eût lieu.

Cependant, la compagnie de Saint-Georges commettait des représailles de toute part contre les partisans de Sampiero. Les commissaires *Impériale* et *Rébuffo* empêchèrent les *caporaux* de défendre les intérêts de leurs pauvres compatriotes. Plusieurs personnes influentes furent bannies ou traînées dans les prisons sous de faux prétextes.

Antoine et Paris de Saint-Florent étaient débarqués dans l'île; ils s'étaient fait porter sur une barque près de Bonifacio, et pendant la nuit ils avaient passé à la nage jusque sous les remparts, en traînant des roseaux, afin de les attacher l'un avec l'autre et d'en mesurer la partie la plus inaccessible et par conséquent la moins gardée. Ces intrépides explorateurs, ayant réussi dans leur opération, reprirent la nage et se rendirent sur le rivage, où les attendait le capitaine Marin avec sa barque. Ce dernier voulut prendre aussitôt la mer, malgré l'opposition de ces deux insulaires; mais à peine furent-ils à peu de distance du rivage qu'ils furent poursuivis et capturés par un corsaire commandé par un renégat génois. Celui-ci, ayant trouvé sur ses prisonniers une lettre de Sampiero, les mit à la torture et les emmena à Bona; là, ils furent reconnus par le renégat Memmy, leur compatriote, qui les fit mettre en liberté et punit sévèrement le pirate génois.

Sampiero, avant de revenir en Corse, cherchait tous les moyens de se procurer des auxiliaires. A cet effet, il écrivit à deux personnages génois : Jérôme Fieschi et Aurèle de Campo Fregoro, tous les deux disgraciés pour affaires politiques.

Vecchione de Vivario, banni depuis quelques années, avait débarqué dans l'île avec des lettres pour les partisans de Sampiero. Le commissaire génois, en ayant été instruit secrètement, feignit de ne rien savoir et écrivit à plusieurs personnes influentes, en les priant de se rendre à Bastia et à Ajaccio, en leur offrant le commandement de quelques corps de milices, qu'il avait ordre de former.

Quelques-unes de ces personnes s'étant rendues à l'invitation du commissaire, tombèrent dans le piège. Plusieurs furent envoyées aux galères, Orlando d'Ornano endura les plus cruelles tortures; Polydore de Corté, qui avait sauvé la vie à Sampiero, fut mis à mort; Léonard Casanova de Corté et Jacques de la Casabianca réussirent à se sauver et émigrèrent sur le continent italien.

Ce fut à cette époque que la république de Gênes ressaisit son pouvoir sur l'île de Corse, qu'elle avait concédé à l'office de Saint-Georges.

Barthélemy de Vivario avait déserté le parti génois, parce qu'on avait traîné en prison, sous de faux rapports, son parent, Ferando Muracciole. Les Génois, ne pouvant l'attraper, dévastèrent et incendièrent ses biens et ceux de plusieurs habitants de Vivario. Ces derniers adressèrent des plaintes au gouverneur et demandèrent à être dédommagés; le gouverneur donna ordre de dresser un procès contre François Spinola et François Giustiniani, qui avaient ordonné ces barbaries. Un pauvre notaire corse fut obligé de leur apporter l'assignation pour comparaître à Bastia. François Giustiniani écouta la lecture, prit l'acte, et, aidé par son frère Raphaël, assomma le notaire et le força d'avaler le papier contenant l'assignation contre lui.

Le 12 avril 1564, les pirates débarquèrent dans le golfe de Chioni; mais, s'étant avancés vers le hameau de Chidazzo, ils furent exterminés par les habitants de Vico, Marignana, Arbori et Renno.

Vers la moitié de juin de la même année, Sampiero débarquait dans le golfe de Vallinco, accompagné d'Antoine de Saint-Florent, Bruschino d'Orezza, Achille de Campo-Casso, Baptiste de la Pietra, Pierre-Jean d'Ornano, et plusieurs autres Corses et Français. Sampiero marcha aussitôt sur le château d'Istria, dont il s'empara; puis il passa les monts et se rendit à Vezzani.

Le gouverneur Christophe Fornari ne pouvant l'arrêter avec les armes, se procura des sicaires pour l'assassiner. Ces malheureux se présentent à Sampiero, qui, étant averti, les fit mourir. Nicolas Denegri marcha pour lui barrer le passage; mais, voyant que tous ses efforts étaient inutiles, il met à prix la tête de Sampiero à 4,000 ducats. Ce dernier arrive à Corté, soulève les pièves de Bozio et d'Orezza, puis s'empresse de descendre dans la fertile piève de Casinca. Là, il apprend que la tour de la Venzolasca était gardée par un certain Napoléon de Nonza. Sampiero lui envoie un parlementaire pour le prier de la lui remettre à l'amiable. Napoléon, esclave de la consigne, lui répond par des coups de fusil. Sampiero, irrité, ordonne de mettre le feu à la tour; ses ordres sont exécutés. Les assiégés demandent alors à se rendre; Achille de Campocasso, ennemi mortel de Napoléon, quoique son cousin, demanda qu'il fût mis à mort.

Sampiero se porta ensuite sur Vescovato. Les habitants de ce village, assemblés par l'archidiacre Filippini dans l'église de Saint-Sébastien, étaient exhortés par cet ecclésiastique à garder la neutralité. Sampiero, ne voyant personne, éprouva de la peine; enfin, quelques-uns finirent par se présenter à lui en lui offrant l'hospitalité; il les remercia; puis, s'adressant à la foule, que la curiosité avait attirée sur la place, il lui fit une chaleureuse allocution et l'invita à prendre les armes pour défendre la patrie.

Nicolas Denegri, se trouvant à Borgo avec des forces considérables, marcha contre Sampiero. La lutte ne tarda pas à s'engager. Sampiero, connaissant quelques Corses qui combattaient pour les Génois, les apostropha et réussit à les faire éloigner. Les insulaires qui combattaient pour l'indépendance se précipitèrent dans la mêlée: Bruschino d'Orezza, intrépide compagnon de Sampiero, atteint à la tête d'une balle, tombe raide mort (1).

Les soldats de Sampiero, à la mort de Bruschino, plient. Les Génois prennent courage et s'emparent du lieu le plus élevé, où est situé l'église. Les deux Casta, Louis et Giudice, les chargent l'épée à la main et réussissent à les déloger de ce poste.

Alphonse Gentili d'Erbalunga, qui commandait les Génois, voudrait réparer son honneur en forçant le passage que défendait Achille Campocasso; mais celui-ci lui décharge son arquebuse et lui donne la mort. Sampiero accourt du côté où il voit le plus de danger, ranime les siens, fond sur les ennemis, qui, culbutés de toutes parts, prennent la fuite.

Les Génois morts ou faits prisonniers dans ce combat fournirent des armes aux insurgés. Sampiero monta dans le village de Loreto, où il comptait à peine trois cents hommes; mais trois jours après il se voyait à la tête de six cents combattants, avec lesquels il se porta à la Pietrera de Caccia, et là il s'arrêta pour attendre les ennemis qui marchaient à sa rencontre.

(1) On fit courir le bruit que le coup d'arquebuse qui tua Bruschino était parti de la maison de l'historien Filippini. Sampiero fut très-sensible à la mort de Bruschino.

Denegri avait quitté le Borgo et se dirigeait à la tête de deux mille hommes sur le Pont à la Leccia, pour se porter ensuite vers la Pietrera. Pendant ce trajet, Hector Ravaschiero, l'un des chefs génois, avait menacé du bâton un homme de la suite de Luce Casabianca. Ce dernier, qui cherchait un prétexte quelconque pour abandonner le parti génois, se montra très-irrité et rebroussa chemin en se dirigeant vers son village. Ayant rencontré dans sa fuite cinq cents hommes armés qui voulaient rejoindre Sampiero, il fut arrêté par eux et obligé de se mettre à leur tête Ce renfort inattendu, uni à un grand nombre de paysans accourus de toutes parts, mit Denegri dans un fort embarras. Il aurait voulu battre en retraite; mais Sampiero le prévint, et, le poursuivant de la Pietrera jusqu'à la Volpajola, fit une horrible boucherie des Génois. Denegri, qui s'était mis en croupe derrière Pierre-André de Casta, espérant ainsi se sauver, fut pris et tué par Morazzano, maire de la Valpajola, auquel il avait donné un soufflet, parce qu'il n'avait pas pu loger tous ses soldats dans sa petite commune. Tous les prisonniers furent renvoyés sur la promesse de s'embarquer pour le continent et de ne plus revenir pour combattre contre les insulaires.

Sampiero passa ensuite au delà des monts; il se rendit à Vico, et bientôt tous les habitants des villages des environs d'Ajaccio se mirent de son parti.

Valère de la Casabianca, Antoine de Saint-Florent et Pierre de Piedalbertino résidaient à Vescovato. Sur les remontrances réitérées des habitants de ce village, ne pouvant supporter tout seuls les charges de la garnison, ils changèrent de place et allèrent s'établir à Penta.

Le Gouvernement de Gênes, voyant que les affaires prenaient une mauvaise tournure, s'empressa d'envoyer des renforts, commandés par Etienne Doria, qui débarqua à Bastia, le 29 juillet, avec 4,000 hommes, Italiens et Allemands. Une partie de ses troupes fut expédiée à Ajaccio, et dans son passage brûla le village de Valpajola.

A cette époque, la partie orientale eut à souffrir des pertes par la présence de pirates. A Biguglia, ils enlevèrent quatre-vingts personnes. Castellare de Casinca fut pillé; mais la garnison corse qui se trouvait à Penta, accourue au secours des habitants, enleva le butin aux corsaires, tua quatre-vingts de ces barbares, et plusieurs furent faits prisonniers. Quelques-uns des chefs corses furent blessés. Cette circonstance favorisa Etienne Doria, qui s'empressa d'aller occuper Vescovato. Sampiero laissa alors le delà des monts et arriva à Penta, accompagné de huit mille paysans. Pendant qu'il séjournait dans ce village, on forma une tentative d'empoisonnement contre lui. Le perfide prêtre Ombrono, que le geôlier Marcadin, ébloui par de brillantes promesses, avait fait évader des prisons de Marseille, passa à Gênes et proposa au Gouvernement l'empoisonnement de ce redoutable chef des Corses. Son plan fut adopté, et Marcadin, qui devait accomplir ce crime, se rendit en Corse et alla trouver Sampiero. Celui-ci, qui le connaissait, l'accueillit d'abord avec amitié; mais averti par Antoine de Saint-Florent que cet individu était le traître qui avait fait évader l'infâme Ombrono, en le fit arrêter. Condamné à mort, on trouva sur lui le poison destiné à Sampiero.

Les Corses qui formaient la garnison de Penta ayant aperçu un convoi génois qui se dirigeait vers le village de Vescovato, demandèrent à Sampiero la permission d'aller l'attaquer; il s'y opposa; mais, voyant qu'ils insistaient dans leur projet, il céda malgré lui, et donna le commandement de cette expédition à Achille de Campocasso. Ce dernier s'étant embusqué sur le passage des Génois, tomba avec impétuosité sur ceux-ci, qui d'abord résistèrent au choc; mais Campocasso, étant revenu à la charge, réussit à s'emparer du convoi. Les Corses, commandés par Campocasso, occupés à ramasser le butin, cessèrent un instant de combattre. Centurione, qui commandait les troupes génoises, voyant que les troupes corses commandées par Pierre-Jean d'Ornano ne bougeaient pas, s'aperçut de la mésintelligence qui régnait entre les chefs, en profita, revint à la charge, et mit bientôt cavalerie et infanterie corse dans une complète déroute. Trois cents Corses périrent dans ce combat. Sampiero, qui s'était porté au-dessous de Vescovato pour empêcher la garnison génoise de venir en aide à Centurione, apprit la défaite des siens; il en fut fort attristé, et Pierre-Jean d'Ornano, celui-là même qu'il avait racheté de l'esclavage, risqua d'être puni de mort pour son infâme conduite.

Doria, ayant reçu des renforts à Vescovato, marcha sur Cervione, pour se porter ensuite sur Aleria; Sampiero, averti de son projet, le prévint : il se posta à Cervione; là, la lutte devint sanglante, elle dura pendant huit heures. Sampiero se trouva exposé à de grands dangers durant le combat, et il fut enfin forcé de céder. Les Génois entrèrent dans Cervione, qu'ils trouvèrent désert, tous les habitants s'étant retirés sur la montagne. Doria, voyant que ceux-ci se méfiaient et ne rentraient pas dans leurs pénates, livra le village aux flammes. Ce chef génois put enfin pénétrer jusqu'à Aleria; mais, ayant perdu plus de sept cents hommes dans cette expédition, et lui-même étant tombé malade, il se décida à rentrer à Bastia.

Le redoutable autant qu'inconstant Achille de Campocasso s'étant retiré dans le Nebbio, négocia avec les Génois et demanda une entrevue à Doria dans la ville de Bastia; mais ce dernier lui ayant fait savoir que pour entrer en grâce avec son gouvernement il fallait tuer Sampiero, Campocasso fut irité de cette lâche condition et retourna chez lui dans le Nebbio.

Jean-André Doria, qui était entré dans le port de Bastia avec vingt-quatre galères chargées de troupes espagnoles et italiennes, inventa un étrange mode de faire une guerre exterminatrice. Il organisa dans le même temps diverses expéditions par terre, tandis qu'en divisant sa flotte il faisait opérer des débarquements sur différents points du littoral. Ce fut ainsi que les Génois purent, dans le même temps, surprendre Belgodere et le livrer aux flammes; Portovecchio, dont une partie de la garnison fut pendue et l'autre envoyée aux galères; Olmeto, Bastelica et Sartene dévastés et incendiés; enfin le même Doria, poursuivant son système de destruction, livra aux flammes les pièves de Tavagna, Moriani, Caccia, Rostino, Alesani, Fiumorbo, où il fit couper les blés et tuer les animaux. Puis, s'étant porté sur la *pièce* de Bigorno (Campitello), il ordonna d'y mettre le feu. Les habitants ayant demandé grâce, ce lâche Génois leur demanda en gage la tête de Tristano de Farinole, son mortel ennemi. Le même tyran Doria se mit à parcourir les pièves de Caccia, Giovellina, Bozio et Serra, dans lesquelles il fit brûler les blés et cent trois villages ou hameaux (1).

Après avoir dévasté une partie de la Corse, le barbare Jean-André Doria s'embarqua à Calvi. Peu après le départ de ce dernier, Sampiero alla assiéger la ville de Sartene, qu'il prit, démantela, et massacra la garnison génoise; il marcha ensuite sur le château d'Istria, dont la garnison fut passée au fil de l'épée et les fortifications rasées.

Pierre-Jean d'Ornano étant entré dans les bonnes grâces de Sampiero, et voulant revendiquer ses torts dans sa conduite peu louable à la funeste catastrophe du pont de Golo, accepta la mission que Sampiero lui confia; il s'agissait de s'emparer de Bonifacio, aidé d'un corsaire turc avec lequel Sampiero avait traité; mais le malheureux Pierre-Jean Ornano ayant été rencontré sur la côte par les troupes sardes que François Giustiniani avait

(1) Si l'on devait énumérer tous les désastres et les cruautés commises en Corse par les Spinola, les Doria et quelques autres chefs génois, on frémirait d'horreur! Toutes les barbaries et les misères que les Russes ont fait endurer aux Polonais de nos jours, pour lesquels on a tant crié, n'étaient ni plus grandes, ni plus lamentables que les maux qu'ont soufferts les Corses. Ainsi, il n'est pas étonnant que le nom génois soit encore de nos jours en horreur dans certaines contrées de l'intérieur de cette île.

levées dans l'île de Sardaigne, il fut reconnu, arrêté, poignardé par ce même Giustiniani, qui, lui ayant après coupé la tête, la porta en triomphe à Bastia.

Une diète s'étant assemblée par ordre de Sampiero au village de Piedi-Corte de Bozio, on décida d'envoyer une députation à la cour de France pour se plaindre des Génois, qui avaient violé les conditions du dernier traité de paix. Cette mission fut confiée à Anton Padovano de Pozzo de Brando. Dans la même diète on voulut adopter les représailles exercées par les Génois contre les partisans de ces derniers. La piève de Casinca fut la première à être désignée pour le pillage et l'incendie; le village de Vescovato fut occupé le premier, mais les factions des *Rouges* et des *Noirs* s'étant réveillées, chacune de son côté se mit à défendre et à protéger ses partisans; ainsi les maisons livrées aux flammes ne s'élevèrent qu'au nombre de quinze, parmi lesquelles on compte celle de l'historien Filippini.

Jean-André Doria, qui était rentré dans la ville de Bastia vers le mois de juillet, quitta cette ville dans le commencement d'août et se porta avec des forces pour assiéger le château de Corté. Sampiero, instruit de sa marche, renforça la garnison de cette ville et en donna le commandement à Pierre de Piedalbertino d'Orezza, et il s'empressa de se porter aux *strette* d'Omessa pour y attendre l'ennemi. La lutte ne tarda pas à s'engager; elle fut terrible et sanglante, mais les insurgés corses furent contraints de battre en retraite, et Doria put continuer sa marche sur Corté. La garnison, commandée par Pierre de Piedalbertino, se défendit vaillamment; la nièce même du commandant, armée d'une arquebuse, fit des prodiges de valeur; mais les assiégés, voyant qu'ils ne pouvaient résister longtemps, sortirent pendant la nuit du château, qui fut aussitôt occupé par les Génois, et la ville fut incendiée. Après cette campagne, Doria s'apprêtait à revenir sur ses pas pour se rendre à Bastia; Sampiero courut pour lui barrer le passage avec toutes les forces qu'il avait pu rassembler, et l'attendit aux *strette* d'Omessa. Doria, averti par un espion (le moine Martino) du danger qu'il allait courir, se décida à suivre les conseils de quelques-uns, qui étaient de prendre le chemin de la vallée de Luminanda, pour se rendre dans la piève de Giovellina. Sampiero vole à sa rencontre; il atteint ses ennemis dans un passage difficile, surtout pour la cavalerie. Là s'engage une lutte des plus sanglantes. Les chevaux génois s'étant avancés dans un sentier tortueux et très-étroit, ne pouvaient se tourner d'aucune part; les Corses, prenant ces chevaux par la queue, les faisaient reculer jusque sur la pente des précipices, d'où ils roulaient avec leurs cavaliers. La destruction de l'armée génoise aurait été complète si Sampiero ne s'était méfié de la fidélité d'Achille de Campocasso, toujours prêt à changer de parti. Les débris des troupes génoises purent atteindre le pont à la Leccia, où Sampiero cessa de les poursuivre.

Doria fut tellement affecté de ce désastre, qu'il crut à la trahison et voulut faire mourir ceux qui lui avaient conseillé de prendre cette route.

Anton Padovano de Pozzo de Brando étant de retour de la cour de France, se porta à Sainte-Lucie de Bozio, pour rendre compte de sa mission à la commission des *Douze* assemblée dans ce village. L'envoyé s'expliqua sur la réponse du roi de France à l'égard de la demande des Corses, en disant que ce monarque avait refusé de l'admettre sur les simples défauts de l'exécution du traité de paix, ne pouvant être, lui, seul juge dans cette affaire; mais que si les insulaires lui envoyaient des députés comme au souverain de l'île, sur laquelle il ne s'était jamais désisté de ses droits, ils obtiendraient tout ce qu'ils désiraient. On s'empressa alors de convoquer une autre diète. Anton Padovano et Léonard de Corté furent élus députés près la cour de France.

Cependant, le manque d'argent fit prendre des mesures au conseil des *Douze* pour faire percevoir la taille, qui fut réduite à trente sous par famille, et à laquelle on joignit les dîmes qu'on devait aux évêques de la Corse, qui n'avaient pas été payées depuis deux ans.

Doria quitta enfin la Corse, en y laissant son nom et sa mémoire en horreur. Jean-Pierre Vivaldi lui succéda.

Alphonse, fils aîné de Sampiero, débarquait en Corse, accompagné des deux députés Léonard Casanova et Anton Padovano de Brando et par d'autres personnages français, dans le commencement de 1566.

Le roi de France, qui d'abord avait promis d'aider les Corses, ne put se décider à déclarer la guerre aux Génois; cependant, il avait donné quelques secours en argent et des enseignes sur lesquelles on lisait ces mots : *Pugna pro patria*. Ces enseignes furent distribuées par Sampiero à divers chefs, ses adhérents.

Diverses escarmouches eurent lieu entre les Corses et les Génois, commandés par Jérôme Rocca-Tagliata, dans les pièves de Caccia, Oletta et Saint-Florent. Ce fut dans ce dernier lieu que Jacques de la Casabianca, emporté par son cheval au milieu d'un groupe de Génois, fut blessé et fait prisonnier.

Ce malheur obligea son fils de se retirer pour un instant dans ses foyers, afin de ne pas compromettre la vie de son vieux père.

Sampiero, appelé au delà des monts, donna le commandement des troupes à Antoine de Saint-Florent. Ce dernier alla se placer dans le village de Borgo, où il fut bientôt attaqué par les Génois, qu'il repoussa d'abord avec perte; mais ces derniers, étant revenus avec des forces considérables, l'attaquèrent de nouveau; la lutte fut sanglante; plusieurs Corses y périrent et Antoine de Saint-Florent eut son cheval tué sous lui. Les Corses, obligés d'évacuer le Borgo, se retirèrent dans le village de Vescovato. Ce fut là qu'un émissaire envoyé par Vivaldi attenta à la vie d'Antoine de Saint-Florent. Il chercha tous les moyens de l'assassiner; mais, n'ayant pu trouver le moment favorable, il employa le poison. Antoine de Saint-Florent fut grièvement malade, mais il ne succomba pas à cette infâme tentative.

Pendant que Sampiero se portait à Ajaccio, les troupes génoises, sorties de cette ville, quoique toujours harcelées par une troupe de Niolins et par d'autres insulaires guidés par Jean de Coggia et Marc d'Ambiegna, réussirent néanmoins à incendier Vico et Coggia. Un autre malheur vint se joindre à ces désastres; deux chefs Corses trahirent la cause de Sampiero; l'inconstant Achille de Campo-Casso était passé au parti génois; et Hercule d'Istria, mécontent de Sampiero, prit la résolution de s'éloigner pour lui donner un contre-coup fatal. Il y réussit (1).

Dans ces entrefaites, Vivaldi, ne sachant comment fomenter les discordes entre les familles influentes, chercha à rallumer les inimitiés des Rouges et des Noirs, se déclarant protecteur du parti rouge. De là s'ensuivirent alors des meurtres terribles.

Les Corses insurgés ayant convoqué une autre diète, résolurent d'envoyer une nouvelle députation en France. Cette fois elle se composait de cinq personnages : Anton Padovano de Brando, Léonard Casanova de Corté, Paris de Saint-Florent, Ciruscolo de Calvi et Dominique de Bonifacio.

Sampiero, qui n'avait conçu aucun soupçon sur la fidélité d'Hercule d'Istria, pria avec instance ce dernier d'accompagner les députés corses sur le continent. Hercule feignit d'y consentir, mais en avertit secrètement le commissaire Giustiniani, à Ajaccio, en lui faisant savoir le jour et l'endroit où l'on devait s'embarquer.

---

(1) Quelques historiens assurent qu'Hercule d'Istria se trouvait, lui aussi, parmi les conjurés contre Sampiero le jour qu'il fut tué.

A peine ces malheureux eurent-ils quitté le rivage qu'ils se virent entourés d'un grand nombre de barques armées. Léonard, Anton Padovano et Dominique se jetèrent à la mer. Les deux premiers se sauvèrent à la nage; le troisième, Dominique, se noya; Ciruscolo, fait prisonnier, se suicida dans sa prison; Paris fut arrêté, mis à la torture, puis pendu pour servir de cible au tir des troupes génoises.

Hector Ravaschiero ayant eu une altercation assez vive avec un chef corse au service de Gênes, reçut l'ordre de Vivaldi de s'éloigner pour un instant de la ville de Bastia. S'étant caché dans le village de Lucciana, éloigné de 18 kilomètres de la ville, il fut découvert, arrêté et conduit à Sainte-Lucie de Bozio. Les Corses, exaspérés par tant de cruautés exercées par les Génois contre les insulaires prisonniers, voulurent se montrer barbares envers ce chef insolent et hautain. Ils résolurent de le faire mourir d'une mort cruelle en l'attachant à un arbre et le faisant déchirer par des chiens féroces.

Antoine de Saint-Florent, qui était présent, ne put souffrir longtemps ce spectacle atroce, et ordonna d'accélérer d'un coup de fusil les souffrances du patient.

A la nouvelle de la mort de Ravaschiero, Fornari, qui avait remplacé Vivaldi, et qui se trouvait à Ajaccio, ordonna que le jeune Sampiero de Corté, neveu de Léonard de Casanova, qui se trouvait dans les prisons de la ville d'Ajaccio, fût condamné à souffrir le même supplice que Paris de Saint-Florent.

Nous approchons enfin de ce terrible drame, de ce funeste dénoûment; et c'est à grand regret que nous sommes obligé, en qualité d'historien, de dévoiler les perfidies et les turpitudes de quelques-uns de nos compatriotes. Ah! qu'il est douloureux d'avoir à enregistrer dans les annales de la guerre de l'indépendance corse, à côté de tant d'héroïques efforts et de dévouements pour la patrie, les trahisons et les lâchetés commises par quelques-uns issus de nobles souches et qui portaient les noms des plus illustres familles de cette Ile!... Mais non..., l'anathème céleste n'atteint que les coupables et non ceux qui n'ont jamais trempé dans ces crimes odieux. Tels furent un Salnese d'Istria, qui arrêta et consigna entre les mains des Génois son vieux père, Sinucello ou Giudice de la Rocca; Jean d'Istria, qui arrêta son frère Vincentello et le livra dans les griffes de ses bourreaux; Hercule d'Istria, qui immola à sa lâche vengeance ses valeureux compatriotes; et enfin, les trois frères Ornano, à jamais flétris dans l'histoire, qui vont tremper leurs mains dans le sang de Sampiero pour une vile somme d'argent.

N'oublions pas Achille de Campocasso, qui, après avoir trahi de nouveau le parti des patriotes, avait passé aux Génois et s'était porté dans la Balagna pour combattre contre Louis de Casta. Ce dernier, assailli par la cavalerie de Jérôme Roccatagliata et par les fantassins de Campocasso, osa défier le chef génois à un combat singulier; mais tandis que les deux adversaires couraient l'un sur l'autre, une décharge opérée par quatre soldats de Campocasso étendit mort le vaillant Louis de Casta. Campocasso aura-t-il trempé dans cette trahison? Il en était capable.

Sampiero se trouvait à Vico et s'apprêtait à passer de nouveau les monts, lorsqu'une fausse lettre, au nom de ses partisans, lui annonçait que les habitants du district de la Rocca étaient sur le point de se révolter contre lui. Il s'empressa alors de réunir quelques-uns des siens, avec lesquels il partit afin d'arriver à temps pour étouffer l'insurrection. Il arrive au village d'Ocana, où Vittolo, son domestique et son confident, vint l'avertir que ses ennemis marchaient sur le village de Cauro. Sampiero, alors accompagné de son fils Alphonse et de quelques cavaliers, s'empresse de marcher vers ce village; mais il avait à peine franchi la rivière de Prunelli, qu'il se vit enveloppé par une compagnie d'infanterie et par quelques cavaliers commandés par les trois frères Ornano : Michel-Ange, Jean-Antoine et Jean-François. Sampiero, se voyant tombé dans une embuscade, cria à son fils Alphonse de se sauver, et en même temps il déchargea son pistolet sur Jean-Antoine, qu'il blessa à la mâchoire. Le second coup ayant manqué, il dégaîna son épée et fondit sur ses ennemis; mais l'infâme Vittolo, son domestique, lui tira alors par derrière un coup de fusil qui l'étendit mort. Les Ornano et les Génois se jetèrent aussitôt sur lui, lui coupèrent la tête et la portèrent en triomphe à Ajaccio.

A l'arrivée de cet horrible trophée, les Génois tressaillirent de joie, et le commissaire Fornari fit jeter de l'argent par les fenêtres et distribuer des récompenses à tous ceux qui se trouvaient présents à ce guet-apens.

Les trois frères qui portaient le nom d'Ornano étaient fils d'un bâtard de Bernardin d'Ornano, frère de François d'Ornano, beau-père de Sampiero. Nous avons cité plusieurs fois l'héroïsme de Bernardin, mais ses petits-fils, peut-être bâtards de nom et de fait, se rendirent indignes de porter son nom.

On dit que Vittolo étant connu pour être d'une conscience timorée, on se servit de l'ascendant qu'avait sur lui son confesseur, le moine Ambrogio. Ce dernier ayant été gagné soit par les Génois, soit par les frères Ornano, fit croire à son pénitent que Sampiero était un monstre qui avait rendu tant de veuves désolées et d'orphelins malheureux, que tuer un homme qui causait tant de malheurs ne constituait aucun péché à la face de Dieu, et qu'il ne commettrait qu'une action méritoire s'il purgeait la terre d'un tyran couvert de crimes et souillé de sang.

Quoique chacun des meurtriers de Sampiero réclamât le prix de talion comme auteur de sa mort, il n'en est pas moins vrai que le nom de Vittolo est resté en Corse en exécration, et qu'on désigne encore de nos jours du nom de Vittolo tous ceux qui sont traîtres à la patrie.

D'ailleurs, Vittolo suivit le cortége qui portait en triomphe à Ajaccio la tête de Sampiero, et on le vit encore suivre Giustiniani et les Ornano dans les expéditions contre les insurgés corses dans la province de Vico (1).

Plusieurs auteurs ont voulu porter leur jugement sur Sampiero, et quelques-uns n'ont vu dans ce héros qu'un despote, un tyran, un assassin (2). En écartant tous les auteurs ennemis ou passionnés, nous nous limiterons à rapporter ici le jugement que porta sur Sampiero un auteur génois, le plus impartial parmi les écrivains ses conationaux. C'est l'historien Casoni qui parle :

« Sampiero, dit Casoni, liv. VII, pag. 294-296, ayant donné les plus écla-
« tantes preuves de la fermeté et du courage, a obtenu dans notre siècle très-
« belliqueux un des premiers rangs parmi les capitaines de l'Italie. Doué
« d'une grande intelligence et d'un génie pénétrant, il possédait deux qua-
« lités qui se trouvent rarement réunies, savoir : un esprit vif et élevé et un
« jugement sain et solide..... Sampiero, toujours prêt à adopter un parti,
« ferme dans son exécution, résigné aux fatigues, intrépide dans les dan-
« gers, sachant profiter de toutes les chances que lui offrait la fortune, des
« désordres et des fautes de ses adversaires; Sampiero soutenait le fardeau
« de la guerre autant par sa valeur que par sa sagesse. Aussi, quoiqu'il

(1) Le commandant Giustiniani, qui était le chef des gens armés qui formaient le guet-apens, se trouvait à une certaine distance du lieu où se passa la lutte; néamoins il fut nommé colonel. Les Ornano, après tant de différends survenus, se contentèrent de partager le talion de deux mille écus avec les soldats de Giustiniani. Vittolo ne fut pas oublié dans le partage.

(2) Sans parler de quelques auteurs génois très-passionnés, nous nous bornerons à citer un auteur moderne (Robiquet), page 231 : « Sampiero, dit cet auteur, ne peut point être placé au « rang des hommes dont la vie honore leur pays et l'humanité; il souilla la sienne par plusieurs « crimes qui devaient le conduire à l'échafaud, etc., etc. » Cet auteur s'acharne aussi contre son fils, le maréchal Ornano, qui rendit tant de services à la France.

« n'eût sous ses ordres que des miliciens et des volontaires tumultueux,
« sans provisions assurées, sans argent, sans munitions, il savait se faire
« craindre de l'ennemi, le tenir à distance, battre souvent les troupes les
« plus aguerries, les mieux disciplinées, et déjouer les plans des meilleurs
« généraux. Enfin, c'était un très-grand capitaine et un très-brave soldat.
« On peut même le considérer comme le plus grand guerrier que l'Italie ait
« possédé de son temps (1). »

L'illustre général Paoli, en parlant de Sampiero, s'exprimait en ces termes dans une lettre datée de Londres :

« Si Sampiero eût vécu de mon temps, l'affranchissement du pays m'eût
« coûté moins d'efforts. Ce que nous avions tenté pour l'établissement de
« notre nationalité, il l'eût accompli. Il fallait alors un homme aussi auda-
« cieux, aussi entreprenant, pour jeter l'effroi jusque dans les comptoirs de
« Gênes. La France ne se fût pas mêlée de la lutte, ou bien elle aurait
« trouvé un adversaire plus redoutable que tous ceux que j'ai pu lui oppo-
« ser. Combien de fois ne l'ai-je pas regretté? Ce n'est pas le courage, as-
« surément, ce n'est pas la constance héroïque qui ont manqué aux Corses,
« mais un capitaine qui pût combiner et conduire les opérations de la
« guerre. En présence de généraux expérimentés, nous nous serions par-
« tagé cette noble tâche : tandis que j'aurais travaillé à un corps de lois
« approprié aux besoins de l'île, sa vaillante épée se fût chargée de conso-
« lider notre commun ouvrage (2). »

(1) Casoni, rapporté par Giacobbi.
(2) Paoli, rapporté par Arrighi.

FIN DE LA PREMIÈRE PARTIE DE L'HISTOIRE POLITIQUE.

HISTOIRE POLITIQUE DE LA CORSE

SECONDE PARTIE

CHAPITRE VIII

DE 1567 A 1729.

Après la mort de Sampiero, son fils Alphonse est proclamé général par les Corses insurgés. — Léonard de Corté prononce l'oraison funèbre de Sampiero dans l'église du couvent d'Orezza (1567). — Luce de la Casabianca, poussé par l'amour filial, feint de passer aux Génois. — Il est expédié pour combattre les insurgés à Orezza. — Sa conduite est b'âmée. — Il est appelé à se justifier. — Il se rend à Bastia. — Pendant son séjour dans cette ville, il fait passer des instruments à son père, afin qu'il pût s'évader. — Luce prend aussitôt la fuite. — Il est poursuivi. — Les Génois sont battus par lui. — Denegri est fait prisonnier avec quarante de ses soldats. — Luce pense à en faire l'échange contre son malheureux père, mais Fornari (Christophe) fait trancher la tête au malheureux vieillard Casabianca, père de Luce. — Fornari est remplacé par Georges Doria. — Ce dernier publie une amnistie. — Plusieurs Corses déposent les armes. — Alphonse, avec quelques patriotes, continue la lutte. — Léonard de Corté est fait prisonnier. — On veut le mettre à mort. — Son jeune fils, Anton Padovano, pénètre dans la prison, habillé en femme. — Il fait évader son père. — Pour prix de son amour filial, il est condamné à être pendu à son château de Tizzani. — Georges Doria charge Léor, évêque de Sagone, de traiter avec Alphonse. — Ce prélat, accompagné du moine Antoine de Saint-Florent, va trouver Alphonse. — Le traître Ombrone se joint à eux. Il est reconnu et tué par Cacclaguerra de Niolo. — L'évêque de Sagone réussit à faire déposer les armes aux insurgés corses. — Alphonse, accompagné de plus de trois cents hommes, quitte la Corse et se rend sur le continent français. — Le calme est rétabli dans l'île. — Etablissement d'une colonie à Portovecchio. — Famine dans l'île. — La Corse, épuisée par tant de luttes soutenues contre les Génois et ravagée par les pirates, tombe dans l'anéantissement. — Portraits et notices biographiques de quelques hommes illustres. — André Gaspari. — Alphonse Ornano — Pierre Bagioal, dit *Liberal*. — Léonard Casanova. — Franceschi de Centori. — Cardini Ignace. — Rinaldo Corso. — Jean-Baptiste Ornano. — Antoine Arrighi, etc. — Les soldats corses à Rome (1650). — Colonie grecque en Corse (1676). — La plus odieuse tyrannie exercée en Corse par les Génois. — Les assassins protégés. — La justice mise à prix. — Décret du sénat interdisant le transport des denrées d'une province à l'autre. — Prohibition des armes et commerce scandaleux pour les ports d'armes. — Défense aux Corses d'occuper aucun emploi. — Amnistie accordée à tous les criminels, moyennant une somme d'argent. — Révolution de 1729.

Le jeune Alphonse se voyant privé de son père, et ne pouvant tirer vengeance contre les assassins, se retira dans le village de Bastelica, espérant trouver dans les habitants du pays de son père ce même héroïsme dont ils avaient fait preuve sous Sampiero; mais, se voyant trompé dans ses espérances, il s'en alla au village de Ghisone. Dans ce temps là, un certain Delfino Leca de Vico, son cousin, se trouva par hasard aux prises avec un certain Jean Sarla, partisan génois, lequel, avec un piquet de soldats, se portait du côté de Renno pour se servir du dépôt de munitions, d'armes et d'argent, que Sampiero avait reçu de France et qu'il avait déposé dans une maison particulière. Delfino, aidé par les Corses cismontains, mit en déroute et fit un carnage des Génois. Cette affaire augmenta le courage des Corses, qui, s'étant unis à Vico, formèrent une assemblée, et tous de commun accord élurent Alphonse pour leur général et nommèrent quatre députés pour aller demander du secours à Côme de Médicis, grand-duc de Toscane.

François Fornari, qui croyait toute l'île réduite à l'obéissance de la république, envoya Raphaël Giustiniani pour disperser quelques rebelles dans la province de Vico; Alphonse en fut informé et accourut de Ghisone avec une troupe de Corses; il arriva à Renno lorsque Giustiniani avait mis le feu à diverses maisons de ce village. Alphonse l'attaqua avec violence, et dans un instant il sema la terreur et la mort au milieu des troupes génoises. Après la déroute de ses ennemis, Alphonse s'en alla à Orezza, où s'étaient réunis plusieurs de ses amis, et le 2 février on célébra dans le couvent des Franciscains les pompes funèbres de Sampiero, dont Leonardo Casanova prononça un brillant discours, dans lequel il démontra combien avait été immense la perte d'un si grand homme, et il peignit avec les plus vives couleurs tous les traits d'héroïsme, les efforts et les sacrifices que Sampiero avait faits pour sauver sa patrie. Il parla ensuite de son fils en faisant connaître que lui-même, quoique encore très-jeune, avait donné des preuves de valeur dignes d'un fils de ce héros, et dont la perte ne pourrait être mieux réparée qu'en le nommant au poste de son père. Un grand bruit s'éleva alors dans cette église, et toute l'assemblée fit retentir le cri de : Vive Alphonse, notre général!

A peine Alphonse fut-il élu qu'il s'empressa d'envoyer en France Anton Padovano da Pozzo de Brando, pour annoncer à la cour la mort de son père et pour demander quelques secours.

Luce de Casabianca, poussé par l'amour filial, feignit de revenir au parti génois, afin de pouvoir délivrer son père qui gémissait dans les prisons de Bastia. Le gouverneur génois accepta ses services et l'envoya combattre contre les insurgés à Orezza; Luce de Casabianca ne tarda pas à s'emparer

Sampiero reproche à sa femme sa trahison et prononce son arrêt de mort.

Sampiero montrant les cicatrices qui couvrent sa poitrine aux courtisans effrayés s'écrie : Qu'importe au roi et à la France la conduite de Sampiero envers sa femme etc.

Le jeune Anton Padovano de Corte, pour prix de sa vertu filiale est condamné à être pendu.

Les Corses, dans un accès de désespoir, condamnent un officier génois à être déchiré par des chiens

des villages de Piazzole et d'Erbaggio, mais accusé d'avoir favorisé l'évasion de la garnison d'un fort, il fut rappelé à Bastia, où il fut obligé de se présenter tout seul, pour se justifier. Pendant qu'il demeurait dans cette ville, il réussit à faire passer à son père plusieurs instruments dont il se serait aidé pour s'échapper de prison; quant à lui, il s'évada accompagné de son frère.

A peine Luce de Casabianca se vit-il en liberté, qu'il s'empressa d'écrire à Antoine de Saint-Florent, en lui annonçant qu'il voulait s'unir à lui : la lettre tomba entre les mains des Génois, ce qui rendit furieux le gouverneur Fornari, lequel envoya tout de suite Denegri à sa poursuite; mais Luce le prévint, l'attaqua, le mit en fuite avec tous les siens; son lieutenant fut fait prisonnier avec quarante soldats, et Denegri lui-même courut les plus grands dangers.

Luce de Casabianca avait espéré d'échanger ses prisonniers contre son malheureux père, Jacques; mais le perfide Fornari fit couper la tête, pendant la nuit, au vieillard captif, et le lendemain il fit exposer son cadavre mutilé sur la place publique, en plaçant la tête coupée sous l'un de ses bras. Fornari partit bientôt après cette héroïque bravoure, et Georges Doria lui succéda. Ce dernier, aussitôt son arrivée, promulgua une amnistie; plusieurs *pièces* revinrent à l'obéissance de la république; mais Doria voyant que le terme fixé pour cette amnistie était expiré et que grand nombre de Corses refusaient de déposer les armes, envoya Christophe Denegri pour assiéger Corté. Cette ville, défendue par Léonard de Casanova, fut prise par les Génois, mais elle fut bientôt reprise par Léonard, qui en chassa les ennemis.

Omessa avait été fortifiée par les Génois, Léon Doria en commandait la place; celui-ci sachant que Léonard de Casanova explorait souvent ces alentours escorté seulement de quelques amis, lui tendit une embuscade et le surprit. Léonard, quoique assailli à l'improviste, se défendit vaillamment, mais son cheval étant tombé blessé sous lui, il se vit aussitôt entouré de toute part et forcé de se rendre. François d'Omessa, qui combattait à ses côtés, eut le même sort; ce dernier fut mis immédiatement à mort par Léon Doria, et Léonard Casanova dut, pour le moment, la vie à quelques-uns de ses parents qui étaient du parti génois. Léonard fut conduit à Bastia et jeté dans une prison; sa femme, Lucabella, qui appartenait à une ancienne et noble famille de Vescovato (Buttafoco), s'empressa de se porter dans cette ville et mit tout en œuvre pour obtenir la liberté de son mari; mais la capture d'un tel personnage intéressait fort la république de Gênes, et toutes les démarches de cette dame n'aboutirent à rien. Cependant elle put obtenir la faveur de lui faire apporter le dîner tous les jours par sa servante.

La triste nouvelle de la prochaine mort de Léonard pénétra dans sa famille et la jeta dans le deuil et dans les transes les plus cruelles. Le sang parla alors au cœur d'un enfant : Anton Padovano, fils puîné de Léonard, se fait apprendre à raser, prend ensuite les habits de sa servante, voile sa tête d'un linge, place sur sa tête la corbeille où étaient mis les plats pour le dîner, traverse toutes les portes de la prison, sans que les gardes s'aperçoivent de son déguisement, il embrasse son père, le rase avec promptitude, change avec lui d'habits et le fait évader des prisons pour rester à sa place.

Les geôliers ayant, plus tard, visité la prison de Léonard, y rencontrèrent un enfant. Le gouverneur en fut averti, et dans un courroux forcené, il fit aussitôt juger Anton Padovano. Ce noble enfant, pour prix de sa grande vertu filiale, fut condamné à être pendu à la croisée de son château à Tizani, où il avait vu le jour. Après, on brûla tous les papiers et les meubles, et on démolit le château. Nous avons visité les restes de ce château, qui ont presque disparu du sol, mais les traits de cette barbarie inouïe existent toujours. L'histoire marqua au fer rouge le front de l'oligarchie génoise, pour en montrer à la postérité les traces ignominieuses (1)!

Georges Doria chargea Léon, évêque de Sagona, d'aller trouver Alphonse à Vico, afin de lui faire connaître les funestes périls de la guerre et pour traiter avec lui d'un accommodement. L'évêque accepta la mission, et on lui adjoignit le Frère Antoine de Saint-Florent, religieux docte et fort estimé. Le traître Ombrone, qui s'était tenu caché jusqu'à la mort de Sampiero, voulut les suivre, mais en arrivant à la tour de Porto il fut découvert par Cacciaguerra de Niolo et mis à mort. On trouva sur lui plusieurs espèces de poisons qu'on supposa destinés pour Alphonse et ses amis. Cette découverte faillit être fatale à l'évêque et au moine Frère Antoine. Les Corses les vou-

(1) L'historien Filippini ne dit rien de ce fait trop remarquable. Celui-ci nous dit au contraire que Léonard ayant perdu son cheval, était sur le point d'être fait prisonnier, mais que son fils, François-Marie, le sauva en lui donnant le sien; ce même fils fut fait prisonnier et conduit à Bastia. Filippini, dont le penchant pour les Génois était trop évident, a été parfois forcé de dévoiler les turpitudes de quelques-uns des gouverneurs; mais celle que nous venons de citer, qui a été rapportée par des historiens français et nationaux, Filippini n'a pas eu le courage d'en orner son ouvrage.

laient massacrer, mais Léonard de Casanova, qui connaissait particulièrement ces dignes ecclésiastiques, conjura les dangers. Les deux envoyés furent présentés à Alphonse, qui les accueillit avec beaucoup de politesse. Monseigneur Léon ayant fait connaître les motifs de sa mission, Alphonse ne voulut lui rendre aucune réponse sans consulter ses partisans. Tous les chefs furent alors convoqués, et on délibéra d'accepter la paix aux conditions suivantes : 1° Que tous ceux qui voulaient suivre Alphonse en France étaient libres de le faire; 2° que tous leurs biens devaient être respectés; 3° que tous leurs parents devaient être aussi respectés; 4° que tous ceux qui partaient de l'île pouvaient y revenir après un espace de huit ans; 5° que tous les priviléges du pays seraient respectés, conformément aux anciennes conventions; que tous les Corses qui avaient pris part à la guerre seraient amnistiés et tous les prisonniers mis en liberté. Toutes ces conditions furent acceptées par Doria.

Immédiatement furent expédiés de Bastia deux brigantins à Calvi, l'un commandé par Ciabattone et l'autre par Alessio de Brando; mais dans le même instant arrivèrent dans le port de Calvi deux galères françaises envoyées par Catherine de Médicis, mère du jeune roi, pour prendre Alphonse, qui fut suivi par bon nombre de ses compatriotes. Ils quittèrent la Corse le 1ᵉʳ avril 1569.

Ainsi finit cette lutte héroïque, qui apporta tant de malheurs à la Corse, et dans laquelle succombèrent tant de personnes influentes de l'île, qui, sans espoir d'acquérir ni honneurs ni fortune, affrontèrent la mort dans le seul but de briser le joug odieux des Génois (1).

Peu de jours après le départ d'Alphonse et de ses compagnons d'armes pour le continent français, Georges Doria assembla une Diète des notables de l'île à Bastia, où une amnistie générale fut de nouveau proclamée. La Corse, pour longtemps, est plongée alors dans le silence, et les Génois peuvent à leur gré commettre les exactions les plus tyranniques.

Georges Doria partit pour Gênes, Jean-Baptiste Centurione lui succéda, et à ce dernier succéda bientôt Augustin Doria. En 1576, Étienne Vivaldi,

(1) Dans ces luttes héroïques périrent les Damare, les Gentili de Brando, plusieurs des Ornano, les Casabianca, les Casta, les d'Attala, Bruschino, Polydore de Corté, Paris de Saint-Florent, Sampiero de Corté, etc. Tous ces combattants appartenaient aux familles les plus riches et les plus influentes de l'île. Les plus connus de ceux qui survécurent étaient : Achille de Campo-Casso, qui trahit et mourut à Gênes; Antoine de Saint-Florent et Antoine Padouvan de Brando, et enfin Léonard de Corté, dont nous allons donner la biographie.

commissaire à Calvi, tenta de réduire les privilèges des habitants de cette ville, mais ces tentatives faillirent lui être fatales et il n'aboutit à rien. En 1578, les Génois voulurent coloniser Portovecchio, et 160 personnes de Ventimiglia, conduites par Pierrin Massa, vinrent s'y établir; mais la peste qui se déclara à Gênes et qui de là fut apportée en Corse, jointe à la famine causée par la quarantaine, obligea les colons de retourner sur le continent. En 1582, la disette qui se manifesta dans toute l'île obligea les habitants à se nourrir de glands et de racines de fougères. En 1587 et en 1588, les pirates commirent des déprédations sur le littoral de l'île et enlevèrent 400 personnes dans Sartène. En 1590, Philippe Passano et Augustin Doria entreprirent de nouveau la colonisation de Portovecchio, en inféodant à cette colonie toutes les terres comprise entre la Sponsaglia et Sollenzara.

Peu de temps avant cette époque, le gouvernement de Gênes s'était occupé de réformer les anciens statuts qui régissaient l'île. Dans ces nouvelles réformes, les gouverneurs de l'île avaient un pouvoir excessif sur l'application des peines, sans aucune garantie des abus de ce pouvoir.

Nous reprendrons plus tard notre fil historique, maintenant qu'il nous soit permis de rapporter quelques notes biographiques de divers personnages qui ont vécu dans les xvi° et xvii° siècles.

LES GASPARI

Gasparo dei Gaspari, du village de Morsiglia (Cap-Corse), eut trois enfants qui se rendirent célèbres dans l'Espagne, le Portugal, l'Algérie, le Maroc et les Indes.

André Gaspari, docte diplomate, fut nommé membre du conseil privé de Philippe II, roi d'Espagne. Ce monarque l'envoya en mission à Alger, où il acquit une grande renommée par sa conduite, et ce fut par son entremise que plusieurs chrétiens esclaves furent mis en liberté, parmi lesquels un neveu du pape Pie V. Sa Sainteté lui écrivit une lettre paternelle et l'invita de se rendre à Rome. Lorsque éclata la rébellion mauresque de Grenade, le roi d'Alger s'apprêtait à aller au secours de ses coreligionnaires avec 200 galères, mais André Gaspari l'en dissuada. Plus tard, l'empereur du Maroc, Muley-Moluc, ou soit Abdelmélek, ayant été renversé de son trône, Gaspari réussit à faire marcher à son aide le roi d'Alger avec 30,000 hommes;

moyennant un tel secours, le monarque put recouvrer son empire. Ce fait toucha si vivement le souverain du Maroc, qu'il demanda avec instance au roi Catholique de posséder son diplomate. André Gaspari fut ainsi expédié au Maroc, chargé d'un riche présent pour l'empereur de la part du roi d'Espagne, et la réception qu'on lui fit fut des plus magnifiques. L'empereur Muley-Moluc lui exprima sa gratitude en le comblant de richesses, en lui accordant les droits sur le sucre et autres marchandises, qui montaient à 40,000 écus; il lui en assigna annuellement 1,800 sur son trésor; il lui donna la permission d'acheter seul les cuirs des vaches et de faire la teinture de la cochenille, qui lui rapportait 25,000 écus de rente, et lui accorda enfin les dîmes de toutes les marchandises qui sortaient du royaume.

Pendant que Gaspari demeurait au Maroc, le Grand-Turc envoya son ambassadeur Calenfasar auprès de l'empereur, pour le décider à lui prêter des secours et l'aider à reprendre Oran; mais ce fut par les conseils de Gaspari que Calenfasar ne reçut que des réponses évasives.

Voyant que la guerre s'allumait entre le roi noir et le Portugal d'un côté, et l'empereur du Maroc de l'autre, Gaspari demanda la permission de rentrer en Espagne.

La rencontre des trois monarques belligérants eut lieu à la Roccia: la lutte fut sanglante, la victoire se décida pour le Maroc, mais l'empereur ainsi que le roi noir et don Sébastien, roi du Portugal, restèrent sur le champ de bataille.

Muley-Hamet, frère de Muley-Moluc, monta sur le trône du Maroc, et André Gaspari retourna à son poste d'ambassadeur près de cette cour.

Gaspari entra aussitôt dans la confiance du nouveau monarque, et comme ce dernier savait qu'il avait rendu des services éminents à son frère Muley-Moluc, il le pria d'aller, en 1578, à Alçar-Quivir, de tirer le corps du roi don Sébastien de l'endroit où il était et de l'accompagner avec toute la décence digne du défunt, de lui-même, et du prince qui l'envoyait, jusqu'à Ceuta, pour le consigner au roi d'Espagne. Gaspari, dans cette circonstance, empêcha que 600 Portugais prisonniers fussent envoyés en don au Grand-Turc; il obtint la liberté de Cominga, ambassadeur du Portugal près la cour d'Espagne, et celle du duc de Bragance. André Gaspari arriva à Ceuta, où il remit juridiquement le corps du roi de Portugal, le 10 octobre, au gouverneur don Denys de Peryera, puis il alla se présenter au roi, à Balaguer, avec tous ses prisonniers rachetés. Le monarque catholique tressaillit de joie, et se détachant une chaîne pesant 700 écus d'or, il la mit au cou de

Gaspari Le 14 mars 1579, Muley-Hamet envoya Gaspari près du roi d'Espagne, pour lui annoncer qu'étant flatté de sa bonne amitié et de celle de son ambassadeur, il était prêt à lui céder le port de Larache aux mêmes conditions que le capitaine Zuringa lui avait proposées. Philippe II accepta avec empressement toutes ces offres, et Gaspari, accompagné de Vénégas, gouverneur de Mélilla, avec de riches présents, se porta à la cour du Maroc.

Le traité conclu à Fez fut : que le Maroc céderait le port de Larache, moyennant l'assurance d'une paix de vingt ans entre les deux puissances, et que le roi Philippe II aiderait le Maroc de ses galères et de ses troupes, en cas d'invasion de la part de quelque puissance, ou de révolte dans ses États (1). Gaspari quitta le Maroc pour se porter dans le Portugal, afin d'apaiser les troubles causés par la mort du roi don Sébastien. A son retour, le roi d'Espagne lui donna un appartement dans l'Escurial, pour l'avoir auprès de lui. Gaspari mourut à Madrid le 4 mai 1590, âgé de quarante-huit ans (2). Il institua pour son héritier universel son frère Philippe, avec ordre d'assigner une riche pension à son frère puîné, Mariano. Il légua 2,000 réaux au lieu de sa sépulture; 1,000 à l'hôpital des Italiens; 2,000 à Notre-Dame de Monserat; 2,200 pour les pauvres; 400 écus d'or pour une chapelle; 1,500 à son domestique Farnesio; 300 à Bernardin Bernardini, son domestique corse, etc., etc.

François Gaspari, son frère, fut nommé commissaire général du royaume d'Espagne dans les Indes, et Phillipe occupa des postes éminents dans l'administration en Espagne. Mariano enfin hérita de tous les biens de ses frères, il s'établit à Marseille, où il épousa Jeanne de la Rocca, d'une noble famille corse.

De ce mariage sont issus plusieurs membres qui ont occupé des postes élevés en France. Le dernier dont fait mention l'histoire était André Gaspari, fils de Joseph Gaspari et de Suzanne Riquetti, des seigneurs de Mirabeau.

Un Gaspari, général au service étranger, est mort, il y a peu de temps, à

---

(1) Ferreras, *Histoire d'Espagne*, Heremite de Souliers.

(2) Illustris Andreas Gasparus, genere Corsus, patria Morsilien : A rege Marocho ad Philippum Hispaniarum potentissimum regem honorificentissimum primo functus legatione; tum rege Philippo ad Lusitaniæ vice-regem missus orator eidem catholicæ majestati, morum suavitate ingenio, præstantia alios inter domesticos maxime carus et meritis, ob id .'. ac magnis ab eodem rege condecoratus moribus... Tandem in Hispaniis vita functus et in civitatem Madritam sepultus... etc., etc.

Paris. M. de Gasparin, qui se dit descendant de cette illustre famille, a fait récemment restaurer la tour des Gaspari de Morsiglia, et a fait des acquisitions de vignes et de champs dans ce village.

RINALDO CORSO

Corso Renaud était fils d'Hercule Maconé, du village de Campoloro, guerrier célèbre au service de Venise, dont nous avons fait mention page 367. Après la mort de son père, le jeune Corso fut amené à Correggio de Parme chez sa mère. Il paraît que le célèbre *Véronica Gambara* prit soin de cet enfant et lui fit apprendre les premiers éléments de littérature. Il alla ensuite continuer ses études à l'université de Bologne, et s'appliqua surtout à la jurisprudence, qui lui fut enseignée *par ordre* d'Alciati et autres professeurs habiles. Il reçut le diplôme de docteur l'an 1540. Une maladie dont il fut atteint quelque temps après l'obligea de retourner à Correggio, où il demeura jusqu'en 1549. C'est là qu'il composa son ouvrage intitulé: *Fondamenti del parlar Toscano*, qu'il publia en 1550.

Il épousa en 1554 Lucrezia, fille de Gabriel Lombardi, appelé aussi Marchesini, femme d'une beauté et d'un esprit extraordinaires, que Ruscelli a placée au rang des femmes illustres de l'Italie. Corso reprit avec une nouvelle ardeur ses études, longtemps contrariées, que ses amours pour Lucrèce lui avaient fait interrompre. En 1554, il se rendit à Venise, afin d'obtenir la permission de faire graver les armes de la république sur le monument qu'il avait fait élever à son père dans l'église de Saint-François, à Correggio. Corso vécut heureux pendant l'espace de trois ans; ses malheurs commencèrent en 1557. Dans la guerre qui éclata entre le pape Paul IV et le roi d'Espagne, Corso fut accusé d'avoir excité, par ses conseils, le prince de Correggio à s'unir au pape, et peu s'en fallut qu'il ne devint victime de la fureur du peuple, et il eut le malheur de voir tous ses biens dévastés par les troupes alliées. Mais le malheur qui lui fut encore plus sensible, ce fut l'infidélité de sa femme, qui l'abandonna et alla se réfugier à Parme. Corso alors la priva de tous les droits, au moyen d'un codicille, auxquels elle pouvait prétendre, et alla habiter dans le royaume de Naples, où le marquis de Pescara le créa inspecteur de ses domaines. Peu de temps après (1560), son prince le rappela à Correggio, et sa femme vint lui demander pardon. Corso annula alors le codicille, et la rétablit dans ses droits. Cette femme volage ne tarda pas à le quitter une seconde fois, pour se rendre à Reggio auprès du docteur Jean-Baptiste Cartari, ami intime de Corso, avec lequel elle entretenait depuis longtemps un commerce secret.

Cartari sut si bien s'emparer de son esprit, qu'il lui fit faire, en 1565, un testament par lequel elle l'instituait son héritier universel.

Ce testament devint le sujet d'un long procès entre Cartari et Corso, dont les pièces existent encore dans les archives de Correggio.

Sur ces entrefaites, la coupable Lucrèce fut assassinée à Fabbrico, dans les États du prince de Correggio; le meurtrier n'étant pas connu, le crime fut imputé à Cartari par les uns, et par les autres à Corso; mais l'un et l'autre pouraient être innocents, comme cela résulta des débats.

Après des événements aussi tristes et aussi désastreux, Corso entra au service du cardinal Girolamo de Correggio, avec le titre d'auditeur et de secrétaire. En 1566, Corso accompagna le cardinal à Ancône, et ce fut dans cette ville qu'il publia quelques ouvrages. Il entra alors dans la carrière ecclésiastique, et se trouva à Rome en 1572, époque de la mort du cardinal de Correggio. Corso résolut de résider dans cette capitale, et il fut bientôt nommé évêque de Stromgoli en Calabre, l'an 1579. Il décéda dans son diocèse, l'an 1582.

Corso composa les ouvrages suivants : 1° *Dichiarazione sopra la prima e seconda parte delle rime di Vittoria colonna*, imprimé à Bologne, en 1542, et à Venise en 1558. Il n'avait que dix-sept ans lorsqu'il publia cet ouvrage. 2° *Fondamenti del parlar Toscano*. 3° *Delle private rappacificazioni*. 4° *Dialogo del Ballo*. 5° *Le Pastorali*. 6° *La Vita di Giberto III de Correggio* avec la *Vie de Veronica Gambara*. 7° *Indagationes juris, libri tres*. 8° Un gros volume contenant des Sonnets, des Lettres et des Recueils, etc., etc.

IGNACE CARDINI

Cardini Ignace, habile médecin, célèbre naturaliste et auteur de quelques ouvrages scientifiques, naquit à la Mariana, en 1566. Nous copions ses biographes à l'égard du lieu de sa naissance, mais sachant que la ville de la Mariana avait cessé d'exister depuis des siècles avant la naissance de Cardini, nous sommes d'avis qu'il avait reçu le jour dans un des trois villages qui composaient la *pière* de Mariana, c'est-à-dire Borgo, Lucciana et Serra; ce dernier, cependant, a cessé d'exister depuis longtemps, et peut-être il n'existait plus au temps de Cardini (1).

Ignace Cardini avait passé sa jeunesse sur le continent italien, où il s'était adonné à l'étude de la médecine et à la connaissance des matières qui regardent l'histoire naturelle. Selon Moreri (1759), il avait composé un ouvrage en latin très-intéressant. Cet ouvrage était divisé en deux parties; dans la première, il traitait des minerais de la Corse, et dans la seconde, du règne végétal de cette île. Un homme d'une si grande condition ne devait point jouir longtemps de l'amour de ses compatriotes. Scandalisé extraordinairement du procédé des moines de son temps, il écrivit des lettres plus satyriques que critiques, de sorte que les religieux lui suscitèrent une persécution telle, qu'il fut obligé, malgré lui, d'abandonner sa patrie et aller se réfugier à Lucques, où il fut bientôt attaqué par une dyssenterie qui le poussa au tombeau trois mois après son arrivée dans cette ville.

Les religieux, alors tout-puissants dans l'île de Corse, firent une minutieuse recherche de tous ses ouvrages, et les livrèrent aux flammes, motif pour lequel ils sont devenus très-rares.

LE MARÉCHAL ALPHONSE D'ORNANO

Le maréchal Alphonse d'Ornano naquit en 1548; il était l'aîné de Sampiero (2). Laissant de côté l'époque qu'il passa en Corse, nous le suivrons pendant sa carrière militaire en France.

Catherine de Médicis avait envoyé en Corse deux galères pour le transporter avec sa suite en France, et lorsqu'il se présenta à la cour, il fut reçu par la reine-mère avec une bienveillance toute particulière. Alphonse, sous la protection de la susdite reine ne tarda pas à se présenter au sénat de Gênes,

(1) Des écrivains modernes font naître Ignace Cardini dans la ville de Bastia, comme si ces humbles villages ne pouvaient pas produire des hommes remarquables.

(2) Le puîné de Sampiero, Antoine-François, eut une querelle à Rome avec un gentilhomme français. Ils se réconcilièrent en apparence, mais un jour, son adversaire l'ayant invité à faire une promenade et étant entrés dans le Colisée, lui plongea à l'improviste un fer dans la poitrine et le tua.

duquel il obtint le domaine de ses biens d'Ornano et la permission de former un régiment de la jeunesse corse, pour le service de la France, dont il fut nommé colonel. D'Ornano, à la tête de son régiment, commença par se faire craindre des religionnaires dans le Dauphiné. Sa renommée lui attira aussitôt l'estime du connétable de Montmorency, qui l'appela auprès de lui dans le Languedoc, où il se fit remarquer à la défense des villes de Beaucaire, de Marguerites et au siége de Sommières, où il fut blessé à la jambe droite. Henri III, retourné de Pologne, l'envoya en ambassade à Gênes, où il obtint encore une levée de mille hommes en Corse. A son retour de la Ligurie, il fut dans le Dauphiné au secours du comte de Carse, qui combattait contre les religionnaires, commandés par le seigneur de Montbrun. Dans la bataille, près la ville de Die, d'Ornano mit en déroute les ennemis, et fit prisonnier leur chef, de Montbrun. Il marche ensuite pour apporter des secours aux assiégés dans la ville de Sommières, et là, il fut grièvement blessé dans les reins. A peine guéri de sa blessure, d'Ornano alla rétablir l'ordre en Provence; il attaqua, il remit à l'obéissance du roi les villes de Montgilin, de Montfort, etc. Après la mort du duc d'Alençon, les ligueurs attaquèrent les villes de Pont-St-Esprit et de Remoulins, sur le Gardon. Le colonel d'Ornano, secondé par Marc d'Ornano, son parent, mit en fuite les ennemis. Chatillon qui commandait les Ligueurs, s'empressa de rejoindre Lesdiguières; les deux chefs huguenots attendaient cinq mille Suisses entrés en France, pour reprendre l'offensive. Le général Lavalette ordonna au colonel d'Ornano de barrer le passage aux Suisses. Ce dernier vola à leur rencontre, ils en vinrent bientôt aux mains, mais ses lieutenants, Marc d'Ornano et Cacciaguerra de Niolo, habitués à battre en tirailleurs corses, enveloppèrent avec leurs compagnies les Suisses, et en firent un affreux carnage; deux mille cinq cents restèrent morts ou blessés, et leur commandant, le baron Daubonne, fut fait prisonnier avec huit cents hommes (10 août 1587). Cette nouvelle surprit la cour, et le roi envoya à d'Ornano un brevet de conseiller d'État.

A la mort du comte de Mougiron, d'Ornano fut choisi pour lui succéder; Alphonse d'Ornano, après avoir repoussé les religionnaires du Dauphiné, revint à la cour, mais il trouva que la guerre civile menaçait l'État.

Le duc de Guise entrait dans Paris à la tête d'une armée nombreuse, et se présentait au roi, contre ses ordres, et les Parisiens élevaient des barricades contre leur souverain. Ornano usant de toute sa prudence dans cette circonstance, fit rendre les armes au régiment des Gardes, et fit cesser le massacre des Suisses, qui servaient de garde au roi. Le Souverain s'étant enfin décidé à perdre le duc de Guise (1), donna ordre à Ornano de partir pour Lyon, afin d'arrêter Monseigneur de Mayenne. Ce dernier, ayant appris la mort du duc de Guise, son frère, se sauva avant que d'Ornano pût l'atteindre. A la mort de Henri III, les Ligueurs se montrèrent plus audacieux. D'Ornano alla trouver Lesdiguières sur les bords de la Lizière. Ces deux chefs s'étant mis d'accord, marchèrent sur Vienne, d'où ils ne purent déloger les assiégeants. Alphonse alla assiéger Foissac, défendu par le duc de Nemours.

Ce fut dans cette circonstance que M. de la Barre sortit de la ville et défia le plus brave au pistolet. Ornano, oubliant son rang, accepta le duel; ils se déchargent leurs armes l'un contre l'autre; Alphonse, blessé légèrement au front, eut bientôt la vue inondée par le sang; son adversaire put alors prendre son cheval par la bride et amener d'Ornano prisonnier. Ce dernier racheta sa liberté moyennant quatre mille écus. Après avoir recouvré sa liberté, d'Ornano marcha contre deux compagnies de Napolitains au service du duc de Parme, et les mit en fuite; puis il se porta au secours du général Lavalette, attaqué par les Savoyards, et enleva sur son passage plusieurs places à l'ennemi. Lavalette ayant été tué au siège de Roche-Brune, le roi donna le commandement de l'armée à d'Ornano. Le duc d'Esperon, frère de Lavalette, qui prétendait à cette charge, se fâche avec Ornano. Alphonse Ornano réussit à s'emparer de Lyon sans verser une goutte de sang. Le roi, à cette heureuse nouvelle, le nomme général d'armée dans le Lyonnais, Forez, Beaujolais et Dombes, avec amples pouvoirs. Le général d'Ornano se porte ensuite au secours du marquis de Tavannes, qui combattait contre les Espagnols, commandés par le connétable Velasquez, puis il retourne dans le Lyonnais et marche sur Vienne, où il sépare les Suisses du duc de Nemours, défait deux compagnies de cavalerie, bat les troupes du marquis de Tréfort, et s'empare de la ville et du château de Mont-Luet: il force Mirabel et Foissac, défait les troupes des Coguens, s'empare de Vienne, où il entre avec le connétable de Montmorency. Après ces heureux succès, le roi lui donna le bâton de maréchal. Envoyé à une assemblée de notables, convoquée à Rouen, le comte de Laroche profite de son absence pour organiser l'insurrection; Ornano court rapidement de ce côté, et met en fuite les

(1) Robiquet, dans son histoire de la Corse, dit, d'après Lacretelle, qu'Alphonse Ornano n'attendait qu'un signe du roi pour assassiner le duc de Guise. Michelet, dans son histoire de France, ne dit rien de ce fait, et il faut croire que cet historien aime à dérober de telles turpitudes.

séditieux. Le gouvernement de la Guyenne étant devenu vacant par la mort du maréchal de Martignan, le roi proposa de donner ce poste à Ornano, en plaçant Lesdiguières dans le Dauphiné. D'Ornano refusa la proposition du roi; celui-ci est sensible à ce refus et lui écrit une lettre en date du 9 février 1597.

Dès ce moment prit naissance la mésintelligence entre Ornano et Lesdiguières, qui causa des revers à l'armée française, et mit de mauvaise humeur le monarque. D'Ornano accepta enfin, le 12 septembre 1599, le gouvernement de la Guyenne et du Château-Trompette, avec douze mille écus de gratification. Le maréchal s'occupa de suite à purger la ville de Bordeaux des voleurs, et rendit à cette ville, ainsi qu'à toute la province, la liberté, le commerce et l'abondance. Dans cette circonstance, le duc d'Esperon vint se fixer à Bordeaux, et chercha querelle à D'Ornano; celui-ci le chassa de la ville; le duc orgueilleux voulant y pénétrer au moyen d'une échelle, tomba et se rompit une jambe. De là naquit une telle animosité entre eux, dans laquelle le roi dut interrenir pour l'apaiser. Pendant que Bordeaux était désolé par la peste, le maréchal d'Ornano visitait tous les jours les pestiférés en leur apportant des secours et des consolations. Il laissa, par ses largesses, son nom et sa mémoire en vénération parmi les Bordelais. Il se porta à la cour, et désireux de suivre le roi dans la guerre qui allait bientôt éclater, il voulut auparavant se faire opérer la taille de la pierre, dont il souffrait; mais cette opération lui fut fatale, et il mourut à l'âge de soixante-deux ans, le 21 janvier, 1610. — Son corps fut déposé dans l'Église des Pères de la Merci, fondée par lui. Son fils, Jean-Baptiste, qui fut plus tard maréchal de France, y fit graver l'épitaphe suivante :

ASTA ET LEMNA, HOC PER LEGE INVICTI HEROIS
ALPHONSUS ORNANUS, etc., etc.

Nous nous bornerons à en donner la traduction que nous avons extraite d'un écrivain contemporain.

« Arrête, ô passager! et lis cet éloge d'un invincible héros : C'est Alphonse
« d'Ornano, illustre par sa naissance. La Corse, heureuse de l'avoir pro-
« duit, le vit naître sous l'auspice favorable de l'étoile de Mars. La France le
« reçut en sa jeunesse comme un foudre de guerre et s'étant rendu fameux
« par ses victoires; l'univers l'admira pour avoir délivré Remoulins, défait
« les Suisses, et réduit Lyon à l'obéissance du roi. »

Le maréchal Ornano épousa Marguerite Putères de Nassau, de l'illustre famille de Layol. De ce mariage sont nés cinq enfants : 1° Jean-Baptiste, qui fut maréchal et gouverneur de Monsieur, frère du roi; 2° Henri-François, colonel du régiment Corse, gouverneur de Pont-St-Esprit, de Tarascon et de Saint-André; 3° Marguerite de Montor, qui épousa Messire Louis Gaucher, comte de Grignan; 4° Pierre, seigneur de Sainte-Croix et maître de camp de son Altesse Royale; 5° Joseph-Charles, maître de la Garderobe de son Altesse Royale le duc d'Orléans.

LÉONARD DE CASANOVA

Léonard de Casanova était l'un des plus ardents patriotes qui combattirent, à l'époque de Sampiero, pour l'indépendance de la Corse.

Si nous devons prêter foi au chroniqueur, les Casanova tireraient leur origine de l'Angleterre (1). Un ecclésiastique de la noble famille des Tizan étant venu habiter Rome, accompagné de l'un de ses neveux, fut, par son savoir et ses vertus, promu par le pape à l'évêché d'Ajaccio, et plus tard à celui d'Aleria.

Ce fut alors que son neveu, s'étant établi en Corse, fit bâtir un superbe château, dont on voit encore les ruines entre la ville de Corté et le canton de Venaco. On dit que cette famille possédait un riche patrimoine dans ces contrées, et que le village de Casanova, dont la famille prit le nom, lui appartenait dans les temps reculés. Léonard, dont nous allons parler, est un de ses descendants les plus renommés; il avait fait d'excellentes études en Toscane et à Rome : ainsi il fut diplomate et guerrier pour la liberté de son pays. Nous avons parlé de lui dans le cours de notre histoire politique, il nous semble inutile d'y revenir. Ainsi nous nous bornerons à rapporter ses exploits sur la terre étrangère, où il parvint à un poste très-élevé, et laissa son nom à l'histoire.

Léonard ayant été l'un des plus fidèles compagnons de Sampiero, voulut aussi suivre le sort de son fils Alphonse sur le continent. La maison qu'il possédait dans la ville de Corté, ainsi que tous ses biens, furent laissés en

(1) Hérémite de Souliers.

héritage à son neveu (1). Ce dernier n'avait qu'une fille, Catherine, qui fut mariée à Arrigo, l'un des descendants de la noble et riche famille des seigneurs d'Omessa.

Alphonse présenta Léonard de Casanova à la cour de France, qui reconnut son mérite et lui donna le commandement de deux cents hommes entretenus en paix et en guerre. Le roi Charles IX lui accorda une pension de 1,200 livres, qui lui fut augmentée par Henri III. Plus tard, Léonard de Casanova, par ordre de la reine Catherine de Médicis, fit un prêt au colonel d'Ornano, de quatre mille quatre cents écus, quoique dans ce temps-là un de ses fils, prisonnier de l'ennemi, lui eût coûté une grosse rançon, ce qui l'obligea, l'an 1579, à présenter un *placet* au roi pour la restitution de ces deniers et le payement de sa pension, au bas duquel Sa Majesté écrivit de sa main les mots suivants : « Ce qui lui a été promis du roi, mon frère, j'entends qu'il lui soit conservé; et quant au prêt, qu'il soit renvoyé au sieur de Bélieure pour le remboursement. »

Trois ans après, il reçut des lettres du même roi pour le gouvernement de Sisteron, en Provence, et en même temps Sa Majesté lui conféra le titre de chevalier de l'ordre de Saint-Michel, en lui donnant le collier le 9 mai 1582.

Il fit ensuite quatre campagnes avec beaucoup de succès, qui lui valurent le gouvernement du Château-Double dans le Dauphiné.

En 1589, le 26 janvier, Léonard fut expédié, en l'absence du maréchal Ornano, pour commander dans le diocèse de Nîmes et Uzès. Il reçut ensuite la charge de maréchal de camp, général des Corses et des Italiens en France, le 20 décembre 1591, et dans le mois de mars 1594, le roi lui envoya des lettres de naturalisation française.

Léonard mourut à l'âge de soixante-treize ans, laissant trois fils : François-Marie de Casanova, seigneur de Peiroles, en Provence, qui fut maître de camp d'un régiment d'infanterie. Celui-ci laissa plusieurs enfants qui s'allièrent à d'illustres familles de France. Pierre-Marie, second fils de Léonard, fut tué dans la guerre contre les religionnaires. Antoine-Marie, le puîné, fut cher à Henri III, qui le nomma, tout jeune encore, major du régiment corse, le 13 novembre 1590. Plus tard, il fut gratifié des offices de conseiller au présidial de Nîmes et au parlement de Grenoble, de la charge de visiteur général des gabelles du Languedoc, etc., etc.

(1) L'histoire nous fait connaître le nom du neveu de Léonard, qui fut barbarement immolé par Fornari dans les prisons d'Ajaccio; ce martyr s'appelait Sampiero. Le nom de celui qui fut

Louis XIII le nomma aussi maître de camp, lieutenant de roi de Pont-Saint-Esprit, gouverneur du fort Saint-André d'Avignon, etc., etc.

Il attaqua et défit, à l'âge de soixante-dix ans, plusieurs compagnies de religionnaires. Le 8 janvier, il reçut du roi le brevet de vingt-quatre mille livres de pension. Il mourut âgé de quatre-vingt quatre ans, laissant deux enfants qui s'illustrèrent dans la carrière de leurs ancêtres.

PIERRE BAGLIONI, dit *LIBERTA*

Ce fut en 1400 qu'un certain Pierre Baglioni voyant que son pays natal, Calvi, gémissait sous le joug odieux des Espagnols, conçut le projet de le délivrer. Il organisa une conspiration qui éclata avec une force telle, que les Espagnols furent complètement écrasés et chassés de cette ville.

Pierre Baglioni reçut pour prix de son courage et de son énergie le surnom de *Libertà*, surnom qu'il transmit à ses descendants. Jean-Baptiste, son fils, désireux de se distinguer dans la carrière militaire, émigra, comme tant d'autres de ses compatriotes, et alla servir tantôt en Sicile, tantôt à Venise. Celui-ci eut un fils du nom de Barthélemy, qui, habitué à vivre sur le continent, quitta la Corse et alla habiter Marseille. Ce dernier eut trois enfants, Pierre, Barthélemy et Antoine, dont le premier se rendit à jamais célèbre en délivrant Marseille menacée par les ligueurs et par les Espagnols.

Ce fut sous le règne de Henri IV, ce fut au temps des convulsions de cette monarchie, que Louis Daix et Charles Cazaux, à la tête des ligueurs, voulaient livrer aux Espagnols la ville de Marseille. Tous les efforts des Marseillais pour se délivrer de leurs ennemis devinrent inutiles. Déjà les galères de l'Espagne avaient forcé l'entrée du port, et 1500 hommes étaient débarqués et avaient fermé toutes les portes de la ville. Charles Cazaux prenait soin des murailles, afin qu'il n'y pût entrer aucun secours aux assiégés, tandis que son collègue, Louis Daix, veillait au dedans, pour empêcher l'insurrection du peuple.

Ce fut dans ce moment extrême que Pierre Baglioni, capitaine de la Porte-

---

son héritier en Corse nous est inconnu. Parmi les descendants de ce mariage, on cite le général Arrighi, duc de Padoue, etc.

Royale, consulta ses frères, et tous les trois se mirent d'accord pour tenter, au risque de leur vie, le plus audacieux et le plus hardi coup de main. Ils marchèrent d'abord avec courage contre Cazaux, qu'ils poignardèrent au milieu de ses gardes, puis sans perdre haleine se portèrent contre Louis Daix, qui, averti à temps du danger, prit la fuite. Pierre Baglioni redouble alors d'audace, se jette dans une barque et va mettre le feu à un navire espagnol. L'armée espagnole, qui était en partie débarquée, déconcertée de ce fait, prit la fuite et s'embarqua précipitamment, non sans courir mille dangers. Ce fait inouï eut lieu le 18 février 1595.

Le roi Henry le Grand, à cette heureuse nouvelle, s'écria : « C'est maintenant que je suis roi! » et incontinent sa Majesté écrivit à Pierre Liberté la lettre suivante.

« Cher et bien aimé,

« Vous avez fait un acte si généreux pour la liberté de votre patrie et de vos concitoyens, que quand nous n'y aurions aucun intérêt, nous ne cesserions de louer votre vertu, par où vous pouvez croire ce que vous devez assurer du service que vous nous avez fait en cette occasion, qui est le plus grand et le plus singulier que nous pouvions recevoir, non-seulement de vous, mais aussi de nul autre de nos serviteurs et sujets, au moyen de quoi nous vous assurons premièrement que nous vous en saurons bon gré à jamais ; nous le reconnaîtrons envers vous et les vôtres éternellement. Secondairement, que nous vous ferons jouir de tout ce que notre cher neveu, le duc de Guise, gouverneur, et notre lieutenant général en notre comté et pays de Provence vous a promis et accordé en notre nom, dont nous vous en ferons dépêcher les lettres et les provisions nécessaires, comme nous ferons pour la confirmation et conservation des libertés et priviléges de notre ville de Marseille, et finalement que nous vous ferons servir d'exemple à chacun et de mémoire à la postérité de notre gratitude, comme de votre fidélité, dans laquelle nous vous prions de persévérer.

« Donné au camp de Boissy, le 6 mars 1595. »

Les récompenses promises par sa Majesté furent accordées. Pierre fut créé viguier et capitaine perpétuel de la Porte-Royale de Marseille, gouverneur du fort de Notre-Dame de la Garde. Il reçut deux galères entretenues avec cent hommes d'armes et 500 mille livres de deniers comptant. La ville

ALPHONSE ORNANO (PÈRE) MARÉCHAL DE FRANCE

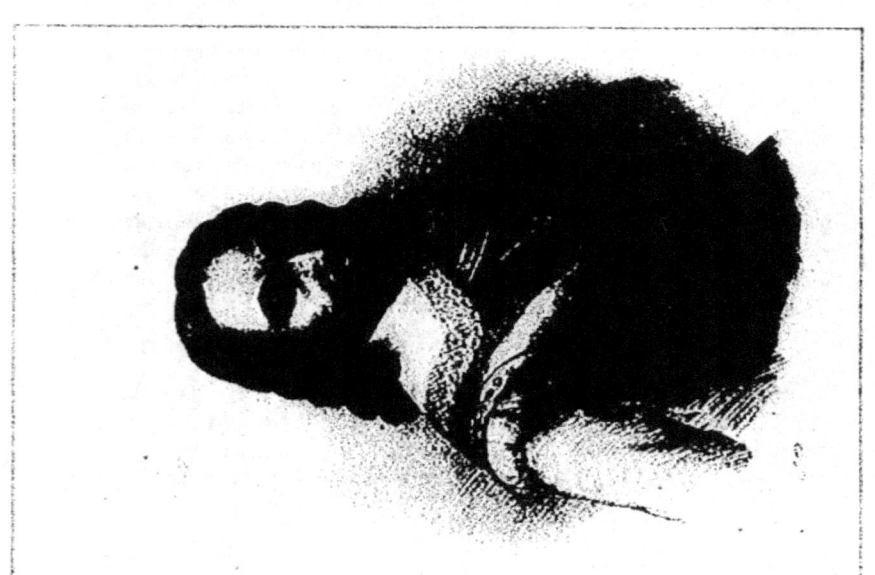

JEAN BAPTISTE ORNANO (FILS) MARÉCHAL DE FRANCE

SANTO PIETRO DE MONT TENDA. (N.D. Renommée)

COUVENT DE BOZIO

COUVENT D'ORREZA

de Marseille ordonna une fête et une procession générale, qui fut célébrée, pendant plusieurs années, en mémoire de cette glorieuse action.

Le docte M. de Vair, garde des sceaux de France, parlant de cette action, disait : *On perd l'admiration des autres choses en les voyant souvent, mais celle-ci redouble toutes les fois qu'on y fait réflexion...; c'est un prodige inconcevable!!!*

Pierre Libertat ne put jouir longtemps de tant de bonheur, il mourut environ treize mois après, le 10 avril 1597; ses funérailles furent faites aux frais du public, et M. de Vair, président au parlement, prononça son oraison funèbre. Le conseil de la ville ordonna un service annuel, auquel étaient obligés d'assister les vigniers et les consuls. Une statue lui fut élevée dans la grande salle de l'hôtel de ville, et on délibéra pour lui ériger une autre statue à la porte royale de Marseille, portant l'inscription suivante : « *Petro Libertas, libertatis assertori, heroi malorum aut eruneo, pacis civiumque restauratori, quod ejus auspiciis, ob infestissima Cazali tyrannide patriam liberavit; actuaria Hispaniarum, classes a portu expulerit, quod tandem Henrico IV. Regi christianissimo ac semper Augusto urbem restituerit, et profligatis civibus libertatem omninato nomine donavit. Hoc insigne virtutis suae tropheum, S. P. Q. M. decrevit.* »

Les faveurs et la protection qu'il s'était acquises auprès du monarque, ainsi que sa qualité de Corse, lui suscitèrent des envieux; ses ennemis abattirent secrètement cette statue et s'efforcèrent de ternir sa gloire; mais, peu de temps après, la même statue fut remise à sa place par ordre de M. de Falix, qui blâma hautement cette ingratitude et ce vandalisme. La ville de Marseille fit graver aussi ces deux vers latins sur la Porte Royale, au coin de la Cannebière et du Cours, qui a été depuis longtemps démolie.

Occisus justi Libertæ Cazalus armis.
Laus Christo, Urbs Regi, libertas sic datur Urbis.

Une autre statue en bronze, de petite dimension, a été découverte récemment, au bas de laquelle on lisait ces mots :

Quod tandem casu excidit Cazalius uni Libertas.
Nec dum cognita sacra fuit xvii Februarii MDXCVI.

Nous rapportons ici le sonnet en langue provençale qui fut composé dans cette circonstance

AU REY.

Siro, les dous tyrans Reyetelets de Marseilho,
Usurpans vostro honor, cinq ans an dominant,
Han tous les habitants destruits et ruinats,
Per tenir leur grandeur de prince non pareilho.

May Diou, que per punir taux monstris y reveilho
E ley fa trabucar quoro sa destinat
Lous a per un matin de glory en furminant
E reduch tous en fum per grando maraveilho.

Adaub les Marcel beis de grand gauch an criad,
Vivo lo Rey Henric, et vivo Libertat...
Si voyant delievras de touto esclavitudo.

Et vous, Siro, entendant los succès tanto heureux,
Coumo si en battaliant la journado er'à vous,
Alegre... Laus Diou, que per tout nous ajoudo.

La statuo dont nous reproduisons le dessin a existé, jusqu'en 1818, à l'entrée de l'hôtel de ville de Marseille ; maintenant on l'a changée de place. Le portrait peint *ad vivum* de Pierre Liberté existe dans les greniers des archives. Son corps fut déposé avec pompe dans l'ancienne église de l'observance ; maintenant ses restes reposent dans une chambre, au premier étage, d'une maison rue de la Comète n° 4, au milieu des os d'animaux qui, après leur calcination, servent à faire le noir d'ivoire. Dans cette chambre on voit plusieurs débris de son tombeau, représentant des pleureuses, un fronton très-bien sculpté, etc.

Pierre Liberté ne laissa pas d'enfants. Barthelemy, son frère, lui succéda dans tous ses biens ; ce dernier eut deux filles, qui contractèrent de nobles alliances, desquelles sont sortis les seigneurs de Montagne, d'Aigue-Bonne, Chaude-Bonne, Forbin, marquis de Janson, etc. etc. Antoine, le frère puîné de Pierre Liberté, eut un fils qui succéda à son oncle dans la charge de capitaine de la Porte Royale de Marseille, et hérita plusieurs priviléges dont jouissait son oncle. Ce dernier épousa le fille de M' Boissère, trésorier général de France, etc.

LES FRANCESCHI

La famille Franceschi, de Centuri, a donné plusieurs personnages qui ont illustré leur nom et leur patrie.

Nous les voyons figurer sur nos annales (1) comme les patriotes les plus zélés, armant des flotilles à leurs frais, et affrontant les périls de la mer et les navires armés des Génois, sans autre but, sans autre intérêt que celui de combattre pour délivrer leur pays du joug de l'oligarchie ligurienne.

Nous les rencontrons aussi, dans les ouvrages de nos historiens, dans un état d'opulence établis dans la ville de Marseille (2), et là donner l'hospitalité à des souverains et aux plus illustres personnages. Mais, ce qui encore les rend plus recommandables, c'est ce desintéressement, ce courage et cette énergie qu'ils déployèrent contre les corsaires musulmans qui infestaient la Méditerranée et menaçaient d'exterminer la chrétienté elle-même. Les Franceschi non-seulement se distinguèrent dans ces luttes incessantes contre les efforts des infidèles au service de différentes nations, où ils arrivèrent par leur valeur aux postes les plus éminents, mais ils armèrent aussi à leur frais des galères, et combattirent vaillamment pendant des années contre des forces imposantes.

Nous sommes bien fâché de ne pas pouvoir rapporter ici des notices biographiques plus étendues, par défaut de documents authentiques. Ainsi nous nous bornerons à citer les noms de quelques-uns de ces intrépides et héroïques marins qui ont fait beaucoup d'honneur à leur pays.

1° Franceschi (Dominique) acquit une grande renommée dans la république de Toscane, où il fut élevé au grade de commandant en chef des galères de cette nation.

2° Franceschi (Antoine Mathieu) parvint au grade de son père Dominique, obtint de cette république plusieurs priviléges et fut créé chevalier de Malte.

3° Franceschi (Antoine-Marie), après avoir fait pendant plusieurs années la guerre contre les Turcs, s'était établi à Marseille, lorsqu'il fut choisi par le roi du Portugal au commandement d'une flottille de vingt navires qui devait faire voile pour les Indes.

---

(1) Filippini, *Histoire de la Corse*.
(2) Filippini, *idem*.

4° Franceschi (Jean-Michel). Celui-ci arma deux navires à ses frais, fit une guerre acharnée contre les pirates turcs, et ce fut pour sa valeur que le roi de France lui envoya des lettres de noblesse.

5° Franceschi (Dominique), commandant de galères au service de Venise, se distingua dans les guerres contre les Turcs, et fut déclaré noble par cette république.

6° Franceschi (Prosper). Celui-ci arma deux navires à ses frais pour faire la guerre contre les Musulmans; il fut créé chevalier de Malte, et décoré de l'ordre du Saint-Sépulcre par le roi de Portugal.

7° Franceschi (François) et Franceschi (Pierre) combattirent à leurs frais et avec leurs galères les pirates musulmans.

8° Franceschi (Antoine-Pierre) ayant combattu contre les pirates barbaresques pendant quelque temps, et étant entré depuis au service de la Toscane, eut à soutenir une lutte sanglante près de l'île de Candie, où il captura plusieurs navires turcs et fit cinq cents prisonniers.

Enfin 9° Giglio, Marc et Jacques Franceschi, capitaines marins au service de la France, rendirent des services signalés à cette grande nation.

Nous rapportons deux portraits de ces célèbres personnages que nous devons à l'obligeance de M. de Franceschi (Dominique), de Merlacce.

Ces portraits étaient relégués dans un grenier, et étaient un peu détériorés; malgré leur mauvais état, nous avons pu clairement remarquer que, selon les marques distinctives dont ils étaient décorés, ils avaient servi sous les républiques de Toscane et de Venise (1).

LE MARÉCHAL JEAN-BAPTISTE D'ORNANO

Jean-Baptiste D'Ornano, fils aîné du maréchal Alphonse, était né en 1581, à Sisteron. Il était d'une constitution délicate et nerveuse, d'une taille

(1) Nous avons pu voir dans la maison des Franceschi, à Merlacce, hameau de Centuri, des parchemins qui témoignent que cette famille jouissait de plusieurs franchises et privilèges sous la république de Gênes. La branche des Franceschi qui s'établit en Toscane et qui porte aujourd'hui le titre de *cavaliere* possède encore de nos jours, à Centuri, une chapelle dédiée à saint Jacques. Cette chapelle est entretenue à leurs frais, de même que le chapelain qui y célèbre la messe quotidienne. La tour des Franceschi sise à Cannelle, hameau de Centuri, a été démolie; la planche en marbre qui présentait les armes de cette illustre famille décore aujourd'hui la porte du vestibule de la maison des Franceschi de Merlacce, qui font partie de la même famille.

élevée et d'une beauté remarquable; sa conversation était des plus spirituelles. Le fils d'Alphonse avait, comme ses aïeux, du goût pour le métier des armes et l'amour de la gloire; à quatorze ans il se distingua au siége de La Fère, où déjà il commandait une compagnie de chevau-légers. En 1595, lorsque Henri IV donna le bâton de maréchal à son père, il fut nommé colonel du régiment des Corses, et rendit de très-brillants services à la campagne de Savoie. Dans cette circonstance son père lui écrivit une letttre d'encouragements.

La paix ayant été conclue, D'Ornano revint à Bordeaux chercher son père, afin de le mener à Paris pour le faire opérer de la pierre, opération dans laquelle il succomba entre les bras de son fils. Henri IV ne pouvant donner à D'Ornano la lieutenance de la Guyenne, à cause de sa jeunesse, lui donna le gouvernement de Château-Trompette, celui de Pont-Saint-Esprit, de Saint-André, etc., etc., pour lui servir de premiers échelons. D'Ornano ramena le corps de son père dans la capitale de la Guyenne, puis se porta à Lyon. Mais en arrivant à Pont-Saint-Esprit, il apprit la mort d'Henri IV. A cette nouvelle, il envoya son frère cadet en Languedoc et lui-même se rendit à Bordeaux; et craignant que des troubles ne vinssent à éclater, il s'empressa d'écrire dans toutes les villes pour recommander l'union et la fidélité au roi Louis XIII. D'Ornano vint bientôt à la cour, où la reine-mère lui donna les plus éclatants témoignages d'estime, et lui fit épouser la comtesse de Montlaur, marquise de Maubec, veuve du marquis de Grimaut, femme d'un grand mérite. A cette époque, Concini, que Marie de Médicis avait amené de Florence, était maréchal, ministre, et régnait en maître. D'Ornano jouissait de l'amitié de Concini, et il offrit aussi son épée à ce ministre lors d'une discussion qu'il eut avec le duc de Belgrade; mais ce favori italien ayant demandé une compagnie du régiment corse pour lui servir de garde, D'Ornano la lui refusa poliment. Ce refus indisposa le ministre. Outrés de l'arrogance de Concini, d'Epernon, Lesdiguières, Montmorency et Roquelaure, voulaient former une ligue et créer un tiers-parti. On chercha alors le prétexte d'éloigner d'Ornano de la cour en l'envoyant dans la Guyenne pour contre-battre cette ligue. D'Ornano alla voir le roi pour prendre congé, qu'il trouva dans la petite galerie du Louvre. Le monarque, qui ignorait tout cela, tira D'Ornano à l'écart, dans l'embrasure d'une fenêtre, lui parla de l'arrestation de Concini, en exigeant le secret, et lui ordonna de ne pas partir. Lorsque Concini fut tué, le roi chargea D'Ornano de porter cette nouvelle à la reine-mère et au Parlement.

Quoique D'Ornano n'eût pris aucune part au meurtre de Concini, néanmoins Marie de Médicis ne lui pardonna jamais. Le connétable de Luynes succéda à Concini. D'Ornano, qui était parent de ce ministre du côté de sa mère, la maréchale D'Ornano, fut bien à la cour, et on le nomma lieutenant en Normandie, avec le gouvernement particulier de Quillebœuf, de Pont-de-l'Arche et de Château-Gaillard. En 1619 décéda le comte de Lude, gouverneur de Monsieur, frère du roi, et D'Ornano fut choisi pour le remplacer. Alors commencèrent les malheurs du colonel D'Ornano, habitué à la loyauté du soldat et non aux intrigues et aux bassesses de la cour, où il ne se vit entouré que d'ennemis secrets. La mort du ministre de Luynes lui apporta un coup fatal : on l'accusa alors de cabales et d'intrigues auxquelles il n'avait jamais songé, et on fit croire au roi qu'il cherchait à lui rendre hostile Monsieur, son frère. Le roi, furieux, proposa alors à son frère le commandement d'une armée contre les Rochellois, s'il voulait renvoyer son gouverneur en Normandie ; Gaston d'Anjou refusa d'accepter le commandement à ce prix. D'Ornano devint alors l'objet de calomnies sans bornes, et il reçut du roi l'ordre formel de quitter Monsieur, de se retirer à 20 lieues de la cour, puis on lui prescrivit de se rendre à Pont-Saint-Esprit. Il refusa et préféra la Bastille. Il écrivit au roi, en protestant de son innocence, qu'il était l'objet des persécutions les plus calomnieuses et que s'il obtempérait à l'ordre de se retirer à Pont-Saint-Esprit, il se confesserait coupable. Il parla au roi de la fidélité de ses ancêtres et des charges importantes qu'ils avaient reçues des souverains ses prédécesseurs, et qu'enfin il attendait de sa justice l'honneur d'être remis dans la place que la calomnie lui avait voulu faire perdre.

Ce fut La Viéville qui, ayant gagné l'esprit du faible monarque, s'efforça de perdre D'Ornano ; mais ce même La Viéville perdit à son tour la faveur du roi et il fut enfermé à la Bastille. Quoique après la perte de son gouverneur Monsieur se fût jeté dans les débordements de la débauche, il profita de cette circonstance pour réclamer avec énergie D'Ornano ; on le lui rendit : il le nomma son premier gentilhomme de chambre, surintendant général de sa maison, demanda et obtint du roi son frère la dignité de maréchal pour Ornano, qui lui fut conférée le 9 avril 1626.

Cette grande dignité fut pour D'Ornano le présage funeste de sa perte. N'étant point courtisan, quoique élevé dans une cour pleine d'intrigues, il refusa le conseil qu'on lui donna d'aller remercier le cardinal de Richelieu, qui commençait à devenir influent à la cour. Il s'excusa en disant qu'il ne connaissait d'autres maîtres que le roi et Monsieur; que d'eux il tenait sa fortune, et qu'il ne baiserait jamais la main qui l'avait frappé.

Ces paroles furent rapportées au ministre Richelieu; ce cardinal, qui ne recula pas devant le meurtre des deux frères innocents, les Marillac, ni devant celui du jeune Cinq-Mars, et qui sacrifia à son ambition tant de têtes haut placées, n'hésita pas à condamner sans appel le maréchal D'Ornano.

On indisposa de nouveau le monarque contre le gouverneur de son frère, en lui faisant croire qu'il conspirait contre lui : un jour que D'Ornano, cédant à des conseils, demanda pour son élève le commandement d'une armée et qu'il fut admis à faire partie du conseil privé de la couronne, il ne réussit qu'à raffermir Louis XIII dans ses soupçons, et à l'instigation de Richelieu, il fut de nouveau arrêté, le 3 mai 1626, et conduit au château de Vincennes, où, dit-on, il mourut empoisonné par ordre de l'implacable cardinal-ministre Richelieu, le 2 septembre, à l'âge de 45 ans. Sa vertueuse femme, exilée à la Ferté-Bernard, n'avait pu lui fermer les yeux. Ses restes mortels furent portés à Aubénas, en Vivarais, dont il était seigneur, et déposés dans l'église de Villeneuve-Saint-Georges.

Le maréchal D'Ornano ne laissa point d'enfants. Sa branche s'éteignit dans la personne de sa nièce, Anne D'Ornano, mariée au prince François de Lorraine, comte d'Harcourt et de Rieux, fils de Charles II, duc de Lorraine-Elbeuf, et de Catherine-Henriette, légitimée de France, fille d'Henri IV et de Gabrielle d'Estrée, etc. (1).

ANTOINE ARRIGHI

Antoine Arrighi, professeur de jurisprudence dans l'Université de Padoue, dont il fut aussi le directeur, était né dans la ville de Corté. Il composa quelques traités sur la jurisprudence et un ouvrage sur la juridiction des pontifes romains. Une partie de ces ouvrages se trouve parmi les travaux scientifiques du Père Calligerra, imprimés à Venise en 1713; tome V.

(1) Ayant extrait l'article biographique du maréchal Alphonse D'Ornano d'un mauvais imprimé, nous avons commis des fautes d'orthographe à l'égard des noms de famille et des personnages.

Au lieu de lire, page 412, *le maréchal de Martignan*, il faut lire Matignon. — Au lieu *du duc d'Esperon*, il faut lire d'Epernon. — A la page 413, au lieu *de Potèces de Nassau*, on lira Pontères d'Agoult. — Au lieu de *Loyol*, on lira Lainul. — Au lieu de *Monlor*, on lira Montlaur. A la page 414, ligne 31, au lieu d'*Henri III*, on lira Henri IV.

On a aussi de lui une apologie en forme de lettre adressée à M. Ferri, dans laquelle il cherche à se défendre contre la lettre critique de Monseigneur N. N. à l'égard de l'épitaphe du comte Daniello Antonini, composée par Alexandre Pappafava; épitaphe corrigée, et en grande partie changée par lui-même.

Cette controverse fit du bruit en Italie, elle dura longtemps, et plusieurs personnes lettrées prirent part à cette polémique. Voyez *Miscellane*, in-4, p. 10, vol. 502.

Le célèbre Goldoni fait mention honorable du professeur Arrighi dans ses mémoires. Lorsqu'il devait se présenter pour subir son examen, il apprit que c'était *ce Corsetto* (Arrighi) qui devait l'examiner, dont la réputation était d'être aussi docte que sévère; il fut pris par une panique, mais il fut bientôt rassuré; cette sévérité si redoutable ne fut pour lui que de la bienveillance et de la protection. Ce témoignage de la part de ce génie littéraire de l'Italie rendu à la mémoire d'Arrighi, c'est le plus bel éloge qu'on puisse faire à ce savant abbé.

Le portrait que nous rapportons, nous l'avons tiré d'une vieille toile existant dans la maison de feu Arrighi Baldassar, à Corté, l'un de ses descendants.

LE PÈRE THÉOPHILE

Le père Théophile naquit à Corté, le 30 octobre 1676 ; il était fils d'Antoine, de la noble famille des Signorio et de Madaleine Arrighi, il avait reçu le nom de Blaise.

Dès son enfance, il montra un penchant pour l'état monastique, et en entrant de bonne heure dans l'ordre, il prit le nom de Théophile.

Il fut envoyé sur le continent italien, et il alla faire ses études dans le couvent de Civitella. Ayant donné des preuves d'un grand talent, il fut appelé à Rome pour professer la philosophie. En 1725, il fut envoyé en Corse par les conseils du bienheureux Thomas de Cori, son ancien maître, afin d'y établir des couvents de stricte observance; mais sa mission fut très-difficile à remplir, et il ne put établir que le couvent de Zuani, en courant toujours un grand danger pour sa vie. — Il fut rappelé de nouveau à Civitella, où il jouissait d'une grande estime; puis, il voyagea dans diverses contrées de l'Italie, où sa renommée l'avait précédé. Il mourut à Fugecchio, à l'âge de soixante-quatre ans, laissant sa mémoire en grande vénération.

Son portrait se trouve exposé dans plusieurs pays du continent italien, et nous sommes heureux de pouvoir le rapporter pour en orner notre ouvrage.

DISSOLUTION DES GARDES CORSES DES PAPES

Nous allons rapporter ici en peu de mots un fait historique qui, quoique ayant paru d'abord n'avoir aucune importance, faillit bientôt compromettre la paix de l'Europe.

Le 20 avril 1659, la force publique voulait opérer l'arrestation d'un criminel qui s'était réfugié dans les écuries du cardinal d'Este, à Velletri. Les domestiques du cardinal s'y opposèrent; le gouvernement papal y envoya le chef de police (Barigel) en personne, qui fut également repoussé; Marius Chigi, frère du pape, y fit alors intervenir les gardes corses, qui changèrent la face des choses.

Le cardinal d'Este se considéra alors comme personnellement offensé, il arma ses gardes et fit appel à quelques ministres étrangers demeurant à Rome, et surtout à celui de la France. Louis XIV, roi de France, alors dans toute la fougue de la jeunesse, se montra mécontent du pape Alexandre VII, et envoya à Rome, comme ambassadeur extraordinaire, le duc de Créquy, avec une suite nombreuse de soldats.

Marius Chigi, d'une nature irascible, s'alarma de cette attitude, et augmenta sa garde de cent cinquante Corses. Pendant quelques mois, entre la famille Chigi et celle de Créquy régna une froideur très-apparente, cependant il s'ensuivit entre les deux familles quelques visites d'étiquette.

Un jour, deux gardes corses étant entrés dans un cabaret où se trouvaient déjà des soldats français en bon nombre, ces derniers, abusant de la force, tombèrent sur les deux Corses, les désarmèrent et les accablèrent d'injures. Le cardinal Impériale, gouverneur de Rome, fit alors expulser de la ville les auteurs de cet attentat; mais Marius Chigi ne se montra pas satisfait de cette réparation et se répandit en invectives contre les gardes corses; il les taxa de lâcheté et menaça de les chasser ignominieusement Ces reproches blessèrent cruellement les Corses, ils s'armèrent et attendirent le moment d'être de nouveau insultés pour en tirer vengeance. La rencontre ne se fit pas longtemps attendre : les soldats de Créquy, orgueilleux de leur premier succès, jetèrent quelques mots inqualifiables à quelques soldats corses qu'ils rencontrèrent; ceux-ci sortirent alors leurs armes et blessèrent quelques-uns de leurs adversaires; ces derniers voulurent regagner leur demeure, mais une compagnie de gardes corses accourut armée aux premiers bruits, et les enveloppa.

Le duc de Créquy, qui rentrait au palais Farnèse, où il demeurait, se trouva au milieu du combat; il vit tomber mort un de ses pages et quelques-uns blessés, il s'empressa alors de se réfugier dans la maison du cardinal d'Este. Les soldats de Créquy regagnèrent enfin leur demeure, où ils furent assiégés jusqu'à la nuit tombante.

Le duc de Créquy, qui s'attendait à recevoir des excuses, vit au contraire deux corps de gardes corses placés, par ordre de Chigi, près du palais Farnèse. Ce procédé lui fit accélérer son départ pour la Toscane. Louis XIV, informé de cet événement, renvoya sur-le-champ le nonce du pape, Piccolomini, s'empara d'Avignon et ordonna de faire marcher des troupes vers l'Italie. Le pape, effrayé des dispositions du roi de France, crut apaiser sa colère en attribuant tous ces désordres aux Corses; mais le duc de Créquy, dans son rapport, s'en était pris principalement à Marius Cighi et au cardinal Impériale. Le pape renvoya alors ce dernier de Rome, et lui confia la légation de la Romagne; mais de Créquy ne vit dans ce changement qu'une récompense accordée au cardinal Impériale, et rompit toute relation avec la cour de Rome.

Alexandre VII, quoiqu'il fût conseillé à la résistance, préféra recourir à la médiation de l'Espagne : les négociations furent ouvertes, et le cardinal Rusponi parvint, après de longs débats, qui durèrent pendant l'espace de quatre ans, à aplanir toutes les difficultés préliminaires avec le duc de Créquy.

Le 12 février 1664, un traité fut signé à Pise par les plénipotentiaires; monseigneur de Burlemont représentait la France, et le cardinal Rusponi la cour de Rome. La paix fut conclue aux conditions suivantes : 1° le pape devait restituer les vallées de Comacchio au duc de Modène, et les États de Castro et de Rocciglione au duc de Parme; 2° que Marius Chigi serait relégué pendant six ans à Sienne; 3° que le cardinal Chigi viendrait à la cour de France pour présenter les excuses de Sa Sainteté au roi, et pour demander pardon pour toute sa famille; 4° qu'on ferait le procès au cardinal Impériale, et qu'on lui ôterait le chapeau; 5° que le Barigel serait banni à perpétuité; 6° qu'il serait élevé une pyramide dans le quartier des Corses, avec une inscription qui porterait ces mots (1) :

In execrationem damnati facinoris contra Excell. Ducem Crequeium, Oratorem regis Christianissimi a militibus Corsis xiii kalend. septembr. A. MDCLX patrati. Corsica natio inhabilis et incapax ad sedis Apost. inserviendum. Ex decreto jussu SS. D. N. Alexand. P. M. edito. In executionem concordiæ Pisis initæ; ad perpetuam rei memoriam declarata est. A. MDCLXIV.

Alexandre VII souscrivit les infamantes exigences d'un monarque despote. Les Corses qui se trouvaient à Rome quittèrent cette ville, sacrifiant tous leurs intérêts à un juste sentiment de dignité, et plusieurs officiers au service de France brisèrent leurs épées et rentrèrent dans leurs foyers.

Mais hélas! ni Louis XIV, ni Alexandre VII n'étaient doués de l'esprit prophétique pour pouvoir prédire, qu'un siècle plus tard, la Corse devait donner des soldats qui auraient été les arbitres du trône des papes, et qu'ils se seraient assis sur celui de la France et d'autres nations.

Cette infamante pyramide fut démolie en 1668, quatre ans après son élévation, par ordre du pape Clément IX, Rospigliosi, qui la considéra comme un outrage immérité par les Corses.

Reprenons de nouveau notre fil historique et revenons à ces récits douloureux, à ces épisodes émouvants de tant de lamentables misères que la Corse dut encore endurer pendant un laps de temps, jusqu'à ce que l'excès du désespoir lui fît reprendre les armes, et après les efforts inouïs d'une lutte de quarante ans, elle dut briser à jamais le joug odieux de Gênes, pour devenir enfin partie intégrante de la grande nation, la France.

Dans cette nouvelle loi dont nous avons interrompu le récit page 404 on pouvait appliquer : 1° la peine de mort ou les galères à perpétuité et la confiscation des biens contre celui qui introduirait du sel dans l'île, sans la licence de *sa seigneurerie* et contre ceux qui recevraient le sel; 2° les témoins qui pouvaient être suspects d'avoir vu commettre le crime, pouvaient être soumis à la torture, pour leur faire avouer la vérité; 3° pour les crimes de lèse-Majesté, sous peine de mort, le père était obligé de dénoncer le fils et réciproquement; 4° celui qui découvrait un *bandit* devait sonner le tocsin,

(1) Nous avons parcouru toutes les pièces justificatives des Corses dans ce néfaste procès, qui forme un gros volume, et d'où il résulte qu'ils furent poussés à bout, d'un côté, par les outrages reçus des soldats du duc de Créqui, et, de l'autre côté, par les menaces et les excitations de Marius Chigi, frère d'Alexandre VII.

afin que tous les habitants du village se missent à sa poursuite, sous peine de cinq livres d'amende, et cent, si c'était une pieve entière qui contrevenait à ce statut.

Celui qui tuait un *bandit* condamné à mort avait une récompense; si le meurtrier était un *bandit*, il était gracié, pourvu qu'il ne fût pas coupable de rébellion contre la république, etc., etc. Tous les jugements prononcés au criminel étaient sans appel, ou du moins la sentence devait être exécutée nonobstant l'appel.

Les gouverneurs et les juges génois qu'on envoyait en Corse faisaient un gouvernement de loups. Les juges subalternes appartenaient à la classe de la noblesse pauvre et leurs honoraires étaient bien modiques; ainsi, les uns vendaient d'avance l'absolution de l'homicide, les autres prononçaient la peine des galères par coutumace, dont la condamnation leur valait dix écus, et à la fin de la gestion ils prononçaient l'absolution des mêmes condamnés aux galères par coutumace, moyennant la somme de cent écus par personne. Le gouverneur condamnait, sans procès, *ex informata conscientia*, et ensuite il vendait les sauf-conduits pour pouvoir circuler librement dans l'île et pour négocier leur absolution. Le malfaiteur n'avait pas besoin de recourir à un avocat pour le charger de sa défense, il achetait secrètement le décret de *non procedatur* et la sentence était suspendue (1).

Si les parents du meurtrier étaient plus généreux que ceux de sa victime, il était absous ou il était permis au meurtrier de passer à Gênes, où il était enrôlé dans l'armée, dans laquelle il parvenait souvent au grade d'officier, et quelques années après, ou par grâce particulière, ou par amnistie, il rentrait triomphant dans son pays natal, etc., etc.

Il serait trop hideux et trop révoltant si nous voulions énumérer toutes les injustices et les turpitudes commises par les administrateurs génois dans ces temps calamiteux pour la Corse.

De 1581 à 1672 plusieurs décrets émanés du sénat de Gênes interdirent aux Corses toute sorte de fonctions. En 1581, ils ne purent plus occuper l'emploi de munitionnaire; en 1584, celui de juge; en 1587, celui de greffier et de notaire; en 1612, celui d'officier dans la garnison des villes et de commandant dans les forts; en 1624, celui de percepteur; en 1634, celui de vicaire et d'auditeur, etc., etc. Enfin, pour comble de malheur, on employait tous les moyens les plus tyranniques pour diriger sur Gênes tous les produits de

(1) Voyez *Giustificazione della Corsica*.

l'île, interdisant aux nationaux les transports de leurs denrées d'une province à l'autre. En 1696, les habitants de la Balagna adressèrent au sénat une plainte contre les commissaires de Calvi et d'Algajola ; car ces fonctionnaires se faisaient servir de leur propre autorité les grains à bas prix et les chevaux gratis, faisant aussi payer pour la mise en liberté des arrestations injustes une certaine somme d'argent ; de plus, ils tourmentaient avec une cruauté inouïe les prisonniers pour leur arracher de l'argent.

En 1676 vint s'établir en Corse la colonie grecque dont nous avons donné tous les détails page 131. En 1715, le Conseil des *Douze* voyant les crimes s'augmenter et voyant les meurtriers impunis, demanda au sénat la suppression des armes. Le sénat la refusa, mais l'orateur Corse Mancini ayant insisté, le sénat objecta que cette mesure ferait perdre à la république le produit des *permis d'armes*, n'ayant aucune honte de ce que ces *permis* avaient causé pendant trente-deux ans vingt mille sept cent quinze homicides. Les Corses, pour compenser la république de sa perte, se soumirent à une nouvelle taxe de treize sous et quatre deniers par feu. Le désarmement fut exécuté, mais très-imparfaitement, et donna lieu à de grands abus et à de plus grands malheurs.

En 1723, la Corse fut divisée en deux gouvernements, mais cette division augmentait les troubles et on revint à l'ancien système. En 1724, une amnistie fut accordée à tous les bandits criminels, moyennant une somme d'argent, en compensation du mal qu'ils avaient causé, mais cette somme était pour le fisc.

En 1724, le mécontentement se manifesta dans l'île, alors on y envoya Alexandre Salluzzo, qui réussit avec sa prudence à étouffer la révolution. Félix Pinelli le remplaça et contribua à la faire éclater en 1729.

CHAPITRE IX

DE L'AN 1729 A L'AN 1736.

Antoine-François Defranchi, dit Cardone, excite les habitants de Bozio à la révolte (1729). — L'insurrection s'étend dans l'île. — Le commissaire Pinelli envoie une compagnie de soldats à Tavagna; elle est désarmée par les habitants (7 septembre 1729). Les insurgés marchent sur Aleria; ils mettent en fuite la garnison et s'emparent des armes. — Les révoltés guidés par Pompiliani, ancien militaire, du Boggio de Tavagna, marchent sur Bastia et s'emparent de la partie dite *Terra-Vecchia*. — L'évêque de Mariana est envoyé aux insurgés comme médiateur. — Pinelli renfermé dans la forteresse, rejette les demandes des Corses. — Ceux-ci assiègent la forteresse. — L'évêque d'Aleria intervient et obtient une suspension d'armes. — Jérôme Veneroso, ancien doge, est envoyé dans l'île. — Ce dernier ne pouvant réussir à faire déposer les armes aux insurgés, part pour Gênes. — Les Génois tendent des pièges à Pompiliani. — Son lieutenant Filangeri est pris à sa place et mis à mort. — Pompiliani se venge en faisant brûler les maisons des juges de Filangeri et d'autres Génois dans la ville de Bastia. — Pompiliani tombe à son tour dans les mains des Génois, et on ignore son supplice. — Grappallo et Camille Doria sont envoyés en Corse. — Doria défend la vente du sel. — Grande réunion d'insurgés à Monte-d'Olmo; ils marchent sur Bastia. — L'évêque d'Aleria se fait de nouveau médiateur, mais il n'aboutit à rien. — Doria fait bâtir le fort de Monserrato au-dessus de Bastia, et y place 340 hommes. — Dix mille insurgés se réunissent à Saint-Pancrace, au-dessus de Furiani. — André Ceccaldi, qui se rendait à Vescovato, est arrêté et proclamé général. — Celui-ci demande pour collègue Louis Giafferri de Talasani. — Les deux généraux s'emparent du fort de Monserrato. — Doria épouvanté demande une trêve de quatre mois et accorde quelques-unes de leurs demandes aux révoltés. — Assemblée de théologiens tenue au couvent d'Orezza. — Ceux-ci déclarent la guerre contre Gênes très-juste. — Grappallo et Doria sont remplacés par Charles Fornari et Jean-Baptiste Grimaldi. — La lutte recommence : les Corses s'emparent de Saint-Florent. — Un navire anglais apporte aux insurgés 56 barils de munitions. — Le sénat se plaint à la cour de Londres. — Les Grecs de Paomia déclarés pour les Génois, sont assaillis et contraints de se réfugier à Ajaccio. — Consulte tenue à Corte. — Le chanoine Orticoni est envoyé à Rome. — Le pontife se fait médiateur. — La France et l'Espagne favorisent secrètement les Corses. — La cour de Vienne fournit des troupes à Gênes. — Le général Wachtendock à la tête de 4,000 hommes débarque à Bastia (10 août 1731). Les insurgés sont assaillis avec des forces considérables et mis en déroute. — Le père Casaccoli est fait prisonnier. — Sa condamnation infamante et sa conduite héroïque. — Doria met à prix pour 2,000 écus la tête des chefs des insurgés et pour 3,000 la capture de chacun d'eux. — Le général Ceccaldi détruit 6,000 Austro-Génois à Calenzana. — Giafferri bat les Allemands et oblige le général Wachtendock à lui demander une suspension d'armes. — Conduite généreuse de Giafferri. — Les Génois sont repoussés avec perte (1732). — Le prince Louis de Wirtemberg, accompagné du général Schmetau et du commissaire Jean-Baptiste Rivarola débarque avec 3,500 hommes dans le golfe de Saint-Florent. — Séquestration d'un navire français dans le golfe de Girolata. — Wirtemberg promet un pardon général aux insurgés, s'ils déposent les armes. — Ceux-ci s'y refusent. — La lutte recommence. — On entre de nouveau en pourparlers et on tombe d'accord sur les préliminaires de la paix. — Les délégués se réunissent à Corte. — Le prince de Columbah, le prince de Wandek, le baron de Wachtendock et le général Schmetau pour l'empereur. — Camille Doria, Fornari, Grimaldi et Rivarola pour la République. — Louis Giafferri, André Ceccaldi, Charles Alessandrioi, Erariste Piccioli et l'abbé Raffaelli pour la nation corse. — Après avoir signé le traité de paix, le prince de Wirtemberg quitte l'île de Corse. — Le commissaire génois Rivarola, contre le droit des gens, fait arrêter quatre chefs corses et les envoie chargés de chaînes à Gênes. — Les insulaires se plaignent

— 131 —

au duc de Savoie et à l'empereur. — L'empereur fit mettre en liberté les prisonniers corses, que le sénat voulait faire mourir (1733). — La révolution éclate de nouveau. — Louis Giafferri s'évade de Livourne et revient en Corse; il est proclamé général avec Hyacinthe Paoli (12 mai 1733). — Prise de la ville de Corté. — Consulte générale dans cette ville (mars 1735). — Dans cette réunion, la sainte Vierge, mère de Dieu, est proclamée souveraine de l'île. — On établit une forme de gouvernement. — Félix Pinelli, envoyé de nouveau en Corse; celui-ci et son fils éprouvent de grandes pertes. — Paul Rivarola et Laurent Impériali sont envoyés en Corse (1736). — La guerre recommence avec acharnement. — Les Génois s'efforcent d'empêcher aux Corses tout commerce avec le continent. — Les insulaires sont dans une position critique. — Un personnage inconnu débarque à Aléria dans le mois de mars 1736, apportant aux insurgés armes, munitions, vivres et habillements. — Ce personnage était Théodore, baron de Neuhoff.

Vers la même époque, un soldat corse ayant été condamné par le conseil de guerre, à Finale (État de Gênes), au *Cheval de bois*, la populace de cette ville se moqua du condamné, et proféra des mots insultants contre la nation corse. Les insulaires, qui tenaient garnison dans cette ville, ne pouvant supporter ces insultes, firent feu sur cette populace, et en blessèrent ou tuèrent quelques-uns. Plusieurs de ces soldats furent alors arrêtés et condamnés à être pendus, et quelques-uns furent condamnés aux galères.

La nouvelle de cet événement exaspéra tellement les habitants de la Corse, que le plus minime prétexte devait causer un cataclysme.

Cependant, le moment du recouvrement des impôts étant venu, le lieutenant résidant à Corté se rendit dans la *Pière* de Bozio (canton de Sermano) pour commencer ses opérations. Un certain Antoine-François Defranchi, dit Cardone, vieillard estropié, se présente au percepteur pour acquitter son impôt, mais il lui manquait un demi-sou, *una moneta da otto*. Le Génois refuse de recevoir sa contribution, et menace de lui saisir ses instruments aratoires s'il ne paye sur-le-champ. Ce vieillard, exaspéré sous l'empire de l'irritation, arriva sur la place de l'église de Bustanico, et là, en présence de la population réunie, il se récria contre la sévérité du lieutenant génois, contre l'injustice de certaines taxes, et surtout contre celle des *Seini*, qui ne devait être exigible que pendant dix ans, et que le gouvernement génois exigeait depuis quinze ans. Il ajouta que l'impôt des deux *Seini*, pour accorder le port d'armes, n'avait été qu'un moyen de destruction, car les armes n'étaient livrées qu'aux méchants pour en imposer aux gens de bien, etc., etc. Il parla avec tant de véhémence, qu'il décida tous les habitants à refuser de payer les impôts.

Cette nouvelle se répandit comme un éclair, et plusieurs *pievi* ou cantons suivirent l'exemple de Bozio.

Félix Pinelli, informé de cet événement, s'empressa d'envoyer cent hommes dans le canton de Tavagna. Cette expédition arriva le soir dans le village de Poggio ; le commandant eut l'imprudence de menacer les habitants ; ceux-ci s'assemblèrent, désarmèrent la troupe, et le commandant génois humilié reprit la route de Bastia.

Le gouverneur s'apprêtait à faire partir de nombreux détachements pour châtier les rebelles, mais Pompiliani du poggio de Tavagna, ancien et brave militaire, marcha sur Bastia à la tête de trois mille hommes. D'autres insurgés se portèrent sur le fort d'Aléria, d'où ils chassèrent la garnison, s'emparèrent des armes et des munitions, puis ils se portèrent rapidement sur la ville de Bastia. Le gouverneur Pinelli, effrayé, s'enferma dans la forteresse, et envoya comme médiateur l'évêque de la Mariana. Ce prélat se rendit au camp des insurgés, il leur demanda quelles étaient les conditions qu'ils demandaient pour déposer les armes ; ceux-ci lui répondirent qu'ils voulaient la suppression de tous les impôts arbitraires, le rétablissement des Corses dans tous les emplois civils, militaires et ecclésiastiques, l'abolition des taxes pour les armes, la réduction du prix du sel dans tout l'intérieur de l'île, et l'abolition des commissariats, qui ne servaient qu'à vendre la justice ou à condamner les innocents. Le prélat se porta chez Pinelli, dans la forteresse, qui rejeta avec dédain les demandes des Corses. L'évêque de Mariana ne voulut plus retourner au camp des insurgés, mais il s'embarqua pour le continent. Les Corses reprirent les armes et s'emparèrent de la partie de la ville dite Terra-Vecchia, et s'apprêtaient à donner l'assaut à la forteresse, lorsque l'évêque d'Aléria arriva en toute hâte, s'interposa, et obtint une trêve jusqu'à l'arrivée d'une réponse du sénat.

La république envoya alors dans l'île Jérôme Veneroso, ancien doge et homme fort distingué (1730). Ce dernier essaya de tous les moyens pour apaiser les insurgés, mais ne pouvant leur accorder les conditions qu'ils demandaient, sans l'assentiment du sénat, prit le parti de retourner à Gênes.

Cependant Pinelli ne voulait point quitter l'île sans tirer vengeance de quelques-uns des chefs des insurgés. Il recourut à la ruse et à la perfidie pour y arriver. Il envoya à cet effet un message au nom des habitants de Bastia. Ce message priait Pompiliani de se rendre avec un détachement à telle heure près des portes de la ville, et lui faisait espérer qu'on le ferait entrer par surprise dans la forteresse.

LÉONARD DE CASANOVA,
Général sous Henri IV.

DOMINIQUE FRANCESCHI,
Amiral à Venise.

ANDRÉ CASPARI,
Ambassadeur d'Espagne au Maroc etc.

ANTOINE ARRIGHI,
Directeur de l'Université de Padoue

PIERRE LIBERTÉ,
Libérateur de Marseille

ANTOINE PIERRE FRANCESCHI,
Amiral en Toscane

PÈRE THÉOPHILE
Vénérable.

RINALDO CORSO,
Lettré

Les Théologiens Corses, réunis en consulte proclament la guerre contre Gênes, "très-juste"

San Pellegrino: emplacement de la ville de Nicea

Pompiliani, homme de bonne foi, s'empressa de s'y rendre; mais au milieu du chemin il fut contraint de s'arrêter pour un motif impérieux, et il fit marcher à la tête de son détachement son lieutenant, Fabius Filangeri, qui étant tombé dans un guet-apens, fit une défense héroïque; ses soldats ayant presque tous péri, il fut fait prisonnier et condamné tout de suite à mort.

Informé de cette triste nouvelle, Pompiliani entra dans la ville, fit brûler les maisons des juges de Filangeri et fit ravager les biens qu'ils possédaient à Bastia et à Ajaccio; le brave Pompiliani ne survécut pas longtemps : la ruse génoise prévalut; il tomba dans un piège et on ignore encore le genre de son supplice.

Une consulte générale eut lieu alors à Monte d'Olmo, où grand nombre de Corses se rendirent et où la guerre fut de nouveau proclamée.

François Gruppalo et Camille Doria avaient remplacé Pinelli et Véneroso. Ces derniers firent de magnifiques promesses, afin de conjurer l'orage; mais bientôt Doria commença par défendre la vente du sel; il fortifia les présides et fit bâtir un fort à Monserrato, où il plaça trois cents hommes, puis il s'avança à la tête de six cents hommes jusqu'à Biguglia, mais il fut contraint de rebrousser bientôt chemin et de rentrer à Bastia. Dans le même temps une troupe qui venait d'Ajaccio pour renforcer la ville de Corté fut surprise à Vivario, désarmée et mise en fuite par les insurgés.

Cependant dix mille hommes s'étaient portés sur Bastia et avaient formé un camp à Saint-Pancrace au-dessous de Furiani, et tandis qu'ils délibéraient pour se choisir un chef énergique, le hasard amena sur les lieux André Ceccaldi, qui de Bastia retournait à Vescovato, son pays natal. On l'arrête, et d'un commun accord on le proclame général.

CECCALDI ET GIAFFERRI. — PAOLI (HYACINTHE).

Ceccaldi, quoique homme influent et jouissant d'une grande réputation de bravoure et de patriotisme, déclara qu'il ne voulait accepter cette charge qu'à la condition de la partager avec un collègue. Tous les regards alors se portèrent sur Louis Giafferri de Talasani, qui faisait partie du conseil des Douze. Les deux généraux ne tardèrent pas à justifier leur choix. Des proclamations furent répandues dans toute la Corse avec profusion, et tout l'intérieur de l'île prit les armes et marcha contre les présides. En peu de temps le fort de Monserrato fut attaqué et pris d'assaut, et cent cinquante hommes de la garnison furent massacrés; les hommes qui défendaient le couvent des *Cappucini* se sauvèrent à travers les vignes et les jardins, et se renfermèrent dans la forteresse de Bastia. Maîtres des hauteurs, les Corses s'emparèrent facilement de la ville. Cet événement fit trembler le gouverneur Doria; il fit appeler l'évêque d'Aléria et le provincial des moines franciscains, *Iuria*, en les chargeant d'entamer des négociations avec les insurgés. Malgré la mauvaise foi tant de fois éprouvée, les généraux, sur les instances du prélat, du provincial et de Dominique Raffaelli, homme respectable et bon patriote, ouvrirent les négociations de paix, dont les conclusions furent : *armistice de six mois*, abolition de tous griefs, permission à tous les Corses d'entrer armés dans les présides, excepté Bastia; liberté des ports au trafic des bâtiments nationaux, défense aux Génois d'élever des fortifications, et élargissement des prisonniers politiques.

Les opérations militaires étant suspendues, les deux généraux profitèrent de ce repos pour apaiser les inimitiés et les dissensions intestines (1731). Après, ils convoquèrent une consulte à Corté, où l'on fit des règlements, des lois, et on nomma des administrateurs.

Ainsi la paix et l'union commencèrent à faire goûter leurs fruits.

Cependant les six mois d'armistice touchaient à leur terme. On envoya l'abbé Ajtelli dans la capitale avec des pleins pouvoirs, s'il y avait lieu à un arrangement; mais il fut bien surpris lorsqu'on lui répondit que le sénat de Gênes n'accordait aux insulaires aucune de leurs demandes, à moins que tous les chefs des insurgés ne se rendissent à Bastia pour demander pardon de leur rébellion et s'abandonnassent sans réserve à la clémence de la république.

L'abbé Ajtelli, indigné de cette réponse, retourna au camp des patriotes et exposa publiquement le résultat de sa mission. Alors le cri : *aux armes!!!* parti du camp, se fit entendre dans tous les coins de l'île.

Doria avait été remplacé par Carlo Fornari et Giovan-Battista Grimaldi. Ce furent ces deux personnages qui portèrent la réponse du sénat lygurien aux insurgés corses (1731). Le 29 mars, la trompette martiale appelait tous les insurgés sous les drapeaux, et le premier avril le fort de Saint-Florent fut investi et pris, après quelque résistance. Ce fait d'armes releva l'esprit national, et en peu de temps on vit près de cette petite ville une armée importante. *Giafferri* marcha sur Bastia avec six mille hommes; *Ceccaldi* prit la direction du Cap-Corse, et *Cialtoni*, ancien militaire au service de Naples, resta à la garde de Saint-Florent. Bastia fut bloquée, mais le manque de munitions ralentissait les opérations, et l'on parlait d'une retraite, lorsque parut dans l'embouchure du Golo un navire anglais qui portait aux Corses 55 quintaux de poudre et une grande quantité de plomb. La conduite du capitaine, qui ne voulut rien accepter des Corses, resta un mystère pour le moment; mais les Génois, qui remuaient ciel et terre pour savoir de quelle nation venaient ces secours, furent assurés que de généreux Anglais faisaient une offrande à un peuple qui s'efforçait de briser ses chaînes pour conquérir sa liberté. Le gouvernement génois fit faire alors des démarches à son diplomate Jean-Baptiste Guastaldi près de Georges II. Ce souverain défendit par une ordonnance, à tous ses sujets, de prêter secours aux *rebelles corses*. Dans cette circonstance, la colonie grecque de Paomia, suspecte d'intelligence avec les Génois, eut à soutenir des luttes sanglantes contre les habitants du Coggia, Vico, Renno, etc. Les Génois furent obligés de les transporter à Ajaccio; la colonie fut détruite de fond en comble, et elle ne fut rétablie que plus tard, dans un autre endroit, par les soins du marquis de Marbœuf.

Les Corses offrirent de nouveau le gouvernement de l'île aux papes. Ils envoyèrent à Clément XII, chargé de cette mission, le chanoine Orticoni; le pape refusa l'offre et se borna à se faire médiateur. Il envoya à Gênes sa missive : *Paterna charitate movemur*, mais elle ne fut pas acceptée par la république; au contraire, les Génois se plaignirent du procédé du *Saint-Père*, qui voulait se poser comme médiateur entre la sérénissime république et *les rebelles*.

Le général Giafferri s'étant porté au delà des monts, alla assiéger la ville de Sartène; il courut un grand danger dans ce mémorable combat; il fut enveloppé entre le feu des assiégés et les renforts des Génois, qui l'attaquèrent par derrière et à l'improviste, mais sa bravoure triompha; Sartène fut prise d'assaut et la garnison génoise fut massacrée.

Le sénat ne se dissimulant pas le danger que courait la sérénissime république en Corse, supplia humblement l'empereur d'Allemagne, Charles VI, de lui prêter main-forte. Ce monarque consentit à envoyer huit mille hommes dans l'île pour combattre les insurgés, mais à condition que la république payerait 32,000 florins par mois, et cent écus pour chaque soldat qui mourrait ou déserterait pendant la campagne.

Aussi toutes les fois que les Corses tenaient un Allemand, ils s'écriaient : *Autant de sacs de florins perdus pour la république!!!* Giafferri, après la prise de Sartène, vit grossir les rangs de son armée d'un grand nombre des habitants d'au delà les monts, qui, tous désireux de combattre pour l'indépendance, se portèrent du côté de Bastia. A leur arrivée près de cette place, on se prépara à l'assaut. C'était le 9 août qu'on avait arrêté les mesures avec les partisans qu'on avait à Bastia; mais le lendemain les Allemands, sous les ordres du général Wachtendock, entrèrent dans le port et changèrent la face des affaires.

Deux jours après, les assaillants furent attaqués par Camille Doria, nouveau gouverneur, avec mille hommes, soutenus par cinq bataillons allemands, dont l'aile droite était appuyée par le général Wachtendock, et la gauche par le général Waldestein et l'adjudant général Ristori.

Les insulaires ne pouvant résister au choc terrible des ennemis, battirent en retraite, laissant au pouvoir des Génois et des Allemands quatre canons, dix barils de poudre et cinquante prisonniers, parmi lesquels se trouvait le père capucin Bernardino de Casacconi, qui était l'un des prêcheurs de la révolte et l'un des dix-huit théologiens qui avaient décidé que la guerre contre Gênes *était une cause juste et sainte!*

Ce pauvre moine eut à souffrir de la part des Génois les plus ignominieux traitements.

Le gouverneur Doria, rendu plus hardi par la victoire, s'avança du côté du Cap-Corse, jusqu'au village de Canari. Dans ce village il fit incendier plusieurs maisons appartenant à des personnes aisées, entre autres au sieur Alexandrini, dont il emmena à Bastia la femme, quatre de ses filles et trois petits enfants. Il s'empara aussi d'une quantité de bétail et enfin fit fusiller deux officiers corses faits prisonniers. Quelques jours après, il fit brûler et détruire le village de Cardo, au-dessus de Bastia.

Cependant Doria s'empressa de publier un édit dans lequel il promettait amnistie générale à tous les Corses qui, dans l'espace de quinze jours, feraient leur soumission à la république, excepté les chefs des insurgés et le chanoine Orticoni, en promettant mille écus à ceux qui en auraient tué un, et qui auraient porté la tête à Gênes. Le même talion était accordé pour la capture de quelque chef, en le conduisant vivant dans les présides génois.

L'armée austro-ligurienne se préparait à ouvrir la campagne et distribuait ses forces pour attaquer les patriotes sur divers points. Camille Doria se porta avec ses troupes sur Saint-Florent, le général Wachtendock s'avança vers la rivière de Golo, et de Waldestein formant la réserve, s'établit au village de Furiani.

Le commandant corse Ciattoni ne se voyant pas assez en force pour défendre Saint-Florent contre l'armée de Doria, se replia sur la Balagna ; le général Ceccaldi occupa une partie du Nebbio, et le général Giafferri se chargea de disputer le passage de la plaine aux soldats allemands.

Doria s'étant emparé du fort de Saint-Florent, y plaça quatre cents hommes et s'avança dans le Nebbio ; là, il engagea la bataille contre les insulaires, mais après un combat acharné, l'armée austro-ligurienne fut contrainte de battre en retraite, laissant des prisonniers et des morts, parmi lesquels Salvador Giustiniani et Jérôme Partengo. Giafferri, après avoir disputé le passage du Golo aux Allemands, se replia sur San Pellegrino ; le général Wachtendock le poursuivit pour l'attaquer, mais ses colonnes s'étant échelonnées sur une grande étendue de terrain, s'affaiblirent, et le général Giafferri en profita pour couper en deux l'armée ennemie ; il en détruisit une partie, et avec une extrême célérité il enveloppa l'autre au lieu dit *Panugolo* (1). Le général allemand, surpris de cette tactique, et se voyant en danger, demanda à capituler. La conduite du général Giafferri à l'égard du général Wachtendock fut des plus nobles ; il lui accorda tout ce qu'il demandait, et le fit accompagner jusqu'aux approches de la ville de Bastia. Grand nombre d'Allemands restèrent sur le champ de bataille. Giafferri saisit cette occasion pour faire arriver jusqu'au trône de l'empereur d'Allemagne les plaintes des Corses opprimés. Ce fut le général Wachtendock lui-même qui, surpris de tant de générosité, promit d'en être le médiateur.

On conclut un armistice de trois mois, à l'expiration duquel les Génois tentèrent de surprendre quelques villages, mais ils furent repoussés de tous côtés. Le sénat de Gênes fut contraint à demander de nouveaux renforts à l'empereur d'Allemagne, et le comte Daun, gouverneur de Milan, reçut l'ordre d'expédier en Corse trois mille cinq cents hommes, commandés par le prince Louis de Wurtemberg et par le général Schmetteau, en compagnie desquels on vit arriver le commissaire génois Paul-Baptiste Rivarola (mars 1732).

Dans cette circonstance, un navire français, qui portait des munitions aux patriotes, fut assailli par les Génois et par les Allemands dans le golfe de Girolata ; le capitaine blessé, et l'équipage bien maltraité, purent à grand'peine gagner le rivage. Les Génois s'emparèrent des munitions et des vivres, puis livrèrent le navire aux flammes. La France se montra offensée,

---

(1) JOESSE, *Mémoires historiques*.

mais M. Campredon, envoyé de cette nation auprès de la république de Gênes, arrangea l'affaire en faisant débourser 35,000 livres pour le navire et en faisant assigner une pension aux veuves et aux fils des marins qui avaient péri dans cette rencontre. Le commissaire génois protesta de son innocence dans cette triste affaire, et il fit arrêter et juger les Génois Foglietta, Gentili et Rivalto, comme auteurs de l'insulte faite à la France.

Cependant l'armée ennemie, renforcée de quatre mille hommes, s'était mise en campagne. Le général de Culemback, avec Doria, se porta dans la Balagna pour attaquer les patriotes réunis au village de Calenzana; le général Ceccaldi en fut averti, prit ses mesures et distribua ses forces. La lutte la plus acharnée s'engagea entre les deux partis; tous les efforts et la tactique militaire des généraux austro-liguriens devinrent inutiles, et leurs troupes furent défaites. Environ six cents Allemands avaient péri dans cette lutte mémorable (1).

Les généraux alliés donnèrent le signal de la retraite; ils se réfugièrent avec le reste de leur armée dans la citadelle de Calvi. Une autre armée, qui s'était avancée (le 14 avril 1732) sur des barques pour surprendre la tour de Padulella, fut repoussée par les Corses, ainsi que la cavalerie allemande, qui s'avançait du côté de la plaine pour lui apporter des secours.

Dans cet intervalle, les patriotes voyant que les munitions commençaient à diminuer, formèrent une consulte à Vescovato, sous la présidence de l'abbé Ajtelli, où l'on établit un léger impôt, afin de se prémunir pour les besoins les plus urgents, et en même temps on rédigea une circulaire adressée aux Corses qui se trouvaient sur le continent, en les priant, au nom de la patrie, de rentrer dans leurs foyers pour les défendre.

L'armée austro-ligurienne, déjà forte de dix mille hommes, commandée par les princes de Wurtemberg et Culemback, et par les généraux Wachtendock, Schmetteau et Waldestein, s'avança dans l'intérieur; les insulaires s'efforcèrent de leur barrer le passage, mais leurs efforts devinrent inutiles, et la force l'emporta; ils furent mis en fuite, leurs villages brûlés, leurs terres ravagées et leurs arbres abattus.

Le prince de Wurtemberg intima alors aux insulaires de déposer les armes, en leur promettant un pardon général (2); les insurgés hésitèrent d'abord à se rendre à cette sommation, mais sur ces entrefaites arrivèrent

---

(1) On voit encore aujourd'hui, près de Calenzana, un endroit qui porte le nom de *Cimetière des Allemands*.

(2) Cambiagi, liv. XIII.

les dépêches en réponse à celles envoyées par les patriotes et par le général de Wacthendock. Alors les hostilités furent suspendues. Charles VI avait écouté les plaintes des Corses opprimés, et avait ordonné à la république de Gênes, son alliée, d'accepter un accommodement avec les insulaires.

La république de Gênes, quoique épuisée dans ses finances, se montra fort irritée, mais force lui fut d'obtempérer aux ordres de l'empereur (1). Ainsi, après l'échange de quelques dépêches entre les chefs des deux partis, on se donna rendez-vous à Corté le 11 mai 1732, où les bases de la paix furent signées par les plénipotentiaires. Les signataires de ce traité furent, pour l'empereur : les princes de Wurtemberg, de Culemback et de Waldeck, le baron de Wacthendock, le comte de Ligneville et le général Schmetteau. Pour les Corses signèrent : André Ceccaldi, Louis Giafferri, Charles Alessandrini, Évariste Piccioli et Simon Raffaelli. Au nom de la république signèrent : Camille Doria, François Grimaldi, Paul-Baptiste Rivarola et Mgr Mari, évêque d'Aléria. Les conditions étaient : 1° amnistie générale et libération de tous les prisonniers de guerre; 2° renonciation à tous les frais de guerre; 3° remise de tout arrérage d'impôts; 4° admission de tous les Corses aux emplois civils, militaires et ecclésiastiques; 5° liberté d'enseignement; 6° rétablissement du suprême magistrat des *Douze* et des *Six*, avec toutes leurs prérogatives; 7° formation d'un conseil de prison; 8° création d'un magistrat chargé d'exposer les méfaits de divers fonctionnaires publics; 9° que Sa Majesté établira un tribunal à Milan pour juger les différends entre les insulaires et la république, et que les agents des deux partis résideraient dans cette ville, afin de recourir à l'empereur, comme garant du traité de paix.

La paix ayant été conclue, le prince de Wurtemberg s'embarqua avec la plus grande partie de ses troupes, laissant en Corse cinq bataillons sous les ordres du général Wacthendock; mais à peine le prince eut-il quitté l'île, que le commissaire Rivarola fit arrêter les généraux Ceccaldi et Giafferri et les abbés Raffaelli et Ajtelli, et les ayant chargés de fers, les fit conduire à Gênes, où ils furent écroués dans une tour, comme coupables de haute-trahison.

Ce même Rivarola s'empressa d'imposer aux insulaires un impôt extraordinaire et exorbitant, afin d'indemniser la république des énormes dépenses de dix millions de livres que lui avait coûté cette dernière révolte; car la

(1) Cambiagi, liv. XIII.

république s'était engagée à payer à l'empereur cent écus pour tout soldat qui serait mort pendant cette expédition en Corse.

Cet infâme procédé jeta la consternation dans toute l'île; on s'empressa d'écrire au prince de Wurtemberg, au prince de Savoie et aux généraux signataires du traité de paix, afin d'obtenir de Sa Majesté Impériale l'exécution des conventions établies, et l'élargissement des Corses arrêtés contre le droit des gens. Aussitôt que l'empereur fut informé du procédé déloyal du commissaire génois, il s'empressa de faire ratifier le contrat; il le signa, et ordonna au marquis Pallavicini, délégat de Gênes à Vienne, de faire remettre tout de suite les quatre chefs corses en liberté. Ces malheureux étaient chargés de chaînes, toujours mis à la torture, pour leur arracher les aveux, s'ils avaient des correspondances secrètes; enfin leur mort était imminente lorsque les Génois, à leur grand regret, leur ouvrirent les portes de la prison, en les obligeant toutefois de se présenter au grand conseil pour lui demander pardon et lui promettre de rester sur le continent (15 juin 1733).

Ainsi, ces braves patriotes ne pouvant revoir leur patrie, Ceccaldi se rendit en Espagne, où il fut fait colonel; Raffaelli se retira à Rome, où il occupa le poste d'auditeur au tribunal de Monte Citorio; Giafferri et Ajtelli s'établirent à Livourne.

Le gouvernement génois crut se concilier l'estime des Corses libérés en leur offrant une pension pour pouvoir vivre sur le continent; mais cette offre fut rejetée avec dédain. On offrit aussi à Giafferri, comme le plus redoutable, le gouvernement de la place de Savona, mais ce fier insulaire repoussa cette proposition avec mépris.

Le général Wacthendock ne tarda pas à quitter la Corse avec ses troupes, où trois mille Allemands avaient perdu la vie, ce qui causa une énorme dépense à Gênes.

La paix ne fut pas de longue durée; l'arrestation arbitraire de la famille Ciavaldini à Orezza causa une rébellion contre la force armée de Gênes (janvier 1734).

Le sénat apprenant cette nouvelle, s'empressa d'envoyer en Corse Jérôme Pallavicini. Ce nouveau gouverneur commença par remplir les prisons d'insulaires suspects d'insubordination à Gênes. Plusieurs personnes influentes de l'intérieur lui demandèrent des saufs-conduits; il les leur refusa, et envoya seulement des troupes pour les arrêter. Hyacinthe Paoli et Jean-Jacques Castineta de Rostino prirent alors les armes et se mirent à la tête des mécontents; les troupes génoises furent attaquées et mises en fuite; leur commandant put se sauver avec une partie de ses troupes dans le couvent de Saint-Antoine de la Casabianca, où il fut assiégé et obligé de capituler (19 avril 1734).

Louis Giafferri et l'abbé Ajtelli, à cette nouvelle, quittèrent Livourne et se rendirent dans l'île. La présence de l'héroïque Giafferri ranima les Corses; il fut tout de suite proclamé général (12 mai 1734). Le chanoine Orticoni fut envoyé aussitôt à la cour d'Espagne, afin d'intercéder l'appui de ce monarque, mais il ne put rien conclure.

La république, craignant une insurrection générale, voulut tenter un arrangement, et à cet effet envoya en Corse deux commissaires, qui eurent une entrevue avec Giafferri; mais ce dernier, qui connaissait la valeur des promesses et de la bonne foi des Génois, ne se laissa pas séduire, et les commissaires repartirent pour Gênes. Les hostilités recommencèrent; Giafferri attaqua la garnison qui occupait le village de Borgo de Mariana, et la mit dans une déroute complète. Hyacinthe Paoli, étonné de tant de bravoure, dédia à son collègue un sonnet qui n'est pas sans mérite (1).

Dans une nouvelle consulte réunie à Corté, Giafferri demanda de partager le pouvoir avec Hyacinthe Paoli.

Sébastien Costa, jurisconsulte distingué, fut nommé grand juge, et les Corses, las de recourir à la protection des potentats de la terre, se mirent sous celle du Ciel, en proclamant pour leur reine la sainte Vierge Marie, mère de Dieu, dont l'image devait être gravée sur les armes et sur les dra-

(1) SONNET

A coronar l'eroe di Cirno invitto
Marte discenda e se gl'inchini il fato;
E i sospiri del Ligure sconfitto
Diano alla tromba della Fama il fiato.

Fatto appena di Golo il bel tragitto
Del nemico espugnò forte steccato;
Sprezzò perigli e al disugual conflitto,
Virtù prevalse ov' ei comparve armato.

Cirno lo scelse e al suo destino arrise,
E il gran litigio à cui l'Europa è attenta,
Al suo valore, al brando suo commise.

Il brando ch' anche il fier destin spaventa
All' ingrata Liguria il crin recise,
Lo scettro a Cirno la sua man presenta.

peaux (30 janvier 1735). Dans cette consulte, on établit quarante-quatre articles d'une forme nouvelle, en abolissant tout ce qui restait encore d'us et lois du gouvernement génois.

Cependant trois cents Génois, qui avaient été expédiés pour surprendre le grand juge Costa, furent défaits; d'autres encore, qui étaient débarqués à Saint-Pellegrino, furent attaqués par Giafferri et obligés de se rembarquer. Dans la même circonstance, les commandants Loréa et Marcelli furent repoussés du Nebbio par Hyacinthe Paoli et rejetés dans la plaine de Biguglia, où plus de cinq cents Génois perdirent la vie. Toutes les munitions de guerre, le butin qu'ils avaient ramassé dans le Nebbio, et soixante prisonniers, restèrent aux mains des Corses.

Félix Pinelli, redoutable par ses antécédents, vint de nouveau en Corse; celui-ci, voyant que ses menaces n'intimidaient pas les insulaires, tâcha de mettre en œuvre la corruption, et, à l'aide de l'évêque d'Aléria, gagna plusieurs familles de Campoloro et de Moriani; il y envoya des troupes; mais Giafferri, étant sur les lieux, les attaqua et les refoula dans le village de Péro. Pinelli, à cette nouvelle, marcha à leur secours, mais, cerné de toutes parts, il fut forcé de demander une suspension d'armes. La trêve étant expirée, Pinelli tenta de nouveau de s'emparer de Cervioni, en y envoyant son fils avec neuf cents hommes. Giafferri tomba sur celui-ci comme l'éclair, et le fit prisonnier avec cinq cents hommes. Félix Pinelli, consterné, demanda un autre armistice; mais, tombé en disgrâce auprès de la république, il fut rappelé et remplacé par Paul-Baptiste Rivarola, natif de Bastia, et par Impériali (février 1736). A l'arrivée de ces deux personnages, la ville de Bastia fit des illuminations et des fêtes pendant trois jours.

Rivarola et Impériali cherchèrent tous les moyens de conciliation pour faire déposer les armes aux insurgés; ils leur proposèrent d'envoyer des plénipotentiaires à Gênes, afin d'exposer leurs griefs au sénat; les patriotes y consentirent, et les conditions que les envoyés corses proposèrent au sénat étaient : « Que les insulaires s'administreraient eux-mêmes; que la république n'eût que le droit d'envoyer dans l'île un employé chargé de percevoir les impôts; que les présides resteraient à la république, mais qu'on déterminerait le nombre des troupes, dont l'entretien serait à la charge de la nation; que le commerce fût libre, etc., etc. »

Le sénat rejeta avec orgueil toutes ces propositions et s'apprêta à faire la guerre, en faisant bloquer tous les ports de l'île, pour interdire aux Corses tout commerce avec le continent. Cette dernière mesure jeta les insulaires dans la consternation et dans une extrême détresse Ils étaient obligés de suppléer au manque de sel par l'eau de la mer, et ils se servaient de la moelle des joncs pour faire des mèches ; mais, ne pouvant se procurer ni fer, ni cuivre, ni munitions, ils étaient au comble du désespoir.

Cependant la Providence ne les abandonna pas: deux navires anglais jetèrent l'ancre à l'île Rousse et débarquèrent une certaine quantité de provisions et de munitions pour les patriotes. Les capitaines des navires ne voulurent accepter en récompense que quelques barils de vin, qu'ils burent à la santé et au triomphe des armes des insulaires. Les commissaires génois, informés de cet événement, voulurent entamer de nouvelles négociations, qui furent rejetées, et les patriotes, armés de courage, firent encore quelques conquêtes; mais ils seraient tombés dans l'abattement à la fin de leurs ressources, sans l'événement singulier qui eut lieu le 12 mars 1736. Un personnage inconnu débarquait dans la plaine d'Aléria, apportant aux Corses armes, vivres et munitions. Ce personnage se nommait Théodore Antoine, baron de Newkoff.

CHAPITRE X

DE L'AN 1736 A L'AN 1755.

Arrivée de Théodore (1736). — Les insulaires accourent lui rendre hommage. — Consulte à Alésani. — On forme une constitution et on nomme Théodore roi de Corse. — Théodore Ier se porte dans la piève de Casinca à la tête de 20 000 hommes (23 avril 1736). — Troupes envoyées à Porto-Vecchio. — Prise de Sartène. — Théodore va assiéger Bastia. — Ses efforts sont inutiles. — Les secours promis par Théodore se font attendre. — Les Corses ramassent tout leur cuivre, avec lequel Théodore fait battre monnaie. — La république de Gênes amnistie tous les criminels corses et les envoie dans l'île. — Ils sont défaits dans la Balagne. — Cent cinquante-cinq de ces criminels sont prisonniers. — Théodore veut les faire mourir. — Hyacinte Paoli s'y oppose. — Les Génois tentent de surprendre Théodore à Furiani. — Assemblée de Casacconi. — On propose un système d'impôts qui rencontre des obstacles. — Le docteur Gaffori les surmonte et fait ramasser des sommes d'argent. — Théodore forme sa garde d'honneur et institue l'ordre de Noblesse. — Hyacinthe Paoli et autres forment un parti contraire à Théodore. — Giafferri réconcilie les partis. — Représailles barbares entre les Corses et les Génois. — Théodore part pour le continent pour chercher des secours. — Le sénat de Gênes met à prix les têtes du secrétaire général Costa, de son fils et de Durazzo. — Hyacinthe Paoli se montre hostile. — Orticoni part de Livourne pour concilier les partis. — Théodore est mis en prison pour dettes à Amsterdam. — Il est mis en liberté et envoie des secours aux Corses. — Défaite des Génois à Valinco et à Taravo. — La république de Gênes demande la médiation de la France. — Représailles — Les Corses envoient un mémoire au cabinet de Versailles. — Le cardinal de Fleury prête son secours à l'envoyé génois. — Louis XIV promet de réduire les Corses à l'obéissance de Gênes (1737). — Expédition française commandée par le comte de Boissieux (février 1738). — Les Corses s'arment. — Prise d'un navire génois à Porto-Vecchio. — Arrivée d'une goëlette avec dix-huit canons envoyés aux Corses. — Désaccord entre le commissaire génois et le général français. — Giafferri fait ouvrir un marché près de Bastia pour approvisionner les Français. — Entrevue des délégués corses et du comte de Boissieux. — Réponse du cardinal Fleury aux Corses. — Les insulaires envoient un autre mémoire au roi Louis XV. — La réponse du roi leur donne de l'espoir. — Les Corses envoient des otages en France. — Théodore reparaît dans l'île avec trois navires chargés de vivres et de munitions. — Les Corses se portent à sa rencontre. — De Boissieux accuse les Corses de mauvaise foi et les menace. — Consulte au couvent d'Orezza. — De Boissieux fait avancer ses troupes dans l'intérieur de l'île. — Fait d'armes entre les Corses et les Français. — Le général de Boissieux marche à l'aide de ces derniers. — Il est repoussé. — Ce fait excite la colère du roi Louis XV. — Le général Maillebois est expédié dans l'île avec des forces. — Sa conduite politique. — Son procédé barbare. — Arrivée du neveu de Théodore. — Bataille entre les Corses et les Français. — Les Corses se soumettent. — Hyacinthe Paoli et autres chefs corses s'exilent. — Le curé de Zicavo. — Départ des troupes françaises de l'île. — Ambroise Spinola gouverneur de la Corse. — Le pape Benoît XIV préconise Mgr Massei, évêque d'Aléria, et Mgr Mariotti, évêque de Nebbio (1748). — La révolution éclate. — Théodore revient en Corse (1743). — Les insulaires se méfient de ses promesses. — Théodore part pour la dernière fois. — Il est mis en prison pour dettes en Angleterre. — Sa mort en 1756. — Consulte des Corses. — Jean-Pierre Gaffori, Alérius Matra et l'abbé Venturini sont proclamés protecteurs de la patrie (1753).

THÉODORE DE NEWKOFF (1).

Ce fut donc à Aléria que ce personnage inconnu débarqua vers le milieu du mois de mars 1736. Il était accompagné de dix-huit personnes, savoir :

(1) Théodore Antoine, baron de Newkoff, du comtat de la Marck, en Westphalie, était né, selon quelques auteurs, dans un fort de la dépendance de Metz, lorsque son père était au service de la France. Selon d'autres, Théodore serait né à Altna, petite ville de Westphalie (royaume de Prusse), dans la maison de son oncle maternel, où sa mère, enceinte, s'était rendue après la mort de son mari. Le père de Théodore était, selon ce dernier auteur (a), capitaine dans les gardes de l'évêque de Munster, et son grand-père avait commandé un régiment sous les ordres du grand Bernard de Galen. A la mort du père de Théodore, ses affaires domestiques restèrent très-embrouillées, et ce fut par les soins de son oncle que Théodore reçut de l'instruction. A l'âge de dix ans il fut mis au collège des Jésuites de Munster, puis il se porta à Cologne pour continuer ses études, en compagnie d'un jeune homme avec lequel il avait contracté une étroite amitié. Les deux camarades prenaient à Cologne leurs repas chez un professeur qui avait deux filles fort jolies; Théodore ne tarda pas à devenir amoureux de l'une d'elles, nommée Marianna. Un jeune comte étant venu loger dans le même établissement, et se voyant abandonné par le gouverneur que ses parents lui avaient donné, fit connaissance avec Théodore et son ami. Ces derniers, voyant qu'il s'ennuyait de se trouver tout seul, lui proposèrent d'entrer dans leur société, ce qu'il s'empressa d'accepter. Il fut donc admis à la table du professeur, où la belle Marianna, qui ne se doutait pas de l'amour de Théodore, se montrait toujours très-courtoise envers son nouvel hôte. De là la jalousie de Théodore contre le comte; jalousie qui le poussa à des excès, malgré les sages conseils de son ami, à qui il avait avoué les chagrins de son cœur. A l'occasion de la fête de Marianna, son père voulut donner à ses hôtes, ainsi qu'à d'autres amis, un déjeuner dans un jardin. Le jeune comte, informé de cela, offrit le matin un bouquet à Marianna avec une rose de diamants. Il n'en fallut pas davantage pour mettre Théodore hors de lui; il ne voulut rien manger et quitta la table. Après le repas on commença la danse, et le comte ouvrit le bal avec Marianna. Théodore, ne pouvant plus supporter la présence de son rival, rentra dans sa chambre. La danse étant finie, le comte rentra dans son logement et rencontra Théodore dans la cour de la maison, qui le défia et l'obligea à accepter le duel. On dégaina, et le comte ne tarda pas à être grièvement blessé. Théodore, voyant son rival par terre, sortit par la porte de derrière et disparut de Cologne. Il voyagea dans diverses contrées de l'Europe, tantôt sous un nom, tantôt sous un autre; il fut page de la célèbre duchesse d'Orléans. Les usages de la cour le rendirent bientôt très-intelligent dans les intrigues; le marquis de Courcillon lui procura une place d'officier dans le régiment d'Alsace. Il devint joueur, se chargea de dettes, et, pour se soustraire à ses créanciers, il se réfugia en Suède, chez le baron de Goëtz; mais, comme il avait l'esprit aventureux, il se mit à parcourir l'Europe, devint l'ami du baron Riperda, du cardinal Alberoni, et enfin du célèbre Law. Le cardinal Alberoni lui procura une grande influence en Espagne, et le baron Riperda lui fit épouser une demoiselle de la cour de la reine, d'origine irlandaise, parente du duc d'Ormont. Théodore abandonna aussitôt sa femme, emportant avec lui tous ses bijoux et les objets de prix. Il vint à Paris, où il sut s'insinuer dans les bonnes grâces de Law, et il gagna, à l'aide du vertige pour les actions du Mississipi, de grosses sommes d'ar-

(a) Voy. Gafforonier, sur la Corse.

douze Français, trois Maures, un Toscan (Christophe Buongiorno), deux de l'île d'Elbe (Bondelli et Attima), et un aumônier. Il portait sur un navire anglais 10 canons, 7,000 fusils, 3,000 paires de souliers, 700 sacs de farine et autres provisions, des caisses contenant des monnaies d'or et d'argent, etc., etc.

Théodore était un homme d'environ quarante ans ; il était habillé d'une longue robe de couleur écarlate foncé, à l'usage des chrétiens qui voyagent dans l'Orient ; il portait perruque et chapeau, une canne à la main et l'épée au côté. Il était de haute taille ; il parlait plusieurs langues et s'exprimait avec beaucoup de grâce et d'élégance. Les Corses le prirent d'abord pour un prince royal ou un lord anglais, et quelques-uns pensèrent qu'il était le prince Ragotzy. Les patriotes corses crurent voir en Théodore leur libérateur, et de tous les coins de l'île ils accoururent pour le saluer et pour l'admirer. Xavier Matra fut un des premiers qui, à la tête de plusieurs insulaires, alla lui rendre hommage ; d'autres personnes influentes, telles que les Fabbiani et les Giuliani de Balagna, les Ornano, etc., suivies d'un grand nombre de leurs partisans, se portèrent à sa rencontre.

On forma bientôt une consulte, où on le salua comme roi, et dans une diète tenue au couvent d'Alesani, on modela une sorte de constitution dont l'acte portait qu'une partie des hommes qui formaient la diète devait résider toujours à la cour ; que le souverain ne pourrait rien décider, sans leur consentement, sur les impôts, sur les affaires de la paix et de la guerre, sur les emplois à donner aux seuls nationaux, sur le commerce, sur l'instruction publique, etc., etc., etc.

Après que Théodore et les principaux personnages qui composaient la diète eurent signé l'acte de constitution, on amena le souverain sur une éminence, d'où on le montra au peuple, selon l'ancien usage, et on lui plaça la couronne de laurier sur la tête.

gent ; mais il ne tarda pas à être ruiné. Une lettre de cachet l'éloigna de Paris, et il erra en Hollande et en Angleterre sous divers noms. Tantôt il s'appelait Solemberg, tantôt Niffen, tantôt Schmilhemberg, et tantôt Napper. Il revint en Espagne sous un de ces noms, et obtint la levée d'un régiment allemand en 1727 ; mais ayant dissipé tout l'argent, il se sauva en Italie. Ce fut à Florence, à Livourne et à Gênes qu'il fit connaissance de plusieurs Corses, auprès desquels il s'informa de toutes les vicissitudes politiques de l'île. A Livourne, il fut mis en prison pour dettes, et il en sortit le 6 septembre 1733. Il partit pour Tunis, où il exerça la médecine ; mais il fut bientôt mis en prison. Il en sortit enfin pour monter sur le trône. C'est pour cela qu'il fit placer la chaîne dans ses armes royales, dont nous reproduisons le dessin. Le xviiie siècle fut fécond en aventuriers, tels que Cagliostro, Law, Casanova, Saint-Germain, Schonissmark et Théodore.

Le nouveau monarque se mit tout de suite à exercer son autorité; il commença d'abord par organiser une armée régulière, en formant vingt-quatre compagnies, dont chacune était composée de deux cents hommes. Il se réserva pour lui le titre de général en chef, et les généraux nationaux lui servaient d'aides de camp et de ministres. Le 23 avril il se porta dans la *pièce* de Casinca à la tête de vingt mille hommes armés. Un fort détachement fut expédié à Porto-Vecchio pour protéger l'entrée des navires qui devaient (selon ses promesses) porter des secours aux patriotes. La ville de Sartène fut assiégée et prise; on y trouva des armes et des munitions, et le 4 du mois de mai 1736 on assiégea la ville de Bastia; mais toute l'énergie et les efforts des patriotes furent inutiles; la ville était défendue par trois mille hommes, en grande partie Suisses, et auxquels se joignit la population de la ville.

Le roi Théodore promulgua un manifeste adressé aux habitants de Bastia, mais cette proclamation fut rejetée avec dédain, et le gouverneur génois déclara Théodore et ses partisans coupables de haute trahison et de lèse-majesté.

Les secours que Théodore avait promis se faisaient attendre, et les patriotes alors s'efforcèrent de ramasser tout le cuivre qu'ils purent trouver dans les villages, avec lequel Théodore fit battre des monnaies dont l'exergue représentait un bouclier entouré de lauriers et surmonté d'une couronne, avec cette inscription : *Theodorus rex*. Les monnaies de cuivre portaient sur le revers les mots : *Pro bono publico regni Corsior*, et celles d'or et d'argent portaient : *Pro bono et libertate*.

La république de Gênes, voyant que la révolution prenait des proportions graves, chercha tous les moyens pour répandre dans toutes les nations du monde d'affreuses calomnies contre Théodore; puis elle eut la lâcheté d'amnistier tous les assassins qui vivaient en Corse ou sur son continent, et d'en former un corps d'armée; quinze cents de ces scélérats débarquèrent sur le littoral de l'île et commirent des atrocités; mais, surpris sur les côtes de la Balagna, ils furent mis en déroute. Cent cinquante-cinq de ces criminels tombèrent entre les mains des patriotes; Théodore voulait les faire mourir, mais Hyacinthe Paoli s'y opposa, et à tout prix voulut leur sauver la vie. Le procédé de Paoli déplut à plusieurs de ses compatriotes.

Quelques barques corses ayant apporté en contrebande des vivres et des munitions, encouragèrent les insulaires, et le siège de Bastia fut repris avec vigueur. Les Génois firent débarquer des troupes à Rinella, au-dessous de

Furiani, pour surprendre Théodore, qui se trouvait dans ce village. Les patriotes s'en aperçurent et leur barrèrent le passage. Ce fut dans cette circonstance qu'une poignée d'insulaires fit une résistance héroïque dans la plaine de Furiani, en soutenant le choc de plus de mille hommes, pour empêcher la jonction des deux armées génoises. Dans la même circonstance, la petite ville d'Algajola, après une résistance opiniâtre, tomba entre les mains d'Ignace Arrighi di Corté.

Théodore, voyant que ses munitions s'épuisaient, s'empressa de lever le siége de Bastia et de se retirer avec ses troupes. Dans le mois de septembre on convoqua une consulte à Casacconi, et on proposa de faire construire des barques armées, afin de donner la chasse aux navires génois qui croisaient le littoral; à cet effet, le roi Théodore proposa un système d'impôt qui fut adopté, mais dont l'exécution rencontra de graves obstacles : ce fut le docteur Gaffori, qui plus tard devint le chef de la nation, qui aplanit toutes les difficultés et fit rentrer dans le trésor des sommes considérables.

Théodore s'apercevant que son autorité s'affaiblissait tous les jours, crut l'affermir en prodiguant des titres de noblesse. Il forma sa garde d'honneur, composée de cinquante hommes, et institua l'ordre des chevaliers, qu'il appela l'*ordre de la Délivrance* (ordine della Liberazione). Ces chevaliers portaient l'habit de couleur bleue avec une étoile émaillée en or. Ceux-ci étaient nobles de première classe, et ils étaient exempts de tout impôt. Ces titres de noblesse étaient accordés même aux étrangers en payant six mille livres, dont la valeur leur était garantie sur l'amirauté, qui n'existait pas.

Malgré les titres d'*illustrissime*, d'*excellence* et de *magnifique*, que Théodore prodigua, l'indifférence pour sa personne royale augmentait tous les jours, et des personnes influentes, telles que Hyacinthe Paoli, les abbés Ajtelli, Raffaelli et d'autres, commencèrent à former un parti contraire; Théodore prétendit les considérer comme rebelles à la patrie et s'apprêtait à les poursuivre; la guerre civile était imminente, sans l'intervention du célèbre Giafferri, qui réussit à étouffer les germes de la discorde. La république de Gênes profita de ces dissensions et envoya trois cents hommes sur des barques pour surprendre l'Île Rousse. A peine les soldats furent-ils débarqués, qu'une tempête éloigna les barques du rivage, et cette milice, attaquée avec violence par les Corses, fut obligée de se rendre prisonnière. Pour réparer cette défaite, le colonel Marcelli et le commandant Murati, Corses au service de Gênes, se portèrent dans la Balagna avec deux mille hommes; mais ils essuyèrent un grand échec; plusieurs perdirent la vie : cinq cents prison-

CÉLÈBRES GÉNÉRAUX PATRIOTES

PASCAL PAOLI

niers et la caisse militaire, contenant cinq mois de paye pour leurs soldats, restèrent aux mains des patriotes. Le gouverneur génois, envenimé par cette défaite, fit pendre onze Corses prisonniers; Théodore, à cette nouvelle, fit supplicier onze Génois pour représailles.

Théodore se décida enfin à aller chercher des secours; il partit pour Livourne sur un navire français. A peine fut-il débarqué, que le consul de France fit arrêter le capitaine comme transgresseur des ordres et l'envoya prisonnier en France. En même temps le capitaine anglais Dick, qui avait porté Théodore en Corse, reçut le mandat d'arrêt de la cour de Londres : celui-ci se trouvait à Smyrne, et au lieu d'obtempérer aux ordres de son gouvernement, il préféra de se donner la mort d'un coup de pistolet (1).

La république saisit cette occasion pour entamer des négociations; mais elles furent rejetées avec dédain. Le doge de Gênes mit alors à prix pour 2,000 *génoxines* (somme considérable) la tête de Théodore et celles de son secrétaire général, Costa, de son fils et de Michel Durazzo.

Hyacinthe Paoli, quoique réconcilié en apparence, continuait à conseiller au peuple de ne plus espérer en Théodore; Giafferri, Luca Ornano et autres étaient de l'avis contraire. Le chanoine Orticoni, informé de ces discordes, s'embarqua sur une felouque appartenant au consul d'Espagne et se rendit en Corse. Son arrivée apaisa toutes les dissensions et encouragea les patriotes. Le sénat de Gênes porta plainte à la cour de Madrid contre son consul à Livourne et contre le baron Ripperda, en l'accusant d'avoir encouragé Théodore dans son entreprise. Théodore cependant errait en Allemagne, dans le Danemark et en Hollande, afin de se procurer des secours; mais en 1737 on reçut la triste nouvelle qu'il avait été arrêté à Amsterdam pour dettes. Le sénat de Gênes s'empressa de faire des démarches près de cette république pour qu'elle le lui livrât; mais il lui fut répondu que Théodore n'ayant commis aucun crime, avait été remis en liberté. En effet, Théodore eut le talent d'intéresser encore ses créanciers à lui prêter des secours pour la délivrance de cette île, en leur promettant en retour des munitions de guerre, les produits du sol de l'île, tels que vin, huile, châtaignes, etc. Une lettre de Théodore ne tarda pas à annoncer tous les secours qu'il avait obtenus. Cette nouvelle enflamma les esprits; la ville de Bastia fut de nouveau investie avec vigueur; les patriotes s'étaient déjà avancés près des remparts, mais l'artillerie des forts décimait leurs rangs, et Hyacinthe

---

(1) Saceto, *Istorico del regno di Corsica*. Venezia, 1769.

Paoli, effrayé, s'empressa de faire battre en retraite. En même temps deux mille Génois étaient débarqués à Taravo et ravageaient les campagnes environnantes. Luca Ornano accourut avec des forces et les contraignit à s'embarquer; d'autres Génois, qui étaient débarqués à Campo-Moro, furent assaillis par une troupe de six cents hommes commandée par le curé de Zicavo, et mis en déroute.

La république de Gênes, voyant que les insulaires devenaient de jour en jour plus hardis, envoya le marquis Brignolé Salé à la cour de Versailles pour demander aide et protection au roi Louis XV. Cet envoyé, protégé par le cardinal Fleury, réussit dans son but (12 juillet 1737).

Les secours annoncés par Théodore, malgré la vigilance des Génois, venaient d'arriver dans l'île. D'horribles représailles s'exerçaient dans cet intervalle en Corse. Les Génois débarqués à Aléria pour détruire les salines massacrèrent tous les enfants et les femmes qu'ils y trouvèrent. Ayant surpris à l'Ile-Rousse une felouque qui portait un envoyé de Théodore (Colombani), les Génois le firent mourir au milieu d'atroces tourments. Les Corses se vengèrent à leur tour en faisant mourir quarante prisonniers génois en face de la ville de Bastia.

Le fils du grand chancelier Costa, deux aumôniers, le capitaine Sinibaldi, avec six officiers étrangers au service de Théodore, arrivèrent dans l'île avec des secours. Peu de temps après (12 janvier 1738), le colonel Colonna débarquait avec quatorze officiers allemands. Les insulaires s'armèrent de courage et assaillirent le fort de l'Ile-Rousse, qui, après un combat opiniâtre, tomba en leur pouvoir. Parmi les prisonniers on découvrit un officier corse connu pour avoir attenté à la vie de Théodore : ce malheureux fut immédiatement mis à mort sans autre forme de procès.

Les Corses, avertis par Théodore des intrigues des Génois à la cour de Versailles, adressèrent à Louis XV un long Mémoire où ils exposaient tous les griefs qu'ils avaient contre la république de Gênes, et priaient le souverain de France de ne pas se rendre l'oppresseur d'un peuple malheureux, etc., etc. Le Mémoire ne produisit aucun effet; Louis XV avait promis de réduire les Corses à l'obéissance de la république ligurienne.

En février 1738, l'expédition française, composée de cinq régiments sous les ordres du comte de Boissieux, aborda sur les rivages de cette île.

A la vue des navires français, les Corses se portèrent armés sur divers points de l'île, et surtout sur Bastia; mais ayant pu savoir que le chef français voulait recourir à la médiation, ils se débandèrent. Les insulaires qui s'étaient portés sur Porto-Vecchio ayant surpris un navire génois jeté par la tempête sur le rivage, massacrèrent l'équipage et s'emparèrent du navire. En même temps une goëlette portant dix-huit canons envoyés par Théodore, arrivait sur les côtes d'Aléria avec pavillon vert et jaune, et avec cette inscription : *In te, Domine, speraci.*

Cependant l'accord laissait beaucoup à désirer entre le comte de Boissieux et le commissaire génois Mari. Le général français voulait suivre les négociations ; le commissaire génois voulait commencer sans délai les hostilités. Ce dernier, voyant que de Boissieux ne se rendait pas à ses désirs, s'écria : *Donc j'irai tout seul pour combattre les rebelles corses !* La conduite de Boissieux engagea les chefs nationaux à traiter les Français en amis, et sachant qu'ils manquaient de vivres, Giafferri offrit à de Boissieux d'ouvrir un marché tout près de Bastia pour la commodité de ses troupes. De Boissieux fut touché de cette générosité, et se montra disposé à favoriser les insulaires ; mais sa conduite n'étant pas du goût des Génois, il s'attira l'animosité de tous les chefs. Le général Giafferri, Orticoni et Tommassini, demandèrent la permission d'entrer comme députés dans la ville de Bastia, et le comte de Boissieux leur envoya cent grenadiers français pour les escorter dans la ville ; mais dans leur mission ils ne purent rien conclure.

Peu de temps après le comte de Boissieux, ayant reçu de nouvelles instructions de Versailles, rappela les députés corses ; le docteur Gaffori, le chanoine Orticoni et l'abbé Cuttoli eurent mission de traiter avec le général français : on convint sur quelques articles ; mais les Génois s'étant plaints à la cour de Versailles de son penchant pour les insulaires, de Boissieux, cette fois-ci, dut insister auprès des députés corses, et leur faire savoir que l'intention du monarque était que toute l'île retournât à l'obéissance de la république. Les députés insulaires acceptèrent, à condition que Théodore fût reconnu comme roi de l'île, sous la protection de Gênes et la garantie de la France (1). Les choses restèrent en suspens pour le moment, mais peu de jours après arriva la lettre du cardinal Fleury, en réponse à celle des patriotes ; cette réponse faisait connaître nettement que l'intention de Louis XV était que les Corses étant nés sujets des Génois, ces derniers étaient leurs maîtres légitimes, reconnus depuis des siècles ; que personne ne pouvait leur contester leur droit sur cette île, et qu'enfin le roi était disposé à remettre les Corses sous l'obéissance de leurs maîtres (2).

(1) Voy. Sacco, *Istorico del regno di Corsica.* Venezia, 1768.
(2) *Mémoires de Janssin*, tom. II, pag. 176.

Cette réponse consterna les patriotes, mais ils ne perdirent pas tout espoir et s'empressèrent de rédiger un long et intéressant Mémoire adressé à Louis XV, où ils exposaient tous les faits accomplis de l'histoire nationale sous le régime tyrannique de la république de Gênes, et les motifs les plus légitimes qui les avaient poussés à prendre les armes (1). Ce Mémoire produisit un bon effet; de Boissieux reçut de nouvelles instructions, et fit savoir aux chefs des patriotes que la cour était disposée à accorder aux Corses la plupart de leurs demandes, reconnues justes, mais que la nation devait livrer des otages, afin d'arriver à une conclusion. Les insulaires se soumirent, malgré eux, aux exigences de la cour de Versailles; ils tinrent une consulte, dans laquelle on désigna les douze personnes qui devaient servir d'otages.

Peu de temps après, le capitaine Fréaliani débarqua dans l'île avec des secours; le neveu de Théodore (Drost) le suivit de près, et Théodore lui-même ne tarda pas à paraître dans l'île avec trois vaisseaux armés en guerre, dont l'un portait 64 canons, l'autre 60, et le troisième 55. Plus divers bricks et bombardes armés, avec plusieurs navires de transport. Ce furent les riches maisons hollandaises de Boom, Trouchain et Neuville, qui lui fournirent toutes ces ressources considérables (2).

Le comte de Boissieux en fut très-inquiet; Théodore aussi, de sa part informé des négociations qui se poursuivaient entre les chefs corses et de Boissieux, en fut déconcerté et ne voulut pas descendre à terre. Les rivages cependant étaient couverts de personnes accourues de toutes parts, et re-

---

(1) Ce Mémoire, d'une mâle et agreste éloquence, était l'ouvrage du doteur Gaffori.

(2) Voici, selon quelques historiens, l'état des effets qui formaient la cargaison de cette flotte:

12 pièces de canon de 24, 3,000 boulets.
3 grandes couleuvrines de 18, 700 boulets.
12 pièces de canon de 12, 4,000 boulets.
6,000 fusils avec baïonnettes.
1,600 grands mousquets et 390 mousquetons.
2,000 paires de pistolets.
8,000 livres de poudre à canon.
20,000 livres de poudre fine.
20,000 livres de plomb.
100,000 pierres à fusil.
50,000 livres de fer.
2,000 pics et autres outils.
400 tonneaux cerclés en fer.
2,000 grenades chargées, 700 bombes id.
50 caisses de tambours, une timbale, 24 trompettes.
200 habits pour gardes.
6,000 paires de souliers et de bas.
3,000 florins valeur en cuir.
De la toile pour 1,000 paillasses et 1,000 tentes.
50 drapeaux.
10 coffres, malles ou caisses contenant l'équipage du roi Théodore.
Bandoulières, fourniments, ceinturons, gibernes, 2,000.
300 couteaux de chasse.
300 fusils pour les officiers.

tentissaient des cris de : *Vive Théodore!* Ce dernier céda aux vœux des insulaires, descendit à terre et fut porté en triomphe. Dans ce moment d'ivresse générale arriva l'envoyé du général français à Porto-Vecchio, porteur des ordres pour Théodore, qui lui enjoignaient ou de se rendre aux mains des Français, ou de quitter l'île dans le délai de trois jours. L'envoyé fut très-mal accueilli, et certains habitants d'*au delà des monts* se portèrent à des voies de fait en le frappant à coups de bâton.

Le comte de Boissieux, peu content de la conduite équivoque des chefs corses, leur intima de lui consigner Théodore dans le délai de huit jours, et les menaçant, en cas contraire, de recourir à la force. Les habitants de la partie ultramontaine de l'île ne firent aucun cas de ses menaces; ceux du deçà des monts hésitèrent un instant et se déclarèrent pour Théodore. Celui-ci, craignant alors de tomber aux mains des Français, prit le parti de s'embarquer. Il passa de nouveau en Hollande, où il obtint des secours, et repartit pour la Corse (1). Le capitaine du vaisseau voulut relâcher à Naples; Théodore conçut alors des soupçons contre lui, le dénonça au consul des états généraux; le capitaine fut arrêté et reconnu coupable de trahison. Théodore fut arrêté à son tour et mené à Gaëte, d'où il partit et se rendit à Terracine; de là il vint à l'île d'Elbe, et enfin en Corse, où il séjourna quelques jours presque *incognito*, puis il repartit pour le continent.

Dans le mois de novembre 1738, le comte de Boissieux publia l'édit royal dont le contenu était que les Corses devaient rester sous l'obéissance de la république, et accordait quinze jours pour faire leur soumission; mais, sans attendre ce délai, il fit marcher quatre cents hommes sur Borgo et Lucciana, pour y commencer le désarmement. Cette nouvelle se répandit dans l'intérieur, les habitants prirent les armes et marchèrent à la rencontre des troupes françaises, qui se trouvaient à Borgo de Mariana : la lutte fut engagée; le commandant français fut blessé, et plusieurs officiers faits prisonniers. De Boissieux, à cette nouvelle, vola à leur secours à la tête de deux mille hommes, dégagea les assiégés; mais sans l'aide du major Murati, Corse au service de Gênes, qui connaissait les routes, les troupes françaises auraient été détruites dans leur retraite. Après ce désastre, le chanoine Orticoni et Gaffori furent arrêtés et envoyés à Livourne. Paoli et Giafferri, dans un manifeste, donnèrent pour excuse que les troupes françaises n'ayant pas

(1) Saggio, *Istorico di Corsica*. Venise, 1768.

leurs habits militaires, furent prises pour des Génois, et que cette méprise causa l'acharnement des Corses contre elles.

Quelques jours après, une flottille qui portait des troupes françaises en Corse fut dispersée par la tempête et jetée sur les côtes; les soldats, qui avaient débarqué vers l'embouchure d'Ostriconi, furent arrêtés et maltraités; mais Hyacinthe Paoli accourut, délivra les soldats français et les envoya sains et saufs à Calvi.

Les revers du comte de Boissieux irritèrent le roi, qui expédia dans l'île le marquis de Maillebois avec des forces imposantes. Le comte de Boissieux, qui était souffrant depuis quelque temps, mourut à Bastia (février 1739) peu de jours après l'arrivée de Maillebois.

De Maillebois tâcha d'abord de se montrer conciliant; mais s'étant porté à Calvi avec des forces, il fit craindre aux habitants de la Balagna quelque surprise. Ces derniers formèrent un consulte provinciale; le général français les invita à rester tranquilles et à rentrer dans leurs foyers; cette invitation resta sans effet et les hostilités commencèrent aussitôt. La guerre que fit Maillebois fut des plus barbares, car il ordonna à ses soldats de couper tous les oliviers de cette riche contrée. Les Corses se battirent en désespérés et obligèrent les troupes françaises à rentrer dans la ville de Calvi. De Maillebois revint à Bastia par la voie de mer, et ayant reçu des renforts, organisa son armée, afin de tenter un grand coup de main. Sur ces entrefaites débarqua dans l'île Frédéric Drost, neveu de Théodore, qui fut nommé aussitôt maréchal de camp par les insurgés.

De Maillebois ayant organisé son armée, la distribua en quatre colonnes. Villemaur et Duchatel envahirent la Balagna; Larnage et Russet marchèrent sur la côte orientale, Lussan occupa le mont de Tenda, les hauteurs des villages de Lento et Bigorno furent occupées par Crossol et Avaray. Les insulaires, attaqués sur divers points, ne tardèrent pas à être battus. Hyacinthe Paoli, vaincu à Lento, fit sa soumission; Arrighi et Castineta, après quelque résistance, déposèrent les armes; Luca d'Ornano suivit leur exemple; Frédéric Drost, qui s'était retiré au delà des monts, tenait encore la campagne. Le curé de Zicavo seul donnait du tracas aux troupes françaises, mais, enveloppé de tous côtés, il tomba dans une embuscade, fut fait prisonnier et envoyé à Livourne; sa maison fut rasée, le couvent de Zicavo brûlé, des moines furent pendus; quarante hommes de la suite du curé de Zicavo préférèrent être brûlés dans une aire remplie de paille plutôt que de se rendre prisonniers.

Le général de Maillebois ne laissa pas son nom en vénération dans l'île de Corse ; les moines, les prêtres et les laïques qu'il fit pendre, exiler, jeter dans les tours de Toulon (1), les dévastations, les incendies qu'il fit exécuter, rendirent sa mémoire odieuse. Pour avoir réduit la Corse à l'obéissance de Gênes, il fut honoré par Louis XV du bâton de maréchal et partit pour la guerre d'Allemagne. Il ne resta en Corse qu'un corps de quinze cents hommes, commandé par Villemaur, qui, dans le mois de septembre, quitta l'île.

Voilà les Corses en face des Génois, quoique sous les auspices d'un traité de paix garanti par l'Autriche et la France. Ambroise Spinola, gouverneur génois, natif de la Corse, voulant se concilier les insulaires, promulga une amnistie générale et tâcha d'encourager le commerce et l'industrie ; il plaça sur leurs siéges Mgr Massei, évêque d'Aléria, et Mgr Mariotti, évêque de Nebbio, déjà préconisés par Benoît XIV (1741). Ainsi, Spinola croyant les Corses apaisés, ordonna la perception des impôts et envoya à cet effet un détachement de soldats dans l'intérieur ; mais les habitants, sous prétexte que les termes fixés par les signataires de la paix n'étaient pas encore expirés, refusèrent de payer et prirent les armes. Ce fut au milieu du bruit d'un soulèvement que Théodore reparut de nouveau dans l'île, apportant une quantité d'armes et de munitions (janvier 1743). A peine fut-il débarqué à l'Ile-Rousse, qu'il publia un manifeste dans lequel il énumérait tous les services qu'il avait rendus aux Corses : il les priait de lui être obéissants et de ne plus écouter certaines personnes dont la mauvaise foi ou plutôt la faiblesse avait causé les désastres de 1738 et 39. Ce manifeste blessa l'amour-propre de quelques chefs dont le patriotisme n'avait jamais fait défaut. Une députation lui fut alors envoyée pour savoir de quelle nation il était aidé et protégé ; Théodore garda le silence, alors les envoyés lui firent entendre qu'il ne pouvait plus espérer de tromper leurs compatriotes. Ce langage peu encourageant détermina Théodore à s'éloigner de l'île, et ce fut pour la dernière fois. Il erra dans la Toscane, puis se porta en Angleterre, où il fut mis en prison pour dettes. Horace Walpole s'intéressa à lui et le fit mettre en liberté, mais il vécut toujours misérable et mourut le 11 décembre 1756. Son corps fut déposé dans le cimetière de Sainte-Anne de Westminster, où on lui érigea un modeste tombeau (2).

(1) Pommereul, *Histoire de la Corse*, tome Ier, page 247.

(2) Théodore avait disparu en 1739 ; après avoir erré en diverses contrées, il réussit à engager des spéculateurs anglais à lui avancer des fonds pour tenter la fortune. Il s'embarqua sur un na-

Théodore mérite à plus d'un titre la reconnaissance des Corses, si on prend en considération toutes les ressources qu'il leur apporta dans les circonstances des plus affreuses misères, et tous les efforts qu'il fit pour soustraire cette île au joug de l'oligarchie génoise. S'il avait réussi dans son entreprise, il ne serait pas mort avec la réputation d'un intrigant et d'un aventurier, mais avec la renommée d'un héros et d'un grand homme.

Le sénat de Gênes fit des remontrances empressées à Londres et à Vienne, sur les secours accordés aux révoltés Corses, et les deux cours défendirent à leurs sujets de s'immiscer dans les affaires des insulaires. Ainsi les Corses se trouvèrent abandonnés de toutes les nations, mais ils ne perdirent point courage et formèrent une consulte à Corté (27 août), où on rédigea un Mémoire afin d'obtenir, par des voies pacifiques, des concessions de la république de Gênes.

Le sénateur Pierre-Marie Giustiniani, qui avait remplacé Spinola, fut autorisé par le sénat à accorder aux Corses quelques-unes des concessions demandées, parmi lesquelles amnistie générale (1744), remise des arrérages des impôts, port d'armes, etc. Dans cet état de paix, plusieurs hommes influents de l'île prirent à tâche de pacifier les inimitiés permanentes qui existaient entre les familles. Ce procédé louable n'était pas du goût du commissaire Giustiniani, qui s'empressa de défendre certaines démarches. Les *Paceri* (hommes de paix) persistèrent dans leurs résolutions, et, malgré les menaces du commissaire, on convoqua une consulte à Orezza, où le docteur Gaffori, l'abbé Venturini et Alerius Matra furent proclamés *protecteurs de la patrie* (1745).

vire anglais, capitaine George Barclai, qui le transporta à Lisbonne et à Villafranca, et enfin à Livourne. Plusieurs Corses qui habitaient cette ville allèrent lui rendre visite, ce qui le ranima dans ses espérances. Il se présenta au général Breilewitz, qui gouvernait la Toscane au nom de Marie-Thérèse, et le pria de solliciter pour lui quelques secours auprès de sa souveraine. A cette époque, la flotte anglaise, commandée par l'amiral Mathews, avait jeté l'ancre dans le port de Livourne; Théodore se présenta à l'amiral et lui fit connaître son but, dans lequel se trouvaient engagés des capitalistes anglais. Mathews lui accorda trois vaisseaux de haut bord, le *Winceff*, le *Salisbury* et la *Vengeance*, avec lesquels il vint débarquer à l'Ile-Rousse.

CHAPITRE XI

DE L'AN 1745 A L'AN 1755.

Guerre entre divers États d'Europe. — Le comte Rivarola obtient des forces du roi de Sardaigne. — Rivarola met le siége devant Bastia; les Anglais bloquent cette ville par mer. — Bastia ouvre les portes aux patriotes. — Saint-Florent est pris par Rivarola. — Discorde parmi les chefs corses. — Gaffori, Matra et Rivarola quittent la ville de Bastia. — Celle-ci se donne aux Génois. — Les partisans des patriotes de cette ville sont arrêtés, emmenés à Gênes et condamnés. — Les fils de Rivarola sont capturés. — Reprise du siége de Bastia. — Les Génois traitent Rivarola d'imposteur. — Consulte des Corses. — On rend justice à Rivarola. — Gaffori marche sur Corté. — Les Génois exposent le petit-fils du général Gaffori aux coups des assiégeants. — Patriotisme sublime de Gaffori et de sa femme Faustine. — Départ de Rivarola pour Turin. — Sa mort dans cette ville. — Arrivée des troupes hispano-françaises. — Le général Cumiana avec des forces piémontaises. — De Cursay en Corse. — Siége de la tour de Padulella. — Énergie de Battisti. — De Cursay se montre conciliant. — Congrès d'Aix-la-Chapelle. — La Corse est soumise à Gênes. — Départ de Cumiana. — Défection de Matra. — De Cursay est dénoncé, arrêté et emmené à Antibes. — Gaffori est nommé général en chef (1753). — Il se rend redoutable aux Génois. — Le commissaire Grimaldi le fait assassiner. — Grimaldi est remplacé par Joseph Doria. — Les Corses nomment un magistrat suprême. — On pense à élire un général. — Le choix tombe sur Pascal Paoli, officier au service de Naples.

On était à une époque où toute l'Europe était en guerre. La Ligurie s'était rangée du côté de la France et de l'Espagne. L'Angleterre, la Savoie, l'Autriche et quelques petits États de l'Allemagne, faisaient cause commune entre elles. La flotte anglaise bloquait et bombardait les villes maritimes de Gênes. Cette circonstance inspira au comte Dominique Rivarola, ex-secrétaire d'État du roi Théodore, qui était passé au service de Charles-Emmanuel, roi de Sardaigne, de se présenter à ce monarque, pour le prier d'aider les Corses à briser le joug de Gênes. Charles-Emmanuel y adhéra, et en fit part à l'Autriche et à la Grande-Bretagne. Cette dernière entra aussitôt dans ses vues et ordonna au commodore Cooper d'aller bloquer la ville de Bastia. En même temps que la flotte anglaise bloquait cette ville, le colonel Rivarola débarquait dans l'île, et à la tête de bon nombre d'insulaires, l'assiégeait du côté de terre. La lutte ne fut pas de longue durée, car plusieurs habitants de Bastia, d'intelligence avec Rivarola, lui ouvrirent les portes, et le gouverneur génois s'empressa de se sauver à Calvi.

Les insulaires, accourus de toute part à Bastia, proclamèrent le comte Rivarola général en chef de la nation. Rivarola s'empressa de marcher sur Saint-Florent, et, aidé par la flotte anglaise, il s'en rendit bientôt maître. Les Génois mirent alors en œuvre le mensonge et la perfidie; ils firent répandre le bruit que Rivarola faisait la guerre pour le roi de Sardaigne, afin de se faire nommer vice-roi de la Corse. Quelques-uns prêtèrent foi au mensonge, et la discorde pénétra parmi les chefs des insurgés. Gaffori, Matra et Rivarola s'étant brouillés, ils furent priés par des amis communs de se retirer de la ville de Bastia. A peine furent-ils partis, que les adhérents des Génois élevèrent le pavillon de la république, et une députation partit aussitôt pour Gênes, afin de demander la grâce de ceux qui s'étaient rendus coupables. Le sénat leur promit la vie sauve; mais avant le retour des députés dans l'île, le commissaire Mari et quelques partisans de la république dans la ville de Bastia firent arrêter une trentaine d'individus du parti patriote et les embarquèrent pour Gênes. Le sénat leur aurait peut-être accordé la vie, mais à l'instigation de quelques-uns de ces mêmes Bastiais, cinq de ces malheureux eurent la tête tranchée, six furent pendus et les autres furent condamnés aux galères, ou périrent dans les cachots. Ces victimes furent : le major Gentile, octogénaire, l'avocat Merengo, Rossi, Casella, Sansonetti, Guasco, Limperani, Lucciana, Degiovanni, Morelli, Raffalli et autres qui appartenaient aux familles les plus illustres de la ville de Bastia (1746). Plus tard le célèbre Saliceti, envoyé comme ministre plénipotentiaire de la république française à Gênes, fit ramasser les crânes des malheureux justiciés corses, conservés dans des cages en fer à la porte de l'Arco et les fit solennellement inhumer aux frais de la ville de Gênes. Saliceti fut puni de son dévouement patriotique; plus tard devenu ministre de Joachim Murat, roi de Naples, il fut empoisonné par le Génois Maghella, qu'il avait comblé de bienfaits.

Un autre malheur vint accabler le comte Rivarola; ses deux fils, qui se rendaient de Bastia à Livourne, furent capturés par un brigantin génois. Le sénat s'empressa de donner cette triste nouvelle à Rivarola et de lui proposer des conditions, s'il désirait la liberté de ses enfants. Le chef corse rejeta toutes les propositions; mais le sénat de Gênes crut cette fois à propos de se montrer indulgent et donna la liberté aux deux enfants.

Rivarola revint de nouveau mettre le siége devant la ville de Bastia, mais la place étant renforcée de nouvelles troupes, les insulaires furent repoussés. Rivarola, voyant qu'il n'était pas secondé par la flotte anglaise, rentra à Saint-Florent. Ce fut alors qu'il publia les édits de l'impératrice Marie-Thérèse et du roi de Sardaigne. Les Génois eurent recours alors au mensonge en publiant des écrits où l'on traitait Rivarola d'imposteur, et où l'on tendait à prouver que les édits attribués aux deux souverains étaient de son invention. On sut plus tard que ce tissu de mensonges était l'ouvrage du sénat de Gênes.

Les chefs insulaires formèrent une consulte à Saint-Antoine de la Casabianca, et bientôt après une autre à Orezza, où l'on institua une espèce de gouvernement et où on rendit justice au patriotisme loyal du comte Rivarola. On se décida alors d'attaquer les Génois sur divers points de l'île, et Gaffori marcha sur Corté, son pays natal.

Les Génois lui barrèrent le passage, mais ils furent repoussés et contraints de rentrer dans le fort; ce fut dans cette circonstance qu'ils rencontrèrent la nourrice du fils de Gaffori et qu'ils la traînèrent dans le fort avec le petit enfant du général. Les assiégés firent pleuvoir une grêle de balles contre la maison de Gaffori, dont on y voit encore les empreintes; ils tournèrent même l'artillerie vers cette maison, menaçant de la détruire; mais cette menace ne fit pas reculer d'un pas les assiégeants. Les Génois eurent recours alors à la cruauté et à la perfidie la plus révoltante; ils exposèrent le petit enfant du général Gaffori aux coups des assiégeants. A la vue de son enfant, le général frémit d'horreur et détourne la tête; les insulaires reculent et cessent de faire feu : tous les regards sont fixés sur cette innocente victime. On voit alors une femme s'avancer au milieu de la foule en s'écriant : *Braves patriotes, continuez le feu, au risque de tuer mon fils* (1). *La patrie avant tout!!!* Le général Gaffori, revenu de son effroi, ordonne la charge; les Génois sont assaillis de toute part avec impétuosité. Cet acte d'abnégation de l'amour paternel étonna les Génois, qui demandèrent à capituler et se retirèrent à Calvi. L'enfant exposé au feu des combattants, par une sorte de miracle, n'avait reçu aucune atteinte (1746).

(1) En l'absence du général Gaffori, les Génois tentèrent de surprendre sa famille et assiégèrent sa maison. Faustine, sa femme, et un petit nombre d'hommes, firent feu sur les assiégeants; mais, voyant qu'ils ne pourraient résister longtemps, les hommes proposèrent de capituler. Faustine alors prit un tison allumé, s'approcha d'un baril de poudre et les menaça d'y mettre le feu s'ils ne continuaient à se battre. Cette énergie les sauva (1).

(1) POMPEI. — POMPEI.

La république de Gênes, toujours riche en expédients, voyant que les insurgés faisaient des progrès rapides, eut recours à des moyens odieux. Elle chercha à armer le bras des sicaires pour faire assassiner Gaffori et Venturini, mit au prix de 1,000 *génovines* la tête du comte Rivarola, offrit le grade d'officier supérieur dans l'armée à Matra et chercha tous les moyens pour rallumer le flambeau de la discorde parmi les chefs insulaires. Malgré toutes ces intrigues infâmes les Corses marchent d'accord au siége de Bastia, on pénètre dans la ville, on serre de près la forteresse, qui n'aurait pu résister longtemps sans l'arrivée d'une flottille portant sept cents soldats français et espagnols, commandés par le comte de Choiseul, ce qui changea la face des choses. Le siége fut levé, et Rivarola se retira dans le fort de Saint-Florent, où il fut bientôt assiégé par le commissaire Mari, mais le général Giuliani accourut avec des forces et obligea les Génois à décamper.

Peu de jours après deux navires anglais entrèrent dans le golfe de Saint-Florent, apportant des vivres et des munitions aux Corses et des dépêches de S. M. sarde pour le comte Rivarola.

Ces secours relevèrent le courage des insulaires et augmentèrent parmi ceux-ci la confiance dans le comte Rivarola. Ce dernier ayant été prié de se rendre à la cour de Turin, partit bientôt accompagné du général Giuliani. Rivarola tomba malade à Turin et mourut dans cette ville.

Le roi de Sardaigne apprenant qu'une armée franco-espagnole avait débarqué en Corse, s'empressa d'y envoyer le général Cumiana avec des forces. Gaffori et Venturini allèrent à la rencontre des troupes piémontaises, et aidés par elles, ils attaquèrent à plusieurs reprises la ville de Bastia, d'où ils furent repoussés avec pertes.

Le marquis de Cursay débarqua peu de jours après dans l'île à la tête de deux mille hommes et se mit aussitôt en marche vers l'intérieur de la Corse, mais il rencontra partout une résistance opiniâtre. Ayant attaqué la tour de la Padulella et voyant que tous ses efforts restaient inutiles, il envoya deux officiers pour parlementer avec le commandant de la tour. De Battisti de Moriani, qui était le chef de cette poignée de braves, fit garder les officiers et alla se présenter tout seul au général français. Celui-ci ne pouvant le décider à se rendre, le menaça de le faire arrêter. De Battisti répondit alors avec énergie : *Général, l'heure s'avance; si je retarde encore un instant, vous verrez vos deux officiers pendus aux fenêtres de la tour.*

Cette réponse produisit son effet. De Cursay rentra bientôt dans la ville de Bastia et tâcha de vaincre les Corses par des armes pacifiques, en proposant d'abord un armistice indéterminé.

Le général Gaffori, qui s'était rendu à la cour de Turin, n'avait encore donné aucune nouvelle de sa mission. Dans cette circonstance, les autres chefs insulaires s'empressèrent d'accepter les propositions du général français. Le général Gaffori ne tarda pas à arriver, mais les explications qu'il donna à l'égard des secours demandés au roi de Sardaigne causèrent du mécontentement et de la tristesse. On convoqua alors une consulte, où on rédigea un Mémoire qui fut envoyé au congrès d'Aix-la-Chapelle. Dans ce Mémoire étaient exposés tous les griefs et tous les motifs pour lesquels les Corses demandaient à être pour toujours séparés de la république de Gênes. Ce Mémoire ne produisit aucun effet; il fut résolu, au contraire, que les troupes piémontaises quitteraient la Corse et que la France seule aurait à combiner un arrangement entre les Corses et les Génois.

Le général Cumiana ne tarda pas à partir pour le continent, et il fut suivi par plusieurs Corses, parmi lesquels on comptait Alérius Matra, qui accepta le grade de lieutenant-colonel au service du Piémont.

La défection de Matra, déjà suspectée, se confirma, et les Génois s'efforcèrent dans cette circonstance de rendre suspect Gaffori lui-même; mais cette trame ourdie contre cet homme loyal ne produisit aucun effet et ne servit qu'à consolider sa réputation. Matra fut déclaré rebelle dans une consulte et condamné à payer 2,000 francs.

Sur les instances du marquis de Cursay, on convoqua une consulte à Biguglia, où les Corses accordèrent au général français une autorité illimitée; plus tard on en forma une autre à Corté (4 janvier 1749), où de Cursay fut vivement touché de la loyale conduite des insulaires. Ce personnage, ami des sciences et des arts, voulut rétablir à Bastia l'ancienne Académie des *Vagabondi*, et institua des prix pour exciter l'émulation générale de la jeunesse. De Cursay encouragea l'agriculture et le commerce et créa des établissements d'utilité publique, en même temps qu'il apaisa de sanglantes inimitiés. Le général français était trop vertueux pour vivre en contact avec ces oiseaux de proie génois, et sa belle conduite excita la jalousie du commissaire ligurien. De Cursay fut dénoncé à la cour de Versailles, laquelle s'empressa d'envoyer en Corse, pour constater les faits, le marquis de Chauvelin, ministre plénipotentiaire de la France à Gênes. Ce dernier contraria les vues de de Cursay, se montra hostile aux Corses et favorisa les Génois.

Le 10 janvier 1752 on forma une consulte à Saint-Florent; les deux généraux français y assistèrent, et on signa un traité de paix, dont les conditions étaient : que les Génois tiendraient leurs garnisons dans les présides de Bastia, Ajaccio, Calvi et Bonifaccio, aux frais de la nation ; que le commissaire résiderait à Bastia ; que neuf juges insulaires résideraient dans cette dernière ville, et que les affaires seraient jugées par deux magistrats insulaires et un Génois ; que dans l'intérieur de l'île, les juges, les podestats et tous les autres employés subalternes seraient tous nationaux ; que l'instruction et le commerce seraient libres, etc., etc.

Le commissaire Grimaldi voyant que, par ce traité, son autorité n'était plus d'aucun poids dans l'intérieur de l'île, chercha à faire naître de nouveaux troubles. De Cursay parvint à les apaiser, mais des différends s'étant élevés entre le commissaire génois et le général de Cursay, il s'ensuivit une collision entre les soldats de la république et les soldats français ; le général Gaffori vint au secours de ces derniers : quelques partisans génois prirent les armes en faveur des autres.

Grimaldi saisit cette occasion pour dénoncer de Cursay comme auteur de tous ces désordres ; les intrigues du commissaire génois prévalurent à la cour de Versailles, d'autant plus que les rapports de l'envieux Chauvelin n'avaient pas été favorables, et le marquis de Cursay, si juste et si conciliant, fut arrêté et emmené sous escorte prisonnier à Antibes. Son innocence fut bientôt reconnue, et le roi le récompensa en le nommant lieutenant général et gouverneur dans la Bretagne et la Franche-Comté. Le colonel de Cursy remplaça de Cursay en Corse.

L'arrestation du marquis de Cursay jetta la consternation dans l'île ; les chefs corses s'empressèrent de former une consulte à Orezza (1753), où Jean-Pierre Gaffori fut nommé général en chef des patriotes.

GAFFORI (JEAN-PIERRE).

Le général Gaffori, d'un patriotisme déjà éprouvé, se mit aussitôt à l'œuvre avec ardeur ; sachant que le colonel Cursy avait reçu l'ordre de retirer les troupes françaises des présides pour les remettre aux Génois, il fit marcher ses soldats pour s'emparer des places que les Corses avaient cédées à l'amiable aux Français, places qu'on devait leur rendre si les règlements qu'on devait leur proposer n'étaient pas agréés (1). Dans cette circonstance il y eut même quelque collision regrettable avec les troupes françaises, qui avaient reçu l'ordre de protéger l'entrée des Génois dans ces places. Le marquis Grimaldi, contraint de pactiser avec son formidable ennemi, lui proposa une conférence; dans une consulte tenue à Alesani (juin 1753), on convint d'entrer en négociations, et à cet effet on envoya un député à Bastia. Tandis qu'on s'occupait à élaborer les bases d'un traité de paix dans cette ville, le commissaire Grimaldi avait trouvé les moyens perfides, mais plus faciles, pour se débarasser de son redoutable adversaire. Les Roméi de Corté et autres individus gagnés par Grimaldi avaient formé un complot contre Gaffori, celui-ci en fut averti par la femme de l'un des conjurés; le généreux chef des patriotes n'y attacha aucune importance et sortit de la ville avec son neveu; mais en revenant, il fut assailli près du couvent des capucins, où il tomba criblé de balles (2). Les meurtriers se sauvèrent à Calvi et à Gênes, où ils reçurent des récompenses. A cette nouvelle la Corse entière fut plongée dans le deuil; on entendait de tous côtés crier : *Vengeance!*

« On se hâta de former une consulte à Corté, où l'on jura haine éternelle aux Génois, et où on décréta la peine de mort contre tout individu qui aurait proposé un accommodement avec Gênes. La maison des Roméi fut rasée, leurs biens confisqués et leurs noms rayés à jamais des registres nationaux. Ce fut dans ce moment solennel qu'on vit plusieurs familles ennemies se réconcilier pour ne penser qu'au salut commun de la patrie. On fit de magnifiques funérailles au général Gaffori; le chanoine Orticoni, homme d'une sainte vie, docte et d'un patriotisme à toute épreuve, officia, et Marc-Antoine Castineta prononça l'oraison funèbre.

(1) POMPEI.
(2) Plusieurs historiens accusent de complicité le frère de Gaffori.

FEMMES CÉLÈBRES

PAULINE CASTOU

LA VEUVE GERARD

PRISE DE CAPRAMA PAR LES FORCES 1897

BATAILLE DE BORGO 1768

HISTOIRE POLITIQUE DE LA CORSE

TROISIÈME ET DERNIÈRE PARTIE

CHAPITRE XII

DE L'AN 1755 A L'AN 1769.

Pascal Paoli, fils de Hyacinthe, est proclamé général; il organise son gouvernement. — Rébellion de Matra. — Patriotisme de la veuve Cervoni. — Les Français, commandés par de Castries, arrivent dans l'île. — Leur conduite pacifique. — De Vaux remplace de Castries. — Son orgueil cause des malheurs. — Paoli assiège Bastia et fortifie Furiani. — Grimaldi revient en Corse. — Siège de Saint-Florent. — Mort de Jean Rocca. — Arrivée du visiteur apostolique. — Consulte de Casinca. — Grimaldi, à la tête des bandits, soulève le Fiumorbo. — Ch'racent Paoli le met en fuite. — Grimaldi est pendu en effigie. — Siège de Macinaggio. — Antoine Matra débarque à Aléria. — Il est battu par Paoli. — François Matra, général au service de Gênes, débarque dans l'île, et cherche à détourner les Corses. — Il est défait. — Tite Buttafoco et Baldassari commandants des troupes nationales. — Paoli fait battre monnaie à Murato. — François Matra assiège Furiani. — Il est repoussé avec pertes. — Défection d'Abbatucci. — Paoli veut s'emparer d'Ajaccio. — Les Masseria. — Fondation de l'université de Corté. — Charles Buonaparte. — Gênes demande protection à la France. — Troupes françaises dans l'île. — Consulte de 1763. — Abbatucci implore le pardon de Paoli. — Le comte de Marbœuf et Paoli en bonne intelligence. — Correspondance entre Buttafoco et Jean-Jacques Rousseau. — Correspondance entre Paoli, Buttafoco et Choiseul. — Paoli établit un moulin à poudre à Cervioni et fait transporter la fabrique de la monnaie à Corté. — Les Corses s'emparent de Macinaggio. — Conquête de Capraja (15 février 1767). — Arrivée des Jésuites dans l'île. — Assemblée à Corté (1767). — Les Génois et les Français se brouillent. — Consulte de 1768. — Paoli, informé du traité passé entre la république et la cour de Versailles, ordonne aux insulaires de s'armer et de se tenir sur leurs gardes. — Ambassade du bey de Tunis à Paoli. — Marbœuf somme le général Paoli de s'éloigner des présides. — Les Français attaquent les postes corses de Barbaggio et de Patrimonio. — Chauvelin remplace Marbœuf dans le commandement. — Bataille du Borgo. — Conspiration des Fabbiani contre Paoli. — Défection de Perez. — L'abbé Saliceti et la conspiration d'Oletta. — Matteo Massesi, accusé et condamné à mort. — M. de Vaux, à la tête d'une nombreuse armée, attaque les Corses. — Bataille de Ponte-Nuovo. — Les Corses sont écrasés. — Paoli quitte la Corse (1769).

Pascal PAOLI

Nous touchons à une période non moins féconde et non moins remarquable que les précédentes pour l'abnégation, l'énergie et le patriotisme déployés par bon nombre d'habitants de la Corse, et dans laquelle une plus grande figure devait paraître sur la scène pour en imposer à Gênes et pour faire changer la face des affaires politiques de cette île.

Après la mort tragique de Gaffori, on s'empressa de former un conseil suprême; les élus furent Clément Paoli, Thomas Santucci, Simon-Pierre Frédiani et le docteur Grimaldi. Pendant un an il ne se passa rien de remarquable. Grimaldi, encouragé par la disparition de Gaffori, continua ses exploits dans l'assassinat, en mettant à prix les têtes des officiers corses et en offrant des grades supérieurs dans l'armée à tous ceux qui auraient tué les chefs insulaires. Grimaldi fut rappelé et Joseph Doria lui succéda. Celui-ci aurait voulu traiter avec les patriotes, mais l'assassinat de Gaffori parlait trop haut en faveur de la bonne foi des Génois.

Cependant les chefs insulaires songèrent à la nomination d'un général, et le choix tomba sur Pascal Paoli. Pascal Paoli avait quitté la Corse étant enfant; il avait suivi son père à Naples, lors de l'expédition de Maillebois en Corse (1739). Hyacinthe avait pris service avec le grade de lieutenant-colonel, et son fils Pascal, après avoir reçu une éducation soignée et assisté aux leçons du célèbre philosophe Genovesi, entra dans la carrière militaire.

Les membres du conseil suprême de la Corse lui écrivirent en l'invitant à se rendre dans l'île pour se mettre à la tête de la nation et pour défendre sa patrie; Pascal en fit part à son vieux père, qui s'écria avec un ton solennel : *Va, mon fils!... va faire ton devoir et sois le libérateur de ta patrie!*

Pascal Paoli partit de Naples et débarqua à Foce di Golo, le 29 avril 1755. Il se rendit à Rostino, son pays natal; là un grand nombre d'insulaires et les membres du conseil suprême allèrent lui rendre hommage, on lui offrit le généralat, poste qu'il s'efforça de refuser; mais l'ayant prié de prendre part à une consulte tenue au couvent de Saint-Antoine de la Casabianca les premiers jours de juillet, on le confirma dans cette charge, et les députés, avec un grand nombre de personnes des plus influentes, lui prêtèrent serment de fidélité. Le clergé corse avait pris part à cette solennité, et un de ses membres, l'abbé Rostini, prononça ces paroles : « Compatriotes, si nous préférons le bien-être à la misère, la vertu au crime, l'instruction à l'ignorance, la liberté à l'esclavage, soyons unis;... serrons nos rangs, éteignons le flambeau de la discorde et crions : Guerre... guerre à mort aux Génois! »

Avant de prendre aucune mesure, le général Paoli voulut étudier la situation du pays. Les inimitiés entre les familles étaient une plaie dangereuse, et il fallait y porter remède; ainsi il se mit à parcourir l'île et, au nom de la patrie il réussit à rétablir la paix et l'harmonie; mais malheur à ceux qui manquaient à leur parole! Paoli fut inexorable envers l'un de ses parents; toutes les démarches devinrent inutiles; il fut condamné à mort (3 avril 1755). Il voulut aussi mettre un terme au fléau de la *rendetta*, en faisant ériger une colonne d'infamie sur le lieu habité par celui qui avait commis le crime. Il aurait désiré, disait-il, que son gouvernement fût comme une maison de cristal, afin que tout le monde pût voir du dehors tout ce qui se passait au dedans.

Cependant Emmanuel Matra, cousin de celui qui avait été déclaré rebelle à la patrie, poussé par l'ambition et la jalousie, leva l'étendard de la révolte, dans laquelle il fut appuyé par Thomas Santucci d'Alessani, celui-là même qui faisait partie du suprême Conseil avec Clément Paoli, après la mort tragique de Gaffori. Santucci n'ayant pu obtenir grâce auprès de Paoli pour un certain Ferdinand Agostini, son parent, quitta les patriotes et s'unit à Matra. Ces deux chefs furent suivis par plusieurs de leurs amis et parents, et s'étant assemblés au couvent d'Alessani, ils choisirent Matra pour leur général. Paoli marcha aussitôt à leur rencontre; mais ses ennemis ayant été avertis, se mirent en embuscade et tombèrent sur les troupes de Paoli, qu'ils mirent en déroute, et obligèrent leur général d'aller se réfugier dans le couvent de Cervione. Paoli, devenu plus circonspect, assembla des forces et marcha contre l'ennemi, qui se portait sur Corté, le battit complétement, et Matra presque seul put se réfugier à Aleria, d'où il envoya sa famille à Bastia. Doria lui expédia des renforts; mais à l'approche de Paoli il quitta Aleria et alla se réfugier à Ajaccio, et enfin il passa sur le continent. Ce même Matra reparut dans l'île en 1756; il se mit à parcourir l'intérieur, accompagné de troupes génoises, pénétra dans la *pière* de Bozio, mais là, cerné par le président Venturini et par le chancelier Rocca, il est obligé de décamper.

Plus tard, ayant reçu des renforts, il se porta en toute hâte vers la *pièce* de Verde, pour surprendre le général Paoli; celui-ci en fut averti, mais ne se sentant pas assez fort pour pouvoir lui résister, il quitta cette contrée et alla se réfugier dans le couvent de Bozio. Matra, qui le poursuivait de près, arriva bientôt et mit le siége au couvent. La nouvelle du danger auquel Paoli se trouvait exposé se répandit rapidement dans les villages d'alentour. Ce fut dans cette circonstance que la veuve Cervoni de Soveria appela son fils et le pressa d'aller au secours de Paoli. Son fils, mécontent du général, hésitait à obéir à sa mère; elle, alors courroucée s'écria : *Je maudis le lait que tu as sucé de mon sein ! Je renonce au nom de mère, si tu hésites encore un instant ! Paoli est en danger... mon fils, vole à son secours, voilà tes armes !* Le jeune Cervoni fit appel à tous ses amis et parents, marcha sur Bozio, et tombant à l'improviste sur les assiégeants, au moment où ceux-ci mettaient le feu aux portes du couvent, il en fit un affreux carnage. Matra, blessé, prend la fuite et va se cacher au-dessous du village d'Arbori, où il fut découvert et achevé. Valentini de Rostino arrive instantanément et met fin à cette terrible journée. Paoli, dégagé de tout danger, court pour embrasser son libérateur, mais Thomas Cervoni s'était déjà éloigné pour apporter la nouvelle à sa mère, qui vivait dans les transes.

Paoli, peu de temps après, alla demander l'hospitalité à Cervoni, et la réconciliation fut des plus sincères (1). La mort de son redoutable antagoniste, au lieu de réjouir le général Paoli, l'affecta vivement ; il ordonna qu'on lui fit des pompes funèbres dignes du rang qu'occupait sa famille en Corse.

On apporta à Paoli le portefeuille de Matra, mais il le jeta aux flammes pour ne pas connaître ses complices.

Cependant la guerre s'allumait entre la France et l'Angleterre au sujet des limites de l'Acadie et du Canada ; les Génois, qui étaient les alliés de la France, craignant que les Anglais ne vinssent à s'emparer de quelque port de la Corse, demandèrent à la cour de Versailles des troupes pour garder leurs présides. Le roi Louis XV envoya en Corse trois mille hommes commandés par le duc de Castries. Le général français ayant protesté de sa neutralité, Paoli fit protéger le passage de ses troupes, qui se rendaient par terre dans les présides des Génois.

Pendant que le duc de Castries resta dans l'île, la bonne harmonie ne fut pas un seul instant troublée entre les Corses et les Français ; mais lorsque celui-ci fut remplacé par le comte de Vaux, ce dernier, homme d'un caractère hautain et orgueilleux, commença par traiter les insulaires a... dédain, ce qui lui causa des embarras et lui apporta des malheurs : le sang commença à couler, et, sans la prudence du général Paoli, les affaires auraient pris une fâcheuse tournure. De Vaux fut rappelé et remplacé par M. de Nangis, mais peu de temps après les troupes françaises quittèrent la Corse.

Clément Paoli s'étant porté dans les villages qui avoisinent la ville de Bastia, se vit accueilli avec froideur. Le général Paoli attribuant la cause de

---

(1) Thomas Cervoni fut père du célèbre général du premier empire, dont le nom se voit gravé sur l'arc de triomphe de l'Étoile, à Paris.

cette froideur aux intrigues des habitants de Bastia, confisqua tous leurs biens qui se trouvaient hors de la ville et fit fortifier le village de Furiani. Le sénat de Gênes en fut informé et s'empressa d'expédier de nouveau dans l'île l'ancien doge Grimaldi, à la tête de six mille Suisses et Allemands. Grimaldi attaqua la place de Furiani et y fit de grands dégâts avec l'artillerie, mais il fut repoussé et y perdit environ deux mille hommes. Après avoir réparé ces dégâts, Paoli alla assiéger Saint-Florent; les Corses commandés par Clément Paoli s'emparèrent de la ville, le fort n'aurait pu résister longtemps, mais la nouvelle de la mort du brave Jean Rocca, qui combattait par mer, déconcerta les patriotes, qui abandonnèrent aussitôt la place et se débandèrent.

Les évêques de l'île étaient Génois et résidaient tous dans les présides; Paoli les exhorta à visiter leurs diocèses et à y demeurer; les évêques ayant refusé d'obtempérer à cette exhortation, Paoli envoya alors une députation à Rome, au pape Clément XIII, pour lui demander un visiteur apostolique. Les évêques de la Corse protestèrent, le Sénat de Gênes s'y opposa formellement; mais voyant le Pontife inébranlable devant toutes ces menaces, le Sénat mit à prix la vie du visiteur apostolique et deux navires armés de canons furent expédiés pour croiser les côtes de l'île et pour le capturer. Une tempête jeta ces navires sur les rochers, où ils firent naufrage, et le viteur, monseigneur d'Angelis, évêque de Segni, put débarquer sain et sauf (1760). L'édit de talion contre ce prélat fut brûlé par les mains du bourreau et on décréta que les dîmes des évêques seraient versées dans le trésor public.

Le général Paoli voulant mettre un terme aux déprédations que les Génois commettaient sur les côtes, se procura des bâtiments armés et composa une flottille avec laquelle il put s'emparer de toutes les tours qui environnaient l'île. Le commandement de cette flottille fut confié au comte Pérez, Français, chevalier de l'ordre de Malte, qui d'abord avait montré du zèle pour la cause des Corses, mais qui plus tard devint traître.

Le Sénat de Gênes voyant son impuissance à soumettre la Corse par les armes, eut recours à un accommodement et envoya dans l'île sa *magnifique* députation, ainsi nommée, parce qu'elle était composée de six sénateurs, les plus illustres de la République. Cette députation se fit accompagner par plusieurs officiers corses, mercenaires de Gênes, et dont la plupart appartenaient à des familles très-connues en Corse, telles que les colonels Petriconi, Caraffa, Vincenti, Cottoni, les majors Quenza et Guérrini, les capitaines Limperani, Grimaldi de Caccia, etc., etc. (1). Mais ni leur présence parmi leurs compatriotes, ni les larges promesses et les priviléges promis par ces illustres sénateurs n'aboutirent à rien. Paoli tint une consulte à Venzolasca, où on délibéra qu'on ne pouvait rien conclure avant que les Génois ne quittassent entièrement la Corse, et que la République n'eût reconnu l'entière indépendance de l'île.

Ainsi, la *magnifique* députation retourna déconcertée et humiliée à Gênes, et les officiers corses à son service y retournèrent aussi, couverts de honte et de mépris (1761) (2).

On décida dans cette même consulte que l'ex-doge Grimaldi, qui avait tenté de soulever le Fiumorbo, serait pendu en effigie et toutes les personnes turbulentes arrêtées.

Après la consulte de Casinca, Paoli voulant assister au siége du Macinaggio, délégua Barbaggi, gendre de son frère Clément, pour présider à la consulte de Corté; mais averti que les représentants de l'île n'étaient point contents de ce choix, il s'empressa de quitter le siége et alla présider lui-même. On décida dans cette assemblée l'établissement de la fabrique de la monnaie à Murato, dont la direction fut confiée à Barbaggi, et on décréta que toutes les églises, paroisses, chapelles, etc., qui possédaient plus d'un ostensoir, calice, encensoir, et autres ustensiles d'argent, devaient fournir une livre de ce métal pour être réduit en monnaie, avec laquelle on devait payer les deux régiments qu'on avait recrutés et dont le commandement avait été confié à Baldassari, ancien officier à l'étranger, et à Jean-Baptiste Buttafoco de Vescovato, qui avait consacré une partie de sa fortune aux besoins de la patrie. Ce brave et excellent patriote périt d'un coup de fusil parti involontairement d'un de ses soldats en faisant l'exercice.

Antoine Matra, qui avait quitté le service de Gênes, et qui avait été nommé capitaine dans le Royal-Corse en France, revint au service de la Sérénissime République et débarqua à Aléria; de là, il s'introduisit dans le Fiumorbo et pénétra jusqu'à Vénaco, mais assailli par les patriotes, il fut repoussé de cette contrée. Dans cette lutte périt le brave Edouard Ciavaldini, l'un des

---

(1) Mémoires du colonel Pétriconi.

(2) Limperani, à peine sorti de la ville de Bastia, fut arrêté et enchaîné dans la tour de Furiani; Grimaldi pris vers Ostriconi; on le lia et on le fit promener à travers plusieurs villages; enfin on le conduisit à Vescovato et on le présenta à Paoli, qui le fit assister à la pendaison de trois traîtres criminels, puis le fit conduire à Bastia, où il fut accompagné par des sifflets et des huées tout le long de la route.

officiers supérieurs de Paoli, Matra continua sa marche sur Piedicorte et Ampriani, où, aidé par un certain Costa, capitaine au Royal-Corse, il attaqua Clément Paoli et le délogea d'Antisanti; mais le général Paoli, venu au secours de son frère avec des forces imposantes, battit complétement les rebelles ; Matra put arriver presque seul à Aleria.

Alerius-François Matra, qui du service du Piémont était passé à celui de Gênes, revint en Corse avec le titre pompeux de Grand-Maréchal et s'empressa de répandre un manifeste dans lequel il exhortait les Corses à abandonner le joug odieux et tyrannique de Paoli, pour se soumettre au gouvernement paternel de la Sérénissime République de Gênes. Ce manifeste eut l'insigne honneur d'être brûlé par les mains du bourreau (1762).

Le Grand-Maréchal Matra ayant reçu des renforts, part de Bastia, s'empare de la tour de la Paludella, puis il s'avance sur Aleria, pénètre jusqu'à Antisanti et Tallone, et enfin entre dans la *pièce* de Verde, où il rencontre les patriotes commandés par Serpentini et Buttafoco, qui mettent un terme à son voyage triomphal. Matra, battu complétement, cherche un refuge à Aléria, qui était toujours aux Génois, et il s'y maintient pendant quelque temps, puis se retire à la Paludella et quelques jours après fait sauter cette tour et s'embarque pour Bastia.

Dans un moment de repos, le général Paoli songea à réaliser quelques projets en faisant bâtir une manufacture d'armes et établir un moulin à poudre à Cervioni.

Le grand-maréchal Matra voulant réparer son échec, reprit de nouveau l'offensive; accompagné du colonel Bustoro, de Bastia, il se porta sur Cervioni pour détruire le moulin à poudre; un certain Pélone avec une poignée de braves patriotes s'opposa à toutes ses forces imposantes, et après des prodiges de valeur il mit en fuite Matra et ses troupes. Bustoro, qui commandait la réserve, vint à son aide; lui aussi subit le même sort. L'inspecteur général génois blâma hautement toutes les fanfaronnades de Matra. Peu de temps après on attaqua Furiani, défendu par Achille Murati; les patriotes sortirent de leurs tranchées; la lutte acharnée eut lieu dans un petit espace de terrain corps à corps; Achille Murati alla jusqu'à la témérité et fut légèrement blessé. Les Génois furent forcés de se retirer, laissant le sol couvert de cadavres. Les patriotes perdirent peu de monde, mais ils eurent à déplorer la mort des braves Jean-André Ciavaldini, Jean-Baptiste Merengo et Auguste Bonaccorsi (18 juillet 1763).

Après cette défaite, les Génois ne tentèrent plus aucune sortie, et Paoli profita d'un moment de repos pour s'occuper des améliorations de la Corse. Il songea au sort des veuves et des orphelins de ceux qui mouraient pour la patrie, en les exemptant de toutes taxes et impôts, et décréta que les portraits des officiers morts au service de la nation seraient exposés dans la salle du Grand Conseil. Paoli fit jeter les premiers fondements de l'Ile Rousse, qui, en peu de temps, devint une petite ville florissante et l'entrepôt du commerce de cette riche contrée de la Balagna (1). Cette ville, qui devait être baptisée du nom de son fondateur (Paolina), reçut, par de vils adulateurs, le nom de Vaux : le nom de celui qui, peu d'années avant, avait si maladroitement arrosé de sang corse cette partie de l'île, et qui, plus tard, écrasa la liberté corse sur le Pontenovo.

Le général Paoli, accompagné de bon nombre de personnes, se mit à parcourir l'intérieur de l'île, pour bien organiser l'administration de la justice. Ce fut dans cette tournée que Paoli faillit s'emparer d'Ajaccio. Charles Masseria, accompagné de son fils et de quelques adhérents des patriotes, avait organisé un complot pour s'emparer de la citadelle ; mais avant l'heure combinée avec le colonel Buttafoco, qui devait se présenter aux portes de la ville à la tête des patriotes, il avait pénétré dedans, il s'était emparé des sentinelles et ouvert les portes de la prison, afin d'être aidé par les détenus ; le fils Masseria était déjà parvenu à planter le pavillon national sur la tour de l'horloge, lorsqu'une décharge de mousqueterie des soldats génois accourus au bruit le renversa criblé de balles ; les autres furent tous massacrés, et Masseria père, au moment où il voulait mettre le feu à la poudrière, tomba blessé ; il fut arrêté et condamné à mort.

Antoine-François Colonna, mécontent de Paoli, s'était révolté ; Paoli marcha contre lui et étouffa la rébellion. Albatucci, homme très-influent, avait été exilé par Paoli ; mais, sous prétexte que ses amis s'opposaient à son départ, il se mit à la tête de plusieurs centaines d'hommes. Clément Paoli marcha contre lui, le défit et l'obligea à s'éloigner. Albatucci revint en Corse et alla trouver Paoli, qui lui pardonna, et leur amitié devint des plus sincères.

Plus tard quelques-uns, gagnés par les Génois, voulaient assassiner le général Paoli ; ils eurent à ce sujet une discussion dans une taverne ; le tavernier comprit la chose et alla en faire part au général. Les conjurés furent

---

(1) Les premières familles qui bâtirent de belles maisons furent les Blasini, les Savelli, les Salvini et les Arena.

arrêtés et avouèrent leur crime ; Paoli se contenta de leur faire une paternelle admonestation et les renvoya libres dans leurs foyers. Cet acte de clémence lui fit beaucoup d'honneur.

Enfin, en 1764, on érigea à Corté une université ; le génie de Paoli surmonta toutes les difficultés. Dans cette université, on enseignait la théologie dogmatique, la théologie morale, le droit civil, le droit canonique et le droit des gens, la philosophie, la rhétorique et les mathématiques (1). Paoli ne négligea pas non plus l'instruction pour les enfants, en instituant des écoles dans les villages.

L'imprimerie qui se trouvait à Cervioni fut transférée à Corté, où on fonda un journal avec le titre : *Ragguagli dell'Isola di Corsica*, journal qui était lu avec avidité en Italie. Ce fut la plus belle époque de Paoli ; ce fut alors que ce grand homme fit élaborer plusieurs règlements et lois dignes du plus grand législateur. Paoli avait fait espérer de faire revivre en Corse les plus beaux jours d'Athènes et de Sparte. Il fit des lois et des règlements, et il en pratiqua lui-même le premier les préceptes. Ce fut lui qui, le premier dans son siècle, fit connaître le charme de la liberté et le dogme de l'égalité naturelle. Hélas !... Paoli passait alors pour un rêveur dans quelques parties de l'Europe assujetties à une servitude humiliante ; mais, plus tard, d'illustres orateurs, ceux même qui avaient porté les armes (2) contre ces pauvres insulaires, qui combattaient pour secouer le joug odieux et tyrannique sous lequel ils gémissaient depuis des siècles ; ces mêmes oppresseurs avouèrent à la présence du monde, la rougeur au front, leurs torts, en exaltant les légitimes droits de ces pauvres insulaires opprimés.

Ce fut dans ces temps-là que Charles Buonaparte vint à Corté et fut présenté par les Arrighi, ses parents, à Paoli. Charles Buonaparte, alors jeune et brillant avocat, épris d'admiration pour Paoli, voulut se fixer à Corté, malgré les efforts que fit, pour le dissuader, sa jeune épouse Letizia. Joseph, son fils aîné, vit le jour à Corté, et Napoléon naquit à Ajaccio, environ trois mois après que les époux Buonaparte avaient quitté la ville de Corté, c'est-à-dire après la catastrophe du Pontenovo.

(1) Les professeurs nommés furent : Directeur, le père Marisni, docteur de Salamanque ; il était de Corbara; Gueffucci de Belgodere, Grimaldi de Campoloro, Ferdinandi de Brando, Stéfani de Venaco et Vincenti de Sainte-Lucie.

(2) Mirabeau à la Constituante. Mirabeau fit la guerre contre les Corses en 1769; il était capitaine.

Ce fut vraiment à cette époque, la plus glorieuse de Paoli, que toute l'Europe fut éprise d'admiration pour lui. Frédéric le Grand, roi de Prusse, lui envoyait une épée d'honneur avec cette inscription : *Patria Libertas*. Voltaire dit de lui : « L'Europe le regarde comme le législateur et le vengeur de sa « patrie..... Les Corses étant saisis d'un violent amour pour la liberté, leur « général leur a redoublé cette passion si naturelle, devenue en eux une « espèce de fureur. »

Jean-Jacques Rousseau écrivait, dans son *Contract social* : « Il est encore « en Europe un pays capable de législation, c'est l'île de Corse. La valeur et « la constance avec laquelle ce brave peuple a su recouvrer et défendre sa « liberté mériteraient bien que quelque homme sage lui apprît à la conserver. « J'ai quelque pressentiment qu'un jour cette petite île étonnera l'Europe. »

L'illustre Alfieri dédiait à Paoli sa tragédie, le *Timoléon*, comme le seul homme capable à cette époque de comprendre les sentiments de la vraie liberté.

Ce fut dans cette circonstance que Mathieu de Buttafoco, capitaine adjudant major au Royal-Corse, au service de la France, écrivit de Mézières, le 31 août 1764, à Jean-Jacques Rousseau, en lui disant que, puisqu'il avait dit, dans son *Contract social*, qu'il fallait un homme sage pour apprendre aux Corses à conserver leur liberté, que cette nation toute entière aurait souhaité voir en lui cet homme, etc., etc. Rousseau s'empressait de répondre à Monsieur de Buttafoco, de Matiers-Traverse, 22 septembre 1754 : « Il est « superflu, Monsieur, de chercher à exciter mon zèle pour l'entreprise que « vous me proposez. La seule idée m'élève l'âme et me transporte. Je croirais « le reste de mes jours bien noblement, bien vertueusement, bien heureuse- « ment employé; je croirais même avoir bien racheté l'inutilité des autres, « si je pouvais rendre ce triste reste bon à quelque chose à vos braves com- « patriotes, si je pouvais le consacrer par quelque conseil utile aux vues de « leur digne chef et aux vôtres. De ce côté-là donc, soyez sûr de moi ; mon « cœur et ma vie sont à vous, etc., etc. » La correspondance dura pendant quelque temps entre Rousseau, Buttafoco et Paoli; car Rousseau, avant d'entreprendre son voyage pour la Corse, voulait être éclairé sur tout, et, avant d'entreprendre un travail sérieux sur une *institution politique*, il voulait connaître quels étaient les mœurs, les goûts, les occupations, l'industrie, le commerce, les us, les statuts, etc, de ces insulaires. Pendant qu'il entretenait cette correspondance, il fut accablé de maladies, d'outrages, de persécutions, et enfin, voyant que les affaires politiques prenaient une autre

tournure, il dut renoncer à son voyage en Corse. « Ne pouvant vivre avec
« honneur dans ce pays (disait-il dans une de ses lettres), et forcé d'aller
« errant en chercher un autre, sans savoir plus où le trouver... Si pour-
« tant, Monsieur, j'en sais un digne de moi et dont je ne me crois pas in-
« digne, c'est parmi vous, braves Corses, qui savez être libres, qui savez être
« justes, et qui fûtes trop malheureux pour n'être pas compatissants. »

« ... Peuple brave et hospitalier (écrivait-il dans une autre)... Non, je
« n'oublierai jamais un moment de ma vie que vos cœurs, vos bras, vos
« foyers m'ont été ouverts à l'instant qu'il ne me restait presque aucun autre
« asile en Europe. Si je n'ai point le bonheur de laisser mes cendres dans
« votre île, je tâcherai d'y laisser du moins quelque monument de ma re-
« connaissance, et je m'honorerai aux yeux de toute la terre de vous appeler
« mes hôtes et mes protecteurs, etc., etc. »

Le Sénat de Gênes se voyant dans l'impossibilité de pouvoir conserver les quelques places que la République possédait encore dans cette île, se tourna de nouveau vers la cour de Versailles, et, le 7 août 1764, un traité fut signé à Compiègne, entre la Sérénissime République et Louis XV. Ce dernier s'engageait de faire garder les présides génois en Corse par ses troupes, durant l'espace de quatre ans, et la République de Gênes lui abandonnait la créance de six millions que ce monarque lui devait.

Le 8 octobre 1764 la flotte française entra dans le golfe de Saint-Florent ; à cette époque, les Corses assiégeaient la ville ; les navires français, ballottés par les vents, furent obligés de s'abriter du côté de la Mortella ; la tour qui dominait cette partie du golfe était tombée aux mains des Corses ; le commandant français fit saluer le drapeau national, et une embarcation portait à terre une lettre du général de Marbœuf au général Paoli, dans laquelle il protestait de sa neutralité et assurait que la demeure des troupes françaises en Corse ne serait que de courte durée, et que pendant ce temps ils auraient vécu en bonne intelligence.

Paoli, tout en croyant à la loyauté du comte de Marbœuf, fit retirer ses troupes et s'empressa de convoquer une consulte à Corté, où on décida qu'une junte de guerre serait chargée de veiller pour interdire toute communication entre les insulaires et la garnison des présides génois, et quoiqu'il n'eût rien à craindre de la part des Français, néanmoins l'accès dans l'intérieur de l'île leur serait interdit. Cependant, le général Paoli pouvait accorder des passe-ports aux officiers de cette nation, en rendant toutefois compte à la consulte des motifs pour lesquels il leur avait accordé ces passe-ports. On adressa ensuite un mémoire au roi de France, rempli de remontrances, et dans lequel on finissait en protestant que toute proposition de paix avec Gênes ne serait écoutée, à moins que Gênes n'abandonnât entièrement la Corse. Aucun incident n'ayant troublé la bonne harmonie entre les Corses et les Français, le général Paoli livra les passe-ports aux officiers pour visiter l'intérieur de l'île, et exigea qu'ils fussent traités en bons amis ; ensuite il ordonna que des marchés fussent ouverts près des villes pour approvisionner les troupes françaises. Une conférence eut bientôt lieu entre le comte de Marbœuf et Paoli, près d'Ajaccio, et ce dernier autorisa le général français à se rendre par terre à Corté et à Bastia. La ville de Corté, chef-lieu du gouvernement national, reçut le général français en ami et au bruit du canon.

Cependant, le port du Macinaggio ayant été abandonné par les troupes françaises, fut aussitôt occupé par les patriotes. Sur ces entrefaites, le sieur Paul Mattei de Centuri, capitaine au service de la France, ayant touché à l'île de Caprara, s'informa des forces de la garnison génoise et de ses moyens de défense. Mattei, en se rendant en Corse, alla trouver le général Paoli, et s'engagea à faire la conquête de cette île. Le plan de Paul Mattei fut adopté, l'expédition fut bientôt organisée, et le commandement en fut confié à Achille Murati et à Jean-Baptiste Ristori. Cette expédition, qui ne se faisait d'abord qu'avec deux cents hommes, s'accrut considérablement par la jeunesse accourue du cap Corse, du Nebbio et de quelques Caprarais qui se trouvaient dans les ports du cap Corse. Paul Mattei et d'autres personnes de distinction s'unirent aux volontaires. On partit le 16 février du port de Macinaggio, le temps fut assez favorable, l'île de Caprara n'étant éloignée que d'environ vingt milles du cap Corse, la traversée se fit en assez peu de temps et le débarquement s'opéra sans obstacle au lieu dit le Ceppo (1). Cependant le commissaire génois de Bastia ayant été averti du projet des patriotes, en fit part au commandant de Caprara; celui-ci avait armé cent cinquante Caprarais, pour empêcher les Corses de débarquer; ces Caprarais se présentèrent,

(1) La ville de Caprara, dont nous reproduisons le dessin, est dominée par un château assez fort ; elle contenait autrefois 2,000 habitants, maintenant sa population est réduite à 700 environ. Les hommes sont d'excellents marins, les femmes s'occupent de leur ménage, de la culture de leurs petits jardins et de leurs vignes; elles sont en général fortes et vigoureuses. L'île a quinze milles de circonférence et abonde de lapins sauvages. La vue que nous donnons comprend la ville, le château, la tour qui domine le port et une partie du couvent. Nous avons fait ce dessin en 1811, lorsque nous partîmes de Livourne pour rentrer en Corse; le vent contraire nous obligea de relâcher dans le port de Caprara, où nous restâmes trois jours.

mais ils furent faits prisonniers sans beaucoup de peine. Les Corses purent arriver sans bruit, pendant la nuit, en face de la petite ville; alors un grand nombre de ses habitants se présentèrent pour savoir ce que les Corses désiraient. Le commandant Ristori s'avança et les persuada qu'ils venaient en libérateurs et non en ennemis. Toute la population s'unit alors aux Corses et on entra dans la ville. Le commissaire génois ayant su le matin que les Caprarais armés s'étaient rendus et que la population avait fraternisé avec les Corses, menaça de détruire la ville et fit tirer quelques coups de canon sur les maisons.

Pendant la nuit suivante, les Corses s'emparèrent des postes sur le port et sur tous les lieux accessibles, pour empêcher de porter des secours aux assiégés, puis ils s'emparèrent sans beaucoup de peine des tours de Sinopito, de Barbici et enfin de celle qui dominait le port, ce qui assura leur entreprise.

Paoli, informé de l'heureux succès, expédia de nouveaux renforts. Le Sénat de Gênes, à cette nouvelle, se troubla et s'empressa d'expédier une flotte avec des forces commandées par Pinelli; mais tous les efforts qu'il fit pour débarquer ses troupes devinrent inutiles. L'insuccès de cette première expédition irrita le Sénat, qui envoya de nouvelles forces; Antoine Matra, qui en faisait partie, réussit à débarquer avec une cinquantaine d'hommes; mais assailli de tous côtés, il put à peine se sauver à la nage, et ses compagnons périrent presque tous. Ce second échec consterna la république, qui se décida à tenter un dernier coup de main. On fait de grands préparatifs et on ordonne que le régiment corse soit embarqué pour aller combattre ses compatriotes; une partie de ce régiment, qui habitait la ville, protesta et ne voulait pas s'embarquer; l'autre, qui se trouvait cantonnée hors de la ville, déserta et arriva en Corse. Le 18 mai, la flotte génoise, composée de quarante voiles, tant en bateaux de guerre que de transports, s'approcha de l'île de Caprara, mais elle se borna à faire des évolutions, sans oser tenter un débarquement (1). La flotte enfin se retira à une certaine distance et forma un cordon.

(1) L'oncle de notre père (Simon Galletti), qui faisait partie de l'expédition de Caprara avec le grade de sergent, et qui est mort presque nonagénaire, nous racontait souvent des anecdotes sur cette entreprise : « Nous nous étions, disait-il, fourrés dans des trous et dans les fentes des rochers qui dominaient les lieux accessibles à un débarquement, et de là, sans être aperçus, nous faisions feu sur les barques génoises qui approchaient du rivage. On criait souvent du château : « *Curajiu Genuesi..*, » Et ceux des barques répondaient : « *Curajiu un oss... i ghé per tutto le cacrie corse!..* (Courage un c... il y a de tout côté des chèvres corses!) »

Le commandant du château, désespérant de pouvoir recevoir du renfort, demanda à capituler avec des conditions honorables, qui lui furent accordées, et le 29 mai 1767, on signa l'acte de capitulation; Achille Murati seul (1) signa pour la nation corse; et pour la république génoise signèrent : le commissaire Bernard Ottone, Emmanuel Massari et Hyacinte Poggi. Après, on expédia un parlementaire à la flotte, qui détacha une barque pour prendre le commissaire et le commandant du château, le reste de la garnison quitta Caprara peu de jours après.

Les chefs génois partirent très-contents et satisfaits du procédé du commandant Achille Murati (2). On trouva dans le fort des munitions et treize canons en bronze, qui furent transportés, par ordre du général Paoli, à l'Ile-Rousse.

La conquête de Caprara jeta la consternation dans la république de Gênes et lui inspira des craintes sérieuses. Après le départ des Génois, on fit des réjouissances dans l'île de Caprara, et le général Paoli fit chanter le *Te Deum* dans toutes les paroisses de son gouvernement.

Peu de temps avant cette même époque, un navire de la régence de Tunis avait fait naufrage sur les côtes de l'île de Corse; Paoli, averti de cet événement, ordonna qu'on traitât les Africains avec toute sorte d'égards, et, quelques jours après, ayant fait restaurer leur navire, il les fit partir pour Tunis bien approvisionnés. Le bey, touché de la générosité de Paoli, lui envoya une ambassade pour le remercier. Cette ambassade arriva à Corté vers la fin de juillet; elle fut reçue avec tous les honneurs, et le chef de la mission ayant porté la main au front, s'inclina devant Paoli et lui dit en

---

(1) Les deux commandants de l'expédition n'étant pas toujours d'accord, le général Paoli rappela Ristori sous prétexte qu'il avait besoin de lui, mais en même temps il écrivit à Murati en lui faisant quelques petits reproches à l'égard de cette mésintelligence avec son collègue. Ristori, quoique blessé dans son amour-propre, ne déserta jamais la cause des patriotes, après la conquête de la Corse par les Français, il servit dans les milices et parvint au grade de chef de brigade. Il mourut en 1812, très-âgé, à Loreto; Ristori était natif de Sainte-Lucie de Bozio.

(2) Achille Murati, né à Murato en 1735, fut un des héros de l'indépendance corse. Son courage et sa bravoure lui méritèrent plus tard les éloges d'un homme qui devait étonner l'univers par son génie militaire. Voilà ce que disait de lui Napoléon, alors simple sous-lieutenant d'artillerie : « Achille Murati, le conquérant de Caprara, qui porta la désolation jusque dans Gênes, à qui il ne manqua, pour être un Turenne, que des circonstances et un théâtre plus vaste, fit ressouvenir aux compagnons de sa gloire qu'il était temps d'en acquérir encore; que la patrie en danger avait besoin, non d'intrigues, où il ne s'entendait jamais, mais du fer et du feu, etc. » Murati mourut en 1801 dans son pays natal.

italien : *Il bey ti saluta e ti vuol bene.* Après, l'ambassadeur africain présenta à Paoli les cadeaux que son maître lui envoyait, qui consistaient en un superbe cheval richement caparaçonné, un tigre, deux autruches, une paire de pistolets et un sabre garni de diamants. L'ambassade partit très-contente de l'île de Corse, en assurant aux insulaires l'amitié et la protection de son souverain. En même temps, Paoli recevait des protestations d'amitié des beys de Tripoli et d'Alger.

Les troupes françaises résidant dans les présides génois vivaient en bonne harmonie avec les habitants; cependant, dans la ville d'Ajaccio, on eut à déplorer des malheurs. Quelques-uns des partisans des patriotes chantaient dans les rues des chansons en l'honneur de la liberté; le commandant français, M. Poulariès, défendit ces chants sous peine de mort; on ne fit pas attention à ses ordres; alors on procéda à des arrestations. Un habitant d'Ajaccio voulut crier: *Secours à la patrie!* il fut immédiatement arrêté et condamné à être pendu. Ce malheureux avait des parents à Bocognano qui se vengèrent sur des Français innocents, mais le suprême conseil de la Corse mit fin à ces représailles en punissant sévèrement les coupables.

Le général Paoli, prié par la cour de Versailles de lui présenter un plan d'accommodement avec Gênes, avait, l'année précédente, convoqué une consulte. Les bases de conciliation qu'on arrêta dans cette assemblée étaient que la république devait abandonner aux insulaires tous ses présides; qu'en revanche, ces derniers accordaient le titre de roi de Corse au Sénat de Gênes; qu'on s'obligeait de payer tous les ans à la république cinquante mille livres à titre de dédommagement, qu'on aurait considéré la ville de Bonifacio comme un fief de la république, qu'on aurait signé un traité d'alliance et un traité de commerce très-avantageux pour Gênes, etc., etc. Le duc de Choiseul fit parvenir ce plan de conciliation au Sénat de Gênes, qui le rejeta comme incompatible avec la dignité de la république, qui ne devait traiter d'égal à égal avec les Corses, ses sujets naturels. Le duc de Choiseul proposa un nouveau plan d'accommodement, dont les conditions étaient que Gênes aurait conservé la suzeraineté de l'île, que les Corses lui auraient rendu un certain hommage et que la république aurait conservé quelques places dans l'île. Paoli soumit ce plan à une consulte dans laquelle on consentit à accepter les deux premières conditions, mais on rejetait la troisième, cependant on la modifia. La cour de Versailles trouva ce plan de conciliation satisfaisant pour les deux partis; mais toutes ces négociations furent interrompues par l'arrivée des jésuites expulsés de l'Espagne, et auxquels les Génois avaient accordé asile dans leurs présides. Le roi de France, mécontent, ordonna de retirer ses troupes des présides génois; Paoli en profita, occupa Algajola et assiégea Calvi, et Gaffori occupa la ville d'Ajaccio. Gênes avait espéré que le roi catholique lui aurait accordé des troupes pour garder ses places; mais se voyant trompée dans ses espérances, elle reprit ses négociations avec la cour de Versailles et renvoya les jésuites. Ces derniers auraient voulu s'établir en Corse et ouvrir des écoles, mais ils trouvèrent une forte opposition dans les professeurs de l'Université. Sorba, Corse, mais au service de Gênes, un des plus habiles diplomates de son temps, avoua au ministre Choiseul que pour sauver la dignité de la république, il n'y avait d'autre moyen que de céder ses droits sur cette île à la France. De Choiseul, en même temps qu'il traitait avec Sorba, pour savoir à quelles conditions Gênes aurait cédé ses droits sur la Corse, écrivait à Paoli de se dépêcher d'arrêter un plan bien combiné et de lui envoyer à Paris une personne pour discuter ses intérêts, et qu'il aimerait que cette personne fût M. de Buttafoco, qu'il connaissait (1). M. de Buttafoco se rendit à Paris, et insista vivement, dans tous les entretiens qu'il eut avec le ministre, pour que la France se déclarât la protectrice des Corses, afin d'éloigner toute prétention des Génois sur cette île. Pendant toutes ces conférences, le ministre de Choiseul tantôt se montrait tout favorable à l'indépendance des insulaires, et tantôt était évasif dans ses réponses. Enfin il fit connaître

(1) M. de Buttafoco Mathieu, était fils d'Antoine Buttafoco, qui fut envoyé comme otage en France en 1738. En 1739, le roi ayant créé un régiment Royal-Corse, il fut nommé capitaine. Mathieu, son fils, entra, en 1740, à l'âge de huit ans, comme cadet dans le régiment de son père; il continua le service militaire et parvint à être colonel propriétaire du Royal-Corse, et enfin général de brigade. Il était un homme érudit; sa correspondance avec J. J. Rousseau lui mérita les éloges de ce dernier. Le duc de Choiseul avait connu à Paris M. de Buttafoco, et voulant mettre sur pied le régiment corse qui avait été incorporé et confondu avec le Royal-Italien, le pria de se porter en Corse pour former des compagnies. Buttafoco lui répondit qu'il fallait consulter le général Paoli, surtout pour le choix des officiers. Buttafoco fut consulter Paoli, et celui-ci contribua beaucoup à la formation de ce régiment, ce qui décida le ministre Choiseul à lui en offrir la propriété. Le général Paoli remercia pour lui et pour son frère Clément, auquel fut de même offert ce régiment, mais il priait M. le ministre d'accorder cette faveur à M. de Buttafoco. Ce fut M. de Luc qui obtint cette propriété; plus tard elle fut donnée à M. de Buttafoco.

Le duc de Choiseul ayant choisi Buttafoco pour traiter des intérêts des Corses à Paris, celui-ci chercha tous les moyens pour que le roi se déclarât le protecteur de sa patrie; il n'y réussit pas; il fut illusionné et trompé; cependant tout le blâme retomba sur lui, et il eut à s'abreuver au calice des plus cruelles amertumes.

à M. de Buttafoco que les intentions du roi étaient de posséder les deux places de Saint-Florent et Bastia avec le Cap-Corse. De Buttafoco fut vivement affecté de cette décision; il en fit part à Paoli, qui en fut consterné. On employa tous les moyens pour détourner le monarque de cette idée; tout fut inutile. Alors on consentit à accorder ces deux places pour y tenir garnison, afin de protéger le commerce et la navigation française dans la mer Tyrrhénienne, mais à condition que les habitants resteraient indépendants et conserveraient leur nationalité. La cour de Versailles se montra quelques instants indécise, mais elle revint de nouveau sur son plan et commença par se plaindre de la conduite de Paoli; c'était mettre en scène la fable du loup et de l'agneau. Cependant le duc de Choiseul écrivit à Marbœuf de faire connaître au général Paoli que le roi voulait garder les présides génois jusqu'à l'expiration du terme, et qu'il eut à abandonner les places qu'il avait occupées. Enfin, le duc de Choiseul, digne ministre d'une Pompadour, réussit à illusionner M. de Buttafoco, à tromper indignement le général Paoli, et à éloigner les soupçons de l'Angleterre. Le 15 juin 1768, la république de Gênes cédait à la France tous ses droits sur l'île de Corse. Cet acte de cession, passé à Versailles, était formé de seize articles et signé par le ministre Choiseul et par Sorba, délégué de Gênes (1).

Le bruit que la France voulait soumettre la Corse pour la rendre à la république ligurienne se répandit dans tous les coins de l'île : un cri d'indignation et de rage s'éleva de tout côté, chacun prépare ses armes et fait serment de mourir pour défendre son indépendance.

Le général Paoli s'empresse d'ouvrir une consulte à Corté, où il prononce un discours à la fois touchant et sublime : en pa... en revue toute sa correspondance avec le ministre Choiseul, il déni... que d'abord celui-ci avait traité avec lui comme avec le chef d'une nation libre, mais qu'ensuite il avait fini par se montrer perfide et déloyal. Enfin il conclut en demandant au peuple s'il comptait se soumettre à la France pour passer ensuite sous la domination de Gênes, ou s'il voulait défendre son indépendance au prix de sa vie. Le seul cri, la seule réponse qui s'éleva dans l'assemblée, ce fut : Guerre! guerre!!!.....

Le comte de Marbœuf, qui jusqu'alors s'était montré conciliant, com-

(1) Mais par quel droit des gens Gênes pouvait céder temporairement ses droits sur cette île, qui ne lui appartenait pas? Le droit de conquête, *comme le plus fort*, elle l'avait perdu, ayant été chassée : au lieu de posséder le consentement du peuple, si nécessaire pour rendre légitime le pouvoir d'un souverain, Gênes ne possédait que la haine et le mépris; ainsi elle n'avait aucune

mença à devenir menaçant; il écrivit à Paoli en lui enjoignant de retirer ses troupes du voisinage de Bastia et de Saint-Florent, et, sans attendre sa réponse, ordonna au général Grandmaison d'attaquer Patrimonio (1), tandis que lui se portait avec des forces considérables et de l'artillerie sur Barbaggio. Cette dernière place tomba bientôt aux mains des Français, ayant été abandonnée par les nationaux, dont une partie se rendit sans coup férir; ceux qui défendaient Patrimonio, après une résistance opiniâtre, se rendirent prisonniers au nombre de 75. Le général Marbœuf marcha ensuite sur Furiani et Biguglia, dont il s'empara après avoir essuyé des pertes considérables. Grandmaison s'étant porté sur Farinole et Nonza (2) s'empara de ces deux villages, faisant prisonnier Barbaggi, neveu de Paoli, avec 160 hommes qui furent tous envoyés à Toulon.

M. de Chauvelin arriva bientôt dans l'île et prit le commandement de l'armée. Ce général s'empressa d'abord de répandre l'édit royal touchant la cession de l'île à la France, et le sénat de Gênes ordonnait en même temps d'enlever le drapeau de la république de la forteresse de Bastia et de le transporter avec pompe sur les navires génois dans le port de cette ville. Bastia se livra dans cette circonstance à la joie, on fit des fêtes et des illuminations générales, et on afficha une magnifique inscription sur la porte du prétoire : *Ludovico Francorum, Navarræ et Corsarum regi christianissimo*, etc.

autorité pour pouvoir transmettre ses pouvoirs et ses droits sur la Corse à une autre nation. Ce fut un acte monstrueux!!!

(1) La trève expirait le 5 août, et Marbœuf, par ordre de Choiseul, attaqua les Corses vers la fin de juillet. Ce manque de foi irrita tellement les nationaux, que, ayant tué le lieutenant Belaspect, qui fut le premier à les attaquer dans les gorges de Sainte-Marie, ils sévirent sur le cadavre de ce malheureux officier. On sait que Paoli avait écrit quelques jours avant à Choiseul, mais ce ministre déloyal, au lieu de lui répondre, écrivit à Buttafoco la lettre suivante : « Le général Paoli, sans répondre à la lettre que le comte de Marbœuf lui avait écrite, pour le prévenir de l'occupation nécessaire de la communication des troupes du roi de Saint-Florent à Bastia, a eu l'audace de faire attaquer lesdites troupes de Sa Majesté par des Corses qu'il a sous ses ordres. Cette hostilité a occasionné une petite affaire qui servira de correction, à ce que j'espère, à Paoli et à ceux qui lui obéissent, mais qui ne permet d'entamer aucune négociation avec un homme qui a osé manquer si essentiellement au roi, etc., etc. » Voilà comment le ministre de Louis XV intervertissait les choses !!!

(2) La garnison qui défendait la tour de Nonza se sauva pendant la nuit. Casella de Corté, qui était le commandant, se trouva tout seul, et, quoique estropié, il ramassa tous les fusils et se défendit en criant, en ordonnant comme s'il avait des soldats. Intimé de se rendre, il demanda les conditions les plus honorables; il les obtint et sortit appuyé sur sa béquille ; le capitaine lui demanda où était la garnison ? « La voilà toute en moi ! » répondit Casella. Le capitaine était furieux, mais le général Grandmaison accourut et lui serra la main en signe d'admiration.

Le général de Chauvelin ne tarda pas à se mettre en campagne; le village de Borgo fut pris sans aucune résistance, et on y plaça une garnison de 600 hommes commandée par le colonel de Ludres. L'autre partie des troupes françaises passa dans la Casinca et s'empara de Vescovato, de Penta et de Loreto. Clément Paoli, à la tête des nationaux, les attaqua et les délogea de Vescovato et de Penta, ensuite il se porta sur Loreto, défendu par le général d'Arcambal. Les Corses revinrent quinze fois à la charge et obligèrent enfin les Français à quitter la place. Le général d'Arcambal voulant se rendre à Bastia avec ses troupes, trouva le pont de Golo défendu par les nationaux, et il fut obligé de passer la rivière à gué, ce qui lui causa des pertes considérables; il put à grand'peine arriver au village de Borgo, où il laissa les débris de son armée et se rendit à Bastia. Les nationaux se décidèrent à attaquer bientôt le village de Borgo. Presque tous les plus vaillants capitaines de Paoli voulurent prendre part à cette lutte, à cause de la position difficile de ce village (1). Le 21 septembre on donna le premier assaut, sans aucun effet. Ils bloquèrent alors le village, et le 6 octobre, à la faveur de l'obscurité de la nuit, ils pénétrèrent dans quelques maisons et s'y fortifièrent. Le 7, quelques compagnies françaises, sorties de Bastia, furent repoussées par les nationaux. Le jour après, les généraux de Chauvelin, de Marbœuf et de Narbonne sortirent de Bastia et se portèrent sur Borgo avec 3,000 hommes et quelques pièces d'artillerie qu'ils placèrent au bas du village, et le bombardèrent (2). Les Français y pénétrèrent à plu-

(1) Les capitaines corses qui prirent part à cette lutte furent : Clément Paoli, Abbatucci, Buonaparte (Charles), Serpentini, Gaffori, Gentili (Antoine), Colle, Raffaelli, Seliceti, Grimaldi, Agostini, etc., etc.

(2) Nous qui avons vu le jour dans ces contrées, nous avons pu entendre raconter maintes fois tous les épisodes de ce combat par des vieillards témoins oculaires. Nous avons aussi consulté les notes de Simon Giovanni Rocca du Borgo, l'un des héros de la lutte; ainsi, nous croyons à propos d'en rapporter quelques fragments. « Les patriotes arrivèrent le 27 septembre, attaquèrent le village et perdirent 10 hommes. Alors ils y mirent le siége, et quelques-uns se rendirent à Saletto pour briser les tuyaux qui portaient l'eau potable à Borgo, afin d'en priver les assiégés. Le 6 octobre, à la faveur de la nuit, ils pénétrèrent dans quelques maisons sans coup férir. Le 7, les nationaux assiégèrent la vieille maison dite la Tour du Forno pievanaccio, où s'était fortifiée une compagnie de grenadiers français, et réussirent à faire une petite brèche dans un coin, où ils placèrent un barillon de poudre. Le capitaine demanda à sortir sous parole, et voyant qu'il n'y avait aucun danger, il voulait rentrer pour se défendre. Les Corses l'arrêtèrent; le capitaine protesta, en disant qu'ils ne connaissaient point les lois de la guerre; les nationaux répondirent que c'étaient les Français qui, contre le droit des gens, venaient les égorger dans leurs foyers, et ils le gardèrent. La garnison se rendit. Dans la même journée, quelques compagnies françaises sor-

sieurs reprises, mais après une lutte des plus sanglantes, ils firent une retraite précipitée en laissant bon nombre de morts et de prisonniers.

Cette défaite découragea le général Chauvelin, qui ne chercha qu'à se fortifier à Bastia, à Saint-Florent, à Oletta, et en même temps il entama des négociations avec Paoli (1).

tirent de la ville et s'approchèrent du Borgo; mais ayant été assaillies par les nationaux, elles rebroussèrent chemin. Le lendemain, plus de 3,000 hommes, commandés par Chauvelin et d'autres généraux, partirent de Bastia, arrivèrent au Borgo, placèrent quelques canons à la Poggiola et bombardèrent le village. Les Corses se défendirent vaillamment, mais la force l'emporta. Plusieurs nationaux purent se fortifier dans des maisons, mais la plus grande partie prit la route de la montagne et le chemin de Lucciana. Le général Paoli, qui se trouvait dans ce dernier village, voyant que quelques compagnies françaises se dirigeaient de ce côté, crut prudent de se retirer vers la montagne. Les fuyards, qui avaient pris le chemin de Lucciana, s'arrêtèrent au couvent qui est sur la route, et, s'étant fortifiés dans le bâtiment, firent feu sur les troupes françaises, lorsque celles-ci arrivèrent à peu de distance; ils en blessèrent et tuèrent plusieurs, parmi lesquels un capitaine qui portait le titre de duc et pair de France. Les moines ne se montrèrent pas moins acharnés (a) contre les Français. Le général Paoli étant arrivé au lieu dit Croce de Campo, où les routes de Borgo et Lucciana s'embranchent avec celle qui mène aux Costières, trouva plusieurs fuyards et leur ordonna de retourner au combat. Lorsque ceux-ci tombaient sur les Français du côté ouest, ceux qui étaient au couvent de Lucciana pénétrèrent du côté du sud et trouvèrent plusieurs Français qui, s'étant rendus maîtres des caves, faisaient la débauche. Ce fut un malheur pour eux. La lutte alors devint générale, on se prenait même corps à corps, et on roulait par la pente rapide du côté du sud. Dans cette mêlée, les Corses, faisant usage de leurs poignards, étaient toujours les vainqueurs. Les femmes mêmes se jetèrent au milieu du feu, armées de fusils, de pistolets et de poignards, et firent des prodiges (b). Pendant un instant les nationaux faillirent être pris entre deux feux; mais, avertis à temps, ils rentrèrent dans leurs retranchements et firent un feu meurtrier sur les Français, lesquels, se voyant attaqués de tous côtés, firent une retraite précipitée au tombant de la nuit, laissant plus de 700 morts sur le champ de bataille, parmi lesquels le colonel de Ruergue et celui du régiment saxon, ainsi que bon nombre d'officiers. On ne sait pas le nombre des blessés.

Le général Marbœuf se sauva blessé à l'une des épaules. L'année suivante, il fit brûler le couvent de Lucciana pour se venger des moines. Le colonel de Ludres se rendit avec 600 hommes. N'ayant pu donner tout de suite la sépulture aux morts, les porcs du village, en liberté, en dévorèrent quelques-uns; ce qui fit que personne ne mangea de leur viande.

(1) M. Buttafoco, accusé de trahison, avait rompu avec Paoli; cependant, avant la bataille de

(a)
Pagano più lungi entro il convento i frati.
DESSERVILLE.

(b) Coll' archibugio in braccio e i seno lo stile
Donne redenati valorose e ardite,
Ch'alle assueta al par, ch'alma virile
San le maschie emular vergini solte,
E di guerra dividono i perigli
Coi fedeli consorti e i cari figli.
DESSERVILLE.

Traduction littérale:

Le fusil au bras et le poignard sur la poitrine, on voyait des femmes valeureuses et hardies qui, revêtant l'habit d'homme et une âme virile, savaient se rendre les émules des vierges de la Scythie, et partageaient les dangers de la guerre avec leurs fidèles époux et leurs enfants bien-aimés.

La nouvelle des défaites consécutives de Casinca et du Borgo était parvenue à la cour de Versailles; on dit que Louis XV était d'avis d'abandonner une entreprise qui lui coûtait tant de sang précieux, mais il était de l'intérêt de son ministre de Choiseul de le persuader sur l'importance de cette conquête, coûte que coûte, et surtout de le persuader du ridicule auquel un monarque si puissant se serait exposé en se désistant de son projet. On décida alors de l'envoi de nouveaux renforts en Corse et le rappel du comte de Chauvelin, en le remplaçant par le général Devaux, auquel on joignit, pour tempérer la dureté de son caractère, le général Boursel. Cependant l'or répandu, les emplois donnés et promis, commencèrent par vaincre l'âme vénale de quelques-uns des patriotes. Astolfi, qui commandait l'île de Caprara, céda la place, sans combat, à un officier français. Cette lâcheté ne fut pas imitée par le commandant du brick, Ange Franceschi de Centuri, qui, assailli par deux navires français, se défendit vaillamment et put se réfugier dans le port de Livourne, où on chercha à le corrompre, mais en vain.

Paoli lui écrivit une lettre digne de sa belle conduite.

L'abbé Fabiani de Balagna conspira, lui aussi, contre Paoli, lorsque celui-ci se trouvait à l'Ile-Rousse pour complimenter deux personnages anglais qui lui avaient apporté huit mille livres sterlings de la part du comité patriotique de Londres. D'accord avec le traître Perez et Dumouriez, officier d'état-major qui devint plus tard si célèbre, on assaillit la place défendue par un parent des Fabiani : ils furent mis en fuite; l'abbé Fabiani se noya, et Perez se réfugia à Ajaccio avec son brick, où il réunit quelques Grecs et quelques Maltais réfugiés, et pénétra dans l'intérieur de l'île, où il fut bientôt rejoint par Abbatucci et battu complétement.

L'abbé Saliceti d'Oletta conspira en même temps contre la garnison française du Nebbio : son complot fut découvert, néanmoins plusieurs officiers et soldats français furent assaillis à Barbaggio et faits prisonniers. Plusieurs individus d'Oletta furent alors arrêtés comme complices; sept d'entre eux

---

Borgo, comme aussi après, Marbœuf et Chauvelin le prièrent de traiter avec Paoli. Mathieu Buttafoco fit alors agir son parent, Sébastien Buttafoco, qui ouvrit une correspondance avec Paoli. Voilà ce que ce dernier lui disait dans une de ses réponses : « Cher compère, dans votre lettre du 12, il y a ces paroles : Pour ce que j'ai pu connaître des réponses, je juge qu'il y aurait lieu d'espérer pour la nation sur le traité conclu entre la France et la République. Voilà le point essentiel : que l'on convienne sur cet article, et le reste s'aplanira. J'attends votre réponse pour que je puisse prévenir les peuples des sûretés qui leur seront données. Casinca, 12 octobre 1768. PAOLI »

furent condamnés à être roués, et leurs cadavres à être exposés sur la place du couvent d'Oletta, lieu du supplice; les autres furent déportés dans les tours de Toulon. Une jeune fille nommée Gentile, fiancée à l'un de ces suppliciés (Leccia), se rendit dès l'aube au couvent, et voyant la porte de l'église ouverte, elle se chargea du cadavre de son amant et le plaça dans un tombeau. La disparition de ce cadavre indigna fortement le général français, qui ordonna l'arrestation de tous les habitants d'Oletta. La jeune fille alors s'empressa de se rendre à Bastia et demanda à parler au général, auquel elle avoua son crime et les motifs qui l'avaient poussée à le commettre. Le général, touché de son amour conjugal, la congédia en la comblant d'éloges.

Mathieu Massessi, fils du grand chancelier de Paoli, se laissa corrompre par un général français (1) auquel il promit de livrer Paoli; une lettre qu'il laissa tomber par mégarde découvrit la trame; on l'arrêta et on trouva sur lui d'autres pièces qui l'accusaient clairement. Paoli, qui aimait ce jeune homme, voulait lui sauver la vie, mais craignant que son indulgence ne devînt la source de nouvelles trahisons, il le livra à la justice, qui fut inexorable. Massessi fut condamné à mort et exécuté. Son père perdit les sceaux du gouvernement.

Cependant le général Devaux, étant débarqué dans l'île, s'empressait d'organiser son armée, composée de 45 bataillons d'infanterie, 3 régiments de cavalerie et quelques compagnies de sapeurs ouvriers de génie, miquelets-basques, etc., etc. Le 5 mai 1769, ce nouveau commandant en chef marche sur Murato, où se trouvait Paoli : celui-ci, ne pouvant résister aux forces ennemies, quitta le Nebbio et se retira sur la rive droite du Golo, afin de pouvoir prendre des mesures pour empêcher le passage des deux ponts à l'ennemi. Les nationaux, qui défendaient le passage du col de Tenda, opposèrent une vive résistance; mais ils en furent délogés par les troupes françaises. Gaffori, qui se trouvait à Lento, ne se crut pas en mesure de pouvoir résister aux forces ennemies et se retira (2). Giocante Grimaldi de Caccia, qui défendait Canavaggia, trahit et passa à l'ennemi. Les nationaux, qui furent chassés du passage du col de Tenda, revinrent à la charge pour occu-

---

(1) L'abbé De Germanes : *Histoire de la Corse.*

(2) Après le désastre du Pontenovo on cria : *A la trahison!* En effet, elle en fut beaucoup la cause; mais quant aux soupçons portés contre Gaffori, ils étaient mal fondés. Si les Corses se battaient contre les Français pour ne pas retourner sous le joug de Gênes, Gaffori était nécessairement l'un de ceux qui n'auraient pas désiré le retour de ses bourreaux en Corse.

per ce poste, qui était d'une grande importance. Paoli, qui voulait à tout prix conserver cette position, s'empressa de leur envoyer des renforts. La corruption qui avait déjà pénétré parmi les nationaux avertit le commandant français de ce mouvement. Les nationaux, au nombre de 2,000, en gravissant la montage, furent assaillis par des forces imposantes et obligés de rebrousser chemin en se précipitant vers le Pontenovo. Le maréchal de camp Gentili court avec les Esclavons qu'il avait sous ses ordres et ordonna de barrer le passage du pont aux fugitifs, afin de les encourager et de les faire retourner au combat. Le pont, qui est assez long, était encombré de Corses qui, dans une extrême confusion, se heurtaient les uns contre les autres. Les soldats étrangers (1), esclaves de leur consigne, poussaient les nationaux avec la baïonnette, et on dit que, par un malentendu, ils firent feu sur eux (2). De l'autre côté, les Français qui les poursuivaient les mitraillaient de la colline à bout portant. Les malheureux, pris entre deux feux, périrent presque tous, et avec eux périt en ce jour néfaste l'indépendance de la Corse (9 mai 1769) (3).

(1) Paoli avait recruté quelques compagnies de soldats étrangers qu'on disait Prussiens ou Suisses. Des vieillards qui les ont connus nous ont assuré qu'ils étaient Esclavons-Dalmates.

(2) M. Renucci assure dans son histoire que les troupes étrangères reçurent l'ordre, par un chef corse, sans nous dire le nom, de faire feu sur les nationaux.

(3)

Quando col braccio indomito
Frangea le sue catene,
E feasi Cirno l'emula
Di Roma, Sparta e Atene;
Per il tiranno Ligure
Gallia l'acciar snudò!
	Lorsque par un effort de son bras indomptable
	La Corse enfin brisa sa chaîne détestable
	   Pour en frapper ses oppresseurs ;
	Que d'Athènes et de Sparte elle devint l'émule,
	La France offrit son bras à Gênes, qui recule
	   Et lui donne des défenseurs!

Cirno l'attese e impavida
Vinse..... alfin cadde e sangue!!!
Sul Pontenovo un tumulo
S'erresse..... e col suo sangue
La Libertade inanime
La tomba suggellò!!!
	La Corse l'attendit sans en être troublée,
	Et vainquit!!! Mais enfin, dans son sang, épuisée,
	   Sous le nombre elle succomba;
	Sur le Pontenovo l'on érigea sa tombe :
	La Liberté mourut! et du peuple qui tombe,
	   De son sang le tombeau scella.

Eco d'accenti funebri
Scosse il cruento lido.
Si unì al femineo vocero (a)
D'aspra vendetta, il grido!
Grido che di Letitia (b)
Nel sen forte suonò.
	Un écho de sanglots et de plaintes funèbres
	Retentit sur la rive au milieu des ténèbres ;
	   Aux pleurs des femmes répondit
	Le cri plein de fureur jeté par la vengeance!!!
	Letitia, dans ton sein où germait la puissance,
	   Ce cri de fureur retentit!

(a) Vocero dérive de vox ; les voceri sont les chants funèbres improvisés par les femmes corses.

(b) Letitia Bonaparte suivait souvent son mari, Charles, aux combats. On sait qu'une grande partie des femmes

En même temps que les nationaux venaient d'être écrasés au Pontenovo, Marbœuf, qui occupait la Mariana, voulait se porter avec ses troupes dans la Casinca, mais le passage du pont du Golo lui était vaillamment disputé par le capitaine Raffaelli. D'Arcambal, Luker et Géolire, qui combattaient dans la Balagna, étaient repoussés avec pertes par les capitaines nationaux Murati, Belgodère et Pizzini; Abbatucci combattait avec succès contre Narbonne-Frizlar, dans le delà des monts; mais la nouvelle de la catastrophe du Pontenovo découragea les plus intrépides défenseurs de l'indépendance. L'armée française passa la rivière le 21 mai, envahit le Rostino, Omessa et enfin Corté. Quelques jours après, une partie des troupes françaises marcha sur Vivario, où se trouvait Paoli; les nationaux lui disputèrent pour un instant le passage du Vecchio. Paoli quitta Vivario, et après quelques jours il arriva à Portovecchio, où il s'embarqua avec son frère et trois cents patriotes sur deux navires anglais qui les transportèrent en Toscane, où ils furent bien reçus par le grand-duc Léopold. Paoli passa en Allemagne, puis en Angleterre, où il se fixa.

Non guari andò che torbido	Un orage fougueux éclate avec démence,
Di Gallia si fé il cielo;	Assombrit tout à coup l'horizon de la France;
Contro di lei terribile	L'Europe se leva soudain,
Rivolse Europa in telo;	Et contre elle marcha, terrible et menaçante,
E assisa insul patibolo	La Discorde en hurlant, sur la planche fumante,
Discordia pur segnò!!!	A l'impiété tendait la main.
Chi mai fugò quel turbini?	Et qui donc apaisa cette horrible discorde?
Chi il tempio della Gloria	Qui donc le temple ouvrit de gloire et de concorde?
Dischiuse? e sul suo plaustro	Qui donc à ses coursiers fumants
Ruotante, la Vittoria	Attelant la Victoire au vol puissant et libre,
Per steppe e campi floridi	Des bords lointains du Nil aux rivages du Tibre,
Dal Tebro al Nil guidò?	La promena pendant quinze ans?
Un Corso!!! quei che i gemiti	Un Corse!!! celui-là qui du sein de sa mère (a)
Nel sen materno intese	Entendit les sanglots, les cris et la prière
Della trafitta patria!!!	De son pays près d'expirer!!! ….
Ei vendicò le offese…..	Il vengea noblement et le crime et l'offense
Ornato della Gallia	En ceignant de sa main les cheveux de la France
Il crin di eterni allor!!!	D'un impérissable laurier!!!

des villages environnant le Pontenovo étaient accourues sur le lieu de cette catastrophe. On ne peut pas décrire la douleur et les cris déchirants que les femmes corses poussent à la vue de leurs parents morts de mort violente. Ce cri de condoléance est alors souvent répété.

(a) On fait allusion à Letitia Bonaparte, qui se trouvait alors enceinte de six mois de Napoléon Ier, et qui prit part au deuil de tant de femmes privées de leurs maris ou de leurs enfants; de tant d'orphelins, et enfin de l'indépendance corse. Letitia se retira avec tant d'autres sur le mont Rotondo, faisant serment de périr plutôt que de se rendre prisonniers des Français.

La dernière heure de l'indépendance corse était sonnée. Paoli, le législateur, le défenseur de sa patrie, errait en soupirant sur une terre étrangère! Louis XV, dont les vices et la corruption préparaient l'échafaud au bon autant que malheureux Louis XVI, n'avait pas assez de reproches qui pesaient sur sa tête, il lui fallait encore celui d'avoir acheté avec de l'or, la corruption et le sang français, des fers pour enchaîner un peuple malheureux qui avait tant combattu pour sa liberté, afin de le rendre à réméré à la marchande Ligurie!

Quelques jours après la défaite des Corses au Pontenovo, on lisait dans les gazettes italiennes ce distique :

« Gallia, vicisti, profuso turpiter auro;
« Armis pauca, dolo plurima, armis nihil. »

Il est hors de doute que la corruption contribua pour beaucoup à la soumission de la Corse. Un officier français, qui faisait partie de l'expédition (1) et qui en a écrit l'histoire, en rend témoignage : « *Les Corses étaient en partie gagnés.* » Ce même auteur, quoiqu'il ait traité les Corses en ennemis, a été cependant forcé de dévoiler quelques traits de leur valeur et de leur héroïsme. « Un sergent corse, dit-il, blessé à mort, écrivait avec son sang au général Paoli : « Général, je vous salue; prenez soin de mon vieux père...,
« dans deux heures je serai avec les autres braves qui sont morts en
« défendant la patrie. » Que manque-t-il de sublime à ce billet, s'écrie le
« même auteur, sinon d'être écrit des Thermopyles par un compagnon de
« Léonidas!! »

« Un soldat corse mortellement blessé est soulevé par un grenadier
« français; celui-ci lui demande : Où sont vos ambulances, où sont vos
« médecins? — Nous n'en avons pas! répond le blessé! — Et comment
« faites-vous ? — Nous mourons ! »

Voltaire, en parlant d'une de ces luttes sanglantes que les Corses soutinrent contre l'armée de Louis XV, dit : « Les Corses firent un rempart
« de leurs morts pour avoir le temps de charger derrière eux, avant de
« faire une retraite devenue nécessaire ; les blessés se mêlèrent parmi les
« morts pour affermir le rempart! On trouve partout la valeur, mais on ne
« voit de telles actions que chez les peuples libres. »

(1) Pommereul.

CHAPITRE XIII

DE L'AN 1769 A L'AN 1809.

Le général Devaux proclame l'amnistie. — Désarmement. — Peine de mort sans appel contre le porteur d'armes. — Code de sang. — Formation de divers tribunaux. — Le comte Devaux quitte la Corse. — Le général Marbœuf le remplace. — Le curé de Guagno. — Réconstitution de la noblesse corse. — Consulte de 1770. — Députation pour Paris et médaille commémorative. — Formation de quatre juntes. — Cadastre de l'île (1773). — Nicodème Pasqualni. — Les Niolins. — Guidicci. — Départ de Marbœuf. — Narbonne le remplace. — Désarmement. — Atrocités commises par Sionville et les soldats de provincial. — Rupture entre Marbœuf et Narbonne. — Ce dernier est rappelé en France. — Mort de Louis XV (1774). — Louis XVI lui succède. — Bienfaits du nouveau monarque envers la Corse. — Mort du comte de Marbœuf (1786). — Son caractère. — Le vicomte de Barrin lui succède. — Troubles en France. — Formation de la garde nationale. — Le colonel de Rally. — Troubles de Bastia. — Les députés du tiers-état de la Corse demandent que cette île soit déclarée partie intégrante de la France. — Leur demande est adoptée. — Mirabeau demande le rappel des exilés de Corse. — Sa demande est adoptée. — Retour de Clément Paoli et autres de la Toscane. — Assemblée de Bastia. — Députation envoyée à Paoli, à Londres. — Assemblée d'Ajaccio. — Paoli est fêté à Paris. — Députation d'Ajaccio. — Paoli débarque en Corse. — Le jeune Buonaparte l'accompagne. — Prophétie de Paoli sur Napoléon. — Paoli est nommé président de l'administration départementale et général de la garde nationale. — Troubles de Bastia. — Paoli marche sur cette ville. — Expédition de Sardaigne. — Son mauvais succès. — Paoli est dénoncé et appelé à la barre. — Il est mis hors la loi. — Les Anglais débarquent en Corse et chassent les républicains français. — Eliot est nommé vice-roi de la Corse. — Paoli est rappelé à Londres. — Troubles de Bocognano. — Camp de Bisuglia. — Les républicains français reviennent en Corse. — Les Anglais sont chassés (1796). — Amnistie générale. — Révolution de la Crocetta. — Mort du général Augustin Giafferri. — Le général Buonaparte débarque à Ajaccio, venant d'Égypte. — Il se rend à Paris. — 18 brumaire. — Expédition de la Sardaigne. — Troubles en diverses parties de la Corse. — Cette île est divisée en deux départements. — Miot est nommé administrateur général de la Corse (1800).

Le général Devaux établit son quartier général à Corté, et proclama l'amnistie; plusieurs officiers français se promenaient en agitant des mouchoirs blancs en signe de paix. Grand nombre de familles qui s'étaient réfugiées sur les hautes montagnes rentrèrent dans leurs foyers (1). Devaux

(1) Après la promulgation de l'amnistie, quelques centaines de familles qui s'étaient retirées sur le mont Rotondo et ailleurs envoyèrent une députation au général Devaux, à Corté, composée de Charles Buonaparte et Paravisini d'Ajaccio, Laurent et Domenique Guibega, de Calvi, Arrighi de Speloncato, Cervoni de Soveria, et Jean-Thomas Arrighi, de Corté.

ordonna ensuite un désarmement général; la peine de mort, *sans appel*, était prononcée contre tout homme trouvé armé sans l'autorisation du général en chef. On établit des règlements pour punir les crimes et les délits. C'était un code de sang, digne des temps les plus barbares! La potence, le feu et la roue, étaient les supplices dont on punissait les plus simples délits; les fils des suppliciés étaient forcés de changer de nom! On forma un conseil supérieur à Bastia, composé d'un premier et d'un second président, d'un procureur royal, d'un substitut, d'un avocat général et de dix conseillers. Dans ce conseil supérieur le commandant en chef avait le droit d'intervenir avec voix délibérative. On institua deux cours prévôtales, l'une à Ajaccio, l'autre à Bastia; on divisa la Corse d'abord en neuf, puis en onze juridictions, dont les chefs-lieux étaient : Bastia, Ajaccio, Corté, Sartène, Calvi, Bonifacio, Vico, Cervioni, Porta, Oletta, Rogliano, et enfin on promulga un édit sur la juridiction ecclésiastique, en conservant les cinq évêchés.

Le comte Devaux quitta la Corse et le comte Marbœuf le remplaça dans le commandement supérieur. Les Corses avaient tous déposé les armes, excepté le curé de Guagno avec quelques-uns de ses adhérents. Celui-ci ayant juré fidélité à l'indépendance corse, croyait ne pouvoir prêter serment de fidélité au roi sans être parjure. Il conseilla ses amis de déposer les armes, mais quant à lui, il fit toujours le bandit inoffensif jusqu'à sa mort.

Louis XV voulut reconstituer la noblesse en Corse, et par un édit il engageait tous ceux qui se croyaient nobles à produire leurs titres de noblesse ou à justifier leur état d'aisance, exempt de tout ouvrage manuel depuis deux cents ans. Dans le cas où les preuves n'étaient pas suffisantes, Sa Majesté se réservait d'y suppléer (1).

(1) Plusieurs familles d'ancienne noblesse ne firent aucun cas de l'édit royal ni de leurs titres. D'autres s'empressèrent de les produire, et ceux qui n'en avaient pas, réussirent, à force d'intrigues, à se faire reconnaître nobles. Nous en produisons une liste des reconnus par Louis XV et Louis XVI, que nous avons extraite de la *Revue historique*, publiée par André Borel d'Hauterive, archiviste paléologue. (Paris, 1841.)

1771.	Zerbi.	Murati.	Rocca Serra.
	Sansonetti.	Benielli.	Antoni.
Paciocchi.	Buonaparte.	Bastora.	Fozzani.
Battafoco.	Avogari-Gentili.	Ceccaldi.	Frediani.
Casoe.	Pianelli.	Susini.	Santini.
Ornano.	Rossi de Bastia.	Durazzo.	Rocca-Cesari.
Cassibianca.		Ortoli.	Bungelo.
Colonna.	1772.	Poggi.	Pietri de Cap-Corse.
Cardi.	Varese.	Massei.	Costa.

En 1770, on ouvrit une consulte générale à Bastia sous la présidence du comte de Marbœuf, assisté du premier président du conseil supérieur, M. Chardon, où, après avoir pris plusieurs délibérations sur divers sujets et après avoir demandé aux commissaires du roi, MM. de Marbœuf et Chardon, l'incorporation de la Corse à la France, la consulte délibéra de faire battre une *médaille commémorative sur l'heureuse époque, et en attestation de soumission et de fidélité à la France*. On nomma une députation pour se rendre au pied du trône de Louis XV; les trois membres élus furent Laurent Giubega, Massei et Mgr Stefanini, évêque de Sagona, et plus tard de la Mariana. Cette députation arriva à Paris, elle fut fêtée par tous les officiers qui avaient porté les armes contre les Corses et par les ministres; enfin elle fut présentée à la cour, où, en présence du roi, de la famille royale et de plusieurs dignitaires, Mgr Stefanini, homme pieux, docte et charitable, vertus héréditaires dans sa famille, prononça un magnifique discours dont nous citons ce passage :

« Sire,

« Les hommes qui ont fait preuve de leur fermeté et de leur courage,
« une fois qu'ils ont fait le sacrifice de leur liberté, sont dans leur soumis-
« sion et dans leur fidélité incorruptibles et loyaux. La nation corse a donné,
« dans les siècles passés, des preuves éclatantes de constance et de valeur;
« elle se fera une gloire dans les siècles à venir de consacrer ces deux belles
« qualités au service de son bien-aimé souverain et de la nation la plus
« grande, la plus brave et la plus polie de l'univers; tel fut toujours le désir

Belgodere de Bagnaja.
Peretti.
Carraccioli.
Folacci.
Andriani.
Pietri de Sartène.
Mari.
Morlas.
Corsi.

1771.
Colonna d'Istria.
Colonna Bozzi.

1774.
Giubega.
Petricconi.
Caraffi.

Pernici.
Cattaneo.
Casalta.
Quenza.
Cattoli.
Pruno.
Fabbiani.
Fraticelli.
Pozzo di Borgo.
Gentile di Rogliano.
Gentile de Calcateggio.

1775.
Poli.
Castelli.

1776.
Rossi.

Tomei.
Matra.
Abbatucci.
Costa.

1778.
Giacomini.
Castagnola Negroni.

1781.
Farinola.

1782.
Arrighi de Corté.
Boerio.

1786.
Suzzarelli.

1787.
Figarelli.

1789.
Casabianca (de la).

Noblesse accordée.

Bocchecciampe, Mirengo.

Noblesse de grâce.

Beneditti de Vico.

Noblesse étrangère.

Saliveri.
Doria.
Mattei de Centuri.

« de nos pères, et les annales de votre monarchie le prouvent d'une manière
« incontestable, etc. (1). »

En 1772, le roi ordonna de former en Corse quatre espèces de tribunaux sous le nom de juntes, qui furent fixés à Orezza, Caccia, Tallano et Mezzana. Chacune de ces juntes était administrée par six commissaires nommés par les Etats généraux de l'île, dont les attributions étaient de prévenir les délits plutôt que de les punir.

En 1773 on commença le cadastre de l'île et on fit le recensement de la population, qui montait alors à 160,000 habitants (2). Dans cette même année, on forma une assemblée et on procéda à la nomination de trois députés pour Paris. Les élus furent : Flach, Follacci et Mgr Citadella, évêque du Nebbio. La tranquillité semblait rétablie en Corse, lorsque Nicodème Pasqualini, qui avait suivi Paoli dans l'exil, débarqua dans l'île et souleva le Niolo. Le comte de Marbœuf marcha avec une force armée considérable et se plaça dans le Rostino; Sionville pénétra dans le Niolo et captura 72 individus, dont une partie fut pendue devant leurs maisons ou à des branches de châtaigniers; Sionville précédait lui-même le bourreau et choisissait les branches les plus fortes. Les autres malheureux furent envoyés dans les tours de Toulon, leurs maisons furent rasées, leurs biens dévastés et leur bétail détruit. Nicodème Pasqualini parut bientôt sur la scène et s'empara du fort d'Aléria; Marbœuf s'empressa de marcher avec 2,000 hommes; le fort est bloqué, Pasqualini résiste à l'attaque pendant le jour, et dans la nuit il s'évade avec ses 15 hommes, tous habillés en soldats provinciaux,

---

(1) Monseigneur Stefanini fait allusion à Sampiero, à son fils et à son petit-fils les maréchaux d'Ornano, ainsi qu'à tous les Corses qui avaient versé leur sang pour la gloire de la France. Les Corses, depuis Henri II jusqu'à Louis XIII, et même plus tard, avaient tenté maintes fois de devenir Français. Les rois de France, pour ne pas se brouiller avec Gênes, n'ont jamais voulu accéder à leurs vœux, et ils ont voulu leur soumission à force d'or répandu et de sang versé. Parmi les documents curieux et importants sur la Corse que M. le docteur Mattei a pu ramasser à Paris, on voit les rôles des militaires qui étaient sous les ordres de Sampiero en France, parmi lesquels figurent des Italiens. Mais le plus important de ces documents est celui des Corses qui suivirent Alphonse en France après la mort de Sampiero, son père, et qui prirent du service militaire. Ce rôle est passé à Béziers en 1571. Le capitaine commandant porte le nom de Léonard de Corte. Tous les soldats sont inscrits avec leurs noms de baptême et le village où ils sont nés; point de noms de famille; peut-être il n'en existait pas dans ce temps-là. Ceux qui portent le nom de Corti sont les plus nombreux (22). Après viennent ceux de Venaco, Bozio, Lento, Rostino, Niolo, Omessa, Nebbio, Bastia. Tous ces émigrants appartenaient à la partie d'en deçà de l'île, excepté quelques-uns de Cruzini, Sarri et Tavera.

(2) La Corse, de nos jours, compte 252,000 habitants.

dont le régiment assiégeait le fort. Comment ils purent se procurer cet habillement, on n'a jamais pu le savoir. Les compagnons de Pasqualini purent rentrer dans leurs foyers sans être reconnus; quant à lui, il arriva à Luri, dans le Cap Corse, habillé en mendiant, demanda l'hospitalité au sieur Dominici, auquel il se fait bientôt connaître. Celui-ci le cacha dans sa maison, et deux mois après le fit embarquer pour le continent. De Marbœuf en fut averti, il fit appeler Dominici et menaça de le punir; celui-ci lui répondit avec fermeté que l'hospitalité était une vertu nationale, dont il avait hérité de ses ancêtres et qu'il voulait la conserver au risque de sa vie. Cette réponse désarma le comte de Marbœuf, qui congédia Dominici en lui serrant amicalement la main. Peu de temps après, Guiducci de Sainte-Lucie de Talcini, autre exilé, arrive en Corse et cherche à soulever quelques villages, mais il est bientôt capturé, sa maison est brûlée, ses biens sont dévastés, quelques-uns de ses complices sont pendus, et le village du Poggio Marinaccio est incendié.

Le comte de Marbœuf se rend à Paris et laisse le commandement à de Narbonne. Celui-ci ordonne le désarmement. Sionville est chargé de l'exécution, il marche avec des forces imposantes, et sous de faux prétextes et de fausses accusations, il commet des atrocités. Plusieurs individus sont pendus, plus de 800 sont envoyés enchaînés dans les forts du continent. Les soldats du provincial corse qui accompagnaient Sionville commirent des dégâts dans les maisons et se livrèrent à des actes de brutalité envers les femmes.

Le comte de Narbonne Frizlar, qui aimait à rester en Corse, accusa de Marbœuf à la cour; celui-ci, protégé par l'abbé de Marbœuf son parent, employé au ministère, l'emporta, et de Narbonne fut rappelé sur le continent.

Le 10 mai 1774, Louis XV mourut et Louis XVI lui succéda. Ce nouveau monarque tourna ses regards vers l'île de Corse et il accueillit avec bienveillance les demandes que lui présentèrent les députés de cette nation (1). Il libéra d'abord les Corses des 60,000 francs qu'ils devaient payer pour les logements des garnisons, il diminua les impôts, accorda l'amnistie aux réfugiés en Toscane, fit mettre en liberté plusieurs détenus dans les tours de Toulon. Il essaya d'augmenter la population en y envoyant des colonies agricoles, mais la première s'étant établie aux Porrettes, tout près des eaux pestilentielles de l'étang de Biguglia, périt en peu de temps. Un édit royal

---

(1) Monseigneur de Guernes, César-Mathieu Petricooi et Ventura Benedetti.

exemptait des impôts et des corvées, pendant dix ans, tout étranger qui venait se fixer dans l'île, et lui accordait tous les droits de citoyen français. Louis XVI racheta à ses frais 500 Corses qui gémissaient dans l'esclavage à Alger et à Tunis. Il admit, à ses dépens, plusieurs jeunes filles nobles à l'éducation dans la maison royale de Saint-Louis, de Saint-Cyr, et les jeunes garçons à la Flèche, comme aussi vingt jeunes gens qui se destinaient à l'état ecclésiastique dans le séminaire d'Aix ; il établit les colléges de Calvi et de Cervioni, ordonna la restauration de l'université de Corté, fit relever les casernes d'Ajaccio, Corté et Bonifacio, il accorda de payer les impôts en nature, lesquels furent fixés au dixième du produit des terres et affermés au plus offrant (1), acheta la propriété de la Rena, dans le canton de Vescovato, et en fit faire une pépinière : il établit deux autres pépinières, l'une à Ajaccio et l'autre à Calvi En 1777 on nomma les nouveaux députés en Corse pour aller à Paris; les élus furent : Charles Buonaparte pour la noblesse, Mgr Santini pour le clergé, et Paul Casabianca pour le tiers-état.

Revenons aux bienfaits de Louis XVI. En 1778, la Corse étant menacée d'une grande famine, ce monarque fit envoyer dans l'île un secours de mille huit cent vingt et un cantars de blés pour les semences et deux mille quatre cents cantars de farines. En 1782, il ordonna le percement de la grande route de Bastia à Ajaccio, touchant à Corté, et celle de Bastia à Saint-Florent. En 1784, un édit royal exceptait de toute imposition pendant vingt ans les terres incultes qui seraient cultivées en chènevières ou linières, et exemptait du droit de sortie de l'île les produits de cette culture. Un autre édit de la même année exemptait pendant vingt-cinq ans de toute imposition et des dîmes ecclésiastiques les marais desséchés et mis en culture, et les terres converties en prairies étaient exemptes des impositions pendant quinze ans comme aussi les makis défrichés et mis en culture de grains, vignes et arbres fruitiers. En 1785, on accordait une prime de 10 sous pour l'importation en Corse de chaque plant greffé d'oliviers, orangers, citronniers, mûriers, etc.

En 1786 mourut le comte de Marbœuf, âgé de 80 ans, après avoir gouverné la Corse pendant vingt-deux ans. La ville de Bastia lui fit de magnifiques funérailles.

On ne peut pas nier que le comte de Marbœuf ait rendu de grands services à la Corse et surtout à des familles particulières, mais étant plus despote

---

(1) La partie de cette ferme qui excédait 120,000 livres était employée en utilités publiques dans l'île.

que le gouvernement lui-même, il aimait l'arbitraire et ne souffrait que personnne critiquât son administration. Victime de sa haine implacable furent d'abord les députés Petriconi et Mgr de Guernes; le premier fut consigné à Toulon et l'autre dans son diocèse. En 1778, Belgodère de Bagnaja fut suspendu de ses fonctions. Leccia de San Polo, ex capitaine, fut par son impulsion, condamné à mort. Abbatucci, lieutenant-colonel, suspect d'avoir écrit une lettre à l'Assemblée générale des états, en 1777, qui avait pour titre : *La Corse à ses enfants*, dans laquelle on blâmait l'administration de Marbœuf, celui-ci fut tellement blessé, qu'il jura sa perte.

Le vicomte de Barrin succéda à M. de Marbœuf. Ce nouveau général était un homme juste et conciliant, et il aurait pu faire le bonheur de la Corse, mais l'horizon de la France commençait à s'assombrir et menaçait d'une affreuse tempête. Des bruits se manifestaient de tous côtés sur le continent français, la Corse seule restait tranquille. La ville de Sartène fut la première à organiser sa garde nationale, malgré les mesures du cruel Sionville (1). Ajaccio et les autres villes l'imitèrent. Bastia seule trouva une opposition insensée de la part du colonel du régiment du Maine, M. de Rully, homme d'un caractère violent. Le 5 novembre, le peuple se réunit dans l'église Saint-Jean, pour former la garde nationale; M. de Rully voulait s'y opposer, et alla trouver le général Barrin pour recevoir ses ordres; celui-ci hésite, mais entouré par le maire de la ville et d'autres qui exagèrent le danger, il donna ordre de battre la générale; mieux informé, M. de Barrin donne un contre-ordre, mais il était trop tard, de Rully avait fait marcher sa troupe : le peuple, aux cris des femmes et des enfants, était sorti de l'église et s'était armé; une partie de la troupe s'avance vers l'église de Saint-Jean, arrive au lieu dit *Terrazze*, tout près de l'église; le peuple crie : *On ne passe pas!* Les soldats couchent en joue et les coups partent de tous côtés; plusieurs sont blessés; de part et d'autre les soldats se retirent, et dans leur retraite ils blessent deux enfants avec leurs baïonnettes; le peuple alors entre dans une

---

(1) Sionville était arrivé en Corse fort jeune comme compagnon d'aventure de Théodore; après le départ de ce roi éphémère il resta en Corse, et y trouva une cordiale hospitalité. Plus tard il prit service dans les troupes françaises envoyées dans l'île et parvint au grade de général de brigade. Sionville oublia les bienfaits reçus, devint cruel et se fit détester de tout le monde. S'étant présenté à la réunion du peuple de Sartène pour empêcher de former la garde nationale, il se vit mettre brusquement à la porte de la salle. Il en fut tellement blessé qu'à peine rentré dans sa maison il fut atteint d'une fièvre violente et mourut en peu de temps.

Bataille de Ponte-novo 1769 Tombeau de l'indépendance Corse

NAPOLÉON 1ᵉʳ.

irritation extrême. Les troupes étant rentrées dans leurs casernes, la garde nationale s'organisa paisiblement.

M. de Rully, mécontent du général de Barrin, voulait faire embarquer son régiment, mais celui-ci s'y opposa; alors il partit tout seul pour Paris.

Les chefs du parti libéral de Bastia, Jean-Baptiste Galeazzini, Paul Murati et Jean-Baptiste Guasco, s'empressèrent d'informer les représentants du tiers-état de la Corse (1) sur cet événement malheureux.

Saliceti déposa la lettre au bureau du président de l'Assemblée nationale; le célèbre Volney, qui était alors l'un des secrétaires de l'Assemblée, la communiqua au congrès, qui frémit en entendant que l'armée avait osé s'opposer à la formation de la garde nationale et que le sang avait coulé. Saliceti profita de cette circonstance pour monter à la tribune et demander que la Corse fût déclarée partie intégrante de la nation française. La proposition de Saliceti fut adoptée à l'unanimité, et la Corse fut déclarée partie intégrante de la France, le 30 octobre 1789.

Mirabeau demanda alors que tous les Corses qui avaient combattu pour la liberté de leur pays et qui vivaient dans l'exil pussent rentrer dans leurs foyers et jouir de tous les droits de citoyen français. La proposition de Mirabeau, si elle ne fut pas bien accueillie par les députés de la noblesse et du clergé de la Corse, fut fortement appuyée par une grande partie de l'Assemblée. Mougin de Roquefort s'écria alors : « Les régénérateurs de la liberté doivent s'empresser de reconnaître les droits de ceux qui l'avaient si courageusement soutenue! » Et Barrère de Vienzac dit à son tour : « Il faut s'empresser de décréter une proposition si honorable, il faut que Paoli apprenne à devenir Français; un tel défenseur de sa patrie est digne d'une nation qui a brisé ses chaînes avec tant de courage. » Mirabeau ayant repris la parole, avoua qu'il avait souillé les premiers pas de sa jeunesse en portant les armes contre ces insulaires, lorsqu'ils défendaient leur liberté (2), et que dans cette circonstance il se croyait obligé de réparer envers ce peuple généreux ce que sa raison lui présentait comme injuste, etc.

(1) Les députés du tiers-état étaient Christophe Saliceti de Rostino et Pierre-Paul Colonna Cesari de Quenza. Mathieu de Buttafoco était celui de la noblesse, et l'abbé Peretti était celui du clergé.

(2) Mirabeau était un de ces jeunes gens de la cour qui étaient venus en Corse avec de Chauvelin pour voir cette canaille, la mettre en fuite, et puis s'en retourner le soir à l'Opéra à Paris (selon les notes de Dumouriez, qui combattait depuis quelque temps en Corse). Il n'en fut pas ainsi, puisque quelques-uns de ces jeunes officiers courtisans ne restèrent plus la France.

Lorsque l'heureuse nouvelle de son incorporation à la France parvint en Corse, on fit des fêtes et des réjouissances et on chanta le *Te Deum* dans toutes les paroisses de l'île. Cependant, voyant que le décret tardait à être signé par le roi (1), le député Saliceti s'apprêtait à en demander la raison, lorsqu'on entendit avec surprise lire au congrès national une protestation de Gênes, qui prétendait n'avoir jamais cédé la souveraineté de la Corse à la France, d'après les termes du traité de 1768.

Le sénat de Gênes avait bien raison, puisque le roi de France, d'après le singulier traité de 1768, s'était engagé à ne rien changer dans l'état politique de l'île, sans son consentement, et de la lui rendre une fois soumise, etc. La lecture de ce mémoire produisit un grand tumulte dans l'assemblée; le comte de Mirabeau prit le premier la parole et traita la réclamation de Gênes d'absurde et de ridicule. Saliceti parla ensuite et fut fortement appuyé par Garat aîné, qui finit en disant : « Nous avons conquis la Corse, elle nous appartient, ses habitants veulent être nos frères. D'ailleurs, il serait désormais temps de mettre un terme à cet horrible commerce d'hommes et de nations qui déshonore l'humanité! » Barnave proposa de décréter que : « Puisque les vœux des habitants de la Corse étaient que cette île fût déclarée partie intégrante de la France, l'Assemblée nationale *décrète qu'il n'y a lieu à délibérer sur la réclamation de la sérénissime république de Gênes.* » Après les observations de d'Espre-Menzil, de Robespierre, de Châtelet; après la réplique chaleureuse et énergique de Mirabeau (2) et le discours de Mathieu Buttafoco, qui fit observer que les Russes cherchaient à s'établir dans la Méditerranée, que la Corse leur serait agréable, et que les habitants de cette île, s'ils voyaient de ne pouvoir être Français, se donneraient plutôt au diable qu'à Gênes; enfin, après les observations de tant d'autres orateurs, l'assemblée décréta *qu'il n'y avait pas lieu*

---

(1) On dit que ce retard dérivait de ce que le parti aristocratique, à la cour de Versailles, avait pensé de conserver la Corse pour faire un point de ralliement pour les émigrés, en cas de quelque grave événement.

(2) Le comte de Mirabeau, dans une de ses lettres, se vantait d'avoir dans les veines du sang corse, étant descendant du dernier maréchal d'Ornano. Mirabeau se trompait, car Jean-Baptiste d'Ornano n'eut pas d'héritier; mais ce fut peut-être de quelques-uns de ses frères ou de ses sœurs, tels que Henri-François, gouverneur de Saint-Esprit, de Tarascon et de Saint-André, qui épousa Marguerite de Rémond, de laquelle il eut Marguerite, mariée à messire Louis Gaucher de Monteil, comte de Grignan, etc.; Anna, qui se maria avec François de Lorraine, prince d'Harcourt, etc., etc.; Charles d'Ornano, qui épousa Charlotte de Perdrié de Baubigny, etc.; Pierre, seigneur de Sainte-Croix, Louise et Magdeleine. Ces derniers eurent aussi des héritiers.

à *délibérer* sur le mémoire présenté par le ministre plénipotentiaire de la sérénissime république.

Dans ces entrefaites Clément Paoli débarquait à Bastia en compagnie d'autres exilés. Antoine Gentili, qui devint plus tard lieutenant-général, et Louis Ciavaldini, arrivaient de Londres, envoyés par Pascal Paoli, pour explorer quel était l'esprit de la nation à son égard, et le colonel Petriconi arrivait de Paris, envoyé par Lafayette, afin d'organiser la garde nationale de Bastia, Nebbio et Cap-Corse.

Le 22 février 1790 on convoqua à Bastia l'assemblée générale des députés des *Piéves* de l'île, pour s'occuper d'un règlement relatif à la nomination des municipalités et des moyens d'assurer la tranquillité publique, jusqu'à l'organisation départementale. On proposa dans cette assemblée d'adresser des lettres de remercîments à l'Assemblée nationale de Paris pour le décret d'union de la Corse à la France et pour le rappel des exilés. Enfin on proposa et on décida à l'unanimité de solliciter le retour de Pascal Paoli dans sa patrie. Les députés élus pour se porter à Londres chez l'illustre exilé furent : Louis Belgodere de Bagnaja, Paul Murati, le lieutenant-colonel Casabianca de Vescovato et l'avocat Panattieri de Calvi. Cette assemblée nomma ensuite les membres d'un comité supérieur, pour veiller au maintien de l'ordre public. Ce comité supérieur s'occupa d'abord des moyens de réprimer l'esprit de parti. Ayant observé que la ville d'Ajaccio et les autres *Piéves* d'au delà des monts n'avaient envoyé aucun député à la consulte de Bastia, on écrivit une lettre patriotique à la municipalité d'Ajaccio en l'invitant à nommer des députés pour les envoyer prochainement à l'assemblée d'Orezza. Cette invitation excita de grands débats dans le conseil municipal d'Ajaccio; on s'empressa de convoquer une assemblée dans cette ville des députés de toutes les Piéves d'au delà des monts; on discuta vivement sur l'invitation du prétendu conseil supérieur de Bastia, et malgré les efforts de Joseph Buonaparte, qui fut plus tard roi de Naples et d'Espagne, de Charles-André Pozzo di Borgo, qui fut ambassadeur de Russie, de Jérôme Levie, podestat d'Ajaccio, d'Arriotte Louis Benielli et de l'abbé Coti, la pluralité des suffrages décida de n'envoyer aucun député à Orezza. Le jeune Napoléon Buonaparte, qui était spectateur de tous ces débats et de ces tumultes occasionnés par une rivalité mesquine entre Bastia et Ajaccio, en fut fort scandalisé. Le soir même une grande partie des députés s'étant réunie dans la maison Buonaparte, on discuta sur cet inconvénient et on revint à des sentiments plus modérés. Le lendemain on se réunit de nouveau et on décida que des députés seraient envoyés à l'assemblée qui devait se réunir bientôt à Orezza. D'après les insinuations du jeune Napoléon Buonaparte, Joseph, son frère, et l'abbé Coti proposèrent à l'assemblée d'envoyer des députés en France pour complimenter Pascal Paoli; cette proposition fut acceptée, et on nomma Marius Peraldi, d'Ajaccio, Chiappe de Sartène, le chanoine Multedo de Vico et Peretti de le Vie.

On avait presque oublié le souvenir du colonel de Rully, lorsqu'on le vit revenir du continent, ordonner le départ du régiment du Maine, insulter le général de Barrin, qui s'y opposait, insulter le peuple de Bastia, tirer un coup de pistolet sur l'un de ses officiers qui lui conseillait d'être plus prudent; coup funeste pour lui, car, ayant été évité par l'officier, il atteignit mortellement une femme qui traversait la rue. L'imprudent et orgueilleux colonel se réfugia dans une caserne où il fut découvert et où il tomba victime de la fureur de la populace (1).

La consulte d'Orezza fut enfin convoquée; dans cette consulte on devait s'occuper principalement de mettre un terme aux discordes qui se manifestaient dans l'île. Le général Gaffori, qui avait été envoyé en Corse comme second à M. de Barrin, était accusé de protéger les anciennes idées aristocratiques; à cet effet on lui envoya un message. Gaffori protesta contre ces accusations et demanda la permission de se présenter à cette assemblée pour se justifier; il y parut sans aucune escorte et en simple citoyen (27 avril 1790). Le général Gaffori, après avoir prononcé un discours tout patriotique, offrit, en gage de sa bonne foi, ses biens, sa vie, et même son humiliation (2). Cette réconciliation, célébrée solennellement à Orezza avec

---

(1) La populace de Bastia, après avoir assouvi sa soif de vengeance, fraternisa avec la garnison, et quelques jours après accompagna en foule à sa dernière demeure un bas officier mort à l'hospice militaire.

(2) Les ennemis de Gaffori avaient écrit de Paris contre lui. Il tâcha de se justifier à Orezza, et plus tard il fit paraître un manifeste dans lequel il chercha à justifier sa conduite politique, pendant laquelle, si parfois il s'était trompé, il protestait de n'avoir jamais agi avec de mauvaises intentions. « Mais, s'écriait-il, lorsque la nation réunie pourra se faire entendre, alors on verra que les familles qu'on me calomnier aujourd'hui sont celles mêmes qui ont combattu pour la liberté et qui ont souffert pour elle de grands malheurs! On verra que ces mêmes citoyens qu'on s'efforce de dénigrer maintenant sont justement ceux qui verseraient leur sang pour délivrer leur patrie qui gémissait sous le joug odieux de Gênes, tandis que nos ennemis, nos accusateurs, menaient une vie de pachas dans la ville de Bastia et recevaient de nos oppresseurs les récompenses de leur soumission, de leurs services et de leur lâche et honteuse complaisance! Mais, hélas! tâchons de noyer dans l'oubli nos discordes et faisons voir que si nous avons traîné les chaînes pendant plusieurs années elles n'ont pas fléchi notre caractère national, et que nous sommes

l'exposition du Saint-Sacrement et le serment de fidélité à la nation, au roi et à la constitution, fut mal reçue à Ajaccio par les adhérents de l'ancien régime; ils en furent exaspérés et complotèrent contre les familles Buonaparte, Masséria et Coti; on les accusait de conspirer contre la garnison française; le peuple, trop crédule, commença à s'assembler et à menacer les susdites familles. Les trois frères Buonaparte, Joseph, Lucien et Napoléon, ainsi que Masséria, se présentèrent aux mutins; ils leur parlèrent avec franchise et énergie, et surtout le jeune Napoléon, qui s'écria : « Que mon accusateur se fasse connaître, et la discussion sera bientôt terminée avec la mort de l'un de nous; vous fusillerez le coupable! » Ces paroles suffirent à persuader le peuple, qui se débanda immédiatement.

Revenons à Pascal Paoli. Celui-ci avait quitté Londres et s'était rendu à Paris. La présence de cet homme illustre causait le plus grand enthousiasme; on lui jetait des couronnes nationales; les ministres se faisaient un honneur de l'accompagner, le roi et la reine le recevaient avec effusion et bienveillance, et le peuple français se pressait sur son passage pour le saluer. Le général Lafayette ne quittait jamais le Washington de la Corse, et le 22 avril 1790 Paoli était présenté à l'Assemblée nationale, où il fut accueilli avec enthousiasme. L'avocat Panattieri parla le premier, et, entre autres choses, il dit : « Pendant quarante ans nous avons combattu! Nous avons versé notre sang pour la liberté! Nous ne l'avons pas pu obtenir... Dans un seul jour vous nous l'avez donnée. Et comment pourrions-nous être ingrats et rebelles? » Le général Paoli prit ensuite la parole. Toute l'assemblée se tourna alors vers lui avec intérêt : « Messieurs, dit-il, voilà le plus beau jour, le plus heureux jour de ma vie! Je la traînais, cette vie, en cherchant la liberté, et c'est ici que j'en admire le noble spectacle! J'ai quitté ma patrie réduite à l'esclavage, je la revois libre! Et quoi de plus me reste-t-il à désirer?.... Vous avez été généreux envers moi, et je n'ai jamais été esclave. Ma conduite passée, que vous avez honorée de votre approbation, vous garantira ma conduite à venir. Ma vie entière, j'ose le dire, a été un serment non interrompu à la liberté. Ce serment, c'est comme si je l'eusse prêté à la constitution que vous formez; mais maintenant il me reste à prêter ce serment à la nation qui m'adopte et au monarque que je reconnais. »

---

vraiment dignes d'être Français, et Français libres. » Malheureusement cette race d'hommes a toujours existé; nous avons vu, en 1815, à la chute du premier empire, persécuter les bonapartistes; nous voyons, sous Napoléon III, ces mêmes individus se proclamer hautement bonapartistes et insulter les anciens amis et les martyrs du bonapartisme.

Après que Paoli et les députés de la Corse eurent prêté leur serment de fidélité, le président de l'Assemblée, M. de Bonnay, répondit au général Paoli et à sa suite : « Un peuple né pour l'indépendance, un peuple dont la France admira le courage pendant le temps qu'elle eut à le combattre et dont elle n'a vraiment accompli sa conquête que le jour où elle l'a rendu à la liberté ; ce peuple devait sans doute comprendre, mieux que toute autre contrée de la nation française, le prix d'une constitution qui rend aux hommes tous leurs droits et promet au citoyen bonheur, gloire et prospérité..... La France aime à reconnaître en Paoli le héros et le martyr de la liberté ! Fils adoptifs de la France, recevez d'elle le bonheur qu'elle vous a préparé, et récompensez-la avec votre fidélité et votre amour, etc., etc. »

Paoli fut ensuite présenté à la Société des Amis de la constitution, dont Robespierre était le président. A la vue de ce martyr de la liberté, tous se levèrent, se découvrirent et l'obligèrent de siéger à la droite du président. Plusieurs discours chaleureux se prononcèrent alors sur la *liberté*, sur la constitution et sur l'amour de la patrie. Ensuite Paoli, accompagné de Biron et des députés corses, alla se présenter au roi. On causa des troubles qui éclataient sur divers points de la France ; le roi en était affecté, et se tournant vers les députés de la Corse, il leur demanda : « Et la Corse ? » — « La Corse, lui répondit-on, est tranquille et obéit en silence aux décrets de l'Assemblée nationale sanctionnés par Votre Majesté. » — « Mes derniers enfants, reprit le roi, sont les plus fidèles et les plus sages ! »

L'Assemblée nationale acheva enfin son pénible travail sur l'organisation des départements, des districts et des municipalités ; le nom de *province* disparut ; la France fut divisée en 83 départements. La Corse fut divisée en 9 districts : 6 pour la partie d'en deçà et 3 pour celle d'au delà des monts (1). La nouvelle organisation des municipalités causa des troubles qui furent apaisés par Petriconi dans le canton d'Ampugnani, et par Mgr de Guernes dans son diocèse.

Cependant Paoli ayant refusé de hauts emplois, de grands honneurs et une riche pension que la cour de Versailles lui avait offerts, s'apprêtait à quitter Paris pour venir dans sa patrie, afin de vivre en simple mortel et jouir de la liberté pour laquelle il avait tant combattu et tant souffert ! Dans cette

---

(1) Les commissaires nommés par le roi pour mettre en exécution le décret de l'Assemblée furent : Petriconi, Mattei de Centuri, Ponte, Mgr Santini, auxquels Paoli fit joindre Limperani, l'abbé Varese et Martin Quenza.

circonstance, la ville d'Ajaccio s'empressa de lui envoyer une députation (1). Le voyage de Paoli à travers la France ne fut qu'une continuelle ovation. Le voilà enfin à la vue de son berceau; il touche le rivage, descend du navire dans le cap Corse, se prosterne et embrasse en versant des larmes le sol de sa chère patrie, qu'il n'avait pas vue depuis vingt ans. Il reprend aussitôt son voyage par mer et débarque à Bastia au milieu d'une foule frémissante et ivre de joie. Tous les villages placés à une certaine distance de cette ville restèrent déserts, les plus éloignés envoyèrent des députations, et dans chaque église on exposa le Saint-Sacrement. Pendant le temps que Paoli resta à Bastia, ce ne fut qu'une continuation de fêtes, d'illuminations, de danses et de banquets. On exposa son buste, sous lequel on lisait :

> Le temps et les revers n'ont rien pu sur son âme;
> Héros d'un peuple libre, il défendit ses droits;
> L'amour de son pays, la liberté l'enflamme,
> Et, rebelle aux tyrans, il est soumis aux lois.

Le jeune Napoléon, qui était allé rejoindre Paoli en France, ne le quittait jamais; il était avide de l'entendre parler, il lui posait des questions, et les observations ainsi que les réponses de Napoléon surprirent l'âme de Paoli, qui, se tournant vers quelques-uns, leur dit : « Ce jeune homme, si on lui donne du temps, fera parler de lui. » Napoléon voulut accompagner Paoli à Rostino, et, en arrivant à Pontenovo, tombeau de l'indépendance corse, le jeune Buonaparte demanda des explications sur cette catastrophe. Paoli adhéra à ses désirs; mais surpris des observations du jeune interlocuteur, il s'écria : *Va, mon fils, tu seras un homme de Plutarque!* La prophétie s'accomplit.

Le 9 septembre eut lieu une grande assemblée à Orezza; tous les électeurs de l'île s'y rendirent; quoique le jeune Napoléon ne fût pas du nombre à cause de son âge, il assista en simple spectateur. Paoli s'y porta comme électeur de Rostino; mais il fut à l'unanimité proclamé président de l'assemblée.

Des discours imprimés par amour de la liberté et par amour de la patrie furent prononcés dans cette circonstance par Paul Pompei, Barthé-

---

(1) Les députés d'Ajaccio furent : les deux frères Buonaparte, Joseph et Napoléon, Paravisini, Jacques Po, l'abbé Recco et Thomas Tavera.

lemy Arena (1) et Jean-Baptiste Galéazini, tous hommes remarquables. Paoli répondit à tous ces orateurs avec la plus grande noblesse d'âme et de langage; il s'opposa vivement au vœu émis par Pompei et applaudi par toute l'assemblée, qui consistait à lui accorder une pension viagère. « Ce « n'est pas par un vain orgueil, dit-il, que j'insiste, Messieurs, à refuser vos « offres généreuses; l'état de vos finances devrait vous empêcher de m'assi-« gner la moindre des pensions; il ne faut pas songer au bien-être d'un « seul individu pour en faire souffrir le public. Permettez-moi que je vive « au milieu de vous en simple citoyen, en continuant à vous prêter mes « services : ma modique fortune suffit à mes besoins et me permet de vivre « sans être à la charge d'un peuple dépouillé depuis nombre d'années par « une administration despote. » Malgré son refus, la pension de cinquante mille francs lui fut assignée, pour être distribuée à son gré et sans aucun contrôle.

Dans la seconde proposition l'Assemblée nomma Paoli général de toutes les gardes nationales. Dans la troisième proposition on émit le vœu de lui élever une statue, et malgré sa plus vive opposition, la statue fut décrétée.

Une nouvelle assemblée se forma le 23 septembre. Dans cette circonstance Pozzo di Borgo et Panattieri accusèrent les députés Buttafoco et Peretti comme ennemis de l'ordre des choses. On vota un blâme contre la conduite du provincial corse; on délibéra de solliciter les députés du tiers-état de l'île, afin de faire annuler les concessions de terres, étangs, etc., accordées par l'ancien gouvernement à divers individus. On proposa de faire effacer des registres des états généraux de la Corse les délibérations prises en faveur de Marbœuf, de Narbonne et Sionville, en les considérant comme imposées par le despotisme; enfin on nomma deux députés (2) pour se rendre à Paris, afin de présenter ces adresses au Congrès national et au roi. Joseph Buonaparte prononça un discours dans lequel il pria l'Assemblée de décréter l'érection d'une pyramide sur laquelle seraient gravés d'un côté les noms de tous ceux qui depuis 1729 avaient combattu pour la cause commune de la liberté; sur le second, les noms des martyrs de la liberté et de l'indépendance; sur le troisième, l'époque de la régénération, et enfin sur le quatrième côté, les noms des traîtres à la patrie (3).

(1) Arena fut nommé secrétaire dans cette assemblée, et les scrutateurs étaient Abbatucci et Pietri de Fozzano, professeur de chimie et de physique à l'Université de Pise.

(2) Ces députés furent : Gentili et Pozzo di Borgo.

(3) *Chacun est fils de ses actions*; mais nous aurions désiré que cette pyramide eût existé de nos

L'érection de la piramyde fut décrétée. On vota enfin des adresses de remerciments à divers députés de la France, qui avaient défendu la cause de la Corse, et on écrivit au célèbre Volney en le priant de se rendre dans cette île. Celui-ci s'empressa de se rendre à cette invitation. Il fut reçu avec enthousiasme (1). Gentili et Pozzo di Borgo se rendirent à Paris et se présentèrent à l'Assemblée nationale comme députés extraordinaires, et accusèrent Buttafoco et Peretti comme calomniateurs de Paoli. Les députés dénoncés cherchèrent à se défendre, et lorsqu'il fût question d'admettre leurs accusateurs à la session, ils s'y opposèrent ; la droite les appuya énergiquement et demanda leur expulsion de la salle; Saliceti prit leur défense ; l'Assemblée devint tumultueuse et orageuse : mais après le scrutin, Gentili et Pozzo di Borgo furent admis à une grande majorité.

La constitution du clergé excita en Corse du mécontentement, plusieurs prêtres prêtèrent le serment de fidélité, d'autres refusèrent et émigrèrent en Italie. Les évêques de la Corse abandonnèrent leurs diocèses, et l'abbé Guasco, prêtre assermenté, fut nommé évêque de toute l'île. Ce fut dans cette circonstance que les personnes dévotes de Bastia, à la tête desquelles se trouvait le père Salvadori, supérieur des missionnaires et homme très-érudit, et Bajetta, curé de Saint-Jean, homme pieux et très-charitable, organisèrent une procession de pénitence pour le jour des Rogations. Ils firent le tour de la ville, pieds nus et une grosse corde au cou. Le second jour on sonna le tocsin, et une nombreuse réunion de personnes s'étant assemblée dans l'église Saint-Jean, on décida d'envoyer une députation au Directoire départemental, pour le prier d'y intervenir. Celui-ci répondit que la loi lui défendait d'assister à de telles congrégations.

Dans cette circonstance quelques mots contre le clergé échappés à Arena et à Panattieri, membres du Directoire, blessèrent et irritèrent le peuple de Bastia (2). Après le refus d'intervention du Directoire, cette assemblée

jours, afin de faire connaître à quelques parvenus insolents, descendants de ces lâches traîtres à la patrie, ce que furent leurs pères.

(1) Volney vint en Corse, où il aurait désiré se fixer ; mais le général Paoli ayant connu ses idées sur l'athéisme ainsi que ses mœurs, commença par le détester, et lorsqu'il se présenta aux suffrages des Corses pour être élu député, Paoli fit avorter sa candidature. De là commencèrent les diatribes contre Paoli et contre les Corses.

(2) Les députés envoyés au Directoire étaient : Vidau, juge à Sartène, Pozzioli, notaire, Bajetta, curé de Saint-Jean, Salvatori, supérieur des missionnaires, le Père Léonard, provincial des Réformés, et Petriconi, colonel des gardes nationales.

déclara que les habitants de Bastia se croyaient heureux d'être Français, qu'ils protestaient de leur entière adhésion aux décrets de la Constituante et de leur fidélité au roi, mais qu'ils voulaient conserver intacte la religion de leurs pères, qu'ils voulaient rester dans l'état où ils étaient avant la convocation des états généraux, qu'ils inviteraient leur évêque, Mgr de Verclos, à reprendre son poste; que Guasco, évêque intrus, sera déposé, et que le Florentin Buonaroti sera expulsé de la Corse.

Le général Rossi, qui avait remplacé M. de Barrin, d'accord avec les membres du Directoire, ferma les portes de la citadelle et fit tourner quelques canons contre la ville. Cette mesure exaspéra les habitants, qui, s'étant réunis en masse, brisèrent les portes, arrachèrent avec violence Arena et Panattieri, et les embarquèrent pour l'Italie. Buonaroti, après de nombreuses recherches, fut trouvé dans les prisons où il s'était réfugié; il fut arrêté, maltraité et dut la vie à quelques hommes de bien (1). Le lendemain, une troupe de femmes, à la tête desquelles marchait une certaine Fiora Oliva, dite la *Colonella*, se porta sur l'évêché; heureusement l'évêque intrus Guasco ne s'y trouvait pas; le palais fut ravagé, les meubles furent brisés et jetés par les fenêtres. Cette troupe féminine marcha ensuite sur la loge des francs-maçons, qu'elle dévasta, et ayant ramassé tous les instruments symboliques et tous les registres, elle en fit un feu de joie au bord de la mer.

Le général Paoli se trouvait à Ajaccio; à cette nouvelle il se porta à Corté; là il trouva tous les membres du Directoire et il fut rejoint par Arena et Panattieri, revenus des côtes d'Italie. On s'empressa de convoquer une consulte, où l'on décréta que l'évêché et le siège du gouvernement seraient fixés à Corté, et que le général Paoli, avec des forces imposantes, marcherait sur Bastia. Cette nouvelle consterna les habitants de cette ville. La municipalité s'empressa d'envoyer une députation à Paoli; celui-ci assura aux députés que ni les citoyens, ni leurs biens n'auraient rien à souffrir, mais qu'il ne pouvait renoncer à se faire accompagner par la force armée. A l'arrivée de Paoli à Bastia (24 juin), plusieurs femmes, moines et prêtres furent arrêtés et envoyés à Corté; Vidau se sauva en Sardaigne et Petriconi fut arrêté, mais étant malade, il resta à Bastia. Outre les milices qui accompagnèrent Paoli, il en arrivait tous les jours de l'intérieur de l'île. Tout ce monde fut logé et nourri chez les habitants de la ville pendant un mois. Cette circonstance fut appelée la *Coccagna*.

(1) Buonaroti rédigeait un journal démocrate.

L'Assemblée nationale avait fini ses travaux; le roi avait accepté la constitution; une nouvelle assemblée fut convoquée et prit le nom de *législative*. On procéda de même en Corse à la nomination des députés et des juges pour la cour d'Orléans (1).

La révolution française prenait des proportions affligeantes; la Corse, cependant, restait tranquille, et il n'y eut que quelques familles qui émigrèrent sur le continent italien (2). Arena, devenu fougueux républicain, dénonça Paoli à l'Assemblée législative; à cette nouvelle, les partisans de ce dernier dévastèrent la maison et le beau jardin d'Arena à l'Ile-Rousse.

Cependant à Paris on procédait à l'abolition de la monarchie; plusieurs départements de la France adhérèrent à cette mesure; la Corse seule garda le silence et procéda à la nomination de ses nouveaux députés (3).

Dans cette circonstance critique, on offrit à Paoli le commandement suprême de l'île; celui-ci resta un instant indécis, mais enfin il l'accepta. La Convention voyant que la guerre avec l'Angleterre était imminente, voulait s'assurer de la domination de la Méditerranée, et en 1792 une expédition fut ordonnée contre l'île de Sardaigne. Cette expédition fut confiée à l'amiral Truguet; le général Casabianca commandait les troupes de terre. La flotte, partie de Toulon, alla mouiller dans le golfe d'Ajaccio: seulement quelques navires, qui portaient les Provençaux, entrèrent dans le golfe de Saint-Florent. Ces phalanges, avides de sang et de meurtres, se portèrent à Bastia pour élever les lanternes; ils se promenaient en chantant des chants incendiaires et avec des cordes à la main. Le peuple de Bastia était sur ses gardes; mais Paoli avait déjà envoyé dans cette ville des montagnards intrépides pour protéger la vie des citoyens. Ceux-ci, guidés par Giampietri (Jean Pasquin), de Rostino, s'approchèrent de Bastia; les *sans-culottes* (c'est ainsi qu'on les appelait) coururent en foule à l'entrée de la ville; les montagnards arrivent, les Provençaux s'écrient: *Qui vive?* On leur répond: *France!* — *A quel régiment?* Alors un homme à la figure sinistre et à la voix de stentor

---

(1) Les députés furent: Aréna, Pozzo di Borgo, Leonetti, Boério, Peraldi et Pietri; et les juges furent: Pasqualini de Bastia, et Tartaroli d'Ajaccio.

(2) Les familles qui émigrèrent furent: les généraux Buttafoco et Gaffori, Boccheciampe, Fabiani, Figarelli, Sansonetti, Rigo, Matra, Casalta (de la), Rossi, Mariotti, de la Venzolasca, Baciocchi, Adorno, etc., etc.

(3) Ces députés furent: Saliceti, l'abbé Multedo, Luce Casabianca, Chiappe, Bozio et Andrei.

répond : *Au régiment de la mort!...* Ces mots furent un coup de foudre pour les Provençaux, qui se retirèrent en silence, tandis que les montagnards corses entrèrent dans la ville, où ils furent divisés en deux parties, dont l'une devait parcourir la ville pour veiller au bon ordre, et l'autre renforcer les corps de garde.

Le jour suivant, Giampietri (Jean Pasquin), se rendait à la citadelle, et en arrivant près des portes, il se vit accoster par quelques Provençaux armés de cordes ; il comprit leur dessein, et, se tournant vers la sentinelle, il s'écria : *A moi, compatriotes!* La sentinelle couche en joue et renverse raide mort un de ces scélérats. A ce bruit le corps de garde accourt ; mais les Provençaux avaient pris la fuite. Les citoyens de Bastia, encouragés, provoquaient alors ces hommes féroces en leur montrant les maisons des nobles, ou en leur ouvrant les portes des églises pour qu'ils entrassent pendre les prêtres s'ils en avaient le courage ; on les appelait lâches, on les insultait ; plusieurs de ces sans-culottes, qui s'écartèrent vers la partie nord de la ville (Saint-Nicolas), trouvèrent la mort. Voyant qu'ils n'étaient pas en nombre pour en imposer aux habitants de Bastia, ils partirent, se rembarquèrent à Saint-Florent et rejoignirent la flotte à Ajaccio. Dans cette ville, se voyant en plus grand nombre, ils recommencèrent leurs chants sanglants ; ils pendirent deux honnêtes habitants qui allaient à leurs affaires ; le sieur Peraldi, procureur de commune, voulut empêcher ce crime, alors ils se tournèrent contre lui, lui jetèrent la corde au cou, et sans l'intervention des soldats du régiment Vermandois, qui coupèrent la corde avec le sabre, Peraldi aurait péri. Ce fut alors que toute la population d'Ajaccio prit les armes et obligea ces hordes indisciplinées et avides de sang à se retirer sur les vaisseaux.

Le général Paoli ayant formé quelques compagnies de garde nationale destinées à l'expédition de Sardaigne, en confia le commandement à Colonna Cesari ; le jeune Napoléon fut destiné au commandement de l'artillerie, sous les ordres de ce chef. L'expédition partit d'Ajaccio ; le 8 janvier, elle s'empara de l'île de San-Pietro, le 14, de celle de Sant Antioco, puis jeta l'ancre dans la rade de Caglieri. Un parlementaire envoyé à terre fut assailli par les Sardes avant même de débarquer et tué avec quelques-uns de sa suite ; la flotte commença alors le bombardement de la ville, avec fureur, laquelle n'aurait pas pu résister longtemps, sans la méprise funeste des troupes françaises destinées au siège de terre, qui étant débarquées sur divers points pendant la nuit, ne purent se reconnaître, à cause de l'obscurité, et se battirent les uns contre les autres. Elles retournèrent bien maltraitées sur les navires. Ce malheur causa une sédition parmi l'équipage, et alors on se décida à abandonner l'entreprise (1).

Les Corses commandés par Colonna Cesari devaient s'emparer de l'île de la Madeleine; Napoléon avait déjà disposé son artillerie, lorsqu'un contre-ordre de son chef vint déconcerter son plan. Napoléon, fort irrité, se tournant vers quelques-uns de ses amis, dit : « *Notre commandant ne comprend rien!* » Colonna Cesari l'entendit et l'appela *insolent!* Napoléon, esclave de la discipline militaire, se tut, mais plus tard il se plaisait à raconter cette affaire, et en se moquant de l'ignorance de Colonna Cesari, il l'appelait *Cavallo di parata*, cheval de parade, faisant allusion à ses belles formes physiques, qui constituaient peut-être tout son mérite (2).

La terreur régnait en France; le bon Louis XVI, déclaré coupable, était condamné à mort (3)! Le général Paoli, à cette nouvelle, se montra fort affecté et désapprouva hautement cette sentence barbare. Cependant lui aussi venait d'être dénoncé par les *sans-culottes* qui étaient retournés en France de l'expédition de Sardaigne, au club de Toulon. Arena l'avait dénoncé à celui de Paris, et Joseph Buonaparte au club de Marseille. Les députés corses, Andrei et Bozio prirent sa défense, mais tout fut inutile. Paoli fut appelé à la barre.

Saliceti, Lacombe Saint-Michel et Delcher furent envoyés comme commissaires en Corse pour examiner la conduite de Paoli. Celui-ci, avant l'arrivée de ces derniers, tâcha de se justifier; il écrivit à la Convention une lettre remplie des sentiments les plus nobles et les plus honorables; il protestait de sa fidélité à la France et regrettait que son âge et les incommodités dont il était atteint depuis quelque temps, ne lui eussent permis d'entreprendre un voyage de 200 lieues pour se justifier devant la Convention elle-même.

La Convention ayant reçu la lettre du général Paoli, suspendit le décret qui l'appelait à la barre, ce qui produisit un grand effet dans l'âme des Corses.

(1) Les Sardes attribuèrent la retraite précipitée des Français à un miracle de San Elissio.

(2) Colonna Cesari se vantait après, qu'en partant pour l'expédition de Sardaigne, Paoli lui avait conseillé de faire avorter cette expédition, en motivant que cette île avait été de tout temps la sœur, l'amie et l'alliée de la Corse. Colonna Cesari disait une fanfaronnade, car ce n'était pas lui qui était à la tête de l'expédition, mais un amiral et des capitaines d'un plus haut mérite que le sien.

(3) Parmi 721 membres de la Convention, 387 votèrent pour la mort de Louis XVI; des six députés de la Corse, Saliceti seul fut du nombre; les autres, Andrei, Luce Casabianca, Multedo, Bozio et Chiappe, votèrent pour le bannissement et pour la détention.

L'arrivée des commissaires dans l'île fit craindre à Paoli d'être dupe de quelque perfidie de leur part; alors il s'empressa de convoquer une consulte à Corté, composée de tous les députés des communes (27 mai 1793).

Saliceti, qui jusqu'alors avait professé de l'amitié pour Paoli et qui était du même canton, alla le trouver à Corté et le pria de ne pas convoquer cette consulte générale, car elle serait considérée comme une rébellion par la république française, et d'ailleurs, le congrès national avait mis à la disposition des commissaires des millions pour organiser des bataillons, afin de réprimer toute tentative d'insurrection. Paoli alors sortant deux écus d'argent de sa poche, les montra à Saliceti en s'écriant : *Je ne possède que cette somme d'argent et une poignée de mouches, mais avec ces seuls moyens je mettrai en fuite les commissaires et leurs bataillons!* Un grand tumulte se fit alors dans la salle, on voulait arrêter Saliceti, mais Paoli ne le permit pas, et le fit partir sain et sauf.

Napoléon, qui se trouvait à Corté chez les Arrighi ses parents, alla voir Paoli; celui-ci pensant l'attirer dans son parti, lui parla des désordres et de l'anarchie de la France, et lui peignit avec les couleurs les plus flatteuses l'heureuse constitution de l'Angleterre, où son mérite serait largement récompensé, etc., etc.

Napoléon s'opposa vivement aux intentions du général Paoli; celui-ci fronça les sourcils, lui tourna le dos, rentra brusquement dans son cabinet et ferma la porte. Napoléon comprit le danger auquel il s'était exposé et partit immédiatement pour Ajaccio; il n'osa entrer dans cette ville, sachant que le commandant de la place était dans les vues de Paoli, et alla demander l'hospitalité à la bergerie de Bagaglino aux sanguinaires. Ce vieux berger, qui avait gardé longtemps les troupeaux de la famille Buonaparte, fut surpris de cette visite inattendue. Napoléon ayant demandé au berger s'il y avait du monde pour le protéger, car il craignait d'être persécuté et arrêté, Bagaglino s'écria alors : *Vous arrêter! signor Napoleone, si j'ai du monde pour vous défendre! Vous êtes dans l'asile de la sûreté.* Et aussitôt il siffla, et des jeunes gens armés parurent à l'instant. *Voilà, jeune homme,* reprit le berger, *mes amis et mes parents tous prêts à verser leur sang pour vous défendre.* Napoléon détacha alors un morceau de papier d'une lettre qu'il avait sur lui, brouilla du charbon avec de l'eau, aiguisa un morceau de bois et écrivit quelques mots à sa mère; le billet fut confié à un certain Marmotta, qui put arriver, non sans courir des dangers, chez Mme Letizia, qui était fort inquiète pour son fils. Elle s'embarqua la nuit même avec toute sa famille pour Calvi, où Napoléon alla la rejoindre. La maison Buonaparte et ses biens furent incendiés et dévastés par le gouvernement provisoire formé par les partisans de Paoli.

La consulte provoquée par Paoli eut lieu le 27 mai 1793. Dans cette consulte on émit un vœu de blâme contre les commissaires de la république française, on déclara que Paoli devait être considéré toujours comme le père de la patrie, et on proposa d'ouvrir une souscription dans toutes les municipalités, afin de pourvoir à tous les besoins.

D'un autre côté les commissaires de la république annulaient tous les actes faits dans cette consulte et déclaraient traîtres à la patrie Paoli et ses adhérents. Saliceti et Delcher quittèrent la Corse, et Lacombe Saint-Michel resta à la direction des affaires de l'île.

Les deux commissaires, à leur arrivée à Paris, dénoncèrent Paoli à la Convention nationale, laquelle s'empressa de décréter Paoli *mis hors de loi*, le 17 juillet 1793. Le 11 août, la Corse fut divisée en deux départements, qui prirent les noms des deux rivières de Golo et de Liamone.

Cependant plusieurs familles des plus influentes de l'île désertèrent le parti de Paoli (1). Cette désertion alarma ce grand homme, qui s'aperçut que les rayons de sa gloire commençaient à pâlir. Il s'empressa alors d'envoyer l'abbé Leca en France, pour prier l'amiral anglais Hood, qui bloquait Toulon, de venir à son aide. Lacombe Saint-Michel, de son côté, armait les places maritimes de l'île; mais assailli par une panique, il alla se renfermer dans la citadelle de Calvi, laissant le commandement de Bastia au colonel Catelan et la place de Saint-Florent au colonel Gentili, qu'il éleva au grade de général de brigade, en même temps qu'il nomma commandant en chef du département le général Casabianca, qui se trouvait à Calvi avec toute sa famille. Lacombe Saint-Michel, trompé par une vague promesse, tenta une expédition contre la citadelle d'Ajaccio, mais il fut repoussé; sur l'un de ces navires se trouvait le jeune Napoléon, qui, rentrant à Calvi, partit aussitôt pour la France et alla se couvrir de gloire au siège de Toulon.

L'amiral anglais arriva sur les côtes de la Corse, mit le siége à Bastia, d'où on l'obligea de s'éloigner; il alla attaquer la place de Saint-Florent et subit le même échec. Les républicains attaquèrent le village de Biguglia, où il y avait un dépôt des blés de la plaine de la Mariana; ils réussirent à déloger

---

(1) Tels furent les Giubega, les Abbatucci, les Cerroni, les Casalta, les Casabianca, etc., etc., et jusqu'à son compagnon d'exil pendant vingt ans, le brave Antoine Gentili, de Saint-Florent.

les paolistes, mais ceux-ci, renforcés par une troupe nombreuse, revinrent au combat et mirent en fuite les républicains en leur faisant éprouver des pertes considérables.

La nouvelle de la prise de Toulon ranima le parti français en Corse. Saliceti écrivit à Lacombe-Saint-Michel que bientôt une flotte serait partie pour lui apporter des secours; mais les Anglais furent plus empressés et débarquèrent aux Agriates, où Paoli, déjà averti, avait envoyé des Corses armés. Saint-Florent fut aussitôt attaqué par terre et par mer; la lutte fut des plus opiniâtres, mais les Anglo-Corses réussirent à chasser les Français de tous les forts, et quelques jours après un ordre de Lacombe-Saint-Michel fit évacuer les places de Saint-Florent, Barbaggio, Patrimonio et Furiani, que les Anglo-Corses s'empressèrent d'occuper.

Après l'occupation de ces places, les Anglais mirent le siège devant Bastia. Ce fut dans une escarmouche que les Anglo-Corses eurent contre les républicains, du côté nord de Bastia, que le trop célèbre Nelson, qui commandait alors l'*Agamemnon*, fut blessé et perdit un œil. Le siège de Bastia dura pendant plusieurs jours; les habitants de la ville, après avoir usé toutes leurs provisions, eurent recours aux lapins, aux chiens, aux chats et aux rats. Lacombe, sous prétexte d'aller chercher des vivres, s'était sauvé à Gênes, laissant la défense de la ville au général Gentili. Le général Paoli et l'amiral Hood, sachant que le peuple souffrait, envoyèrent un parlementaire pour traiter de la reddition de la ville avec des conditions très-larges. Ces conditions ayant été acceptées, elles furent signées de la part de la république, par Franceschi et Contand, adjudants généraux, par Monti, président de l'administration départementale, et par Galeazzini, maire de la ville. De la part des Anglais signèrent Arthur Jnglestald et Loodol Joung. Cet acte fut enfin ratifié par le général Gentili et par l'amiral Hood. La garnison française fut transportée sur des navires anglais à Toulon.

Après la reddition de Bastia, la flotte anglaise alla renforcer le blocus de Calvi. Cette ville, après avoir résisté héroïquement et après avoir été toute bouleversée par les bombes anglaises, capitula avec les conditions les plus honorables, et le général Casabianca (Raphaël), qui avait soutenu si vaillamment le siège, s'embarqua, avec sa famille et quelques partisans de la république, pour Toulon.

La ville de Bastia étant aux mains des Anglais, on envoya une députation à Paoli au village de Furiani, à peu de distance de cette ville, pour le prier

La grotte de Bicorie, où Napoléon enfant allait méditer ses leçons.

LE JEUNE NAPOLÉON ET PAOLI
Va, mon fils tu seras un homme de Plutarque 1789

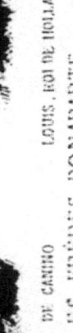

JOSEPH, ROI D'ESPAGNE — LUCIEN, PRINCE DE CANINO — LOUIS, ROI DE HOLLANDE — JÉRÔME, ROI DE WESTPHALIE

LES FRÈRES BONAPARTE

de se rendre à Bastia; celui-ci s'y rendit et y demeura pendant quelques jours pour conférer avec les chefs anglais, puis il se rendit à Corté et convoqua une consulte, qui eut lieu le 10 janvier 1794 dans laquelle il fut nommé président; les secrétaires, qu'il choisit lui-même, furent Muselli et Pozzo de Borgo. Paoli prononça dans cette circonstance un discours dans lequel il prenait Dieu à témoin sur les moyens de paix et de modération qu'il avait employés, afin d'empêcher les Français d'allumer la guerre civile en Corse sous de faux prétextes suggérés par la calomnie et consolidés par l'éxagération, et qu'enfin, pour conjurer l'anarchie, il avait fait appel au peuple, afin de juger si pour le repos et et le bien de la Corse il convenait de se séparer de la France et se mettre sous la protection de la Grande-Bretagne, avec une constitution qui aurait assuré la liberté et l'indépendance de l'île.

Quelques jours après parut un manifeste dans lequel on passait en revue toutes les choses et les péripéties qui s'étaient succédé depuis 1789 jusqu'en 1794, et on concluait en disant que, quand même on aurait voulu passer sur les motifs politiques, on n'aurait pu tolérer davantage la désorganisation de tous les principes de la société, la violation et la rapine sur toutes les propriétés individuelles, l'abjuration forcée de toutes les religions, de tous les cultes, l'athéisme prêché avec impiété, tant d'atrocités commises sur tant de victimes innocentes, immolées à la fureur des gens de la pire espèce, etc., etc. Tous ces motifs étaient plus que suffisants pour faire déterminer le peuple corse à ne prendre aucune part à un tel système d'iniquités.

Tous ces faits rapportés dans le manifeste ne furent pas le seul mobile qui poussèrent Paoli à se séparer de la France, mais, selon l'opinion de sages écrivains, ce fut l'état terrible dans lequel se trouvait alors cette nation, déchirée par les factions, menacée par toutes les puissances de l'Europe, semblant marcher à grands pas vers sa ruine, et la crainte que, dans le cas d'une invasion étrangère, la Corse pourrait être restituée à son ennemie mortelle, Gênes. Cette crainte fit déterminer Paoli à se mettre sous la protection de la Grande-Bretagne, espérant d'être, lui seul, le chef politique et militaire de sa patrie, pour la remettre dans l'ancien état d'indépendance.

On dit qu'à l'arrivée des Anglais dans cette île Paoli confia son secret à Pozzo de Borgo, son secrétaire, que celui-ci le trahit en le dévoilant au commissaire Elliot, et que ces deux personnages se concertèrent ensemble pour faire avorter le plan de Paoli.

Après avoir décrété la séparation de la Corse de la République française, la consulte élut les députés chargés d'élaborer un modèle de constitution (1), ce qui fut aussitôt fait, présenté, signé à l'unanimité par quatre cents députés et accepté par Elliot au nom du roi (1794). On nomma ensuite les députés qui devaient se rendre à Londres pour présenter au roi de la Grande-Bretagne la couronne de la Corse (2). Le commissaire Elliot, d'accord avec Pozzo de Borgo, s'empressa d'expédier à Londres Baltassar Petriconi, qu'il éleva au grade de lieutenant-colonel et de son aide de camp, pour faire part au roi de l'heureux résultat et pour porter des lettres à ses amis, afin d'intriguer à la cour pour se faire nommer vice-roi de la Corse. Il y réussit.

Paoli, déjà mal prévenu contre Pozzo de Borgo, qui avait mis tout en œuvre pour faire écarter les députés ecclésiastiques des discussions de la junte, ayant eu bientôt connaissance des intrigues perfides dont il avait fait usage pour l'éloigner du pouvoir, fit éclater toute sa colère contre cet homme, qui lui devait son élévation et auquel il avait confié ses secrets. Le dédain de Paoli contre Pozzo de Borgo devint irréconciliable, et l'illustre défenseur de la Corse, dès ce moment, s'éloigna des affaires le cœur navré, et se retira dans la vie privée.

Elliot ayant été nommé vice-roi, s'empressa de former son conseil d'État, dont Pozzo de Borgo fut le président. Il forma ensuite quatre bataillons de milices corses, dont le commandement fut confié à des personnes influentes (3).

Dans les premiers jours de février on réunit la chambre du parlement à Bastia et on élut Paoli, quoique absent, pour président. Une députation se rendit aussitôt auprès de lui, pour le prier de se porter à Bastia; mais tout fut inutile. Alors, en témoignage de vénération, on érigea son buste en marbre dans la salle du parlement.

Sur ces entrefaites, des vaisseaux de guerre français qui croisaient les rivages de la Corse capturèrent le vaisseau anglais le *Warwick*, de 74 canons. A cette nouvelle le vice-amiral anglais, Hotham, quitta le port de

---

(1) Les députés qui élaborèrent ce modèle de constitution furent : Videau, Pozzo de Borgo, Pietri (Joseph-Marie), Simoni, Bertolacci et les ecclésiastiques Mariani, Guelfucci, Grimaldi et Alessandrini. Cette constitution avait beaucoup d'analogie avec celle que l'Assemblée nationale avait donnée à la France. L'Assemblée portait le nom de Parlement.

(2) Les députés qui portèrent à Londres la couronne de la Corse furent : Colonna Cesari, Nobili-Savelli, Pietri (François-Marie) et Galeazzi.

(3) Les chefs furent : Quenza, Giampietri, Frediani et Vincentello Colonna d'Istria.

Livourne et alla avec sa flotte à la recherche des vaisseaux français; la rencontre eut lieu le 13 mars, les Anglais remportèrent la victoire, les vaisseaux *Ça ira*, de 80 canons, et le *Censeur*, de 74, tombèrent en leurs mains et furent emmenés dans le golfe de Saint-Florent. Le parlement corse adressa, à cette occasion, des remerciments, au vice-amiral anglais.

Ce même parlement ne tarda pas à s'écarter des règles de la sagesse et de la prudence, et osa, le 18 mai 1795, décréter la confiscation de tous les biens des Corses qui s'étaient retirés en France, et même de ceux qui, après avoir servi la France, vivaient en pays neutres. Ces mêmes individus étaient condamnés à l'exil perpétuel, et à la peine de mort s'ils osaient rentrer en Corse sans la permission du roi de la Grande-Bretagne.

Ce honteux autant que barbare décret du parlement et les despotiques édits du conseil d'État, dont Pozzo de Borgo était le président et l'âme, firent éclater en Corse un indescriptible mécontentement. Paoli s'émut et protesta énergiquement contre un acte si tyrannique, et les peuples étaient déjà prêts à se révolter si ce personnage illustre n'avait employé toute son influence pour calmer les esprits irrités.

Ce fut alors que des ambitieux et des méchants voulurent se débarrasser de la présence de Paoli dans l'île; ils le dénoncèrent à Londres comme perturbateur de la paix publique, et Georges III s'empressa de lui écrire en le priant de se rendre en Angleterre; cette prière n'était autre qu'un ordre absolu.

Paoli quittait sa patrie pour la dernière fois; bon nombre de zélés patriotes l'accompagnaient jusqu'à Saint-Florent, la douleur empreinte sur leurs visages. Plusieurs personnes s'indignèrent de ce lâche procédé et s'éloignèrent du parti anglais, et deux conseillers d'État donnèrent leur démission et renoncèrent à leurs appointements (1).

Le parlement de la Corse s'étant occupé dans le courant de l'année des affaires ecclésiastiques, que la république française avait bouleversées, avait renfermé dans 22 articles ses décisions et avait envoyé à Rome une députation pour les soumettre à l'approbation du Saint-Père. Pie VI approuva plusieurs de ces décisions, et quelques-unes furent ajournées jusqu'à de nouvelles informations (2). Nous passons sous silence cette longue décision, que la république française empêcha de mettre en exécution.

On convoqua de nouveau le parlement vers la fin de 1793; mais cette

(1) Les conseillers d'État étaient : Galeazzi (Jean-François), et Filippi (Antoine-André) de Casinca.
(2) Le secrétaire d'État du Pape, en remettant aux députés de la Corse les articles approuvés,

fois on n'y remarqua que du relâchement et surtout du mécontentement pour le départ de Pascal Paoli. Dans cette session le parti anglais, devenu plus hardi, profita du caractère débonnaire d'Elliot, et osa violer la Constitution en abolissant le jury judiciaire et en accordant une extension illimitée au pouvoir du souverain de l'Angleterre. Ce dernier acte arbitraire, et le bruit répandu de tout côté que Pozzo de Borgo et Colonna avaient brisé le buste de Paoli et brûlé la tête du Maure (l'emblème de la Corse), firent éclater dans tout l'intérieur de l'île un frémissement de colère. Un tel acte, d'une lâcheté indéfinissable, était d'ailleurs de nature à révolter tous les cœurs; on s'empressa de ramasser de tout côté les décrets du parlement et les édits du conseil d'État, on alluma des feux dans les villages, on jeta tous ces écrits aux flammes, et on pendit en effigie Pozzo de Borgo aux sons funèbres du carillon (1).

Elliot en fut consterné et employa tous les moyens de conciliation pour apaiser les esprits, mais la chute du gouvernement dictatorial en France, la journée du 13 vendémiaire, dans laquelle le général Bonaparte joua un si grand rôle, le choix de ce dernier au commandement de l'armée d'Italie et la suite de ses éclatantes victoires, ranimèrent le courage dans le parti français en Corse. Les premiers troubles se manifestèrent à Bocognano, où périrent deux officiers corses du nom de Casabianca (de la Casabianca). Elliot se porta en personne sur les lieux pour apaiser les troubles, mais étant d'un caractère faible, il transigea avec les insurgés. Cet acte de faiblesse encouragea les mécontents, qui formèrent bientôt le camp de

s'exprimait ainsi (30 octobre 1795): « Les députés de la nation corse ayant présenté à Sa Sainteté un manuscrit contenant des instances distinguées en 22 articles à l'égard de l'exercice de l'épiscopat en Corse et de la discipline ecclésiastique, Sa Sainteté n'a pu voir qu'avec un grand mécontentement que ces mêmes instances dont on demandait l'approbation apostolique avaient été déjà répandues imprimées de tous côtés, et pour leur donner plus de force et de crédit, on avait de même imprimé et publié un discours de Pozzo de Borgo (Charles-André), membre du parlement de la Corse, discours très-séditieux et contenant des maximes perverses inventées et propagées par les ennemis les plus effrontés du Saint-Siège apostolique. En outre du discours de Pozzo de Borgo, on avait également publié un décret sur les biens ecclésiastiques fait en vertu des lois françaises, moyennant lequel plusieurs points venaient approuvés et consolidés par le seul pouvoir laïque, ce que ne peut pas tolérer le Saint-Siège. Nonobstant tout cela, le Saint-Père, suivant les sentiments de sa dignité apostolique et sa paternelle affection pour la nation corse, n'a pas hésité à prendre en considération, avec l'assentiment d'une congrégation particulière de cardinaux, les 22 articles, dont plusieurs ont reçu son approbation, et les autres ont été ajournés, etc., etc.

(1) Voyez Renucci, p. 95, t. 2; Robiquet, pag. 350.

Bistuglio (1). Elliot se voyant cerné dans la ville de Corté, tremb'a pour sa famille, qui se trouvait à Bastia; il tâcha de s'entendre avec les insurgés, qui lui remirent la correspondance interceptée de sa femme et lui demandèrent pour toute condition la destitution immédiate de Pozzo de Borgo, président du conseil d'État, et de Bertolacci, président du tribunal suprême.

Elliot s'empressa de destituer ces deux hommes objets de la haine de tous, et les insurgés se débandèrent aussitôt. Bientôt après, un autre camp se formait à Stileto près d'Ajaccio, mais il fut immédiatement dispersé par un régiment d'Allemands et par les soldats anglais.

A cette époque le général Gentili (Antoine), qui se trouvait à Livourne, recevait l'ordre de ramasser tous les réfugiés corses, afin d'opérer un débarquement dans l'île; déjà plusieurs y avaient pénétré et excitaient les populations à la révolte. Elliot, pour conjurer le danger, ouvrit un engagement volontaire, en versant des sommes énormes d'argent; les femmes s'habillaient en hommes, les prêtres en laïques, quelques-uns se présentèrent sous différents noms, afin d'extorquer de l'argent aux Anglais, mais non pas pour les servir fidèlement. George III, instruit des sommes énormes que lui coûtait la Corse, donna ordre à Elliot de quitter immédiatement cette île.

En même temps le général Bonaparte (2), vainqueur en Italie, donnait ordre au général Gentili de débarquer en Corse; celui-ci fit partir tout de suite le maréchal de camp Casalta et l'adjudant général Galeazzini, qui, étant débarqués dans le cap Corse, marchèrent sur Bastia. La municipalité de cette ville alla à leur rencontre pour les prier de retarder leur marche, afin de donner aux Anglais le temps de s'embarquer; le général Casalta refusa de se rendre à cette prière et continua sa marche. Elliot était dans les transes, car Nelson, qui avait perdu un œil à Bastia, gardait rancune à cette ville et ne voulait pas se presser pour embarquer les troupes sur ses vaisseaux.

Elliot dut alors faire usage de son autorité, et réduisit Nelson à l'obéissance. Les Anglais allèrent débarquer dans l'île d'Elbe; cependant les Français, en entrant dans la ville de Bastia, firent plus de 700 prisonniers. Le

---

(1) Les chefs de cette révolte étaient : Gambini de Corté; Santini, médecin d'Omessa; Franzini, médecin de Crocé, et Ponticaccia de la Campana.

(2) En même temps que le général Bonaparte recevait le commandement de l'armée d'Italie, et même un peu avant cette époque, plusieurs de ses compatriotes étaient parvenus au grade d'officiers supérieurs, tels étaient : Abbatucci, Casabianca, Cervoni, Fiorella, Franceschi, Galeazzini, etc., etc.

général Gentili débarqua bientôt avec des forces, marcha avec Casalta sur Saint-Florent et y délogea les Anglais; puis ces généraux marchèrent sur Ajaccio et Bonifacio : la garnison de cette dernière place se rendit prisonnière et celle d'Ajaccio s'embarqua précipitamment. Bientôt débarquèrent en Corse Saliceti et Miot, ministre près de la république de Toscane. Les deux envoyés du pouvoir exécutif parvinrent à replacer l'île sous les lois françaises (1796-1797), et repartirent pour le continent.

Après le départ des deux commissaires éclata bientôt une nouvelle insurrection : le parti anglais s'agitait, et, chose ridicule, les ennemis du papisme, sous prétexte de venger la religion catholique, apostolique et romaine outragée, poussèrent des insensés à cet acte de folie. L'abbé Charles-Pierre Casalta de Prunelli de Casacconi, tel qu'un nouveau Pierre l'Hermite, prêchant la croisade, ouvrit la marche, portant pour étendard la croix, et tous les champions de cette croisade portaient une petite croix en étoffe blanche sur leur bonnet ou sur leur poitrine.

Ces insurgés, considérés comme des écervelés, furent d'abord repoussés de toute part; ils s'avisèrent alors de placer à leur tête un homme de mérite et allèrent arracher de sa paisible demeure l'octogénaire Giafferri (Augustin), général de brigade au service de Naples, en retraite, fils d'un des plus illustres héros de l'indépendance corse, Louis Giafferri. Ce vieillard, menacé d'être brûlé dans sa maison s'il n'obéissait, marcha avec eux. A cette nouvelle, la révolte prit un aspect sérieux et plusieurs individus des cantons de Moriani, Tavagna, Casinca, Casacconi et Ampugnani prirent les armes, se mêlèrent aux insurgés et formèrent un camp au couvent de Saint-Antoine-de-la-Casabianca. Le général Casalta fut aussitôt envoyé pour les disperser, mais il fut forcé de battre en retraite. Le général Vaubois fit alors appel aux républicains, et avec des forces considérables marcha contre les insurgés, qu'il battit complétement. Le général Giafferri, abandonné de tous, fut arrêté et conduit prisonnier à Bastia. Quelques jours après, les révoltés se réunirent, passèrent la rivière de Golo et, sous la conduite de l'abbé Charles-Pierre Casalta (qui portait toujours l'étendard de la croix), Denis Gavini de Campile et autres, pénétrèrent dans les villages de Lucciana et Borgo, traînant avec violence tous les habitants qu'ils rencontraient, dans leurs rangs (1); de là ils passèrent dans le Nebbio et marchèrent sur Murato.

---

(1) Mon père se trouvait alors maire du village de Lucciana; il fut arrêté et dut marcher devant les canons de fusils. En arrivant au village de Borgo, à trois kilomètres de distance,

Le brave Achille Murati, l'un des héros de l'indépendance corse, à la tête des habitants du village, leur barra l'entrée et, bientôt secouru par les soldats républicains qui arrivèrent de Bastia, il écrasa les insurgés. L'abbé C.-P. Casalta tomba blessé, fut pris, jeté comme un sac de blé sur un mulet et porté à Saint-Florent; mais comme pendant le trajet sa tête heurtait contre les rochers, il y arriva mort. Plusieurs se sauvèrent et purent s'embarquer pour le continent italien; Denis Gavini gagna l'île d'Elbe, où il finit bientôt ses jours.

A la nouvelle de cette défaite, Barthélemy Arena sortit de l'Ile-Rousse avec une compagnie de grenadiers, dispersa quelques insurgés de la Balagne, qui menaçaient d'envahir cette petite ville. Les chefs de ces révoltés, tels que Fondacci de Sainte-Reparata, l'abbé Savelli de Corbara et les frères Savelli d'Aregno se sauvèrent sur le continent, mais leurs maisons furent incendiées.

Il en restait en encore une fraction qui infestait la ville de Corté, mais elle fut attaquée par le général Vaubois, qui, aidé par les habitants de cette ville, put la poursuivre jusqu'à Vezzani, où elle fut anéantie. Quelques habitants de Corté reçurent du gouvernement une épée d'honneur pour leur bonne conduite et leur bravoure dans cette affaire.

La seule victime immolée à la vengeance des lois, ce fut le général Giafferri; il expia les crimes des autres. Cet homme octogénaire fut condamné à être fusillé, et exposa intrépidement sa poitrine aux balles. La rébellion de la Crocetta était tout à fait étouffée, mais la Corse n'était pas tranquille, car les personnes avides et ambitieuses se disputant les pouvoirs et les honneurs, s'agitaient et semaient de toute part la discorde.

Le 30 floréal 1798 (19 mai), partait de Toulon l'expédition destinée pour l'Egypte; elle s'approcha des côtes de la Corse, et un navire s'étant détaché par ordre du général en chef Bonaparte, s'approcha de la ville de Bastia pour prendre à son bord le général Vaubois. Celui-ci fut remplacé par le général Ambert, et en même temps le ministre de la police ordonnait à l'administration centrale de dresser la liste des révolutionnaires émigrés et surtout de ceux de la *Crocetta*, et de procéder à la séquestration de leurs biens.

La France, traînée dans la boue par le Directoire, et toute souillée de

---

il put se cacher dans une maison et retourner pendant la nuit chez lui. Malgré cela, il eut toutes les peines du monde à se justifier devant les autorités républicaines.

sang par la terreur, se voyait en même temps menacée par une seconde alliance européenne. Elle marchait à grands pas vers le précipice, il lui fallait un génie pour la sauver. Le général Bonaparte était dans la bouche de tous; mais celui-ci, déjà instruit de tout ce qui se passait en Italie et en France, s'empressait de quitter l'Egypte, et, le 29 septembre 1799, débarqua à Ajaccio, son pays natal, accompagné des généraux Berthier, Murat, Lannes et Beauharnais: des savants Monge et Berthollet, de Louis Bonaparte son frère, d'Arrighi son parent, etc., etc. Il demeura sept jours à Ajaccio, où il apprit toutes les nouvelles de la France. Pendant son séjour en Corse il alla à la chasse avec sa suite; il vit les bergers Bagaglino et Marmotta; il dota la fille du premier, il fit des cadeaux au second. Camilla Ilari se présenta à son tour, en lui disant : *Mon fils, je vous ai donné le lait de mon cœur, maintenant recevez celui de ma chèvre.* Napoléon embrassa avec effusion sa nourrice, lui fit cadeau d'une maison et de terres à cultiver; et plus tard, devenu empereur, il lui accorda une pension de 3600 francs sur sa cassette particulière. Napoléon quitta la Corse et débarqua à Fréjus, non sans encourir des dangers; de là il se rendit à Paris. Il vit ses amis, il vit Siéyès, enfin le 18 brumaire arriva (1). On forma un gouvernement provisoire, Bonaparte, Siéyès et Roger Ducos furent nommés consuls; mais aussitôt la Constitution élaborée, le général Bonaparte fut proclamé premier consul, avec amples pouvoirs civils et militaires, 20 décembre 1799.

	Traduction littérale.
Ei si nominò : due secoli L'un contro l'altro armato Sommessi a lui si volsero, Quasi aspettando il fato. Ei fé silenzio ed arbitro S'assise in mezzo a lor.	Il se nomma : deux siècles Armés l'un contre l'autre, Soumis, se tournèrent vers lui Comme pour attendre leur destinée. Il leur imposa silence, et en arbitre Il s'assit au milieu d'eux.

A. MANZONI, 5 *Mai*, ode.

Aussitôt que le général Bonaparte fut nommé premier consul, il songea

---

(1) On dit que le général Bonaparte faillit, dans cette journée, être victime d'Arena, son compatriote. Tandis que plusieurs membres du Conseil des Cinq-Cents s'écriaient avec fureur : *Hors la loi le nouveau Cromwell ! à bas le tyran!* Arena s'avança vers lui armé d'un poignard, en s'écriant : *Tu feras donc la guerre à la patrie!... Mais où il y a des Césars, il y a aussi des Brutus !* Heureusement les grenadiers l'empêchèrent de s'avancer. On a voulu nier qu'un grenadier fût blessé dans cette affaire, comme aussi la nouvelle qui se répandit qu'on avait vu des conseillers armés de poignards; cependant Lucien Bonaparte, qui était le président du Conseil, en fit mention en se retirant de la salle : *Ces brigands ne sont plus les représentants du peuple, ce sont les représentants du poignard!*

à l'île de Sardaigne et donna ordre à Saliceti et au général Cervoni de se porter en Corse pour organiser des bataillons, afin de faire une descente dans l'île. Le roi de Sardaigne, pour conjurer l'orage, fit entrer en scène le consul des Russies à Livourne (Calamai). Celui-ci fit appel à tous les Corses émigrés et les envoya dans cette île avec des sommes considérables pour la révolutionner, au nom de Paul I", empereur des Russies.

Les habitants de Fiumorbo furent les premiers à s'insurger, ceux de Carbini, Zonza, San-Gavino et Portovecchio les imitèrent. Saliceti et les généraux Cervoni et Ambert marchèrent avec des forces, les dispersèrent et livrèrent aux flammes leurs villages. Les révoltés pénétrèrent dans les cantons de Moriani et Tavagna, et poussèrent quelques habitants à se révolter; Saliceti et l'inhumain Ambert y accoururent avec des milices, les mirent en fuite, et incendièrent plusieurs communes. Les ennemis de la république française dans la Balagna se révoltèrent, arrêtèrent quatre individus, les attachèrent à l'arbre de la liberté, et les fusillèrent dans le pays de Belgodére. Saliceti se rendit sur les lieux, fit capturer et fusiller treize individus des révoltés, et imposa deux millions de contribution forcée à la province de la Balagna.

Le général Ambert quitte la Corse et fut remplacé par le général Muller, qui, étant d'un caractère doux et conciliant, réussit à pacifier la partie d'en deçà des monts. L'autre partie de l'île continuait d'être inquiétée par quelques insurgés guidés par le fils de Colonna Cesari, mais le préfet de Liamone, Galeazzini, put enfin, en déployant toute son énergie, leur faire déposer les armes et rétablir la tranquillité.

Saliceti quitta la Corse, ayant été nommé ministre près la république de Lucques, et bientôt après il fut envoyé comme ministre près de la république de Gênes. Ce fut dans cette circonstance qu'il fit donner la sépulture avec de magnifiques pompes funèbres aux squelettes des Bastiais, illustres martyrs de l'indépendance Corse, qui restaient encore exposés dans les cages en fer à la *Porta dell'Arco*.

CHAPITRE XIV

DE L'AN 1801 A L'AN 1865.

Miot. — Son administration (1801). — Morand et la haute police (1803, etc.). — Mort de Paoli (1807). — Affaire de Fiumorbo (1808). — Biographie de divers personnages. — Affaire d'Ajaccio. — Morand est rappelé. — Berthier le remplace (1811). — Les prêtres romains exilés en Corse. — La Corse forme un seul département. — Ajaccio chef-lieu. — Mécontentement de Bastia (1812). — Les alliés en France. — Chute de l'empire (1814). — Révolution de Bastia. — Onze avril (1814). — Comité de Bastia. — Députation à lord Bentink. — Les Anglais en Corse, commandés par le général Montrésor. — Expédition contre Corté. — Montrésor à Ajaccio. — Ses ordres à la Cour impériale. — Réponse de cette dernière. — Montrésor donne des emplois au nom du roi de la Grande-Bretagne. — Départ des Anglais. — Napoléon à l'île d'Elbe. — Louis XVIII sur le trône. — Départ de Napoléon de Porto-Ferrajo (1815). — Le général Bruslard et son infâme projet. — Révolution en Corse. — Départ de Bruslard. — Le duc de Padoue Arrighi. — Affaire Rinaldi à Bastia. — Waterloo. — Retour des Bourbons. — Le roi de Naples Murat en Corse. — Verrier. — Galloni. — Le marquis de Rivière (1816). — Persécutions contre les bonapartistes. — Affaire de Fiumorbo. — Départ de la Rivière. — Le comte Willot. — Vignolle. — Eymard, le général Brénier, etc. — Mort de Napoléon (1821). Souleau. — Montelégier. — Laatiry. — Mort de Louis XVIII (1824). — Charles X. — Son gouvernement. — Sa chute. — Louis-Philippe. — Visite du duc d'Orléans en Corse. — Travaux dans l'île. — Chute de Louis-Philippe. — Biographies de divers personnages. — République de 1848. — Louis-Napoléon président. — Napoléon III empereur (1852). — L'empereur visite la Corse (1860) — Travaux exécutés en Corse (1865).

Un décret du Corps législatif ayant suspendu en Corse l'empire de la Constitution jusqu'à la paix maritime, le premier consul pensa à introduire dans son pays natal une bonne administration, et à cet effet il y envoya André François Miot, conseiller d'État avec amples pouvoirs (17 janvier 1801). Miot, à peine arrivé dans l'île, suspendit les deux tribunaux de Bastia et d'Ajaccio, créant un tribunal extraordinaire à Corté, avec la faculté de le transférer partout où les circonstances l'exigeraient. Ce tribunal jugeait en dernier ressort et était composé de juges partie civils et partie militaires. Les jugements prononcés par ce tribunal étaient sans révision et devaient être exécutés sans délais. Il institua dans chaque commune un tribunal de simple police, composé du maire, de deux conseillers et de l'adjoint. Il établit de sages règlements à l'égard des attributions des employés, des dépenses et des formalités à remplir. Il fixa les droits à percevoir sur les actes de mariages, des donations, des ventes et des patentes. De ces dernières étaient exemptes les communes qui formaient une population au-dessous de 1800 habitants, et dans les villes étaient exempts pendant dix ans tous ceux qui fondaient un établissement d'industrie ou de commerce. Miot encouragea l'agriculture, les sciences et les arts, et dota la ville d'Ajaccio d'une belle bibliothèque.

Quoique les efforts de Miot fussent portés à l'amélioration de la Corse, il n'échappa pas à la critique des hommes ambitieux, qui le dénoncèrent à Paris; ensuite, le désagrément survenu entre lui et le général Muller lui attira l'animosité des militaires, qui le dénoncèrent au ministre de la guerre. Celui-ci rappela Muller et envoya en Corse le général Morand. Ce dernier, d'un caractère orgueilleux, ne souffrant aucune autorité au-dessus de la sienne, fut toujours en désaccord avec Miot.

Le premier consul, voyant que ses bonnes intentions à l'égard de la Corse ne pouvaient s'accomplir, rappela Miot, et plaça la Corse sous l'empire de la Constitution (14 septembre 1802), 27 fructidor. Mais, hélas! cette malheureuse île ne put pas jouir longtemps des prérogatives que lui accordait la Constitution; Morand, qui visait au pouvoir despotique, peignait dans ses rapports exagérés avec des sombres couleurs l'état de la Corse, et s'efforçait de faire croire au premier consul, que cette île était agitée par le parti anglais et menacée d'être d'un instant à l'autre occupée par les ennemis mortels de la France. Que pour éviter ces imminents dangers il suppliait le premier consul de placer la Corse sous le pouvoir absolu et illimité d'un chef militaire et politique. Le premier consul prêta l'oreille aux rapports de Morand, et par un décret du 12 janvier 1803 plaça l'île de Corse sous des lois exceptionnelles, en conférant à Morand le pouvoir absolu et la haute police. Les habitants de la Corse en furent consternés; ils envoyèrent des plaintes et des mémoires, mais rien n'arriva sous les yeux du premier consul.

Morand s'occupa aussitôt de la formation des milices corses, qu'il fit habiller à l'ancien costume des montagnards de cette île avec le bonnet pointu, ce qui fit appeler ces milices *les Pinzuti*. Ces troupes passèrent plus tard au service du roi de Naples, Joseph Bonaparte.

Le premier consul fut enfin élevé au trône en 1804; la Corse fêta ce glorieux événement, Paoli même, dans son exil à Londres, illumina son appartement, et aux reproches qu'on lui fit il répondit : *C'est un enfant de la Corse!*

Le général Morand s'occupa avec un extrême soin de la formation de la police, dans laquelle officiers, sous-officiers et gendarmes jouaient un grand rôle.

Dans les milices que Morand organisa, il permit l'incorporation des frères Stefani d'Orezza, accusés de crimes, qu'il avait amnistiés, et que bientôt il fit arrêter et fusiller. Dans la formation de ce ces mêmes milices il avait favorisé les habitants du Fiumorbo afin de les gagner, les croyant enclins au parti anglais; mais hélas! une fausse dénonciation et un prétexte mal fondé le portèrent à commettre une boucherie. Sabini, qu'il avait élevé au grade de chef de bataillon, Laurelli, qu'il avait nommé juge de paix en destituant Martinetti, qui en mourut de chagrin, le maire d'Isolaccio et quelques autres furent condamnés à mort, et cent cinquante furent enchaînés et amenés dans les prisons d'Embrun, où ils périrent presque tous. Le souvenir de Morand et son nom dans le Fiumorbo seront pour toujours un objet d'exécration!

Laissons pour un instant les récits des drames sanglants qui s'ensuivirent sous le gouvernement despotique de Morand, et passons à des matières plus pacifiques.

Ce fut vers cette époque (1807) que Paoli finit ses jours dans son exil à Londres; la mort de cet illustre personnage, à qui les habitants de la Corse avaient décerné le nom de *Père de la patrie*, ne fit pas un grand bruit dans l'île, car les successives et éclatantes victoires de Napoléon remplissaient alors d'enthousiasme et d'admiration tous les esprits. Néanmoins le nom de Paoli est toujours en grande vénération, il est resté comme l'emblème du vrai patriotisme; enfin ce personnage est sans contredit la plus grande figure historique de la Corse. Nous allons rapporter ici quelques mots biographiques de lui et de quelques autres personnages de son époque.

BIOGRAPHIES

Pascal PAOLI naquit à Morosaglia, canton de Rostino, en 1725. Tout jeune il suivit son père dans l'exil, à Naples (1739). Il revint en Corse en 1755, chassa les Génois, fut vaincu par les Français, s'exila en 1769 en Toscane, et enfin à Londres. Il retourna en Corse en 1789, dont il fut obligé de s'exiler pour la troisième fois en 1795, et mourut à Londres, en 1807, âgé de 82 ans. Voyez l'histoire de son époque, pages 465 et suivantes.

Paoli était d'une taille élevée, il était blond avec des yeux bleus, vifs et pleins de feu; son air était noble, grand et spirituel; sa voix sonore, sa démarche était grave et majestueuse, son habillement modeste. Paoli était simple et frugal; désintéressé pour tout ce que lui appartenait en propre, mais très-économe des revenus de la nation, avec lesquels il fit (par rapport à leur modicité) des prodiges. Cet homme illustre joignait à sa beauté physique les plus belles qualités morales. C'était un homme accompli. Paoli est mort célibataire. Sa devise était Dieu et la patrie. Ce fut pour son pays qu'il affronta tous les dangers, qu'il s'abreuva de tant d'amertumes, qu'il alla dans l'exil et que, de ce lieu, il lui léguait en mourant, comme à son unique héritier, toutes ses économies pour l'éducation de la jeunesse. *Que la terre soit légère à son corps, que son âme jouisse dans le ciel de la présence de Dieu!!!*

CLÉMENT PAOLI, frère aîné du précédent, ne suivit pas son père dans l'exil, et continua à combattre pour la liberté et l'indépendance de son pays. Il rendit des services signalés au général Gaffori, et après la mort tragique de cet illustre patriote, il fit partie du Conseil supérieur de l'île. Son frère Pascal nommé chef des patriotes, il fut son bras droit. Clément Paoli marchait toujours le premier aux combats; lorsqu'il couchait en joue l'ennemi, il prononçait toujours ces mots funèbres: *Requiem æternam dona ei Domine* (1). Si Clément Paoli était le guerrier le plus intrépide de son temps, il était en même temps le plus simple et le plus modeste parmi tous les hommes. Il était très-dévot, et pendant les jours de repos il passait de longues heures agenouillé et en prière dans le coin d'une église, ou dans la chapelle qui existe encore dans sa maison à Morosaglia; maison rustique, mais peut-être la plus célèbre (si l'on excepte celle qui fut le berceau de la dynastie impériale napoléonienne), et la plus historique de la Corse, pour avoir vu naître trois héros et martyrs de la liberté et de l'indépendance de leur patrie. Clément Paoli, après le retour de son exil (1789), mena une vie retirée et mourut en 1793 dans un âge avancé, dans le couvent de Morosaglia,

Traduction littérale.

(1) Terribile guerriero e pio christiano
Espone ai forti rischi il maschio petto
Clemente al Corso eroe degno germano.
E mentre l'infallibile moschetto
Al nemico drizzava, in aria pia
Solea dir : *Requié eterná iddio ti dii!*

Terrible guerrier et pieux chrétien, [trine,
Exposait toujours aux grands dangers sa mâle poi-
Clément, digne frère du brave corse.
Et lorsqu'il dirigeait l'arme infaillible [pieux:
Vers son ennemi, il avait coutume de dire avec un air
Que le Seigneur te donne le repos éternel!! (VIULE.)

où il s'était fait recevoir *tertiaire* dans l'ordre de Saint-François. Clément était veuf; sa fille avait été mariée à Barbaggi de Biguglia.

ACHILLE MURATI, né dans le village de Murato (Nebbio), 1734, embrassa, dès sa jeunesse, la cause de l'indépendance de son pays, et fut un des plus vaillants et un des plus intrépides champions dans cette héroïque lutte contre les Génois du temps de Paoli.

Ce fut à lui que le général Paoli confia la difficile expédition de Caprara, dont il s'acquitta avec gloire. Ce qui plus tard fit dire de lui à Napoléon dans une lettre virulente contre le général Matthieu de Buttafoco (mai 1767) : « Achille Murati, le conquérant de Caprara, qui porta la désolation jusque « dans Gênes, à qui ne manquèrent que des circonstances et un théâtre plus « vaste pour être un Turenne, etc. (Voy. p. 478). Achille Murati fut membre de l'administration départementale. C'était à lui que Paoli confiait toujours la défense des places les plus importantes : il fut blessé plusieurs fois; enfin, il fut l'un des héros et des martyrs de l'indépendance. En 1798, quoique vieillard, il s'opposa, les armes à la main, à l'invasion de son village par les révoltés de la *Crocetta*, et contribua à comprimer une révolte qui avait éclaté en Corse, fomentée par les Anglais, contre la république française. Achille Murati (1) mourut à Murato, en 1801, âgé de 67 ans.

GUELFUCCI, religieux de l'ordre des Servites, né à Belgodère, (2) dans la Balagna, fut un des plus zélés partisans de la guerre de l'indépendance du temps de Paoli; il fut l'ami et le conseiller intime de ce chef, il s'exila avec lui et endura toutes les persécutions et toutes les misères pour l'amour de sa patrie. le père Guelfucci était très-érudit et fut un des professeurs de l'Université de Corté.

Don GRÉGORIO SALVINI, prêtre, ardent patriote, né à Nessa (Balagna), publia un ouvrage imprimé à Corté (1764) qui a pour titre : *Giustificazione della Corsica*, et dans lequel sont dévoilées avec un style énergique toutes les turpitudes commises par le gouvernement génois en Corse, ainsi que les trahisons et les lâchetés commises par des Corses mercenaires de la république de Gênes.

---

(1) Nous devons à M. Achille Murati, conseiller à la Cour impériale de la Corse, petit-fils du célèbre patriote, le portrait que nous reproduisons dans notre ouvrage.

(2) C'est à l'obligeance de M. le conseiller à la Cour impériale de la Corse, Belgodère de Bagnaja, que nous devons les portraits du père Guelfucci, son oncle, et celui de l'illustre Clément Paoli.

La famille Salvini fut une des premières qui bâtit sa maison dans la ville que fonda Paoli dans la Balagna, et qui porte le nom d'Ile-Rosuse.

Jules Mathieu NATALI, évêque de Tivoli, États romains, né à Oletta (Corse), en 1702. Il alla achever ses études à Rome, où il fixa sa résidence. Mais quoique absent de sa patrie, son cœur gémissait aux récits des maux que les Corses enduraient sous le joug des Génois, et il écrivit contre ces derniers un livre qui a pour titre : *Il Curzio Tulliano* (1). Ce livre fit beaucoup de bruit en Italie, et l'oligarchie génoise jura la mort de l'auteur. On soudoya un sicaire qui plongea un poignard dans le corps du pauvre abbé. La blessure fut mortelle et mit ses jours en danger pendant environ deux mois. Il dut son salut aux soins empressés de son cousin et compatriote Saliceti, dont nous allons parler ci-dessous. Son patriotisme, ses talents et ses vertus évangéliques attirèrent sur lui les regards de la curie romaine, et il fut nommé à l'évêché de Tivoli, en juin 1765, qu'il régit pendant dix-huit ans. Il mourut en 1782, 28 août, dans la pauvreté, âgé de 80 ans, s'étant même privé de sa lingerie et de son argenterie pour soulager les pauvres. Son corps fut déposé dans la cathédrale, où on lit une belle épitaphe. Nous avons rapporté son portrait, tiré de celui qui existe dans l'évêché de Tivoli.

L'empereur Joseph II alla visiter Tivoli (20 mai 1769) et reçut avec une extrême bonté ce vénérable évêque, dont on lui avait tant parlé. Monseigneur Natali n'eût pas le courage de publier le bref de Clément XIII qui abolissait les jésuites, et donna cette mission à son vicaire général.

Noel SALICETI, né à Oletta (Corse), en 1715, alla faire ses études à Rome, s'adonna à la médecine et à la chirurgie, et s'acquit une grande renommée dans la ville éternelle. Plus tard il fut nommé professeur d'anatomie dans le lycée de la *Sapienza*, et enfin le Saint-Père Pie VI le nomma son premier médecin. Saliceti était très-érudit dans les belles lettres et s'était acquis une grande estime parmi les savants de l'Italie. Il mourut dans le mois de mai 1789, âgé de 74 ans. Saliceti avait formé une très-riche bibliothèque que ses sœurs, ses héritières, madame Piazza et madame Boccheciampe, vendirent pour peu d'argent. Le portrait que nous rapportons est la reproduction de celui qui existe sur un pilastre au-dessus de son tombeau, dans l'église de Saint-Louis des Français à Rome.

(1) *Disinganno interno alla guerra di Corsica*. Imprimé en 1749, à Cologne.

DAVIA, IMPÉRATRICE DU MAROC.

En 1754, les pirates de la régence de Tunis débarquèrent en Corse, sur les côtes de la Balagne, commirent des dégâts et emmenèrent plusieurs individus en esclavage. Parmi ces malheureux se trouvaient les époux Jacques-Marie et Silvia Franceschini de Corbara, qui furent vendus au bey de Tunis. Ils y restèrent plusieurs années, pendant lesquelles ils eurent deux enfants, Vincent et Marthe. Les Franceschini surent se captiver la bienveillance de leur maître, qui, en mourant, ordonna leur mise en liberté. Ils s'embarquèrent sur un navire toscan pour retourner en Corse; mais après quelques heures de navigation, ils furent capturés par les corsaires marocains et vendus à un maître cruel. Franceschini, qui avait fort bien appris la langue du pays, rédigea un mémoire bien détaillé, en faisant connaître qu'il appartenait au bey de Tunis, et qu'il ne pouvait être considéré comme un étranger. Ce mémoire parvint, par l'entremise d'un personnage espagnol, aux mains de Syd-Macmet, empereur du Maroc, qui ordonna leur mise en liberté. Franceschini demanda alors une audience au Sultan pour le remercier de la grâce obtenue; elle lui fut accordée, et il se présenta avec toute sa famille. Syd-Macmet vit alors la jeune fille Marthe, âgée de 12 à 13 ans: elle était d'une ravissante beauté, et l'ayant interrogée, elle répondit au souverain avec tant de grâce et d'esprit, que celui-ci ordonna qu'elle fût immédiatement emmenée pour faire l'ornement de son sérail. Les larmes et les prières des parents ne purent obtenir la liberté de la jeune fille! Les Franceschini partirent pour l'Espagne en compagnie d'un personnage de cette nation, et de l'Espagne ils se rendirent en Corse. Marthe fut aussitôt initiée dans l'Islamisme, fit de rapides progrès dans les études qui convenaient à sa nouvelle religion, on changea son nom en celui de Davia, et bientôt elle fut déclarée *Talba* (licenciée en droit); ses talents et sa beauté faisaient les délices du harem, et l'empereur se décida à en faire sa femme légitime. Le Maroc étant en bonnes relations avec l'Espagne, Davia fit part de son élévation à la reine de cette nation; celle-ci lui envoya son portrait et la sultane de Maroc en fit autant. Jacques-Marie Franceschini avait tenté un voyage au Maroc pour revoir sa fille; il arriva à Salé, où il tomba malade et mourut le 1ᵉʳ juin 1770 (1). Davia se voyant heureuse, voulait en faire

(1) Franceschini alla trouver le général Paoli et le pria de s'interposer pour obtenir la liberté

FRANCESCHETTI G.¹

DEGIOVANNI G.¹

POSSI. J... G.¹

ORCATELLI G.¹

LEVIE G.¹

CAPAFFA G.¹

POZZO DE BORGO
Ambassadeur de Russie

CA... G.¹

FR CASABIANCA G.¹

part à ses parents en Corse, et manda pour s'informer auprès des Consulats étrangers. Un corse, Jérôme Chiappe, consul au Maroc pour la république de Venise, s'estima très-heureux de pouvoir être utile à l'impératrice, et fit parvenir Silvia et Vincent jusqu'à Tanger, où l'empereur leur envoya une escorte d'honneur jusqu'à la cour. L'empereur reçut ses parents avec une extrême bienveillance, les introduisit dans son Harem, fit assembler toutes ses femmes et demanda à sa belle-mère de chercher sa fille (1). La pauvre Silvia, toute éblouie, ne savait plus se figurer les traits de sa fille, qui avait bien changé dans l'espace d'une dizaine d'années ; mais la jeune sultane reconnaissait fort bien sa mère et ne put résister à son amour filial; elle éclata en sanglots et versa des larmes. La mère s'écria alors : *La voilà, Sire!* L'empereur la poussa dans les bras de sa mère, et alors il y eut une scène émouvante. La mère Silvia fut logée à la cour selon sa position, et son fils Vincent reçut de grands cadeaux et fut envoyé à Gênes, afin de traiter avec le doge Jean-Baptiste Cambiaggi sur le rachat des esclaves génois. Vincent passa de Gênes en Corse, pour prendre sa famille, où il demeura trop longtemps pour arranger ses affaires. Dans cet intervalle, sa mère finit ses jours, et bientôt après mourut l'empereur son beau-frère. Il retourna au Maroc; sa sœur étant en grande estime auprès de Muley-Soliman, successeur de son mari, lui recommanda son frère. Le sultan sachant qu'il désirait être employé en France, lui remit une lettre pour le Directoire Exécutif (2). Vincent Franceschini, après avoir obtenu quelques emplois du

de sa fille, étant en bonnes relations avec les États barbaresques. Paoli lui conseilla de ne faire aucune démarche pour ne pas ruiner l'avenir de sa fille.

(1) L'impératrice du Maroc fut reconnaissante envers la famille Chiappe ; elle fit employer les frères du consul, François dans les finances et Joseph dans les milices. A la mort de l'empereur Muley-Syd, il s'ensuivit une petite insurrection pour la succession au trône du Maroc; Joseph Chiappe, qui avait pris part à cette insurrection, fut accusé de conspirer contre le prétendant légitime et faillit perdre la vie. On adressa un mémoire au roi de France, Louis XVI, qui fit écrire à son consul général au Maroc, M. le vicomte Deparin, qui interposa ses bons offices, et l'affaire n'eut pas de suites fâcheuses.

(2) Nous rapportons ici la traduction de cette lettre, qui fut déposée au bureau du ministère des relations extérieures. — Le chef de la 2º division.

« Au nom de Dieu tout puissant et miséricordieux. Il n'y a point de force et de pouvoir qui ne
« viennent de Dieu.

« A nos chéris les grands, qui composent le Directoire exécutif de la nation française. Nous
« vous apprenons que le porteur de la présente s'appelle Vincent Franceschini, que vous n'igno-
« rez pas, sans doute, le degré dans lequel cet homme se trouve lié avec nous. Nous l'estimons,
« nous l'aimons comme l'un de nos plus proches parents, à qui nous ne voulons que du bien, et

Directoire Exécutif et plus tard du Premier Consul Bonaparte, mourut à Paris, laissant deux enfants, dont un se fixa à Corbara et l'autre alla en Amérique. L'impératrice Davia mourut en 1799. Elle eut une fille de son mariage, qui mourut à l'âge de 4 ans. La famille Franceschini de Corbara est connue sous le sobriquet de *les Turchi*, les Turcs, à cause de l'impératrice du Maroc.

Revenons à notre récit historique. Le général Morand se croyant à l'abri de tout danger de la part du gouvernement, s'empara, dit-on, du monopole des marchandises et pactisa même, moyennant de grosses sommes d'argent, avec les contrebandiers (1).

Tout le monde courbait le front sous le commandement despotique de ce pacha à trois queues, excepté les habitants d'Ajaccio, trop fiers pour être concitoyens de l'Empereur Napoléon. Morand voyant son autorité méprisée dans cette ville, cherchait un prétexte quelconque pour se venger. Le précepteur de ses enfants, un certain Masel, le lui fournit. Ce Masel, qui avait été tiré de l'île d'Elbe par Morand, où il avait été exilé pour avoir fait partie d'un complot contre Napoléon, dénonça plusieurs individus d'Ajaccio, comme étant d'intelligence avec les Anglais. Morand alors se rendit en toute hâte dans cette ville, fit arrêter plusieurs personnes et les fit juger et condamner par un tribunal militaire, malgré les efforts du préfet Arrighi, du conseiller Oliretti et des parents et amis des Bonaparte. Des plaintes partirent alors pour Paris; le maire d'Ajaccio s'y rendit en personne, pour se plaindre à l'Empereur, et en même temps une lettre que le général Cervoni écrivait de la Provence au ministre Saliceti à Naples tombait dans les mains d'Elisa, archiduchesse de Toscane; celle-ci la fit parvenir à l'Empereur son frère, qui s'empressa de faire partir pour la Corse le général Casabianca (Raphaël), afin de s'informer de la conduite du général Morand. Casabianca se rendit dans l'île, et s'appuyant sur des documents authentiques, fit un long rapport qui fut soumis à l'Empereur. Les condamnés d'Ajaccio furent mis en liberté, le jugement militaire fut annulé, Masel fut arrêté et mis en

« c'est ce qui nous engage à nous intéresser si fort à lui et à lui remettre cette lettre pour vous
« en sa faveur, en vous faisant connaître combien nous serions charmé que vous lui accordiez
« tout ce qu'il désire et que vous lui donniez un emploi où il pourrait être heureux. En restant
« toujours dans la même amitié. — Salut, le 23 de la lune de Ihual de l'an 1213 (10 germinal
« an VII de la république). »

(1) RESTCCI, *Histoire de la Corse*.

prison par ordre du ministre de la police, et le général Morand fut révoqué. On obtint de ne pas le mettre en jugement, et plus tard le brave général Membrun obtint de l'Empereur la mise en activité de son gendre, qui alla mourir sur le champ de bataille dans la Poméranie Suédoise.

Il faut cependant avouer que le général Morand était un homme instruit et qu'il fit quelquefois bon usage de son pouvoir. Il protégea la veuve et l'orphelin, le pauvre contre le riche oppresseur. Obligea le séducteur à épouser la jeune fille trompée; il fit mettre fin à des procès qui existaient depuis longtemps. Il décida des contestations à la mode turque. Il abaissa l'orgueil de quelques familles habituées à patroner en Corse, patronage qui fut toujours la plaie gangréneuse de l'île. Il extermina les malfaiteurs, et pour arriver vite à son but, Morand menaçait les officiers, bas officiers et gendarmes d'emprisonnement, de destitution, d'éloignement, etc., s'ils ne poursuivaient à outrance et sans relâche les coupables.

Le général Morand fut remplacé en Corse par le général César Berthier, frère du prince de Neufchâtel. Celui-ci suivit à peu près le même système que son prédécesseur.

A l'époque du rappel de Morand, Madame mère et le cardinal Fesch se mirent à l'œuvre pour faire déclarer la Corse un seul département, ayant Ajaccio pour chef-lieu. Napoléon résista aux prières et aux démarches des parents, mais se voyant tout les jours tourmenté, il voulut consulter quelques individus qui connaissaient bien le pays. Ceux-ci, pour faire la cour à la mère et à l'oncle de l'Empereur, n'hésitèrent pas à déclarer que l'union de la Corse en un seul département aurait été un bonheur pour tous les habitants de l'île. D'après leur conseil, l'Empereur signa le décret de l'union de la Corse en un seul département, dont Ajaccio était le chef-lieu, et le 6 juin 1811, il instituait la cour impériale dans cette ville, nommant Castelli de Calvi premier président, et Chiappe de Sartène procureur général. Le préfet Arrighi, déjà préfet de Liamone, et l'évêque Louis Sébastiani, que Napoléon avait déjà nommé le seul évêque de la Corse, allèrent s'établir à Ajaccio.

Cette innovation produisit un grand mécontentement dans la partie du deçà des monts, et surtout parmi les habitants de Bastia, qui firent éclater toute leur indignation à la première occasion qui se présenta, comme nous verrons bientôt.

Ajaccio commença par s'embellir de places, de fontaines, de promenades, d'un beau quai, d'un jardin botanique, etc. La route carrossable de

Corté à Ajaccio fut terminée avec le secours de plusieurs centaines de Napolitains, condamnés aux galères ; on termina aussi la grande route qui du golfe de Sagona conduit à la magnifique forêt d'Aïtona.

Retournons sur nos pas pour dire un mot sur les prêtres romains exilés en Corse.

Napoléon, après avoir incorporé les Etats de l'église à l'Empire français, exigea le serment de fidélité des ecclésiastiques. Pie VII, en partant pour l'exil, l'avait prohibé rigoureusement. Cependant plusieurs d'entre eux se soumirent aux ordres de l'Empereur et prêtèrent serment ; plusieurs s'y refusèrent. Ces derniers furent exilés en diverses parties de l'Italie, et quatre cents furent envoyés en Corse, parmi lesquels quelques-uns appartenaient au haut clergé. Ces ecclésiastiques furent bien reçus en Corse, mais ils abusèrent de la liberté et de la confiance qu'on leur accordait, et ayant connu la mauvaise humeur que certains habitants de Bastia nourrissaient contre le gouvernement de Napoléon, ils cherchèrent à la fomenter en les excitant même à la désobéissance. Le général Berthier en fut informé et ordonna de renfermer ces ecclésiastiques, une partie dans la citadelle de Bastia, une partie dans le château de Corté, et l'autre partie dans la forteresse de Calvi, avec défense de communiquer avec eux.

Ceux qui furent renfermés à Calvi eurent beaucoup à souffrir ; il n'en fut pas de même de ceux de Bastia, qui trouvèrent les moyens de correspondre avec les bigotes et les mécontents, qui ne les laissèrent manquer de rien. Ceux de Corté ne furent pas favorisés par les bigotes, mais par les bonapartistes et les républicains, qui préparèrent et facilitèrent l'évasion du cardinal d'Arezzo, archevêque de Séleucie.

Nous étions en 1814, et l'empire menaçait de s'écrouler. Les partisans de l'Angleterre recevaient des nouvelles du continent italien et commençaient à exciter la population de Bastia à la révolte. L'élévation d'Ajaccio, la capture du curé Pino, pour avoir prêché un peu librement contre la politique du gouvernement, et la conduite capricieuse et despotique du général Berthier, qui avait imposé à la ville de Bastia une contribution extraordinaire de deux cent mille francs, tous ces motifs ne firent qu'accélérer la révolte. Le 11 avril, la citadelle fut investie ; la garnison étant composée presque toute de Croates, sujets autrichiens, se mit du côté des insurgés. Le sous-préfet Stefanini et le maire Vannucci en informèrent le général Delaunay, qui marcha, mais trop tard, pour disperser les mutins. Ce général fut arrêté aux portes de la citadelle ; quelques gendarmes armés s'étant approchés du côté des insurgés, on leur cria : *En arrière!* Et en même temps des coups qui partirent du côté des insurgés tuèrent deux gendarmes et en blessèrent grièvement deux autres.

Le lendemain, les insurgés formèrent une junte d'un gouvernement provisoire, dont le premier acte fut de mettre les prêtres romains en liberté, puis on procéda à la formation d'une municipalité. On imprima et on afficha plusieurs manifestes, dans lesquels le nom de Napoléon et le gouvernement impérial étaient traînés dans la boue, et l'étendard tricolore, après l'avoir traîné dans les rues, était jeté aux flammes au bruit de cris insultants.

Plusieurs manifestes de cette junte, qui se parait du titre de *Comité supérieur, érigé à Bastia, capitale du royaume de Corse,* furent disséminés dans l'intérieur de l'île, mais les habitants n'en firent aucun cas. Ce même comité de Bastia s'empara de tous les magasins, dont une partie des objets fut volée et l'autre fut vendue aux enchères (1). Il s'empressa ensuite d'envoyer des députés en Italie pour prier lord Bentink d'envoyer des troupes pour s'emparer de la Corse au nom de Sa Majesté britannique. Le général anglais accueillit avec empressement cette invitation et y expédia le général Montrésor avec des forces considérables et avec une lettre pour le prétendu gouvernement provisoire de Bastia, auquel lord Bentink exprimait toute sa reconnaissance pour les efforts que les habitants de Bastia avaient faits, afin de se soustraire au joug de la France. Aussitôt le général Montrésor débarqué en Corse, le Comité lui fit savoir que les villes de Corté, Ajaccio, Calvi et Bonifacio tenaient encore pour la France; et on le décida à se porter avec sa flotte sur les villes maritimes, tandis que les chefs du parti anglais, Petriconi (Baltassar), Galeazzi (Jean-François) et Negroni (Pascal), auraient marché avec leurs adhérents sur la ville de Corté. En effet, les habitants de cette dernière ville reçurent les partisans de l'Angleterre, à condition de repartir le lendemain. Voyant qu'ils persistaient, ils les avertirent de nouveau; ceux-ci répondirent avec insolence, alors des coups de fusil partirent de tout côté, et les partisans anglais prirent la fuite, laissant dans les rues des morts et des blessés.

La flotte anglaise entra dans le golfe d'Ajaccio. Le général Montrésor débarqua et s'entendit avec le général Berthier, qui lui consigna les places d'Ajaccio, Bonifacio et Calvi, seulement à titre de dépôt.

Le général anglais fit connaître par un décret que tous les fonctionnaires

(1) RENUCCI, *Istoria di Corsica.*

des municipalités et des tribunaux rendissent leurs actes au nom du roi de la Grande-Bretagne. La Cour impériale d'Ajaccio s'étant réunie sur l'invitation du premier président Castelli et du procureur général Colonna d'Istria, délibéra, à l'unanimité, que la justice ne serait rendue qu'au nom du roi de France. Montrésor, peu satisfait, quitta Ajaccio et se rendit à Bastia, où il changea tous les fonctionnaires (1); mais bientôt après il fut déconcerté, car une lettre qu'il reçut de Castelreag lui fit savoir que la Corse restait attachée à la France et qu'il devait quitter cette île.

Le général Millet de Mureau arriva en Corse, réintégra dans leurs places les fonctionnaires destitués, blâma tous ceux qui avaient accepté des emplois au nom du gouvernement Anglais et désapprouva la révolution du *onze avril*. Le général Millet quitta la Corse en laissant le commandement au général Berthier. Ce dernier fut bientôt remplacé par le baron Bruslard, homme tout à fait inconnu, envoyé en Corse pour mettre en exécution son odieux projet contre la vie de Napoléon à l'île d'Elbe (2). Bruslard trouva à Bastia et à Ajaccio des lâches qui entrèrent dans cet exécrable complot! Heureusement ils furent déjoués!

Dans un congrès tenu à Vienne par les puissances alliées, on délibéra pour mettre Napoléon hors les relations sociales et le reléguer loin des limites de l'Europe. Cet ignoble procédé poussa Napoléon à exécuter le projet le plus hardi qu'on puisse imaginer: accompagné d'une poignée de braves, anciens compagnons de sa gloire, il partit de Porto-Ferrajo et alla s'asseoir sur son trône à Paris. La nouvelle de son départ se répandit en Corse; Bruslard s'efforçait de la démentir, mais voyant qu'une révolution était imminente, il commença à persécuter les bonapartistes (3), mit en état de siège les places fortes de l'île et enfin conçut le projet d'appeler les Anglais pour leur livrer le gouvernement de la Corse.

A cette nouvelle les insulaires prirent les armes et formèrent un grand camp à Bévinco, près de Bastia, sous la conduite du colonel François de Casabianca, de Vescovato. Une députation de la ville s'étant rendue au camp des insurgés pour les prier de s'éloigner, reçut pour toute réponse : que les

---

(1) Vidau fut nommé premier président; Colonna d'Istria, procureur général; mais il donna sa démission. Negroni, vice-président; Petriconi, préfet; Galeazzi, directeur des contributions; Morelli, à la marine; Mattoni, au génie; Poggi, aux finances, etc., etc.

(2) Napoléon fit mention de ce complot dans ses Mémoires de Sainte-Hélène.

(3) La maison du général Cervoni fut la première à être saccagée et brûlée par ordre de Bruslard.

Corses étaient Français, qu'ils voulaient rester tels, et qu'ils n'auraient pas bougé de leur poste, jusqu'à ce que Bruslard n'eût quitté l'île (1). Les députés, rentrés à Bastia, rapportèrent ces conditions au général Bruslard, qui protesta de son innocence; mais il crut prudent de s'embarquer aussitôt pour Gênes, laissant le commandement à M. Simon, inspecteur général d'infanterie, qui se trouvait à Bastia. La garnison de cette ville adhéra à la révolution; celle de Corté résista peu de temps aux assiégants, commandés par l'ex-préfet Arrighi; la garnison de Bonifacio lutta contre le peuple, mais elle succomba; celle d'Ajaccio, forte de 800 hommes, bien approvisionnée, commandée par le général Bruny et protégée par les royalistes de la ville, repoussa les insurgés, qui avaient formé un camp à Stileto, sous la conduite du chirurgien Tavéra. Ces derniers brûlèrent la maison de campagne du maire royaliste Bacciochi; le général Bruny fit raser par représailles la maison du bonapartiste Ternano dans la ville d'Ajaccio, accusé d'avoir présidé à cet incendie.

La nouvelle officielle de l'entrée de Napoléon à Paris ouvrit les portes d'Ajaccio aux assiégants, qui furent logés par troupes dans les maisons des royalistes, ou anglo-royalistes. Ces derniers n'avaient pas à se reprocher de n'avoir pas imité leurs partisans de Bastia. Eux aussi traînèrent dans les rues et foulèrent aux pieds le pavillon tricolore; eux aussi eurent la lâcheté d'attacher avec des cordes la statue de Napoléon pour la traîner et la jeter dans un puits. Lâcheté inqualifiable! commise dans le lieu même qui fut le berceau de l'Empereur; crime déshonorant dans lequel trempèrent un prêtre et certains individus dont la ridicule noblesse avait été tout à fait éclipsée par les rayons de la gloire de la famille Bonaparte.

Une junte se forme bientôt et on dépose les généraux Bruny et Delaunay. Le général Arrighi, duc de Padoue, arriva dans l'île envoyé par Napoléon comme gouverneur, et dissout la junte. Ce dernier s'appliqua bientôt à réorganiser le gouvernement, mais il n'eut pas le temps nécessaire; des nouvelles arrivées du continent italien mirent en mouvement le parti royaliste. Celui-ci fut accusé à Bastia de conspirer pour s'emparer de la citadelle; le gouvernement voulut le prévenir, en faisant arrêter quelques individus, plusieurs s'en aperçurent et se sauvèrent, quelques-uns ne firent aucune résistance et se rendirent prisonniers. Rinaldi (Jean-Baptiste) seul, le plus éner-

---

(1) Au même temps que se formait le camp de Bastia, se formaient ceux de Corté, d'Ajaccio, de Bonifacio et d'autres présides de l'île.

gique partisan des Bourbons, éveillé vers minuit pas son fils aîné (Salvador), qui s'était aperçu que les gendarmes avaient cerné sa maison, ouvrit la fenêtre et cria *au secours*! Un coup de fusil partit alors du dehors, mais ne l'atteignit pas, Rinaldi riposta et blessa le gendarme. Au même instant le feu commença de tout côté. Rinaldi, aidé par son fils, se battit pendant plusieurs heures; les gendarmes ayant suspendu l'attaque, Rinaldi profita de ce moment pour pénétrer dans la maison contiguë de son voisin. Les gendarmes, revenus en force, enfoncèrent les portes de la maison assiégée et pénétrèrent dans l'intérieur sans éprouver aucun obstacle, arrêtèrent la femme et les enfants de Rinaldi, qu'ils conduisirent au corps de garde. La force publique croyant Renaldi évadé, voulut se retirer, lorsqu'un individu indiscret lui découvrit sa retraite. Les portes de cette maison furent aussitôt enfoncées, mais à peine les gendarmes arrivèrent sur les escaliers, que Rinaldi commença l'attaque : deux gendarmes trouvèrent la mort, plusieurs tombèrent blessés et les autres durent battre en retraite.

La force publique alors se renforça davantage, on pensa d'abord descendre du toit pour enlever les planches de la pièce où Renaldi s'était retiré; cet expédient aurait été funeste pour quelques-uns, et alors on en trouva un autre, ce fut de prendre la femme et les petits enfants de Renaldi, de les faire marcher en avant et de s'en servir comme d'un bouclier. A la vue de ses tendres enfants, Rinaldi se découragea et demanda à se rendre avec condition de le faire embarquer pour la Toscane; tout lui fut promis, mais rien ne fut observé. Il fut arrêté, et au lieu de le faire juger par un tribunal compétent, il fut livré à une commission militaire, qui, malgré les vives oppositions de ses deux avocats défenseurs (1), il fut jugé et condamné à être fusillé. Son fils aîné aurait subi le même sort, sans l'intervention du préfet Giubéga. Rinaldi exposa intrépidement sa poitrine aux balles, il ne voulut pas qu'on lui bandât les yeux et mourut en criant : *Vive le Roi!* (2).

---

(1) Les avocats étaient Mari et Viale.

(2) Rinaldi avait servi dans le provincial corse. Lorsque ce régiment fut dissous, le représentant Saliceti lui offrit une place dans les troupes républicaines, qu'il refusa. Déclaré ardent royaliste, il fut persécuté à outrance. Ayant réussi, pendant une nuit d'été à surprendre une barque de pêcheurs, il força ces derniers à ramer vers les plages de la Toscane. Rinaldi se fixa à Livourne, où il se maria et s'adonna au commerce. Lorsque Napoléon arriva au pouvoir, Rinaldi revint en Corse et vécut à Bastia tranquille au milieu d'une nombreuse famille. En 1814, exaspéré par les vexations du général Berthier, il fut un des premiers à se révolter, et fut nommé commandant des forces publiques. Dans ces circonstances critiques, il fut assez honnête et loyal; il protégea

Cependant Galloni (Antoine), ancien capitaine au service de Napoléon, s'étant déclaré ardent royaliste, excitait les habitants de la Balagna à la révolte. Le duc de Padoue et le préfet Giubéga accoururent avec des forces, dispersèrent les insurgés et châtièrent sévèrement les villages foyers de l'insurrection. En même temps, plusieurs individus, soi-disant royalistes, du canton de Tenda (Nebbio), fondirent comme des vautours sur la petite ville de Saint-Florent, pénétrèrent dans les magasins qu'ils pillèrent, et trois individus de la pire espèce allèrent trouver le commandant de place, Joseph Stefanini, qui, ayant entendu du bruit, s'habillait pour sortir; ils frappèrent à sa porte, qu'il ouvrit sans aucune défiance; mais ces scélérats, sans mot dire, lui donnèrent la mort. Cet assassinat révolta le cœur des honnêtes gens et fit pousser de tous côtés un cri d'horreur!

Le général Simon ayant reçu des nouvelles du Continent, fit arborer le pavillon blanc; mais se voyant menacé de mort, il quitta Bastia et se réfugia à Calvi, laissant le commandement au général Moroni. Ce dernier fut aussitôt remplacé par Verrier, colonel d'artillerie; et Galloni, l'homme qui faisait le plus de bruit à cette époque, fut nommé chef d'état-major, poste dont il fut aussitôt révoqué pour insubordination.

Sur ces entrefaites, un inconnu, enveloppé dans un manteau, débarquait à Bastia, se dirigeait sur le village de Vescovato et demandait à parler au général Franceschetti, qui s'était retiré dans la maison de son beau-père Ceccaldi. Franceschetti se reposait dans sa chambre lorsque l'inconnu se présenta à lui. Il lui demanda ce qu'il désirait; alors l'étranger, sans mot dire, se découvrit le visage à demi-caché. Franceschetti reconnut son roi : c'était Joachim Murat! *Oh! quantum mutatus ab illo...* Cet intrépide et vaillant guerrier, ce monarque fastueux, enveloppé dans un vilain accoutrement, persécuté en France, venait demander l'hospitalité à la Corse. Franceschetti se jeta à ses pieds en pleurant; il appela ensuite son beau-père Ceccaldi et le lui présenta. Ce dernier, nommé maire par les Bourbons, écrivit aussitôt à M. Verrier, chef du pouvoir, en lui disant que, malgré tout son attachement pour le roi de France, il ne pouvait refuser l'hospitalité à un malheureux monarque; cette vertu, qu'il avait reçue en héritage de ses ancêtres, il l'aurait exercée au péril de sa vie. A cette nouvelle, les royalistes de Bastia s'efforcèrent de décider M. Verrier à envoyer des gendarmes pour arrêter le roi Murat; et aussitôt un officier avec soixante gendarmes arriva

quelques familles bonapartistes et surtout celle du général Casabianca, en faisant monter la garde par son fils à la porte de sa maison pour la faire respecter.

à Vescovato ; mais Ceccaldi avait été prévoyant, et déjà des centaines d'hommes armés de Vescovato et de plusieurs communes étaient là pour le défendre. L'officier de gendarmerie avait obéi aux ordres de son chef, mais un prétexte quelconque lui aurait été agréable pour ne pas violer ce qu'il regardait comme la chose la plus sacrée en Corse, *l'hospitalité*. Ainsi il fit son rapport que n'ayant pas de forces suffisantes, il avait jugé prudent de rebrousser chemin.

La nouvelle, répandue dans tous les coins de l'île, de l'arrivée du roi de Naples à Vescovato, fit accourir dans cette commune des milliers d'hommes armés pour lui offrir leurs services et, s'il le fallait leur sang. Ce fut alors que Murat voulant mettre son projet à exécution, nolisa trois navires qui furent malheureusement capturés, chargés de provisions et de sommes importantes ; et en même temps Verrier, avec un manifeste, déclarait perturbateur de l'ordre public tout individu qui suivrait Murat. A la nouvelle de ce manifeste, le roi Murat voulut tenter de demander ses navires capturés, afin de s'éloigner de la Corse. Il envoya à cet effet le capitaine Moretti à l'Ile Rousse près Galloni, dont les frères avaient servi à Naples, pour qu'il s'intéressât dans cette affaire. Galloni répondit que non-seulement il ne pouvait pas lui être utile, mais qu'il avait reçu l'ordre de marcher avec six cents hommes pour l'arrêter.

Le messager tourna brusquement le dos à Galloni et retourna chez le roi Murat, qui, ayant su le résultat de cette mission, s'écria : « Ah ! je suis vrai« ment malheureux !... maintenant, je congédierai les braves Corses qui sont « ici pour me défendre, et je présenterai seul ma poitrine à Galloni ! » Le général Franceschetti, tout ému, protesta que les généreux Corses ne souffriraient pas cette insulte et qu'ils prendraient les armes pour le défendre. Le roi Murat voyant que tous ceux qui l'entouraient étaient décidés à verser leur sang pour lui, voulut l'épargner et se résolut à partir pour Ajaccio. Accompagné de Franceschetti, Calvani et d'une multitude d'anciens militaires ; il traversa plusieurs villages où il fut accueilli avec enthousiasme, fêté et accompagné avec un indescriptible entraînement de joie. Il entra dans la ville d'Ajaccio au son des cloches, au bruit des chants et des vivats ; la ville fut illuminée, et les autorités civiles et militaires gardèrent le silence. Les parents des Bonaparte, mécontents du procédé de Murat envers Napoléon, ne voulurent pas le voir ; seule, la demoiselle Paravicini (1) alla à sa

(1) Mademoiselle Paravicini, maintenant femme du général Tiburce Sebastiani, ne laisse pas

rencontre; elle lui offrit l'hospitalité, mais il la remercia et alla loger dans un hôtel.

A son départ d'Ajaccio, le commandant de la place, Cauro, ancien chef de bataillon à Naples, fit tirer quelques coups de canon sur les petits navires qui portaient Murat avec 200 hommes, mais ces coups ne firent aucun mal. Ce fait n'a pas besoin d'explication.

Quant à Galloni, il maintint sa promesse et arriva avec une vaillante armée dans les environs de Vescovato. Les habitants de cette commune et quelques autres des communes limitrophes prirent les armes et marchèrent à sa rencontre, qui eut lieu à l'endroit dit *Collettole*. Aux premiers coups, cette armée, composée en grande partie du ramassis de la Balagna, prit la fuite en désordre; et son chef, ayant à grand'peine réuni quelques-uns de ses adeptes, leur fit une allocution, et les congédia en les remerciant des bons services rendus à la patrie!... Quant à lui, il s'empressa de rentrer dans la ville de Bastia.

Nous passerons sous silence la malheureuse traversée du roi Murat et la fin tragique de cet infortuné monarque.

Après le départ du roi Murat, arriva en Corse le marquis de la Rivière. Celui-ci était un homme doué d'un caractère doux; il était charitable, dévot et érudit. Il commença par se faire aimer de tous; mais entouré incessamment par des individus qui, en même temps qu'ils proclament à haute voix leur fidélité pour celui qui règne, conservent toujours une jambe libre pour sauter vers un autre, si la circonstance se présente. Ceux-ci le poussèrent dans des impasses et lui firent commettre des fautes. Plusieurs individus accusés comme bonapartistes furent persécutés, jetés dans les prisons ou exilés (1); et pour comble de malheur, on le décida à porter les armes contre les habitants du Fiumorbo, où il risqua de perdre la vie (2). Après

---

d'enfants; elle est la dernière des parents les plus proches de la famille Bonaparte à Ajaccio. — Un autre individu des Paravicini vit malheureux à Paris sans famille.

(1) L'avocat Biadelli, le commandant Biguglia et le cordonnier Testa, de Bastia; Fratini, Lévié et Saint-Andrea d'Ajaccio, furent tous transportés dans les tours de Toulon; Cuneo-Ornano, d'Ajaccio, Giubéga de Calvi, l'abbé Recco, Ponte et Sari, d'Ajaccio, furent emprisonnés ou exilés, etc.

(2) Le commandant Poli, qui avait épousé la petite-fille de la nourrice de Napoléon, s'était retiré par crainte à Sari, son pays natal. Le marquis de la Rivière établit une petite garnison à Prunelli, de Fiumorbo, pour le surveiller. Cette garnison fut assaillie pendant une nuit et mise en fuite. De la Rivière voulut alors punir tout un canton en marchant avec des forces imposantes, Poli, avec ses partisans, se mit sur la défensive et obligea le marquis de la Rivière à battre en

cette malheureuse nouvelle affaire, le marquis de la Rivière partit pour son ambassade de Constantinople, laissant de bons souvenirs dans la ville de Bastia, et même dans l'intérieur de l'île, pour des services signalés qu'il avait rendus à plusieurs familles. Le conseil municipal de la ville de Bastia, à la nouvelle de la mort du marquis de la Rivière, se réunit et décida qu'un service funèbre serait célébré dans l'église de Saint-Jean, et que le buste du défunt serait placé dans la salle de l'hôtel de ville (1).

La Rivière fut remplacé par Willot, homme pacifique, qui ne tarda pas à rendre la tranquillité à la Corse. Celui-ci fit amnistier les habitants du Fiumorbo, fit rendre la liberté aux prisonniers bonapartistes, fit rentrer dans leurs foyers les exilés politiques et protégea les anciens officiers de l'empire. Le comte de Vignolle succéda à Willot; celui-ci établit les Frères de la doctrine chrétienne, changea les horribles prisons génoises de Bastia, fit abolir l'octroi en Corse sur les châtaignes, les huiles, etc., etc. Au comte Vignolle succéda M. d'Eymard, qui s'occupa du bien-être de la Corse; il fut secondé dans sa tâche par le général Brénier de Montmorand; mais toutes les demandes en faveur de la Corse, de ces deux personnages, restèrent dans les cartons des ministères.

C'était en 1822, lorsqu'arriva en Corse la triste nouvelle de la mort de Napoléon à Sainte-Hélène; elle causa une vive douleur dans l'intérieur de l'île, et plusieurs habitants d'Ajaccio prirent le grand deuil.

Le préfet Souleau et le général Montéléger remplacèrent d'Eynard et Brénier, mais ils ne firent rien de remarquable. Ce fut pendant leur administration que le banditisme en Corse prit des proportions effrayantes. La gendarmerie fut presque détruite par les bandits, et on se vit obligé de former un bataillon de voltigeurs corses pour poursuivre les contumaces. Ce fut à cette même époque que, par les intrigues de Pozzo de Borgo, ambassadeur des Russies à Paris, de Montéléger et de Souleau, la candidature au Corps législatif du général Horace Sébastiani fut si scandaleusement contrariée. Tout individu qui s'approchait de lui était désigné comme rebelle et perturbateur de l'ordre public, et les employés étaient révoqués de leurs fonctions.

En 1824 décéda Louis XVIII, et Charles X lui succéda. Le préfet Souleau

---

retraite. De la Rivière faillit deux fois périr; il vit mourir plusieurs soldats français et corses volontaires sans obtenir aucun résultat.

(1) Ce fut le marquis de la Rivière qui fit transporter la Cour d'appel d'Ajaccio à Bastia.

fut remplacé par Lantivy (1); et Montéléger, qui avait visé au pouvoir despotique, n'ayant pas pu l'obtenir et ayant peu de choses à faire, s'adonna à la chasse; mais le mauvais air des plaines orientales de l'île lui ôta la vie dans un âge peu avancé.

Le préfet Lantivy s'empressa de réparer les torts de son prédécesseur (2). Il fit d'abord construire le pont sur le Vecchio à Vivario, puis il fit jeter les fondements de l'hôtel de ville, de la préfecture, du théâtre et d'un orphélinat à Ajaccio; créa un jardin agraire et fit mettre fin à tant de petits travaux oubliés. Cet habile administrateur aurait doté la Corse de plusieurs choses d'une grande importance; mais malheureusement il tomba en disgrâce auprès de Pozzo de Borgo, pour ne pas avoir voulu favoriser la candidature de son neveu au Corps législatif et fut éloigné de la Corse. Lantivy fut vivement regretté, et sa mémoire sera toujours chère aux Corses. Le baron d'Angelliers lui succéda, mais il ne fit rien de remarquable. Le préfet Choiseul succéda à d'Angelliers; celui-ci mit en exécution le projet de Lantivy en dotant cette île de bateaux à vapeur pour faire le trajet de Toulon à Bastia et à Ajaccio. Enfin le ministère Polignac, n'étant pas d'accord avec la majorité de la chambre, provoqua la chute de Charles X.

On était en juillet 1830, lorsque la révolution éclata à Paris; elle fit couler tant de sang, causa tant de malheurs et obligea la famille des Bourbons à quitter le sol de la France.

On parla de république, puis d'un second empire avec un Bonaparte, enfin d'un régent dans la personne du duc d'Orléans; mais ce dernier l'emporta et monta sur le trône sous le nom de Louis-Philippe I", roi des Français. Le pavillon tricolore fut déclaré drapeau national... La Corse accepta avec empressement ce gouvernement constitutionnel, salua avec joie le drapeau tricolore et vit avec plaisir le rétablissement du jury judiciaire, tant de fois demandé. Le général Horace Sébastiani, qui avait été l'un des orateurs les plus distingués de l'opposition pendant la Restauration, devint l'ami et le conseiller intime du nouveau souverain; il occupa les ministères, il fut créé maréchal de France et il fut, pour ainsi dire, le vice-roi de la Corse pendant le règne de Louis-Philippe.

---

(1) La mort du général Montéléger fut vivement regrettée à Bastia pour ses largesses et pour ses abondantes aumônes. Bastia perdit en peu de jours deux autres pères des pauvres, tels que le général Conte, sénateur et pair de France, Raphaël Casabianca et Bajetta, curé de Saint-Jean.

(2) Le comte de Lantivy avait été page de Napoléon I".

La Corse était dans l'attente d'un heureux avenir, lorsqu'un fâcheux incident vint y jeter la consternation. Un certain Fieschi, rejeton d'une famille génoise, qui habitait Bastia et que la justice avait flétri, en 1816, en le condamnant à dix ans de réclusion pour vol et faux en écriture, se fit le principal auteur d'un odieux attentat contre la vie du roi Louis-Philippe. Quels clameurs alors contre la Corse! quels anathèmes contre tous les habitants de cette île!! Pour en finir avec certains bavards journalistes, il fallut que quelques Corses énergiques, demeurant à Paris, les invitassent à se voir en face.

L'attentat Fieschi eut lieu en juillet 1835; et en octobre de la même année, Louis-Philippe, appréciant autrement le caractère des Corses, voulut que son fils aîné visitât cette île. Déjà le prince de Joinville avait visité quelques ports en 1831, et il avait choisi de préférence quelques matelots corses pour son bord. Le duc d'Orléans débarqua à Bastia, où il fut reçu avec toute la pompe due à son rang. De Bastia, il traversa l'île pour se rendre à Corté et à Ajaccio. Durant son trajet il dut s'arrêter à chaque instant, sous les arcs de myrthe et de lauriers, pour recevoir les compliments des maires, des curés et d'autres personnes au nom des peuples. Une foule immense était accourue sur son passage; le prince se mêlait avec une extrême confiance à cette foule, il serrait la main aux uns, il parlait aux autres avec une affabilité charmante. Cette familiarité, de la part d'un prince, ravissait l'âme de ces montagnards au caractère indépendant, et qui ont un extrême dédain pour les hommes orgueilleux. A Corté on reçut le prince avec une cérémonie toute nationale, et la ville d'Ajaccio se surpassa, afin d'exprimer toute la gratitude qu'elle conservait pour son père, le roi Louis-Philippe, de ce qu'il avait fait replacer la statue de Napoléon sur la colonne Vendôme, si indignement enlevée et abattue en 1815.

Le duc d'Orléans partit d'Ajaccio pour se rendre en Afrique, plein de doux souvenirs de la Corse, et s'étant instruit de tous ses besoins les plus urgents, il promit de venir à son aide avec toute son influence (1). Il tint parole :

Les travaux exécutés en Corse depuis 1830 jusqu'en 1837 se bornaient à l'arrangement des routes carrossables de Bastia à Ajaccio, et de Bastia à St-Florent, pour les rendre mieux praticables aux voitures (2), à l'ouverture

(1) Le duc d'Orléans voulut aussi que dans la formation des chasseurs de Vincennes, on y introduisît, autant que possible, des soldats corses.

(2) Le premier à introduire les voitures publiques en Corse, fut M. Léonard Pieraggi de Corté.

de la route de Sagona jusqu'à la forêt d'Aïtona, à la construction de quais d'Ajaccio et des débarcadères de Bastia, de Maccinaggio et de l'île Rousse (1). Une loi du 14 mai 1837 déclarait les trois routes existantes, *Routes royales*, et on affectait en outre, de grandes sommes pour l'exécution de nouvelles routes (2).

En 1839, le nombre des routes royales fut porté à sept, en ouvrant un crédit de plusieurs millions pour leur exécution (3). Enfin on établit un lycée à Bastia, et d'autres sommes d'argent furent versées pour la construction de phares, jetées, quais, etc., etc.

D'autres travaux d'une grande utilité étaient déjà projetés pour l'amélioration de cette île, lorsque le trône de Louis-Philippe, miné depuis quelque temps, s'écroula. Le duc d'Orléans avait déjà perdu la vie dans une chute qu'il fit en voulant sauter de sa voiture; sa perte fut douloureusement sentie par les Corses reconnaissants.

Sous Louis-Philippe, la Corse fut longtemps administrée par le préfet Jourdan, dont l'influence n'était pas importante, car tout dépendait de la volonté du général Sébastiani. Cependant le préfet Jourdan, protégé par le gouvernement, fut accusé de commettre des abus et de se livrer à des spéculations lucratives, surtout dans l'exploitation des forêts de la Corse. Un journal de l'opposition qui s'imprimait à Bastia (*Le Progressif*) lui fit une guerre acharnée.

Mais à quoi bon ! Nous ne voulons pas blâmer le préfet Jourdan, mais nous dirons que nous étions alors à l'époque de l'*Auri sacra fames*, maladie contagieuse qui avait infecté tant de monde, et on put assister à un spectacle affligeant et scandaleux, en voyant condamner deux hauts dignitaires comme coupables de fraudes et de concussions; d'ailleurs ils n'étaient pas les seuls coupables.

Le préfet Jourdan quitta un jour la Corse et fut remplacé par M. Fréneau,

---

(1) Les dépenses faites en Corse depuis 1830 jusqu'à 1837 pouvaient être évaluées à 3 millions pour les routes et à 1 million pour les ports.

(2) En 1839, on ouvrit un crédit de 5 millions pour les deux premières routes, on ajouta 3 millions pour trois routes nouvelles, auxquels on y joignit encore 155,000 francs, etc., etc.

(3) On dit que le maréchal Sébastiani, voyant Louis-Philippe marchant à grands pas vers sa ruine, lui fit, dans une conversation confidentielle, des observations sérieuses, sur quoi le roi lui dit : « Maréchal, on voit que vous avez vieilli ! » Oui, sire, répondit Sébastiani; c'est vrai... nous avons vieilli tous les deux ! » Le maréchal Sébastiani était trop prévoyant et connaissait trop ce que valaient certains hommes d'État de Louis-Philippe et tous ses courtisans aveugles et flatteurs.

homme très-remarquable, mais qui n'eut pas le temps de s'occuper de travaux importants.

Si la chute de Louis-Philippe ouvrit une ère nouvelle à la Corse, il faut néanmoins rendre à César ce qui est à César. Il ne faut pas oublier les bienfaits dont son gouvernement a doté cette île. Il ne faut pas non plus oublier que ce fut sous son gouvernement que la statue de l'*Ogre de Corse*, qui surmontait la colonne Vendôme, abattue outragée et brisée en 1815, fut remise à sa place avec une grande solennité : Que les restes de ce même *Ogre de Corse* (1); *segno d'immensa invidia e di viltà profonda*, qui reposaient sur un rocher au milieu de l'Atlantique furent transportés sous le dôme des Invalides (2) aux bords de la Seine.

Ce fut le 24 février 1848 que la révolution éclata à Paris, et obligea la famille d'Orléans de s'acheminer vers la route de l'exil.

On proclama aussitôt la République. Ce gouvernement démocratique n'allait pas mal au goût et au caractère indépendant des Corses.

La république fut inaugurée dans cet Ile avec calme; on formait des clubs, où tout se passait avec tranquillité, et on n'eut la douleur d'assister à aucune de ces scènes sanglantes qui troublèrent plusieurs contrées de la France. Ce fut alors que d'illustres exilés (les Bonapartes) trouvèrent les portes de la France ouvertes et purent accomplir le pieux pèlerinage dans cette île, pour prier sur les tombeaux de leurs ancêtres et pour visiter le berceau de leurs pères. Le peuple Corse les reçut avec effusion et avec un transport de joie qui allait jusqu'à la frénésie. On vota à l'unanimité pour les envoyer à la Constituante, quelques-uns acceptèrent, d'autres remercièrent et opinèrent pour d'autres départements; enfin le suffrage universel porta le Prince Louis-Napoléon à la présidence de la république.

Nous suspendons pour un instant notre récit historique pour rapporter quelques notes biographiques sur les hommes qui ont illustré la Corse.

BIOGRAPHIES

GIUBÉGA (Vincent), célèbre poëte, né à Calvi, le 9 août 1701; il fit ses études à Gênes et à Florence, et reçut le diplôme de docteur en droit civil et

---

(1) En 1814 et 1815, on se servait des épithètes les plus injurieuses pour désigner Napoléon 1er.

(2) « Je désire que mes cendres reposent sur les bords de la Seine, au milieu de ce peuple français que j'ai tant aimé. » (*Testament de Napoléon*.)

NAPOLÉON II

CUNEO D'ORNANO
Poète

M⁹ʳ COLONNA D'ISTRIA

M⁹ʳ CASANELLI D'ISTRIA

FILIPPINI
Historien

F. O. RENUCCI
Historien

J. C. GREGORI
Historien

G. SISCO
Chirurgien

T. PRÉLA
Médecin des papes Pie VII et Pie VIII

S. VIALE
Poète

canonique. En 1784, il fut attaché à l'ambassade de France près la république de Gênes. Il quitta ce poste pour se faire prêtre, et fut nommé vicaire général de l'évêché de Sagona. Il s'expatria pendant que les Anglais restèrent en Corse. Il revint dans sa patrie et fut envoyé en 1796 par le département comme juge de cassation à Paris. Il tomba malade et rentra dans ses foyers. Napoléon aimait la famille Giubéga, et ayant été fait consul, il le nomma, en 1800, juge au tribunal d'appel à Ajaccio. Giubéga mourut trois mois après, à l'âge de 39 ans. Avant de mourir il jeta aux flammes ses compositions littéraires; celles qui nous restent y furent soustraites par son frère (Xavier). Elles se composent de diverses poésies lyriques, de la traduction de Catulle, de celle des amours d'Ovide et de quelques lettres critiques. Tous ces ouvrages sont d'un goût exquis.

NOBILI-SAVELLI (Joseph-Octave), né à San Antonino, exerça la médecine et fut excellent poëte. N. Savelli combattit pour l'indépendance et s'exila en 1769, retourna en Corse en 1789, et s'attacha au parti de Paoli, ou soit aux Anglo-Corses, et fut l'un des quatre députés qui portèrent la couronne de la Corse à George III. Les Anglais ayant été chassés de cette île par les républicains français, Savelli fut obligé de s'expatrier pour la seconde fois. Nous avons de lui une traduction en vers italiens des poésies d'Horace, qui est fort estimée en Italie.

Savelli s'était lié d'amitié avec le célèbre Métastase, auquel il soumit sa traduction, dans laquelle on voit des fragments de poésies traduits par Métastase lui-même.

ABRANTÈS (duchesse d'), née en 1784. Elle était issue de la famille des Comnène d'Ajaccio, descendant des souverains de Trébizonde. Étant très-liée d'amitié avec la famille Bonaparte, Napoléon la maria au général Junot en 1800. Elle suivit son mari pendant la guerre d'Espagne; mais après la mort de celui-ci, en 1813, elle se voua à l'éducation de ses enfants et à la culture des lettres. Ses ouvrages les plus remarquables sont : l'*Amirauté de Castille*, *Catherine de Russie*, les *Mémoires de la famille impériale*, etc. Elle mourut en 1827.

CUNEO-D'ORNANO (Jean-François), né à Ajaccio (religieux), enseigna la théologie et les belles-lettres à Gênes et en diverses autres parties de l'Italie; il fut bon prédicateur et excellent poëte. Sa traduction en vers italiens (octave rime) du *Paradis perdu* de Milton a été beaucoup applaudie. Il est aussi auteur de diverses poésies lyriques. Il mourut en 1813.

VIALE (Sauveur), né à Bastia, le 6 septembre 1787, prit le diplôme d'avocat en 1809, fit partie, en 1814, de la junte du gouvernement provisoire formé à Bastia le 11 avril, fut nommé, en 1816, substitut du procureur du roi, juge d'instruction en 1819. En 1828, il se rendit à Paris et donna sa démission de juge. Le général Horace Sébastiani, admirateur de ses talents, contribua beaucoup à le faire nommer conseiller à la Cour d'appel de Bastia. En 1852, il demanda et obtint sa retraite. Viale est sans doute le plus grand poëte de la Corse. Nous avons de lui : la *Dionomachia*, poëme héroï-comique; *Antonio Alberti; Alberto Corso; il Rennegato;* la *Sposa d'Abido; il Voto di Pietro Cirneo;* un *Traité sur les principes de la belle littérature,* etc.

SISCO (Joseph), né à Bastia, en 1748, se rendit célèbre dans l'art chirurgical à Rome, où il fut nommé successivement directeur de l'hospice de Saint-Jacques des Incurables et professeur de clinique, puis directeur de l'hospice de Saint-Gallican et professeur d'anatomie et de chirurgie, et enfin professeur en chef de médecine et de chirurgie dans le collége Romain. Mort à Rome en 1830, à l'âge de 82 ans, il fut inhumé dans l'église de Saint-Louis des Français. Il disposa dans son testament que toutes ses économies fussent employées à entretenir à perpétuité cinq jeunes élèves des plus pauvres de la ville de Bastia à Rome, pour étudier pendant cinq ans les sciences et les beaux-arts. Sisco a bien mérité de la patrie!

PRÉLA (Thomas), né à Bastia, célèbre médecin à Rome, fut professeur de médecine et médecin en chef des papes Pie VII et Pie VIII. Sous Grégoire XVI, Préla fut créé président du Collége médical de Rome. Il légua, en mourant, sa riche et magnifique bibliothèque à la ville de Bastia (1).

LETIZIA BONAPARTE, née Ramolino, naquit à Ajaccio, le 24 mai 1750, épousa fort jeune Charles Bonaparte, et vint avec lui s'établir à Corté, alors chef-lieu de l'indépendance corse. Letizia suivit son mari dans plusieurs combats sanglants contre les Génois et contre les soldats de Louis XV. Après la catastrophe du Pontenovo, elle se réfugia avec d'autres fugitifs sur le mont Rotondo, faisant serment de mourir plutôt que de se rendre prisonnière des vainqueurs. Le général de Vaux ayant donné l'amnistie, Letizia rentra à Ajaccio, et peu de jours après elle accoucha de Napoléon I" (15 août 1769). Après la mort de son mari (1785), Letizia se voua à l'administration de ses biens et à l'éducation de ses enfants. En 1793, la famille Bonaparte fut persécutée par les Anglo-Corses comme appartenant au parti républi-

---

(1) Viale (Benoît), neveu de Préla et frère du cardinal et du poëte, homme d'un grand mérite, est maintenant professeur de médecine à Rome et médecin du pape Pie IX.

cain, et Letizia dut se réfugier à Marseille avec une partie de sa famille. Elle demeura dans cette ville pendant quelque temps dans un état bien précaire ; mais la Fortune ayant souri à Napoléon son fils, elle se vit enlever de cette humble demeure pour aller habiter à Paris dans des palais aux lambris dorés. Letizia put se croire alors la première femme parmi toutes les femmes de l'univers ; elle était au faîte des grandeurs humaines, flattée, vénérée, au milieu d'un entourage où elle comptait plusieurs têtes couronnées sorties de son sein. Mais ni la splendeur du trône, ni les rayons de cette immense gloire qui reflétaient autour d'elle ne purent un seul instant éblouir cette femme à l'âme trempée aux rochers granitiques de sa mère-patrie. Letizia vécut toujours dans un état modeste ; elle dédaigna le faste, les pompes et la mollesse, et toutes les fois que ses fils lui reprochaient sa parcimonie, elle répondait en soupirant « que ses épargnes et ses économies pourraient leur être un jour d'une grande utilité. » Hélas ! l'instabilité des choses d'ici-bas obligea les Bonaparte à prendre la route de l'exil. Letizia, déjà éprouvée par tant de vicissitudes, accepta ce terrible revers avec résignation, et alla se fixer à Rome, où elle mourut en 1829.

BONAPARTE (Charles), né à Ajaccio, en 1746, embrassa la carrière d'avocat. Il épousa en 1764 Letizia Ramolino, jeune fille d'une éclatante beauté. Charles, admirateur de Paoli et partisan ardent de l'indépendance, vint se fixer à Corté ; il prit part à plusieurs combats sanglants contre les Génois et contre les soldats de Louis XV. Après la soumission de la Corse à la France, il fut traité avec bienveillance par le général Marbeuf. En 1777, Charles Bonaparte fut envoyé député pour la noblesse à Paris. En 1785, voulant se rendre de nouveau à Paris pour activer le procès qu'il avait intenté pour la succession des biens de la famille Odone, il tomba malade en voyage et mourut à Montpellier, le 24 février 1785, âgé de 39 ans. Charles eut de son mariage avec Letizia plusieurs enfants, dont nous allons parler.

BONAPARTE (Joseph), l'aîné, né à Corté, en 1768, fit ses études à Autun et à Metz, et commença à paraître sur la scène politique le 13 vendémiaire (5 octobre 1795). Nommé commissaire des guerres (1796), député de la Corse au Conseil des Cinq-Cents, ministre plénipotentiaire auprès du Saint-Siége (1797), secrétaire du Conseil des Cinq-Cents (1798), conseiller d'État après le 18 brumaire (1799), envoyé pour conclure un traité de commerce avec les États-Unis (1800), envoyé pour traiter de la paix avec l'Allemagne à Lunéville (1801), envoyé pour un traité de paix avec l'Angleterre à Amiens (1802), sénateur en 1804, prince français en 1805, grand électeur et président du Sénat (1805), commandant en chef de l'armée dirigée sur Naples, et roi de ce royaume (1806), roi d'Espagne (1808). En 1813, Joseph quitta l'Espagne; en 1814, il fut nommé par son frère lieutenant général de l'empire, et chargé du gouvernement avec Marie-Louise. Après la chute de l'empire, il alla habiter la Suisse. Dans les cent-jours, il revint à Paris, mais bientôt après il alla se fixer à New-York, en Amérique; il mourut en 1844.

BONAPARTE (NAPOLÉON), né à Ajaccio, le 15 août 1769, était le second né de la famille, mais il en fut le chef. Son nom et ses exploits ont été portés sur les ailes des vents jusqu'aux extrémités les plus reculées des pôles, et on peut dire de lui :

NEMINEM. PAREM. TANTO. NOMINI.

BONAPARTE (LUCIEN), né à Ajaccio, en 1775, fit ses études à Autun et dans d'autres colléges de France. Membre du Conseil des Cinq-Cents (1797), bientôt élu président de cette assemblée, il prépara avec son frère Napoléon le renversement du Directoire et assura le succès du 18 brumaire. Ministre en 1799, mais d'un caractère indépendant, il ne s'accordait pas toujours avec son frère; il quitta Paris et alla habiter Rome (1804). Il se fixa près de Viterbe, dans sa terre de Canino, que Pie VII, qui estimait et aimait Lucien, érigea en principauté. Voulant se rendre aux États-Unis, il fut fait prisonnier par les Anglais (1810). Mis en liberté en 1814, il retourna à Paris dans les cent-jours et fut retenu par son frère, qui l'obligea de siéger à la chambre des pairs. Après le départ de son frère, il retourna en Italie, où il s'adonna aux lettres et composa deux poëmes épiques, le *Charlemagne* et la *Cyrnéide*, ou *la Corse sauvée*. Il faisait partie de l'Institut depuis 1803. Il mourut en 1840, laissant une nombreuse famille. Lucien était un homme d'un grand et rare mérite.

BONAPARTE (ÉLISA), née à Ajaccio, en 1777, épousa le général Félix Baciocchi en 1797, et vint à Paris, où elle vivait entourée des hommes de lettres, qu'elle protégeait. En 1805, son mari fut créé prince de Lucques et de Piombino, mais elle seule en exerça le pouvoir. En 1809, Napoléon la nomma grande-duchesse de Toscane. Après la chute de l'empire, Élisa se retira à Boulogne, puis en Allemagne, et mourut à Trieste en 1820.

BONAPARTE (LOUIS), né en 1778, à Ajaccio, entra de bonne heure dans la carrière militaire, fit avec son frère Napoléon les campagnes d'Italie, fut envoyé comme ambassadeur en Russie, et à son retour il fut nommé colonel et bientôt général (1803). Napoléon étant monté sur le trône, le créa connétable de France et général des cuirassiers. Il fit les campagnes d'Italie en 1805, fut nommé gouverneur de Paris (1807). Envoyé en Hollande pour commander l'armée du Nord, il fut bientôt nommé roi de ce pays. Napoléon ayant établi son système de blocus continental destiné à ruiner le commerce de l'Angleterre, mesure désastreuse pour la Hollande, Louis, dans l'intérêt de la nation qu'il gouvernait, préféra d'abdiquer la couronne et se retira en Styrie, où il resta jusqu'en 1813; puis il vint à Rome et enfin à Florence, où il mourut en 1846.

BONAPARTE (Paolina), née à Ajaccio, en 1780, épousa le général Leclerc. Restée veuve, elle se remaria avec le prince Borghèse, et mourut sans héritiers à Rome (1825).

BONAPARTE (Carolina), née à Ajaccio, en 1782, épousa le général Murat en 1800, et devint successivement grande-duchesse de Berg et reine de Naples. Elle se concilia l'affection du peuple, protégea les lettres, augmenta les musées et les galeries de Naples, organisa les fouilles de Pompéi et fonda une maison d'éducation pour 300 jeunes filles. Étant restée veuve (1815), elle se retira à Raimbourg sous le nom de comtesse de Lipona (anagramme de Napoli), puis elle vint à Florence, où elle mourut le 10 mai 1839.

BONAPARTE (Jérôme), né à Ajaccio, en 1784. Il fit ses études à Juilly. Aspirant de marine (1799), lieutenant du vaisseau l'*Épervier* (1799). Envoyé en Amérique, il épousa miss Paterson. Son mariage fut annulé par Napoléon, mais il lui permit de reconnaître le fils né de cette union. Nommé capitaine en 1801, il fut bientôt promu au grade de contre-amiral et de prince français. Il suivit Napoléon dans la guerre d'Allemagne comme lieutenant général. Napoléon ayant formé le royaume de Westphalie de divers petits États de l'Allemagne, le donna à son frère Jérôme. Il fit la campagne de Russie, commandant l'aile droite de la Grande-Armée, et prit part à toutes les batailles qui s'y livrèrent. Après cette fatale campagne, on voulait le forcer à trahir son frère, mais il repoussa cette infâme proposition avec dédain et alla habiter Trieste. Après le retour de Napoléon de l'île d'Elbe, il se rendit à Paris, se mit à la tête d'un corps d'armée, et le 18 juin, se battit en héros à Waterloo. Après cette catastrophe, il alla demander l'hospitalité au roi de Wurtemberg, son beau-père, dont il fut très-mal accueilli. Il alla alors habiter l'Autriche, puis vint à Rome et enfin à Florence. Depuis 1848 jusqu'à sa mort, qui eut lieu le 24 juin 1861, le roi Jérôme fut le parent et l'ami le plus dévoué de l'empereur Napoléon III, duquel il était aussi fort aimé.

OFFICIERS GÉNÉRAUX.

Nous aurions vivement désiré d'accompagner de quelques notices biographiques les portraits des généraux que nous reproduisons en grande partie dans notre ouvrage; mais nous nous voyons obligé, par des motifs légitimes, de nous borner à n'en donner qu'un catalogue par ordre alphabétique. Ce catalogue a été extrait des archives du ministère de la guerre, à Paris, par ordre de M. le ministre, auquel nous avions adressé une demande à cet effet. Cependant, il nous a été pénible d'apprendre par l'archiviste que tous ceux qui ont toujours servi, soit à Naples, soit dans d'autres contrées de l'Italie, quoique sous le premier empire, ne sont pas inscrits dans les registres qui existent à Paris.

ABBATUCCI (Jacques-Pierre), né à Zicavo, le 6 novembre 1726, lieutenant-colonel du Provincial corse (1778); maréchal de camp sous la Constituante, général de division sous la République à l'armée du Rhin-et-Moselle; mort retraité à Zicavo, en 1813, âgé de 87 ans.

ABBATUCCI (Charles), fils du précédent, né à Zicavo, le 15 novembre 1771; colonel-adjudant général, 21 prairial an II; général en 1796; mort en combattant à Huningue, âgé de 26 ans, jeune d'âge et vieux de gloire. On lui éleva un monument sur le lieu où il fut tué. Son nom a été gravé sur l'arc de triomphe de l'Étoile, à Paris, et dernièrement on lui a élevé une statue en bronze à Ajaccio.

AMICI (N.), né à Belgodere, général de brigade à Naples.

ARENA (Joseph), né à Patrimonio; adjudant général au siège de Toulon (1793), et bientôt général de brigade; mort par la loi, ayant conspiré avec Ceracchi, Diana, Topino-Lebrun et Desmaret, contre la vie de Napoléon. Joseph était frère de ce Barthélemy Arena qui s'opposa si vivement à Napoléon le 18 brumaire, et qui, pour n'avoir jamais voulu transiger avec ses idées républicaines, mourut très-pauvre à Livourne, en 1833.

ARRIGHI DE CASANOVA (Jean-Thomas), duc de Padoue, né à Corté, le 8 mars 1778. Général de brigade (1807), lieutenant général (1809); inspecteur général de cavalerie (1810); commandant le 3ᵉ corps de cavalerie de la Grande-Armée (1813); commandant la 1ʳᵉ division de réserve à Paris (1814); gouverneur de la Corse (1815); exilé, mis en disponibilité (1820); compris dans le cadre d'activité (1831); retraité (1837); sénateur (1852); gouverneur des Invalides (1852); mort à Paris (1853). Le général Arrighi était parent de la famille Bonaparte; il fut un héroïque soldat, assista à plusieurs batailles sous la République, sous le Consulat et l'Empire, fut blessé plusieurs fois et très-grièvement. Son nom figure sur l'arc de triomphe de l'Étoile, à Paris. Une statue en bronze va lui être bientôt élevée à Corté.

BACIOCCHI (Félix-Pascal), né à Ajaccio, le 18 mai 1762. Étant général de division, il épousa en 1797 Élisa, sœur de Napoléon Ier. Il fut nommé sénateur en 1804, prince de Lucques et Piombino en 1805; mais il ne gouverna pas le grand-duché de Toscane conjointement avec sa femme, qui en fut constituée souveraine en 1808. Les revers de 1814 l'obligèrent à s'exiler. Baciocchi se fixa en Autriche, et après la mort d'Élisa, il vint habiter Boulogne, où il mourut en 1841.

BALATHIER (Henri-Victor de), né à Bastia, le 10 octobre 1750. Général de brigade en 1814, employé dans la 21e division militaire en 1816, retraité en 1817.

BUONAVITA (Joseph), né le 19 août 1732, à Bastia. Général de brigade le 15 mai 1793; retraité le 4 floréal an III de la république; mort à Bastia.

BUTTAFOCO (comte Mathieu de), né le 26 novembre 1731, à Vescovato. Colonel du régiment Royal corse (1765), propriétaire de ce régiment (1770), inspecteur du Provincial corse (1772), général de brigade (1781); mort à Bastia, le 6 juillet 1801.

CAMPI (baron Toussaint), né à Ajaccio, en 1777. Général de brigade (1813), général de division (1831); mort à Lyon, le 12 octobre 1832. Son nom est gravé sur l'arc de triomphe de l'Étoile, à Paris.

CARAFFA (de), né à Bastia. Général de brigade à Naples.

CARBUCCIA (Jean-Sébastien-Luc-Bonaventure), né à Bastia, le 24 juillet 1808. Général de brigade (10 mai 1852); mort du choléra à Gallipoli, le 17 juillet 1854.

CASABIANCA (Jean-Quilicus de), né le 1er août 1723, à Casabianca. Colonel du Provincial corse (1772); mort général retraité à Vescovato, en 1793.

CASABIANCA (Luce de), fils du précédent, né à Bastia, le 7 février 1760. Capitaine de frégate en 1793, chef de division des armées navales en l'an VI. Il commandait le vaisseau amiral l'*Orient* à la bataille d'Aboukir, où, après des prodiges de valeur, il se fit sauter pour ne pas livrer son vaisseau aux Anglais. Son fils (Giocante), âgé d'environ 12 ans, refusa de se sauver et périt avec son père. Illustre victime de l'amour filial!

CASABIANCA (vicomte Joseph-Marie de), né à Venzolasca, le 1er janvier 1742. Général de brigade (1792); général de division (1793); gouverneur de Mantoue (1801); mort en 1805.

CASABIANCA (comte Raphael de), né le 27 novembre 1737, à Vescovato. Maréchal de camp (1792); commandant en chef l'expédition de Sardaigne, général de division (25 mars 1794); sénateur (1799); nommé titulaire à la sénatorerie d'Ajaccio; nommé pair de France; mort à Bastia, en 1825.

CASABIANCA (Raphael) soutint avec un courage héroïque le siége de Calvi contre les Anglais, et prit part à plusieurs batailles sanglantes livrées sous la République, le Consulat et l'Empire.

CASABIANCA (Pierre-François de), né à Vescovato, le 30 avril 1784. Commandant des tirailleurs corses à la bataille de Wagram, colonel en 1812; mort en Russie, à la tête de son régiment, au moment d'être nommé général, âgé de 28 ans, le 14 août 1812.

CASABIANCA (François-Louis de), né à Venzolasca, le 17 avril 1776. Colonel le 21 février 1813; maréchal de camp (1818); décédé en 1837.

CASALTA (Antoine-Philippe), né à Cervione. Général de brigade sous la première République; mort à Cervione, dans un âge très-avancé.

CATTANEO (Bernard-Louis de) né le 7 mars 1769, à Ajaccio. Général de brigade et général de division au service de Naples; admis au service de France comme maréchal de camp (2 janvier 1817); général de division honoraire; retraité en 1826.

CERVONI (Jean-Baptiste), né en 1768, à Soveria. Adjudant général au siége de Toulon (1793); général de brigade (1794); général de division (1798); chargé de dissoudre le gouvernement papal et proclamer la République à Rome; commandant en chef de la 2e division militaire en 1799, puis de la 8e division en Provence; tué au combat d'Eckmuhl (23 avril 1809). Napoléon ordonna d'élever une statue au général Cervoni, comme étant l'un des plus vaillants soldats de la Grande-Armée. Son nom figure sur l'arc de triomphe de l'Étoile, à Paris. Il était baron de l'Empire.

CONSTANTINI (Vincent-Marie), né le 21 avril 1758, à Ghisoni. Général de brigade le 3 floréal an II; retraité.

COURANT (Jean), né le 10 avril 1793, à Ajaccio. Général de brigade (22 octobre); mort à Paris, le 12 mai 1856.

DEGIOVANNI, né à Bastia. Général de brigade au service de Naples.

FERDINANDI (Toussaint), né à Pozzo (Brando), 1er novembre 1742. Servit à Naples; vint, en 1787, en France dans le corps du génie; lieutenant-colonel (1798); retourna à Naples (1806); général de brigade (27 janvier 1818); mort à Pozzo, le 27 novembre 1822.

FIORELLA (Pascal-Antoine), comte et sénateur, né le 15 février 1752, à Ajaccio. Général de brigade, 3 nivose an IV; général de division sous la République cisalpine, 24 brumaire an VI; général de division en France; retraité le 16 février 1817; mort à Ajaccio, le 3 mars 1818. Fiorella avait pris part à plusieurs combats sous la République, le Consulat et l'Empire; c'était un vaillant soldat. Son nom est gravé sur l'arc de triomphe de l'Étoile, à Paris.

FRANCESCHI (Jean-Baptiste de), né à Bastia, le 5 décembre 1766. Général de brigade, 19 messidor an VII; général de division; mort en brave à Dantzick, 19 mai 1813. Son nom est gravé sur l'arc de triomphe de l'Étoile, à Paris.

FRANCESCHETTI (Dominique-César), né à Brando, en 1776. Général de brigade au service de Naples Il donna l'hospitalité au roi Murat à Vescovoto (1815), et l'accompagna dans sa malheureuse entreprise. Mort en 1835.

GASPARI (Gaspard), comte de Bénéval, né à Morsiglia, en 1750, prit du service en France, puis en Pologne. Après le partage de cette nation, il s'attacha au prince Ypsilanti, qui lui conserva son grade de général de division, et en 1799 le nomma ministre des affaires étrangères, etc. Mort à Paris, en 1816.

GAFFORI (François de), fils unique de l'illustre général patriote, né à Corté, le 14 août 1744. Brigadier (1784); maréchal de camp (1788); mort à Corté, en février 1796.

GALEAZZINI (Pierre), adjudant général (1796). Il passa à Naples, appelé à d'autres fonctions. Mort à Bastia. Il était frère de Jean-Baptiste Galeazzini, préfet du Liamone, etc., et homme d'un grand mérite.

GENTILI (Antoine), né en 1745, à Saint-Florent, célèbre patriote. Général de brigade, 17 brumaire an II; général de divison, 30 floréal an II; mort à Saint-Florent.

GENTILI (Vincent de), né à Nonza, le 4 février 1760, servit en France, puis à Naples. Général de brigade (1800); général de division (1808); rentré en France avec son grade (1816); décédé à Nonza.

GIAFFERRI (Augustin), fils du célèbre général patriote. Il servit à Naples avant la conquête des Français. Général de brigade; retraité. Mort par la loi (1798).

GRAZIANI (N.), né à l'Olmo. Général de brigade à Naples; mort à Bastia.

JUCHERAU DE SAINT-DENIS, né à Bastia. Général de brigade sous la Restauration.

LEVIÉ (N.). Général de brigade au service de Naples.

MASSONI (N.), né à Calvi. Général de brigade, retraité. (Vivant).

MORONI (baron ANGE-PIERRE) né à Ortiporio, le 29 mars 1762. Servit d'abord en France, puis sous le prince Eugène, comme colonel des vélites royaux. Général de brigade (1813); commandant de l'ordre de la Couronne de fer. Il reçut une épée d'honneur en récompense de sa bravoure.

NICOLAI (PARIS), nommé en 1866 général de brigade. (En activité.)

ORNANO PHILIPPE-ANTOINE, comte D'), né à Ajaccio, le 17 juin 1788. Général de brigade (1811); général de division (3 septembre 1812); chambellan de l'Empereur (1814); proscrit (1815)) inspecteur de cavalerie (1828); pair de France (1832); grand chancelier de la Légion d'honneur (1852); gouverneur des Invalides (1853); maréchal de France et sénateur (1861); mort à Paris, en 1864.

ORSATELLI, né à Cassano. Général de brigade, mort en guerre (Espagne).

OTTAVI (JEAN-BAPTISTE), né le 19 juillet 1767, à Ghisoni. Général de brigade (1" nivose an IX); général de division au service de Naples (20 mai 1808); lieutenant général au service de France (11 décembre 1816); mort à Montpellier, le 13 novembre 1855.

PAGANELLI, né à Zicavo. Général à Venise, vers la fin du XVIII siècle.

PETRICONI (MATHIEU DE), né le 1" novembre 1737, à Sorio. Général de brigade pour retraite, le 1" mars 1791.

PETRICONI (NÉPOMUCÈNE DE). Général de brigade; mort sous la première République, au siège de Vérone.

RIVAROLA, né à Bastia. Général au service des Anglais.

ROSSI (ANTOINE-FRANÇOIS DE), né le 26 octobre 1726, à Ajaccio. Général de brigade (15 juin 1788); général de division (17 juillet 1792); retraité le 3 prairial an III.

ROSSI (CAMILLE DE), né le 30 mars 1727, à Ajaccio. Maréchal de camp (15 juin 1792); général de division (31 mai 1793). Mort par la loi.

ROSSI (Don GRAZIO), né le 15 mars 1726, à Ajaccio. Maréchal de camp (8 mars 1793); suspendu le 10 juin 1793.

ROSSI (PASCAL DE), né le 2 mars 1783, à Ajaccio. Maréchal de camp 18 décembre 1841); mort à Paris, le 7 août 1844.

SEBASTIANI (comte HORACE), né à Porta, en 1773. Seconda Napoléon au 18 brumaire; ambassadeur en Égypte et en Syrie; général de brigade

(1801); général de division (1806); ambassadeur à Constantinople, où il s'illustra; comandant le 4ᵉ corps d'armée en Espagne (1807); général en chef au camp de Boulogne; membre de la commission pour la révision de la Charte de 1814 en 1830; ministre de la marine; ministre des affaires étrangères; envoyé à Naples (1833); ambassadeur à Londres (1839); maréchal de France (1830); mort à Paris. Horace Sébastiani est une des plus grandes illustrations militaires, diplomatiques et oratoires de la Corse. Son nom est gravé sur l'arc de triomphe de l'Étoile, à Paris.

SÉBASTIANI (vicomte TIBURCE), frère du précédent, né à Porta, le 31 mars 1788. Colonel lors de la campagne de Russie (1813); blessé grièvement à Montereau (1814); combattit à Waterloo (1815); retiré en Corse (1815); rappelé au service (1818); maréchal de camp (1823); mis en non-activité (1828); remis en activité, il fit la campagne de Morée (1828); général de division (1830); commandant la division militaire de Paris (1848). Il fut un vaillant soldat. Depuis cette époque, retiré en Corse.

MINISTRES.

SALICETI (CHRISTOPHE), né à Salicéto (Rostino), en 1757. Député du tiers état aux états généraux (1789); député à la Convention (1792); vota pour la peine de mort contre le roi Louis XVI; commissaire du Directoire exécutif en Corse (1796); député au Corps législatif (1797); commissaire pour l'expédition de Sardaigne (1800); ministre plénipotentiaire à Lucques, puis à Gênes; fait donner la sépulture aux squelettes des Corses martyrs de l'indépendance que les Génois conservaient dans des cages de fer; ministre de la guerre et de la police à Naples sous le roi Joseph et sous le roi Murat; on conspira contre lui, il échappa à la mort par hasard; mort empoisonné par le Génois Maghella, en 1809 : ce coup venait de la Sicile. À la nouvelle de la mort de Saliceti, Napoléon s'écria : « Saliceti est mort! l'Europe a perdu une grande tête; lui seul valait cent mille baïonnettes. »

CASABIANCA (comte XAVIER DE), né à Nice, le 27 juin 1796, fit ses études à Paris et embrassa la carrière d'avocat, dans laquelle il s'acquit la plus grande réputation parmi tous les avocats de la Corse. Ses opinions bonapartistes l'éloignèrent des fonctions publiques. En 1848 commença sa carrière. Envoyé comme représentant à la Constituante, puis au Corps législatif, il s'attacha fidèlement au prince Louis-Napoléon, président de la

Repulique. Nommé vers la fin de 1851 ministre de l'agriculture et du commerce, puis ministre des finances (28 novembre). Après le coup d'État (1852), il fut appelé à organiser le ministère d'État. Il quitta ce poste et passa au Sénat. En 1864 (5 mars), il fut nommé procureur général impérial à la Cour des comptes. Il est grand-croix de l'ordre de la Légion d'honneur. Le comte de Casabianca est une des plus grandes illustrations de la Corse.

ABBATUCCI (JACQUES-PIERRE), né à Zicavo, en 1792. Il alla d'abord faire ses études à Paris, puis il se rendit à Pise et embrassa la carrière du barreau. En 1816, sous Louis XVIII, il fut nommé procureur du roi à Sartène. En 1819, il passa conseiller à la Cour d'appel de Bastia; président de chambre à la Cour d'Orléans; député à la chambre législative; en 1839, il fut élu député d'Orléans et vota avec l'opposition. En 1848, il fut nommé conseiller à la Cour de cassation; il s'attacha au prince Louis-Napoléon, président de la République. En 1852, il fut appelé au ministère de la justice, et mourut dans ses fonctions, le 11 novembre 1857. Abbatucci était un homme d'action et non un causeur; il était doué d'une grande intelligence, et capable de remplir les plus hautes fonctions de l'Empire avec dignité et rectitude.

ARRIGHI DE CASANOVA (ERNEST-LOUIS HENRI-HYACINTHE), duc de Padoue, né Paris, le 26 septembre 1814, est fils du général Arrighi, duc de Padoue, parent de la famille impériale. Il sortit de l'École polytechnique officier du génie; mais, ne voulant pas servir le gouvernement de juillet, il donna sa démission. En 1848, il commença à se faire jour dans les affaires politiques. L'élection du 10 décembre allait à son goût; il fut nommé préfet à Versailles (1849), où il resta jusqu'à 1852; puis il fut nommé maître des requêtes au conseil d'État, de là passa, en 1853, au Sénat. Le 5 mai 1859, l'Empereur le chargea du ministère de l'intérieur. Cette marque de confiance de la part du Souverain, dans une circonstance aussi critique, est au-dessus de toute appréciation. Il est grand-croix de la Légion d'honneur.

CARDINAUX.

BELMOSTO (OCTAVE), né en 1590, à Venzolasca. Il fut nommé évêque d'Aleria par Grégoire XIV; légat dans les Romagnes par Paul V, puis préfet de la sacrée consulte, et enfin cardinal-diacre de Saint-Charles aux *Catenari*, à Rome. Il fut inhumé dans la susdite église (1).

(1) Nous avons écrit par mégarde, page 185, Saint-Charles aux *Funari*, au lieu de Saint-Charles aux *Catenari*.

FESCH (Joseph), né en 1763, à Ajaccio. Il était l'oncle maternel de Napoléon Ier. Nommé en 1802 archevêque de Lyon, cardinal en 1803, ambassadeur à Rome (1803), grand aumônier de l'empire, comte et sénateur. Il refusa l'archevêché de Paris en 1810; s'opposa aux mesures prises par son neveu contre Pie VII; en 1814 se retira à Rome, mais il ne voulut jamais se démettre du titre d'archevêque de Lyon. Le cardinal Fesch avait formé à Rome une magnifique galerie de tableaux, dont plusieurs appartenaient à de grands maîtres. Il a doté la ville d'Ajaccio d'un grand établissement contenant un collége, et renfermant une riche bibliothèque et une belle galerie. Ajaccio lui doit aussi les religieuses de Saint-Joseph et les frères des Écoles chrétiennes. Une partie de sa galerie fut vendue, l'autre fut partagée, selon ses volontés, entre toutes les villes et tous les villages de la Corse.

VIALE-PRELA (Michel), né à Bastia, le 29 septembre 1798. Il fut ordonné prêtre à Rome en 1825. En 1828, il fut envoyé comme auditeur en Suisse; internonce à Munich (Bavière), par Grégoire XVI; nonce apostolique à Vienne (1845). Il signa le fameux concordat à Vienne (1855). Nommé cardinal et archevêque de Boulogne par Pie IX, il gouverna son diocèse pendant six ans et mourut (pauvre) le 15 mai 1860. Viale était une des plus grandes illustrations de la Corse.

SAVELLI (Dominique), né le 13 septembre 1792, à Spelonnato. Il se porta à Rome pour achever ses études (1818). En 1825, il prit le diplôme en droit canonique et en droit civil; en 1828, fut nommé grand vicaire à l'évêché de Cesena; en 1829, passa grand vicaire à l'évêché d'Imola, et mit à l'ordre, avec son courage et son énergie, la populace qui menaçait l'évêque (Mgr Giustiniani). De 1833 à 1847, il fut employé dans diverses délégations dans les provinces romaines. En 1848, il fut nommé directeur général de la police à Rome; commissaire extraordinaire dans les Marches (1848); ministre de l'intérieur et de la police à Rome (1852). En 1853, il fut créé cardinal par Pie IX; mort à Rome, le 30 août 1864.

Ayant reproduit les portraits de deux évêques, Mgr Colonne d'Istria et Mgr Casanelli d'Istria, nous y joindrons quelques notes biographiques.

COLONNA D'ISTRIA, homme d'une sainte vie, naquit à Bicchisano. Il alla achever ses études en Italie, où il se fit remarquer par ses vertus évangéliques. Il fut nommé évêque de Nice, où il se voua tout entier au soulagement de l'humanité souffrante. Accablé par l'âge et par les maladies, il renonça à l'évêché et alla se renfermer dans le couvent de Sainte-Sabine, à Rome, où il mourut en 1835, dans une complète pauvreté. Le roi Charles-

Albert, qui avait une grande vénération pour sa mémoire, fit transporter son corps à Nice, et le fit inhumer avec une grande pompe dans l'église cathédrale de cette ville.

CASANELLI D'ISTRIA (Toussaint-Raphael), né à Vico, le 24 octobre 1794. Il alla à Rome achever ses études, et prit le diplôme en droit canonique et en droit civil. Il fut nommé secrétaire de l'archevêque d'Auch, Mgr d'Isoard, qu'il suivit dans son diocèse, où il fut nommé grand vicaire, et peu de temps après il fut élu à l'évêché d'Ajaccio (1835). C'est à lui qu'on est redevable de tant d'établissements religieux dont la Corse était privée. On s'étonne lorsqu'on pense comment il a pu, sans ressources, accomplir tant de travaux. Il a été le restaurateur du clergé de la Corse. Notre position s'oppose à ce que nous lui prodiguions des louanges, qui seraient d'ailleurs bien méritées.

DIPLOMATES.

POZZO DI BORGO (comte Charles-André), né à Alata, en 1764. Député à l'Assemblée législative par la volonté de Paoli; nommé procureur-syndic par Paoli (1793). Paoli s'étant séparé de la France et ayant appelé les Anglais en Corse, Pozzo di Borgo s'attacha à Elliot, et fut accusé d'avoir fait écarter Paoli du pouvoir. De là naquit cette haine irréconciliable de Paoli contre lui. Nommé président du conseil d'État par le vice-roi Elliot, il fut accusé d'abuser de son pouvoir et encourut l'exécration de la plus grande partie des habitants de la Corse, qui l'accusaient d'avoir brisé la statue de Paoli, et en même temps il fut brûlé en effigie sur les places publiques des villages de l'île, au son du carillon, avec tous les édits émanés de lui. La révolution éclata, et Elliot, cerné dans la ville de Corté, fut obligé, pour l'apaiser, de destituer Pozzo di Borgo de ses fonctions. Le général Bonaparte, vainqueur en Italie, s'empressa d'expédier des troupes en Corse pour chasser les Anglais, ordonnant d'arrêter Pozzo di Borgo avec ceux qui avaient porté la couronne de la Corse au roi George III (1). Les Anglais chassés, Pozzo di Borgo se réfugia en Angleterre, d'où, dit-on, Paoli le fit éloigner. Il alla prendre du service en

---

(1) Pozzo di Borgo était ambassadeur, eut des écrivains flatteurs et mercenaires qui eurent l'effronterie de le placer au niveau de Napoléon Ier. Ils parlèrent des anciennes rivalités entre les familles Bonaparte et Pozzo di Borgo, ce qui était la cause de l'antagonisme qui existait entre ces deux personnages. Mensonges! La famille Pozzo di Borgo, ambassadeur, demeurait à Alata. D'au-

Russie, et rentra en France avec les armées alliées. Il fut nommé ambassadeur plénipotentiaire de Russie, et prit part à toutes les conférences de la Sainte-Alliance. Peu de temps après la chute des Bourbons, il quitta Paris pour l'ambassade de Londres, se retira des affaires en 1839, et mourut à Paris (très-riche) en 1842.

BENEDETTI (Vincent), né à Bastia, en 1818, fit ses études à Paris, prit le diplôme d'avocat et entra de bonne heure dans la diplomatie. Il fut nommé successivement élève consul et consul au Caire, puis à Palerme. Nommé secrétaire d'ambassade en 1855, il fut désigné comme envoyé extraordinaire près la cour du roi de Perse, mission qu'il refusa. Nommé à la direction des affaires étrangères, il fut choisi comme secrétaire au congrès de Paris, dont il rédigea les protocoles (1856). En 1861, il fut envoyé comme ambassadeur à Turin, et en 1864 nommé à l'ambassade de Prusse. Il est grand officier de la Légion d'honneur de France et grand officier de l'ordre de Saint-Maurice-et-Lazare d'Italie. Sa carrière n'est pas encore finie.

HISTORIENS.

GIOVANNI DELLA GROSSA, né à Grossa, près de Sartène, le 10 décembre 1388. Il prit part aux affaires politiques de son temps, et passa avec une extrême facilité tantôt au parti des Génois, tantôt à celui des Aragonais. Il se donnait au plus offrant. Il écrivit l'histoire de la Corse, depuis les temps les plus reculés jusqu'à 1464. Son récit historique, si l'on excepte l'époque dans laquelle il vivait, n'est qu'un tissu de fables, de légendes, d'anachronismes et d'absurdités. Il mourut en 1464.

MOTEGGIANI, prêtre, né à Vescovato, homme assez érudit, écrivit l'histoire de la Corse, depuis 1470 jusqu'à 1525.

CECCALDI (Marc-Antoine), né à Vescovato, excellent historien, écrivit l'histoire de la Corse, depuis 1525 jusqu'à 1559. Ceccaldi avait servi d'abord le parti des Génois, mais étant tombé prisonnier de Sampiero à la bataille de Tenda, il fut traité avec tous les égards par le vainqueur. Depuis cette époque, il devint zélé partisan de de l'indépendance corse.

tres familles Pozzo di Borgo habitaient Ajaccio, qui n'étaient ni parentes de l'ambassadeur, ni rivales de la famille Bonaparte. De l'une de ces familles, qui habitent depuis longtemps Ajaccio, sont issus les deux frères Louis et Charles Blanc, si connus dans le monde littéraire et artistique.

FILIPPINI (Antoine-Pierre), né à Vescovato, était archidiacre de l'évêché de la Mariana. Il écrivit son histoire depuis 1559 jusqu'à 1590; mais, ayant réuni les manuscrits de Giovanni, Monteggiani et Ceccaldi, il en forma ce corps d'histoire qui est connu sous son nom. Filippini eut la bonhomie de faire imprimer la chronique de Giovanni de la Grossa telle quelle, ce qui lui attira le mépris des érudits italiens. Filippini est accusé d'avoir trop penché pour le parti génois; en effet, il eut des démêlés très-sérieux avec Sampiero.

PIETRO-CIRNEO, né en 1447, à Valle-d'Alesani, écrivit l'histoire de la Corse en langue latine. Son histoire arrive jusqu'à 1482.

LIMPERANI, né à Carcheto (Orezza), alla étudier la médecine à Rome, où il l'exerça longtemps; mais il s'occupa aussi à faire des recherches de documents historiques. C'est lui qui a purgé l'histoire de la Corse de toutes les absurdités rapportées par Filippini dans les premières pages de son histoire, et a comblé tant de lacunes. Limperani a été le plus érudit des historiens nationaux; seulement il est accusé de s'étendre un peu trop sur des matières qui n'appartiennent pas à l'histoire du pays.

RENUCCI (François-Octavien), né à Pero (Tavagna). Il alla faire ses études en Italie, et embrassa l'état ecclésiastique. Il se trouvait à Milan lorsque le général Bonaparte entra vainqueur dans cette ville (1796). Renucci se présenta à lui, et reçut le conseil de rentrer en Corse pour aider le parti républicain. Il obéit, quitta l'habit clérical, retourna dans son pays, et fit partie de l'administration départementale. Plus tard, il fut nommé bibliothécaire et professeur d'éloquence au collège de Bastia, poste qu'il conserva de longues années. Il écrivit les *Novelle istoriche corse*, et l'histoire de la Corse. Dans ce dernier ouvrage, il passe rapidement sur les faits antérieurs à son époque, mais il s'étend, même très-minutieusement, sur les faits qui se sont passés de son temps jusqu'à la chute des Bourbons (1830).

GIACOBBI, né à Venaco, a écrit l'histoire générale de la Corse, jusqu'au premier départ de Paoli (1769).

GRÉGORI (Jean-Charles), né à Bastia, le 4 mars 1797. Il embrassa la carrière du barreau, et devint successivement juge à Ajaccio, conseiller à la Cour royale de Riom, et en 1837, il passa conseiller à celle de Lyon. Il fit réimprimer en 1832 l'histoire de Filippini, en tête de laquelle il mit une savante et très-élégante introduction, et l'enrichit de nombreuses notes d'une grande érudition. Cet ouvrage, imprimé aux frais de l'ambassadeur Pozzo di Borgo, lui fut aussi dédié. Grégorj est l'auteur d'une tragédie en vers ita-

X. CASABIANCA.
M^{re} S etc

J. P. ABBATUCCI.
M^{re} S

E. ARRIGHI, DUC DE PADOUE
M^{tre} S.

J. M. PIETRI, S.

V. BENEDETTI, Amb^{ss}

E^t. CONTI

OTTAVI, G^l.

TIBURCE SÉBASTIANI, G^l

LUCE CASABIANCA

NAPOLÉON III.

liens qui a pour titre : *Sampiero Corso*. En 1834, il publia une traduction en italien de l'histoire de Pietro-Cirneo, et en 1840 il mit au jour les anciens *Statuti civili et criminali* corses, avec une belle introduction, etc. Grégorj travaillait à l'histoire générale de la Corse, lorsqu'il fut surpris par une mort prématurée, le 27 mai 1852.

PIÉTRI (Pierre-Marie), né à Sartène en 1810 ; fut reçu avocat à la faculté d'Aix, puis vint à Paris et se fit inscrire à la Cour Royale ; travailla dans le cabinet de M. Crémieux et fit partie de la Société *des droits de l'homme*. En 1848 il fut élu représentant du peuple par ses compatriotes. Il se plaça à la gauche, qu'il quitta bientôt pour s'attacher au Prince Président de la république, Louis-Napoléon Bonaparte. Il fut nommé successivement aux préfectures de l'Ariége, du Doubs, de la Haute-Garonne, et après le coup d'État à celle de Police de Paris, où il resta jusqu'en 1858. En 1859 il fut créé sénateur, grand-officier et grand'croix. Mort le 18 février 1864 (1).

CONTI (Charles-Étienne), né à Ajaccio le 31 octobre 1812 ; avocat et littérateur. En 1848 il fut nommé représentant du peuple par ses compatriotes, et bientôt il occupa le poste de procureur-général de la république à la Cour de Bastia. Après l'élection du Prince Louis-Napoléon Bonaparte à la présidence de la république, il s'attacha à lui et soutint sa politique. Il fut nommé conseiller d'État après l'avénement de l'Empire, et à la mort de M. Mocquart il a été nommé secrétaire particulier et directeur du Secrétariat de l'Empereur Napoléon III.

Revenons à notre récit historique :

Nous avons dit, page 544, que le Prince Louis-Napoléon fut porté à la présidence de la république par le suffrage universel. Sur le continent on aura cru, et cela était fort naturel, que les Corses avaient tous voté pour lui, comme un seul homme. Non, cela ne fut pas ainsi. Des gens, peu nombreux sans doute, qui n'ont aucune couleur politique ; qui savent mentir sans rougir, qui crient *mort!* à celui qui tombe, quoique celui-ci les ait comblés de bienfaits, et qui exaltent le vainqueur, sans le connaître, donnèrent un scandale en parcourant les villes et les villages pour chercher des suffrages pour Ledru-Rollin et Cavaignac. Quelques pauvres gens du peuple, gagnés

(1) Ce fut pendant que M. Pietri était préfet de police qu'eut lieu l'horrible attentat d'Orsini contre la vie de l'empereur.

ou séduits par ces intrigants, éprouvèrent bientôt du repentir, et à leur repentir vint se joindre l'étonnement, en voyant quelques-uns de ceux qui avaient débité tant de sottises et d'épithètes injurieuses contre le Prince-Président Louis-Napoléon, briguer des honneurs et occuper des places importantes sous son gouvernement... Passons le reste sous silence...

En 1848, M. Aubert, natif de Calvi (Corse), fut envoyé comme préfet en Corse, mais il n'y resta pas longtemps. Celui qui parmi les préfets du second Empire marqua le plus son séjour en Corse, fut sans contredit M. Thuillier. Ce fut lui qui donna une grande impulsion aux travaux d'utilité publique et fit exécuter les percements des routes que l'on croyait impossibles. Sans vouloir énumérer tous les bienfaits dont la Corse lui est redevable, il nous suffira de citer celui de l'extinction du *banditisme*, fléau qui a tant de fois désolé et déshonoré notre pays. Heureuse la Corse, si elle eût possédé souvent de pareils administrateurs (1)! Mais, hélas! ce sont des lots trop précieux pour elle (2).

M. Thuillier fut remplacé par M. Montois, qui laissa de bons souvenirs dans cette île. M. Sigault lui succéda, mais il y resta peu de temps; ce dernier fut remplacé par M. Gery.

Nous avons dit que la révolution de 1848 ouvrit une ère nouvelle à la Corse; en effet, un prince Bonaparte nommé à la présidence de la république, et bientôt porté au trône par le suffrage universel du peuple français, ne pouvait se montrer hostile à un pays qui fut le berceau de ses ancêtres. Aussitôt de grands travaux, commencés sous Louis-Philippe, reçurent leur entier accomplissement; d'autres, commencés sous les auspices de l'Empire, ont été exécutés sans interruption. Dans l'intérieur de l'île sont tracées des routes

---

(1) M. Thuillier, peu de temps après avoir quitté la Corse, fut nommé directeur général des affaires départementales et communales au ministère de l'intérieur; de là, il passa président du contentieux au conseil d'État, et mourut dans les premiers jours de 1866, regretté par le gouvernement de Napoléon III et pleuré par ses parents et ses nombreux amis.

(2) Nous citerons les paroles de l'historien Renucci à l'égard des préfets par lesquels la Corse a le malheur d'être souvent administrée (voyez tome II, page 511): « Les préfets qu'on nous envoie sont en grande partie des hommes mal prévenus, quelquefois des saltimbanques ou char-
« latans (*cerretani*), et souvent des personnes qui se rendent serviles de l'une ou de l'autre famille
« de la Corse qui jouissent d'une certaine influence, mais qui n'opèrent jamais rien au bénéfice
« de leur pays. Ceux-ci choisissent les maires dans la clientèle de la famille qui leur est dévouée,
« et peu leur importe que ces fonctionnaires publics soient des hommes instruits, honorables et
« probes. Ainsi, il n'est pas étonnant que l'on voie en Corse des personnes mal famées exercer les
« fonctions de maire, etc. »

forestières et des chemins vicinaux. On s'est occupé et on s'occupe encore de l'assainissement et du desséchement des marais, de la construction des ponts et des ports; parmi ces derniers, celui qui attire de nos jours l'attention du gouvernement est celui de Bastia, dont l'achèvement exige une dépense de plusieurs millions (1). L'île de Corse se trouve jusqu'à nos jours privée d'un chemin de fer; les démarches qui ont été faites pour l'obtenir ont été, jusqu'à présent, infructueuses (2).

Mais ce qu'il y a de plus remarquable dans les fastes de notre histoire moderne, c'est la visite de LL. MM. l'Empereur Napoléon III et l'Impératrice Eugénie qui eut lieu le 14 septembre 1860. Ce voyage fut, comme s'exprimait l'Empereur lui même « *une visite à sa famille.* » Cette visite excita le plus vif enthousiasme et causa une joie indescriptible. Il fallait être présent sur les lieux pour se faire une idée de cet entraînement spontané, de ce transport violent, si naturel chez les montagnards de la Corse, qui n'ont pas encore le cœur desséché par l'égoïsme.

L'arrivée de Leurs Majestés dans cette île, il faut l'avouer, fit naître de grandes espérances et donna lieu à de nombreuses demandes; mais en attendant, ces espérances, selon le dire de quelques-uns de nos compatriotes, ne se sont réalisées qu'en faible partie. Les uns attribuent cette déception aux chefs d'administration qui se sont succédé depuis cette époque, les autres au peu d'empressement des ministres pour favoriser la Corse; d'autres, enfin, l'attribuent à la jalousie et aux petites rivalités qui règnent parmi nos compatriotes haut placés, dont chacun voudrait à lui seul la suprématie sur l'esprit des habitants de son pays. Nous ne voulons empiéter sur personne; mais ce qui est certain, c'est que le progrès en Corse s'est un peu ralenti de nos jours, que les animosités entre les familles sont augmentées et que la statistique des crimes et délits n'est plus la même que celle de quelques années auparavant, qui nous faisait espérer que le *banditisme* serait resté à l'état de souvenir.

Pour que la paix et la prospérité règnent en Corse, il faut 1° des adminis-

---

(1) La ville de Bastia a été enrichie par ce gouvernement d'un palais de justice; des améliorations ont été faites dans le vieux port, et bientôt elle possèdera un nouveau port assez commode, qui contribuera à augmenter sa population, son commerce et son bien-être. Il faut rendre justice à M. le comte Xavier de Casabianca, qui ne se lasse pas de s'occuper avec zèle de tout ce qui regarde le bien-être de la Corse.

(2) M. Conti, receveur des finances à Ajaccio, et M. Conneau, premier médecin de l'empereur, se sont occupés de rédiger des mémoires et de faire des démarches à cet égard.

trateurs intelligents, actifs, zélés pour le bien-être du pays et repoussant l'influence des chefs de partis; 2° des magistrats intègres et sévères, pour la répression des crimes; 3° l'anéantissement de ce maudit patronage que certaines familles exercent dans cette île qui est la source de tant de malheurs.

LES BONAPARTE DE NOS JOURS.

Les cinq frères Bonaparte, ainsi que les trois sœurs, étaient tous mariés; des vicissitudes politiques les obligèrent à prendre la route de l'exil, et leur fermèrent les portes de leur pays natal. Plusieurs de leurs enfants n'eurent pas le sort de naître à l'ombre du trône sur lequel le chef de cette famille s'était si glorieusement assis; mais ils virent le jour dans diverses contrées de l'univers, et se nourrirent pendant de longues années du pain amer de l'exil. Enfin, la main de Dieu guida le peuple français à déchirer le voile de cette noire ingratitude, et à briser les tables de cette barbare loi de l'ostracisme qui pesait sur les héritiers du plus grand génie des siècles modernes. Ils ont pu enfin respirer l'air de la France, et l'un d'eux, en reprenant le trône de la dynastie napoléonienne, a donné au monde entier des preuves éclatantes qu'il était le digne héritier de son immortel fondateur. La France, guidée par lui, a atteint l'apogée de sa grandeur; tranquille au dedans, crainte au dehors, elle est devenue l'arbitre des destinées des autres nations.

Nous espérons ne pas encourir le blâme, si nous plaçons les portraits de quelques-uns des Bonaparte dans notre histoire, car nous sommes sûr qu'ils ne désirent être ni allemands, ni anglais, ni italiens, etc.; ou de quel que soit le pays où ils ont vu le jour, mais français d'origine corse.

Fils de Joseph, roi d'Espagne.

1° Zénaïde-Julie, née à Paris, en 1801; épousa Charles, prince de Canino, fils de Lucien Bonaparte. 2° Charlotte-Napoléonne; épouse Napoléon-Louis, son cousin, fils de Louis Bonaparte (mort à Forli, en 1831).

FILS DE NAPOLÉON, EMPEREUR DES FRANÇAIS.

Napoléon-François-Charles-Joseph, né à Paris, le 20 mars 1811. Dès sa naissance il fut nommé roi de Rome, plus tard proclamé Empereur des Français par les corps des députés, du Sénat, etc.; mort à Schœnbrun, le 22 juillet 1832.

FILS DE LUCIEN-BONAPARTE, PRINCE DE CANINO.

1° Charlotte, née à Saint-Maximin, en 1795; mariée au prince Gabrielli, romain. 2° Christina-Egypta, née en 1798, à Paris; mariée au comte de Possé. Devenue veuve, elle épousa lord Dudley Stuart. 3° Charles-Jules-Lucien-Laurent, né à Paris, en 1803; épousa Zénaïde-Julie, sa cousine, fille de Joseph. Charles, prince de Canino, était un célèbre naturaliste; il était inscrit parmi les membres des principales académies des deux hémisphères. La zoologie doit à Charles Bonaparte d'intéressantes découvertes. Ses principaux ouvrages sont: *L'Ornithologie américaine, la Fauna Italica, le Conspectus Generum acium*, etc., etc. 4° Letizia, née à Milan, en 1804; épousa M. Wise, lord trésorier d'Angleterre. 5° Joseph-Lucien, né à Rome, en 1806, mort en 1807. 6° Jeanne, née à Rome, en 1807, morte à l'âge de 22 ans; épousa le marquis Onorati. 7° Paul-Marie, né à Rome, en 1808; mort à la guerre de Grèce, en 1826. 8° Louis-Lucien, né en janvier 1813, en Angleterre, lorsque son père était prisonnier. Louis-Lucien est un célèbre chimiste, et un des plus grands polyglottes de l'Europe. 9° Pierre-Napoléon, né à Rome, le 11 octobre 1815. Pierre-Napoléon est auteur de plusieurs ouvrages en prose et en vers, tels sont: *Rosa di castro; Un mois en Afrique; Sampiero; le capitaine Moneglia à Solferino; Réponse d'un ancien troupier; Nabucodonosor; Mickoff; la Bataille de Calanzana; le Mariage de la reine d'Étrurie; le 18 Brumaire*, etc., etc. 10° Antoine, né en 1816. Celui-ci s'est adonné avec beaucoup de zèle à l'agriculture. 11° Marie, née en 1818, mariée en 1836 au chevalier Valentini (romain). 12° Constance, née en janvier 1823. Religieuse au couvent du Sacré-Cœur, à Rome.

FILS DE LOUIS, ROI DE HOLLANDE.

1° Napoléon-Charles, né à Paris, en 1802, mort à La Haye, en 1807. 2° Napoléon-Louis, né à Paris, en 1804; épousa Charlotte-Napoléonne, fille de Joseph Bonaparte son oncle; mort à Forli, en 1831. C'était un jeune homme d'un grand talent et d'un grand avenir. 3° Louis Napoléon, né à Paris, le 20 avril 1808. Celui-ci est auteur de plusieurs ouvrages, tels que: l'*Extinction du Paupérisme*; de l'*Art militaire*, etc., etc. Le plus récent de ses ouvrages est *la Vie de César*. Si la jeunesse de cet homme fut tourmenté par l'exil, la persécution, l'emprisonnement et tant d'autres misères causées par les tentatives qu'il fit pour reconquérir le trône de Napoléon 1er, dont il était l'héritier, son règne n'est qu'une suite de prospérités et de gloires. Son gouvernement occupera une des plus belles pages dans l'histoire de France.

FILS DE JÉRÔME (1), ROI DE WESTPHALIE.

1° Jérôme-Napoléon-Charles-Frédéric, né le 24 août 1814, mort à Florence, en 1847. 2° Mathilde-Letizia-Louisa-Élisa, née à Trieste, le 17 mai 1820, épousa le comte Anatole Demidoff de Russie. 3° Napoléon-Joseph-Charles, né à Trieste, en 1822; épousa en 1859 la princesse Clotilde, fille de Victor-Emmanuel, roi d'Italie.

Le prince Napoléon est un homme très-érudit, et possède un grand talent oratoire.

FILS DES SŒURS DE BONAPARTE.

FILS D'ÉLISA, GRANDE-DUCHESSE D'ÉTRURIE.

1° Élisa-Napoléonne, née à Paris, en 1806; épousa le comte Camerata, d'Ancône. 2° Jérôme-Charles, né à Paris, en 1810, mort à Rome.

(1) Le roi Jérôme eut un enfant de son mariage contracté avec M. Patterson, de Baltimore, sans l'assentiment de l'empereur Napoléon, son frère; le mariage fut dissous, mais l'enfant fut considéré comme légitime.

Fils de Pauline.

Napoléon, mort à Rome en bas âge.

Fils de Caroline, reine de Naples.

1° Napoléon-Achille, mort dans la Floride (Amérique). 2° Letizia-Joséphine, mariée au marquis Pépoli, de Boulogne. 3° Napoléon-Charles. 4° Louise-Julie-Caroline, mariée au comte Rosponi, de Ravenne.

Nous sommes arrivé à la fin de nos travaux. Nous avons fait tous nos efforts pour pouvoir renfermer dans cet ouvrage, bien pénible et au-dessus de nos forces, tout ce qu'il y avait de plus remarquable en Corse (1). Nous

---

(1) Nous regrettons vivement de ne pas avoir pu nous procurer les portraits de quelques-uns de nos compatriotes qui par leurs vertus et leurs talents ont illustré leur pays. Une autre chose manque à notre ouvrage : ce sont les dessins des blasons des plus anciennes familles de la Corse. Nous avions entrepris ce travail héraldique; mais, malgré toutes nos recherches, nous n'avons pu parvenir à découvrir les armoiries de quelques-unes de ces familles qui ont joué un grand rôle au moyen âge; comme il n'existe plus aucun de leurs descendants, tout document a disparu.

On lit dans les annales de notre histoire que tous les souverains des nations qui se sont disputé la possession de la Corse, tels que les Pisans, les Génois, les Aragonais, les Milanais, et jusqu'à ce roi éphémère, Théodore, ont prodigué des titres de noblesse aux personnes qui leur avaient rendu des services, et surtout à ceux qui étaient influents dans cette île, afin de les attirer à leur parti. Plus tard, Louis XV, devenu maître de la Corse, voulut reconstituer la noblesse de cette île, comme nous l'avons dit pages 471-472, et où nous avons rapporté un catalogue des familles anoblies par le susdit monarque. Cependant il ne faut pas croire que tous ceux qui portent le même nom que ces familles soient nobles, comme certains vaniteux le prétendent. Les familles qui portent le même nom n'ont souvent aucun lien de parenté entre elles.

Dans nos recherches dans l'intérieur de l'île, nous avons pu découvrir bon nombre de parchemins de noblesse, ouvrage d'un certain *Bernardino de Casanoni*, parchemins qu'il vendait moyennant la somme de vingt francs. Ces parchemins, conservés parmi les papiers de famille, feront croire aux générations futures qu'elles étaient vraiment issues des anciennes familles princières.

En dehors des familles reconnues nobles par Louis XV, il faut avouer qu'il existe en Corse des familles d'ancienne noblesse, mais comme elles n'avaient pas produit leurs titres lors du décret de ce monarque, leurs noms ne figurent pas dans les archives du gouvernement français.

Maintenant, ce qui nous étonne, c'est que la monomanie de noblesse ait envahi la Corse; ce pays dont les habitants ont donné tant de preuves de démocratie, ont chassé presque tous les seigneurs féodalaires et détruit leurs châteaux au moyen âge, et ont combattu pendant des siècles pour leur indépendance! Mais de nos jours les idées se sont bien métamorphosées, car nous voyons des individus, issus de basse origine, mettre leurs noms sur les cartes de visite

avons enfin rapporté les principaux événements historiques, sans esprit de parti, et sans porter aucun jugement sur ces faits.

Dans le cours de nos travaux, voyant que nos moyens étaient insuffisants pour faire face à de si fortes dépenses, nous avons fait appel à la générosité et à la bienveillance du Conseil général de la Corse, mais nous nous sommes bien trompé sur son patriotisme, dominé par d'autres intérêts que nous passerons sous silence.

En revanche, nous ne pourrons que rendre justice à quelques-uns de nos compatriotes demeurant à Paris (1), comme aussi à des étrangers haut placés, érudits, capables d'apprécier le mérite de certains travaux et d'en récompenser les fatigues.

précédés des particules dixet *de li*, et surmontés d'une couronne de duc, de marquis, de comte ou de baron, etc. *Vanitas vanitatum!*... Et cependant, quelques-uns de ces derniers seraient en contravention avec les lois de *Matteo Falcone*, dont M. Renucci et M. le sénateur Mérimée nous ont transmis les terribles souvenirs.

(1) M. Benedetti, actuellement ambassadeur de France en Prusse, et M. Romieu, commerçant à Paris (tous deux de Bastia), ont été très-bienveillants pour nous.

Nous ne devons pas non plus oublier les bonnes amitiés dont nous avons été l'objet, à Paris, de la part du jeune Angelo Mariani, du docteur Mattei et de MM. les abbés Marsalli, premier vicaire aux Missions-Étrangères; de Cuttoli, chanoine de la cathédrale de Paris et secrétaire de Sa Grandeur l'archevêque de Paris; Lucciardi, secrétaire du nonce apostolique; Jaunay, vicaire à Sainte-Clotilde, paroisse à laquelle nous nous sommes attachés dès notre arrivée à Paris.

FIN.

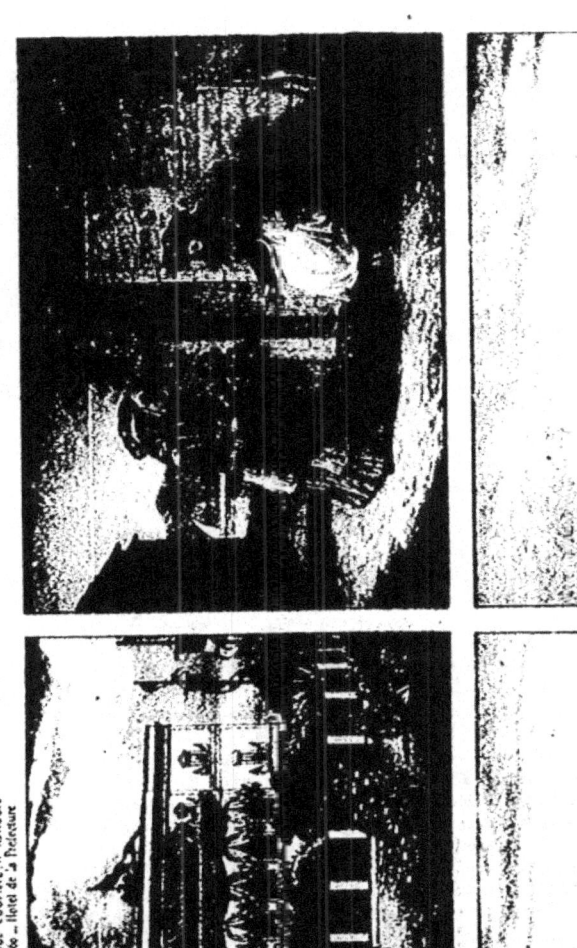

ARRIVÉE DE L'EMPEREUR NAPOLÉON III
& DE L'IMPÉRATRICE EUGÉNIE, A AJACCIO
14 Septembre 1860 – Hôtel de la Préfecture

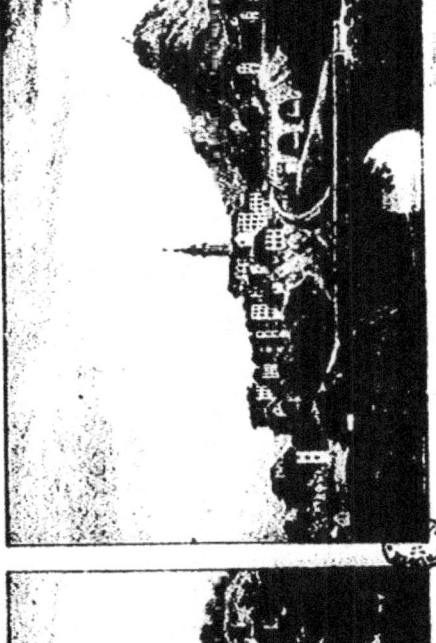

FEMMES D'AJAIA

TABLE DES MATIÈRES

Figure allégorique de la Corse, 1. 7. — Géographie de l'île, 9. — Orographie, 10. — Hydrographie, 13 et 14. — Étangs, lacs, etc., 14, 15, 16, etc. — Hydrologie (bains) : Pietra-Pola, 20; Puzzichello, 23; Guagno, 25; Guittera, 27; Orezza, 28; Caldaniccia, 30, etc.

Géologie, 31; climatologie, 32; agriculture, 33; bergeries, industrie, 49; commerce, 50; habitudes, mœurs, coutumes, superstitions, 52. — Banditisme, 76. — Les Voceri, 79.

Itinéraire, en faisant le tour de l'île, pour la route d'enceinte et en partant de Bastia du côté du nord :

Bastia, 91. — Usine de Toga, 93. — (Cap Corse). Grotte de Brando, 93. — Brando, 100. — Porticciolo, 103. — Marine de Luri. — Luri, Rogliano, 103. Mine d'antimoine d'Ersa, Centuri, 106. — Morsiglia, Canari, 103. — Nonza, 103. — (Nebbio), 111. — Mine de fer de Farinole, 111. — Patrimonio, Barbaggio, Saint-Florent, 112. — Oletta, Olmeta de Tuda, 114. — Murato, 115. — Ostriconi, 117. (Balagna), 117. — Ile Rousse, 117. — Algajola, 120. — Calvi, 123. — Aregno, 123. — Belgodere, 126. — Olmi et Cappella, 127. — Luzzobeo, Punta di Rivellata, 128. — (Balagna deserta), Filosorma, Monte Argentella, Girolata, 129. — (Province de Vico). Golfe de Porto, Evisa, 130. — Cargese, 132. — Golfe de Sagona, 135. — Vico, 137. — Renno, 139. — Guagno, 140. — Cruzini, Sari di Orcino ou ancienne Cinarca, 141. — Rivière de Liamone, golfe della Liscia. — Sarola et Carcopino, 144. — Appieto, Alata, Port provençal, 146. — Ajaccio, 148. — Golfe d'Ajaccio, 151. — Ornano, 152. — Istria, Petreto et Bicchisano, Sollacarò, Olmeto, Propriano, golfe de Vallinco, 156. — Fozzano, Arbellara, 157. — (Sartène), 158. — Tallano, 159. — Levie, Carbini, Serra, 160. — Bonifacio, 163. — Golfe de Bonifacio, 165. — Porto-Vecchio, golfe de Porto-Vecchio, 168. — Sollenzara, 169. — Migliacciaro, Fiumorbo, Prunelli, 172. — Aleria, 172. — Étangs, 174. — Casabianda, ruines d'Aleria, 175. — Cervioni, Alesani, 182. — Moriani, Tavagna, Fiumalto, San-Pellegrino, 184. — Canton de Vescovato, 184, 185. — L'Arena, Mariana, 186. — Ruines de la Mariana, 187. — La Canonica, 189. — Ponte de Golo, Marenzana, 192. — Luccianan, Borgo, 193. — Biguglia, Furiani, 191. — Campitello (Costiere), Campile, 196. — Porta, 193. — Ponte novo, Ponte alla Leccia, mine de cuivre, 199 — Lama, (Canale), Castifao, Caccia, mine de cuivre et marbres, Giovellina, 200. — Morosaglia, (Rostino), 201. — Prato de Morosaglia, 202. — Omessa, tour de Suppletra, 203. — Soveria, 204. — Sermano, (Bozio), Piedicorte de Gaggio, 205. — Vezzani, (Corté), 206. — Niolo, 209. — Venaco, 213. — Vivario, Foce de Vizzavona, Bocognano, 214. — Bastelica, 215. — Zicavo, 216.

Description de l'île de Corse par Ptolémée, 218. — Statistique, 220.

Histoire naturelle de la Corse, 226, etc.

PREMIÈRE PARTIE.

Biographie de l'auteur, 273.

Histoire politique, civile et militaire, 283.

CHAPITRE Ier. — DE L'AN 513 AVANT J. C. A L'AN 239.

Étymologie et premiers âges de la Corse jusqu'à la première invasion des Romains, 283. — Statue d'Apricciani, 287. — Dolmens, 287. — Notice d'Hérodote sur l'émigration des Phocéens en Corse, 289. — Costume des Corses sous les Étrusques, 292. — Anagalis, 294.

CHAPITRE II. — DE L'AN 239 AVANT J. C. A L'AN 88.

Première invasion des Romains, 297. — Scipion s'empare d'Aleria, 298. — Spurius Carvilius, 300. — Papirius Mason, 301. — Marcus Pinarius, 303. — Thalna, 304. — Marius et Sylla, 306, 310.

CHAPITRE III. — DE L'AN 88 AVANT J. C. A L'AN 800 DE J. C.

Empire romain, Sextus Pompée, Sénèque exilé en Corse, 312. — Vitellius et Othon, 313. — L'Évangile en Corse, 315. — Martyre de sainte Devota, 315. — Les Vandales, 320. — Martyre de sainte Julie, 320. — Les évêques catholiques d'Afrique condamnés à couper les bois en Corse, 323. — Les Goths, 321. — Les Lombards, les Grecs du Bas-Empire, 323.

CHAPITRE IV. — DE 800 A 1281.

Les Sarrasins en Corse, Boniface seigneur de Toscane, 332. — Émigration des Corses, 333. — Léon IV, 333. — Corso del Corsi, 331. — Ville de Porto, évêque de Porto, 335. — Succession de divers princes au gouvernement de la Corse, 336. — Sambucuccio, 337. — Le marquis Guillaume, 338. — Grégoire VII, Landolphe, 339. — Seigneurs de l'île, 339. — Étienne Corso, 340. — Le pape Gélase, 311. — Le pape Urbain cède la Corse aux Pisans, l'évêque Dalbert, 311. — Les Génois s'emparent de Bonifacio, 312. — Isnard Malespina, 312. — Sinucello ou Giudice de la Rocca, 312. — Giovanninello, 314. — Arrigo d'Istria, 345.

CHAPITRE V. — DE 1281 A 1460.

Boniface VIII donne la Corse à Jacques, roi d'Aragon, 347. — Les Corses se donnent aux Génois, 317. — Les Giovannali, 317. — Arrigo della Rocca, 348. — Société de la Maona, 349. — Somellino, 349. — Vincentello d'Istria, 351. — Martin, roi de Sicile, 352. — Campo-Fregoso, 353. — Vincentello d'Istria, 353. — Le roi Alphonse d'Aragon, 353. — Les Caporali, 353. — Simon da Mare, 354. — Mort de Vincentello, 354. — Galeas de Milan, 355. — Les familles anoblies par le roi d'Aragon, 358. — Antoine Spinola, 357.

CHAPITRE VI. — DE 1460 A 1515.

Jean de Campo-Fregoso, 359. — Le second Sambuccio d'Alando, 360. — Rinuccio de Léca, Jean Paul de Léca, Rinuccio de la Rocca, 361. — Le cardinal de Campo-Frégoso, 361. — Nicolo Doria, 364. — Hercule Macone, 367. — Antoine-Jacques Corso, 368. — Autres hommes illustres, 369. — Tombeaux des Corses à Rome, 369, etc. — Gaspard Farinacci, 371. — André Doria ; Dragut, corsaire, 372.

CHAPITRE VII. — DE 1515 A 1567.

Troilo Negroni et Paul Moneglia, 373. — Henri II, 374. — Sampiero, 374. — De Thermes, 376. Charles V, 378. — Jacobo Santo da Mare, 374. — Pallavicini, 380. — Jourdans des Ursins (Orsini), 381. — Mort de Henri II, 382. — Bazzicalupo, 383. — Michel-Ange Ombrone, 384. — Vannina, 384. — Vecchione de Vivario, 386. — Fornari, 387. — Achille Campocasso, 388. — Deneri, 389. — Bataille de la Petrera, 389. — Doria dévaste la Corse, 391. — Sire''' d'Omessa, Luminanda, 392. — Alphonse, fils de Sampiero, Anton-Padovano da Pozzo de Brando et Léonard Casanova de Corté, 393. — Trahison d'Hercule d'Istria, 394. — Les trois frères Ornano, Vittolo et Fornari, assassinent Sampiero, 396.

DEUXIÈME PARTIE

CHAPITRE VIII. — DE 1567 A 1729.

Alphonse, fils de Sampiero, 399. — Luce de Casabianca, Léonard de Casanova, 401. — Son arrestation ; son fils le fait évader ; les Génois condamnent cet enfant à être pendu, 402. — Départ d'Alphonse et d'autres pour la France, 403. — Les Gaspari, 403. — Rinaldo Corso, 407. — Ignace Cardini, 408. — Alphonse Ornano maréchal de France, 409. — Léonard de Casanova général, 413. — Pierre Liberta (Baglioni), 415. — Les Franceschi, 419. — Jean-Baptiste Ornano maréchal de France, 420. — Antoine Arrighi, 423. — Le père Théophile, 424. — Dissolution des gardes corses des papes, 425. — Lois barbares des Génois contre les Corses, 427.

CHAPITRE IX. — DE 1729 A 1736.

Révolution de 1729, 421. — Félix Pinelli, Antoine-François Defranchi dit Cardone, 431. — Pompiliani, 432. — Jérôme Veneroso, 432. — Mort de Pompiliani, 433. — Consulte de l'Olmo ; camp de Saint-Pancrace à Furiani ; Ceccaldi nommé général des insurgés ; Louis Giafferri, 433. — L'abbé Ajtelli, 434. — Allemands en aide aux Génois, 435. — Doria, 436. — Armistice, 437. — Reprise des hostilités ; défaites des Allemands par Giafferri à Saint-Pellegrino, et par Ceccaldi à Calenzana, 438. — Traité de paix ; départ des Allemands ; les chefs corses sont arrêtés par trahison, 439. — Exactions commises par Rivarola, 439. — Nouvelle insurrection, 440. — Giafferri et Hyacinthe Paoli nommés généraux ; la sainte Vierge proclamée reine de la Corse, 441. — Les Corses réduits aux abois, 443. — Secours apportés par les Anglais aux Corses, 443.

CHAPITRE X. — DE 1736 A 1743.

Théodore de Newkoff, 445. — Il est proclamé roi de la Corse, 446. — Il institue l'ordre de la Noblesse, dite de la *délivrance*, 448. — Théodore part pour le continent, 449. — Louis XV envoie des troupes en Corse commandées par le général de Boissieux, 450. — Gaffori, Orticoni, Ajtelli, 451. — Théodore revient en Corse avec des secours, 452. — Il repart aussitôt pour le continent; édit tyrannique de Louis XV; les Corses se révoltent, 453. — Mort du comte de Boissieux; le général Maillebois le remplace; les Corses sont battus; le curé de Zicavo, 454. — Retour de Théodore; il est reçu avec froideur; il repart, va en Angleterre, où il est emprisonné pour dettes et meurt en prison, 455.

CHAPITRE XI. — DE 1743 A 1753.

Le comte Dominique Rivarola obtient des secours du roi de Sardaigne et de l'Angleterre; il est nommé général des Corses, 458. — Plusieurs habitants de Bastia sont amenés à Gênes et condamnés à mort, 458. — Le général Gaffori, son héroïsme et l'abnégation de sa femme, 459. — Le général Cumiana; le général de Cursay, de Battisti, 460. — De Cursay favorise les Corses; il est dénoncé par le Génois Grimaldi; son arrestation, 462. — Le général Gaffori, 462. — Sa mort, 463.

TROISIÈME PARTIE

CHAPITRE XII. — DE 1755 A 1769.

Pascal Paoli, 465. — Emmanuel Matra; la veuve Cervoni, 467. — Clément Paoli, 468. — Le visiteur apostolique, M⁰ d'Angelis; la magnifique députation de Gênes, 469. — Le maréchal Matra, 471. — Masseria et le colonel Buttafoco, 472. — Université de Corté, 473. — Jean-Jacques Rousseau et Mathieu Buttafoco, 475. — Le comte de Marbeuf, 475. — Expédition et conquête de l'île de Caprara, 476. — Ambassade du bey de Tunis à Paoli, 478. — Pourparlers entre le ministre de Choiseul, Paoli et Buttafoco, 479. — Paoli trompé par M. de Choiseul; Gênes cède ses droits sur la Corse à la France; la guerre est déclarée, 481. — Le général Chauvelin, 482. — Bataille du Borgo, 483. — Conspiration de Italagna; conspiration d'Oletta, 485. — Mathieu Masses condamné à mort; le général Devaux, 486. — Bataille et défaite des Corses au Ponte-Novo, 487. — Le général Paoli et autres quittent la Corse, 488.

CHAPITRE XIII. — DE 1769 A 1800.

Amnistie donnée par de Vaux aux Corses, 490. — Reconstitution de la noblesse en Corse, 492. — Nicodème Pasqualini, 493. — Rupture entre Marbeuf et Narbonne Fritzlard; mort de Louis XV; Louis XVI, 494. — Ses bienfaits; mort de Marbeuf, 495. — Le général Barrin; révolution française; le colonel Rully, 496. — Saliceti, Volney, Mirabeau, 497. — La Corse déclarée partie intégrante de la France; Gênes demande la restitution de la Corse, 498. — Consulte générale, 499.

Les émigrés corses rentrent dans leur pays, 499. — De Rully revient en Corse; il est tué; le général Gaffori accusé, 500. — Les Bonaparte; le général Paoli arrive à Paris; sa réception, 501. — Son retour en Corse, 503. — Il est nommé général des gardes nationales, 504. — Révolution de Bastia, 505. — La *Coccagna*, 506. — Paoli est nommé général en chef des Corses; expédition de la Sardaigne; les sans-culottes à Bastia, 507. — Paoli est dénoncé à la Convention; il est appelé à la barre; mort de Louis XVI; les commissaires républicains en Corse, 509. — Paoli se sépare de la France et appelle les Anglais en Corse; le jeune Napoléon se brouille avec Paoli à Corté, 510. — Paoli est mis *hors la loi* par la Convention; plusieurs familles corses désertent le parti de Paoli, 511. — Les Anglais en Corse, 512. — Elliot est nommé vice-roi de la Corse; rupture entre Paoli et Pozzo di Borgo, 514. — Paoli est dénoncé et rappelé à Londres, 515. — Insurrection à Bocognano, 516. — Camp de Bistuglio; les généraux Gentili et Casalta en Corse pour chasser les Anglais; départ des Anglais, 517. — Révolution de la *Crocetta*, 518. — Le général Bonaparte, revenant de l'Égypte, débarque en Corse, 520. — Dix-huit brumaire; Bonaparte est nommé premier consul; expédition de Sardaigne; révolution en Corse, 521.

CHAPITRE XIV. — DE 1800 A 1866.

Miot en Corse; Morand en Corse avec la haute police; Napoléon nommé empereur, 523. — Mort du général Paoli à Londres, 524. — Biographies de quelques personnages du temps de Paoli, 524 à 527. — Davia, impératrice du Maroc, 528. — Conduite de Morand, 530. — La Corse réunie en un seul département : Ajaccio chef-lieu, 531. — Les prêtres romains déportés en Corse; révolution de 1814 à Bastia et chute du premier empire, 532. — Les Anglais en Corse, 533. — Le général anglais Montrésor demande que tous les actes publics soient rédigés au nom du roi d'Angleterre; la Cour impériale d'Ajaccio refuse d'obéir; départ des Anglais; Napoléon à l'Ile d'Elbe; le général Bruslard; départ de l'empereur pour la France, 534. — Révolution en Corse, 535. — Napoléon à Paris; le duc de Padoue gouverneur en Corse; arrestation et condamnation de Rinaldi; chute de l'empire, 535. — Galloni; le roi Murat en Corse, 537. — Le marquis de la Rivière, 539. — Mort de Napoléon à Sainte-Hélène, 540. — Mort de Louis XVIII; Lantivy préfet; chute de Charles X; Louis-Philippe roi des Français; Horace Sébastiani, 541. — Le duc d'Orléans en Corse, 542. — Chute de Louis-Philippe; seconde république; le prince Louis-Napoléon nommé président; biographies, 544, etc. — Napoléon III, 561. — M. Thuillier préfet en Corse, 562. — Arrivée de l'Empereur et de l'Impératrice à Ajaccio, 563. — Les Bonaparte de nos jours, 564.

FIN DE LA TABLE DES MATIÈRES.

ERRATA

Au lieu de :	Pages.	Lignes.	lisez :
Les Français sous Charlemagne.	1,	8	Les Francs sous Charlemagne.
Clément VIII.	8,	note 2⁽ᵉ⁾,	Grégoire XIII.
Thyrrhénienne.	13,	23	Tyrrhénienne.
Louis XVI.	16,	30	Louis XV.
polenta.	45,	3	polenta.
Ingresso.	64,	25	l'ingresso.
mazzeto.	64,	27	mazzetto.
affeto.	64,	29	affetto.
fiscula.	68,	3	fiscalu.
firmamen.	69,	30	firmamento.
ū.	69,	33	ù.
mainaggio.	96,	note 1ʳᵉ,	macinaggio.
Pergamene.	102,	note 1ʳᵉ,	parchemin.
craisade.	118,	14	croisade.
noun.	119,	29	non.
linfranto.	119,	note 2ᵈᵉ,	l'infranto.
Teodoro Paoli.	140,	23	Teodoro Poli.
Chi ella.	148,	8	Ch'ella.
Saint-Charles des Funari.	185,	13	Saint-Charles des Catenari.
Dionomchia.	201,	13	Dionomachia.
sou.	201,	26	son.
le Portos.	272,	15 et 16	de Porto.
mamma.	275,	38	mama.
bramma.	275,	39	brama.
figlis.	276,	42	figlio.
aneau.	276,	28	agneau.
par le Pasquinate.	277,	45	far le Pasquinate.
feculum.	304,	note	focolum.
Germenes.	326,	note	Germanes.
mispinse.	365,	Sonnet	mi spinse.
Saint-André des Funari.	369,	note	Sainte-Catherine des Funari.
Fregoso.	386,	34	Fregoso.
par ordre d'Alciati.	407,	10	par Alciati.
strongoli.	408,	19	stromboli.
Martiguan.	412,	2	Montignon.
duc d'Épercn.	412,	12	duc d'Épernon.
Puteves de Nassean.	413,		Ponteves d'Angoult.
Layol.	413,	2	Layoul.
Montor.	413,	5	Montlaur.
Henri III.	414,	7	Henri IV.
arunco.	417,	15	aruncoli.
Albatocci.	472,	26	Abbatucci.
Baguaja.	482,	23	Bagnaja.
effots.	522,	7	efforts.
Renaldi.	536,	11 et 19	Rinaldi.

ELISA, GRANDE DUCHESSE DE TOSCANE

PAULINE, P^{sse} BORGHESE

CAROLINE, REINE DE NAPLES

CHARLES, PRINCE DE CANINO

LOUIS LUCIEN

PIERRE NAPOLÉON

ANTOINE
(fils de Lucien, P^{ce} de Canino)

NAPOLÉON JÉRÔME
fils de Jérôme roi de Westphalie

NAPOLÉON LOUIS
fils de Louis roi de Hollande

e

www.ingramcontent.com/pod-product-compliance
Lightning Source LLC
Chambersburg PA
CBHW071707300426
44115CB00010B/1345